레프 톨스토이(1828~1910)

톨스토이 박물관 톨스토이와 그의 가족이 1882년부터 20년간 보낸 집으로, 《부활》 등 몇 편의 작품을 이곳에서 완성했으며, 톨스토이가 죽은 뒤 레닌의 명령에 의해 박물관으로 개관했다.

야스나야 폴라나 큰 연못 톨스토이의 어머니가 결혼 지참금으로 가져온 야스나야 폴라나는 톨스토의 고향으로 이곳에서 여름에는 물놀이를, 겨울에는 스케이트를 타며 지냈다.

동상 캐나다 컬럼비아브리티시 두호보르 디스커버리 센터
성령부정파 교도와 친교가 있는 톨스토이는 4천 명에 달하는 이교도들을 캐나다에 이주시키기 위한 자금을 마련하기 위해 《부활》을 발표했다.

농민 학교 1860년 고향 툴라에서 농민 자녀들이 공부할 수 있는 농민학교를 세웠으나 일손이 부족해진 부모들이 반대했다. 그러나 톨스토이의 진심을 알고는 아이들을 학교에 보냈다. 71년에는 톨스토이가 몸소 교과서를 집필하여 농민과 귀족 자녀들이 평등하게 교육받도록 하자 귀족들이 거세게 반발했다.

블라디미르 체르트코프 톨스토이 사상에 심취한 체르트코프는 톨스토이와 많은 서신을 주고받으며 우정을 쌓아 마침내 톨스토이의 대변인으로 그의 가족들과 함께 지내게 되었다. 그러나 소피아와 사사건건 대립하며 가정생활의 분란을 일으켰다.

▲톨스토이와 아내 소피아 안드레예브나 일리야 레핀. 1907.
톨스토이의 이상주의와 부인의 현실주의는 부부간 분쟁을 끊임없이 불러왔다. 톨스토이는 1891년 청빈 생활을 위해 재산과 판권을 포기하려 했지만 가족의 반대로 91년 이후 발표한 판권은 포기하고, 그 이전 판권은 아내에게 넘기기로 타협했다.

▶톨스토이와 주치의 두샨 마코비키
톨스토이는 자신의 서류를 뒤지는 아내의 행동에 크게 분노해 1910. 10. 27일, 딸 알렉산드라에게 모든 판권을 상속한다는 유언장을 남기고 한 집에 살던 주치의 마코비키와 함께 가출하여 여행하던 중 폐렴으로 집을 나온 지 열흘 만에 아스타포프의 역장 집에서 세상을 떠났다.

▲승마 평소 말을 좋아하는 톨스토이는 아끼는 말 데릴프를 타고 숲을 산책하기를 즐겼다.

АННА КАРЕНИНА

РОМАНЪ

ГРАФА

Л. Н. ТОЛСТАГО

ВЪ ВОСЬМИ ЧАСТЯХЪ

ТОМЪ ПЕРВЫЙ

МОСКВА.
ТИПОГРАФІЯ Т. РИСЪ, У ЮШКОВ УЛ., ДОМ МЕДЫНЦЕВОЙ.
1878.

◀《안나 까레니나》(1878) 초판 속표지

▼조각 〈안나 까레니나 간음〉 1919. 블라디스라프 샤발린

삽화 "그것 말고는 아무것도 바라지 않아요. 그저 세료쥐아를, 세료쥐아만은 놔두고 가 주세요…… 난 곧 아길 낳게 돼요. 그 애는 놔두고 가세요!"

〈아들과 재회하는 안나 까레니나〉 미하일 브루벨, 1878. 모스크바 트레티야코프 미술관
"세료쥐아, 귀여운 아가!" 그녀는 숨을 가쁘게 쉬면서 두 팔로 그의 여린 몸을 껴안았다.

World Book 271
Лев Н. Толстой
АННА КАРЕНИНА

안나 까레니나 Ⅱ

똘스또이/맹은빈 옮김

동서문화사

디자인 : 동서랑 미술팀

안나 까레니나 I II

차례

안나 까레니나 II

안나 까레니나 I

주요인물

안나(아르까지예브나 까레니나) 까레닌의 젊고 아름다운 아내. 브론스끼와 불미스럽지만 격렬한 사랑에 빠지는 여인.

까레닌(알렉세이 알렉산드로비치) 뻬쩨르부르그의 유명한 관료 정치가. 형식적이고 냉정한 정신의 소유자이나 안나의 외도로 감정의 격랑을 겪는다.

세료쥐아 까레닌 부부의 외아들.

브론스끼(알렉세이 끼릴로비치) 안나의 애인. 돈 많은 미남 귀족 청년 장교. 사교계와 연대의 총아.

오블론스끼(스쩨빤 아르까지치) 안나의 오빠. 사교계의 통칭은 스찌바. 향락적이나 근본은 선량하고 사교성 있는 자유주의적 귀족.

돌리(다리야 알렉산드로브나) 오블론스끼의 아내. 쉬체르바스끼 공작의 맏딸. 다섯 아이를 기르며 남편의 방탕함에 고심한다.

레빈(꼰스딴찐 드미뜨리예비치) 농민과 함께 노동을 즐기는 부유한 지주귀족. 성실하고 순박하나 외골수 기질이 있고, 끼찌를 사랑하여 아내로 삼는다.

끼찌(까쩨리나 알렉산드로브나) 쉬체르바스끼 공작의 막내딸. 브론스끼와의 사랑으로 상처를 입지만 꼰스딴찐 레빈의 사랑으로 다시 소생한다.

쉬체르바스끼 모스끄바의 귀족.

꼬즈느이쉐프(세르게이 이바노비치) 레빈의 이부형(異父兄). 유명한 저술가.

니꼴라이 레빈(이바노비치) 꼰스딴찐 레빈의 친형. 막대한 유산을 탕진하고, 궁핍과 병으로 허덕이는 인생의 패배자.

마리야 니꼴라예브나 니꼴라이 레빈의 정부(情婦).

베뜨시 뜨베르스까야 공작부인. 브론스끼의 사촌 누이. 뻬쩨르부르그 사교계의 중심인물.

리지야 이바노브나 까레닌의 정신적인 여자 친구.

바르바라 안나의 숙모. 노처녀.

바레니까 쉬딸리 부인의 양녀. 끼찌의 친구.

아가피야 미하일로브나 레빈의 가정부.

야쉬빈 브론스끼의 친구인 장교.

스비야쥐스끼 지방귀족. 레빈의 친구.

제5편

1

쉬체르바스끼 공작부인은 앞으로 5주밖에 남지 않은 사순절까지 결혼식을 올린다는 것은 도저히 불가능한 일이라고 여겼다. 그때까지는 신부의 혼례 지참품을 절반밖에 준비하지 못하기 때문이었다. 그러나 사순절 뒤로 하면 너무 늦어진다는 레빈의 의견에도 동의할 수밖에 없었다. 그 까닭은 쉬체르바스끼 공작의 연로한 큰어머니가 중환으로 곧 죽을 것 같았으므로, 그렇게 되면 그 상(喪)때문에 혼례가 더한층 늦춰질 터이기 때문이었다. 그래서 공작부인은 혼례 지참품을 크고 작은 두 가지로 나누기로 하고 어쨌든 사순절에 앞서 혼례를 치르기로 동의했다. 그녀는 작은 혼수부터 지금 곧 전부를 준비하고 큰 혼수는 나중에 보내기로 정했다. 그런데 레빈이 그것에 동의한다는 것인지 그렇지 않다는 것인지 좀처럼 진지하게 대답하지 않자, 그녀는 너무도 발끈 화가 났다. 사실 두 젊은이는 혼례가 끝나면 곧 큰 지참품은 무용장물로 전락할 시골로 떠날 예정이었으므로, 그러는 편이 더욱 편리할 것이기 때문이었다.

레빈은 여전히 무아경 상태에 빠져 있었다. 그에게는 자기와 자기 행복이 세상에서 가장 중요하고 유일한 목적처럼 여겨졌고, 지금 자기는 아무것도 생각하거나 걱정할 필요가 없고 무슨 일이건 남들에게 맡겨두면 될 것 같았다. 그는 앞으로의 생활 계획과 목표에 대해서도 아무런 생각이 없었다. 모든 것이 잘되어 나가리라고 믿고 그 결정을 남들에게 맡겨 두었다. 형인 꼬즈느이쉐프와 오블론스끼와 공작부인이 그가 해야 할 일을 가르쳐 주었다. 그는 누가 무슨 이야기를 하건 모두 그대로 동의했다. 형은 그를 위해 돈을 대 주었고, 공작부인은 식이 끝나면 모스끄바를 떠나라고 조언했다. 오블론스끼는 외국으로 갈 것을 권했다. 그는 그 모든 것에 동의했다. 그는 이렇게 생각하고 있었다. '그것이 당신들에게 즐거우시다면 좋을 대로 하시지요. 나는 행복합니다. 그리고 내 행복은 당신들이 무엇을 하더라도 늘지도 않고 줄지도 않을 테니까요.'

그는 외국여행을 가라는 오블론스끼의 권유를 끼찌에게 전했을 때, 그녀가 그 것에 찬성하지 않았을뿐더러 두 사람 장래에 대해서 그녀 나름의 확고한 바람을 지녔다는 데에 적잖이 놀랐다. 그녀는 시골에 레빈이 아주 좋아하는 일이 있음을 알고 있었다. 그가 보기에 그녀는 그 일을 이해하지 못할 뿐 아니라 이해하고 싶어 하지도 않는 것 같았다. 그러나 그녀는 그 일을 매우 중요하게 생각하고 있었다. 그녀는 그와 함께 살 곳이 시골이 되리라는 것을 알고 있었기에, 살게 될 곳도 아닌 외국보다는 자기들 집이 있는 곳으로 가기를 바란 것이다. 끼찌의 이런 분명한 계획은 레빈을 놀라게 했다. 그러나 그는 어느 쪽이나 좋았으므로 곧 오블론스끼에게 마치 그것이 그의 의무이기라도 하듯이, 시골로 가서 그의 풍부한 정취를 살려 모든 것을 잘 준비해 놓고 와 달라고 당부했다.

"그런데 말이야, 자네."

오블론스끼는 신혼부부를 맞이할 모든 준비를 해두고 돌아와 레빈에게 이렇게 말했다. "자네는 참회를 마쳤다는 증서를 가지고 있나?"

"아니. 그건 왜?"

"그것 없이는 식을 올릴 수 없어."

"아니, 뭐라고?" 레빈은 소리를 질렀다. "나는 벌써 한 9년이나 성례(聖禮)를 받지 않았다고. 그런 것은 생각도 못했어."

"엄청나군!" 오블론스끼가 웃으면서 말했다. "나를 허무주의자라고 부르는 주제에! 뭐, 어쨌든 그래서는 안 돼. 자넨 꼭 성례를 받아야 해."

"언제? 이제 나흘밖에 남지 않았는데."

오블론스끼는 이것도 잘 주선해 주었으므로 레빈은 성례를 받게 되었다. 레빈처럼 남의 신앙은 존경하지만 자기는 신앙이 없는 사람에게는, 교회의 의식에 참석하거나 관여하는 것이 퍽 고통스러운 일이다. 특히 마음이 부드러워져 무슨 일에나 민감하게 반응하는 지금의 정신 상태에서는, 이처럼 신앙을 거짓으로 꾸민다는 것이 고통스러울 뿐만 아니라 절대 할 수 없는 일처럼 여겨졌다. 지금 그는 이 자랑스럽고 영광스러운 때에 거짓말하거나 신성모독을 범할 경우에 맞부딪친 것이다. 그는 그중 무엇도 자기로선 하기 어려울 거란 느낌이 들었다. 그래서 성례를 받지 않고는 증서를 얻을 수 없는지 몇 차례나 물어보았지만, 오블론스끼는 불가능하다고 딱 잘라 말했다.

"자네는 무엇을 그처럼 거창하게 생각하나? 고작 해야 이틀 아닌가? 게다가 신부님은 아주 재치 있는 영감이야. 그 사람이면 자네가 조금도 알아채지 못하는 사이에 그 충치를 뽑아 줄 거야."

첫 번째 기도식에 섰을 때 레빈은, 열예닐곱 살 무렵 체험했던 그 강렬한 종교적 감정을 자기 속에서 새롭게 되살리려고 해 보았다. 그러나 곧 그것이 자기에게는 전혀 불가능하다고 깨달았다. 그는 또한 그러한 의식들을, 귀족들이 서로의 집을 방문하는 것처럼 아무런 의미도 없는 헛된 관습으로 여겨 보려고 노력했다. 그러나 그것마저 도무지 될 것 같지 않았다. 레빈은 종교에 대해서는 같은 시대 대다수의 사람들과 마찬가지로 아주 애매한 입장을 취했다. 즉 믿을 수는 없었지만 동시에 또 그런 것들이 모두 옳지 않다고 확신하는 것도 아니었다. 그는 자기가 하는 일의 의미를 믿을 수도 없었고, 그렇다고 그것을 헛된 형식으로 냉담하게 바라볼 수도 없었다. 그래서 그는 성례를 받는 동안 자신도 이해가 가지 않는, 마음속의 목소리가 속삭이는 것처럼 무엇인가 위선적인 좋지 않은 짓을 하면서 거북스럽고 부끄러운 느낌을 경험하고 있었다.

예배를 보는 동안 그는 자신의 견해와 어긋나지 않는 의미를 찾으려고 애쓰면서 잠잠히 기도에 귀를 기울이기도 하고, 혹은 도무지 이해되지 않을뿐더러 비판하는 게 당연하다고 느끼면서 되도록 그것을 듣지 않으려고 노력하며, 대신 자기 사상과 관찰에 잠겨 있었다. 교회에서 멍청하게 서 있으면 그러한 것들이 유난히 선명하게 머릿속에 떠오르는 것이었다.

그는 낮 기도식과 저녁 기도식과 밤 기도식을 모두 마쳤다. 그리고 이튿날은 여느 때보다 일찍 일어나 차도 마시지 않고 아침 기도식과 참회를 위해서 8시에 교회로 갔다.

교회에는 한 거지 병사와 두 노파와 신부들 외에는 아무도 없었다.

얇은 법의 밑으로 긴 등의 좌우 근육이 뚜렷이 보이는 젊은 부제가 그를 맞이하고 곧 벽에 붙은 작은 탁자 옆으로 가서 계율을 읽기 시작했다. 그가 읽어 감에 따라서, 유달리 '용서하셨도다. 용서하셨도다'라고 들리는 "하느님이시여, 자비를 베풀어 주시옵소서!"라는 말이 재빨리 자주 반복되는 것을 듣고 있자, 레빈은 자기 사상이 막히고 봉인되어 이제는 그것을 만져서도 움직여서도 안 되고 자칫하면 그것이 완전히 엉망진창이 돼 버릴 것 같은 느낌이 들었다. 그래서 그는 부제 뒤에 서서 그것을 듣지도 추구하지도 않고 줄곧 다른 상념에 빠져 있었다.

'정말 그녀 손에는 아주 풍부한 표정이 있더군.' 그는 어제 둘이서 구석 쪽 탁자에 마주 앉아 있었을 때를 떠올리면서 생각했다. 요즘에는 거의 언제나 그렇듯 두 사람에게는 특별히 이야깃거리도 없었다. 그녀는 탁자 위에 한쪽 손을 올려놓고 폈다 오므렸다 하다가 그것을 쳐다보면서 혼자서 웃어댔다. 그는 자기가 그 손에 입을 맞춘 일, 그러고서 장밋빛 손바닥 손금을 뚫어져라 관찰한 일을 생각해 냈다. '아니, 또 용서되었군.' 그는 성호를 긋기도 하고 예배도 하고, 똑같이 예배하는 부제의 등의 유려한 움직임을 보면서 생각했다.

'그러고는 그녀가 내 손을 잡고 손금을 보았지. 어머나, 정말 훌륭한 손이에요, 하고 말했지.' 그는 자기 손과 부제의 짤막한 손을 번갈아 보았다.

'아아, 이제 곧 끝나나 보군.' 그는 생각했다. '가만, 또 처음부터 다시 할 모양인가?' 그는 기도 소리에 귀를 기울이면서 생각했다. '아니, 역시 끝나 가고 있다. 벌써 저렇게 땅에 닿도록 절을 하고 있잖아. 저건 언제나 끝날 때 하는 짓이지.'

부제는 우단 소맷부리 속에 있는 손으로 슬쩍 3루블 지폐를 받더니 적어 두겠다고 말했다. 그리고 텅 빈 교회 바닥 돌 위로 기운차게 새 장화 소리를 내며 제단 안으로 들어갔다. 1, 2분이 지나자 그는 안쪽에서 얼굴을 내밀고 레빈을 손짓으로 불렀다. 그러자 이때까지 막혀 있던 사상이 머릿속에서 꿈틀거리기 시작했으나 레빈은 황황히 그것을 쫓아 버렸다. '어떻게든 해내겠어.' 다짐한 그는 설교대 쪽으로 갔다. 자그마한 계단을 올라 오른쪽을 돌아보니 사제가 보였다. 성기고 희뜩희뜩한 턱수염에 지친 듯하나 사람 좋아 보이는 눈을 한 노(老) 사제는 성서대 옆에 서서 기도서 책장을 넘기고 있었다. 그는 가볍게 레빈에게 목례를 하고 곧 여느 때와 다름없는 버릇이 된 목청으로 기도문을 읽기 시작했다. 그것이 끝나자 땅에 닿을 만큼 낮게 절하고 레빈에게 얼굴을 돌렸다.

"당신의 참회를 듣기 위해 그리스도께서 눈에 띄지 않게 여기에 서 계십니다." 그는 십자가의 그리스도 상(像)을 가리키면서 말했다. "당신은 우리 성 사도 교회(聖使徒教會)의 가르침을 모두 믿으십니까?" 사제는 레빈 얼굴에서 눈을 돌리고 두 손을 성대(聖帶) 밑에서 마주 잡으면서 계속했다.

"전 모든 것을 의심해 왔고, 지금도 의심하고 있습니다." 레빈은 스스로 듣기에도 불쾌한 목소리로 말하고 나서 입을 다물었다.

사제는 그가 더 뭐라고 얘기하지 않나 한동안 기다리고 있었다. 그러더니 눈을 감고 'ㅇ' 음이 두드러진 블라지미르 지방 사투리로 재빠르게 말했다.

"의심이라는 것은 약한 인간에게 흔히 따르는 법입니다. 그러나 우리는 자비로우신 하느님께서 우리 마음을 견고하게 해 주시도록 기도를 드려야 합니다. 당신은 특히 어떤 죄를 지으셨습니까?" 그는 시간을 허비하지 않으려는 듯이 조금의 사이도 두지 않고 이렇게 덧붙였다.

"저의 가장 큰 죄는 의심입니다. 전 모든 것을 의심하고 있고 거의 언제나 의심 속에 있습니다."

"의심이라는 것은 인간의 약점으로 당연합니다." 사제는 똑같은 말을 되풀이했다. "당신께서는 주로 어떤 것을 의심하고 계신가요?"

"전 모든 것을 의심하고 있습니다. 때로는 하느님 존재마저도 의심하는 일이 있습니다." 레빈은 저도 모르게 내뱉고, 자기 말이 너무나도 예의가 없는 것에 놀랐다. 그러나 사제에게는 레빈의 말은 아무런 영향도 주지 않은 것 같았다.

"하느님 존재에 어떤 의심이 있을 수 있습니까?" 그는 희미한 미소를 띠고 빠르게 말했다.

레빈은 잠자코 있었다.

"당신은 하느님께서 만드신 세상을 눈으로 보면서, 그 창조주에 대해 어떤 의심을 할 수 있습니까?" 사제는 습관이 된 빠른 말투로 계속했다. "하늘의 둥근 천장을 온갖 별들로 장식하신 분은 누구이십니까? 대지에 아름다운 옷을 입히신 분은 누구이십니까? 조물주가 아니면 누가 할 수 있겠습니까?" 그는 질문하는 눈을 레빈에게 돌리며 말했다.

레빈은 사제를 상대로 철학을 논하는 것은 예의가 아니라고 여겼으므로 그 문제에 직접 관계가 있는 것만을 대답했다.

"나는 잘 모르겠습니다." 그가 말했다.

"모르겠다고요? 그럼 어째서 당신은 하느님께서 만물을 만드셨다는 것을 의심하십니까?" 사제는 유쾌하면서도 이해할 수 없다는 빛을 띠며 말했다.

"나는 아무것도 모릅니다." 레빈은 얼굴을 홍당무처럼 붉히고, 자기 말이 참으로 어리석다는 것과 그러나 이런 일에는 그렇게 되지 않을 수 없다는 것을 느끼면서 말했다.

"하느님께 기도하십시오. 하느님께 의지하십시오. 덕이 높은 옛 성인들도 의심을 품고 자기 신앙을 견고히 하기 위해서 끊임없이 하느님에게 기도했습니다. 악마는 굉장한 힘을 가지고 있습니다. 우리는 그것에 굴복해선 안 됩니다. 하느님께 기도하고, 의지하십시오. 하느님께 기도하십시오." 그는 빠른 어조로 되풀이했다.

사제는 깊은 생각에 잠긴 것처럼 한동안 침묵했다.

"듣자하니 당신은 내 교구 신도로 하느님의 자녀인 쉬체르바스끼 공작 영애와 결혼하실 모양이더군요?" 그가 웃는 얼굴로 덧붙였다. "아주 훌륭한 처녀죠!"

"네." 레빈은 사제 말에 얼굴을 붉히면서 대답했다. '무엇 때문에 참회식에서 이런 것을 물을 필요가 있을까?' 그는 생각했다.

그러자 마치 그 생각에 대답하기라도 하듯이 사제가 말했다.

"당신은 결혼하시려고 합니다. 하느님께서는 틀림없이 당신에게 자손이라는 은혜를 내리실 겁니다. 그렇지 않나요? 그런데 말입니다. 만약 당신이 자신을 불신앙으로 꾀어내는 악마의 유혹을 이겨 내지 못한다면, 당신은 자식들에게 어떤 교육을 할 수 있겠습니까?" 그는 조심스레 나무라는 어조로 말했다. "만약 당신이 자식을 사랑한다면 당신은 좋은 아버지로서 그들을 위해서, 부와 사치와 명예뿐만 아니라 자식의 구원을, 진리의 빛으로 그의 넋이 비추어지기를 바라실 것입니다. 그렇지 않을까요? 죄도 더럽힘도 없는 조그마한 아이들이 당신에게, '아버지, 내가 이 세상에서 제일 좋아하는 것—땅, 물, 해, 꽃, 풀이니 하는 모든 것은 도대체 누가 만들었어요?' 하고 묻는다면 당신은 무엇이라고 대답하시겠습니까? 아이에게 '난 몰라' 하고 말씀하시렵니까? 하느님께서 그 위대한 자비로 당신 앞에 그것을 펼쳐 주셨는데, 당신이 그것을 모르실리 없습니다. 또 당신의 자식이 '죽으면 우린 어떻게 되나요?' 하고 물을 때, 만약 당신이 아무것도 모르신다면 무엇이라고 말씀하시겠습니까? 당신은 어떻게 대답하시렵니까? 자식을 세상과 악마의 유혹에 맡기시렵니까? 그건 옳지 않아요!" 그는 이렇게 말을 맺었다. 그리고 머리를 옆으로 기울인 채 어질고 부드러운 눈으로 레빈을 바라보았다.

레빈은 아무 대답도 하지 않았다. 사제와 입씨름을 하기 싫어서가 아니라 지금까지 자기에게 이런 의문을 일으킨 사람은 아무도 없었고, 또 자기 자식이 이런 질문을 하게 될 때까지는 아직 충분히 대답을 생각할 여유가 있다고 여겼기 때문이었다.

"당신은 지금 인생의 최성기에 접어들려는 참입니다." 사제는 말을 계속했다. "당신은 길을 한 갈래 선택해서 그 길을 계속 밟고 나아가야만 합니다. 하느님께 기도하십시오. 그 자비로 힘을 주시도록, 은혜를 내려 주시도록. '우리 주, 우리 하느님인 예수 그리스도께서 넘치는 사랑과 자비로 이 아들을 용서해 주시옵기를……'" 사제는 속죄 기도를 끝으로 그를 축복하고 놓아 주었다.

그날 집으로 돌아온 레빈은 이 거북살스러운 용무가 끝났다는 것, 더욱이 거짓말을 하지 않고 끝난 것을 크게 기뻐했다. 그뿐만 아니라 그의 마음에는, 그 선량하고 인자한 사제가 말한 내용은 처음에 생각했던 바와 같은 어리석은 것이 결코 아니고, 거기에는 무엇인가 분명히 밝혀야만 할 문제가 담겨 있는 것 같은 어렴풋한 기억이 남아 있었다.

'물론 지금 당장은 아니다, 나중에.' 레빈은 생각했다. 순간 그는 이전보다도 한층 더 강하게 자기 영혼 속에 무엇인가 분명치 않은 불순한 것이 있음을 느꼈다. 그리고 종교에 대한 자신의 태도가 이제까지 타인 속에서 또렷이 보고 혐오해 왔으며, 그 때문에 언젠가 친구인 스비야쥐스끼를 비난했던 태도와 완전히 똑같아졌음을 통감했다.

레빈은 그날 밤 약혼자와 함께 돌리네 집에서 시간을 보내면서 유달리 즐거웠다. 그는 오블론스끼에게 자기의 들뜬 기분을 이렇게 고백했다. 마치 고리를 통과하는 훈련을 받아 온 개처럼, 마침내 자기가 해야 할 것을 터득해 요구받은 재주를 멋지게 해치우고는 기쁨에 겨워 짖고 꼬리를 흔들며 탁자 위나 창턱 위로 뛰어오를 때 같다고.

2

혼례 날 레빈은 관습에 따라(공작부인과 돌리가 관습을 따르라고 완강히 우겼으므로) 약혼자와 만나지 않고 우연히 모인 세 독신자—꼬즈느이쉐프, 대학 시절의 친구로 지금은 자연과학 교수인 까따바소프(레빈은 길에서 그를 만나 끌고 왔다), 그리고 신랑 들러리를 맡을 모스끄바 치안판사이자 레빈의 곰 사냥 친구인 치리꼬프—와 호텔 방에서 같이 식사를 했다. 회식은 아주 유쾌했다. 꼬즈느이쉐프는 잔뜩 기분이 좋아서 까따바소프의 색다른 논조를 칭찬했다. 까따바소프는 자기 독창성이 높이 평가되고 이해되자 점점 더 괴짜 행세를 뽐냈다. 치리꼬프는 무슨 말이 나와도 쾌활하고 붙임성 있게 맞장구쳤다.

"본디." 까따바소프는 교단에서 얻은 버릇으로 말을 길게 잡아 늘이면서 말했다. "우리 벗인 레빈은 정말 전도유망한 청년이었습니다. 아니, 나는 다른 사람을 얘기하는 거예요. 왜냐하면 그 모습은 이제 찾아볼 수 없기 때문이에요. 대학을 졸업할 무렵 그는 과학을 사랑했고 인간 연구에 흥미가 있었죠. 그런데 지금은, 그 능력의 반은 자기를 속이는 데 쓰고, 나머지 반은 그 기만을 변호하는 데 쓰는 형편이거든요."

"정말 당신처럼 철저한 결혼반대론자는 처음 봅니다." 꼬즈느이쉐프가 말했다.

"아닙니다. 나는 결혼반대론자가 아닙니다. 노동 분업의 지지자입니다. 아무 것도 만들어 낼 줄 모르는 사람들은 사람 자체의 생산에 종사하고, 그 밖의 사람들은 그들의 계몽과 복지에 힘써야 합니다. 이것이 내 주장이죠. 이 두 가지 일을 자주 혼동하는 사람들이 무수히 있지만, 나는 그런 인간이 아닙니다."

"그런 자네가 사랑에 빠졌다는 말을 들으면 난 얼마나 행복할까!" 레빈이 말했다. "결혼식에는 꼭 나를 불러야 하네."

"사랑이라면 이미 하고 있어."

"그래, 오징어하고 말이지. 아, 형님." 레빈은 형에게 얼굴을 돌렸다. "까따바소프는 요즘 영양학에 관한 저술을 하고 있어요……."

"음, 쓸데없는 소리 작작 해 둬! 무슨 연구건 지금은 상관없잖아. 중요한 건 내가 바로 오징어를 사랑하고 있다는 거니까."

"그러나 오징어가 여인을 사랑하는 일을 방해하진 않아."

"오징어야 방해하지 않지만, 마누라 쪽이 방해야."

"어째서?"

"그건 곧 알게 돼. 자네는 지금 농사와 사냥을 사랑하고 있어. 하지만 앞으로 어떻게 될지 어디 두고 봐!"

"아, 오늘 아르히쁘가 와서 말하길, 쁘루드노예에 사슴이 무척 많고 곰도 두 마리 있다는군." 치리꼬프가 말했다.

"그럼 나는 빼고 가서 잡아 오면 되겠군."

"바로 그거야." 꼬즈느이쉐프가 말했다. "넌 이제부터 곰 사냥과는 손을 끊어야지, 마누라가 허락하지 않을 테니까."

레빈은 빙그레 웃었다. 아내가 자기를 보내지 않는 모습을 상상하자 몹시 즐거워서, 곰을 본다는 만족감 따윈 영원히 포기해 버려도 좋다고까지 생각할 정도였다.

"그러나 말이야, 모처럼 두 마리나 있는 곰을 자네 없이 잡는다니 어쩐지 좀 서운한걸. 요전의 하삘로보에서의 일을 기억하고 있나? 참 멋들어진 사냥이었어." 치리꼬프가 말했다.

레빈은 사냥 말고도 세상에는 재미있는 일이 있다는 말로 친구의 사기를 꺾고 싶지 않았으므로, 한마디도 하지 않았다.

"이렇게 독신생활과 작별을 고하는 관습도 아주 의미가 없지는 않아." 꼬즈느이쉐프가 말했다. "결혼해서 아무리 행복하더라도 역시 자유는 아까운 것이거든."

"털어놓게. 고골리가 쓴 희극의 새신랑처럼 창문으로 뛰어내려 도망가고 싶은 심정 아닌가?"

"그야 틀림없이 그렇겠지만 인정하지는 않을 거야!" 까따바소프는 이렇게 말하고 크게 껄껄댔다.

"어때, 창문은 열려 있어…… 당장 뜨베리로 가자고! 암곰이 한 마리 있고 더욱이 굴까지 찾아갈 수 있으니까. 정말, 5시 기차로 떠나세! 나중은 어떻게든 되겠지." 싱글벙글하면서 치리꼬프가 말했다.

"아니, 맹세하지만." 레빈도 싱글벙글하면서 말했다. "내 마음속 어디에도 자유를 아쉬워한다는 감정은 조금도 찾아낼 수 없어."

"아니, 자네 마음속에는 지금 혼돈이 자욱해서 아무것도 발견할 수 없는 거야." 까따바소프가 말했다. "잠깐만 기다려 보게, 조금 기분이 가라앉으면 분명히 발견될 테니까."

"아니, 나도 내 감정과(그는 이 친구들 앞에서 '사랑'이라는 단어를 쓰고 싶지 않았다)…… 행복 외에, 하다못해 조금이라도 자유를 잃는 안타까움을 느끼고 싶긴 한데 말이야…… 그러기는커녕 오히려 자유를 잃는다는 것조차 기쁘게 느낄 정도야."

"이런, 이런! 이거 정말 중증이군그래!" 까따바소프가 말했다. "그럼 어디 레빈의 병이 낫기를 바라며, 아니면 그의 공상이 100분의 1이라도 실현되기를 기원하며 축배를 듭시다. 만약 100분의 1이라도 실현되면, 그것만으로도 이제까지 들어본 적이 없는 큼직한 행복이 실현될 테니까."

식사가 끝나자 손님들은 식에 나갈 준비에 늦지 않으려고 돌아갔다.

혼자 남은 레빈은 독신자들의 이야기를 떠올리면서 다시 한 번 자신에게 물어보았다. 자기 마음에 과연 그들이 이야기한 것과 같은, 자유를 아까워하는 감정이 있는가 어떤가. 그는 그 물음에 빙그레 웃었다. '자유? 무엇을 위한 자유지? 행복이란 오직 그녀만을 사랑하고 그녀가 바라는 것을 바라고, 그녀가 생각하는 것을 생각하는 것이다. 말하자면 자유는 조금도 없어. 그것이 바로 행복이다!'

'그러나 나는 그녀의 생각을, 그녀의 바람을, 그녀의 마음을 알고 있는 것일까?' 갑자기 어떤 목소리가 그에게 속삭였다. 얼굴에서 미소가 사라지고 그는 생각에 잠겼다. 그러자 별안간 그의 마음에 괴상한 느낌이 나타났다. 공포와 의혹—모든 것에 대한 의혹이 그의 마음을 덮쳐온 것이었다.

'만약 그녀가 나를 사랑하고 있지 않다면? 그저 결혼을 하기 위해 나한테 오는 것이라면 어쩌지? 만약 그녀 스스로도 자기가 하려는 짓을 깨닫지 못하고 있다면 어쩌지?' 그는 자기 마음에 물었다. '그녀는 나중에 제정신이 들 것이다. 그리고 결혼해 버리고 나서 자기가 나를 사랑하지 않는다는 것과 나를 사랑할 수 없다는 것을 이해하게 되지 않을까?' 그러자 그녀에 대해, 지극히 좋지 않은 기괴한 생각이 그의 머리에 떠올랐다. 그는 1년 전처럼, 브론스끼와 같이 있는 그녀를 보았던 그날 밤이 마치 어제이기라도 한 양 브론스끼를 질투했다. 또 그녀가 자기에게 무언가를 숨기는 것은 아닐까 하는 의심이 용솟음쳤다.

그는 벌떡 일어섰다. "아니, 이대로는 안 돼!" 그는 절망에 빠져 소리쳤다. '그녀에게 가서 분명하게 물어보자. 우리는 자유의 몸이다, 여기서 돌아서는 게 좋지 않겠느냐고 마지막으로 묻는 거야. 앞으로 계속 불행과 굴욕과 불신을 질질 끌고 가는 것보다야 뭐든 낫지!' 그는 가슴에 번지는 절망과 모든 인간에 대한, 자기에 대한, 그녀에 대한 증오를 품고 호텔을 나와 그녀의 집으로 마차를 몰았다.

그녀는 내실에 있었다. 트렁크 위에 앉아서, 의자의 등과 마룻바닥에 널려 있는 온갖 빛깔의 옷가지를 하녀와 의논하면서 정리하고 있었다.

"어머!" 그녀는 그를 보자 환희로 온몸을 빛내면서 외쳤다. "아니, 어떻게 당신(뜨이)이, 어떻게 당신(브이)이? (이때까지도 그녀는 그에게 정다운 호칭인 '뜨이'와 서먹한 호칭인 '브이'를 다 쓰고 있었다) 정말 뜻밖이에요! 난 지금 옷을 골라내는 중이에요. 이건 누구에게 줄까 하고⋯⋯."

"아아! 그것은 정말 잘하시는 일입니다!" 그가 어두운 낯빛으로 하녀를 쳐다보면서 말했다.

"자리 좀 비켜 줘, 두냐쉬아. 일이 있으면 부를 테니까." 끼찌가 말했다. "당신 정말 무슨 일이 있었어요?" 그녀는 하녀가 나가자마자 그를 서슴없이 당신(뜨이)이라고 부르면서 물었다. 흥분한 그의 음울하고 묘한 얼굴빛을 보자 공포가 그녀 마음을 에워쌌다.

"끼찌, 나는 괴롭소. 혼자서는 그 괴로움을 감당할 수 없소." 그는 그녀 앞에서 멈추고 애원하듯이 그녀 눈을 들여다보며 절망에 빠진 목소리로 말했다. 그는 그녀의 사랑과 진실이 서린 낯빛을 통해서, 이미 자기가 말하려던 것이 무의미함을 깨달았다. 그러나 그는 역시 그녀가 자신의 손으로 직접 이 어지러운 매듭을 풀어 주어야 할 필요를 느꼈다.

"나는 아직 때가 늦지 않았음을 말하려고 온 거요. 아직은 모든 것을 취소하고 바로잡을 수 있어요."

"무슨 뜻이에요? 난 조금도 모르겠어요. 대체 무슨 일이 있으셨어요?"

"내가 이미 천 번이나 당신에게 말했고 또 도무지 생각에서 떨쳐버릴 수 없는데⋯⋯ 나에게는 당신과 짝 지어질 자격이 없다는 겁니다. 애당초 당신이 나와의 결혼을 승낙할 리가 없었던 거요. 잘 생각해 보시오. 당신은 실수한 겁니다. 정말 잘 생각해 보시오. 당신이 나 같은 사람을 사랑할 리 없소⋯⋯ 그러니 만약⋯⋯ 그렇다면 분명히 말해 주시오." 그는 그녀를 쳐다보지 않고 말했다. "안 그러면 나는 불행해질 겁니다. 남들이 뭐라고 말하든, 어떻게 생각하든 상관없소. 무슨 일이건 불행보다는 나으니까⋯⋯ 그러니 차라리 아직 늦지 않은 지금 분명히 밝혀 주시오⋯⋯."

"나는 모르겠어요." 그녀는 깜짝 놀라며 대답했다. "결국 당신은 그만두고 싶으시다는 건가요⋯⋯ 결혼하지 않는 게 좋다고요?"

"그렇소, 만약 당신이 나를 사랑하지 않는다면."

"당신, 머리가 좀 이상해지셨어요!"

그녀는 화가 나서 얼굴이 새빨개져 소리쳤다. 그러나 그의 얼굴빛이 차마 볼 수 없을 만큼 처참했기에 그녀는 분노를 억눌렀다. 안락의자에 놓여 있던 옷을 치우고 그의 옆으로 다가가 앉았다.

"정말 무슨 생각을 하고 계세요? 죄다 말씀해 주세요."

"당신이 나를 사랑한다는 건 있을 수 없는 일이라고 생각하고 있습니다. 무엇을 보고 나 같은 자를 당신이 사랑할 수 있겠습니까?"

"아아, 하느님, 어떡하면 좋아요." 그녀가 울음을 터뜨렸다.

"아, 내가 무슨 짓을 했담!" 그는 외쳤다. 그리고 그녀 앞에 무릎을 꿇고 그 손에 키스하기 시작했다.

5분 뒤 방에 들어온 공작부인은 이미 완전히 화해한 두 사람을 보았다. 끼찌는 자기가 그를 사랑하고 있음을 그에게 확인시켰을 뿐만 아니라, 어째서 사랑하느냐는 그의 물음에도 분명히 이유를 설명했다. 그녀는 그에게, 자기가 그를 사랑하는 까닭은 그를 충분히 이해하기 때문이며, 그가 좋아할 것을 모두 알고 있고, 또 그 좋아하는 것들이 모두 훌륭하다는 것도 알고 있기 때문이라고 설명했다. 그러자 그도 충분히 이해한 것이다. 공작부인이 방에 들어왔을 때, 두 사람은 트렁크 위에 나란히 앉아 옷을 가리키면서 옥신각신하고 있었다. 끼찌는 레빈이 청혼했을 때 입었던 갈색 옷을 두냐쉬아에게 주겠다고 했고, 그는 그 옷을 아무에게도 주지 말고 두냐쉬아한테는 저 하늘빛 옷을 주라며 입씨름을 하는 참이었다.

"어째서 당신은 모르세요? 저 빛깔은 그녀에게는 어울리지 않아요…… 나도 다 생각해서 하는 말이라고요."

그가 찾아온 까닭을 알게 된 공작부인은 농담 반 진담 반으로 성을 냈다. 그리고 곧 미용사인 쉬아를리가 올 시간이었으므로, 그녀는 끼찌가 머리를 단장하는 데 방해받지 않도록, 레빈에게 얼른 호텔로 돌아가 옷을 갈아입으라며 그를 쫓아냈다.

"저 아이는 그렇지 않아도 요즘 아무것도 먹지를 않아 살이 쭉 빠졌는데, 또 당신까지 쓸데없는 소리를 해서 저 아이를 괴롭히고 있으니." 그녀는 그에게 말했다. "자아, 어서 돌아가요, 돌아가. 뭐 이런 사람이 다 있담."

레빈은 죄를 지은 것 같이 몹시 부끄러운 기분이었으나 안심하며 호텔로 돌아왔다. 형과 돌리와 오블론스끼가 모두 말끔히 몸치장을 끝내고, 성상(聖像)으로 신랑을 축복하기 위해 벌써 그를 기다리고 있었다.

이제 지체할 여유가 없었다. 돌리는 한 번 더 집에 들러 신부 옆에서 성상을 운반하는 역할을 맡은, 포마드를 바르고 머리를 곱슬곱슬하게 지진 자기 아들을 데리고 와야 했다. 그다음 결혼 들러리를 모시러 마차를 한 대 보내야 했고 꼬즈느이쉐프가 타고 갈 다른 마차 한 대도 도로 호텔에 돌려주어야 했다. 요컨대 아주 어수선하고 까다로운 일이 쌓여 있었다. 단 하나 틀림없는 사실은, 벌써 6시 반이 되었으니 우물쭈물하고 있어서는 안 된다는 것이었다.

성상의 축복은 도무지 신통치 않았다. 오블론스끼는 장난스럽지만 덤덤한 태도로 아내와 나란히 서서 성상을 잡았다. 그리고 레빈에게 땅바닥까지 이마가 닿도록 절을 하라고 이르고 놀리는 듯한 부드러운 미소로 그를 축복하고 세 차례 그에게 키스했다. 돌리도 그와 똑같이 했고 곧 출발하려고 크게 서둘렀는데, 거듭 마차를 대는 일로 혼란이 일어나고 말았다.

"그럼 이렇게 하지. 당신은 우리 마차로 아이들을 데리러 가고, 꼬즈느이쉐프는 미안하지만 먼저 가서서 마차를 돌려보내 주십시오."

"뭘요, 난 좋습니다."

"그럼 우리도 곧 가겠네. 짐은 보냈나?" 오블론스끼가 말했다.

"음, 보냈어." 레빈은 대답하고 꾸지마한테 갈아입을 옷을 내오라고 지시했다.

3

수많은 사람의 무리, 특히 아낙네들이 결혼식을 위하여 휘황하게 불이 켜진 교회를 에워쌌다. 안으로 들어가지 못한 사람들은 창문께에 모여서 밀치락달치락 옥신각신하면서 창살 너머로 넘겨다보았다.

벌써 스무 대 이상의 마차가 헌병의 지시에 따라 연도에 늘어서 있었다. 경관 한 명이 혹한에도 외투도 걸치지 않고 제복을 빛내면서 입구에 서 있었다. 아직도 그칠 사이 없이 마차들이 들이닥치고, 꽃으로 장식한 치맛자락을 걷어지른 여자들이, 혹은 군모나 검은 모자를 벗으면서 남자들이 회당 안으로 들어갔다. 회당 안에는 벌써 한 쌍의 샹들리에와 여기저기에 있는 성상 앞 초가 모두 환히 켜져 있었다. 성단 앞에 드리운 휘장의 붉은 바탕 위로 비치는 황금빛 광휘, 금도금이 된 성상 조각, 은제 등잔걸이와 촛대, 돌을 간 바닥 융단, 높은 성가대석 옆 기(旗), 성단의 계단, 낡고 거무튀튀한 책들, 그리고 법의(法衣)와 미사 제복 같은 모든 것이 등불 빛을 받고 있었다. 훈훈한 회당 오른쪽, 연미복에 하얀 넥타이, 정복과 비로드 셔츠, 우단, 새틴, 머리, 꽃, 살갗이 휜히 드러난 어깨와 팔, 목이 긴 장갑 등이 뭉쳐 있는 혼잡 속에서 목소리를 낮춘 활발한 이야기가 오갔는데, 그것이 높고 둥근 천장에 부딪쳐 야릇한 반향을 일으키고 있었다. 문이 열리는 삐걱거리는 소리가 들릴 때마다 사람들의 이야기 소리가 뚝 멎고, 모두 들어오는 신랑 신부를 보려고 돌아다보았다. 그러나 문이 벌써 열 차례 이상 열렸지만 언제나 들어오는 사람은 늦게 와서 오른쪽 초대석으로 가는 손님들이거나 또는 경관을 속이거나 그의 동정을 사거나 해서 왼쪽의 일반 하객석 틈에 끼어드는 구경꾼뿐이었다. 친지들도 일반 구경꾼들도 이제 기다림의 고비를 넘기고 있었다.

처음에는 사람들이 신랑과 신부가 곧 오리라 여기고 조금 늦어도 전혀 신경을 쓰지 않았다. 그러나 마침내 사람들은 차츰 문 쪽을 기웃거리는 횟수가 많아지며 무슨 일이 일어나기라도 한 것이 아닌가 수군거리기 시작했다. 그리고 결국은 너무 늦어지는 것이 어쩐지 거북스러워졌다. 그래서 집안 사람들과 내빈들은 신랑에 대한 것은 염두에도 없고 오직 자기들 이야기에 열중하는 것처럼 보이려고 애썼다.

부제장(副祭長)은 자기 시간의 가치를 강조하려는 것처럼 창문 유리가 흔들릴 만큼 마른기침을 해댔다. 성가대에서도 기다리다 못한 대원들이 목청을 가다듬기도 하고 코를 풀기도 하는 소리가 들렸다. 사제는 줄곧 교회 서기니 부제니 심부름꾼을 보내어 신랑이 아직 오지 않았는지 알아보게 했고, 자신도 엷은 보랏빛 법의와 자수를 수놓은 띠를 두른 차림으로, 몇 번이나 옆쪽 문간으로 나가 신랑을 기다렸다. 마침내 부인들 가운데 한 사람이 시계를 들여다보고 이렇게 말했다. "그렇지만 이건 좀 이상한데요." 그러자 내빈들도 덩달아 불안한 기분에 휩싸여 제각기 놀라움과 불만을 토로하기 시작했다. 들러리 한 사람이 사정을 알아보기 위해 마차를 몰았다. 그 무렵 끼찌는 이미 오래전에 말끔히 준비가 끝나 있었다. 그녀는 하얀 드레스에 긴 베일과 오렌지꽃 화관을 쓰고 혼례에서의 대모(代母)인 언니 리보프 부인과 함께 쉬체르바스끼가 홀에 서서, 신랑이 교회에 도착했다는 들러리의 보고를 하릴없이 기다리면서, 벌써 한 시간 반 이상이나 우두커니 창문을 바라보고 있었다.

레빈은 그때 바지만 걸치고 조끼도 연미복도 입지 않은 채, 줄곧 문밖으로 고개를 내밀어 복도를 둘레둘레 보면서 호텔 방 안을 이리저리 왔다 갔다 하고 있었다. 그러나 아무리 기다려도 복도에는 그가 기다리는 사람의 모습이 보이지 않았다. 그는 절망에 빠져 되돌아와 두 손을 마구 휘휘 내두르면서, 태연하게 담배를 피우는 오블론스끼에게 화를 터뜨렸다.

"정말 지금까지 이처럼 엄청나게 어리석은 꼴을 당한 사람이 또 있을까?" 그가 말했다.

"음, 확실히 어리석어." 오블론스끼는 달래는 듯한 미소를 띠면서 맞장구를 쳤다. "그러나 좀 진정해, 곧 올 테니까."

"아니, 이제 다 틀렸어!" 레빈은 치밀어 오르는 분노를 억누르면서 말했다. "그리고 이 멍청하게 가슴이 드러난 조끼! 정말 참을 수 없어!" 그는 셔츠 가슴 통이 구겨진 것을 보면서 말했다. "그런데 내 짐이 이미 정거장으로 실려 나간 뒤라면 어떻게 한담!" 그는 절망적으로 외쳤다.

"그때는 내 걸 입어야지."

"진작 그렇게 했어야 했어."

"그러나 우스꽝스러운 꼴을 해선 안 되니까…… 조금만 더 기다려 봐! 잘 해결될 거야."

사정은 이랬다. 레빈이 옷을 갈아입겠다고 말했을 때 노복인 꾸지마는 연미복과 조끼, 그 밖의 필요한 것을 갖추어서 들고 왔다.

"셔츠는?" 레빈이 호통을 쳤다.

"셔츠는 입고 있으시잖습니까." 꾸지마가 침착한 미소로 대답했다. 꾸지마는 새 셔츠 한 벌을 남겨 놓는다는 것까지 미처 생각하지 못했다. 그래서 오늘 밤새 부부가 쉐체르바스끼 집에서 출발할 것이니 짐을 꾸려서 그 집에 실어다 놓으라는 명령을 받았을 때, 연미복 한 벌만을 남기고 나머지는 말 그대로 전부 꾸려 보내버린 것이었다. 레빈이 아침부터 줄곧 입고 있던 셔츠는 벌써 구겨질 대로 구겨졌으므로, 가슴이 넓게 트인 유행하는 조끼 밑에는 입을 수가 없었다. 쉐체르바스끼 집으로 사람을 보내기에는 길이 멀었다. 그래서 새것을 사 오라고 사람을 보냈으나 빈손으로 되돌아왔다. 일요일이라 어디를 가나 상점문이 닫혀 있더라는 것이다. 그들은 오블론스끼 집으로 사람을 보내 셔츠를 가져오게 했다. 하지만 그것은 레빈이 입을 수 없을 만큼 품이 크고 기장이

짧았다. 그래서 결국 쉬체르바스끼가로 사람을 보내 짐을 풀게 한 것이다.

교회에서 사람들이 목이 빠지도록 기다리고 있는 신랑은 이렇게 우리에 갇힌 짐승처럼 방 안을 서성거리고 복도를 내다보다가, 한편으로는 자기가 끼찌한테 무슨 실언을 했던가, 그녀가 지금쯤 어떻게 생각하고 있을까 하고 상기하면서 공포와 절망에 사로잡혀 있었다.

마침내 꾸지마가 면목없다는 얼굴로 셔츠를 가지고 헐레벌떡 방으로 뛰어들어왔다.

"하마터면 못 가져올 뻔했어요. 벌써 수레 위에다 올리고 있는 참이었거든요." 꾸지마가 말했다.

3분 뒤 레빈은 마음의 상처를 더 이상 건드리지 않기 위해서 시계도 보지 않고 복도를 허둥지둥 뛰어갔다.

"이제 와서 뛰어봤자 소용없어." 오블론스끼가 그의 뒤를 여유 있게 따라가면서 미소를 띠고 말했다. "다 잘 될 거야, 괜찮아…… 괜찮다니까."

4

"왔어요!"

"저기, 저 사람이에요!"

"어느 분이라고요?"

"저기 젊은 분이 아닐까요?"

"어머, 신부는 살아 있는지 죽어 있는지 모르겠군요!"

레빈이 입구에서 신부와 만나 같이 회당 안으로 들어가자 군중 틈에서 이렇게 수군거리는 소리가 들리기 시작했다.

오블론스끼가 늦은 까닭을 아내한테 이야기하자 내객들은 히죽히죽 웃으며 자기네들끼리 속닥거렸다. 그러나 레빈은 아무것도, 누구에게도 주의하지 않았다. 그는 신부에게서 눈을 떼지 못하고 그녀만 바라보고 있었다. 모든 사람이 그녀가 요 며칠 사이에 살이 쏙 빠져 화관을 얹은 모습이 여느 때보다 훨씬 떨어진다고 말했지만 레빈은 그렇게 생각하지 않았다. 그는 흰 꽃으로 장식해 높이 빗어 올리고 길고 하얀 베일을 씌운 그녀 머리, 처녀답게 가늘고 긴 목을 양옆에서 감싸 앞부분만 드러낸 주름이 잡힌 높은 깃, 두드러지게 가느다란 허리를 바라보자니, 그녀가 그 어느 때보다도 더 아름답게 보였다. 그것은 꽃이며 베일이며 파리에서 주문해 온 의상이 그녀의 아름다움에 무엇인가를 더해 주어서가 아니라, 그러한 인공적인 화려함에도 얼굴과 눈동자와 입술에 예나 다름없는 그녀 특유의 순결함과 솔직함이 가득 차 있었기 때문이었다.

"나는 당신이 도망치고 싶은 거로 생각했어요." 그녀는 이렇게 말하고 그에게 방긋 웃어 보였다.

"아니, 정말 웃지 못할 일이 있었어요, 이야기하기도 부끄럽습니다!" 그는 얼굴을 붉히고 말했다. 이때 꼬즈느이쉐프가 옆으로 다가왔으므로 레빈은 그를 돌아보았다.

"네 셔츠 이야기는 정말 걸작이야!" 꼬즈느이쉐프는 가볍게 고개를 내젓고 싱글벙글하며 말했다.

"아, 그래." 레빈은 그가 자기에게 무슨 말을 하고 있는지도 모르면서 그렇게 대답했다.

"그런데 레빈, 마침내 결정의 순간이 왔어." 오블론스끼는 짐짓 난처한 듯한 얼굴로 말했다. "큰 문제야. 지금의 자네라면 이 문제의 중대성을 충분히 짐작하겠지. 실은 말이야, 모두 나한테 쓰다 남은 양초로 시간에 맞출 것인가, 그렇지 않으면 새것을 준비할 것인가 하고 묻더란 말이야. 가격 차이는 10루블이야." 그는 금방이라도 웃음을 터뜨릴 것만 같이 입술을 오므리고 이렇게 덧붙였다. "내 생각은 결정돼 있지만, 자네가 동의해 주지 않으면 곤란하니까 말이지."

레빈은 그 말이 농담이란 것을 알았지만 웃을 수 없었다.

"그래, 어떻게 하겠나? 쓰던 양초냐, 새 양초냐, 이것이 문제로다."

"알았네, 알았어! 새 걸로 해 주게."

"그래, 정말 기쁘군! 문제가 해결됐어!" 오블론스끼가 싱글벙글 웃으면서 말했다. "그나저나 이럴 때 사람은 정말 얼간이가 돼 버리는군." 오블론스끼는 멍한 얼굴로 자기를 쳐다보고 있던 레빈이 신부 쪽으로 가 버리자 치리꼬프한테 말했다.

"알겠어요, 끼찌? 당신이 먼저 융단 위에 서는 거예요." 노르드스똔 백작부인이 신부 옆으로 와서 말했다.

"어머, 당신도 훌륭하군요!" 그녀는 레빈에게 얼굴을 돌렸다.

"어때, 두렵지 않아?" 연로한 큰어머니 마리야 드미뜨리예브나가 말했다.

"춥지 않니? 얼굴빛이 파리한데. 잠깐만 머리를 숙여 봐!" 끼찌의 언니 리보프 부인이 미소를 머금은 얼굴로 포동포동한 아름다운 팔을 들어 올려, 동생 머리에 얹은 꽃을 고쳐 주었다.

돌리도 옆으로 와서 무엇인가를 얘기하려고 했으나 말을 잇지 못하고 울음을 터뜨렸다. 그러고는 부자연스럽게 웃음을 지어 보였다.

끼찌는 레빈과 마찬가지로 넋이 나간 눈동자로 모두를 바라보고 있었다. 무슨 말을 들어도 행복 가득한 웃음으로 답할 수밖에 없었는데, 지금 그녀에게는 그것이 너무나 자연스러웠다.

그 사이에 성직자들은 법의로 갈아입고 사제와 부제가 회당 정면에 마련되어 있는 성서대 쪽으로 나왔다. 사제는 뭐라고 얘기하면서 레빈을 돌아다보았다. 레빈은 사제가 이야기한 것을 제대로 알아듣지 못했다.

"신부 손을 잡고 인도하게." 들러리가 레빈에게 속삭였다.

레빈은 오랫동안 자기가 무엇을 해야 하는지 이해할 수 없었다. 오랫동안 사람들이 그의 잘못을 바로잡아 주려고 애썼으나 그는 아무리 일러 주어도 틀린 쪽 손을 내밀거나 신부 반대쪽 손을 잡으려 했다. 결국 다들 포기하려고 할 때에야 겨우 그의 오른손으로 자세를 바꾸지 않고 그녀 오른손을 잡아야 한다는 것을 이해했다. 그가 드디어 신부 손을 바르게 잡았을 때, 이미 사제는 그들 앞으로 몇 걸음 걸어나가 성서대 옆에 서 있었다. 친척이며 친지들이 수런수런 이야기하고 치맛자락 스치는 소리를 내며 두 사람 뒤를 따라갔다. 누군가 허리를 구부려 신부 옷자락을 바로잡아 주었다. 회당 안은 촛농이 떨어지는 소리까지 들릴 만큼 조용해졌다.

보라색 법모를 쓰고 희끗희끗한 은백 머리칼을 양쪽으로 갈라 귀 뒤로 넘긴 노 사제는, 등에 황금빛 십자가가 달린 무거운 은빛 법의 밑으로 늙은이다운 조그마한 손을 내놓은 채 성서대 옆에서 무엇인가를 뒤적거렸다.

오블론스끼가 주의 깊게 그의 옆으로 다가가서 뭐라고 속삭였다. 그리고 레빈에게 눈짓을 하고 다시 제자리로 돌아왔다.

사제는 꽃으로 장식한 초 두 자루에 불을 켰다. 왼손으로 촛농이 천천히 똑똑 떨어지도록 옆으로 기울여서 들고 신랑 신부 쪽으로 돌아섰다. 사제는 레빈의 참회를 들은 그 사람이었다. 그는 슬픔에 잠긴 듯한 피곤한 눈동자로 신랑 신부를 바라보면서 긴 한숨을 지었다. 그리고 오른손을 법의 밑에서 꺼내어 먼저 신랑을 축복하고 이어서 마찬가지로, 그러나 약간 다정하게 깍지 낀 손가락을 고개 숙인 끼찌 머리에 얹었다. 그러고서 그는 두 사람에게 초를 건네고, 자기는 향로를 들고 서서히 그들 옆에서 떨어졌다.

'이게 꿈은 아니겠지?' 레빈은 이렇게 생각하고 신부를 돌아보았다. 약간 위에서 내려다보이는 그녀 옆모습의 입술과 속눈썹이 보일 듯 말 듯 움직이는 것으로 보아 그녀가 자기 시선을 느끼고 있음을 알 수 있었다. 그녀는 돌아보지 않았다. 그러나 주름이 잡힌 높은 깃이 장밋빛의 예쁘장한 귀 쪽으로 치켜 들리면서 조금씩 움직였다. 그는 한숨이 그녀의 가슴속을 가득 메워서, 촛불을 든 긴 장갑을 낀 조그마한 손이 가늘게 떨리는 것을 보았다.

셔츠로 말미암은 소동, 늦은 일, 지인들과 친척들과의 이야기, 그들의 불만, 자기의 우스꽝스러운 입장—이러한 모든 것이 갑자기 사라지고, 그는 기쁜 것도 같고 무서운 것도 같은 기분이 되었다.

은빛 법의를 입고 돌돌 말린 고수머리를 양쪽으로 갈라 빗어 붙인, 키가 후리후리한 잘생긴 부제장이 활발하게 앞으로 걸어 나와 익숙한 몸짓으로 두 손가락으로 성대(聖帶)를 추켜올리고 사제와 마주 섰다.

"주여…… 축복을…… 주시옵소서……."

띄엄띄엄 한 마디 한 마디로 공기의 물결을 출렁거리게 하며 사제의 장엄한 목소리가 울려 퍼졌다.

"우리 하느님은 언제나 찬송을 받으시도다. 지금도, 언제나, 영원히." 노 사제가 여전히 성서대 위에서 무엇인가를 뒤적거리면서 부드럽게 노래하는 듯한 어조로 대답했다. 그러자 모습도 보이지 않는 성가대의 합창이 일제히 울려 퍼지며 창문에서 둥근 천장까지 회당을 가득 채우다가는 갑자기 조용해졌다.

그들은 언제나처럼 하늘로부터의 평화와 구제를 위해, 종교회의와 황제를 위해 기도했고, 또 오늘 결혼하는 하느님의 종인 꼰스딴찐과 예까쩨리나를 위해 기도했다.

"오오, 하느님이시여. 두 사람에게 더 나은, 더 평화로운 사랑을 내려 주시고 그들을 도와주시옵기를 기도하나이다." 마치 온 회당이 부제장의 목소리에 맞춰 호흡하는 것 같았다.

기도를 듣고 있던 레빈은 그 말에 깜짝 놀랐다. '이 사람들은 어떻게 그것을 알았을까? 그래, 도움, 바로 도움이야!' 그는 조금 전 자기의 의혹과 공포를 되새기면서 생각했다. '나는 무엇을 알고 있단 말인가. 이런 무시무시한 일 가운데에서 내가 무엇을 할 수 있겠는가?' 그는 생각했다. '만약 도움이 없다면? 그렇다, 지금의 나에게는 바로 도움이 필요한 것이다.'

부제가 기도문을 다 읽자, 사제는 기도서를 손에 들고 신랑 신부를 바라보았다.

"떨어져 있던 두 사람을 하나로 묶어 주시는 영원하신 하느님이여!" 그는 부드럽고 노래하는 듯한 목소리로 읽었다. "부술 수 없는 거룩한 사랑의 결합을 그들에게 주시고, 이삭과 리브가에게 자손을 주시고 성약(聖約)을 보여 주신 하느님이시여, 바라옵건대 당신의 종인 이 꼰스딴쩐과 예까쩨리나에게 축복을 주시고 그들을 행복의 길로 이끌어 주시옵소서. 당신은 자비롭고 사람의 아들을 사랑하여 주시옵나이다. 성부와 성자와 성신이신 하느님, 당신에게 영광이 있으시옵기를. 지금도, 언제나, 영원히."

"아멘." 또다시 보이지 않는 성가대의 합창이 공중에 넘쳐흘렀다.

'떨어져 있던 두 사람을 하나로 묶어 주시고 사랑의 결합을 정해 주신다. 이 얼마나 심오한 말인가! 더구나 이 순간의 감정에 정말 딱 들어맞는 말이 아닌가!' 레빈은 생각했다. '그녀도 나와 똑같은 것을 생각하고 있을까?'

그렇게 생각하고 돌아본 순간, 그녀의 시선과 딱 마주쳤다.

그는 그 눈의 표정에서 그녀도 자기와 마찬가지로 생각하고 있다는 결론을 얻었다. 그러나 그것은 사실 착각이었다. 그녀는 기도문을 거의 이해하지 못했다. 심지어 식 내내 귀에도 들어오지 않았다. 그녀에게는 그것을 듣고 이해할 만한 여유가 없었다. 그녀 가슴을 가득 채우고도 점점 더 부풀어만 가는 감정이 그만큼 강렬했던 것이다. 그 감정은 벌써 한 달 반 전부터 그녀 마음속에 자리를 잡았고, 이 6주 동안 끊임없이 그녀를 기쁘게도 하고 괴롭게도 했던 것이 지금 완전히 이루어졌다는 기쁨이었다.

갈색 옷을 입고 아르바뜨 거리 자기 집 홀에서 말없이 그의 곁으로 달려가서 안겼던 그날 그 시각부터 그녀의 마음속에는 이전의 생활과 완전한 단절이 이루어졌고 전혀 별개의 새로운, 그 미지의 생활이 시작되었던 것이다. 하지만 실제로는 낡은 생활이 계속되었다. 이 6주가 그녀에게는 가장 행복하고 가장 괴로운 시간이었다. 그녀의 온갖 생활, 온갖 욕구, 온갖 희망이 아직 잘 알지도 못하는 한 사내에게 고스란히 맡겨졌다. 더구나 그와 자기를 묶어 놓는 것은 그 사내 자체보다도 더한층 정체를 알 수 없는, 당기고 밀어내는 힘을 동시에 갖춘 하나의 감정이었다. 그리고 그녀는 그 낡은 생활 조건 속에서 계속 살아온 것이었다. 예전과 똑같은 생활을 계속하면서 그녀는 자기 자신에게도, 자신의 모든 과거—물품이며 습관, 자기가 사랑하고 또 사랑해 주는 사람들에게 냉담해진 것과 그것을 슬퍼하는 어머니, 지금까지는 세상 누구보다 좋았던 정답고 훌륭한 아버지에 대해서도 냉담해져 버린 자기 마음을 두렵게 생각했다. 그녀는 어떤 때는 이 냉담을 두렵게 여겼고 또 어떤 때는 자기를 냉담으로 이끈 원인을 기뻐하기도 했다. 그 사람과의 삶 이외에 그녀는 아무것도 생각할 수도 바랄 수도 없었다. 그러나 그 새로운 생활이 실제로는 아직 존재하지 않았기에, 그녀는 또 그것이 어떠할지 똑똑히 상상할 수조차 없었다. 오직 기대—새로운 미지의 것에 대한 공포와 환희뿐이었다. 그것이 이제야, 알지도 못하는 막연한 기다림도 낡은 생활을 버린다는 회한도, 그 모든 것이 끝나고 새로운 삶이 시작되는 것이었다. 이 새로운 것도 미지하다는 점에서 두렵지 않을 리 없었다. 하지만 무섭거나 무섭지 않거나 그것은 벌써 6주 전에 그녀 마음속에서 모두 완성된 것이므로, 지금은 그저 오랜 옛날에 마음속에서 이루어진 그것이 신성한 축복을 받았을 뿐이었다.

다시 성서대 쪽으로 돌아온 사제는 힘들여 끼찌의 조그마한 반지를 집어 올렸다. 레빈에게 한쪽 손을 내밀게 하고 그것을 그의 손가락 첫째 마디에 끼웠다. "여기 하느님의 종 꼰스딴찐, 하느님의 종 예까쩨리나와 혼약을 맺다." 사제가 이번에는 큼직한 반지를, 끼찌의 작고 너무 가녀려서 애처롭기까지 한 장밋빛 손가락에 끼우고 다시 같은 말을 되풀이했다.

백년가약을 맺은 신랑 신부는 이제 어떻게 해야 하나하고 이것저것 시도해 보았지만 그럴 때마다 매번 틀렸으므로, 사제가 귓속말로 그들을 바로잡아 주었다. 마침내 해야 할 일을 끝낸 사제는 반지를 든 손으로 성호를 긋고 나서 다시 끼찌에게 큰 반지를, 레빈에게는 작은 반지를 건넸다. 그들은 또다시 어찌할 바를 모르고 두 차례나 손에서 손으로 반지를 주고받았으나, 역시 그들이 요구받은 대로는 되지 않았다.

돌리와 치리꼬프와 오블론스끼가 그것을 바로잡아 주기 위해 앞으로 나아갔다. 혼잡과 귓속말과 웃음이 한차례 일었지만 결혼하는 두 사람의 감동에 찬 엄숙한 표정은 변하지 않았다. 아니, 그러기는커녕 반지를 끼울 손가락을 틀리면서도 두 사람은 전보다 더한층 진지하고 엄숙한 눈빛을 하고 있었다. 그 래서 오블론스끼가 "이번에는 서로 자기 반지를 끼는 거야"라고 속삭이면서 지은 미소는 저도 모르게 그냥 그대로 입술 위에 얼어붙고 말았다. 그는 어떤 미소라 할지라도 두 사람을 모욕하는 듯한 기분이 들었기 때문이었다.

"하느님이시여! 당신은 처음부터 남자와 여자를 창조하셨나이다." 사제는 반지 교환에 이어 소리내어 읽었다. "당신 손으로 아내는 남자를 돕도록, 자식을 낳도록 지아비에게 주어졌나이다. 우리 하느님이신 주님이시여, 당신의 후예와 당신의 성약(聖約)에 진실한 축복을 주시옵고, 선택된 당신의 종인 우리 조상에게 축복을 내려 주신 하느님이시여, 당신의 종인 꼰스딴찐과 예까쩨리나를 보살펴 주시옵고 그들의 결혼을 믿음과 화합과 진리와 사랑으로 굳혀 주시옵소서……."

레빈은 결혼에 대한 자기의 온갖 생각, 생활을 어떻게 꾸려 나갈지에 대한 공상, 이러한 것들이 모두 어린아이 장난 같았음을 느꼈다. 그리고 오늘날까지 이해하지 못했던 결혼이라는 것이, 지금 자기가 직접 경험하고 있으면서도 오히려 점점 더 알 수 없는 것으로 생각하였다. 가슴속에서 점점 전율이 솟구쳐 올라 도저히 억누를 수 없는 눈물이 그의 눈 속에 넘치고 있었다.

5

교회에는 친척들과 지인들을 포함한 온 모스끄바 사람들이 모여 있었다. 결혼식을 올리는 동안 불빛이 비쳐 반짝이는 회당 안에서는 성장한 부인들이며 처녀들이며, 하얀 넥타이에 연미복 혹은 제복 차림을 한 남자들 무리에서, 주로 남자들의 예의 바른 조용조용한 이야기가 끊임없이 이어졌다. 한편 평소에도 이런 경사스런 일에 쉽게 감동하는 부인네들은 의식의 세밀한 관찰에 온통 마음을 빼앗기고 있었다.

신부와 가장 가까운 무리에는 그녀의 두 언니가 있었다. 큰언니인 돌리와 식을 위해 외국에서 돌아온 차분한 미인인 리보프 부인이었다.

"도대체 마리는 어째서 결혼식에 참가하는데 꼭 검정처럼 보이는 보랏빛 옷을 입었을까요?" 꼬르순스까야 부인이 말했다.

"그녀의 얼굴빛에는, 저게 유일한 구원이에요……." 드루베스까야 부인이 대답했다. "그건 그렇고 놀랐어요. 혼례를 저녁에 하다니 말이에요. 장사치도 아닌데……."

"저녁에 하는 것이 더 아름답잖아요. 나도 역시 저녁에 했어요." 꼬르순스까야 부인이 대답했다. 그리고 그날 자기가 얼마나 사랑스러웠던가, 남편이 얼마나 우스꽝스러울 만큼 자기에게 홀딱 반했던가를 생각하고, 지금은 그것이 모두 변해 버렸다는 것을 생각하며 긴 한숨을 지었다.

"혼례의 들러리를 열 차례 이상 한 사람은 결혼 못한다고들 하죠. 그래서 나도 결혼에서 벗어나려고 열 차례째 들러리를 하려고 했었습니다만 어디 자리가 나야 말이죠." 시냐빈 백작은 자기에게 마음을 두고 있는 아름다운 차르스까야 공작 영애에게 말했다.

차르스까야는 그에게 그저 미소만으로 답했다. 그녀는 자기가 언제 어떻게 시냐빈 백작과 함께 지금 끼찌의 위치에 서게 될까, 그리고 그때 그에게 어떤 식으로 지금의 농담을 생각해 내도록 할 것인가를 생각하면서 끼찌를 바라보고 있었다.

젊은 쉬체르바스끼는 노 여관(老女官)인 니꼴라예바에게, 자기는 끼찌가 행복하도록 그녀의 가발을 넣어서 올린 머리 위에 관을 씌워 줄 것이라고 말했다.

"가발은 쓰지 않는 게 좋았을 텐데." 만약 오래전부터 자기가 점찍어 둔 나이 많은 홀아비가 청혼해 온다면 식은 아주 간단하게 해야겠다고 마음먹고 있던 니꼴라예바가 대답했다. "나는 저런 야단스런 것은 좋아하지 않아요."

꼬즈느이쉐프는 돌리를 상대로, 결혼 뒤에 여행을 가는 풍습이 퍼지는 것은 신혼부부면 으레 누구나 약간은 부끄러움을 느끼기 때문이라고 농담조로 지껄이고 있었다.

"동생분께서는 영광으로 여기셔도 좋을 거예요. 저 애는 정말 좋은 아이니까요. 당신이 부러우신 게 아닌가요?"

"나는 이미 그런 것은 졸업했습니다. 돌리." 그가 이렇게 대답했다. 그의 얼굴은 뜻밖에도 쓸쓸한 듯한 진지한 표정이 나타났다.

오블론스끼는 처제인 리보프 부인을 상대로, 그 이혼에 관해 자기가 만들어 낸 농담을 지껄이고 있었다.

"화관을 고쳐 줘야지." 그녀는 그가 말하는 것을 듣지 않고 말했다.

"정말 섭섭한 일이에요, 신부가 저렇게 살이 빠지다니." 노르드스똔 백작부인이 리보프 부인에게 말했다. "그래도 역시 저 신랑은 그녀 손가락만큼의 값어치도 없어요, 그렇지 않아요?"

"아녜요. 나는 저 사람이 굉장히 마음에 들어요. 딱히 저 사람이 '동생의 남편'이기 때문은 아녜요." 리보프 부인은 대답했다. "게다가 저 사람의 태도는 정말 훌륭하잖아요. 이런 상황에서 훌륭하게 처신한다는 것은 무척 어려운 일이에요. 아무래도 우스꽝스럽게 보이니까요. 그런데 저 사람은 우스꽝스럽지도 않고, 긴장하지도 않아요. 스스로 정말 감동하고 있는 게 분명해요."

"그럼 당신도 이렇게 되기를 기다렸나 보군요?"

"어머, 그럼요. 저 애는 언제나 저 사람을 마음에 두고 있었는걸요."

"자, 그럼 누가 먼저 자리 위에 서는가 보죠. 끼찌에게는 내가 가르쳐 주었거든요."

"어떡하든 마찬가지예요." 리보프 부인이 대답했다.

"저희는 모두 얌전한 아내예요. 그것이 저희 가풍이에요."

"어머나, 난 일부러 남편보다 먼저 자리 위에 섰는데 말이지요. 당신은요, 돌리?"

돌리는 그들 옆에서 이야기를 듣고 있었으나 대답은 하지 않았다. 그녀는 깊이 감동하고 있었다. 눈에는 눈물이 글썽거려 한마디라도 했다가는 눈물이 쏟아져 내릴 것 같았다. 끼찌와 레빈의 결혼을 매우 기뻐한 나머지 그녀의 의식은 자기 결혼식 당시로 되돌아가 환하게 웃는 남편의 빛나는 모습을 보고 있었다. 그러자 현재의 일은 모두 다 잊고 그저 자신의 순진한 첫사랑만이 떠올랐다. 그녀는 자기만이 아니라 모든 여자 친구들이며 지기들의 일을 생각하고 있었다. 그녀는 그들이 오늘 끼찌처럼 마음에 사랑과 희망과 공포를 품은 채 과거와 이별하고 신비한 미래에 발을 들이기 위해 화관을 쓰고 섰을 때, 일생에 한 번밖에 없는 엄숙한 날의 모습을 상기했다. 돌리의 기억에 떠오른 신부들 가운데에는, 얼마 전에 그 이혼 말이 나고 있는 소식을 자세하게 들은 사랑스러운 안나의 모습도 있었다. 그녀도 그때는 똑같이 오렌지꽃과 베일에 싸인 순결한 모습으로 서 있었던 것이다. 그런데 지금은 어떤가?

'도저히 알 수가 없어!' 그녀는 혼자서 뇌까렸다.

성스러운 의식의 자세한 점을 하나하나 주시하고 있던 사람들은 신부의 누이들이며 친구들, 친척들만은 아니었다. 전혀 상관없는 여자 구경꾼들도 신랑 신부의 거동과 표정을 하나라도 놓칠까 두려워하면서 설레는 마음으로 숨을 죽이고 눈을 떼지 못했다. 그리고 농담을 하거나 아무 상관없는 말들을 지껄이는 무심한 남자들 말에는 아니꼬운 태도로 일부러 대꾸도 하지 않거나, 처음부터 아예 그것을 귀에 담지도 않았다.

"어째서 저렇게 눈이 부었을까요? 마음에 들지 않는 결혼일까요?"

"저렇게 훌륭한 사람에게 가는데 싫을 리가 있어요? 공작님이라죠?"

"저 하얀 새틴 드레스를 입은 사람이 언니죠? 좀 들어 봐요, 글쎄 저 부제가 '그리고 지아비를 두려워할지어다' 같은 소리나 하고 있어요."

"취도프 수도원 사람들인가요?"

"종교회의 사람들인 모양이에요."

"하인에게 들었는데, 식이 끝나면 신랑이 신부를 곧 시골 자기 영지로 데리고 간다나요. 굉장히 부자라는 이야기예요. 그러니까 저 남자에게 시집을 보낸 거겠지요."

"아녜요, 잘 어울리는 부부예요."

"봐요, 마리야 블라시예브나. 당신은 언젠가 크리놀린*¹은 뒤쪽만 부풀리는 거라고 했었죠. 하지만 저 밤색 옷을 입은 분을 봐요. 공사(公使) 마님인 모양인데 저분은 저렇게 여기저기 부풀리고 있잖아요. 또 저런 게 유행하나 봐요."

"어쩌면 저리도 귀여운 신부가 다 있담, 꼭 꽃으로 꾸민 어린 양 같아요! 뭐니 뭐니 해도 우리 여자는 역시 여자 쪽에 동정이 가네요."

무사히 교회 안으로 들어올 수 있었던 구경꾼 아낙네들 가운데서 이런 이야기들이 오가고 있었다.

6

결혼식 앞부분이 끝나자 두 교회 사환이 회당 한가운데 성서대 앞에 장밋빛 비단 피륙을 깔았고, 성가대가 베이스와 테너의 숙련된 합창으로 복잡한 찬송가를 부르기 시작했다. 그러자 사제가 두 사람에게 장밋빛 피륙을 가리켜 보였다. 두 사람 다 먼저 자리를 딛는 쪽이 집안의 주도권을 쥔다고 귀에 못이

---

*1 19세기 중엽 여자의 치마를 불룩하게 하기 위하여 말총 따위로 짠 빳빳한 천의 페티코트.

박일 만큼 들었지만, 레빈도 끼찌도 막상 걸음을 내디뎠을 때는 그것을 생각해 낼 여유가 없었다. 어떤 이들은 신랑이 먼저 밟았다고 하고 또 다른 이들은 두 사람이 동시였다고 주장했지만, 둘 다 그런 사람들의 왁자지껄한 비평과 입씨름은 귀에 들어오지 않았다.

두 사람은 결혼하기를 바라는가, 그들이 따로 약속한 사람은 없는가 하는 통상적인 질문에 그들 자신에게도 야릇하게 들린 대답이 끝나자 또 새로운 기도가 시작됐다. 끼찌는 그 기도의 의미를 알려고 귀를 기울였으나 끝내 이해할 수 없었다. 식이 진행됨에 따라 영광스러움과 밝은 환희의 감정이 더욱더 강하게 그녀 마음을 가득 채우고 주의력을 빼앗아 버렸다.

"이 둘에게 절조와 다산(多産)을 주시옵소서. 아들과 딸을 보는 즐거움을 누리게 하옵소서." 이런 기도를 올리고 있었다. 또한 하느님이 아담의 갈비뼈로 아내를 만든 이야기에 미치고, "그러므로 사람은 부모에게서 떨어져서 아내를 만나 한몸이 되느니라" 하고 말하고, "이것이야말로 위대한 신비이니라" 하고 기도가 이어졌다. 또 하느님이 이삭과 리브가, 요셉, 모세와 십보라에게 하셨던 것처럼 이들에게도 다산과 축복을 내려 주시고, 그들이 아들의 아들도 볼 수 있도록 해 달라고 기도했다.

'정말 모두 좋은 말이야.' 끼찌는 기도를 들으면서 생각했다. '정말 모든 것이 그대로 되어야 할 거야.' 그리고 그 얼굴에 계시를 받은 것처럼 환희의 미소가 피어오르자 그녀를 보고 있던 모든 사람에게도 저절로 번져 나갔다.

"잘 씌워 주세요!" 사제가 그들에게 혼인의 관을 하사하고, 젊은 쉬체르바스끼가 세 개의 단추가 달린 장갑 긴 손을 떨면서 관을 그녀 머리 위로 높이 받쳐 들었다.

"씌워 주세요!" 끼찌가 방그레 웃으면서 속삭였다.

그녀를 돌아본 레빈은 그 얼굴에 떠오른 기쁨의 빛에 깊은 감동을 하였다. 그녀의 그 감정은 어느 틈에 그에게 전해져, 그도 그녀와 마찬가지로 밝고 즐거운 기분이 되었다.

두 사람에게는 사도행전의 낭독을 듣는 것도, 구경꾼들이 마음을 졸이며 기다리던 마지막 시편을 낭독하는 부제장의 굵은 목소리를 듣는 것도 즐거웠다. 물을 탄 따뜻한 포도주를 바라진 큰 술잔으로 마시는 것도 즐거웠다. 사제가 법의 앞자락을 벌려 두 사람 손을 잡고 '이삭이여 기뻐하라'를 묵직한 저음으로 노래하며 성서대의 주위를 이끌며 돌았을 때는 더없이 흥거웠다. 신랑 신부의 머리 위로 관을 받치고 있던 쉬체르바스끼와 치리꼬프도 역시 기쁜 듯이 병실거리며 이따금 신부의 긴 치맛자락에 걸려 휘청거리기도 하고, 사제가 발을 멈출 때마다 신랑 신부에게 부딪치기도 했다. 끼찌 마음에서 타오른 기쁨의 불길이 이제는 회당 안의 모든 사람에게 옮겨진 것 같았다. 레빈에게는 사제와 부제도 자기와 마찬가지로 병실거리고 싶어 하는 것처럼 보였다.

사제는 두 사람 머리 위에서 관을 벗기고 마지막 기도를 올리고 나서 젊은 두 사람을 축복했다. 레빈은 끼찌를 힐끔 쳐다보았다. 그는 지금까지 아직 한 번도 오늘처럼 멋진 그녀를 본 적이 없었다. 그녀 얼굴에 떠오른 행복의 새로운 빛이 어느 때보다도 더 깊이 있는 아름다움을 주었다. 그는 그녀에게 뭐라고 말을 건네고 싶었으나 식이 끝났는지 어떤지를 알지 못해 주저했다. 그러자 사제가 그를 이 당혹에서 구해 주었다. 그는 선량한 입가에 웃음을 머금고 조용히 말했다.

"아내에게 입을 맞추시오, 당신은 남편에게 입을 맞추시오."

그는 두 사람 손에서 초를 받았다.

끼찌의 미소 짓는 입술에 입을 맞추고 그녀에게 손을 내민 레빈은 새로운 이상야릇한 정다움을 느끼면서 교회 밖으로 나갔다. 그는 이것이 사실이라는 것을 믿을 수 없었다. 믿으려고 했지만 무리였다. 이윽고 두 사람의 놀란 듯한 수줍은 눈동자가 마주쳤을 때야 비로소 그는 이것이 현실임을 믿을 수 있었다. 그들이 이미 일심동체라는 사실을 느꼈기 때문이었다.

그날 밤 늦게 만찬이 끝나고 신혼부부는 시골로 떠났다.

7

브론스끼와 안나는 벌써 석 달 남짓 함께 유럽을 여행하고 있었다. 두 사람은 베네치아, 로마, 나폴리를 돌아, 한동안 머물 생각인 이탈리아 어느 자그마한 도시에 막 도착했다. 포마드를 바른 숱 많은 머리를 목덜미께서 곱게 가르고 연미복 아래로 하얀 무명 셔츠의 널찍한 가슴을 드러내고, 뚱뚱하게 부른 배 위에 회중시계의 장식 사슬을 늘어뜨린 미남인 급사장(給仕長)은 두 손을 호주머니에 푹 찌른 채 얕잡는 것처럼 눈살을 찌푸리며, 그 앞에 서 있는 신사에게 거만한 태도로 무엇인가를 대꾸하고 있었다. 그는 현관 앞 차도의 다른 쪽에서 층층대를 올라오는 발소리를 듣고 힐끔 돌아다보았다. 그리고 이 호텔에서 최고급 방을 차지한 러시아 백작을 보자 갑자기 호주머니에서 두 손을 빼고 공손히 허리를 굽혀 인사하고서 아까 심부름꾼이 다녀갔다는 것과 빨라쏘*²를 빌리는 문제가 해결되었다는 것을 보고했다. 지배인은 언제든 그 계약에 서명할 용의가 있다는 것이었다.

"아! 거 참 잘됐군." 브론스끼가 말했다. "그런데 마님은 방에 계신가?"

"방금 산책하러 나가셨다가 막 돌아오셨습니다." 급사장이 대답했다.

브론스끼는 챙이 넓은 중절모를 벗고, 땀에 젖은 이마와 머리가 벗어진 데를 가리기 위해 귀 중간께까지 덮일 만큼 길러서 뒤로 빗어 넘긴 머리를 손수건으로 닦았다. 그리고 아직도 멀거니 선 채 그를 찬찬히 바라보던 아까 그 신사 쪽으로 막연한 시선을 던지고는 그대로 지나가려고 했다.

"저 러시아 손님이 나리를 뵈었으면 하는데요." 급사장이 말했다.

어디를 가나 친지의 눈을 벗어날 수 없다는 불만과 단조로운 생활을 없앨 수 있다면 무엇이든 환영하고 싶은 복잡한 감정으로, 브론스끼는 다시 한 번 멀찍이 서 있는 그 신사를 돌아보았다. 그러자 두 사람 눈이 동시에 빛나기 시작했다.

"골레니쉬체프!"

"브론스끼!"

그는 브론스끼의 사관학교 시절 친구인 골레니쉬체프였다. 골레니쉬체프는 학창시절에는 자유파에 속해 있었고, 문관 자격으로 졸업했으나 아무 데도 근무는 하지 않았다. 두 친구는 졸업과 동시에 전혀 다른 길을 걸었으므로 헤어졌고 그 뒤 단 한 번 만난 적이 있을 뿐이었다.

그 해후에서 브론스끼는 골레니쉬체프가 무엇인가 고상한 자유주의 사업을 하고 있었고 그 때문에 브론스끼 일이며 지위를 얕보려 하고 있음을 깨달았다. 그래서 브론스끼도 골레니쉬체프에 대해서, 그의 특기인 매정하고 오만한 태도를 보였다. 그 의미는 이러했다. "내 생활양식이 네 마음에 들건 말건 나로서는 전혀 아랑곳없어. 그러나 만일 나를 알고 싶다면 너는 나를 존중해야 돼." 그러자 골레니쉬체프도 브론스끼의 그러한 태도에 얕보는 냉정함으로 응수했

---

*2 별장.

다. 그러니까 그 만남은 당연히 두 사람 사이를 더한층 서먹한 것으로 만들었을 것이다. 그런데 지금 두 사람은 서로 알아보자 갑자기 기뻐서 고함을 질렀을 정도였다. 브론스끼는 자신이 이렇게 골레니쉬체프를 만난 것이 기쁘리라고는 전혀 예기치 못했다. 아마 그것은 그가 지금 얼마나 답답해하고 있는가를 스스로 몰랐기 때문일 것이다. 그는 지난번에 만났을 때의 불쾌한 인상을 잊고 허심탄회한 기쁜 얼굴로 옛 친구에게 손을 내밀었다. 그러자 골레니쉬체프도 불안해하던 표정을 지우고 똑같이 만면에 웃음을 가득 띠웠다.

"이야, 자네를 다 만나다니, 정말 반가워!" 브론스끼는 정다운 미소를 머금고 건강해 보이는 하얀 이를 드러내면서 말했다.

"브론스끼라는 사람이 왔다고 들었지만 자넨지 형님인지 몰랐어. 참으로, 참으로 반가워!"

"방으로 들어가지. 그래 자네는 요즘 무엇을 하고 있나?"

"나는 여기에 온 지 벌써 2년째야. 사업을 하고 있지."

"아!" 브론스끼는 흥미를 보이며 말했다. "자, 들어가지."

그리고 그는 러시아 사람들이 흔히 그러하듯이 하인들에게 숨기고 싶은 내용은 일부러 러시아어 대신 프랑스어로 이야기했다.

"자네는 까레닌 부인을 알고 있던가? 난 그 사람하고 같이 여행하고 있어. 지금 그녀에게 가는 길이야." 그는 조심스럽게 골레니쉬체프 얼굴을 유심히 들여다보면서 프랑스어로 말했다.

"아! 나는 또 전혀 몰랐지." 사실은 알고 있으면서도 골레니쉬체프는 태연히 대답하고 덧붙였다. "여기엔 언제 왔나?"

"나? 오늘로 나흘째야." 브론스끼는 다시 한 번 조심스럽게 친구를 쳐다보면서 대답했다.

'그렇군. 이 사나이는 점잖은 인간이다. 일을 올바르게 볼 줄 알아.' 브론스끼는 골레니쉬체프의 표정과 그가 화제를 바꾼 의미를 깨닫고 이렇게 생각했다. '이 친구 같으면 안나에게 소개해도 되겠지, 이상한 편견은 없어 보이니.'

브론스끼는 안나와 함께 외국에서 지낸 석 달 동안 새로운 사람과 만날 때마다 언제나, 그가 자기와 안나의 관계를 어떻게 생각할 것인가 하는 문제를 끊임없이 자문해 보았다. 그리고 대개 상대가 남자면 '당연한' 이해를 얻을 수 있다고 판단했다. 그러나 막상 그 '당연한' 견해가 무엇을 의미하냐고 물으면 그도 '당연하게' 해석한 사람들도 틀림없이 답변이 궁할 것이다.

사실 브론스끼가 '당연하게' 이해한다고 판단한 사람들도 실은 그 문제에 대해 어떤 이해를 표시한 것은 결코 아니었다. 다만 이른바 훌륭한 교양을 가진 사람들이 사방팔방으로 인생을 둘러싼 온갖 복잡하고 해결하기 어려운 문제에 대해서 취하는 일반적인 태도에 불과했다. 즉 예의 바른 태도로 불필요한 풍자며 불쾌한 질문을 회피하는 것일 뿐이었다. 그들은 브론스끼가 처한 상황의 의미와 취지를 충분히 이해하고 그것을 인정할 뿐만 아니라 심지어 찬성하고 있지만, 그것을 일일이 설명한다는 것은 쓸데없는 짓이라는 듯한 얼굴을 하고 있었다.

브론스끼는 곧 골레니쉬체프도 이런 사람들 가운데 하나라는 것을 헤아려 알았으므로 이 만남이 배로 기뻤다. 실제로 골레니쉬체프는 안나에게 안내되었을 때, 브론스끼가 바라던 만큼의 태도를 보였다. 그는 매우 자연스러운 태도로 상대가 거북할법한 이야기는 모조리 피해갔다.

안나를 처음 만난 골레니쉬체프는 그녀의 아름다움과 더욱이 그녀가 자기 처지를 순순히 받아들이는 태도에 큰 감동을 하였다. 그녀는 브론스끼가 골레니쉬체프를 데리고 들어오자 빨갛게 얼굴을 붉혔다. 그리고 그녀의 솔직한 모습, 즉 아름다운 얼굴을 물들인 어린애 같은 홍조가 그는 몹시 마음에 들었다. 하지만 유달리 그의 마음에 든 것은, 그녀가 곧 남 앞에서 오해를 받지 않으려고 일부러 그러는 것처럼 브론스끼를 친근하게 알렉세이라는 이름으로 부르고, 자기들은 이제부터 여기에서 빨라쏘라고 부르는 별장을 빌려 그곳으로 옮기기로 했다고 이야기한 점이었다. 자기 처지에 대해 솔직하고 깔끔한 태도는 골레니쉬체프 마음에 쏙 들었다. 안나의 마음씨 착하고 쾌활하고 활기 있는 태도를 보는 사이에, 까레닌도 브론스끼도 아는 사이인 골레니쉬체프는 그녀에 대한 것도 완전히 안 것 같은 느낌이 들었다. 그녀 자신도 절대 모르는 것—남편을 불행하게 만들고 남편과 아들을 버리고 명예까지 잃었으면서도 어쩌면 이처럼 발랄하고 쾌활하고 행복한 기분으로 있을 수 있는가 하는 이유를, 그는 알 것 같았다.

"그 건물 같으면 안내서에도 실려 있어요." 골레니쉬체프는 브론스끼가 빌렸다는 그 빨라쏘에 대해서 말했다. "거기에는 훌륭한 틴토레토의 명화도 걸려 있어요. 그의 만년의 작품이죠."

"그럼, 어때요? 날씨도 좋고 하니까 다시 한 번 그 집을 보러 갈까요?" 브론스끼가 안나에게 얼굴을 돌리고 말했다.

"아이 기뻐, 그럼 곧 모자를 쓰고 오겠어요. 밖은 더운가요?" 그녀는 문 옆에서 발을 멈추고, 뭔가 묻는 듯한 얼굴로 브론스끼를 쳐다보면서 말했다. 그러자 또 산뜻한 홍조가 그녀 얼굴을 덮어 버렸다.

브론스끼는 그녀의 눈동자를 읽었다. 그녀는 어떤 태도로 골레니쉬체프를 대해야 하는지 몰랐으므로 자기 태도가 그의 바라는 바에 어긋나지는 않을까 조마조마해하고 있는 것이었다.

그는 부드러운 시선으로 그녀를 가만히 바라보았다.

"아니, 그렇게 덥진 않아요." 그가 말했다.

그러자 그녀는 모든 것을 똑똑히 이해한 것 같았다. 무엇보다 중요한 것은 그가 자기에게 만족하고 있다는 것이었다. 그래서 생긋 웃어 보이고는 총총걸음으로 문을 나섰다.

두 친구는 서로 마주 보았다. 그러자 그들 얼굴에 당혹한 빛이 나타났다. 분명히 그녀에게 감탄한 골레니쉬체프는 그녀에 대해서 무엇인가를 말하고도 싶은데 어떻게 말을 꺼내야 좋을지를 모르는 모양이었고, 브론스끼도 그것을 바라는 동시에 두려워하는 것 같았다.

"뭐, 대충 이래." 브론스끼는 어떻게든 말문을 트려고 말을 꺼냈다. "자넨 여기에서 쭉 살았나? 여전히 같은 일을 하는 거야?" 그는 골레니쉬체프가 무엇인가를 쓰고 있다는 풍문을 들은 일을 생각해 내고 말을 계속했다.

"응, 《두 기원》의 제2편을 쓰고 있지." 친구의 질문이 지극히 만족스러운 골레니쉬체프는 얼굴을 붉히고 말했다. "아니, 실은 아직은 쓰고 있는 게 아니라 쓸 준비를 하면서 자료를 모으는 참이야. 예정보다 훨씬 범위가 넓고, 온갖 문제를 다룬 책이 될 거야. 본디 우리 러시아 사람들은 우리가 비잔틴의 후예라는 것을 인정하려고 하지 않지만 말이야." 그는 매우 길고 열띤 설명을 하기 시작했다.

브론스끼는 저자 자신이 누구나 다 알고 있다고 여기며 이야기하는 《두 기원》의 제1편도 몰랐으므로 처음에는 거북스러웠다. 그러나 이내 골레니쉬체프가 자기 사상을 설명하기 시작하자, 브론스끼도 그 책에 대해서는 모를망정 골레니쉬체프의 이야기가 훌륭했고 그다지 흥미가 없지도 않아 그것에 귀를 기울였다. 그러나 브론스끼는 골레니쉬체프가 열중해 있는 문제에 대해 말하면서 안절부절못하고 흥분해 있는 점에 놀라기도 하고 괴로움을 느끼기도 했다. 이야기가 점점 진행됨에 따라 그의 눈은 더욱더 형형하게 불타올랐고 가공의 반대자에 대한 반박은 조급해지고 그 표정은 더욱더 불안과 굴욕의 빛을 띠는 것이었다. 사관학교에 다닐 때 늘 수석을 차지하던, 수척했지만 활발하고 선량하며 기품 있는 소년이었던 골레니쉬체프를 기억하는 브론스끼는 아무래도 그 흥분의 이유를 도저히 이해할 수 없었고 좋게 볼 수도 없었다. 유달리 불쾌했던 것은, 골레니쉬체프가 상류계급 사람이면서 그를 노하게 한 건달 문사들과 똑같은 수준에 내려서서 그들에게 화를 내고 있다는 점이었다. 도대체 그럴 만한 가치가 있는 것일까? 그 점은 마음에 들지 않았지만 그래도 브론스끼는 골레니쉬체프의 불행을 느끼고 그를 가엾게 여겼다. 안나가 나온 것도 알아채지 못하고 격하게 열을 올리며 떠들어 대는 그의 침착을 잃은 예쁘장한 얼굴에 불행이, 아니 거의 광기 비슷한 것이 나타나 있었다.

안나가 모자에 반외투를 걸치고 나와서 아름다운 손으로 날렵하게 양산을 만지작거리면서 자기 옆에 섰을 때, 브론스끼는 계속 자기에게 쏠린 골레니쉬체프의 하소연하는 듯한 눈에서 겨우 해방되어 안도하면서, 아름답고 사랑스러운 삶과 환희에 넘치는 자기 연인을 새로운 애정이 담긴 눈으로 힐끔 쳐다보았다. 골레니쉬체프는 간신히 제정신으로 돌아왔다. 처음에는 침통하고 어두운 얼굴을 하고 있었지만, 누구에게나 상냥한 안나가(이 무렵 그녀는 그런 모습이었다) 서글서글하고 쾌활한 태도로 곧 그의 마음을 개운하게 풀어 주었다. 여러 가지 화제를 꺼내고서 이야기를 그림 쪽으로 이끌어 가자 그가 제법 잘 지껄여 댔으므로, 그녀는 열심히 그것을 들어주었다. 그렇게 그들은 새로 빌린 집까지 걸어가 그것을 둘러보았다.

"나는 한 가지 정말 기쁜 것이 있어요." 안나는 호텔로 돌아오면서 골레니쉬체프를 보고 말했다. "알렉세이에게 좋은 아틀리에가 생긴다는 거예요. 그 방은 꼭 당신이 써야 해요."

그녀는 브론스끼를 정답게 러시아어로 당신이라고 부르면서 말했다. 은거하는 자기들에게는 이미 골레니쉬체프가 거의 일가나 다름없으니 그의 앞에서는 아무것도 감추고 어쩌고 할 필요가 없다고 판단했기 때문이었다.

"자네 그림을 그리나?" 골레니쉬체프는 브론스끼를 빙글 돌아보면서 말했다.

"응, 전에 좀 그런 적이 있어. 요즘 들어 또 조금씩 시작해 보았지." 브론스끼가 얼굴을 붉히면서 말했다.

"알렉세이는 굉장한 솜씨가 있어요." 안나는 기쁜 듯 웃으며 말했다. "물론 내가 뭘 볼 줄 아는 건 아니지만요. 그렇지만 훌륭한 비평가들께서도 그렇게 얘기하고 있어요."

8

안나는 자유의 몸이 되어 건강도 점점 회복되던 그 첫 시기에는, 스스로 미안해질 정도로 행복한 삶의 환희에 넘치는 자신을 느꼈다. 남편의 불행에 대한 회상도 그녀의 행복을 다치게 하지 않았다. 이 회상은 생각하고 싶지 않을 만큼 끔찍한 일이었지만 한편으로 남편의 불행은 자신에게 후회하기에는 너무나 큰 행복을 가져다주었다. 앓고 난 뒤 일어난 갖가지 사건에 대한 회상—남편과의 화해, 결렬, 브론스끼의 부상 소식, 그와의 재회, 이혼 준비, 가출, 아들과의 이별을 포함한 모든 것—은 모두 그녀가 브론스끼와 함께 외국에 와서야 비로소 깨어난 괴로운 꿈처럼 여겨졌다. 남편에게 저지른 악행에 대한 회상은, 물에 빠진 사람이 자기에게 매달리는 것을 뿌리쳐 버렸을 때의 경험 같은, 뭐라 설명할 수 없는 혐오스런 느낌을 불러일으켰다. 뿌리친 사람은 물에 빠져 죽었다. 물론 그것은 나쁜 짓이다. 그러나 그것이 자기가 살 유일한 방법이었으므로, 그런 끔찍한 일은 자꾸 생각하지 않는 것이 좋다.

남편을 떠난 직후에 그녀 마음에는 자기 행위에 대한 단 하나의 위안을 주는 생각이 떠올랐었다. 그래서 지금처럼 과거의 온갖 일들을 돌이켜 생각할 때면 다시금 그녀는 그 위안을 주는 말을 기억해 냈다. '나는 달리 어쩔 수가 없어서 그 사람을 불행하게 만든 거야.' 그녀는 생각했다. '그렇지만 나는 그의 불행을 이용하고 싶지는 않아. 나 역시 괴로워하고 있고 앞으로도 계속 괴로울 테지…… 난 무엇보다도 귀중하게 여기던 것을 버렸어…… 난 명예와 아들을 잃어버렸어. 난 나쁜 짓을 했으니까 행복도 바라지 않고 이혼도 바라지 않아. 치욕과 아들과의 이별로 언제까지나 괴로워하며 살아갈 거야.' 그러나 아무리 진정으로 괴로워하려 해도 안나는 그럴 수가 없었다. 치욕이라는 것도 전혀 없었다. 두 사람 다 다분히 수완이 있어, 그들은 외국에서 수다스러운 러시아 부인들을 피해 다니면서 살고 있었으므로 결코 난처한 상황에 놓이지 않았다. 그리고 어딜 가더라도 그들 자신보다 훨씬 더 두 사람의 처지를 잘 이해하고 있다는 투로 맞아주는 사람들이 있었다. 그녀가 그렇게도 사랑하는 아들과의 이별도 처음에는 그녀를 괴롭히지 않았다. 브론스끼의 어린 딸은 정말 귀여웠고, 이 아이만이 자기에게 남은 유일한 것이 되고 나서부터 온통 그쪽으로 마음이 끌려 버렸기 때문에 아들을 좀처럼 생각하지도 않았다.

건강 회복과 더불어 더욱더 커진 삶의 욕구가 지극히 강렬한 데다 생활 상태도 굉장히 새롭고 즐거웠으므로 안나는 자기로서도 민망할 만큼 행복감을 느꼈다. 그녀는 브론스끼를 깊이 알면 알수록 더욱더 그를 사랑하게 되었다. 그 사람 자체도 사랑했지만 자기에 대한 그의 사랑 때문에 더욱 사랑했다. 그를 완전히 소유했다는 사실이 그녀에게 끊임없는 기쁨이었다. 그의 가까이에 있다는 것이 언제나 즐거움이었다. 그리고 점차 알게 되는 그의 성격의 온갖 면이 그녀에게는 말할 수 없이 사랑스럽게 느껴졌다. 군복을 벗어서 달라 보이는 그의 용모에 그녀는 사랑에 빠진 처녀처럼 매혹되었다. 그가 말하고 생각하고 행동하는 모든 것에서, 그녀는 무엇인가 유달리 고귀하고 우아한 점을 보았다. 그에 대한 그녀의 미칠 듯한 찬미의 감정은 종종 그녀 자신을 놀라게 했다. 아무리 그의 결점을 찾아보려 해도 아무것도 찾아낼 수 없었다. 그러나 그녀는 그에 대한 자신의 열등의식을 감히 그에게 드러낼 용기는 없었다. 만약 그가 그 사실을 알면 당장에 자기를 사랑하지 않을 것처럼 여겨졌기 때문이다. 지금 그녀에게는(그러한 근거는 조금도 없었지만) 그의 사랑을 잃는다는 것보다 두려운 일은 없었다. 그녀는 자기에 대한 그의 태도에 감사하지 않을 수 없었고 자기가 그것을 얼마나 고맙게 여기고 있는가를 나타내지 않을 수 없었다. 브론스끼는 그녀가 생각하기에 훌륭한 국가적 사명이 있었는데, 그 방면에서 두드러지는 역할을 해야 했을 그가 그녀를 위해서 그 명예심을 깨끗이 버리고도 담담하게 조금의 미련도 보이지 않는 것이다. 그는 그녀에게 이전보다 더한층 깊은 애정을 기울였고 그녀가 현재 상황의 거북스러움을 조금도 느끼지 않게끔 끊임없이 배려했다. 그렇게도 남성적인 사내가 그녀에 대해서는 절대 거스르지 않았을 뿐만 아니라, 애초에 자기 의지는 덮어 두고 오로지 그녀의 뜻을 헤아리는 일에만 정신이 쏠려 있는 것 같았다. 그녀는 그것에 감사하지 않을 수 없었지만, 그의 이런 절실한 주의와 빈틈없는 배려의 분위기에 때로는 압박감을 느끼는 것도 사실이었다.

한편 브론스끼는 그가 그토록 오랫동안 바라던 것이 완전히 실현됐음에
도 충분히 행복하다고 할 수 없었다. 곧 그는 욕구의 실현이, 자기가 기대하
던 행복의 산에서 겨우 한 알의 모래알을 가져온 것에 지나지 않음을 깨달았
다. 이 실현은 그에게 욕망을 이루면 행복해진다고 믿는 실현이라느니 사람들
이 끊임없이 범하는 오류를 보여 주었다. 그녀와 한몸이 되어 평복으로 갈아입
은 첫 순간에 그는, 그때까지 몰랐던 일반적인 자유와 연애의 자유의 모든 매
력을 만끽했다. 그러나 그것은 오래가지 않았다. 이내 그는 자기 마음속에 욕
망 자체를 욕망하는 마음, 즉 초조가 머리를 쳐들고 올라옴을 느꼈다. 자기 의
지와 상관없는 우연한 변덕을 그는 욕망과 목적으로 여기고 그것에 매달리게
됐다. 뻬쩨르부르그에서는 사교생활에 많은 시간을 빼앗겼지만, 그 온갖 약속
의 틀을 벗어난 외국에서 아주 자유로운 생활을 하자면 하루 중 열여섯 시간
을 무엇에라도 재미를 붙여 세월을 보내야만 했다. 그렇다고 이제까지의 외국
여행에서 브론스끼가 맛보았던 독신생활의 향락이니 하는 것은 생각조차 할
수 없었다. 딱 한 번 그런 놀이를 하고 지기들과 늦게까지 저녁을 하고 돌아온
것만으로도, 안나가 전혀 생각지도 못할 정도로 야단스레 우울해했기 때문이
다. 각지의 사교계와 러시아인의 사교계에도 역시 두 사람 사이가 분명하지 않
았으므로 나갈 수 없었다. 명승고적 구경도 그가 벌써 태반은 다 봤다는 것은
별도로 치더라도, 러시아인이며 총명한 사람인 그에게는 영국인이 관광에 끌
어다 붙이는 것 같은 특수한 의미를 찾을 수 없었다.

그래서 마치 굶주린 짐승이 무엇인가 먹을 것을 찾아내려고 닥치는 대로
아무것에나 달려들 듯, 브론스끼도 역시 완전히 무의식적으로 정치며 신간 서
적이며 그림에 손을 대 보는 것이었다. 그는 어렸을 때부터 그림 솜씨가 있었
고 또 돈을 어디에 써야 할지 몰라 판화를 수집한 적도 있었으므로, 일단 그
림 그리는 일을 선택하여 공부하기 시작했고 충족을 요구하는 채워지지 않는
욕망의 남아도는 정력을 거기에 쏟아 부었다.

그는 미술을 이해하는 재능과 훌륭하게 그림을 모사하는 재능이 있었으므
로, 자기에게 화가의 소질이 있다고 생각하여 어떤 종류의 그림을 그릴 것인
가 망설였다. 종교화로 할 것인가, 역사화로 할 것인가, 풍속화로 할 것인가, 그
렇지 않으면 사생화로 할 것인가를 잠시 고민한 끝에 무조건 그려 보기 시작
했다. 그는 어떤 종류의 그림도 이해했고 그 어느 것에서도 영감을 받을 수 있

었다. 그러나 단 하나, 그가 이해하지 못한 것이 있었다. 그것은 그림에 어떤 장르가 있는지는 본디 알 필요조차 전혀 없으며, 자신의 그림이 어떤 장르에 속하는지 신경 쓰기보다는 그저 가슴속에 있는 것으로부터 직접 영감을 받는 것이 더 중요하다는 사실이었다. 그는 이런 것도 모르고 직접적인 인생으로부터 영감을 받는 것이 아니라 이미 예술로 표현된 생에서 간접적으로 영감을 받는 터였으므로, 착상을 얻는 것도 굉장히 빨랐고 지극히 쉬웠다. 마찬가지로 빠르고 쉽게, 그가 흉내내고자 한 유파의 작품과 매우 흡사한 것을 그릴 수 있는 경지에 도달했다.

그는 다른 어떤 유파보다도 우아하고 인상적인 프랑스 유파가 마음에 들었다. 그래서 그는 그 유파에 따라 이탈리아 의상을 입은 안나의 초상을 그리기 시작했고, 그 초상화는 그에게도, 그것을 본 모든 사람에게도 크게 호평을 받았다.

9

오랫동안 방치된 낡은 빨라쏘의 내부는, 조각물로 장식된 회칠이 된 높은 천장, 프레스코 벽화, 모자이크 마루, 높은 창문에 드리운 노랗고 묵직한 비단 커튼, 경대와 벽난로 위의 꽃병, 조각이 새겨진 문, 온갖 그림이 걸린 음침한 홀이 중후한 분위기를 드리우고 있었지만, 안나와 함께 이리 옮겨 온 브론스끼는 그 외관 때문에 유쾌한 환상을 맛볼 수 있었다. 즉 자기는 절대 평범한 러시아 지주나 퇴역한 시종무관이 아니라, 교양 있는 미술 애호가이자 보호자이며 사랑하는 여자를 위해 사회도 부모 형제도 명예도 버리고 은거하는 겸허한 미술가라는 것이었다.

브론스끼가 빨라쏘로 옮겨 온 이후 선택한 이 역할은 완전히 몸에 익었다. 골레니쉬체프 중개로 두서너 흥미로운 사람들과도 알게 되어 처음에는 안정됐었다. 그는 어느 이탈리아인 회화 교수의 지도로 사생화를 습작하고 중세 이탈리아인 생활을 연구했다. 최근 들어 브론스끼는 중세 이탈리아인 생활이 마음을 굉장히 끌었으므로 모자며 외투까지 중세식으로 차려입을 정도였다. 또 그것은 그에게 썩 잘 어울렸다.

"우리는 이렇게 살면서 아무것도 모르고 있으니 말이야." 어느 날 브론스끼는 아침 일찍 찾아온 골레니쉬체프에게 말했다. "자넨 미하일로프의 그림을 보았나?" 그는 아침에 막 받은 러시아 신문을 골레니쉬체프에게 건네고 거기에 실린 한 러시아 화가에 대한 평론을 가리켰다. 같은 도시에 사는 그 화가는 최근 한 작품을 완성했는데, 그 그림은 전부터 평판이 높았고 완성되기도 전에 구입자가 미리 정해져 있었다. 평론은 이런 탁월한 화가가 아무런 장려도 보조도 받지 못하는 것에 대해 정부와 아카데미를 공격하고 있었다.

"봤지." 골레니쉬체프가 대답했다. "물론 그는 재능이 없는 것은 아니지만, 완전히 그릇된 길로 가고 있단 말이야. 그리스도와 종교화에 대한 태도도 오로지 이바노프, 슈트라우스, 르낭식이라니까."

"이 기사에서 말하는 그림은 어떤 그림인가요?" 안나가 물었다.

"'빌라도 앞의 그리스도'라고 하는 건데, 어디까지나 신파의 사실주의로써 그리스도가 유대인으로 묘사되어 있어요."

골레니쉬체프는 작품 내용에 대한 질문으로 자기가 아주 좋아하는 주제로 이야기가 흐르자 신바람이 나서 지껄이기 시작했다.

"난 그들이 도대체 어째서 그런 끔찍한 실수를 저지를 수 있는지 모르겠어요. 그리스도는 위대한 옛 대가의 예술 속에서 이미 훌륭하고 일정하게 표현되어 있거든요. 그러니까 만일 그들이 신(神)이 아닌 혁명가나 성현을 그리고자 한다면, 역사 속에서 소크라테스, 프랭클린, 샤를로트 코르데라든가 하는 치들을 추켜들고 나오면 되지, 그리스도만은 안 된단 말씀입니다. 그런데 그들은 예술의 소재로 선택해서는 안 될 사람을 굳이 선택해서 나중에……."

"그건 그렇고, 그 미하일로프라는 사내가 그렇게 어렵게 지낸다는 것이 정말인가?" 브론스끼는 그 작품이 좋거나 나쁘거나를 떠나, 러시아의 예술 보호자로서 자기가 화가를 도와줄 필요가 있다고 생각하면서 물었다.

"설마. 그는 훌륭한 초상화가야. 자넨 그가 그린 바실리치꼬바 부인의 초상을 보았나? 하지만 그는 이제 초상을 그리는 것을 싫어하는 모양이니까 어쩌면 생활이 어려운지도 모르지. 그게 다……."

"그에게 안나의 초상을 그려 달라고 부탁할 수는 없을까?" 브론스끼는 말했다.

"뭐하러 제 초상을요?" 안나가 물었다. "당신이 그리신 것이 있으니 다른 건 필요 없어요. 그보다 아냐(그녀는 딸 안나를 이렇게 부르고 있었다)를 그려 달라고 하는 게 어때요? 저 봐요, 저기 있어요." 마침 뜰로 아이를 데리고 나온 아름다운 이탈리아인 유모를 창 너머로 바라보며 말하고는 곧바로 브론스끼 쪽을 슬쩍 돌아보았다. 브론스끼는 이 미모의 유모를 자기 그림 모델로 쓰고 있었는데, 그녀야말로 안나의 생활에서 오직 하나의 은밀한 근심거리였다. 브론스끼는 그녀를 그리면서 그 아름다움과 중세적 분위기에 홀려 있었다. 그러나 안나는 자기가 유모 따위를 질투한다고 인정할 수도 없었으므로, 오히려 유달리 그녀와 그녀의 어린 아들을 부드럽고 상냥한 태도로 대했다.

브론스끼도 창문 쪽을 보고 안나 눈을 보더니, 곧 골레니쉬체프를 향해 말했다.

"자넨 그 미하일로프라는 사람을 알고 있나?"

"만난 적은 있어. 그런데 아무리 봐도 기인이야. 교양이 전혀 없어. 요즘 흔히 보이는, 예의 야만적인 신인 중 하나야. 말하자면 처음부터 무신앙이니 부정주의니 유물론이니 하는 견해 속에서 '외곬으로' 교육받은 자유사상가 가운데 한 사람이야. 옛날에는……" 골레니쉬체프는 안나와 브론스끼가 무엇인가 이야기하고 싶어 하는 것도 모르고, 혹은 일부러 무시하면서 말을 계속했다. "옛날에는 자유사상가라고 하면, 먼저 종교와 법률과 도덕교육을 받은 다음에 투쟁과 노력을 통해서 스스로 자유사상에 도달한 사람을 말했지. 그러나 오늘날에는 타고난 자유사상가라는 전혀 새로운 유형이 나타나고 있어. 그런 무리는 심지어 도덕이니 종교니 법칙이니 권위가 있다는 것 자체도 모르고 무조건 처음부터 그냥 부정하면 된다고 생각하면서, 요컨대 야만인으로 자란 인간이란 말이야. 그가 곧 그 부류야. 그 사내는 틀림없이 모스끄바의 어느 집사의 아들로 교육이라는 것은 전혀 받지 않은 모양이야. 그런데 아카데미에 들어가서 명성을 얻게 되자, 애초에 바보도 아니었으니 스스로 교양을 쌓고 싶어진 거지. 그래서 자기가 교양의 근원이라고 여겼던 것에 의지했는데, 그게 글쎄 잡지였던 거야. 옛날에는 교양을 쌓으려고 마음먹은 사람은, 가령 프랑스인이라면 온갖 고전, 신학이건 비극이건, 역사건 철학이건 자기 앞에 있는 모든 정신적인 노작의 산물을 연구하려 들었지. 하지만 오늘날 우리나라의 작자들은, 곧바로 부정주의 문학에 가까워지고 부정주의 학문의 개략을 굉장히 빨리 소화하고 말아. 하지만 그것으로는 부족해. 아니, 그것뿐만이 아니라 한 20년 전에는, 인간은 그 문학 속에서 권위며 시대사조와의 투쟁 자취를 찾아내고, 그 투쟁 속에서 다른 무엇인가의 존재를 깨달았던 터이네. 그러나 지금은 곧장 낡은 시대사조니 하는 것은 논할 가치도 없다고 치부하는 학문 쪽으로 줄달음질 쳐서는 대뜸, 아무것도 없다, 진화다 자연도태다 생존경쟁이다 하고 외쳐댈 뿐이거든. 나는 내 논문 가운데서……."

"그런데 말씀이에요." 안나는 이미 오래전부터 조심스럽게 브론스끼와 몰래 눈짓을 교환하면서, 미술가의 교양이니 하는 것은 조금도 브론스끼에게 흥미가 없고 오직 그를 돕기 위해서 그에게 초상을 의뢰한다는 생각만이 그의 마음을 차지하고 있음을 알고 이렇게 말했다. "혹시 괜찮으시다면" 그녀는 결연한 어조로 한창 지껄이는 골레니쉬체프를 가로막았다. "그 사람에게 가 보는 게 어떨까요?"

골레니쉬체프는 정신을 차리고 기꺼이 동의했다. 그 화가는 먼 곳에 살고 있었으므로 그들은 마차를 타고 가기로 했다. 한 시간 뒤 안나는 골레니쉬체프와 나란히 앉고 브론스끼는 그 앞자리에 앉아서, 먼 지역에 있는 신축건물이지만 볼품없는 어떤 집에 도착했다. 그들을 맞으러 나온 문지기 아낙네를 통해서, 미하일로프는 언제나 화실에서 손님을 맞이하지만 지금은 여기에서 몇 걸음 안 되는 안집에 있다는 말을 듣고, 그들은 그녀에게 자신들의 명함을 들려 보내 그림을 보여 주었으면 한다고 청해 보냈다.

10

화가 미하일로프는 브론스끼 백작과 골레니쉬체프 명함을 받았을 때, 여느 때처럼 작업하고 있었다. 아침나절에 그는 화실에서 대작에 매달려 있었으나 집으로 돌아오자마자, 돈을 청구하러 온 집주인 여자를 적당히 돌려보내지 못했다고 아내에게 몹시 화를 냈다.

"당신에게 스무 번은 말했을 거야, 일일이 끼어들지 말라고. 당신은 본디 등신이지만 이탈리아어로 지껄이기 시작하면 세 배나 멍청해져 버려." 그는 오랜 입씨름 끝에 그녀에게 이렇게 말했다.

"그렇다면 당신이 제대로 돈을 내면 될 게 아녜요. 내 잘못이 아니에요. 나도 돈만 있으면……."

"아아, 좀 내버려 둬, 제발!" 미하일로프는 울음 섞인 목소리로 버럭 고함을 지르고는, 귀를 틀어막고 칸막이벽 안쪽 작업실로 들어가 문을 잠가 버렸다. '얼간망둥이 계집년 같으니!' 그는 속으로 뇌까리며 탁자 앞에 앉아 판지를 펴고, 곧 굉장한 열의로 그리다 만 그림에 매달리기 시작했다.

그는 생활 상태가 나빴을 때, 특히 아내와 언쟁을 하고 난 뒤에는 유난히 일을 열심히 했고 결과도 좋았다. '에이! 아무 데로나 꺼져 버려!' 그는 일을 계속하면서 생각했다. 지금 그는 분노의 발작 상태에 있는 인물의 모습을 그리고 있었다. 그런 그림은 전에도 하나 그렸으나 마음에 들지 않았었다. '아냐, 이것보단 그게 더 좋았을지도…… 그걸 어디에다 두었더라?'

그는 아내 쪽으로 가서 찌푸린 얼굴을 한 채 그녀 쪽은 쳐다보지도 않고, 맏딸한테 자기가 주었던 그 종이를 어디에다 두었느냐고 물었다. 종이는 버렸던 그림과 함께 찾기는 했으나 완전히 더럽혀지고 양초 얼룩으로 엉망이었다. 그래도 그는 그것을 집어 탁자 위에 놓고, 조금 떨어져서 눈을 가늘게 뜨고 그림을 바라보기 시작했다. 돌연 그는 싱글벙글하면서 기쁜 듯이 두 손을 내저었다.

"그래, 이거다!" 그는 중얼거리며 바로 연필을 들어 쓱쓱 그리기 시작했다. 양초 얼룩이 인물에 새로운 모습을 주고 있었다.

그는 이 새로운 모습을 그리는 사이에 갑자기 자기가 담배를 사는 가게 주인의 턱이 쑥 나온 정력적인 얼굴이 생각났다. 그래서 그는 그 얼굴과 턱을 그림 속 인물에 그려 넣었다. 그는 기뻐서 웃어 댔다. 생명이 없는, 죽어 있는 듯하던 인물이 갑자기 생기를 띠고 더는 손을 댈 수 없는 것이 되었기 때문이다. 그 인물은 살아 있었고, 분명하고도 확실한 형태를 띠고 있었다. 이 인물의 요구에 따라 그림을 수정할 수도 있었다. 두 다리 배치를 바꾸고, 왼손 위치를 아주 변경시키고, 머리를 쓸어 올리는 것도 가능했으며 또한 필요했다. 그러나 이 수정은 결코 그 인물 자체를 바꾸는 것이 아니라 그저 그 인물을 덮고 있는 것을 제거하는 작업이었다. 그는 그 인물을 완전히 가리고 있던 베일 벗겨 내기를 계속했다. 그러자 서서히 나타난 하나하나의 새로운 선들이 양초 얼룩에서 문득 그의 머리에 떠올랐던 그 정력적인 인물의 온 자태를 서서히 부각시켰다. 예의 명함이 온 것은 그가 마침 조심스럽게 그림의 마지막 손질을 하고 있을 즈음이었다.

"지금 곧 가지!" 그는 아내에게 갔다.

"자, 이젠 그만해. 사쉬아, 화내지 말아 줘……." 그는 수줍고 부드럽게 웃으면서 그녀에게 말했다. "당신도 나빴지만 나도 나빴어. 이젠 내가 다 알아서 할

게." 이렇게 아내와 화해를 해 놓고, 그는 우단 깃이 달린 올리브색 외투에 모자를 쓰고 화실로 향했다. 잘 그려진 인물 그림 같은 것은 벌써 말끔히 잊어버리고 있었다. 지금은 신분 높은 러시아인들이 일부러 마차를 타고 자신의 화실을 찾아온 것이 그의 마음을 기쁘게 하고 두근거리게 했다.

지금 화판틀에 걸려 있는 자기 작품에 대해 그의 마음속에는 하나의 신념이 있었다. 이런 그림은 지금까지 누구도 그린 일이 없다는 신념이었다. 딱히 자신의 그림이 라파엘로의 작품보다 뛰어나다고는 생각하지 않았다. 그러나 자기가 이 그림으로 표현하려고 했고 또 표현한 것은 지금까지 누구 한 사람 표현한 적이 없다는 점을 잘 알고 있었던 것이다. 벌써 오래전에, 그것을 그리기 시작할 때부터 그는 그 점을 분명히 알고 있었다. 그러나 세상 사람의 비판은 그것이 무엇이라 할지라도 그에게는 역시 큰 의의가 있었고 그의 마음을 깊이 동요시켰다. 아무리 사소한 비평이라도, 그가 이 그림에서 보는 것의 아주 작은 부분이라도 그 비평에 나타나 있으면 그를 마음속 깊은 곳까지 흔들어 놓았다. 그는 항상 자기 작품의 비평가들이 자신보다 훨씬 깊은 이해력의 소유자라고 생각해 왔다. 그래서 언제나 작품 속에서 자신도 보지 못했던 어떤 특징을 그들이 지적해 주기를 기대했다. 그리고 실제로 관람자 비평 속에서 그런 뛰어난 의견을 찾아낸 적이 자주 있는 것 같은 생각이 들었다.

그는 총총걸음으로 화실 문 쪽으로 다가갔다. 마음이 동요하는데도 입구의 그늘진 곳에 서서 열심히 지껄이는 골레니쉬체프의 이야기에 귀를 기울이면서도 동시에 다가오는 화가 쪽을 돌아보고 싶어 하는 듯한 안나의 부드럽고 환한 모습이 그를 감동시켰다. 손님들 쪽으로 가까이 가면서 그는 저도 모르는 사이에 담배를 파는 장사치 턱을 보았을 때와 마찬가지로, 이 순간 안나의 인상을 붙들어 꿀꺽 삼키고 훗날 필요한 경우 꺼낼 수 있도록 어딘가에 숨겨 두었다.

한편 골레니쉬체프의 이야기 때문에 화가에게 지레 환멸을 느끼고 있던 방문객들은 그의 외모를 보고 더한층 실망했다. 건장한 중키에 불안정한 걸음걸이의 미하일로프는 갈색 모자에 올리브색 외투를 걸치고, 벌써 오래전부터 통이 넓은 바지가 유행하고 있는데도 좁은 바지를 입고 있었다. 그의 유달리 너부데데한 평범한 얼굴과 겁은 많은 주제에 위엄을 지니려는 어색한 표정은 그들에게 불쾌한 인상을 주었다.

"자아, 들어오시죠." 그는 무관심한 태도를 보이려고 애쓰면서 말했고, 현관으로 들어가 호주머니에서 열쇠를 꺼내 문을 열었다.

11

화실로 들어가면서 미하일로프는 다시 한 번 손님들을 힐끔 쳐다보았다. 특히 브론스끼 얼굴을, 그 가운데서도 광대뼈를 머릿속에 새겨 넣었다. 그는 화가로서 감각을 끊임없이 발휘해 그림 소재를 모으는 한편, 마음으로는 자기 작품에 대한 비평의 순간이 가까워 옴에 따라 더욱더 거세어지는 흥분을 느끼면서도, 그것과는 상관없이 아주 작은 단서를 바탕으로 이 세 사람에 대한 견해를 재빠르고 섬세하게 구성하고 있었다. 저 사내(골레니쉬체프)는 이 고을에 사는 러시아 사람이었다. 미하일로프는 그 사내의 이름도, 또 어디서 만나서 어떤 이야기를 했는지도 기억하지 못했다. 그는 그저 한 번이라도 본 적 있는 얼굴은 모두 기억하기 때문에 그 얼굴만은 기억하고 있었다. 더욱이 그는 그 얼굴이 알맹이도 없는데 겉만 부풀린, 표정이 빈약한 것으로 기억 속에서 무더기로 한옆에 밀쳐 놓은 중요하지 않은 얼굴 중 하나라는 것도 기억했다. 숱이 많은 머리털과 넓은 이마가 외면적인 위엄을 주고 있었지만, 표정이라고는 좁다란 미간 위로 집중된 빈약한 어린애 같은 불안한 표정뿐이었다. 미하일로프 생각에 브론스끼와 까레닌 부인은 지체 높은 부유한 러시아 사람이고, 그런 모든 부유한 러시아인들이 그렇듯 예술은 조금도 이해하지도 못하는 주제에 으레 애호가나 감식가를 자처하는 부류임이 틀림없었다. '틀림없이 옛것은 모두 보고 난 다음이라 이제는 독일 엉터리 환쟁이나 영국 라파엘 전파(前派) 같은 얼간이들의 화실을 둘러보고 그저 견문을 풍부히 하기 위해서 나한테까지 온 거겠지.' 이렇게 그는 생각했다.

미술은 타락했다, 새로운 작품을 보면 볼수록 위대한 옛 거장들이 얼마나 타의 추종을 불허하는 모방을 초월한 존재인가를 알 수 있다, 이런 말을 입에 담을 권리를 얻고자 현대 미술가의 아틀리에를 구경하고 다니는 것에 불과한 애호가(더구나 어중간하게 머리가 좋은 놈들일수록 더욱더 질이 나쁘다)의 태도를, 그는 아주 잘 알고 있었다. 이들 또한 틀림없이 그런 부류일 것이라고 예상했다. 그리고 그것은 그들 얼굴에서, 서로 이야기를 주고받고 마네킹과 흉상을 구경하고 그가 그림의 덮개를 걷기를 기다리면서 자유롭게 이리저리 거니는 그 조심성 없고 불손한 태도에서도 나타났다. 하지만 그럼에도 자기 습작을 한 장 한 장 들추고 커튼을 들어 올리고 덮개를 걷어 작품을 보일 때 그는 가슴의 세찬 흥분을 느끼고 있었다. 이 느낌은 그가 평소 지체 높은 부유한 러시아인들이란 모두 가축과 똑같은 얼간이라고 확신하고 있었음에도 브론스끼가, 특히 안나가 마음에 들었다는 데서 더욱더 강렬해졌다.

"자, 이것은 어떻습니까?" 그는 불안정한 걸음걸이로 옆으로 몸을 돌려 한 작품을 가리키면서 말했다. "이것은 '빌라도의 계명'입니다. 〈마태복음〉 27장이지요." 그가 흥분 때문에 입술이 떨리기 시작한 것을 느끼면서 말했다. 그는 물러서서 그들 등 뒤에 섰다.

방문객들이 묵묵히 그림을 바라보고 있던 몇 초 동안 미하일로프도 또한 냉정한 제삼자의 눈으로 그것을 보았다. 그 몇 초 동안 그는 가장 뛰어난 정당한 비판이 그들에 의해서, 자기가 1분 전까지 그렇게 경멸하던 이 방문객들에 의해서 피력되리라는 것을 지레 믿고 있었다. 그는 그 그림을 그리던 3년 동안 그것에 대해 생각하고 있던 것을 완전히 잊었다. 자기에게는 의심할 여지도 없었던 이 그림의 가치를 모두 잊고 손님들과 같이 무관심한 방관자의 새로운 시선으로 보았다. 그러자 그 속에서 아무런 아름다움도 보이지 않았다.

전경에는 노기 띤 빌라도 얼굴과 평화로운 그리스도 얼굴이, 그 배경에는 빌라도 종들의 모습과 무슨 일이 일어났는가 하고 내다보는 요한 얼굴이 그려져 있었다. 심오한 탐색과 무수한 실패와 수정을 거듭하여 그의 마음에 특수한 성격을 갖추며 떠올랐던 하나하나의 얼굴, 그에게 굉장한 고민과 환희를 주었고 전체 조화를 위해 몇 차례고 바꾸어 그렸던 모든 얼굴, 비상한 노력 끝에 겨우 완성된 색채와 조화의 온갖 음영(陰影)들—그러한 것들이 모두, 방문객 시선으로 보니 그에게는 이미 셀 수 없이 되풀이되어 온 지극히 평범한 것처럼 여겨졌다. 그에게 가장 귀중한 얼굴, 그 그림의 중심이자 한때 그에게 엄청난 발견의 환희를 불러일으켰던 그리스도 얼굴도 지금 그러한 눈으로 보자 그 가치를 전부 잃어버렸다. 그는 거기에서 티치아노와 라파엘로와 루벤스 등이 그린 불멸의 그리스도며 병사들이며 빌라도 그림의 잘 그려진 모사를 보았다(아니, 잘 그려진 것도 아닌 무수한 결점의 덩어리로 보였다). 모두 낡고 빈약하고 미숙하기까지 한 솜씨였다. 색채에 조화가 없고 힘이 약했다. 그들이 화가 앞에서는 점잖은 체 뻔한 말을 번지르르하게 늘어놓다가 자기들끼리 남게 되면 그를 가엾게 여기고 비웃게 되더라도 지나치다고 말하지 못할 것이다.

그에게는 이 침묵이 너무 고통스러워졌다(사실 그것은 1분밖에 되지 않았지만). 그는 그것을 깨뜨리고 자기가 동요하고 있지 않다는 것을 나타내기 위해서 애써 골레니쉬체프 쪽으로 얼굴을 돌렸다.

"당신을 한 번 뵌 적이 있는 것 같습니다." 그는 그들 표정의 점 하나 획 하나도 놓치지 않으려고 브론스끼와 안나를 불안한 눈빛으로 번갈아 돌아보면서 그에게 말했다.

"있죠! 로시 댁에서 뵈었습니다. 왜, 기억하실 겁니다. 새로운 라쉘리로 소개된 그 이탈리아 여배우가 낭독했던 야회 때 말입니다." 골레니쉬체프는 조금의 미련도 없이 그림에서 시선을 떼고 화가 쪽으로 돌아서면서 서글서글하게 말했다.

그러나 미하일로프가 그림에 대한 비평을 기다리는 것을 알아채고 이렇게 말했다.

"당신의 그림은 요전에 내가 보았을 때보다 대단히 진척되었군요. 특히 그때도 그랬습니다만 지금도 저 빌라도의 모습은 감동적이에요. 이렇게 그려놓으면 사람들은 누구나 이 인물이 착하고 훌륭하기는 하지만 자기가 하는 일을 이해하지 못하는, 철두철미하게 관료적인 인간이라고 해석하지요. 그러나 내가 생각하기에는……."

표정이 풍부한 미하일로프 얼굴 전체가 갑자기 밝아지며 두 눈이 싱싱하게 빛났다. 그는 무엇인가 이야기하려고 했으나 흥분 때문에 말이 나오지 않아 기침하는 체했다. 그는 골레니쉬체프의 미술 이해력을 아주 낮게 평가하고 있었고, 관리 빌라도 표정을 정확하게 지적한 비평이 아무리 하찮은 것이라 해도, 또 다른 중요한 것은 제쳐 놓고 이런 사소한 것을 맨 먼저 지적한 상대의 비평이 작가로서는 아무리 유감스럽다 해도, 아무튼 미하일로프는 이 비평을 듣고서 완전히 황홀경에 빠져 버렸다. 빌라도의 형상에 대해서는 그도 골레니쉬체프와 똑같이 생각하고 있었던 것이다. 이 견해는 미하일로프가 나름대로 다 옳은 의견이라고 생각하는 다른 무수한 비평 중 하나에 지나지 않았지만, 그것이 그에게 있어서 골레니쉬체프 말의 의미를 떨어뜨리는 것은 아니었다. 그는 이 말 때문에 골레니쉬체프가 좋아졌고 의기소침한 기분에서 벗어나 별안간 환희의 상태에 빠졌다. 그러자 곧 그의 그림 전체가 순식간에 말로 표현할 수 없는 복잡한 생기를 띠고 그의 앞에서 활발하게 움직였다. 미하일로프는 자신도 빌라도를 그처럼 이해하고 있다고 다시 한 번 말하려 했으나 입술이 덜덜 떨려서 입을 열 수가 없었다. 브론스끼와 안나도 역시 낮은 목소리로 무엇인가를 이야기하고 있었다. 그것은 한편으로는 화가의 감정을 상하지 않게 하기 위해서였고, 다른 한편으로는 통상 회화 전람회 같은 데서 미술에 대해 논할 때 가볍게 말하는 예사로운 말을 큰 소리로 떠들지 않으려는 배려 때문이었다. 미하일로프는 자기 그림이 그들에게도 어떤 인상을 주었다고 느끼고 그들 옆으로 다가갔다.

"정말, 그리스도의 표정이 놀랍군요!" 안나가 말했다. 그녀는 자신이 본 것 중에서 이 표정이 가장 마음에 들었으므로, 이것이 그림의 중심이니까 이것을 칭찬하면 화가도 틀림없이 유쾌하리라고 생각했다. "그리스도가 빌라도를 가여워하고 있는 것을 한눈으로 알 수 있어요."

이것 또한 그의 그림과 그리스도 모습에서 수없이 찾아낼 수 있는 확실한 의견 중 하나였다. 그녀는 그리스도가 빌라도를 가여워하고 있다고 말했다. 과연 그리스도 표정에는 연민의 표정도 없어서는 안 됐다. 그에게는 사랑과 천상의 고요함과 죽음에 대한 각오와 언어의 공허함을 의식한 표정이 있기 때문이다. 물론 한쪽은 관능적 생활의 화신이고 다른 쪽은 영생의 화신이기 때문에, 빌라도에게는 관료적인 표정이 있고 그리스도에게는 연민의 표정이 있는 것은 당연한 일이다. 이러한 모든 생각과 그 밖의 갖가지 상념이 미하일로프 마음속에서 번쩍였다. 그의 얼굴은 또다시 환희로 빛나기 시작했다.

"그렇습니다. 게다가 또 이 인물 묘사는 어떻습니까. 원근이 살아 있어요. 저 뒤로 돌아갈 수도 있을 것 같잖아요." 골레니쉬체프는 분명히 이 언급으로 자기는 그 인물의 내용과 사상에는 찬성하지 않는다는 뜻을 나타내면서 말했다.

"이야, 정말 놀라운 솜씨야!" 브론스끼가 말했다. "이 배경 인물은 정말 선명하게 돋보이는군! 이것이 바로 기교지." 그는 골레니쉬체프 쪽으로 돌아서며 전에 둘이서 이야기하던 대화, 즉 자기는 이제 이런 기교를 거의 포기하고 있다는 내용의 대화를 넌지시 비추면서 말했다.

"네, 네, 놀랍습니다!" 골레니쉬체프와 안나가 맞장구를 쳤다. 그러나 미하일로프는 잔뜩 흥분하고 있었으나 기교 운운의 비평은 그의 마음을 아프게 했다. 그는 화가 난 얼굴로 브론스끼를 쳐다보다 갑자기 눈살을 찌푸렸다. 그는 자주 이 기교라는 말을 들었지만, 사람들이 그것을 어떤 의미로 이야기하는 것인지 전혀 이해되지 않았다. 그가 알기로 이 말은 내용과 전혀 무관한 것을 묘사하는 기계적인 능력을 의미했다. 그는 자주 지금의 찬사처럼, 사람들이 기교를 마치 나쁜 것을 잘 그릴 수 있는 능력처럼 내적인 가치와 대립시켜 말하는 것을 들었다. 그도 진실을 감춘 덮개를 벗길 때 작품 자체를 다치지 않게 하려면, 그리고 덮개를 완전히 벗기기 위해서는 많은 주의와 조심이 필요하다는 것은 알고 있었다. 그러나 여기에는 그리는 기술이니 기교니 하는 것이 끼어들 수 없었다. 만일 조그마한 어린애라든가 자기 집 하녀한테 그에게 보이는 것과 똑같은 것이 보인다면, 그들도 역시 보이는 대로 표현할 줄 알 것이다. 아무리 경험이 많고 능란한 기교를 갖춘 화가라고 할지라도, 그리고 싶은 내용의 틀이 머리에 떠오르지 않는다면, 단지 기계적인 능력만으로는 아무것도 그려 낼 수 없을 것이다. 그뿐만 아니라 만일 기교라는 것을 굳이 문제 삼아야 한다면, 그는 그 점에서는 도저히 칭찬받을 자격이 없다는 것을 알고 있었다. 그는 자기가 예전에 그렸고 지금 그리는 모든 작품 가운데, 앞에서 얘기한 베일을 벗기는 듯한 수정작업을 할 때의 부주의에서 생긴, 이제는 작품 전체를 손대지 않고서는 수정할 수 없는, 눈을 찌르는 것 같은 결점을 보고 있었다. 그리고 거의 모든 인체와 얼굴에서 그는 아직도 그림을 해치는, 충분히 벗겨지지 않은 베일의 흔적을 보고 있었다.

"허락하신다면 한마디 더 말씀드리고 싶은데요⋯⋯." 골레니쉬체프가 말했다.

"아아, 기꺼이. 부탁합니다." 미하일로프는 억지웃음을 지으면서 말했다.

"다름이 아니라, 당신의 그리스도는 신인(神人)이 아니고 인신(人神)이라는 겁니다. 물론 그것이 당신께서 의도한 바라는 것은 알고 있습니다만."

"나는 내 마음속에 없는 그리스도는 그릴 수 없었습니다." 미하일로프는 음울한 목소리로 말했다.

"그렇군요. 그러시다면 내 의견도 여쭙고 싶습니다만⋯⋯ 당신의 그림은 나 같은 사람의 비평으로는 좀처럼 해칠 수 없을 만큼 너무나 훌륭합니다. 이것은 내 개인적인 의견입니다. 당신에게는 또 당신의 의견이 있으시겠죠. 말하자면 모티프 자체가 다르니까요. 이바노프를 두고 보더라도 말씀입니다. 만일 그리스도를 역사적인 인물의 수준까지 끌어내릴 정도면 이바노프는 더 다른 새로운, 아무도 손대지 않은 역사상의 주제를 선택하는 편이 좋지 않았나 생각합니다만."

"그러나 만일 그것이 예술에 주어진 가장 큰 주제라고 한다면요?"

"찾으려고만 한다면 다른 주제도 있을 겁니다. 그러나 중요한 건 예술이 논의와 비평을 초월한다는 데 있습니다. 그러나 이바노프의 그림을 보면 신자건 아니건, 이것이 신(神)인가, 신이 아닌가? 하는 의문이 일어납니다. 그래서 인상의 일치가 깨지고 마는 겁니다."

"어째서 그렇지요? 교양 있는 사람에게는." 미하일로프가 말했다. "더는 논쟁의 여지가 있을 수 없다고 생각하는데요."

골레니쉬체프는 그것에 동의하지 않았다. 그리고 예술에는 인상의 일치가 필요하다는 자신의 의견을 고집하면서 미하일로프를 논박했다.

미하일로프는 흥분했으나 그는 자기 사상을 옹호할 만한 말을 한마디도 할 수 없었다.

12

안나와 브론스끼는 골레니쉬체프의 똑똑한 체하는 요설을 언짢게 여기면서 아까부터 계속 서로 눈짓을 하고 있었다. 이윽고 브론스끼는 주인의 안내를 기다리다 못해 그다지 크지 않은 다른 그림 쪽으로 옮겨갔다.

"아아, 아름답다. 어찌 이리 아름다울 수가! 놀라워! 정말 아름다워!" 두 사람이 입을 모아 외쳤다.

'무엇이 저렇게 마음에 들었을까?' 미하일로프는 생각했다. 그는 3년 전에 그렸던 그 그림에 관해서는 말끔히 잊고 있었다. 몇 달 동안 밤낮을 가리지 않고 그 그림에만 매달려 온갖 고민과 환희를 맛보았지만 그런 것은 까맣게 잊은 뒤였다. 다 끝낸 그림에 관해서는 언제나 그런 것처럼. 그는 그 그림을 보는 것도 싫었다. 그저 우연히 그것을 사겠다는 영국인이 오기로 했으므로 내놓은 것에 불과했다.

"그것은 저어, 낡은 습작인데요." 그가 말했다.

"아, 이것은 정말 좋군!" 골레니쉬체프 또한 분명히 진심으로 그 그림의 아름다움에 끌린 듯 말했다.

사내아이 둘이 버드나무 그늘에서 낚시질을 하고 있었다. 나이 많은 쪽 아이가 지금 막 낚싯줄을 던지고 온 정신을 쏟으면서 덤불 뒤에서 한참 낚시찌를 끌어당기고 있었다. 조금 어린 소년은 풀밭 위에 누워 헝클어진 금발 머리를 팔꿈치로 괴고 깊은 생각에 잠긴 듯한 푸른 눈으로 수면을 바라보고 있었다. 그는 무엇을 생각하는 것일까?

이 작품에 대한 탄성은 미하일로프 마음속에 지난날의 흥분을 불러일으켰다. 그러나 그는 이 지나가 버린 것에 대한 무익한 감회가 두렵고 좋지도 않았다. 그래서 찬사가 기쁘긴 했으나, 서둘러 방문객들의 관심을 세 번째 그림 쪽으로 돌리려 했다.

그런데 브론스끼가 그 그림을 팔지 않겠느냐고 물었다. 방문객들 때문에 흥분한 지금의 미하일로프에게 금전상의 이야기는 몹시 불쾌했다.

"그것은 사겠다는 사람이 있어서 내놓은 물건입니다." 그는 음울하게 얼굴을 찌푸리고 대답했다.

방문객들이 돌아가자, 미하일로프는 빌라도와 그리스도의 그림 앞에 앉아서 마음속으로 방금 방문객들이 이야기했던 것, 비록 직접 말은 하지 않았어도 넌지시 암시되었던 것을 되짚어 보았다. 그러자 이상하게도 그들이 여기에 있었을 때, 자기가 그들 관점으로 접근했을 때는 그에게 그처럼 중대한 의미가 있었던 것들이 갑자기 그 모든 의미를 잃어버렸다. 그는 자신의 그림을 완전한 화가로서 자기 눈으로 보기 시작했다. 그러자 자기 그림의 완전함과 그로 말미암은 함축된 의의에 대한 믿음이 되살아났다. 이 믿음이 온갖 쓸데없는 흥미를 배제하여 그를 어떤 긴장 상태로 이끌었고, 그 긴장이 있어야만 그는 창작할 수 있었다.

그러나 그리스도 한쪽 발은 역시 원근법이 엉망이었다. 그는 팔레트를 들고 작업에 착수했다. 발을 고쳐 그리면서도 그는 줄곧 배경의 요한의 모습을 황홀하게 보고 있었다. 방문객들은 눈치채지 못했지만 그는 이 요한이야말로 완성의 극치임을 알았다. 발을 다 고치고 나자 그는 그쪽을 손보려고 했으나 그것을 하기에는 자기가 너무 흥분해 있다고 느꼈다. 그는 냉정할 때도, 또 너무나 감성이 예민해져서 만사가 지나치게 잘 보일 때도 똑같이 일을 할 수 없었다. 그가 일할 수 있는 것은 냉정에서 감흥으로 옮겨 가는 중간 단계뿐이었다. 그러나 지금 그는 너무나 흥분해 있었다. 그는 그림에 덮개를 씌워 버리려 했다가 갑자기 멈추고 한쪽 손에 덮개를 든 채 행복한 미소를 띠면서 한참 동안 뚫어지게 요한의 모습을 바라보았다. 마침내 서운한 듯한 태도로 덮개를 덮고, 피곤하지만 충분히 행복한 기분이 되어 집으로 돌아갔다.

브론스끼와 안나와 골레니쉬체프도 집으로 돌아오는 동안 유난히 발랄하고 유쾌한 기분이었다. 그들은 미하일로프와 그의 그림에 대해서 이야기를 주고받았다. 재능이라는 단어가 이성과도 감정과도 독립된 거의 육체적인 타고난 능력을 의미하는 말이자, 또 예술가가 경험하는 온갖 것을 나타내는 표현으로 특히 자주 그들의 대화에 등장했다. 그들이 전혀 이해하지 못하지만 무엇이라고 이야기해 보고 싶은 것을 형용하는 데 그 말이 꼭 필요했기 때문이다. 그들은 그에게 재능이 있다는 것을 부인할 수는 없지만, 그의 재능은 우리 러시아의 미술가에게 공통된 교양 부족 때문에 충분히 성장할 수가 없는 게 불행이라고들 이야기했다. 그러나 그 아이들 그림은 그들 기억에 깊이 파고들었으므로 번번이 화제는 그쪽으로 옮겨갔다.

"매우 아름다웠어! 정말 그것은 걸작이야. 그 단순함! 그는 그 그림이 얼마나 좋은 작품인지 자기도 모르고 있단 말이야. 그렇지, 그것을 남의 손에 넘겨주어서는 안 돼. 꼭 사들여야지." 브론스끼는 말했다.

13

미하일로프는 브론스끼에게 자기 그림을 팔고 안나의 초상을 그릴 것을 승낙했다. 그는 정해진 날 집으로 찾아와서 제작에 착수했다.

작업이 다섯 번째를 넘어서면서부터 그 초상은 모든 사람을, 특히 브론스끼를 놀라게 했다. 단순히 똑 닮았다는 점 때문만이 아니라 각별한 아름다움이 돋보였던 것이다. 그는 그녀의 이런 특유한 아름다움을 미하일로프가 발견한 것이 참으로 불가사의했다.

'그녀의 지극히 사랑스러운 정신적 표정을 찾아내기 위해서는 내가 사랑하는 것처럼 그녀를 잘 알고 또 사랑하여야 할 텐데.' 브론스끼는 이렇게 생각했지만 실은 자기도 이 초상화를 보고 처음으로 그녀의 그 지극히 사랑스럽고 친밀한 표정을 발견한 것이었다. 이 표정은 그나 다른 사람에게도 그들이 진작부터 아는 표정으로 여겨졌을 만큼 매우 사실적이었다.

"나는 무척 오래 고심했지만 아무것도 이끌어내지 못했어." 브론스끼는 자기가 그린 초상화를 평가하며 말했다. "그러나 그는 보기가 무섭게 그려냈어. 말하자면 그게 바로 기교라는 거겠지."

"기교는 언젠가 몸에 붙게 되어 있어." 골레니쉬체프는 그를 달랬다. 그가 보기에 브론스끼는 재능도 있고 무엇보다 예술에 대한 견해를 높이는 훌륭한 교양도 갖추고 있었다. 그가 브론스끼의 재능을 확신하는 또 한 가지 이유는, 그의 논문이며 사상에 대한 브론스끼의 공감과 찬사가 필요했기 때문이다. 그는 칭찬이며 지지는 상호적이어야 한다고 느끼고 있었다.

남의 집, 특히 브론스끼의 빨라쏘에서 미하일로프는 자기 화실에 있을 때와는 전혀 딴사람이 되었다. 그는 마치 존경하지도 않는 사람들과 가까워지는 것이 두렵기라도 한 듯 불쾌할 정도로 공손함을 보였다. 그는 브론스끼를 각하라고 불렀고 안나와 브론스끼가 아무리 초대해도 결코 저녁식사에는 남지 않았다. 그림을 그릴 때 이외에는 가까이 오지도 않았다. 안나는 그에게 유달리 친절하게 대했고 초상화에 대해서도 감사하고 있었다. 브론스끼는 그에게 단순한 정중함 이상으로 예의를 차렸다. 그는 분명히 자기 그림에 대한 이 미술가의 비평에 흥미를 느끼고 있었다. 골레니쉬체프는 기회가 있을 때마다 예술에 대한 참된 이해를 미하일로프에게 주입하려고 했다. 그러나 미하일로프는 누구에게나 한결같이 냉담했다. 안나는 그의 눈동자에서, 그가 그녀를 바라보길 좋아한다고 느꼈다. 하지만 그는 그녀와 이야기하는 것은 피하고 있었다. 브론스끼가 그의 그림에 대해서 이야기할 때도 그는 완강히 침묵을 지켰고 브론스끼의 그림을 보았을 때도 역시 침묵했다. 그리고 골레니쉬체프의 쓸데없이 많은 말에는 완전히 질려서 아무런 반박도 하지 않았다.

요컨대 미하일로프는 그 억눌린 것 같은 불쾌한, 마치 무엇인가 적의라도 품은 듯한 태도 때문에, 가까이 알면 알수록 더욱 그들 마음에 들지 않는 인물이 되었다. 그래서 그들은 일이 끝나 그들 손에 훌륭한 초상화가 남고 그가 더는 오지 않게 되자 몹시 기뻐했다.

골레니쉬체프가 맨 먼저 모두 가슴에 지니고 있던 생각, 즉 미하일로프는 그저 브론스끼를 부러워했을 뿐이라는 생각을 말했다.

"아무튼 그에게는 재능이 있으니까 딱히 부러워한 것은 아니라고 하더라도 배는 아플 거야. 궁정을 드나드는 부자에, 게다가 또 백작이란 사람이—그들은 실제로 이런 것을 증오하거든—남달리 이렇다 할 노고도 치르지 않고, 생애를 그것에 바친 자기보다 뛰어난 것은 아닐지언정 똑같은 일을 하고 있으니까 말이야. 더구나 그에겐 없는 가장 중요한 교양까지 갖추고 있거든."

브론스끼는 미하일로프를 변호했지만, 마음속으로는 골레니쉐체프의 말을 진심으로 받아들였다. 왜냐하면 그의 견해에 따르면 계급이 낮은 다른 인간은 자기를 부러워하는 것이 당연했기 때문이다.

안나의 초상화—똑같은 인물을 모델로 그린 그와 미하일로프의 초상화는 브론스끼 눈에 두 사람의 차이를 보여주었을 터이지만, 그는 그것이 눈에 띄지 않았다. 그는 그저 미하일로프의 것이 완성되고 난 뒤에는 더 이상 계속 한다는 것은 쓸데없는 일이라고 생각하고 안나의 초상을 그리지 않았다. 그리고 중세 풍속을 소재로 계속해서 그렸다. 그것은 그 자신도 골레니쉐체프도, 특히 안나도 아주 훌륭하다고 생각했다. 미하일로프의 그림보다도 훨씬 더 명화를 닮았기 때문이었다.

한편 미하일로프는 안나의 초상화에 몹시 마음이 끌렸지만, 일이 끝나 예술에 관한 골레니쉐체프의 설교를 들을 필요도 없고 브론스끼의 그림도 잊을 수 있게 되어 그들 이상의 기쁨을 느꼈다. 그는 브론스끼의 화가놀이를 금지할 수 없음을 알고 있었다. 또 그와 모든 애호가가 좋아하는 것을 멋대로 그려 댈 충분한 권리가 있다는 것도 잘 알고 있었다. 그러나 그는 그것이 불쾌했다. 사람이 큼직한 밀랍인형을 만들어 그 인형에 키스하는 것을 말릴 수는 없다. 그렇지만 만일 그 사람이 인형을 가지고 와서 사랑하는 사람 앞에 앉아, 마치 사랑하는 여자를 애무하듯 그 인형을 애무하기 시작하면, 보는 사람은 틀림없이 불쾌할 것이다. 미하일로프는 꼭 이러한 불쾌감을 브론스끼의 그림을 볼 때마다 경험했다. 우스꽝스러운가 하면 얄밉기도 하고, 안타까운가 하면 굴욕적이기도 했던 것이다.

그림과 중세 시대에 대한 브론스끼의 심취도 오래 계속되지 않았다. 그는 그림에 어설픈 조예가 있었기에 자기 그림을 완성할 수 없었다. 모든 그림은 도중에 막히고 말았다. 처음에는 그다지 눈에 띄지 않았던 결점이 이대로 계속 그리다가는 마침내 엄청나게 두드러질 것이라고 막연하게 느꼈다. 그의 마음속에는, 자기가 아무것도 이야기할 것이 없다고 느끼면서도 아직 구상이 여물지 않았기 때문에, 지금 자기는 그것을 단련하면서 자료를 모으는 중이라고 생각하며 끊임없이 자기를 속이고 있는 골레니쉐체프처럼 그에게도 똑같은 감정이 일어난 것이다. 골레니쉐체프는 이 감정으로 격분하고 괴로워했으나 브론스끼는 자기를 속일 수도 괴롭힐 수도 없었다. 격분한다는 것은 두말할 나위도 없었다. 그래서 그는 특유의 과단성으로 한마디 변명도 설명도 없이 단호히 그림을 그만두어 버렸다.

그러나 이런 소일거리가 없어지자 그의 환멸에 놀라는 안나와의 도시에서의 생활이 갑자기 몹시 지루하게 여겨졌다. 빨라쏘는 갑자기 아주 해묵고 지저분한 곳이 되어 커튼 얼룩과 마루의 벌어진 틈바귀며 처마 밑 빗겨진 벽이 아주 불쾌할 정도였다. 여전히 똑같은 골레니쉬체프며 이탈리아인 교수며 독일인 여행가와의 교류도 지긋지긋해졌으므로 마침내 그들은 생활에 변화를 주어야만 했다. 그들은 러시아 시골로 돌아가기로 했다. 브론스끼는 도중에 뻬쩨르부르그에서 형과 재산 분배를 해야겠다고 생각했고 안나는 아들을 만날 생각이었다. 그리고 여름은 브론스끼가의 광대한 영지에서 지내기로 계획했다.

14

레빈은 결혼해서 석 달째를 맞이했다. 그는 행복했으나 그것은 그가 기대했던 것과는 전혀 달랐다. 그는 한 걸음마다 예전 공상에 대한 환멸을 맛보고 새로운 뜻밖의 매혹을 찾아냈다. 확실히 그는 행복했지만, 가정생활에 발을 들여놓고 보니 그 한 걸음 한 걸음이 자기가 상상하던 것과는 전혀 다르다는 사실을 깨달았다. 그것은 마치 호수 위를 거침없이 미끄러져 가는 작은 배의 매끄럽고 행복한 항진을 기슭에서 바라보던 사람이 막상 직접 그 작은 배에 탔을 때 느끼는 그런 경험이었다. 말하자면 몸의 중심을 잡고 조용히 타는 것만으로는 모자라 어느 쪽을 향해 갈 것인지 한순간도 쉬지 않고 생각해야 한다는 것, 발밑에는 물이 있고 그 위를 노 저어 가야만 한다는 것, 익숙하지 않은 손에는 그것이 아프다는 것, 보고만 있을 때에는 손쉬운 것 같았지만 해 보니까 썩 즐겁기는 해도 무척 어려운 일이라는 것까지 알게 되었다.

독신시절에는 남들의 결혼생활, 그 자질구레한 걱정과 입씨름, 질투를 보며 그는 마음속으로 그저 경멸의 미소를 지을 뿐이었다. 그는 자기 장래의 부부생활에는 그와 같은 것은 결코 있을 수 없을 뿐만 아니라, 외부적인 형식까지 포함한 모든 면에서 남들의 생활과는 전혀 다를 것이라고 확신하고 있었다. 그러나 막상 뚜껑을 열어보니 자기와 아내의 생활은 별다르게 짜이기는커녕, 오히려 모든 것이 그가 이전에 그토록 경멸하던 아주 하찮고 자질구레한 것으로 꽉 차 있었다. 더구나 그 사소한 것이 범상치 않은, 부정할 수 없는 의의를 지니는 것이었다. 레빈은 이 온갖 자질구레한 것의 정돈이 자기가 전에 생각하던 것처럼 쉬운 일은 전혀 아님을 알았다. 그는 자기가 가정생활에 대해서 지극히 정확한 견해를 지녔다고 생각했으나, 실은 그 또한 모든 남자처럼 가정생활을 아무런 장애도 있을 수 없고 또 자질구레한 걱정에 마음을 쓴다든가 하는 일은 있어서도 안 되는 사랑의 향락으로만 막연하게 상상했을 뿐이었다. 그의 견해에 따르면 그는 자기 일에 분주하고, 그 휴식을 사랑의 행복에서 찾으며, 아내는 그저 사랑스럽기만 하면 되었다. 그러나 그는 여기에서도 모든 남자처럼 아내에게도 일이 있다는 사실을 잊고 있었다. 그래서 그는 그 우아하고 아름다운 끼찌가 결혼하고 몇 주는커녕 며칠도 안 되어 탁자보, 가구, 손님용 침구, 쟁반, 요리사와 식사 같은 것에 대해 생각하고 머릿속에 넣어 두고 돌보는 데 적잖이 놀랐다.

두 사람이 약혼 중이었을 무렵 그는 그녀가 외국 여행을 거절하고 확고한 태도로 시골로 가겠다고 했을 때도 매우 놀랐었다. 마치 그녀가 자기는 그것보다 달리 중요한 일이 있음을 알고 있고, 사랑 이외의 다른 부차적인 일도 생각할 여유가 있다고 과시하는 것 같았기 때문이다. 그 일로 그때도 그는 기분이 상했고 지금도 그녀가 자잘한 잡일로 걱정에 매달려 있는 것이 언짢았다. 하지만 그는 그것이 그녀에게 아주 필요한 일임을 알았다. 그는 그녀를 사랑하고 있었기에 그러한 잡일의 의미도 모르고, 오히려 코웃음을 치고 있었지만, 역시 그녀가 일하는 모습에 감탄하지 않을 수 없었다. 그는 그녀가 모스끄바에서 도착한 가구를 배치하고 새로운 방법으로 자기 방과 그의 방을 치우고, 커튼을 치고 손님, 특히 돌리를 위해 방을 준비하고, 자기 새 하인에게 거처할 방을 정해 주고, 요리사 영감에게 식사를 지시하고, 아가피야와 주방의 실권을 놓고 다투고 하는 것을 웃으며 보고 있었다. 그는 요리사 영감이 그녀를 감탄스레 바라보며 끼찌의 그 요령 없는 불가능한 명령을 들으면서 쓴웃음을 짓는 모습과 아가피야가 젊은 마님의 음식물 저장에 관한 새로운 방침에 대해서 의심해하면서도 부드럽게 고개를 갸웃하는 장면을 보았다. 또 끼찌가 울고 웃고 하면서, 하녀인 마쉬아가 그녀를 아가씨로 여기는 것이 버릇이 되어 아무도 자기가 이야기하는 것을 듣지 않는다고 그에게 하소연하러 왔을 때는, 그녀가 전에 없이 귀엽게 보였다. 그에게는 이런 일이 사랑스럽기는 했지만 동시에 이

상스럽게도 여겨졌다. 그래서 그는 이런 일은 차라리 없는 편이 좋았을 거로 생각했다.

그는 그녀가 결혼하고서 경험하는 감정의 변화를 알지 못했다. 그녀는 친정에서는 이따금 끄바스나 양배추나 당과가 아쉬울 적이 있어도 어느 것 하나 손에 넣을 수는 없었다. 그러나 지금은 그녀가 원하는 것은 무엇이건 지시할 수 있고 당과 같은 것은 산더미처럼 사들일 수 있고, 돈도 얼마든지 쓸 수 있고, 좋아하는 피로시키도 살 수 있게 된 것이다.

지금 그녀는 돌리가 아이들을 데리고 올 때만을 손꼽아 기다리고 있었다. 아이들에게 저마다 좋아하는 케이크를 선물해주고, 돌리에게는 새댁으로서 실력을 평가받고 싶기 때문이었다. 그녀 자신도 어째 선지는 몰랐으나, 어쨌든 집안 살림을 꾸려 나간다는 것은 저항할 수 없는 힘을 가지고 그녀를 매혹했다. 그녀는 본능적으로 봄이 다가오고 있음을 느끼고 또 날씨가 좋지 않은 날을 예측하며, 부지런히 보금자리를 만들었고 아울러 그 방법을 배우기에 몹시 허둥거렸다.

자질구레한 끼찌의 걱정은 레빈이 처음 생각했던 행복의 이상에 상반되는 것으로, 그가 느끼는 환멸 가운데 하나였다. 그러나 비록 의미는 알지 못하지만 사랑하지 않을 수 없는 그런 사랑스러운 걱정이야말로 새로운 매혹의 하나였다.

또 하나의 환멸이자 매혹은 부부싸움이었다. 레빈은 자기와 아내 사이에 부드러움과 존경과 애정 이외에 다른 관계가 있을 수 있으리라고는 결코 상상할 수 없었다. 그런데 결혼 초부터 두 사람은 벌써 말다툼을 벌이고 말았다. 그녀가 그에게, 당신은 나를 사랑하는 것이 아니다, 다만 자기 자신을 사랑할 뿐이라고 하며 울음을 터뜨리고 두 손을 내두르기 시작했다.

최초의 계기는 레빈이 새 농장을 보러 나왔다가 지름길로 가려다 길을 잃고 반시간쯤 늦게 돌아온 데서 비롯했다. 그는 그저 그녀와 그녀의 사랑과 자기의 행복만 생각하면서 집으로 돌아오고 있었으므로, 집에 가까워짐에 따라 그의 마음속에는 그녀에 대한 애정이 더욱더 강하게 불타올랐다. 그는 청혼하러 쉬체르바스끼가를 찾아갔을 때와 같은, 아니 그것보다도 더 강렬한 감정을 품고 방 안으로 뛰어들어갔다. 그런데 별안간 그를 맞이한 것은 아직 한 번도 본 적이 없는 어두운 표정의 끼찌였다. 그가 그녀에게 키스하려고 다가가자 그녀가 그를 밀어젖혔다.

"왜 그래?"

"당신은 즐거우시군요……." 그녀는 애써 차분하고 표독스러운 태도로 말을 꺼냈다.

하지만 그녀가 한 번 입을 열자, 무의미한 질투와 창가에 앉아서 꼼짝달싹 하지도 않고 기다리던 반시간 동안 그녀를 괴롭히던 온갖 잡념이 비난의 말이 되어 그녀 가슴을 뚫고 솟구쳐 나왔다. 그는 이때 처음으로, 결혼식 뒤에 그녀를 교회에서 데리고 나왔을 때는 도무지 이해되지 않았던 것을 비로소 똑똑히 이해했다. 그는 그녀가 자기에게 가까운 존재일 뿐만 아니라 이제는 벌써 어디까지가 그녀이고 어디부터가 자기인지 모르게 된 것이다. 그는 이 사실을, 순간적으로 경험한 자기분열의 미칠 듯한 감정을 통해 깨달았다. 그도 처음에는 화를 냈다. 그러나 곧이어 그는 자기가 그녀에게 화를 낼 수 없다는 것을, 그녀는 자기 자신이라는 것을 느꼈다. 예를 들어 느닷없이 뒤에서 강한 타격을 받은 사람이 괘씸함에 복수를 하기 위하여 상대를 찾아 뒤를 돌아다봤는데, 알고 보니 실은 어쩌다가 자기가 자신을 친 것이라 누구에게 화풀이도 못하고 그저 꾹 참고 아픔을 달래는 수밖에 없다는 것을 깨달았을 때와 같은 느낌이었다.

그 뒤로는 그는 한 번도 이때처럼 강렬하게 그것을 느낀 적은 없었으나, 맨 처음에는 오랫동안 제정신을 차릴 수 없었다. 자연스러운 감정은 자신을 변호하고 그녀에게 오해라고 설명하라고 요구했다. 그러나 그녀 잘못을 정정해도, 더한층 그녀 화를 돋우어 온갖 슬픔의 근원인 불화를 더욱 크게 할 뿐이었다. 다만 습관적인 감정이 그를 채찍질하여 자기의 누명을 벗고 그녀에게 죄를 전가하라고 시켰다. 그러나 또 하나의 더욱 강력한 감정은 지금 일어난 불화가 커지기 전에 한시라도 빨리 그것을 비벼 끄려고 했다. 이런 부당한 비난을 그냥 감수하는 것은 아무래도 쓰라린 일이었다. 하지만 자기를 정당화해서 그녀를 가슴 아프게 하는 것은 더한층 나쁜 일이었다. 선잠 속에서 육체의 아픔으로 괴로워하는 사람처럼, 그는 자기 몸뚱이에서 그 아픈 데를 도려내고만 싶었다. 그러나 정신을 차리고 보자 그 아픈 데는 자기 자신이었다. 그렇다면 그 아픔을 다독여 극복할 수밖에는 별다른 도리가 없었다. 그래서 그는 한참 그렇게 하려고 노력했다.

그들은 화해했다. 그녀는 자기 잘못을 깨닫고도 그것을 입 밖에 내놓지는 않았지만 그에게 더한층 부드러워졌다. 그리고 둘은 더욱 깊은 새로운 사랑의 행복을 경험했다. 그러나 이러한 충돌은 생각지도 못한 지극히 하찮은 불씨를 계기로 이후로도 상당히 자주 되풀이되었다. 그런 충돌은 둘 다 아직 서로 상대에게 얼마나 중요한 존재인지 몰랐기 때문이며, 또 결혼 초기에는 둘 다 기분이 나빠질 적이 많았기 때문이었다. 한 사람의 기분이 나빠도 다른 사람의 기분이 좋으면 평화가 깨지는 일은 없었다. 그러나 둘 다 좋지 않을 때는, 나중에 가서 보면 대체 무엇 때문에 그렇게 다툰 것인지 도무지 생각해 낼 수 없을 만큼 너무나도 사소해서 이해도 되지 않는 원인 때문에 충돌이 일어나는 것이었다. 실제로 둘 다 기분 좋을 때는 생활의 즐거움도 두 배로 커졌다. 아무튼 이 신혼 초기는 그들에게 힘든 시기였다.

이 맨 처음 기간에 그들은 두 사람을 묶은 쇠사슬을 서로 양쪽에서 잡아당기는 것 같은 긴장을 특히 생생하게 느꼈다. 요컨대 세상에서 전해 내려오는 이야기를 듣고 레빈이 아주 많은 것을 기대하던 그 밀월, 즉 결혼 후 1개월은 전혀 꿀처럼 달콤하지 않았을뿐더러 그들 기억에 한평생을 통해서 가장 괴로운 굴욕의 시기로 남았다. 그들은 그 뒤로 평생에 걸쳐, 둘 다 정상적인 기분으로 있은 적도 드물고, 본디 자기 자신으로 있었던 적이 드물었던 이 불건전한 기간의 추악하고 부끄러운 온갖 사태를 기억에서 지워 버리려고 무척 노력했다.

결혼 뒤 꼭 석 달째가 되어, 한 달간 머무르던 모스끄바에서 돌아와서야 그들 생활은 비로소 안정을 찾기 시작했다.

15

모스끄바에서 막 돌아온 부부는 자기들끼리만 있게 되어 기뻐했다. 레빈은 서재 책상에 앉아 글을 쓰고 있었다. 그녀는 결혼 당시 입었던 옷이라 레빈에게는 특히 감회가 깊은 짙은 자줏빛 옷을 다시 꺼내 입고, 레빈의 아버지며 할아버지 때부터 언제나 서재에 놓여 있던 고풍스러운 가죽 소파에 앉아 '영국 자수'를 놓고 있었다. 그는 생각에 잠기다가 글을 쓰면서 그녀가 옆에 있다는 것을 끊임없이 기쁘게 느꼈다. 그는 농업경영도, 새로운 농업경영의 기초를 잡을 셈이었던 저술도 중단하지 않았다. 그러나 전에는 이러한 일과 사색이 전

생애를 덮은 어두운 그림자에 비해서 매우 쓸데없는 사소한 것으로 여겨졌는데, 지금은 또 눈부신 행복의 빛으로 충만한 다가올 생활에 비해서 어쩐지 쓸모없는 자질구레한 것으로 여겨지는 것이었다. 그는 같은 일을 계속하면서 이제 자기 관심의 무게 중심이 다른 것으로 옮겨졌고 그 결과 그는 일을 전혀 다른 각도에서, 더욱 분명한 눈으로 보게 됐음을 느꼈다. 지난날 그에게 이 일은 생활에서의 도피였다. 그는 만일 이 일이 없다면 자기 생활은 너무나 침울해질 것이라고 여겼다. 그러나 지금 이러한 일들은 생활이 너무 단조롭게 빛나지 않도록 하기 위해서 그에게 필요한 것이 되었다. 그는 다시 원고를 집어 들고 써 놓은 부분을 되풀이해 읽어 보면서 이것이 보람 있는 일이라고 확신하며 만족했다. 말 그대로 새롭고 유익한 일이었다.

기존의 많은 사상이 그에게는 쓸모없어 더 나아갈 데 없는 지경에 이른 것처럼 여겨졌다. 그런데 모든 것을 새로 기억 속에서 펼쳐 보자, 많은 결함이 뚜렷해졌다. 그는 지금 러시아의 농업 부진 원인에 대한 새로운 장(章)을 쓰고 있었다. 그는 러시아의 빈곤은 다만 토지 소유권의 부당한 분배와 잘못된 정책 때문만이 아니라 최근 무턱대고 러시아에 들여온 외국 문명의 결과이기도 하다고 보았다. 특히 커다란 영향력을 지닌 교통망, 즉 철도는 도시로의 집중을 촉진하고 사치 폐해가 큰 풍습을 조장했으며, 그 결과 제조업, 금융업, 그리고 그 동반자인 투기의 발달을 가져와 농업을 황폐케 하고 있었다. 그의 생각으로는 한 나라의 부(富)가 올바르게 성장하며 나아가려면 먼저 농업에 합당한 노력이 투입되어 농업이 올바른 상태, 적어도 일정한 상태로 안정된 이후에야 비로소 도시문명과 기타 여러 현상이 일어나야 한다고 생각했다. 국가의 부는 일정한 비율로 증가해야 하며, 특히 농업 이외의 산업이 농업을 앞지르지 않도록 경계해야 한다. 또 교통 기관도 농업의 일정한 상태에 따라서 그에 적합한 것이어야 한다. 러시아와 같이 잘못된 토지 이용법이 행해지는 때에 경제적인 필요가 아닌 정치적인 필요에 따라 부설된 철도는 시기상조였다. 그래서 철도가 기대했던 것처럼 농업 진흥에 이바지하는 대신 농업을 앞질러 제조업과 금융업 발달을 가져오고 농업 발달을 정지시켜 버렸다. 동물도 한쪽에 치우친 기관이 지나치게 빨리 발달하면 전체 발달을 방해한다. 마찬가지로, 금융업과 교통 기관, 제조업의 발달이니 하는 것은―그것이 시기에 알맞은 영국에서는 불가결한 것이겠지만―러시아에서는 부의 전체적인 성장에 유해할 뿐더러 농업 정비라는 당면한 중요 문제를 뒤로 돌려 버릴 뿐이다. 이상이 레빈의 생각이었다.

그가 저술에 몰두해 있는 사이에, 끼찌는 그들이 모스끄바를 떠나는 전날 밤 그녀에게 무례할 정도로 애정을 표시하였던 젊은 공작 차르스끼에 대해 남편이 얼마나 부자연스럽게 신경을 곤두세웠던가를 생각하고 있었다.

'이이는 질투하고 있었던 거야.' 그녀가 생각했다. '아아! 이이는 정말 귀여운 바보야. 나를 다 질투하고! 그런 사람들은 모두 나에게는 요리사 뾰뜨르나 마찬가지라는 것을 이이는 모르는 거야.' 그녀는 자기로서도 야릇할 만큼의 소유욕을 품고 그의 뒤통수와 빨간 목덜미를 바라보면서 생각에 잠겼다. '일을 방해한다는 것은 좀 안됐지만 그다지 서두를 것도 없는 일이니까 괜찮겠지! 꼭 한 번 그의 얼굴을 봐야겠어. 이이는 내가 보고 있는 것을 느끼고 계실까? 이쪽으로 얼굴을 돌려주진 않을까…… 정말, 조금이라도!'

그녀는 시선에 힘을 주기 위해 눈을 둥그렇게 부릅떠 보았다.

"그래, 철도는 모든 단물을 쏙 뽑아내고 허위의 빛을 내뿜는 것이다." 그는 중얼거리며 쓰던 손을 멈추었고 그녀가 자기를 보고 있는 것을 느끼고 빙긋 웃으며 돌아보았다.

"왜 그래?" 그가 미소를 띠고 일어서면서 물었다.

'아, 돌아보셨어.' 그녀는 생각했다. "아무것도 아녜요. 그저 당신이, 이쪽을 돌아보아 주었으면 했을 뿐이에요." 그녀는 그의 얼굴을 찬찬히 쳐다보고, 자기가 일을 방해한 것은 아닌가, 그가 노여워하진 않는가를 살피며 말했다.

"아니, 이렇게 단둘이 있으니 정말 좋군그래! 적어도 나한테는." 그는 그녀에게 다가가 행복한 미소를 빛내면서 말했다.

"나도 아주 좋아요! 난 이제 아무 데도 가고 싶지 않아요. 특히 모스끄바 같은 덴."

"그래, 당신은 무엇을 생각하고 있었지?"

"나요? 내가 생각하고 있던…… 아녜요, 그런 것 없어요. 그것보다 가서 글쓰기나 하세요, 딴 일에 정신 팔지 마시고." 그녀는 입술을 오므리면서 말했다. "나도 지금 여기에 몇 개의 작은 구멍을 내야 하니까요. 네?"

그녀는 가위를 들고 그것을 자르기 시작했다.

"괜찮으니, 무슨 생각했는지 얘기해 봐. 뭔데?" 그는 그녀 옆에 붙어 앉아 작은 가위가 둥그렇게 움직이는 것을 눈으로 좇으며 말했다.

"무엇을 생각하고 있었느냐고요? 난 모스끄바에 대해서 생각하고 있었어요. 그리고 당신 목덜미에 대해서."

"어쩌다 나한테 이런 행복이 왔을까? 지나치게 부자연스러워. 아주 좋거든." 그가 그녀 손에 키스하면서 말했다.

"어머나, 나는 반대로 좋으면 좋을수록 더 자연스러워지는걸요."

"아, 당신 머리를 땋았군." 그는 주의 깊게 그녀의 머리를 돌리면서 말했다. "조그맣게 땋아 늘여서, 응, 이렇게 되고. 아냐, 아냐, 우리 일이나 하지."

그러나 일은 더 이상 계속할 수 없었다. 그리고 차가 준비되었다는 것을 알리러 꾸지마가 들어왔을 때는 무슨 나쁜 짓이라도 하고 있던 사람들처럼 깜짝 놀라 서로 황급히 물러서 버렸다.

"모두 읍에서 돌아왔나?" 레빈은 꾸지마에게 물었다.

"지금 막들 돌아와서 짐을 풀고 있습니다."

"그럼 당신도 빨리 오세요." 그녀가 서재에서 나가면서 그에게 말했다. "그렇지 않으면 나 혼자 편지를 읽어 버리겠어요. 아, 그리고 나중에 같이 피아노를 쳐요."

그는 혼자 남아 그녀가 사다 준 새 종이끼우개 속에 원고를 정리해 넣고, 역시 그녀와 함께 이 집에 들어오게 된 훌륭한 화장도구가 달린 세면대에서 손을 씻었다. 레빈은 자기 생각에 빙그레 웃고는 그런 생각을 나무라듯이 고개를 설레설레 흔들었다. 회한 비슷한 느낌이 그를 괴롭혔다. 무엇인가 부끄럽고 유약한 이른바 카푸아적카푸아는 이탈리아 옛 도읍 이름으로 카푸아적이라는 것은 게으르고 향락적이라는 뜻임인 데가 그의 지금 생활에는 있었던 것이다. '언제까지나 이런 식의 생활을 계속할 순 없다.' 그는 생각했다. '이제 곧 석달째인데 난 거의 아무것도 하지 않았어. 오늘에야 거의 처음으로 진지하게 일을 붙들기는 했지만 도대체 어떤가? 시작하기가 무섭게 벌써 내팽개치고 말았다. 평소 하는 일마저 거의 내던져 버렸어. 영지만 해도 제대로 걸어보지도 않았고 순찰도 나가지 않았어. 그녀를 혼자 남겨 두고 나가는 것이 가엾다든가 그녀가 적적해 한다든가 하는 이유로. 애당초 나는 결혼 전의 생활 같은 것은 아무래도 좋은 것이고 결혼 뒤에야 참된 생활이 시작되는 것이라고 여기고 있었잖아. 그런데 어떤가, 벌써 곧 석 달이 지나는데도 난 여태까지 한 번도 그런 적이 없었을 만큼 나태하고 무익한 시간을 보내고 있잖나 말이야. 아니, 이래서는 안 돼. 일을 시작해야만 한다. 물론 그녀가 나쁜 것이 아니야. 그녀는 아무 잘못도 없어. 나 자신이 더 굳건하고 사내로서 독립성을 지녀야 했던 거지. 그렇지 않으면 나 자신도 순식간에 나쁜 습관이 들어 버리고 저 사람한테도 익숙해질 거야…… 물론 그녀가 나쁜 건 아니지만.' 그는 이렇게 스스로 말했다.

그러나 불만이 있는 사람은 그 불만의 원인을 아무나 다른 사람에게, 특히 자기와 가장 가까운 사람에게 떠넘기고 싶은 법이다. 레빈의 머리에도 어렴풋이나마 다음과 같은 생각이 떠올랐다. '그녀가 나쁜 건 아니지만(어떤 점으로든 그녀가 나쁘다는 것은 있을 수 없는 일이야) 다만 그녀가 받은 교육이, 너무나 피상적이고 경박한 교육이 좋지 않은 거야. 그 얼간망둥이 같은 차르스끼의 경우도, 그녀는 그 사내에게 이상한 태도를 보이지 못하게 제지하려고 했으나 결국 그러지 못했지.' '그렇다, 가정에 대한 취미, 그것은 그녀도 가지고 있다. 하지만 그것과 자신의 화장이며 영국 자수에 대한 것 이외에는 그녀에게 진지한 취미라는 것이 없단 말이야. 내 일이나 농사에도 농부들에게도, 꽤 솜씨가 있는 음악에도 독서에도 전혀 관심이 없어. 그녀는 아무것도 하지 않으면서도 완전히 만족하고 있거든.'

레빈은 마음속으로 그것을 꾸짖고 있었다. 그러나 그녀가 앞으로의 활동 시기—아내인 동시에 한집안의 주부가 되고, 아이들을 낳아 기르고 교육해야만 할, 그녀 앞에 필연적으로 닥치게 될 시기를 준비하고 있다는 것을 그는 아직 깨닫지 못했다. 그는 그녀가 본능적으로 그것을 알고 그 무서운 노고에 대해서 준비하고 있기 때문에, 지금 즐거운 마음으로 앞날의 보금자리를 만드는 한편 눈앞에 있는 한가로운 시간과 사랑의 행복을 거리낌 없이 만끽하고 있다는 것을 미처 생각하지 못했던 것이다.

16

레빈이 위층으로 올라갔을 때 아내는 새 찻그릇을 앞에 놓고 새 은제 사모바르 옆에 앉아 있었다. 그녀는 찻잔을 받아 든 늙은 하녀 아가피야를 작은 탁자 옆에 같이 앉히고, 줄곧 서신 교환을 하고 있는 돌리에게서 온 편지를 읽고 있었다.

"보세요. 마님께서 저도 불러주셨어요. 같이 앉자고 하셔서 말이에요." 아가피야는 끼찌를 보고 정답게 미소하면서 말했다.

레빈은 아가피야 말 속에서 요즘 아가피야와 끼찌 사이에 벌어지고 있던 복잡한 일이 해소되었음을 읽었다. 가사주도권을 빼앗아버린 새로운 안주인에 대해서 아가피야는 매우 탐탁찮은 감정을 품었지만 결국 끼찌는 그녀를 정복하고 자기를 사랑하게 한 것이었다.

"이것 봐요. 지금 당신에게 온 편지까지 다 봐버렸잖아요." 끼찌는 오자투성이 편지를 그에게 건네면서 말했다.

"이것은 아마 그 여자한테서 온 모양이에요, 당신 형님의……." 그녀가 말했다. "실은 읽지 않았어요. 그리고 이것은 우리 집, 그리고 돌리에게서 온 거예요. 그런데, 여보! 돌리가 사르마뜨스끼네 어린이 무도회에 그리쉬아와 따냐를 데리고 갔었대요. 따냐는 후작부인으로 분장했다나요."

그러나 레빈은 그녀의 이야기를 듣고 있지 않았다. 그는 얼굴을 붉히고 한때 니꼴라이 형의 정부였던 마리야 니꼴라예브나의 편지를 들어 읽기 시작했다. 이것은 벌써 그녀한테서 온 두 번째 편지였다. 첫 번째 편지에서 마리야 니꼴라예브나는 그의 형이 아무 허물도 없는 자기를 내쫓아 버렸다는 것을 써서 보냈다. 그리고 가슴을 찌르는 소박한 투로, 자기는 다시 거지와 같은 처지에 빠졌지만 무엇 하나 구걸하지도 바라지도 않는다, 그러나 자기가 옆에 없으면 쇠약해진 니꼴라이가 쓰러지지나 않을까 생각하니 못 견디게 슬프다, 그러니 제발 동생으로서 형에게 신경 써 달라고 부탁했다. 이번 편지는 다른 내용이었다. 그녀는 니꼴라이를 찾아내 다시 모스끄바에서 함께 지내게 되었고 그를 따라 그가 일자리를 구한 어떤 지방도시로 떠났다, 그러나 거기에서도 그는 상관과 말다툼을 하고 도로 모스끄바로 올라오게 되었다, 도중에 병이 몹시 도져 이제는 다시 일어날 수 있을지 어떨지 모르겠다는 것이었다. '줄곧 당신 이야기만 하고 계십니다. 게다가 이제는 돈도 한 푼 없고.'

"이거 좀 읽어 보세요. 돌리가 당신 애길 썼어요." 끼찌는 웃으면서 말을 막 꺼냈으나 남편 표정이 변한 것을 알아채고 갑자기 미소를 거두었다.

"왜 그러세요, 여보? 무슨 일이 일어났어요?"

"니꼴라이가, 형이 죽을 것 같다고 씌어 있어. 나 좀 갔다 와야겠어."

끼찌 얼굴도 갑자기 변했다. 후작부인으로 분장한 따냐에 대한 생각도 돌리에 대한 생각도 모두 어딘가로 완전히 사라져 버렸다.

"언제 떠나시겠어요?" 그녀가 말했다.

"내일."

"나도 같이 가겠어요, 괜찮죠?" 그녀가 말했다.

"끼찌! 아니, 그게 무슨 소리야?" 그는 꾸짖는 어조로 말했다.

"뭐가 무슨 소리냐는 거예요?" 그녀는 그가 자기 제의를 매우 언짢은 태도로 받아들이자 모욕을 느끼고 이렇게 말했다. "어째서 내가 가서는 안 되죠? 난 당신을 방해하려는 게 아니에요. 나는……."

"내가 가는 것은 형이 다 죽어 가고 있기 때문이야." 레빈이 말했다. "그런데 당신은 무엇 때문에……."

"무엇 때문이냐고요? 당신이 가시는 이유하고 마찬가지죠."

'내겐 이렇게 중대한 때인데도 저 여자는 혼자 남으면 지루하리라는 생각밖에 못 하는군.' 레빈은 이렇게 생각했다. 그리고 이런 중대한 문제에 그럴싸한 핑계를 대는 그녀 태도에 더욱더 화가 났다.

"절대 안 돼." 그는 딱 잘라 말했다.

아가피야는 사건이 싸움에까지 이를 것 같다고 판단하여 조용히 찻잔을 내려놓고 나가 버렸다. 끼찌는 그것을 알아채지도 못했다. 남편의 마지막 말투로, 그가 그녀를 전혀 신뢰하지 않는다는 것을 분명히 알 수 있었으므로 그녀는 더한층 화가 치밀었다.

"분명히 말씀드리지만, 당신이 가시면 나도 같이 가겠어요, 기어이 가겠어요." 그녀는 잔뜩 약이 올라 잽싸게 말했다. "어째서 안 된다는 거예요? 뭣 때문에 절대 안 된다고 말씀하시는 거죠?"

"왜냐하면, 어디로 갈지도 모르고 어떤 길을 거쳐 어떤 여인숙에 묵을지 모르기 때문이야. 당신이 가면 자유롭게 움직일 수 없으니까." 레빈은 냉정해지려고 애쓰면서 말했다.

"조금도 걱정하지 말아요. 나는 아무렇지 않아요. 당신이 가실 수 있는 데면 나도……."

"그리고 무엇보다 거기에는 그 여자가 있잖아. 당신이 가까이할 수 없는 여자가."

"거기에 누가 있건 무엇이 있건 난 아무것도 몰라요, 알고 싶지도 않고요. 내가 아는 것은 내 남편의 형님이 죽어 가고 있고, 남편이 거기로 가려 한다는 것뿐이에요. 그래서 나도 남편하고 같이 가고 싶은 거예요, 그것은……."

"끼찌! 화내지 마. 그러나 당신도 좀 생각해 봐, 응. 이런 중대한 때에, 당신은 허전하다는 둥 혼자서 집 지키는 게 싫다는 소리나 하고 있으니 나는 생각만으로도 너무 가슴이 아파. 혼자 있는 게 적적하면 모스끄바에라도 가 있어."

"거봐요, 당신은 언제나 날 나쁘고 천한 의미로 곡해하기 일쑤예요." 그녀는 굴욕과 분노로 눈물을 글썽거리면서 말했다. "나는 허전하다느니 하는 생각은 눈곱만큼도 없어요…… 난 다만 남편이 슬플 때는 남편 옆에 붙어 있는 것이 내 의무라고 생각했을 뿐이에요. 그런데도 당신은 일부러 나를 괴롭히고 일부러 내 말을 모르는 체 하시는군요……."

"아냐, 정말 끔찍스러운 일이야. 이런 노예나 다름없는 구속을 받다니!" 레빈은 더는 자기 분노를 억누를 수가 없어 자리에서 일어나면서 고함을 질렀다.

"그럼 당신은 왜 결혼 같은 것을 하셨어요? 혼자면 줄곧 자유로운 몸으로 계실 텐데. 이제 와서 후회하실 바에야 어째서 하셨어요?" 그녀는 이렇게 말하고 벌떡 일어나 객실 쪽으로 뛰쳐나갔다.

그가 뒤를 쫓아가 보니, 그녀는 한창 훌쩍훌쩍 울고 있었다.

그는 아내를 설복시키기보다는 그저 그녀를 가라앉힐 수 있는 말을 찾아내려고 애쓰면서 말을 붙여 보았다. 그러나 그녀는 그의 말을 들으려고도 않고 무엇이라고 해도 반응하지 않았다. 그는 그녀에게 몸을 구부리고, 잡히지 않으려고 버둥대는 손을 잡았다. 그는 그 손에 키스하고 그녀의 머리에 키스하고 또 손에 키스했다. 그녀는 시종 잠자코 있었다. 하지만 그가 두 손으로 그녀 얼굴을 감싸고 "끼찌!" 하고 부르자, 갑자기 그녀는 제정신을 차리고 조금 훌쩍거리다가 이내 풀어져 버렸다.

두 사람은 내일 같이 떠나기로 했다. 레빈은 아내에게, 그녀가 그저 무엇이든지 도움이 되고자 가고 싶어 한다는 것을 믿는다고 말했다. 그리고 마리야 니꼴라예브나가 형 옆에 있는 사실은 조금도 부끄러운 일이 아니라는 점에도 동의했다. 그러나 그는 마음속으로는 그녀에게도 자기 자신에게도 불만을 품으면서 여정에 올랐다. 그녀에 대해서는, 그녀가 그렇게 해야만 하는 형편인데도 자기 혼자 가게 해 줄 결단력이 없음을 알았기 때문이었다. 얼마 전까지만 해도 자신이 그녀에게서 사랑받을 수 있다는 사실조차 감히 믿을 수 없었는데, 지금은 그녀가 자기를 지나치게 사랑한다며 투덜거리는 것이었다. 또 자기 자신에 대해서는 단호한 태도를 지키지 못했던 것이 불만이었다. 더욱이 형과 함께 있는 여자에 관한 것 따위는 아무런 관계도 없다는 끼찌 말에도 마음속으로는 찬성할 수 없었으며, 앞으로 부딪치게 될 온갖 충돌에 대해 생각만 해도 어쩐지 두려웠다. 그는 아내인 끼찌가 그런 천한 여자와 한방에서 얼굴을 마주하게 된다는 그 한 가지 사실만으로도 혐오와 공포에 질려 몸서리치지 않을 수 없었다.

17

니꼴라이 레빈이 몸져누운 현청 소재지 여관은 흔히 있는 시골 여관의 하나였다. 깨끗하고 편안하고 게다가 또 화려함을 내세우며 최신설비를 갖춰 지어졌지만, 손님의 질이 떨어지기 때문에 별안간 현대식 건물을 자랑하는 불결한 선술집으로 변해 버렸다. 더구나 그런 어설픈 정취 때문에 오히려 재래의 낡고 더러운 여인숙보다도 더한층 나빠져 버린 것이다. 이 여관도 벌써 그런 상태가 되어 있었다. 지저분한 제복을 입고 입구에서 담배를 피우는 문지기인 듯한 군인 출신 사내, 모서리가 닳아빠진 음침하고 불쾌한 주철 계단, 꾀죄죄한 연미복을 입은 무례한 급사, 먼지투성이인 밀랍 세공 꽃다발이 탁자를 꾸미고 있는 큰 홀, 여기저기 널려 있는 쓰레기, 티끌, 더러움, 게다가 새로운 현대식 철도시대를 표방한 독선적이고 붕 떠있는 분위기—이러한 것들이 레빈 부부 마음에, 그들이 새살림을 차린 후로 가장 괴로운 느낌을 주었다. 이 느낌은 여관의 허식적인 인상이 그들을 기다리던 것과는 도무지 조화되지 않았기에 더 심했다.

관례에 좇아 여관 측은 어느 정도의 방을 원하는지 묻고, 좋은 방은 하나도 남아 있지 않다는 것을 알렸다. 좋은 방 하나는 철도 검찰관이, 또 하나는 모스끄바에서 온 변호사가, 나머지 방은 시골에서 올라온 아스따피예바 공작부인이 각각 차지하고 있었다. 비어 있는 것은 좀 지저분한 방 하나뿐이고, 그와 나란히 있는 또 하나의 방은 저녁까지는 빈다는 것이었다. 그가 예상했던 일, 형이 어떻게 되었을까 하는 걱정으로 가슴이 조여들 것 같은데도 곧 형에게 뛰어가지도 못하고 대신 그녀를 걱정해야만 하는 일이 도착과 동시에 일어난데 대해 아내를 언짢게 생각하면서, 레빈은 방으로 아내를 데려갔다.

"가세요, 어서 가 보세요!" 그녀는 가냘프고 미안해하는 듯한 눈빛으로 그의 얼굴을 쳐다보면서 말했다.

그는 잠자코 밖으로 나왔다. 문밖에서 그의 도착을 알고 거기까지 와서도 안에는 들어오지 못하고 서성이던 마리야 니꼴라예브나와 딱 마주쳤다. 그녀는 그가 모스끄바에서 보았을 때와 조금도 다름이 없었다. 같은 모직 옷과 노출된 팔과 목, 약간 살이 찐 선량하고도 미련해 보이는 얽은 얼굴도 그대로였다.

"그래 어떻게 됐어요? 형은 어떻습니까? 어때요?"

"아주 나빠요, 일어나시지도 못해요. 계속 당신만 기다리고 계세요. 그분은…… 당신은…… 마님하고 같이 오셨군요."

레빈은 처음에는 무엇이 그녀를 당황하게 했는지 몰랐다. 그러나 그녀가 곧 그것을 분명하게 했다.

"전 자리를 비킬게요. 식당에 가 있겠어요." 그녀가 말했다.

"그분께서는 틀림없이 기뻐하실 거예요. 소문은 벌써 들으셨고 외국에서 만나 얼굴도 기억하고 계시니까요."

레빈은 그녀가 아내 이야기를 하고 있다는 것은 알았으나 뭐라고 대답해야 좋을지 몰랐다.

"가십시다. 가십시다!" 그는 말했다.

그러나 그가 막 한 걸음 내딛자마자 그의 방문이 열리더니 끼찌가 얼굴을 내밀었다. 레빈은 그녀 자신과 남편을 이런 겸연쩍은 처지에 빠뜨린 아내에 대한 부끄러움과 분노로 얼굴이 붉어졌다. 하지만 마리야는 그 이상으로 빨개졌다. 그녀는 온몸을 웅크리고 눈물이 날만큼 붉어져서 무슨 말을 해야 할지 어떻게 해야 할지를 몰라 양손으로 움켜진 치맛자락을 빨개진 손가락으로 구기적거리고 있었다.

그 순간 레빈은 끼찌에게는 이해할 수 없고 두려운 이 여자를 본 그녀 눈동자 속에서 탐욕스러운 호기심의 표정을 읽었다. 그러나 그것은 정말 한순간이었다.

"그래 어때요? 형님께선 어떠세요?" 그녀는 먼저 남편에게, 그리고 그녀한테 물었다.

"이런 복도에서 이야기할 수는 없지 않아!" 레빈은 마침 그때 무슨 볼일이라도 있는 것처럼 발을 휘뚝거리며 복도를 지나가던 신사를 아니꼽게 훑어보면서 말했다.

"참 그렇군요, 그럼 들어오세요." 끼찌는 겨우 마음이 가라앉은 것 같은 마리야에게 얼굴을 돌리고 말했다. 그러나 깜짝 놀란 듯한 남편 얼굴을 알아채고 다시 말했다. "아녜요, 가 보세요, 그리고 나를 데리러 와 주세요." 이렇게 말하고 그녀는 방 안으로 들어갔다.

레빈은 형님에게 갔다.

그가 형의 방에서 보고 느낀 것은 그로서는 전혀 예기치 못한 것이었다. 그는 폐병 환자에게 흔히 있다는 현상이라고 들어 왔던, 그리고 가을에 형이 왔을 때 그를 몹시 놀라게 했던 그 허세를 보게 되리라고 생각했다. 죽음이 임박한 만큼 육체적인 징후가 더욱 두드러지고 쇠약하고 초췌해진 모습이 더한층 드러나 있겠지만, 역시 대체적으로는 이전과 거의 똑같은 모습이리라고 예상하고 있었다. 그래서 자기도 전에 경험했던 것처럼 사랑하는 형을 잃는 괴로움과 죽음에 대한 공포를, 그저 정도만 심하게 느끼리라고 예상했다. 그래서 그는 그것에 대해서 마음의 준비를 하고 있었다. 그러나 그가 본 것은 전혀 다른 광경이었다.

작고 더러운 방 안 페인트를 칠한 벽에는 침과 가래가 뱉어져 있고, 얇은 칸막이벽 저편에서는 사람 말소리까지 들렸다. 숨이 꽉꽉 막힐 것 같은 악취가 밴 불결한 공기 속에서, 담요로 싸인 한 육체가 벽에서 조금 떨어진 침대 위에 누워 있었다. 한쪽 손은 담요 위로 나와 있었는데, 그 갈퀴처럼 큼직한 손의 손목부터 윗부분이 똑같은 굵기의 가느다랗고 긴 요골까지 이어진 모습이 이상하게 보였다. 머리는 베개 위에 옆으로 얹혀 있었다. 관자놀이 위 땀에 젖은 성긴 머리칼과 뼈가 그대로 드러난 앙상한 얼굴이 레빈 눈에 비쳤다.

'이 무시무시한 육체가 니꼴라이 형이라니, 그럴 리가 없어.' 레빈은 생각했다. 그러나 가까이 가서 그 얼굴을 보자 더 이상 의심할 수도 없었다. 얼굴의 무서운 변화에도 불구하고, 들어선 사람을 확인하기 위해 치뜬 그 생기 있는 두 눈과 들러붙은 콧수염 아래 입의 희미한 움직임만으로도 이 송장과 같은 육체가 살아 있는 형이라는 이 무서운 진실을 이해하지 않을 수 없었다.

유난히 반짝이는 두 눈은 엄중하게 나무라듯 아우를 찬찬히 지켜보았다. 그러자 곧 그 시선으로 산 사람들끼리의 살아 있는 관계가 맺어졌다. 레빈은 곧 자기에게 향한 눈동자 속에 깃든 비난과 자기 행복에 대해 회한을 느꼈다.

레빈이 손을 잡자 니꼴라이는 살며시 웃었다. 그러나 그 미소는 희미해서 간신히 눈에 띌 정도였고 이 미소에도 엄중한 눈빛은 변하지 않았다.

"내가 이 정도일 줄은 짐작도 못 했겠지." 그가 겨우 말했다.

"네…… 아녜요." 레빈은 우물우물하면서 말했다. "그런데 어째서 형님께서는 좀 더 일찍 연락을 주시지 않았습니까? 그러니까 내 결혼식 무렵에 말입니다. 형을 찾으려고 여기저기로 무척 알아보았는데."

침묵을 피하기 위해서 무엇이든 이야기를 해야만 했다. 그러나 그는 무슨 말을 해야 할지를 몰랐다. 더구나 형은 대답 한마디 없이 그저 찬찬히 눈을 떼지 않고 이쪽을 바라볼 뿐이었다. 한 마디 한 마디에 그 의미를 캐는 것이 분명했다. 레빈은 형에게 아내도 같이 왔다고 알렸다. 니꼴라이는 만족한 빛을 보였으나 자기의 이런 꼬락서니를 보여 그녀를 놀라게 하는 것이 두렵다고 말했다. 침묵이 찾아왔다. 갑자기 니꼴라이가 몸을 꿈틀거리고 무엇인가를 말하기 시작했다. 레빈은 얼굴 표정을 보고 뭔가 특별히 의미심장한 중대한 말을 기다렸으나 니꼴라이는 자기 건강에 대한 이야기를 꺼냈다. 그는 한참 의사에 대한 험담을 늘어놓고, 여기는 모스끄바와 달리 명의가 없는 것을 서운하게 여겼다. 그래서 레빈은 그가 아직 희망을 품고 있다는 것을 알았다.

두 번째 침묵이 찾아온 순간, 레빈은 잠시라도 이 괴로운 느낌에서 벗어나기 위해 일어나 아내를 데려오겠다고 말했다.

"그래, 좋아. 그럼 나는 여길 좀 치우라고 하지. 여기는 더러워서 고약한 냄새가 날 거야. 마쉬아, 좀 치워 줘." 병자는 가까스로 말했다. "그리고 다 치우거든…… 넌 저기 나가 있어." 그는 의심쩍게 아우를 쳐다보면서 이렇게 덧붙였다.

레빈은 아무런 대답도 하지 않았다. 복도로 나오자 그는 걸음을 멈췄다. 아내를 데려오겠다고는 했지만 지금 자기가 느끼는 것을 되씹어 보자, 그는 거꾸로 그녀가 병자에게 가지 않게끔 어떻게든 타일러야겠다고 결심했다. '무엇 때문에 그녀까지 나와 똑같은 괴로움을 맛볼 필요가 있단 말인가!' 그는 생각했다.

"그래, 어때요? 어떠세요?" 끼찌는 깜짝 놀란 얼굴로 물었다.

"아아, 너무 끔찍해, 참을 수 없어! 당신은 어째서 따라왔지?" 레빈이 말했다.

끼찌는 조심스럽고 슬픔 어린 눈으로 남편을 쳐다보며 몇 초 동안 잠자코 있었다. 그리고 그에게 다가가서 두 손으로 그의 팔꿈치를 잡았다.

"꼬스쨔, 나를 그분한테 데리고 가 줘요. 둘이 같이 가면 조금은 마음이 편할 테니까요. 정말이에요, 날 데리고 가 주어요. 부탁할게요. 그 다음 당신은 나가도 괜찮아요. 이런 당신을 보면서 그분을 찾아뵙지 않는다는 것이 내게는 더욱 괴롭다는 걸 아셔야만 해요. 내가 거기에 가면 당신에게도 도움이 되리라고 생각해요. 정말 나를 가게 해 줘요!" 그녀는 마치 자기 한평생의 행복이 이 일에 달렸기라도 하듯 남편에게 애원했다.

레빈은 승낙할 수밖에 없었다. 그래서 그는 마음을 돌이켜 마리야에 대한 것은 말끔히 잊어버리고, 끼찌를 데리고 다시 형에게 갔다.

끼찌는 경쾌하게 걸음을 옮기며 씩씩하고 동정에 찬 얼굴로 남편을 끊임없이 돌아보고 병자의 방으로 들어갔다. 천천히 몸을 돌려 소리가 나지 않도록 문을 닫았다. 그녀는 발소리를 죽이고 얼른 병자의 침대로 다가가 그가 고개를 돌릴 필요가 없는 쪽으로 가서, 곧 자기의 젊고 싱싱한 손으로 해골 같은 큼직한 그의 손을 잡아 꼭 쥐었다. 그러고는 여성 특유의 부드러운 배려와 동정이 어린 조용하고 생기 있는 태도로 그와 이야기를 시작했다.

"전에 소덴에서 만난 적 있죠, 서로 교류는 없었습니다만." 그녀가 말했다. "제가 당신의 제수가 되리라고는 설마 생각하지 못하셨을 거예요."

"당신이야말로 나를 만나선 몰랐을걸요?" 그는 그녀가 들어온 순간부터 밝은 미소를 띠고 말했다.

"아녜요, 분명히 알았을 거예요. 그런데 정말 저희에게 잘 연락하셨어요! 꼬스쨔는 당신을 생각하고 걱정하지 않은 날이 하루도 없었으니까요."

그러나 병자의 원기는 그다지 오래 계속되지 않았다.

미처 그녀가 이야기도 끝내기 전에 그의 얼굴에는 다시, 죽어 가는 사람이 살아 있는 사람을 부러워하는 꾸짖는 듯한 준엄한 표정이 나타났다.

"저 말씀이에요, 이 방은 건강에 그다지 좋지 않은 듯싶군요." 그녀는 그의 응시를 피해 얼굴을 돌리고 방 안을 둘러보면서 말했다. "주인한테 얘기해서 딴 방을 빌려야겠어요." 그녀는 남편에게 말했다. "될 수 있으면 우리와 더 가까운 데로."

18

레빈은 차분히 형을 바라볼 수 없었다. 형 앞에서는 자연스럽고 침착한 태도로 있을 수도 없었다. 병자의 방으로 들어가자 그의 눈과 주의력은 무의식적으로 흐려져 형의 병태를 상세히 볼 수도 판단할 수도 없었다. 그는 끔찍한 냄새를 맡고 불결과 무질서와 괴로워 신음하는 모습을 보고 있으면, 도저히 어떻게 해줄 방도가 없다는 느낌을 받았다. 그의 머리에는 병자 상태를 자세히 살펴보아야겠다는 생각, 저 몸뚱이가 담요 밑에서 어떻게 되어 있는가, 저 바싹 야윈 다리며 허리며 등을 어떻게 구부리고 누워 있는가, 어떻게든지 조금이라도 더 편하게 눕힐 수는 없을까, 편하게까지는 안 될지언정 하다못해 지금보다 고통을 줄여줄 순 없을까 하는 생각은 아예 떠오르지도 않았다. 그런 상세한 점을 생각하기 시작하자 갑자기 오한이 등골을 줄달음질 쳤다. 생명을 연장하거나 고통을 줄이기 위해서도 이제는 아무런 수단이 없다는 확신이 그의 마음속에 굳게 뿌리박혀 버렸다. 게다가 구제할 길이 전혀 없다는 그의 의식이 병자에게까지 전해져 그의 분노를 샀다. 그래서 레빈은 더욱 괴로운 처지에 빠졌다. 그는 병자의 방에 있는 것이 무척 고통스러웠다. 그러나 거기에 있지 않는다는 것은 더욱 괴로웠다. 그래서 그는 끊임없이 갖은 핑계를 대고 방에서 나왔다가 혼자 있지도 못하고 또다시 들어가기를 되풀이했다.

그러나 끼찌는 전혀 다르게 생각하고 느끼고 행동하고 있었다. 병자를 본 순간 그녀는 그가 가엾게 여겨졌다. 이 연민의 정은 그녀의 여심(女心)에, 그것이 남편 마음에 불러일으켰던 공포며 혐오감과는 전혀 다른, 병자의 상태를 자세히 확인하고 어떻게든 도움이 되는 일을 해야겠다는 욕구를 불러일으켰다. 그리고 그녀 마음속에는 자기가 그를 도와야 한다는 생각에 티끌만한 의혹도 없었기 때문에 그녀는 그 가능성도 의심하지 않았고 곧 행동에 착수했다. 생각하는 것만으로도 그녀의 남편에게 공포를 불러일으켰던 그 상세한 문제들이 곧 그녀의 주의를 끌었다. 그녀는 의사를 부르러 사람을 보내고, 약방으로 심부름을 보내고, 자기가 데리고 온 하녀와 마리야에게 방을 쓸고 닦게 시키면서 자신도 이것저것 씻거나 빨래를 하기도 하고, 담요 밑에 무엇인가를 넣어 주기도 했다. 그녀의 지시에 따라 병자의 방에 이것저것 들어내지고 또 들여지기도 했다. 그녀 자신도 복도에서 남자 숙박객들과 마주치는 것도 아랑곳하지 않고 몇 차례나 자기 방으로 돌아와서 이불보와 베갯잇, 수건과 셔츠

등을 꺼내서 가져 왔다.

홀에서 기사(技師)들에게 식사를 내 주고 있던 급사는 성난 얼굴을 하면서도 그녀가 부르면 몇 차례고 왔다. 그는 그녀의 명령을 거역할 수 없었다. 그녀가 너무도 상냥하면서 집요하게 명령을 내리기 때문에 도저히 거절하지 못하는 것이었다. 레빈은 이러한 것이 모두 못마땅했다. 그런 일이 병자에게 도움이 되리라고는 믿지 않았다. 그뿐만 아니라 그는 병자가 노하지나 않을까 무엇보다 두려웠다. 그러나 병자는 그것에 대해서 무관심한 척하고 있기는 했지만 노하는 기색은 없고, 다만 쑥스러워하면서 대체로 그녀가 자기를 위해 해 주는 일에 흥미가 있는 것 같았다. 끼찌가 시키는 대로 의사를 부르러 갔다가 돌아온 레빈이 문을 열자, 마침 끼찌 지시에 따라 병자에게 셔츠를 갈아입히는 중이었다. 튀어나온 큼직한 어깨뼈와 불거진 갈비뼈와 등골뼈를 지탱하는 길쭉한 해골 같은 등이 드러나고, 마리야와 급사가 그 축 늘어진 긴 팔에 셔츠 소매를 잘 끼우지 못해 쩔쩔매는 참이었다. 끼찌는 그쪽에서 눈을 돌려 레빈이 들어온 문을 얼른 닫았다. 그러나 병자가 신음 소리를 내자 급히 그쪽으로 갔다.

"빨리해 드려요." 그녀가 말했다.

"아, 오지 마세요." 병자는 화를 내며 말했다. "나 혼자……."

"네, 뭐라고요?" 마리야가 되물었다.

그러나 끼찌는 그의 말을 알아듣고, 병자가 그녀 앞에서 발가벗겨진 것을 부끄럽고 불쾌하게 생각하고 있다는 것을 알았다.

"보지 않아요, 보지 않을게요!" 그녀는 팔의 각도를 바로잡아 주면서 말했다. "마리야. 당신은 저리 돌아가서 바로잡아 드려요." 그녀는 덧붙였다.

"여보, 내 손가방 속에 작은 유리병이 들어 있어요." 그녀는 남편을 보고 말했다. "옆 주머니예요. 내 방에 가서 좀 갖다 주세요. 그동안 여기를 말끔히 치워 놓을 테니까요."

유리병을 가지고 돌아온 레빈은 병자가 벌써 잘 누워 있고 주위가 완전히 달라진 것을 보았다. 텁텁한 악취는 식초와 향수가 섞인 냄새로 바뀌었다. 끼찌가 직접 입술을 뾰족이 내밀고 장밋빛 볼을 불룩하게 만들면서 조그마한 대롱으로 그것을 불고 있었다. 먼지 같은 것은 어디에도 보이지 않았고 침대 밑에는 융단이 깔렸다. 탁자 위에는 약병이며 물병이 가지런히 놓여 있었고 필요한 속옷과 끼찌의 영국 자수가 쌓였다. 병상 옆 또 하나의 탁상에는 음료며 초며 가루약이 있었다. 병자는 몸뚱이가 깨끗이 씻겨졌고 머리도 빗겨졌으며 부자연스러울 만큼 가느다란 목에 하얀 깃이 달린 새 셔츠가 입혀진 채 깨끗한 시트 위에 베개를 높이 하고 누워 있었다. 그리고 그는 새로운 희망의 빛을 띠며 끼찌에게서 눈을 떼지 않고 찬찬히 바라보고 있었다.

클럽에서 찾아내어 레빈이 데리고 온 의사는 지금까지 니꼴라이가 치료를 받으며 불만스럽게 여겼던 그 의사가 아니었다. 새 의사는 청진기를 꺼내 병자를 진찰하고 살짝 고개를 갸우뚱거리더니 약을 처방하고 약 복용법에서부터 식이요법까지를 특히 자세히 설명했다. 그는 날계란이나 반숙, 그리고 일정한 온도의 신선한 우유를 탄 셀처 탄산수를 마시게 하라고 권했다. 의사가 돌아가자 병자는 아우에게 뭐라고 이야기했으나 레빈은 그저 '너의 까쨔'라는 마지막 말만 알아들었을 뿐이었다. 그러나 그녀를 바라보는 형의 눈동자를 통해서 레빈은 그가 그녀를 칭찬했다는 것을 알았다. 그는 이 까쨔라는 자기식 애칭으로 끼찌를 불러 머리맡으로 오게 했다.

"덕분에 아주 좋아졌어요." 그는 말했다. "진작 당신에게 간호를 받았더라면 나는 벌써 나았을 겁니다. 정말 기분이 좋아요!" 그는 그녀의 손을 잡고 자기 입술 쪽으로 가져갔다. 그러나 그녀가 불쾌히 여길까 두려워한 듯 고쳐 생각하고 손을 놓고는 그저 가볍게 어루만졌다. 그러자 끼찌는 두 손으로 병자 손을 잡고 꼭 쥐었다.

"그럼 이제 나를 왼쪽으로 돌려 뉘어 주고 가 주무시오." 그가 말했다.

아무도 그가 이야기한 것을 알아듣지 못했으나 오직 한 사람, 끼찌만은 그 말을 알아챘다. 그것은 그녀가 끊임없이 진심으로 그에게 필요한 것을 추구하고 있었기 때문이다.

"저쪽으로 돌아눕겠대요." 그녀는 남편에게 말했다. "언제나 저쪽을 보고 주무신대요. 당신이 돌려 뉘어 드려요. 일일이 급사를 부르기도 좀 그렇고, 내가 할 수도 없으니까요. 아, 당신은 할 수 있으세요?" 그녀는 마리야에게 얼굴을 돌렸다.

"나도 도무지." 마리야가 대답했다.

레빈은 이 무서운 육체를 두 팔로 안아 그가 전혀 알고 싶지 않던 담요 밑에 감춰진 몸을 들어 올린다는 것이 참으로 끔찍했지만, 아내 기세에 눌려 아내도 잘 아는 예의 결연한 표정으로 두 손을 집어넣어 안아 올렸다. 그러나 힘이 센 그도 이 수척한 몸뚱이의 기이한 무게에 깜짝 놀랐다. 자기 목에 감겨 있는 큼직한 야윈 손을 느끼면서 병자를 돌려 뉘이는 사이에, 끼찌는 재빨리 소리가 나지 않도록 베개를 얹어 가볍게 두드리고, 병자의 머리 위치를 바로 잡아 주고 관자놀이에 들러붙은 성긴 머리칼까지 정돈해 주었다.

병자는 아우 손을 꽉 움켜쥐고 놓지 않으려 했다. 레빈은 그가 손으로 무엇인가를 하려고, 어딘가로 끌고 가려 한다는 것을 느꼈다. 레빈은 숨을 죽이고 그가 하는 대로 내맡겼다. 그러자 형은 그의 손을 자기 입으로 가져가서 입을 맞췄다. 레빈은 복받쳐 오르는 흐느낌에 몸을 들썩거리며 아무 말도 못하고 방에서 나와 버렸다.

19

'지혜로운 자에게는 숨기고 어린아이와 무지한 자 앞에 드러내셨도다.' 레빈은 그날 밤 아내와 이야기를 하면서 그녀에 관해 이렇게 생각했다.

레빈이 이 성서 잠언을 생각한 것은 딱히 자기를 지혜로운 자라고 여기기 때문은 아니었다. 그는 자신을 지혜롭다고는 여기지 않았지만 그래도 아내나 아가피야보다는 더 현명하다고 생각하지 않을 수 없었다. 그리고 죽음에 대해서는 영혼의 온 힘을 다해서 생각해 왔다고 인정하지 않을 수 없었다. 그가 아는 한, 책에서 본 위대한 현자인 많은 남자도 죽음에 대해 고찰해왔다. 그러나 그들도 결국 아내나 아가피야가 아는 것의 백분의 1도 알지 못한다는 것을 깨달았다.

아가피야와 까쨔(이것은 형이 끼찌를 부르는 식이었으나 지금은 레빈도 그녀를 이렇게 부르는 것이 무척 즐거웠다), 이 두 여자는 서로 아무리 차이가 난다고 하더라도 이 문제에 관해서는 아주 닮아 있었다. 두 사람은 인생이란 무엇이고, 죽음이란 무엇인지 확연히 알고 있었다. 레빈이 끌어안은 문제에 대답은 커녕 그 의미를 이해할 수조차 없더라도, 그녀들은 죽음이라는 현상의 의의에 대해서는 의심을 품지 않고, 자기들 끼리 만이 아니라 다른 무수한 사람과 견해를 같이하면서 완전히 같은 시선으로 죽음을 보고 있었다. 그들이 죽음이란 무엇인가 확실히 알고 있다는 증거는, 그녀들이 일순간의 망설임도 없이 죽어가는 사람을 어떻게 대해야 하는지 알고 있고 또 그 사람들을 조금도 두려워하지 않는다는 점이다. 그러나 레빈이나 그 밖의 사람들은 죽음에 대해서 청산유수처럼 떠들어댈 수는 있지만 명백하게 죽음이 무엇인지는 알지 못했다. 왜냐하면 그들은 죽음을 무서워했고, 사람이 죽어 갈 때 무엇을 어떻게 해야 하는지 조금도 모르기 때문이다. 만일 레빈이 지금 니꼴라이 형과 단둘이 있었다면 그는 다만 공포에 질린 눈으로 형을 바라보며 더한층 큰 공포를 품고 죽음을 기다릴 뿐 그 이상은 아무것도 할 수 없었을 것이다.

게다가 그는 무엇을 이야기해야 할지, 어디에 눈을 두어야 할지, 어떻게 걸어야 할지조차 몰랐다. 전혀 관계없는 딴 화제를 입에 담는 것은 상대를 얕잡아 보는 일 같아서 도무지 해서는 안 될 것 같았다. 마찬가지로 죽음에 대해서며 음울한 것에 대해 이야기도 할 수 없었다. 그렇다고 또 잠자코 있을 수도 없었다. '형을 가만히 보고 있으면 형은 내가 무언가를 살피고 있다고 여길 것 같아 두렵다. 그러나 보지 않으면 형은 내가 무슨 다른 생각을 하고 있다고 여길 것이다. 발꿈치를 들고 걸으면 그의 심기를 상하게 할 것이다. 그렇다고 해서 발바닥을 다 딛고 걸을 수도 없다.' 끼찌는 분명히 자기에 대해서는 생각하지도 않았고 또 생각할 틈도 없었다. 그녀는 무언가를 이해하고 있었고 오직 병자만 생각했으므로 모든 것이 잘되어 나갔다. 그녀는 자신에 관해서도 또 자신의 결혼식에 관해서도 이야기했다. 그녀는 웃는 얼굴로 형을 위로하고 어르면서 완쾌됐을 경우에 대해 이야기까지 했는데 그러한 것들은 모두 성공했다. 말하자면 그녀는 그것을 다 터득하고 있었다. 그녀와 아가피야의 행동은 결코 본능적이고 동물적인 무분별한 것이 아니었다. 그 증거로, 아가피야도 끼찌도 단순한 육체적인 간호며 고통을 덜어 준다느니 하는 것 외에 빈사의 사람에게 더 중대한 그 무엇을 추구하고 있었다.

아가피야는 얼마 전에 죽은 늙은이 이야기를 할 때 이렇게 말했다. "아, 다행히도 그 사람은 성찬식(聖餐式)도 받았고 성유식(聖油式)도 받았죠. 아무쪼록 하느님, 모두가 그처럼 죽을 수 있도록 하여 주시옵소서."

까쨔도 마찬가지로 셔츠와 욕창, 음료에 대한 걱정 외에 벌써 여기 온 첫날부터 병자에게 성찬식과 성유식을 받아야 한다고 타일러 이해시켰다.

밤이 되어 병자의 방에서 옆방인 자기 방으로 돌아온 레빈은 무엇을 해야 할지 모르고 고개를 떨어뜨린 채 앉아 있었다. 저녁을 먹는다든가, 잘 준비를 한다든가, 자기들이 이제부터 무엇을 할까 생각한다든가 하는 것은 말할 것도 없고, 아내와 이야기할 수조차 없었다. 그는 부끄러웠다. 반대로 끼찌는 그 어느 때보다도 더 활동적이고 생기 있어 보였다. 그녀는 저녁을 가져오라고 일러놓고 손수 짐을 풀고 잠자리를 마련하는 일을 거들고 또 그것에 페르시아 분(粉)을 뿌리는 것도 잊지 않았다. 이 흥분과 신속한 판단은 마치 전투나 경기를 앞둔 남자에게 나타나는 것과 똑 같았다. 그런 생애에서 위험하고도 결정적인 순간이야말로, 남자가 일생일대의 진가를 나타내고 자기 지난 과거가 헛수고가 아니라 모두 이 순간을 위한 준비였음을 증명하는 순간이다.

모든 일이 그녀가 손을 대면 잘되어 갔다. 12시도 되기 전에 모든 물건이 말끔하고 가지런히, 더구나 그녀 특유의 취향에 따라 정리되었으므로, 여관방이 자택의 그녀 방처럼 보일 정도였다. 침대가 마련되고 솔과 빗, 거울이 꺼내지고 냅킨도 펼쳐져 있었다.

레빈에게는 아직도 식사를 한다든가 잠을 잔다든가 이야기를 한다든가 하는 것이 무례한 일처럼 생각되었다. 그리고 자기의 일거일동이 도무지 그 자리에 어울리지 않는다고 여겨졌다. 한편 그녀는 솔을 고르며 그러한 행위에 어떤 실례되는 점도 없다는 듯한 태도를 하고 있었다.

그러나 그들은 둘 다 아무것도 입에 댈 수 없었고 오랫동안 잠을 이룰 수도 없었다. 아니, 그들은 오랫동안 침대에 눕는 것조차 주저했다.

"성유식을 받으시게끔 그분을 잘 설득할 수 있어서 정말 기뻤어요." 그녀는 접는 경대 앞에 잠옷바람으로 앉아 살이 가는 빗으로 향긋한 냄새가 나는 부드러운 머리를 빗으면서 말했다. "난 아직 한 번도 본 적은 없지만 말이에요, 어머니 말씀으로는 병을 낫게 하는 기도도 해 준대요."

"그럼 당신은 형이 좋아질 수 있다고 생각해?" 레빈은 그녀가 앞쪽으로 빗질할 때마다 숨는, 둥그스름하고 자그마한 머리 뒤에 있는 가느다란 가르마를 보면서 말했다.

"의사 말로는 앞으로 사흘 이상은 살지 못하실 거래요. 하지만 의사들이 그런 것까지 알 수 있겠어요? 하여간 나는 그분을 설득시킬 수 있어서 아주 기뻐요." 그녀는 머리카락 사이로 남편을 곁눈질하면서 말했다. "무슨 일이 일어날진 아무도 모르니까요." 그녀는 종교에 관한 이야기를 할 때면 언제나 떠올리는 예의 독특한, 다소 미묘한 데가 엿보이는 표정으로 덧붙였다.

그들이 아직 약혼 중이었던 때에 한번 종교에 대해서 이야기를 주고받은 뒤로, 그도 그녀도 두 번 다시 그것을 화제에 올리지 않았다. 그러나 그녀는 그것이 필요하다는 한결같은 인식이 있었으므로, 교회에 가고 기도를 올리는 자기 의식을 계속하고 있었다. 그리고 남편의 신념은 그것과는 반대임에도 그녀는 그 역시 자기와 마찬가지로, 아니 도리어 자기보다도 더욱 독실한 기독교인이라고 굳게 믿어 의심치 않았다. 그의 종교에 대한 막말과 같은 것은 모두 말하자면 그가 그녀의 영국 자수에 대해 제대로 하는 사람은 구멍을 꿰매는데 당신은 일부러 구멍을 내고 있다는 둥, 남자들 특유의 엉뚱하고 우스꽝스러운 농담 중 하나에 불과하다고 생각했다.

"그래, 저 마리야한테 맡겨두어서는 이 정도까지 할 수 없었겠지." 레빈이 말했다. "그래서…… 고백하자면 당신이 와줘서 참으로 다행이라고 생각하고 있어. 당신은 정말 순수해서, 그래서……." 그는 그녀의 손을 잡았다. 그러나 키스는 하지 않고(죽음이 눈앞에 닥쳐 있는데 그녀 손에 키스한다는 것은 어쩐지 뻔뻔스러운 일처럼 생각되었다) 겸연쩍은 표정으로 그녀의 빛나는 눈을 들여다보면서 그저 그 손을 꼭 쥐었다.

"당신 혼자였더라면 좀 곤란하셨을 거예요." 그녀가 말했다. 그리고 기뻐서 발그레하게 상기된 볼을 가리고 있던 두 손을 높이 치켜들어, 뒤통수의 땋은 머리를 빙글빙글 돌려 핀으로 고정했다. "하지만 말이에요." 그녀는 계속했다. "그분에게는 경험이 없어서 그런 것뿐이에요…… 난 다행히도 소덴에서 여러 가지를 배웠거든요."

"그럼 거기엔 저런 병자도 있었나?"

"그럼요, 더 심한 편이었어요."

"내가 두려운 것은 아무리 해도 젊었을 적 형 모습을 떠올리지 않을 수 없다는 거야…… 당신에겐 믿어지지 않을 테지만 형은 아주 훌륭한 청년이었어. 그러나 그 무렵에는 나도 그것을 몰랐지."

"아녜요. 믿어요, 정말 믿어요. 나도 저분과 분명히 다정한 벗이 될 수 '있었으리라' 생각하는 걸요." 그녀는 그리고 자기가 이야기한 것에 깜짝 놀라 남편을 돌아보았다. 그녀 눈에 눈물이 글썽거리고 있었다.

"아아, '그랬을' 거야." 그는 서글픈 어조로 말했다. "형이야말로 세상에서 말하는, 이른바 '이 세상을 위해 태어난 게 아닌 사람' 중의 하나니까."

"그건 그렇고, 우린 이제부터 여러 날을 두고 병간호를 해야 하니까 슬슬 자야 해요." 끼찌는 자그만 시계를 꺼내 보고 말했다.

20

이튿날 병자는 성찬식과 성유식을 받았다. 식을 치르는 동안 니꼴라이는 열심히 빌었다. 꽃무늬 테이블보로 덮인 카드놀이용 탁자 위 성상에 얼어붙어 있는 그의 퀭한 눈에는 너무도 절실한 기원과 희망이 깃들어 있어, 레빈은 그것을 보기가 무서울 정도였다. 이 절실한 기원과 희망은 사랑하는 삶과의 이별을 더한층 고통스럽게 할 뿐이라는 것을 레빈은 알고 있었기 때문이다. 레빈은 형과 그의 사상의 궤적을 잘 알고 있었다. 형의 무신앙은 신앙 없이 사는 것이 편했기 때문이 아니고, 세계의 현상에 대한 근대 과학적인 해설이 한 걸음 한 걸음 신앙을 밀어젖힌 결과에 지나지 않았다. 따라서 그는 형이 지금 신앙으로 되돌아온 것도, 똑같은 사상의 경로를 밟고 완성된 합리적인 결과가 아니라 어떻게든 병을 고치고 싶다는 희망에서 비롯된 일시적이고 이기적인 현상임을 알고 있었다. 레빈은 또 끼찌가 어딘가에서 들은 기적 같은 치병(治病) 이야기로 이 희망을 더한층 강하게 만들었다는 사실도 알고 있었다. 레빈은 이러한 것들을 모두 알고 있었다. 그래서 그는 형의 이 기도하는 간절한 기대에 가득 찬 눈동자, 바짝 야윈 손을 힘겹게 들어 올려 뼈 위에 피부가 들러붙은 듯한 이마, 앙상한 어깨, 할딱거리며 가쁜 숨을 내쉬는 텅 빈 가슴 순으로 성호를 긋는 모습을 보고 있는 것이 몹시 괴롭고 쓰라렸다. 그 텅 빈 가슴에는 병자가 더는 신에게 간절히 구해 마지않는 그 생명을 붙들어 둘 힘이 없다. 성례가 행해지는 동안 레빈은 그가 무신앙자로서 벌써 몇 천 번이나 했던 짓을 또 되풀이했다. 그는 하느님을 향해서 말했다. '당신께서 참으로 존재하신다면 형을 낫게 하여 주옵소서(지금까지 그런 예는 몇 번이나 있지 않았습니까). 그러면 당신께서는 그와 저를 구해 주시는 것입니다.'

성유식이 끝나자 갑자기 병자의 병세가 좋아졌다. 그는 한 시간 동안 기침한 번 하지 않고 싱글벙글하며 눈물을 글썽거리고 끼찌에게 감사하면서 그녀 손에 키스했다. 아주 좋아졌다, 아무 데도 아픈 데가 없다, 식욕도 생기고 힘도 나는 것 같다고 말했다. 수프를 가져왔을 때는 혼자 일어나기까지 하고 커틀릿까지 달라고 했다. 그의 병세가 아무리 절망적이고, 얼핏 보기에도 도저히 회복될 가망이 없다고 하더라도, 레빈과 끼찌는 이 한 시간 동안만큼은 똑같이 행복한, 그러나 잘못 생각한 것이 아닐까 하는 조심스러운 기대를 품고 있었다.

"좋아졌나?"

"네, 아주 좋아요."

"놀라운걸."

"조금도 놀라울 것은 없어요."

"하지만 정말로 좋아졌잖아." 그들은 서로 미소하면서 속삭였다.

그러나 이 환상도 오래 계속되지는 않았다. 병자는 평온하게 잠에 빠져들었지만 반시간쯤 지나자 기침이 그의 잠을 깨웠다. 그러자 별안간 주위 사람들과 그 자신의 가슴에서 모든 희망이 사라져 버렸다. 지금까지의 희망의 기억마저 지워버린 의심할 바 없는 괴로운 현실이 레빈과 끼찌와 병자 마음속에서 그 희망을 무참히 파괴해 버린 것이다.

병자는 자기가 반시간 전에 무엇을 믿었는지도 깡그리 잊고 또 그런 것을 생각해 내는 것도 수치스럽다는 듯, 작은 흡입 구멍이 무수히 뚫린 종이로 덮은 유리병 속 흡입용 요오드를 달라고 했다. 레빈이 그에게 병을 집어 주었다. 그러자 성유식을 받았을 때의 그 절박한 희망을 담은 눈동자로 요오드 흡입이 기적적인 효과를 가져올 수 있다고 한 의사의 말에 대한 확인을 구하면서 아우를 쳐다보았다.

"아아, 까쨔는 없군?" 그는 레빈이 마지못해 의사의 말을 확인해 주자 주위를 둘러보면서 목쉰 소리로 말했다. "없군, 그럼 말해도 괜찮겠지…… 나는 실은 그녀를 위해서 이런 희극을 했던 거야. 그녀는 정말 귀여운 여자야. 그러나 우리는 이제 자신을 속일 순 없지. 내가 정말로 믿는 건 바로 이거야." 그는 이렇게 말하고 뼈만 앙상한 손으로 병을 움켜쥐고 들이마시기 시작했다.

저녁 7시가 지나서 레빈과 끼찌가 자기들 방에서 차를 마시고 있을 때 마리야가 헐레벌떡 뛰어들어왔다. 그녀는 새파랗게 질린 얼굴로 입술을 발발 떨고 있었다.

"큰일 났어요!" 그녀가 속삭이듯이 말했다. "곧 돌아가실 것 같아요."

두 사람은 그의 방으로 뛰어갔다. 그는 침대 위에서 일어나 한쪽 팔꿈치를 짚고 긴 등을 구부린 채 머리를 푹 숙이고 앉아 있었다.

"기분은 어떻습니까?" 레빈은 잠시 형을 지켜보다가 나지막한 목소리로 물었다.

"이제 영영 가는구나 하는 느낌이야." 니꼴라이는 뚜렷한 목소리로, 느릿느릿 가슴속에서 말을 짜내면서 괴로운 듯이 말했다. 그는 고개는 들지 않고 그저 눈만 위로 치켜떴으나 그 시선은 아우 얼굴에까지 이르지 못했다.

"까쨔, 자리를 좀 비켜 줘." 그는 다시 말했다.

레빈은 벌떡 일어나 조용하게 명령하여 아내를 방에서 내보냈다.

"이제 정말 가는구나." 그는 다시 말했다.

"어째서 그런 생각을 하십니까?" 레빈은 뭐든 이야기해야겠다 싶어서 말했다.

"왜냐하면 이제 가기 때문이야." 그는 자못 이 말이 마음에 드는 듯 되풀이했다. "이제 끝이야."

마리야가 그의 옆으로 다가왔다.

"좀 누우세요. 그러시는 편이 더 나을 거예요." 그녀가 말했다.

"곧 조용히 눕게 되겠지." 니꼴라이는 말했다. "송장이 돼서 말이야." 그는 자기를 비웃는 듯 성난 어조였다. "그럼 뉘어 줘. 그렇게 하고 싶다면."

레빈은 형을 반듯이 뉘이고 옆에 앉아 숨을 죽이고 그 얼굴을 바라보았다. 죽어 가는 사람은 조용히 눈을 감고 누워 있었다. 그러나 그 이마 근육은 무엇인가를 깊이 생각하는 것처럼 이따금 씰룩씰룩 움직였다. 레빈은 어느 틈에 형 입장이 되어 지금 그의 마음속에서 무슨 일이 일어나고 있는지를 함께 생각해 보았다. 그러나 아무리 형과 함께 나아가기 위해 온갖 생각을 집중해도, 이 조용하고 엄숙한 표정과 눈썹 위 근육의 움직임에서, 레빈에게는 여전히 캄캄한 채로 남아 있는 것이 죽어 가는 사람에게는 점점 더 뚜렷해지고 있음을 보았다.

"그래, 그래, 그렇지." 죽어 가는 형이 띄엄띄엄 천천히 말했다. "잠깐만." 그는 다시 한동안 입을 다물어 버렸다. "그렇지!" 그는 별안간 편안한 어조로 말했다. 모든 문제가 그것으로 해결되기라도 한 듯했다.

"오오 주여!" 그는 이렇게 말하고 무거운 한숨을 쉬었다.

마리야는 그의 발을 만져 보았다.

"싸늘해지고 있어요." 그녀가 속삭였다.

오랫동안, 아주 오랫동안(레빈에게는 그렇게 여겨졌다), 병자는 꼼짝도 하지 않고 반듯이 누워 있었다. 그러나 그는 아직 살아 있었고 이따금 휴우 하고 한숨을 내쉬었다. 계속 사고의 끈을 놓지 않던 레빈은 이미 기진맥진해 버렸다. 그러나 아무리 골똘히 생각해보아도 '그렇지'가 무엇을 의미하는지 자기는 알 수 없음을 느꼈다. 그는 벌써 훨씬 전에 죽어 가는 사람에게서 떨어져 버린 것 같은 느낌이 들었다. 그는 더는 죽음의 문제조차 생각할 기력이 없었다. 그러나 어느 틈에 그의 머리에는 이제부터 자기가 해야만 할 일들, 죽은 사람의 눈을 감겨 주고, 옷을 갈아입히고, 관을 맞추고 하는 그러한 것에 대한 생각이 떠올랐다. 그리고 이상하게도 그는 자기가 완전히 냉담한 인간이 돼 버렸음을 느꼈다. 그는 슬픔도 상실감도, 더욱이 형에 대한 연민도 느끼지 못하는 것 같았다. 만일 지금 그의 마음에 무엇인가 형에 대한 감정이 남아 있다고 하면, 그것은 죽어 가는 형은 가졌지만 자기는 가질 수 없었던 그 인식에 대한 부러운 바람이었다.

그는 또 오랫동안 잠든 형 곁에서 최후를 기다리며 앉아 있었다. 그러나 그의 종언은 좀처럼 오지 않았다. 문이 열리고 끼찌가 모습을 드러냈다. 레빈은 그녀를 멈추게 하려고 일어섰다. 그러나 그는 자리에서 일어서는 순간, 죽어 가는 형이 꿈틀거리는 기척을 느꼈다.

"가지 마." 니꼴라이가 이렇게 말하고 손을 내밀었다. 레빈은 그 손을 잡고 아내에게는 나가라고 성난 듯이 손을 저었다.

그는 죽어 가는 형의 손을 쥔 채 반시간, 한 시간, 또 한 시간 동안 앉아 있었다. 그는 더는 죽음에 대해서 생각하지 않았다. 그는 끼찌가 무엇을 하고 있는가, 이 옆방에는 어떤 사람이 사는가, 그 의사는 자기 집을 가지고 있을까 하는 것을 생각했다. 그는 식사하고 잠을 자고 싶어졌다. 그는 조심스럽게 손을 놓고 형의 다리를 만져 보았다. 다리는 싸늘했지만 병자는 아직 숨을 쉬고 있었다. 레빈은 재차 발뒤꿈치를 세우고 나가려고 했다. 그러자 병자는 다시 몸을 꿈틀거리며 말했다.

"가지 마."

먼동이 터도 병자의 상태는 매한가지였다. 레빈은 살며시 손을 떼고 죽어 가는 사람을 돌아보지도 않고 자기 방으로 가서 잤다. 잠을 깼을 때 그는 예상하던 형의 죽음 대신 병자가 다시 이전 상태로 되돌아왔다는 소식을 들었다. 그는 다시 일어나 앉아 기침하고, 먹고 이야기하기 시작했으며, 죽음에 대한 것은 더는 말하지 않고 다시 쾌차에 대한 희망을 보이기 시작했다. 그리고 전보다도 더한층 극성스러운 음울한 사람이 돼 버렸다. 아우도 끼찌도, 누구도 그를 달랠 수 없었다. 그는 모두에게 화를 내고 모두에게 욕설을 퍼붓고 자기 괴로움을 모두의 탓으로 돌렸고, 모스끄바에서 유명한 의사를 불러오라고 요구했다. 기분이 어떠냐고 물을 때마다 그는 증오와 비난이 섞인 표정으로 이렇게 대답했다.

"몹시 괴롭다, 괴로워서 견딜 수가 없어!"

병자의 괴로움은 시시각각으로 더해 갈 뿐이었다. 특히 이제는 어떻게 할 수도 없는 욕창 때문에 몹시 고통스러워했다. 그리고 무슨 일에 있어서나 흠집을 잡고, 특히 모스끄바에서 명의를 불러오지 않는다고 주위 사람들에게 심하게 화를 냈다. 끼찌는 그를 달래고 위로하기 위해 온갖 노력을 다해 보았으나 모두 헛일이었다. 레빈은 그녀 자신이 비록 인정하지는 않는다 할지라도 그녀가 육체적으로도 정신적으로도 지쳐 버렸다는 것을 알았다. 니꼴라이가 아우를 불러 이승에 하직을 고한 그날 밤에 모든 사람의 마음에 불러일으켜 졌던 죽음의 느낌은 이제 송두리째 꺼졌다. 그가 이제 곧 죽으리라는 사실, 벌써 반쯤은 죽어 있는 것이나 다름없다는 사실은 누구나가 알고 있었다. 그러므로 모두의 바람은 그저 그가 한시라도 빨리 죽는 것뿐이었지만 다들 그 마음을 숨기고 자기 자신과 상대를 속여가면서 그에게 병에 든 약을 주기도 하고 약과 의사를 찾아 돌아다니기도 했다. 모든 것이 허위였다. 추악하고 모욕적이고 모독적인 허위였다. 레빈은 생리적으로 허위를 싫어하는 데다 또 이 병자를 누구보다도 깊이 사랑했으므로 이러한 허위가 특히 괴로웠다.

최소한 죽기 직전에라도 두 형을 화해시키려고 벌써 오래전부터 생각하고 있던 레빈은 큰형인 꼬즈느이쉐프에게 편지를 보냈다. 그리고 그의 답장을 받자 그것을 병자에게 읽어 주었다. 꼬즈느이쉐프는 자기가 찾아올 수 없는 사정을 쓰고 몹시 감동적인 표현으로 아우에게 용서를 빌고 있었다.

병자는 아무 말도 하지 않았다.

"형에게 뭐라고 써 보낼까요?" 레빈이 물었다. "형님도 이제 큰형님에게 화를 내고 계시진 않겠죠?"

"암, 조금도!" 니꼴라이는 이런 질문을 언짢아하며 대답했다. "형에게 의사

좀 보내 달라고 써."

다시 괴로운 사흘이 지났다. 병자는 내내 똑같은 상태를 유지하고 있었다. 이제는 그를 본 사람이면 누구나, 여관 급사, 그 주인, 묵고 있는 모든 손님, 의사, 마리야, 레빈, 끼찌도 모두 그의 죽음을 바라는 마음이 되었다. 다만 한 사람, 병자만이 이러한 느낌을 나타내지 않았다. 그 뿐만 아니라 그는 오히려 의사를 데려오지 않는다고 화를 냈고, 약을 계속 열심히 먹고 삶에 대해서 이야기하기도 했다. 다만 아편 주사가 그 끊임없는 고통을 한때 잊게 해 주는 순간에만, 드문드문 그는 누구보다도 강하게 마음에 품고 있던 것을 비몽사몽 간에 중얼거렸다. '아아, 빨리 끝났으면!'이라든가 '도대체 언제야 끝장이 난담!'이라고.

고통은 착실하게 정도를 더해 가면서 병자에게 죽음의 준비를 시키고 있었다. 잠시라도 그가 괴로워하지 않는 적은 없었다. 그가 고통을 잊는 순간이라고는 단 1분도 없었다. 그의 손발이며 몸뚱이에서 통증으로 그를 괴롭히지 않는 곳은 한 군데도 없었다. 게다가 자기 몸뚱이에 대한 회상이며 인상, 생각 자체가 그 몸뚱이와 마찬가지로 혐오감을 일으켰다. 다른 사람들의 모습도 그들의 말도 자기 자신의 회상도, 모두 그에게는 그저 괴로울 뿐이었다. 주위 사람들도 그것을 알아챘다. 그래서 그 앞에서는 자유로운 동작도 이야기하는 것도 자기 뜻을 밝히는 것도 무의식적으로 피하게 되었다. 지금 그의 생활은 오로지 고통과 그것에서 벗어나고 싶다는 간절한 소망에 집중되어 있었다.

그의 마음속에는 분명히 죽음을 욕망의 만족처럼, 또 행복처럼 보게 하는 하나의 변화가 일어나고 있었다. 지금까지는 굶주림이나 피로, 목마름처럼 고통이나 상실감에서 오는 모든 욕망은 어느 것이나 쾌락을 주는 육체의 움직임을 통해서 채워졌다. 그러나 지금은 그러한 상실감과 고통이 채워지거나 가시는 일은 없었고, 그것을 채우려는 시도는 다만 새로운 고통을 불러일으키는 것에 지나지 않았다. 따라서 모든 욕망은 오직 하나, 온갖 고통과 그 원천인 육체에서 벗어나고 싶다는 욕망으로 집중되었다. 하지만 이러한 해탈에 대한 욕망을 표현하기에 알맞은 말이 그에게는 없었다. 그래서 그는 이것은 말하지 않고, 지금까지의 습관에 따라 이제는 도저히 실현될 가망이 없는 욕망의 만족을 구하는 것이었다.

"돌려 뉘어다오." 말하자마자 곧 다시 앞서처럼 뉘어 달라고 청했다. "수프를 다오. 아니, 수프 같은 건 저리 치워. 무엇인가 이야기를 해다오. 왜 다들 잠자코 있는 거야." 그러나 누군가가 이야기를 시작하면 그는 이내 눈을 감고 피로와 무관심과 혐오의 빛을 나타내는 것이었다.

이 도시로 온 지 열흘째 되는 날 끼찌는 병이 났다. 그녀는 두통과 구토 증세를 보였으므로 아침나절 내내 침대에서 일어날 수 없었다.

의사는 그 병이 단순히 피로와 흥분 때문이라고 설명하고 안정을 권했다.

그러나 점심을 들고 나자 끼찌는 자리에서 일어나 여느 때처럼 일거리를 가지고 병자의 방으로 갔다. 그녀가 들어가자 그는 엄한 얼굴을 하고 그녀를 노려보았다. 그녀가 아팠다고 이야기하자 그는 얕잡는 듯한 엷은 웃음을 머금었다. 이날 그는 줄곧 코를 풀었고 안타까운 목소리로 끙끙 앓았다.

"오늘은 기분이 좀 어떠세요?" 그녀가 그에게 물었다.

"더 나빠요." 그는 간신히 말했다. "아파요!"

"어디가 아프세요?"

"온몸이 다요."

"오늘은 정말 돌아가시려나 봐요." 마리야가 나지막이 속삭였으나 병자는 굉장히 날카로워져 있으므로 틀림없이 그 말을 알아들었을 것이라고 레빈은 생각했다. 레빈은 쉿 하며 그녀를 제지하고 병자를 돌아보았다. 니꼴라이는 그 말을 들었다. 그러나 이러한 말은 그에게 아무런 느낌도 주지 않았다. 그의 눈동자는 여전히 남을 꾸짖는 듯한 긴장된 것이었다.

"어째서 그렇게 생각하셨습니까?" 레빈은 자기 뒤를 따라 복도로 나온 마리야에게 물었다.

"자기 몸을 움켜잡기 시작하셨어요." 마리야가 말했다.

"움켜잡다니요?"

"이렇게요." 그녀는 자기의 모직 옷 주름을 잡아당기면서 말했다. 확실히 레빈도 병자가 그날 온종일 마치 무엇인가를 잡아 벗기려는 듯이 자기 몸뚱이를 움켜잡곤 하는 모습을 보았다.

마리야의 예언은 옳았다. 밤이 깊어갈 무렵에는 병자는 더는 손을 들어 올릴 힘도 없이, 다만 주의를 집중한 것 같은 눈빛으로 자기 앞만 물끄러미 지켜보고 있었다. 아우나 끼찌가 그의 시선을 돌리려고 그의 위로 엉거주춤 몸을 굽혀 보아도 그는 멍하니 똑같은 곳만 지켜보고 있을 뿐이었다. 끼찌는 임종

기도를 해줄 사제를 데리러 사람을 보냈다.

　사제가 임종 기도문을 읽고 있는 동안, 죽어 가는 니꼴라이는 조금도 살아 있는 것 같은 빛을 보이지 않았다. 레빈과 끼찌와 마리야는 침대 옆에 서 있었다. 사제가 기도를 다 마치기도 전에, 니꼴라이는 몸뚱이를 쭉 펴고 깊이 한숨을 몰아쉬고는 눈을 감았다. 사제는 기도를 끝내자 그 싸늘한 이마에 십자가를 얹었다. 이윽고 천천히 그것을 성대(聖帶) 속에 감아 넣고 다시 한 2분쯤 잠자코 서 있다가 싸늘해진 핏기 없는 큰 손을 만졌다.

　"임종하셨습니다." 사제는 이렇게 말하고 나가려고 했다. 그런데 그때 갑자기 착 달라붙어 있던 죽은 사람의 콧수염이 굼실굼실 움직이는가 싶더니, 가슴속에서 짜낸 것 같은 또렷하고 날카로운 목소리가 정적 속에서 선명하게 울렸다.

　"아니, 아직이야…… 이제 곧."

　그리고 1분쯤 지나자 니꼴라이 얼굴이 별안간 밝아지고 콧수염 밑에 미소가 떠올랐다. 그러자 모여 있던 여자들은 바지런히 고인을 입관할 준비를 시작했다.

　형의 모습을 보고 바로 옆에서 죽음을 체험한 레빈 마음속에는, 그 가을 저녁 형이 자기를 찾아왔을 때 문득 느꼈던 불가해하고 너무 가까워 피할 수 없는 죽음에 대한 공포가 되살아났다. 이 느낌은 전보다도 더한층 강렬했다. 자신에게는 죽음의 의미를 이해할 힘이 너무도 약하다는 것을 통감하고 그 불가피함이 한층 더 두렵게 느껴졌다. 그러나 지금은 아내가 옆에 있는 덕택으로 이런 느낌이 그를 절망으로 이끌지는 않았다. 아무리 죽음이 기다리고 있더라도 살고 또 사랑해야만 한다는 것을 통감했다. 그는 사랑이 자기를 절망에서 구해 주었다는 것, 그리고 절망의 위협 속에서 이 사랑이 더한층 강하고 순수하게 자라나는 것을 느꼈다.

　눈앞에서 죽음이라는 하나의 신비가 이해되지도 못한 채 여물었다고 생각하자, 곧이어 역시 이해할 수 없는 또 하나의 신비가 나타나, 사랑하고 살아가라고 그를 다독여주었다.

　의사가 끼찌에 대한 자기 진단을 확인해 주었다. 그녀의 병은 임신 때문이었다.

까레닌은 베뜨시 부인과 오블론스끼의 이야기에서, 그에게 요구되는 것은 자기가 아내를 놓아 주고 자기 존재로 그녀를 괴롭히지 않도록 하는 것이며, 그녀 또한 그것을 바라고 있다는 사실을 깨달은 순간부터 완전히 정신이 나간 사람같이 되어 버렸다. 혼자서는 무엇 하나 결정하지 못하고 자기가 지금 무엇을 바라고 있는지조차 모를 정도였다. 그는 비상한 만족을 보이며 관여하려는 사람들 손에 모든 것을 내맡겨 버리고 무슨 일에나 순순히 따랐다. 다만 안나가 집을 나가고 나서 영국인 여자 가정교사가 저녁식사를 같이해야 하는가, 그렇지 않으면 따로 해야 하는가를 사람을 시켜 물으러 왔을 때야 비로소 그는 자신의 처지를 확실히 깨닫고 깜짝 놀랐다.

이럴 때 가장 곤란한 것은, 그는 도저히 자기 과거와 현재를 하나로 결합시키고 융화시킬 수 없다는 점이었다. 딱히 아내와 행복하게 지냈던 과거가 그의 마음을 어지럽힌 것은 아니었다. 그 과거에서 아내의 부정을 알기까지의 과정은 이미 괴로워하면서 빠져나왔다. 그 자체는 괴로웠지만 그가 이해할 수 있었다. 만일 그때 아내가 그에게 자기의 부정을 밝히고 그대로 떠나 버렸다면 그는 슬픔에 잠겨 한탄했을 터이지만, 지금 그가 놓여 있는 것과 같은 막막하고 이해할 수 없는 처지에는 빠지지 않았을 것이다. 그를 괴롭히는 것은 바로 얼마 전과 현재 사이의 괴리였다. 즉 병을 앓던 아내와 다른 남자의 자식에 대하여 사랑과 감동과 관용을 느꼈던 지난날의 자신과 마치 그 모든 것들에 대한 보답이기라도 하듯이 고독하고 불명예스러운 세상의 웃음거리가 되어 누구에게도 필요 없고 모든 사람에게서 경멸을 받는 지금의 자신을 도저히 융화시킬 수 없었던 것이다.

아내가 떠나고 처음 이틀 동안 까레닌은 여느 때처럼 청원자나 서기장과 만나고 회의에 나가고 식당에 들러 식사도 했다. 스스로 무엇 때문에 이런 짓을 하고 있는가는 별로 생각해 보지도 않고, 그 이틀 동안 다만 침착하고 냉담하기까지 한 외양을 갖추기 위해서 필사적으로 온 힘을 기울였다. 안나의 세간이며 방을 어떻게 처분해야 할 것인가 하는 물음에 대답할 때도, 그는 예상하지 못했던 일은 아니다, 조금도 여느 사건의 범위를 넘어서는 일이 아니라고 생각하는 사람처럼 보이려고 안간힘을 썼다. 그리고 그는 그 목적을 이루었다. 아무도 그에게서 절망의 빛을 찾아볼 수 없었다. 그러나 아내가 집을 나간 지

이틀째 되는 날, 꼬르네이가 안나의 지급하지 않은 여성용 모자 가게 계산서를 건네며 점원이 찾아와 있다고 알렸을 때, 까레닌은 그 점원을 불러오라고 일렀다.

"각하, 감히 걱정을 끼쳐 드리게 됨을 용서하여 주십시오. 그런데 저어, 마님에게 청구하라 분부하시오면, 죄송하옵니다만, 마님께서 계신 데를 좀 가르쳐 주셨으면……."

까레닌은 생각에 잠겼다. 점원이 보기에는 그렇게 여겨졌다. 그런데 갑자기 그가 몸을 돌려 탁자 앞에 앉았다. 그는 두 손으로 머리를 싸고 오랫동안 그대로 앉아서 몇 번이고 말을 꺼내려다가는 그만뒀다.

꼬르네이는 주인의 감정을 알아채고 점원에게 나중에 다시 오라고 부탁했다. 다시 혼자가 되자 까레닌은 자기에게 이제 더는 확고하고 침착한 태도를 연기해 나갈 힘이 없다는 것을 깨달았다. 그는 기다리게 해둔 마차의 말을 풀라고 이르고, 또 누가 오더라도 맞아들이지 말라고 지시하고서 식사를 하러 나가지도 않았다.

그는 그 점원과 꼬르네이를 포함하여 지난 이틀 동안 만난 모든 사람의 얼굴에서 똑똑히 보았던 그 모멸과 냉혹의 압박을 더 이상 견딜 수 없다고 느꼈다. 그는 자기에 대한 사람들의 증오를 피할 수 없을 것 같았다. 왜냐하면 그 증오는 그에게 죄가 있어서 생긴 것이 아니라(만일 그렇다면 착한 사람이 되려고 노력하면 그만이었다) 그가 수치스럽고 증오받는 불행한 인간이라는 사실에서 생긴 것이기 때문이다. 그는 자기 마음이 갈가리 찢겼기 때문에 세상이 자기에게 매정하게 대한다는 것을 알고 있었다. 마치 상처를 입고 울부짖는 한 마리의 개를 많은 개가 달려들어 물어 죽이듯, 사람들은 그를 세상에서 매장시켜 버릴 것이다. 그런 사람들 속에서 살아남는 유일한 수단은 그들에게 자기 상처를 숨기는 것이다. 그래서 그는 이 이틀 동안 무의식적으로 그렇게 노력해 왔다. 그러나 이제는 자신에게 이 중과부적(衆寡不敵)인 싸움을 계속할 힘이 없음을 통감했다.

그의 절망은 자신의 슬픔을 나눌 상대가 한 사람도 없다는 의식으로 한층 더 강해졌다. 그가 느낀 괴로움을 다 털어놓을 수 있는 사람, 그를 고관으로서나 사회의 일원으로서가 아니라 단순히 괴로워하는 일개 인간으로서 동정해 줄 그러한 사람은 비단 뻬쩨르부르그뿐만 아니라 세상 어디에도 단 한 사람 없었다.

까레닌은 고아로 자라온 사람이었다. 그에게 혈육이라고는 단지 형뿐이었다. 그들 두 형제는 아버지를 기억하지 못했다. 어머니는 까레닌이 열 살 때 죽었다. 재산은 적었다. 그래서 정부 고관으로 한때 선제(先帝)의 총신이었던 숙부가 그들을 길러 주었다.

뛰어난 성적으로 중학과 대학 과정을 마친 까레닌은 숙부의 입김을 타고 곧 관계에 진출해 출세 코스를 밟았다. 그리고 그때부터 그는 오로지 정치적인 야심에만 몸을 바쳤다. 중학에서도 대학에서도 관리가 되고 나서도 까레닌은 그 누구와도 친근한 관계를 맺지 않았다. 형이 그가 마음을 터놓는 유일한 사람이었으나 그는 외무부에 근무해서 언제나 외국에서 살다가 까레닌의 결혼 직후 외국에서 죽어 버렸다.

그의 현지사 시절에 안나의 큰어머니뻘 되는 그 지방의 부유한 귀부인이, 비록 젊다고는 할 수 없었지만 지사로서는 젊은이였던 그에게 자기 조카딸을 소개했다. 그리고 그 부인은 그가 청혼하든지 아니면 그 도시에서 떠나든지 해야만 하는 막바지로 그를 몰아넣었다. 까레닌은 오랫동안 망설였다. 그 한 걸음을 내딛는 것에 대해서 찬성할 이유와 반대할 이유가 팽팽하게 맞서고 있었고, 게다가 망설일 때에는 삼간다는 그의 주의를 포기할 만한 뚜렷한 이유가 없었던 것이다. 그러나 안나의 큰어머니는 친지를 통해서, 그가 이미 처녀의 이름을 더럽힌 것이나 다름없으니 명예를 생각한다면 의무에 따라 청혼을 해야 한다고 압박을 가해왔다. 그는 청혼했고 그 약혼자에게, 아내에게 할 수 있는 한 모든 애정을 다 쏟았다.

그가 안나에게 느낀 애착 때문에, 다른 사람들과 친밀한 관계를 맺으려는 욕구는 그의 마음속에서 완전히 사라지고 말았다. 그래서 지금은 많은 지인 가운데 가까이 지내는 사람은 아무도 없었다. 그에게 인맥이라고 부를 수 있는 사람은 많았으나 친구는 전혀 없었다. 그는 식사에 초대할 사람, 자기 일에 조력을 청할 만한 사람, 어느 청원자의 일로 마음을 써 달라고 부탁할 사람, 다른 사람의 일이며 정부의 사업에 대해서 거리낌 없이 의논할 만한 사람들은 많았다. 그러나 이러한 사람들과의 관계는 관습과 풍습에 따라 정확히 일정한 범위에 한정되었고, 그 담장 밖으로 한 발짝도 내디딜 수 없었다. 대학시절 동급생으로 졸업 후 다시 가까워져 개인적인 슬픔도 털어놓을 만한 친구가 한 사람 있기는 했으나 그 친구는 먼 시골 교육계에서 장학관을 맡고 있었다. 뻬쩨르부르그에 있는 사람들 가운데 가장 가깝고 이야기 상대가 되어 줄 만한 사람은 서기장과 의사뿐이었다.

서기장인 슬류진은 솔직하고 총명하고 선량한 도덕적인 사나이로, 까레닌은 그가 자기에게 개인적인 호의를 품고 있음을 느꼈다. 그러나 상사와 부하로 근무한 5년 동안의 생활은 그들 사이에 개인적인 접촉을 차단하는 장벽을 쌓아버렸다.

까레닌은 서류 서명을 끝내고 슬류진 얼굴을 바라보면서 오랫동안 침묵하고 있었다. 몇 번이고 말을 꺼내려 했지만 도무지 입이 떨어지지 않았다. 그는 이미 '자네는 벌써 내 불운에 대해서 들었겠지'라는 말까지 준비해 놓고 있었다. 그러나 결국 평소처럼 "그럼 그것을 좀 해 주게"라는 말로 그를 물러가게 해 버렸다.

또 한 사람은 의사였다. 그 사나이도 그에게 호감을 느끼고 있었다. 그러나 그들 사이에는 벌써 오래전부터 두 사람 다 일에 바쁜 몸이니 용건은 빨리 처리하고 우물우물해서는 안 된다는 것이 은연중에 승인되어 있었다.

여자 친지들, 그 가운데 가장 친근한 리지야 이바노브나 백작부인에 대해서도 까레닌은 생각하지 않았다. 모든 여자는 단순히 여자라는 이유만으로 그에게는 두렵고 끔찍스러웠다.

22

까레닌은 리지야 이바노브나 백작부인을 잊고 있었지만 그녀는 그를 잊지 않았다. 그가 고독한 절망에 빠져 있던 가장 괴로운 순간에 그녀는 그를 찾아와서 대뜸 그의 서재로 쳐들어갔다. 그녀가 들어왔을 때 그는 여전히 두 손으로 머리를 감싸쥐고 가만히 앉아 있었다.

"분부를 어기고 들어왔어요." 그녀는 총총걸음으로 방으로 들어와서, 흥분과 급격한 움직임으로 숨을 헐떡이면서 말했다. "얘기는 벌써 다 들었어요! 까레닌! 딱하게도!" 그녀는 두 손으로 그의 손을 꼭 쥐고서 사려 깊고 아름다운 눈으로 찬찬히 그의 눈을 들여다보며 말을 계속했다.

까레닌은 얼굴을 찌푸리면서 일어나 그녀에게서 자기 손을 빼고 의자를 권했다.

"앉으세요, 부인. 실은 기분이 좀 좋지 않아서 아무도 뵙지 않고 있어요." 이렇게 말하는 그의 입술은 떨리고 있었다.

"아, 딱하기도 하지!" 리지야 이바노브나 백작부인은 그에게서 눈을 떼지 않고 되풀이했다. 갑자기 그녀의 눈썹 안쪽이 추켜올라가면서 이마에 세모꼴이 만들어졌다. 그녀의 예쁘지 않은 누런 얼굴은 더한층 못생겨졌으나 까레닌은 그녀가 자기를 가엾게 여겨 금방이라도 울음을 터뜨릴 것만 같은 심경임을 느꼈다. 그는 감동하여 그녀의 통통한 손을 움켜잡고 키스를 했다.

"아아, 참으로 딱하기도 하지!" 그녀는 흥분 때문에 목멘 목소리로 말했다. "하지만 슬픔에 굴복해서는 안 돼요. 슬픔은 크겠지만 언젠가 분명 위안을 찾아낼 거예요."

"나는 꺾여 버렸습니다. 목숨이 끊어져 버리고 말았습니다. 나는 인간으로서 실격입니다!" 까레닌은 그녀의 손을 놓으면서 말했지만, 눈은 아직 눈물이 글썽거리는 그녀 눈을 계속 들여다보고 있었다. "나는 그 어디에서도, 심지어 내 안에서도 마음의 버팀목을 발견할 수 없습니다. 그런 내 처지가 정말 두렵습니다."

"당신은 그 버팀목을 찾게 될 거예요. 하지만 나 같은 버팀목은 아니에요. 물론 내 우정은 꼭 믿어 주시길 바라지만요." 그녀는 한숨을 쉬면서 말했다. "우리의 버팀목은 사랑이에요. 바로 하느님께서 우리에게 약속해 주신 사랑 말이에요. 하느님이 주시는 무거운 짐은 실은 가벼운 법이랍니다." 그녀는 까레닌도 잘 아는 예의 숭고한 눈동자로 말했다. "하느님께서는 틀림없이 당신을 지켜 주시고 도와주실 거예요."

그녀의 말 속에는 자기의 고상한 감정에 대한 자아도취와 요즈음 뻬쩨르부르그에서 유행하는, 까레닌에게는 지나치다고 여겨지는 새로운 열광적인 신비 사상의 요소가 느껴졌는데도, 지금 그로서는 이 말을 듣는 것이 즐거웠다.

"나는 약한 인간입니다. 난 아무것도 아닙니다. 나는 아무것도 예견하지 못했고 지금도 아무것도 이해할 수 없습니다."

"아아, 딱하게도." 리지야 이바노브나는 되풀이했다.

"나는 잃어버린 것을, 더는 여기에 없는 것을 아쉬워하며 한탄하는 게 아닙니다. 그런 것은 아닙니다." 까레닌은 말을 이었다. "나는 그저 현재 내가 빠져 있는 처지 탓에 세상에 대해서 부끄러워하지 않을 수 없습니다. 좋지 않은 일이지만 나는 어쩔 수 없습니다, 어쩔 도리가 없습니다."

"당신은 용서라는 고매한 행위를 하셨습니다. 전 얼마나 감동했는지 몰라요. 그러나 그 고매한 행위는 실은 당신께서 하신 것이 아니라 당신 안에 계시는 하느님께서 하신 거예요." 백작부인은 자못 기쁜 듯이 눈을 치뜨면서 말했다. "그러니 당신께서는 자신이 하신 일을 부끄러워하실 필요가 없어요."

까레닌은 눈살을 찌푸렸다. 그러고는 두 손을 구부리고 손가락으로 똑똑 하고 소리를 내기 시작했다.

"자세한 사정을 말씀드리는 편이 좋겠군요." 그는 가느다란 목소리로 말했다. "사람의 힘에는 한계가 있습니다, 부인. 나는 그 극한에 이르러 있습니다. 이제 나는 온종일 나의 이 새로운 독신 상태에 기인하는(그는 이 '기인하는'이라는 말을 강하게 발음했다) 온갖 지시, 가사에 관한 지시를 해야만 합니다. 하인들, 가정교사, 계산서…… 이런 하찮은 불꽃들이 나를 오글오글 태우는 것 같습니다. 이제 인내력도 바닥나 버렸습니다. 식사 때만 하더라도…… 어제는…… 하마터면 식탁을 박차고 일어날 뻔했습니다. 나를 가만히 바라보는 아들의 눈을 도무지 참을 수 없었던 것입니다. 도대체 어떻게 된 거냐고 아들이 묻지는 않았습니다만 너무나 묻고 싶은 눈빛이었습니다. 나는 그 시선을 도저히 견딜 수 없었습니다. 그 애도 나를 보는 것을 두려워하고 있습니다. 게다가……."

까레닌은 하인이 가져왔던 계산서에 대해서 이야기할까 생각했지만 목소리가 떨리기 시작했으므로 입을 다물었다. 그 푸른 종이에 쓰인 모자와 리본 계산서를, 그는 자기에 대한 연민 없이는 떠올릴 수 없었다.

"난 이해해요, 까레닌." 리지야 이바노브나가 말했다. "나는 잘 알고 있어요. 내게 당신을 구원하고 치유할 힘은 없지만, 그래도 할 수만 있다면 조금이라도 당신에게 도움이 되어 드리고 싶어서 이렇게 찾아온 거예요. 아아, 정말 내가 그런 사소한, 굴욕적인 일들을 대신해 드릴 수만 있다면…… 이런 일에는 여자의 의견과 배려가 필요하니까요. 나에게 맡겨 주시겠어요?"

까레닌은 고맙다는 뜻을 담아 가만히 그녀 손을 쥐었다.

"우리 함께 세료쥐아의 뒷바라지를 하기로 해요. 나는 실제 일에 있어서는 그다지 도움이 되지 않는 편이지만 어쨌든 해 보겠어요. 댁의 가정부가 되어 보겠어요. 그렇지만 나에게 고마워 하실 것은 없어요. 이것은 내가 하는 것이 아니라……."

"어떻게 감사하지 않을 수 있겠습니까."

"그렇지만 말씀이에요, 까레닌, 아까 말씀하셨던 것과 같은 감정에 굴복해서는 안 돼요. 기독교인의 최고 덕인 '자신을 낮추는 자는 높아지느니라.' 이것을 부끄러워하시다니요. 그리고 나에게 고마워하는 것도 잘못이에요. 하느님께 감사하고 하느님께 도움을 청하셔야 해요. 우리는 오직 하느님 가운데에서만 평화와 위로와 구원과 사랑을 찾아내니까요." 그녀는 이렇게 말하고 하늘을 우러러보며 기도하기 시작했다. 까레닌은 그녀의 침묵을 그렇게 해석했다.

이제 까레닌은 그녀의 말을 귀 기울여 듣게 되었다. 그러자 예전에는 불쾌할 정도는 아닐지언정 불필요하다고 생각되던 그러한 표현들이 지금은 몹시 자연스러운 위로가 되었다. 본디 까레닌은 이 새로운 열광적인 종파를 좋아하지 않았다. 그는 주로 정치적인 의미로 종교에 흥미를 느낄 따름인 신자였다. 그러므로 어떤 새로운 해석을 허용하는 새로운 교의는 곧 논쟁과 분석에 대해서 문을 열어 놓는 결과를 가져오기 때문에 기본적으로 그에게는 맞지 않았다. 따라서 이전에는 이 새로운 교의에 냉담하고 심지어 적대적인 태도를 보이고 있었다. 이 교의에 완전히 열중하는 리지야 이바노브나와는 아직 한 번도 다툰 적이 없지만, 그녀의 도전을 침묵으로 애써 피해 온 것이다. 그런데 지금 그는 처음으로 그녀의 말을 기꺼이 경청하고 마음속으로도 그것에 반박하지 않았다.

"나는 대단히, 대단히 당신에게 감사하고 있습니다. 도움에 대해서도, 말씀에 대해서도." 그녀가 기도를 끝냈을 때 그가 말했다.

백작부인은 다시 한 번 자기 벗의 두 손을 쥐었다.

"그럼 지금 곧 일을 시작하겠어요." 그녀는 한동안 잠자코 있다가 얼굴에서 눈물 자국을 닦으면서 미소를 띠고 말했다. "세료쥐아한테 가겠어요. 어찌할 수 없는 경우에만 당신에게 상의할게요." 그리고 그녀는 일어서서 나갔다.

백작부인은 세료쥐아의 방으로 갔다. 그리고 거기에서 깜짝 놀란 아이의 뺨을 자신의 눈물로 흠뻑 적시면서, 그에게 그의 아버지는 훌륭한 사람이고 어머니는 죽었다는 것을 들려주었다.

리지야 백작부인은 자기 약속을 지켰다. 그녀는 정말로 까레닌네 가사 정리와 온갖 지시, 모든 잡일을 한몸에 넘겨받았다. 그러나 그녀가 실제 일에 있어서는 그다지 도움이 되지 않는다고 말했던 것은 결코 과장이 아니었다. 그녀의 지시는 무엇 하나 실행 불가능이었으므로 변경되어야만 했다. 그리고 그러한 것들은 까레닌의 하인인 꼬르네이를 통해서 착착 바뀌었다. 꼬르네이는 지금 누구에게도 눈에 띄지 않게 까레닌가 모든 일을 처리하고 있었고, 주인이 옷을 갈아입을 때 조심스럽게 필요한 것을 알렸다. 그러나 리지야의 조력은 역시 대단히 효과가 있었다. 그녀는 까레닌에 대한 자기의 사랑과 존경을 의식케하고 그를 거의 기독교로 끌어들여 그에게 정신적 지주를 안겼다(이것은 생각만으로도 그녀에게 얼마나 위안이 되었는지 모른다). 즉 그녀는 그를 냉담하고 나태한 신자에서 최근 뻬쩨르부르그에 퍼져 있는 기독교 교의의 새로운 해석에 대해 열렬하고 견실한 신봉자로 전향케 한 것이다. 까레닌이 이 새로운 해석을 믿기는 쉬웠다. 리지야 백작부인이나 견해를 같이하는 다른 사람들과 마찬가지로 까레닌에게도 깊은 상상력이 머릿속에 떠오른 관념에 실제적인 존재감을 부여하여, 다른 관념이나 현실과의 일치를 요구하는 그런 정신적인 능력이 전혀 없었기 때문이다. 그는 신앙을 갖지 않은 자에게 존재하는 죽음이 자기에게는 존재하지 않는다는 것, 신앙의 정도를 판단하는 것은 자기 자신이며 그 판단에 따르면 자기는 완전한 신앙이 있으므로 자기 정신에는 벌써 죄라는 것이 있을 수 없다는 것, 따라서 자기는 이미 이 지상에서 완전한 구원을 경험하고 있다는 사고에 있어서도 무엇 하나 불가능하고 불합리한 점을 찾을 수 없었던 것이다.

물론 까레닌도 신앙에 대한 자기의 이런 관념이 천박하고 잘못된 것임은 어렴풋이나마 느끼고 있었다. 그리고 자기의 관용이 하느님의 작용이라느니 하는 것은 조금도 생각하지 않고 그 직접적인 감정에 몸을 맡겼던 때가, 지금처럼 끊임없이 자기 정신에 그리스도가 도사리고 있다고 생각하고, 서류에 서명할 때도 그의 의지를 느낀다고 생각할 때보다 훨씬 행복했음을 알고 있었다. 하지만 그에게는 그렇게 생각하는 일이 필요했다. 이런 굴욕적인 처지에 있는 그에게 설사 그것이 가공의 산물이라고 할지라도 어쨌든 모든 사람에게서 멸시를 당하는 자기가 거꾸로 높은 경지에 올라 다른 사람을 멸시하는 일이 꼭 필요했다. 그래서 그는 이 가공의 구원이 진정한 구원인 양 매달렸던 것이다.

23

리지야 이바노브나는 아직 젊디젊고 다감했던 소녀시절에 어느 명문의 부유하고 마음씨 좋은, 그러나 지극히 방탕하고 활발한 사내와 결혼했다. 두 달도 되지 않아 남편은 그녀에게 싫증을 냈다. 그녀의 열렬한 사랑의 맹세에도 싸늘한 비웃음으로 응수하고, 나아가 적의까지 보이게 되었다. 백작의 선량한 마음씨를 알고 열정적인 리지야에게서 아무런 결점도 찾아내지 못한 주변 사람들은 그러한 적의를 도무지 이해할 수 없었다. 그때부터 그들은 비록 이혼은 하지 않았지만 따로따로 살았다. 그리고 남편은 아내와 만날 때에는 언제나 예외 없이 이유를 알 수 없는 그 독살스러운 비웃음으로 그녀를 대했다.

백작부인은 벌써 오래전에 남편을 사랑하는 것을 그만두었다. 그러나 그 이래 누군가를 사랑하기를 절대 그치지 않았다. 한 번에 몇 사람을 동시에 사랑하기도 했으며, 남자든 여자든 상관없었다. 그녀는 무엇인가 특히 뛰어난 데가 있는 사람이라면 거의 아무나 사랑했다. 그녀는 황족과 결혼하여 새로이 공녀(公女)나 공자(公子)가 된 사람들을 사랑했고, 대사교(大司敎), 주교(主敎), 사제를 사랑했다. 또 잡지 기자, 세 사람의 국수주의자, 꼬미사로프, 어떤 대신, 의사, 영국인 선교사, 그리고 까레닌에게 사랑을 느꼈다. 이러한 모든 사랑은 때로는 약해지고 때로는 강해지면서 그녀가 궁정과 사교계에서 지극히 넓고 복잡한 관계를 계속해 나가는 것을 방해하지 않고 계속 되었다. 그러나 까레닌에게 불행이 닥치어 그를 자기의 특별한 보호 아래 두게 되고, 그의 집안일까지 관여하며 그의 행복에 마음을 쏟기 시작하면서부터, 그녀는 지금 까레닌 한 사람에게 쏟는 사랑 이외의 다른 모든 사랑은 진실한 것이 아니라고 느꼈다. 그녀가 지금 그에 대해서 느끼는 감정은 이전의 어떤 감정보다도 더 강한 것처럼 여겨졌다. 그녀는 자신의 감정을 분석하고 그것을 이전의 것과 비교하면서 다음과 같은 사실을 뚜렷이 알게 되었다. 만일 꼬미사로프가 황제의 생명을 구하지 않았다면 자기는 그에게 반하지 않았을 것이다. 만약 슬라브 문제가 없었다면 자기는 리스찌끄 꾸드쥐스끼를 사랑하지 않았을 것이다. 그러나 자기가 까레닌에게 반한 것은 그 사람 자체의 매력 때문이었다. 그의 고매하고 깊이를 알 수 없는 불가해한 영혼, 귓가에 부드럽게 울리는 가느다란 목소리의 느릿한 가락, 그의 지친 듯한 눈동자, 남다른 기풍이 있어 보이는 골격, 핏줄이 부풀어 오른 부드러운 하얀 손 때문에 사랑하는 것이다. 그녀는 그와 만나면 기뻐했을 뿐만 아니라 자신이 그에게 준 인상의 증거를 그의 얼굴에서 찾게 되었다. 요즘 그녀는 자신의 말로만이 아니고 온몸으로 그의 마음에 들고 싶었다. 그를 위해서 전에 없이 공들여 화장하기 시작했다. 만약 자기가 남의 아내가 아니고 그도 자유로운 몸이라면 어떨까 하는 공상에 빠진 적도 한두 번이 아니었다. 그가 방으로 들어오면 그녀는 마음의 동요 때문에 홍당무가 되었고, 그에게서 상냥한 말을 들으면 환희의 미소를 금할 수 없었다.

벌써 며칠째 리지야 이바노브나 백작부인은 몹시 마음을 졸이며 지내고 있었다. 안나와 브론스끼가 뻬쩨르부르그에 와 있다는 것을 알게 되었기 때문이다. 그녀는 어떻게 해서든지 까레닌이 그 여자와 만나지 못하도록 해야만 했다. 아니, 그뿐만 아니라 그 무서운 여자가 그와 같은 도시에 있다는 사실, 그가 언제 그녀와 마주칠지 모른다는 무시무시한 정보 자체로부터 그를 지켜야만 했다.

리지야 이바노브나는 몇몇 친지를 통해서 이 밉살스러운 사람들—그녀는 안나와 브론스끼를 이렇게 불렀다—이 무엇을 하려는지 알아냈다. 그리고 이 며칠 동안 자기 벗 까레닌이 그들과 만나는 일이 없도록 그 일거일동을 관리하는데 마음을 쏟았다. 브론스끼의 친구인 한 부관—그녀는 이 사내를 통해 보고를 받았고, 이 사내는 백작부인을 통해 어떤 이권을 얻으려 하고 있었다—이 그녀에게, 그들은 이제 일을 다 보았으므로 내일 떠나려고 한다는 것을 알렸다. 리지야 이바노브나는 겨우 안도의 한숨을 쉬었다. 그런데 이튿날 아침 그녀는 편지 한 통을 받아들고 낯익은 필적에 깜짝 놀랐다. 그것은 안나의 필적이었다. 봉투는 나무껍질처럼 두꺼운 종이로 되어 있었고 노란 직사각형의 종이 위에는 이름의 약자가 크게 씌어 있었다. 편지에서는 좋은 향기가 코를 찔렀다.

"누가 가져왔지?"

"호텔 심부름꾼입니다."

백작부인은 그 편지를 읽기까지 오랫동안 앉을 수가 없었다. 흥분한 나머지 지병인 천식발작을 일으켰던 것이다. 발작이 겨우 가라앉자 다음과 같은 프랑스어 편지를 읽었다.

백작부인 님,

당신의 마음을 채우고 있는 기독교인의 자비에 기대어, 실례를 무릅쓰고 이렇게 한 말씀 올리고자 합니다. 저는 아들과 헤어져 몹시 슬퍼하며 탄식하고 있습니다. 정말 간절히 바랍니다. 떠나기 전에 한 번만 그 애를 만나게 해 주십시오. 주제도 모르고 간절히 바라는 죄를 아무쪼록 용서해 주십시오. 굳이 남편이 아닌 당신에게 매달리는 것은, 그 관대한 분께 저 같은 것의 기억을 되살려 괴롭히고 싶지 않기 때문입니다. 그분에 대한 당신의 두터운 우정을 잘 알고 있으므로 저의 마음도 살펴 주시리라고 믿습니다.

세료쥐아를 저에게 보내 주시겠습니까, 지정된 시각에 제가 그리로 가는 것이 좋겠습니까, 아니면 집 이외의 장소를 언제 어디에서 만날지 지정해 주시겠습니까? 저는 당신의 관대한 마음을 잘 알고 있으므로 이 청이 반드시 이루어지리라고 믿습니다. 아들을 보고 싶어하는 제 마음이 얼마나 절실한지 상상도 못하시겠지만, 당신의 도움이 제 마음에 얼마만큼 감명을 불러일으킬지도 아마 짐작하지 못하시리라고 생각합니다.

안나 이 편지는 리지야 이바노브나를 발끈하게 했다. 내용도, 이쪽의 관대함에 대한 암시도, 특히 묘하게 거리낌 없어 보이는 말투도 모두.

"회답은 없다고 전해 줘." 리지야 이바노브나가 말했다. 그리고 곧 종이끼우개를 열고, 까레닌에게 궁정에서의 축하회 석상에서 1시에 뵙고 싶다고 써 보냈다.

'어떤 중대하고 슬픈 일에 대해서 당신하고 상의해야겠어요. 장소는 뵙고 나서 정하기로 해요. 될 수 있으면 당신에게 언제나 드시는 차를 대접할 수 있는 제 집에서 뵙는 게 가장 좋습니다만, 꼭 와 주세요. 하느님께서는 십자가를 주시지만 또 힘도 주십니다.' 그녀는 다소라도 그에게 마음의 준비를 하도록 하려고 이렇게 덧붙였다.

백작부인은 까레닌에게 대개 하루에 편지 두세 통을 쓰고 있었다. 그녀는 실제로 만나서 이야기할 때에는 볼 수 없는 우아함과 신비함을 지닌 편지라는 수단이 무척 마음에 들었던 것이다.

24

축하회가 끝나가고 있었다. 떠나려는 사람들은 서로 마주칠 때마다 오늘의 새로운 사건, 새로 내려진 포상, 고관들의 지위 이동에 대한 이야기꽃을 피우고 있었다.

"차라리 마리야 보리소브나 백작부인이 육군대신을 맡고 바뜨꼬프스까야 공작부인이 참모총장이라면 어떨까요." 금몰로 꾸며진 제복을 입은 백발의 노인이, 이번 인사이동에 대해서 묻는 훤칠한 키의 아름다운 여관(女官)에게 이렇게 말했다.

"그럼 나는 결국 부관이군요." 여관은 미소를 띠고 대답했다.

"당신 자리는 벌써 정해져 있죠. 당신은 종교 대신이에요. 그리고 당신의 보좌역으로는 까레닌이 좋겠죠."

"안녕하세요, 공작!" 노인은 옆으로 가까이 온 남자 손을 쥐면서 말했다.

"까레닌에 관한 말씀을 하고 계셨습니까?" 공작이 말했다.

"그 사람과 뿌쨔또프가 이번에 알렉산드르 네프스끼 훈장을 받았어요."

"그 사람은 벌써 옛날에 받은 줄 알고 있었는데."

"아녜요. 저것 좀 보아요." 노인은 예복에 새로 받은 붉은 수장(綬章)을 어깨에 걸치고 제국 의회의 유력한 의원 한 사람과 문 쪽에서 서서 이야기하는 까레닌을 금실로 수놓은 모자로 가리키면서 말했다. "번쩍번쩍하는 동전 같은 얼굴로 만족과 행복에 어찌할 바를 모르고 있지 않습니까." 그는 운동선수처럼 골격이 훌륭한 호남인 시종과 악수하려고 멈추면서 이렇게 덧붙였다.

"그런데, 저 사람도 늙었군요." 시종이 말했다.

"힘을 너무 주고 있어요. 요즘은 온갖 법안을 세우고 있어요. 지금도 저렇게 조목조목 설명을 끝내기 전에는 저 불쌍한 상대를 놓아 주지 않을 겁니다."

"늙었다고요? 늙기는커녕 지금 한창때가 아닙니까 보아하니 리지야 이바노브나 백작부인이 저 사람 부인을 질투하는 모양이에요."

"어머나, 그런! 리지야 부인에 대해 제발 나쁘게 말씀하시지 마세요."

"그럼, 그분이 까레닌에게 반했다고 해서, 그것이 나쁘단 말이에요?"

"그런데 까레닌 부인이 여기 와 있다는 게 정말인가요?"

"네, 여기 궁정에 와 있다는 것은 아니지만 말씀이에요. 뻬쩨르부르그에 와 있는 것은 사실입니다. 난 어제 모르스까야 거리에서 알렉세이 브론스끼와 '팔짱을 끼고' 걷는 그녀를 만났죠."

"그분에게 없는 건……." 시종이 막 말을 하려다가 입을 다물고 지나가는 황족 부인에게 길을 비켜 주며 절을 했다.

이처럼 사람들이 끊임없이 까레닌 이야기를 하며 그를 깎아내리고 비웃는 동안 그는, 도중에 붙든 국회의원을 가로막고 도망치지 못하도록 잠시도 말을 끊지 않고 조목조목 자기 재정 계획을 설명하고 있었다.

아내가 떠난 것과 거의 동시에 까레닌에게 관계(官界)에 있는 사람으로서는 가장 괴로운 사건이 일어났다. 승진이 멈춰버린 것이다. 이 정지는 이제 확정된 사실로, 모든 사람이 분명히 그것을 알고 있었다. 그러나 까레닌 자신은 아직 자기 출세가 끝났다고는 자각하지 못했다. 스뜨레모프와의 충돌 때문인지, 아내와의 불화 때문인지, 그렇잖으면 그저 그가 이미 정해진 극한까지 다다랐기 때문인지는 확실치 않지만, 어쨌거나 올해 들어서 모두의 눈에 그의 출세가도가 끝났음이 뚜렷해졌다. 그는 아직 요직을 차지하고 있었고 온갖 위원회며 의회의 일원이었다. 그러나 그는 이제 모든 힘을 다 써버린 쭉정이므로 세상은 그에게서 이제 아무것도 기대하지 않았다. 그가 무슨 말을 하건, 무엇을 제의하건 사람들은 그의 제의를 벌써 오래전부터 주지하고 있던 쓸데없는 것이라며 한쪽 귀로 흘려버렸다.

그러나 까레닌은 그것을 느끼지 못했다. 오히려 정부 활동에 직접 관계를 하지 않게 되자 이전보다도 더한층 뚜렷이 남들의 활동에서 결점과 오류가 더 눈에 띄었고, 그러한 것들을 고칠 방법을 가르쳐 주는 것이 자기 의무라고 여기게 되었다. 아내와 헤어지고 나서 곧 그는 앞으로 계속해서 쓸 예정인 행정의 모든 부문에 걸친 누구에게도 불필요한 무수한 법안 중 하나인 새로운 재판 절차에 관한 제1부 기초에 착수했다.

까레닌은 관직 세계에서 자기 지위가 절망적이라는 것을 알아채지도 못했고 또 그것을 슬퍼하지도 않았을 뿐 아니라, 과거 어느 때보다도 자신의 활동에 만족하고 있었다.

'아내가 있는 자는 아내를 기쁘게 하려고 세상일에 노심하고, 아내가 없는 자는 주님을 기쁘게 하려고 주의 나라에 대해서 노심한다' 라고 사도 바울은 말했다. 지금은 모든 일에서 성서의 인도를 받는 까레닌은 자주 이 구절을 떠올렸다. 아내가 떠나고 혼자 남은 뒤로는, 이러한 법안을 통해 이전보다 더 많이 하느님에게 봉사하고 있다는 느낌이 들었다. 도망가고 싶어서 안절부절못하는 의원의 태도도 까레닌은 전혀 개의치 않았다. 그는 상대가 황족이 지나가는 틈을 타서 슬쩍 몸을 빼고 도망쳤을 때에야 겨우 설명을 그쳤다.

혼자 남은 까레닌은 생각을 가다듬기 위해 고개를 숙였고 멍하니 주위를 둘러보다 문 쪽으로 걸어갔다. 거기서 리지야 이바노브나 백작부인을 만나리라 생각했다.

'아아, 모두 정말 몸 하나는 씩씩하고 건장하군.' 그는 좋은 냄새가 나는 구레나룻을 곱게 빗은 시종과 말쑥한 군복 차림을 한 공작의 불그스름한 목덜미를 쳐다보면서 문득 생각했다. 그들은 지나가는 길옆에 서 있었다. '세상 모든 것은 사악하다는 말이 옳다.' 그는 시종의 장딴지를 다시 한 번 곁눈질하면서 생각했다.

천천히 걸음을 옮기면서 까레닌은 그 지친 듯한 엄숙한 태도로 자기 이야기를 수군거리는 신사들에게 인사를 했다. 그리고 문 쪽을 보면서 리지야 이바노브나를 찾았다.

"아아! 까레닌!" 노인은 그 옆을 지나가면서 쌀쌀한 태도로 머리를 숙인 까레닌에게 심술궂게 눈을 반짝거리면서 말을 걸었다. "아직 당신에게 축하 인사를 드리지 못했군요." 노인은 그가 새로 받은 수장을 가리키면서 말했다.

"감사합니다." 까레닌이 대답했다. "오늘은 참 좋은 날이에요." 그는 평소 습관대로 '좋은'이란 말에 특히 힘을 주며 덧붙였다.

그들이 자기를 비웃는 것은 그도 알고 있었다. 그러나 그는 그들에게 적의 이외 아무것도 기대하지 않았다. 벌써 그것에는 길들어 있었다.

때마침 문으로 들어온 리지야 이바노브나 백작부인의 코르셋 위로 올라온 노란 어깨와 자기를 부르는 아름답고 생각에 잠긴 듯한 눈이 보이자 까레닌은 깨끗하고 하얀 이를 드러내며 미소를 짓고는 그쪽으로 걸어갔다.

요즘 들어 늘 그랬던 것처럼 오늘도 부인은 화장에 엄청난 공을 들였다. 현재 그녀의 화장 목적은 30년 전에 추구했던 목적과 전혀 상반된 것이었다. 그무렵 그녀는 그저 어떻게든 자신을 치장할 것만을 생각했고 또 그럴수록 돋보였다. 그러나 지금은 무리하게 자기의 나이나 모습에 어울리지 않는 치장을 해야만 했기 때문에, 그러한 몸치장과 자기 외모의 대조가 너무나 심하지나 않을까 오직 그것만을 걱정했다. 까레닌에 대해서는 부인의 목적은 성공적이었다. 그에게는 그녀가 매혹적으로 여겨졌다. 그녀는 그를 둘러싼 적의와 비웃음의 바다 한가운데에서 유일하게 의지할 수 있는 친절한 마음과 사랑이 깃든 섬이었던 것이다.

조롱하는 시선의 행군 대열 속을 지나가면서 그는 식물이 햇빛 쪽으로 향하는 것처럼 저절로 그녀의 사랑에 찬 눈동자 쪽으로 끌려갔다.

"축하합니다." 그녀는 눈으로 수장을 가리키면서 말했다. 그는 만족의 미소를 억누르면서, 이런 것으로 자기를 기쁘게 하기에는 모자라다는 듯 두 눈을 감고 어깨를 으쓱했다. 리지야 이바노브나 백작부인은 설혹 그가 아무리 그것을 인정하지 않더라도 그것이 그의 커다란 기쁨 중 하나라는 것을 잘 알고 있었다.

"우리 천사는 어떻죠?" 백작부인은 세료쥐아를 의미하면서 이렇게 물었다.

"아주 만족스럽다고는 말할 수 없군요." 까레닌은 눈썹을 추켜세우고 눈을 뜨면서 말했다.

"시뜨니꼬프도 그 애가 불만인 모양입니다(시뜨니꼬프는 세료쥐아의 신학 이외 교육을 맡은 교사였다). 전에도 말씀드렸지만 어쩐지 그 아이에게는 어른이든 아이든 모든 사람의 마음을 감동시킬 그런 중요한 문제에 대해서 어딘지 모르게 냉담한 데가 있어요." 까레닌은 공무 이외에 유일하게 흥미가 있는 아들 교육 문제에 대해서 자기 의견을 늘어놓기 시작했다.

리지야 이바노브나의 도움으로 다시 생활과 업무에 복귀했을 때 까레닌은 자기 손에 떨어진 아들의 교육에 전념하는 것을 자신의 의무라고 느꼈다. 여태까지 한 번도 교육 문제에 관계한 적이 없었던 그는 이 문제의 이론적 연구에 우선 한동안 시간을 할애했다. 인류학이며 교육학, 교수법 서적을 몇 권 독파하고서 그는 직접 교육 계획을 세웠고 뻬쩨르부르그 최고 교사를 초빙하여 실천에 착수했다. 이후 그는 끊임없이 이 일에 관심을 기울였다.

"그래요, 그렇지만, 마음은 어떤가요? 나는 그 아이에게 아버지와 똑같은 마음이 들어 있다고 보아요. 그런 마음을 지닌 아이가 절대 나빠질 리는 없어요." 리지야 이바노브나가 기쁜 듯이 말했다.

"그래요, 그럴지도 모르죠…… 그러나 아무튼 나로서는 내 의무를 다하고 있다고 생각합니다. 그 이상은 어떻게 할 수 없는 노릇이니까요."

"그나저나 제 집에 와 주시겠어요?" 백작부인은 잠시 틈을 두고 말했다. "당신에게는 좀 슬프겠지만 상의할 게 있어요. 정말이지, 어떤 과거에서 당신을 구하기 위해서라면 저는 어떤 희생도 무릅쓰겠어요. 하지만 세상에는 그렇게 여기지 않는 사람도 있으니 말이에요. 저는 그녀에게서 편지를 받았어요. 그녀가 여기, 뻬쩨르부르그에 와 있어요."

까레닌은 아내에 대한 이야기가 나오자 부르르 몸을 떨었다. 곧 그의 얼굴에는 이 문제에 대해서 완전히 자신이 없음을 나타내는 예의 죽음과 같은 움직임을 멈춘 표정이 굳어졌다.

"그것은 나도 각오하고 있었습니다." 그가 말했다.

백작부인은 감동한 표정으로 그를 찬찬히 바라보았다. 그러자 그녀 눈에서 그의 영혼의 위대함에 대한 기쁨의 눈물이 샘솟아 올랐다.

25

까레닌이 옛날 도자기들이 놓여 있고 초상화가 잔뜩 걸려 있는 리지야 이바노브나 백작부인의 조그마하고 편안한 서재로 들어갔을 때, 여주인은 아직 거기에 없었다. 그녀는 옷을 갈아입는 중이었다.

둥근 탁자에는 테이블보가 씌워져 있고 그 위에 중국 도자기로 된 찻그릇 한 벌과 알코올램프와 은제 주전자가 놓여 있었다. 까레닌은 서재를 꾸미는 무수한 낯익은 사람들의 초상을 멍하니 둘러보고 탁자 옆에 앉아서 그 위에 놓여 있던 복음서를 폈다. 백작부인의 비단옷 스치는 소리에 그는 퍼뜩 정신이 들었다.

"자, 이제야 마음 놓고 앉아 있겠군요." 백작부인은 들뜬 듯한 미소를 띠고 탁자와 소파 사이를 총총걸음으로 빠져나오면서 말했다. "차를 마시면서 천천히 이야기해요."

마음의 준비를 시키기 위해 두서너 마디 늘어놓고 나서 백작부인은 무거운 한숨을 쉬고 얼굴을 붉히며 자기가 받았던 편지를 까레닌 손에 건넸다.

편지를 다 읽자 그는 오랫동안 잠자코 있었다.

"내가 그녀에게 거절할 권리가 있다곤 생각하지 않아요." 그는 눈을 들고 조심스럽게 말했다.

"아아, 당신은! 당신은 그 어떤 사람도 나쁘게 보지 않으시는군요!"

"아니, 천만의 말씀, 난 세상 모든 것은 전부 다 사악하다고 여기고 있습니다. 그러나 그것이 정당한가 하면, 글쎄요……."

그의 얼굴에는 망설임과 어찌해야 좋을지 알 수 없는 이 문제에 대해서 충고와 조력과 지침을 구하는 듯한 빛이 나타났다.

"아녜요." 백작부인이 그의 말을 앞질렀다. "무슨 일에건 한도가 있어요. 그야

나도 불의(不義)만이라면 이해하겠어요."

그러나 그녀는 무엇이 여자를 불의로 이끄는지 한 번도 이해한 적이 없었으므로 약간 진지하지 않은 투로 말했다. "그렇지만 이 잔인함은 모르겠어요! 그것도 다름 아닌 당신에게 이런 잔혹한 짓을 하다니! 무엇보다 어떻게 당신이 계시는 이 도시에 태연하게 머무를 수가 있답니까? 아니, 사람은 일생이 배움의 연속이라죠. 나도 이것으로 당신 마음의 숭고함과 그녀의 저열함을 잘 배웠어요."

"그래도 돌을 던질 수 있는 사람이 과연 있을까요?" 까레닌은 자기 역할에 분명히 만족하면서 말했다. "난 모든 것을 용서했습니다. 따라서 난 아내의 사랑이, 아들에 대한 사랑이 요구하는 것을 빼앗아 버릴 수는 없습니다."

"하지만 이것이 사랑일까요, 네? 이것이 참된 사랑일까요? 설사 당신은 용서하셨다고 해도 말씀이에요······ 우리가 그 천사의 마음을 뒤흔들어 놓을 권리가 있을까요? 그 애는 어머니가 죽었다고 알고 있습니다. 그 애는······ 그녀를 위해서 하느님께 기도하고 그녀 죄의 용서를 구하고 있습니다. 그러니····· 가만히 내버려 두는 게 좋을 거예요. 만일 서투른 짓을 한다면 그 애가 무슨 생각을 하게 될지······."

"거기까지는 생각하지 못했습니다." 까레닌은 분명히 동의하면서 말했다.

백작부인은 두 손으로 얼굴을 가리고 한동안 잠자코 있었다. 그녀는 기도하는 것이었다.

"만일 내 의견을 물으신다면." 그녀는 기도가 끝나자 얼굴에서 손을 떼고 말했다. "나는 그렇게 하시라고는 권할 수 없어요. 정말 내가 당신께서 괴로워하고 계신 것을, 이 일이 당신의 상처를 다시 헤집어 놓은 것을 모르는 줄 아세요? 아니, 가령 당신께서 언제나처럼 자기에 대해서는 잊고 계신다고 해도 말씀이에요. 도대체 그것이 무슨 이익이 될 수 있을까요? 그것은 당신에게는 새로운 괴로움을, 아드님에게도 마음의 고통을 줄 뿐이지 않아요? 만일 그녀에게 얼마쯤이라도 인간다운 데가 남아 있다면 자기 스스로 이런 것을 바라서는 안 되는 거예요. 그래요, 난 조금도 망설이지 않고 그것에 반대하겠어요. 그리고 만일 당신께서 허락하신다면 내가 그녀에게 편지를 쓰겠어요."

까레닌도 그것에 동의했다. 그래서 백작부인은 프랑스어로 다음과 같은 편지를 썼다.

삼가 드립니다.

당신에 대한 회상은, 어린아이 마음에 어디까지나 신성해야 할 것에 대한 비난을 심지 않고는 도저히 대답할 수 없는 의문으로 당신의 아드님을 이끌게 될지도 모릅니다. 따라서 당신의 주인어른이 거절하시는 것은 기독교 사랑의 정신에서 비롯된 것으로 양해하시기 바랍니다. 전능하신 하느님의 자비가 당신과 함께 있길 빌면서.

백작부인 리지야

이 편지는 리지야 이바노브나 백작부인이 자기 자신에게도 숨기고 있던 비밀스러운 목적을 이루었다. 이 편지는 마음속 깊은 곳까지 안나를 모욕한 것이다.

까레닌은 이날 리지야 이바노브나의 집에서 돌아와서도 평소와 달리 자기 일에 열중할 수도, 거기에서 전부터 느끼고 있던 것과 같은 구원과 신앙을 얻은 사람의 정신적인 안정을 찾아낼 수도 없었다.

그에게 그토록 많은 죄를 지은 아내에게, 그는 백작부인의 정당한 비평처럼 성자답게 대했으므로, 아내에 대한 회상이 그의 마음을 어지럽게 할 턱이 없었다. 그러나 그는 차분한 마음으로 있을 수 없었다. 책을 읽어도 머리에 들어오지 않았고, 그녀에게 취한 자기 태도와 그녀에게 행한 온갖 잘못(지금에 와서는 그렇게 여겨지는)에 대한 기억을 쫓아낼 수도 없었다. 경마에서 돌아오는 길에 그녀가 한 부정의 고백을 자기가 어떻게 받아들였던가를 떠올리면(특히 자기가 표면적인 체면만을 그녀에게 요구하고 불륜상대에게 결투를 신청하지 않았던 것) 회한이 그의 마음을 짓눌렀다. 그가 그녀에게 썼던 편지에 대한 회상도 그를 괴롭혔다. 그중에서도 아무에게도 필요하지 않았던 자신의 용서며 남의 자식을 걱정하며 보살폈던 일이 부끄러움과 뉘우침으로 그의 심장을 불태웠다.

지금 그는 그녀와 함께 보냈던 과거를 모조리 뒤적거리면서, 한때 오랜 망설임 끝에 그녀에게 청혼했을 때 서툴렀던 자기의 말을 생각해 내면서 이와 아주 똑같은 부끄러움과 뉘우침을 떠올렸다.

'그러나 도대체 내게 무슨 죄가 있단 말인가?' 그는 스스로 물었다. 그리고 이 물음은 언제나 그에게 다른 물음, 도대체 다른 사람들, 그 브론스끼나 오블론스끼…… 그리고 그 통통한 장딴지를 가진 시종과 같은 사람들은 나와 느끼는 것이 다를까, 사랑하는 방법이 다른 것일까, 결혼하는 방법이 다른 것일까, 하는 물음을 불러일으켰다. 그러자 그의 앞에 늘 여기저기에서 무의식중에 그의 호기심을 끌었던 그러한 혈기왕성하고 굳센, 자신감에 넘치는 사람들이 줄지어 나타났다. 그는 이러한 생각을 자기 머릿속에서 내쫓기 위해 자신은 이 세상의 일시적인 삶을 위해서가 아니라 영원한 삶을 위해서 사는 것이다, 자기 마음속에는 평화와 사랑이 있다는 것을 자신에게 이해시키려고 애썼다. 그러나 자신이 이 일시적인 생활 속에서 저질렀다고 생각되는 두서너 가지 하찮은 잘못이, 그가 믿는 영원한 구원이란 실제로는 없다고 말하는 것처럼 그를 괴롭혔다. 하지만 이러한 시련은 오래 계속되지 않았다. 이내 그의 마음에는 다시 평온하고 숭고한 감정이 되살아나 그 덕택으로 그는 생각해 내고 싶지 않은 것을 깨끗이 잊어버릴 수 있었다.

26

"그래 어땠지, 가삐또느이치?" 자기 생일 전날 산책에서 발갛게 상기된 볼로신이 나서 돌아온 세료쥐아는 조그만 자기를 내려다보고 싱글벙글하는 키가 크고 나이 든 문지기에게 말했다. "그 붕대를 맨 관리는 오늘 왔었어? 아버님은 만나셨어?"

"만나셨습니다. 마침 서기장님이 막 돌아가셨을 때라 안내를 드렸습죠." 문지기가 유쾌하게 눈짓을 하면서 말했다. "자, 벗겨 드리죠."

"세료쥐아!" 가정교사가 안쪽 방으로 통하는 문에서 발을 멈추고 말했다. "혼자 벗으세요."

그러나 세료쥐아는 교사의 가냘픈 목소리를 들었으면서도 그것에는 주의를 돌리지 않았다. 그는 한쪽 손으로 문지기의 허리띠를 붙들고 서서 그의 얼굴을 바라보고 있었다.

"그래서 뭐야, 아버님은 그 사람의 말을 들어주셨어?"

문지기는 그렇다는 듯이 고개를 끄덕여 보였다.

벌써 일곱 차례나 까레닌에게 무엇인가를 청원하러 온 붕대를 맨 관리는 세료쥐아와 문지기에게도 흥밋거리였다. 세료쥐아는 현관에서 한 번 그 사람이 애원하는 목소리로 자기도 아이들도 다 죽게 되었다고 절박하게 말하면서 문지기에게 좀 만나게 해 달라고 간청하는 것을 들은 적이 있었다.

그 뒤 세료쥐아는 현관에서 마주치는 그에게 흥미를 느끼게 됐던 것이다.

"그래서, 그 사람은 아주 기뻐했어?" 세료쥐아가 물었다.

"어떻게 기뻐하지 않겠어요! 거의 날아갈 듯한 발걸음으로 돌아갔는걸요."

"그런데 뭐 온 건 있어?" 세료쥐아는 잠시 잠자코 있다가 물었다.

"네, 도련님." 문지기가 고개를 끄덕이면서 나지막한 목소리로 말했다. "백작 마님에게서 무엇인가 와 있습니다."

세료쥐아는 문지기가 말하는 것이 리지야 이바노브나 백작부인에게서 온 자기 생일 선물임을 이내 알아차렸다.

"정말? 어디에?"

"꼬르네이가 아버님에게 가져갔습니다. 틀림없이 좋은 것일 거예요."

"얼마나 커? 이만해?"

"더 작긴 하지만 좋은 것일 거예요."

"책일까?"

"아녜요. 조그마한 뭉치예요. 자, 이제 그만 가 보세요. 바실리 루끼치가 부르고 계십니다." 문지기는 다가오는 교사의 발소리를 듣고, 자기 허리띠를 붙드는 장갑이 반쯤 벗겨진 고사리 같은 손을 살며시 떼어 놓으면서 윙크를 하고 루끼치 쪽으로 끄덕 고갯짓하며 말했다.

"선생님, 지금 곧 가겠어요." 세료쥐아는 성실한 바실리 루끼치마저 언제나 압도되고 마는 쾌활하고 사랑스러운 미소를 띠고 말했다.

세료쥐아는 너무나 즐거웠다. 모든 것이 너무나 행복했다. 그래서 그는 레드 니사르드*3를 산책하면서 리지야 이바노브나의 조카딸에게서 들은 집안의 기쁨을 자기 친구인 문지기와 나누지 않을 수 없었다. 이 기쁨은 그 붕대를 맨 관리의 기쁨과 장난감을 받았다는 자기의 기쁨과 한데 합쳐져서 특히 중대한 것처럼 여겨졌다. 세료쥐아에게는 오늘이 누구나 다 유쾌하고 즐겁게 지내야 할 그런 날인 것처럼 여겨졌다.

"할아범 알아? 아버지가 말이야, 알렉산드르 네프스끼 훈장을 받으셨어."

"모를 리가 있겠어요! 벌써 모두 축하하러 오셨는걸요."

---

*3 공원 이름. 여름의 뜰이란 뜻.

"어때, 아버지께선 기뻐하고 계셔?"

"폐하의 두터운 은총을 어떻게 기뻐하시지 않을 수 있겠어요! 말하자면 당신께서 훌륭한 일을 하신 증거인걸요." 문지기가 엄숙하게 정색을 하고 말했다.

세료쥐아는 지극히 상세한 점까지 빠짐없이 아는 문지기 얼굴에서, 특히 그의 얼굴을 언제나 밑에서 올려다보는 세료쥐아 이외에는 본 사람이 없는 희끗희끗한 구레나룻 사이로 축 처져 있는 턱을 찬찬히 바라보면서 생각에 잠겼다.

"할아범 딸은 이제 집에 와 있나?" 문지기의 딸은 발레리나였다.

"평일에 어떻게 올 수 있겠어요? 그 애도 개인지도를 받아야 하니까 말씀이에요. 자, 도련님도 어서 공부하러 가셔야지요."

자기 방으로 들어가서도 세료쥐아는 공부를 시작하는 대신 자기에게 온 선물은 틀림없이 기차일 것이라는 추리를 교사에게 펼쳐보였다. "선생님은 어떻게 생각하세요?" 그가 물었다.

그러나 바실리 루끼치는 2시에 올 다른 교사의 수업에 대비해 문법 과목 예습을 해 두어야 한다는 생각뿐이었다.

"그럼 이것만 이야기해 줘요, 선생님." 세료쥐아는 이미 책상 앞에 앉아 손으로 책을 들면서 불쑥 이렇게 물었다. "알렉산드르 네프스끼 훈장보다 높은 훈장은 뭐예요? 선생님은 우리 아버지가 알렉산드르 네프스끼 훈장을 타셨다는 것을 알고 계시죠?"

바실리 루끼치는 알렉산드르 네프스끼보다 높은 훈장은 블라지미르 훈장이라고 대답했다.

"그 위는?"

"가장 높은 것은 안드레이 뻬르보즈반늬이 훈장입니다."

"그럼 안드레이보다 높은 것은?"

"모르겠는걸요."

"어째서 모르세요?" 세료쥐아는 두 손으로 턱을 괴고 생각에 잠겼다.

그의 생각은 굉장히 복잡하고 다양한 것이었다. 먼저 그는 아버지가 아예 블라지미르 훈장과 안드레이 훈장까지 다 타서 오늘 공부 때에 아버지가 훨씬 부드러워지는 것을 상상했다. 자기도 크면 모든 훈장을 타게 되리라는 것, 새로 만들어진 안드레이보다 높은 훈장까지 받게 되리라는 것을 생각했다. 막 만들어진 훈장을 자기가 받는다. 그 위의 훈장이 또 고안되면 그것도 자기가 곧바로 타버리는 것이다.

이러한 생각을 하는 사이에 시간이 다 지나갔으므로 교사가 왔을 때에는, 때와 장소와 동작을 나타내는 부사에 대한 복습도 되어 있지 않았다. 교사는 불만스럽게 여겼을 뿐만 아니라 울상이 되고 말았다. 교사의 이 비탄은 세료쥐아의 마음을 움직였다. 그는 배운 것을 외지 않았던 것을 자신의 죄라고는 생각하지 않았다. 아무리 노력해도 그는 그것을 다 할 수 없었던 것이다. 교사의 설명을 듣는 동안은 자기도 알 것 같았지만 혼자가 되자마자 그는 '갑자기' 와 같은 아주 간단하고 쉬운 말이 동작의 상황 부사라는 것을 생각해 내지도, 이해하지도 못하는 것이었다. 그러나 역시 자기가 교사를 슬프게 했다는 사실 은 유감스러웠으므로 그를 달래고 싶었다. 그는 교사가 잠자코 책을 보는 순 간을 노려 갑자기 물었다.

"선생님, 선생님 명명일(命名日)은 언제예요?" 그가 불쑥 물었다.

"그런 것보다 당신은 자기 공부나 하세요. 명명일 따위는 이성적인 사람에게 는 아무런 의미도 없습니다. 명명일에도 다른 날과 마찬가지로 일이나 공부를 해야 하니까요."

세료쥐아는 주의 깊게 교사 얼굴을, 그의 성긴 수염과 콧잔등에 낮게 내려 온 안경을 바라보고 있었다. 그리고 어느 틈에 교사의 말이 조금도 귀에 들어 오지 않을 정도로 생각에 잠겨 버렸다. 그는 교사가 마음에도 없는 말을 입 에 담고 있음을 알았다. 교사의 말투에서 그것을 느낀 것이다. '이 사람들은 무 엇 때문에 모두가 하나같이 똑같은 방법으로 똑같이 지루하고 쓸데없는 것만 이야기하는 것일까? 무엇 때문에 이 사람은 나를 멀리하려는 것일까? 어째서 나를 싫어하는 것일까?' 그는 서글프게 스스로에게 물었다. 그러나 그 답을 생 각해 낼 수는 없었다.

27

교사의 수업 다음은 아버지의 수업이었다. 아버지가 들어올 때까지 세료쥐 아는 책상 앞에 앉아 주머니칼을 만지작거리면서 또다시 생각에 잠겼다. 요즘 세료쥐아가 좋아하는 일 가운데 하나는 산책 때 어머니를 찾는 것이었다. 그 는 애당초 죽음이라는 것을 믿지 않았으며 더욱이 어머니의 죽음은, 백작부인이 죽었다고 이야기하고 아버지가 그것을 확인해 주었지만 조금도 믿지 않았다. 그래서 어머니가 죽었다는 말을 들은 뒤에도 그는 산책하러 나가면 항상 어머니를 찾았다. 풍만하고 우아하며 머리칼이 검은 부인은 모두 어머니처럼 보였다. 그런 여자만 보면 그의 마음에는 말할 수 없이 부드러운 감정이 복받쳐, 숨이 막히고 두 눈에 눈물이 글썽이는 것이었다. 당장에라도 어머니가 자기 옆으로 다가와서 베일을 들어 올릴 것 같았다. 그러면 그 얼굴이 완전히 드러나고, 어머니가 방그레 웃으며 자기를 끌어안아 주겠지. 그는 어머니 냄새를 맡고 부드러운 손을 잡고 너무 행복해서 훌쩍훌쩍 울기 시작할 것이다. 언젠가 한번 저녁에 어머니 발치에 누워 있다가 어머니가 간지럽게 하는 바람에 낄낄거리면서 반지가 여럿 끼워진 하얀 손을 물었던 그때처럼…… 나중에 유모로부터 우연히 어머니는 죽은 것이 아니며, 아버지와 백작부인이 그렇게 말한 것은 그녀가 나쁜 사람이기 때문이라는(그는 어머니를 사랑했으므로 도저히 그것을 믿을 수 없었다) 이야기를 듣고 나서도, 그는 여전히 어머니를 찾았고 만나기를 기대하고 있었다. 오늘도 그는 공원에서 엷은 보랏빛 베일을 쓴 어떤 부인을 보자 그 사람이 어머니가 아닐까 생각하며, 심장이 얼어붙는 기분으로 가슴을 죄면서 그 부인이 오솔길을 걸어 자기 쪽으로 가까이 오는 것을 지켜보았다. 그러나 그녀는 그의 옆까지 오기도 전에 어딘가로 자취를 감춰 버렸다. 그래서 오늘 세료쥐아는 그 어느 때보다도 더 어머니에 대한 사랑이 불타오름을 느꼈다. 지금도 아버지를 기다리는 동안 생각에 잠겨 반짝이는 눈으로 앞쪽을 응시하고 어머니를 그리워하면서, 주머니칼로 탁자 모서리를 쪼아 흠투성이로 만들어 버렸다.

"아버님께서 오십니다." 바실리 루끼치 목소리에 그는 퍼뜩 정신이 들었다.

세료쥐아는 벌떡 일어나 아버지에게 다가갔다. 아버지 손에 입을 맞추고 나서, 알렉산드르 네프스끼 훈장을 받은 기쁨의 자취를 찾기 위해 주의 깊게 아버지 얼굴을 바라보았다.

"산책은 재미있었니?" 까레닌이 안락의자에 앉아 구약성서를 앞으로 끌어당겨 펼치면서 말했다. 그는 세료쥐아에게 기독교인은 모든 성사(聖史)를 잘 알고 있어야 한다고 여러 번 이야기했다. 그러나 정작 자신도 가르치면서 자주 구약성서를 참고했고, 세료쥐아도 그것을 눈치채고 있었다.

"네, 참 재미있었어요, 아버지." 세료쥐아가 의자 옆으로 돌아앉아, 그런 짓은 금지돼 있는데도 달그락달그락하고 의자를 흔들면서 말했다. "나, 나제니까를 만났어요(나제니까는 리지야 이바노브나가 키우는 그녀의 조카딸이었다). 나제니까가 나에게, 아버님이 새 훈장을 타셨다고 이야기해 주었어요. 아버지, 기쁘시죠, 네, 아버지?"

"첫째, 그렇게 의자를 흔들면 안 돼." 까레닌이 말했다. "둘째로, 중요한 것은 상을 타는 것이 아니라 일을 한다는 거야. 그것을 잘 알아두어라. 만일 네가 상을 타기 위해서 공부하고 일을 한다면 그 일이 무척 괴롭게 여겨질 거야. 그렇지만 네가 무엇인가를 할 때(이렇게 이야기하면서 까레닌은 오늘 아침 180건의 서류에 서명하는 지루한 일을 하면서 의무감만으로 겨우 버텼던 것을 생각해 냈다) 그 일을 즐기면서 하게 되면 자연히 그 속에서 상을 찾아낼 수 있을 거야."

달콤한 즐거움으로 반짝이던 세료쥐아의 눈동자가 빛을 잃고 아버지 시선 앞에서 아래로 향하고 말았다. 이것은 아버지가 그에게 말할 때면 언제나 취하는, 벌써 오래전부터 아는 태도였다. 그래서 세료쥐아도 그에 대해서 어떻게 비위를 맞춰야 할 것인가를 터득하고 있었다. 아버지는 늘 그와 이야기할 때면 언제나—세료쥐아에게는 그렇게 생각되었다—실제의 세료쥐아와는 전혀 다른 책 속에서나 있을 법한, 그가 멋대로 상상한 어린이를 대하는 것 같은 태도를 보였다. 그래서 세료쥐아도 아버지 앞에서는 늘 이러한 책 속 어린이처럼 보이려고 애썼다.

"내가 하는 말을 알겠지, 응?" 아버지가 말했다.

"네, 아버지." 세료쥐아는 가공의 아이처럼 꾸며 보이면서 대답했다.

숙제는 복음서 가운데 시 두서너 편을 외는 것, 구약성서 처음 부분을 복습하는 것이었다. 복음서의 시는 세료쥐아도 잘 알고 있었다. 그러나 그것을 한참 암송하는 사이에 아버지 관자놀이에서 가파르게 꺾여 있는 이마 뼈에 정신이 팔려 별안간 그 시 끝 구절을 다른 시의 첫 구절과 혼동해 버렸다. 까레닌은 분명히 아들이 자기가 이야기하는 것의 의미를 이해하지 못하는 것처럼 보여 몹시 낙심했다.

그는 눈살을 찌푸렸고, 세료쥐아가 벌써 귀가 아프게 여러 번 들어 왔지만 도저히 외지 못하는 것을 설명하기 시작했다. 그가 외지 못하는 이유는 그것이 너무나 명백한 것이어서, 마치 '갑자기'라는 말을 굳이 동작의 상황 부사라고 부를 때와 같은 위화감이 있었기 때문이다. 세료쥐아는 깜짝 놀란 눈으로 아버지를 바라보면서 그저 한 가지만을, 지금까지 이따금 그랬던 것처럼 아버지가 지금 암송한 것을 그에게 다시 한 번 되풀이해 보라고 시키지나 않을까 하는 것만을 생각했다. 그 생각은 세료쥐아의 마음을 너무나 위협했으므로 그는 이제 아무것도 머리에 들어오지 않았다. 그러나 아버지는 그것을 다시 외우라고 하지 않고 구약성서 공부로 넘어갔다.

세료쥐아는 사건 자체는 잘 이야기했다. 그러나 그 사건이 무엇을 나타내는가 하는 질문에 대답해야 할 때가 되자, 이 공부 때문에 전에 벌을 받은 적이 있었는데도 횡설수설하고 말았다. 그가 결국 대답할 수 없어서 어물어물하고 탁자를 나이프로 찍기도 하고 의자 위에서 몸을 뒤틀기도 한 질문은, 노아의 홍수 이전 족장들에 대해서 설명하라는 것이었다. 그는 그들 가운데 살아서 하늘로 올라갔다는 에녹 이외에는 아무도 모르고 있었다. 전에는 다른 이름들도 기억하고 있었으나 지금은 완전히 잊어버리고 말았다. 에녹은 구약성서 중에서 그가 가장 좋아하는 인물이었다. 에녹이 살아서 하늘로 올라갔다는 이야기는 그의 머릿속에서 긴 사색의 행로를 갖추고 있었다. 그래서 지금도 그는 아버지 시곗줄과 반만 끼워진 조끼 단추에 눈을 멈추고 찬찬히 쳐다보면서 그러한 생각의 실마리를 엮어 내고 있었던 것이다.

세료쥐아는 자주 이야기되는 죽음이라는 사실을 전혀 믿지 않았다. 그는 자기가 사랑하는 사람이 언젠가 죽는다는 사실을, 특히 자기 자신이 죽는다는 사실을 믿을 수 없었다. 그에게 그것은 전혀 불가능하고 불가해한 일이었다. 그러나 사람들은 그에게, 모든 사람은 죽는다고 이야기했다. 그는 자기가 신뢰하는 사람들에게 물어보기까지 했지만 대답은 언제나 똑같았다. 유모도 망설이긴 했지만 그렇다고 말했다. 그러나 에녹은 죽지 않았던 것이다. 그렇다면 누구나 다 죽는 것은 아닐 것이다. '어째서 모든 사람이 에녹처럼 하느님에게 인정을 받고 살면서 천국에 갈 수 없을까?' 세료쥐아는 생각했다. 나쁜 사람들, 말하자면 세료쥐아가 싫어하는 사람들은 죽어도 좋지만 좋은 사람들은 모두 에녹처럼 되어야 할 것이다.

"자, 어떤 족장들이 있었지?"

"에녹, 에노스."

"그건 벌써 아까 이야기하지 않았니. 좋지 않아, 세료쥐아. 아주 좋지 않아.

신자에게 무엇보다도 필요한 것을 외려고조차 하지 않다니." 아버지는 일어서면서 말했다. "넌 도대체 무엇이 하고 싶은 거냐? 난 너에겐 만족하지 않아. 뾰뜨르 이그나찌치(주임 교사)도 네게 만족하지 않아. …… 너에게 벌을 줘야겠구나."

아버지도 교사도 세료줘아에게 불만이었다. 또 실제로 그의 공부태도는 매우 나빴다. 그러나 도저히 그를 바보라고 이야기할 수는 없었다. 오히려 교사가 모범으로 세료줘아에게 거론한 아이들보다도 훨씬 뛰어난 재능을 가지고 있었다. 아버지가 관찰하기에는, 아들은 가르쳐 주는 것을 배우려는 마음이 없었다. 그러나 실제로 그는 그러한 것을 배우고 있을 여유가 없었다. 그의 마음에는 아버지며 교사가 가르치려는 것보다 훨씬 필연적인 욕구가 있었기 때문이다. 그러한 욕구는 서로 상반되는 것이었기 때문에 그는 정면으로 그들과 충돌하고 마는 것이었다.

그는 아직 아홉 살 난 어린애였다. 그러나 그는 자기 영혼을 알고 있었다. 그것을 소중히 여기고, 마치 눈꺼풀이 눈동자를 보호하듯이 지키고 있었다. 그리고 사랑이라는 열쇠 없이는 아무도 자기 영혼 속에 들여놓지 않았다. 그의 교육자들은 그가 배우고 싶어 하지 않는다고 투덜거렸지만 그의 영혼은 지식욕으로 가득 차 있었다. 그래서 그는 가삐또느이치며 유모며 나제니까며 가정교사인 바실리 루끼치에게서 배웠다. 그러나 다른 교사에게서는 배우려 하지 않았다. 아버지와 교사가 자기들의 물레방아를 돌리기 위해 기다리고 있던 물은 벌써 오래전에 유출되어 다른 곳에서 일하고 있었던 것이다.

아버지는 벌로 세료줘아가 리지야 이바노브나의 조카딸인 나제니까 집에 다니지 못하게 했다. 그러나 이 벌은 세료줘아에게는 오히려 잘된 일이었다. 바실리 루끼치가 기분이 좋아 그에게 팔랑개비 만드는 법을 가르쳐 주었기 때문이다. 그는 저녁 내내 그 일을 하면서, 어떻게 하면 이런 팔랑개비를 타고 뺑뺑 돌 수 있을까, 두 손으로 날개를 붙들어야 할까 아니면 자기 몸뚱이를 꽁꽁 동여매고 돌아야 할까 하는 공상 속에서 지냈다. 어머니에 대해서는 그날 저녁 내내 생각하지 않았다. 그러나 잠자리에 들자 갑자기 그녀가 생각났다. 그리고 어머니가 내일 그의 생일에는 더는 숨어 있지 말고 자기에게로 와 주길 빌었다.

"바실리 루끼치, 내가 오늘 밤 평소랑 달리 무엇을 빌었는지 아세요?"

"공부를 더 잘하도록 해 달라고 빌었겠죠?"

"아녜요."

"그럼 장난감?"

"아녜요, 선생님은 짐작도 못 할 거예요. 아주 좋은 일이지만 비밀이에요! 그 것이 정말로 이루어지면, 그땐 가르쳐 줄게요. 그래도 모르시겠죠?"

"네, 모르겠군요. 언젠가 가르쳐 주세요." 바실리 루끼치는 좀처럼 보인 적이 없는 미소를 띠고 말했다.

"자아, 주무세요. 촛불을 끄겠습니다."

"그렇지만 내가 보는 것이며 기도하는 것은 촛불이 없을 때 더 잘 보이는 걸요. 앗, 하마터면 비밀을 이야기해 버릴 뻔했네!" 세료쥐아는 쾌활하게 웃어 대면서 말했다.

바실리가 촛불을 들고 나가자 세료쥐아는 어머니 음성을 듣고 어머니 모습을 느꼈다. 어머니는 그의 머리맡에 서서 사랑에 가득 찬 눈으로 그를 어루만져 주었다. 그러나 거기에 팔랑개비며 주머니칼이 나타나면서 모든 것이 뒤죽박죽이 돼 버렸다. 그리고 그는 잠이 들었다.

28

뻬쩨르부르그에 온 브론스끼와 안나는 일류 호텔 중 하나에 들었다. 브론스끼는 따로 아래층 1인실에, 안나는 아기와 유모며 하녀와 함께 위층의 네 칸으로 된 큼직한 방에 묵었다.

도착한 그날 브론스끼는 곧 형을 찾아갔다. 거기에서 그는 볼일이 있어 모스끄바에서 와 있던 어머니를 만났다. 어머니와 형수는 여느 때처럼 그를 맞았다. 그녀들은 그에게 외국 여행에 대해 묻기도 하고 공통의 친지에 대해 이야기했지만, 그와 안나의 관계에 대해서는 한마디도 말하지 않았다. 그러나 형은 이튿날 아침 호텔로 찾아와 자기 쪽에서 먼저 그에게 그녀에 대해 물었다. 브론스끼는 자기가 안나와의 관계를 혼인 관계로 보고 있다, 언젠가는 이혼 문제도 잘 해결될 테니 그때는 그녀와 정식으로 결혼할 것이다, 그러나 그때까지도 다른 모든 사람의 아내와 마찬가지로 그녀를 자기의 아내로 생각한다고 분명히 이야기했다. 그리고 이 뜻을 형수에게도 전해 달라고 부탁했다.

"설사 세상에서 이러쿵저러쿵 말이 많다고 하더라도 전 전혀 개의치 않습니다." 브론스끼는 말했다. "그러나 집안 사람들이 나와 친척 관계를 유지하고 싶다면 나의 아내와도 같은 관계를 맺어야 할 것입니다."

언제나 아우의 판단을 존중해 온 형도 세상이 이 문제를 어떻게 받아들일지 알기 전까지는 그가 옳은지 어떤지를 잘 알 수 없었다. 그러나 자기 한 개인으로서는 동생의 말에 거부감이 들지 않았으므로 그는 동생과 함께 안나에게 갔다.

브론스끼는 다른 사람들 앞에서와 마찬가지로 형 앞에서도 안나에게 존댓말을 쓰며 다정한 친지를 대하는 것 같은 태도를 보였다. 말끝마다 형이 두 사람 관계를 알고 있다는 사실을 넌지시 암시했고 안나가 브론스끼의 소유지로 가기로 돼 있다는 것도 언급했다.

브론스끼는 사교적 경험이 충분했음에도 익숙하지 않은 처지에 놓인 탓에 기묘한 착각에 사로잡혀 있었다. 그는 사교계의 문이 그와 안나에게 닫힌 것을 알 터였다. 그러나 지금 그의 머릿속에는, 그런 것은 구시대적인 통념일 뿐이고, 급격히 진보하는 오늘날에는(그는 자신도 모르는 사이에 진보의 편에 서 있었다) 세상의 눈도 달라졌기에, 자신들이 사회에 받아들여질지 어떨지 하는 것도 아직 결정된 문제는 아니라는 막연한 생각이 떠올랐다. '물론.' 그는 생각했다. '그녀는 궁정에는 출입하지 못하겠지만 가까운 사람들은 이것을 올바르게 이해할 것이고 또 이해해야만 한다.'

사람은 언제든 자기 자세를 바꿀 수 있다는 것을 알 때는, 똑같은 자세로 다리를 구부린 채 몇 시간이고 앉아 있을 수 있다. 그러나 이렇게 다리를 구부린 상태로 앉아 있어야만 한다고 깨닫는 순간, 발에 쥐가 나고 경련이 일어나고 다리를 쭉 뻗으려고 하는 쪽으로 마음이 집중될 것이다. 이와 똑같은 느낌을 브론스끼는 사교계에 대해서 경험하고 있었다. 그러므로 그는 마음 깊은 곳에서는 사교계의 문이 자기들 앞에서 닫힌 것을 알면서도, 어쩌면 사교계가 변화하여 자기들을 받아들여 주지 않을까 시험해 보지 않을 수 없었다. 그러나 그는 사교계의 문이 자기에게는 열려 있으나 안나에게는 굳게 닫혀 있다는 것을 알았다. 마치 '쥐와 고양이' 놀이처럼 그를 위해서 올려진 손은 안나 앞에서는 곧 내려지고 마는 것이었다.

뻬쩨르부르그 사교계의 부인 중에서 브론스끼가 맨 먼저 만난 사람은 사촌 누이 베뜨시였다.

"오랜만이에요!" 그녀가 기쁜 듯이 그를 맞았다. "안나는? 정말 반가워요. 어디에서 머무르고 있어요? 멋진 여행을 하고 난 뒤에는 이 뻬쩨르부르그가 몸서리나는 곳처럼 생각되겠죠. 로마에서 신혼여행이라니, 정말 근사해요. 그래, 이혼은 어떻게 됐지요? 이제 모두 해결이 되었나요?"

브론스끼는 이혼이 아직 성립되지 않았다는 말에 베뜨시의 기쁨이 흐려지는 것을 알아챘다.

"그럼 세상에선 나에게도 돌을 던지겠죠." 그녀가 말했다. "그러나 난 안나를 만나러 가겠어요. 그래요, 꼭 가겠어요. 여기에 그리 오래 있지는 않겠죠?"

그리고 정말로 그녀는 그날 바로 안나를 방문했다. 그러나 그녀 태도는 이전과는 완전히 달랐다. 그녀는 분명히 자기의 대담함을 자랑하고 있었고 안나가 그녀의 두터운 우정을 존중할 것을 바라고 있었다. 그녀는 사교계의 새로운 사건들을 이야기하면서 겨우 10분 남짓밖에 머물지 않았다. 그리고 돌아갈 무렵에 이렇게 말했다.

"당신은 내게 언제 이혼한다고 말해 주지 않는군요. 나 같이 세상 평판 따위 신경을 쓰지 않는 사람은 괜찮지만, 다른 완고한 사람들은 당신들이 결혼하기 전에는 당신네한테 냉담할 거예요. 게다가 또 요즘에는 그런 일이 아주 간단하니까요. '흔히 있는 일이고요.' 그럼 당신은 금요일에 떠나시겠군요? 이제 더 만나지 못하게 되다니 유감이에요."

베뜨시 말투에서 브론스끼는 사회로부터 무엇을 기대해야 하는지 이해할 만도 했다. 그러나 그는 다시 한 번 자신의 가족에게 그것을 시험해 보았다. 어머니에게는 기대도 하지 않았다. 그는 처음으로 안나와 알게 되었을 때는 그처럼 기뻐 어찌할 바를 모르던 어머니가, 지금에 와서는 안나가 아들 출세를 방해했다는 이유로 그녀에 대해 완전히 가차 없는 마음이라는 것을 알고 있었다. 그러나 그는 형수인 바랴에게는 큰 희망을 걸고 있었다. 그녀라면 안나에게 돌을 던지지 않고 솔직하고 과단성 있는 태도로 안나를 찾아와 그녀를 받아들여 줄 것으로 생각했다.

뻬쩨르부르그에 도착한 이튿날 바랴를 찾아온 브론스끼는 그녀가 마침 혼자 있는 것을 발견하자 솔직히 자기 희망을 밝혔다.

"알잖아요, 알렉세이." 그녀는 그의 말을 다 듣고 나자 말했다. "당신도 내가 당신을 얼마나 사랑하고 당신을 위해선 무슨 일이라도 할 수 있다는 것은 알고 계시겠지요. 그렇지만 난 내가 당신과 안나 아르까지예브나에게 아무런 도움이 되어 줄 수 없다는 것을 알았기 때문에 여태까지 잠자코 있었던 거예요." 그녀는 특히 힘을 주어 '안나 아르까지예브나'를 발음하며 말했다. "하지만 내가 당신네를 비난한다고는 생각하지 마세요. 결코 그런 일은 없으니까요. 아마 나도 그분과 같은 입장이 되면 똑같은 일을 할지도 모르니까요. 난 일일이 간섭하지도 않고 또 간섭할 수도 없어요." 그녀가 그의 어두운 얼굴을 조심스럽게 살펴보면서 말했다.

"그래도 해야 할 말은 꼭 해야겠지요. 당신은 내가 그분을 찾아가고, 또 그분을 집으로 초대하여 사교계에 복귀하도록 해 주었으면 하고 바라실 테지만, 나로서는 그럴 수 없다는 것을 이해해 주세요. 집에는 딸들도 차츰 커 가고 있고 남편을 위해서도 내가 사교계에서 살아남아야만 합니다. 그러니 내가 그분을 찾아가면서 그분을 초대하지는 못하고, 또 만약 초대하더라도 그분을 이상한 눈으로 보는 사람들과 마주치지 않도록 해야만 한다는 것을 알면 그분은 상처 받으실 거예요. 하지만 내게는 도저히 그분을 도와드릴 힘이 없어요……."

"그러나 말입니다, 나는 당신이 손님으로 맞이하는 몇 백 명 부인들에 비해서 그녀가 더 타락했다고는 보지 않습니다." 브론스끼는 더한층 어두운 얼굴로 그녀 말을 가로막았다. 그리고 형수의 결심이 단호함을 알자 묵묵히 일어섰다.

"알렉세이! 나한테 화를 내지는 말아 줘요. 부디 나에게는 죄가 없다는 것을 잘 이해해 줘요." 바랴는 조심스럽게 미소를 띠고 그의 얼굴을 쳐다보면서 말했다.

"형수님에게 화를 내거나 하진 않아요." 그는 여전히 침울한 투로 말했다. "그러나 나는 이것으로 이중의 쓰라림을 느꼈습니다. 안 그래도 쓰라린데 이것으로 우리 우정까지 깨질 테니까요. 설사 깨지지는 않는다고 하더라도 금이 가는 것은 틀림없으니까 말씀이에요. 나로서도 이것은 달리 어떻게 할 수가 없다는 것을 당신도 알아주시겠죠." 그는 이 말과 함께 그녀에게서 떠나 버렸다.

브론스끼는 이 이상의 시도는 무익하다는 것과 뻬쩨르부르그에 머무는 며칠 동안 무엇보다도 견디기 어려운 불쾌와 굴욕을 받지 않기 위해서 이전 사교계와의 온갖 관계를 피하고 마치 낯선 도시에라도 있는 것처럼 조용히 지내야 한다는 것을 깨달았다. 그에게 있어서 뻬쩨르부르그에 체재하는 동안 가장 불쾌한 일 가운데 하나는 까레닌과 그의 이름이 어디를 가도 여기저기에 있는 것 같이 느껴지는 점이었다. 까레닌을 언급하지 않으려고 하면 무슨 일에 대해서도 이야기를 시작할 수 없었다. 또 그를 마주치지 않으려면 아무 데도 갈 수가 없었다. 적어도 브론스끼에게는 그렇게 여겨졌다. 마치 손가락이 아픈 사람이 유독 그 아픈 손가락만 무엇인가에 자꾸 부딪치는 기분을 느끼듯이.

뻬쩨르부르그에서의 체류가 그동안 줄곧 안나 마음에 무언가 그로서는 이해할 수 없는 새로운 기분이 있음을 느꼈기 때문에 브론스끼에게는 더한층 견디기 어렵게 생각되었다. 어떤 때 그녀는 마치 그에게 홀딱 반해 버린 것처럼 보이기도 하고 또 어떤 때는 갑자기 냉담하고 까다로워져서 갈피를 잡을 수 없게 돼 버리는 것이었다. 그녀는 무엇인가로 괴로워하면서 그것을 그에게 숨기고 있었고 그의 생활을 해치는, 섬세한 이해력을 가진 그녀에게는 더한층 괴로웠을 세상의 모욕에도 전혀 신경 쓰지 않는 것처럼 보였다.

29

안나가 러시아에 돌아온 목적 중 하나는 아들을 만나는 것이었다. 이탈리아를 떠났던 그날부터 그녀는 아들과의 상봉을 가슴 설레며 상상해 왔다. 뻬쩨르부르그에 가까워지면 가까워질수록 그 만남의 기쁨과 중대성이 더욱더 크게 느껴졌다. 그녀는 어떻게 하면 만날 수 있을까 하는 문제에 대해서는 전혀 생각도 해보지 않았다. 아들이 있는 도시로 가기만 하면 자연스럽고 수월하게 만날 수 있으리라 생각했다. 그러나 뻬쩨르부르그에 도착한 순간 갑자기 현재 자기의 사회적인 지위를 또렷이 알게 된 그녀는, 아들을 만난다는 것이 그리 쉬운 일이 아님을 깨달았다.

뻬쩨르부르그에 도착한 뒤로 이미 이틀이 지났다. 그동안 아들에 대한 생각은 한순간도 머리에서 떠나지 않았지만 그녀는 아직 아들을 만나지 못했다. 자기에게 남편과 마주칠는지도 모를 위험을 감수하면서까지 집으로 달려갈 권리는 없다는 느낌이 들었다. 또 들여보내주지 않을지도 모르고 모욕을 당할지도 몰랐다. 편지를 써서 남편과 교섭한다는 것은 생각만 해도 괴로웠다. 그녀는 남편에 대해 생각하지 않을 때만 겨우 편안한 마음으로 있을 수 있었기 때문이다. 아들이 언제 어디로 산책하러 나가는지 알아내어 그때 만난다는 것은 그녀에게는 너무나 불충분했다. 그만큼 그녀는 그 만남을 기대하고 있었으며, 그만큼 이야기할 것이 많았고, 그만큼 그를 끌어안고 입맞춤하고 싶은 생각이 간절했던 것이다. 세료쥐아의 늙은 유모라면 그녀에게 도움을 주고 조언도 해 줄 가능성이 있었다. 그러나 그 유모는 이제 까레닌의 집에서 일하지 않았다. 이처럼 망설이고 유모를 찾는 사이에 벌써 이틀이 지나 버렸던 것이다.

남편과 리지야 이바노브나 백작부인의 친근한 관계를 알게 되자, 안나는 사흘째 되는 날에 그녀로서는 굉장히 고통스러운 편지를 쓰기로 했다. 그리고 그 속에서 아들을 만나게 될지는 오직 남편의 관대한 마음에 따른다는 것을 일부러 이야기했다. 그녀는 만일 남편이 그 편지를 보면 그는 예의 관대한 사람 역할을 계속할 테니 그녀의 요구를 물리치지 않으리라고 생각했기 때문이다.

편지를 가지고 갔던 여관 급사는 답장은 없습니다, 하는 지극히 모질고 예기치 못했던 답을 가지고 왔다. 그 급사를 방으로 불러, 그가 오랫동안 기다린 끝에 '답장은 없습니다'라는 말을 들었을 때 상황을 상세히 전해 들은 순간처럼 그녀가 심한 굴욕을 느낀 적은 없었다. 안나는 모욕당하고 짓밟힌 자신을 느꼈다. 하지만 한편으로는 백작부인이 정당하다는 것을 알고 있었기 때문에 그녀의 슬픔은 혼자서 견뎌 내야만 한다는 점에서 더한층 강렬한 것이었다. 그녀는 그 슬픔을 브론스끼와 나눌 수도 없었고, 또 그러고 싶지도 않았다. 그녀는 그가 자기 불행의 주요한 원인이지만 그에게는, 자기가 아들과 만나는 문제가 지극히 사소하게 여겨지리라는 것을 알고 있었다. 그녀는 자신의 고통이 얼마나 깊은지 그로선 전혀 이해할 수 없으리라는 것을 알고 있었다. 그리고 그녀가 이것을 문제 삼으면서 그의 냉담한 태도를 대하면 자기는 틀림없이 그를 미워하게 되리라는 것도 알고 있었다. 그것은 세상 그 무엇보다도 더 두려웠으므로 그녀는 아들에 관한 일은 일체 그에게 숨겼던 것이다.

온종일 방 안에 틀어박혀 아들과 만날 방법을 궁리하던 그녀는 결국 남편에게 편지를 쓰고자 결심했다. 그런데 그녀가 막 그 편지를 다 썼을 때 리지야 이바노브나에게서 편지가 왔다. 백작부인의 침묵은 그래도 그녀 마음을 진정시키고 유순하게 했다. 그러나 그 편지는, 그 행(行)과 행 사이에서 읽을 수 있는 모든 구절이 너무나 그녀를 성나게 했다. 거기에 들어 있는 백작부인의 악의는 자기가 아들에 대해 지닌 격렬한 사랑에 비해서 너무나도 모질게 여겨졌으므로, 자연히 그녀는 타인에 대한 분노에 몸을 맡기고 더는 자기를 책망하지 않게 되었다.

'이렇게 냉담할 수 있는 것은 감정을 속이고 있기 때문이야.' 그녀는 자기 자신에게 말했다. '그들은 그저 나를 모욕하고 어린애를 괴롭히고 싶을 뿐이야! 그걸로 내가 굴복할 거로 생각하다니! 어림도 없지! 그 여자가 나보다 더 나쁜 여자야. 난 적어도 거짓말은 하지 않으니까.' 그리고 그녀는 바로 세료쥐아 생일인 내일 직접 남편 집으로 찾아가 하인들을 매수하든 속이든 해서 어떻게든 아들을 만나고, 불행한 아들을 둘러싼 그 가증스러운 허위를 깨뜨려 버리겠다고 결심했다.

그녀는 장난감 가게로 마차를 몰아 장난감을 잔뜩 사고 이제 어떻게 할까 궁리했다. 그녀는 아침 일찍, 남편이 아직 일어나지 않았을 시각인 8시에 거기 도착해야지 하고 생각했다. 그리고 준비해간 돈으로 문지기와 하인을 매수하여 집 안으로 들어가, 베일을 벗지 않은 채 세료쥐아 대부(代父)에게서 아이 침대 옆에 장난감을 놓고 오도록 의뢰를 받았노라고 이야기할 것이다. 그러나 그녀는 아들에게 이야기할 말만은 따로 준비하지 못했다. 그것만은 아무리 생각해 보아도 무엇 하나 떠올릴 수가 없었기 때문이었다.

이튿날 아침 8시에 안나는 혼자서 삯마차에서 내려 한때 자기가 살았던 집 커다란 현관의 벨을 울렸다.

"빨리 가서 무슨 일인가 봐. 어느 댁 부인 같으니까." 아직 제복으로 갈아입기 전이라 옷을 걸치지도 않은, 외투에 덧신 차림인 문지기 가삐또느이치가 문 바로 옆에 서 있는 베일을 쓴 귀부인 쪽을 창문으로 내다보면서 말했다. 안나에게는 낯선 귀엽게 생긴 젊은 문지기가 그녀에게 문을 열어 주자마자 그녀는 벌써 안으로 들어서며 머프 속에서 3루블 지폐를 얼른 꺼내 그의 손에 살짝 쥐여 주었다.

"세료쥐아…… 세르게이 알렉세이치에게."(세료쥐아는 애칭이고 세르게이가 본명) 이렇게 말하고 그녀는 안으로 들어가려고 했다. 지폐를 빤히 바라보던 젊은 문지기가 두 번째 유리문께에서 그녀를 멈추게 했다.

"어느 분께 볼일이 있으십니까?" 그가 물었다.

그녀는 그의 말을 듣지 않았다. 그래서 아무 대꾸도 하지 않았다.

낯선 부인이 당황해하는 것을 보고 가삐또느이치가 직접 나왔다. 그리고 그녀를 두 번째 문 안으로 들어오게 하고 무슨 볼일인가를 물었다.

"스꼬로두모프 공작님이 세르게이 알렉세이치 님에게 보내서 왔습니다." 그녀가 말했다.

"아직 일어나시지 않았습니다." 문지기가 주의 깊게 그녀를 관찰하면서 말했다.

안나는 자기가 9년이나 살았던 이 집의 조금도 변한 데 없는 현관방 모양새가 이렇게까지 강렬하게 자신의 마음을 움직이리라고는 전혀 예기치 못했다. 기뻤던 일과 슬펐던 일이 꼬리를 물고 그녀 마음에 끓어올랐다. 한순간 그녀는 자기가 무엇 때문에 여기에 왔는가마저 잊고 말았다.

"잠깐 기다려 주실까요?" 가삐또느이치가 그녀의 털외투를 벗겨 주면서 말했다.

외투를 벗겨 주고 나서 힐끗 얼굴을 쳐다본 가삐또느이치는 그녀가 안나라는 것을 알아보고 잠자코 나지막하게 절을 했다.

"그럼, 마님." 그는 그녀에게 말했다.

그녀는 무엇인가를 이야기하려고 했지만 목소리가 그 어떤 울림도 내려 하지 않았다. 그녀는 겸연쩍고 애원하는 듯한 눈동자를 노인에게 던지더니 민첩하고 가벼운 걸음걸이로 층층대를 올라갔다. 가삐또느이치는 그녀를 앞지르려고 애쓰면서 온몸을 앞으로 구부리고 덧신을 층계에 부딪치면서 뒤를 쫓아갔다.

"방에는 가정교사가 계시고 아직 옷을 입지 않으셨을 겁니다. 제가 가서 여쭙겠습니다."

안나는 노인의 말을 듣는 둥 마는 둥 낯익은 계단을 계속해서 올라갔다.

"이쪽으로, 왼편입니다. 정말 지저분해서 죄송합니다. 도련님은 지금은 이전의 소파가 있던 방에 계십니다." 문지기는 헐떡거리면서 말했다. "죄송합니다만 마님, 제발 잠깐만 기다려 주십시오, 제가 먼저 들여다보고 오겠습니다." 그는 이렇게 말하고 그녀를 앞질러 가서 커다란 문을 열고 안으로 사라졌다. 안나는 발을 멈추고 기다렸다.

"막 잠을 깨셨습니다." 문지기가 다시 나오면서 말했다.

문지기가 이렇게 이야기한 순간, 안나는 아이가 하품하는 소리를 들었다. 그 하품 소리만으로 그녀는 자기 아들임을 알았고 눈앞에 선한 그의 모습이 그려졌다.

"날 좀 들어가게 해 줘, 넌 여기 있어!" 그녀는 높은 문 안으로 들어갔다. 문 오른쪽에 침대가 놓여 있었고, 그 위에는 흐트러진 셔츠 바람의 사내아이가 일어나 앉아 그 조그만 몸을 한껏 뒤로 젖히고 기지개를 켜면서 하품을 하는 참이었다. 벌어진 입술이 합쳐진 순간 아이는 행복하고 졸린 듯한 미소를 띠었다. 그 미소와 더불어 그는 다시 천천히 기분 좋게 도로 벌렁 드러누워 버렸다.

"세료쥐아!" 그녀는 살그머니 그의 옆으로 가까이 가면서 속삭였다.

한동안 아들과 헤어져 있었던 데다가, 특히 요즈음에는 줄곧 아들에 대한 사랑만을 키워오면서, 자기가 가장 좋아했던 네 살배기 어린애로서 그를 마음에 그리고 있었다. 그러나 지금 아들은 그녀가 그를 떼 놓고 집을 나갔던 무렵과는 모습이 완전히 변해 있었다. 네 살 때에 비해 키가 몰라보게 자랐고 몸은 더럭 크고 야위어 있었다. 아니, 이게 뭐람! 어쩌면 저렇게 얼굴이 핼쑥하담! 머리도 짧고! 어쩌면 이렇게 손은 길담! 헤어진 뒤로 어쩌면 이렇게 달라졌담! 그러나 그 아이는 역시 세료쥐아였다. 그의 머리 모양, 입술, 부드럽고 가는 목, 넓은 어깨.

"세료쥐아!" 그녀는 아이의 귓전에다 입을 대고 되풀이했다.

그는 다시 팔꿈치를 짚고 일어나 무엇인가를 찾기라도 하는 것처럼, 헝클어진 머리로 좌우를 둘러보더니 눈을 번쩍 떴다. 한동안 그는 조용히 의아한 눈빛으로, 자기 앞에 꼼짝도 않고 서 있는 어머니를 찬찬히 쳐다보고 있었다. 그러다가 별안간 자못 행복한 듯 방긋 웃고, 졸음이 쏟아지는 눈꺼풀을 다시 감고 쓰러졌다. 그러나 이번에는 뒤가 아니라 그녀 쪽으로, 그녀 품 안으로 쓰러졌다.

"세료쥐아, 귀여운 아가!" 그녀는 숨을 가쁘게 쉬면서 두 팔로 그의 여린 몸을 껴안았다.

여전히 눈은 감은 채 졸음에 겨운 것처럼 미소하면서 그는 부드러운 손을 침대 등받이 너머로 그녀 어깨에 두르고, 어린아이 특유의 그 달콤하고 몽롱한 냄새와 따스함으로 그녀를 감싸면서 그녀 목이며 어깨에 얼굴을 비비기 시작했다.

"난 알고 있었어." 소년이 눈을 뜨면서 말했다. "오늘은 내 생일인걸. 그러니까 엄마가 오실 줄 알고 있었어. 나 곧 일어날게." 이렇게 말하면서 그는 또 잠이 들었다.

정신없이 아들의 몸을 훑어보던 안나는 자기가 없는 사이에 그가 얼마나 자라고 변했는지 실감했다. 그녀는 담요 사이로 빠져나온 아들의 맨발이 이미 너무 커 버려서, 익숙한데도 어쩐지 낯선 느낌이 들었다. 그러나 이 약간 야윈 듯한 볼이며 자주 입을 맞추었던 목덜미 위 짧게 깎인 고수머리는 확실히 눈에 익은 것이었다. 그녀는 그러한 모든 것에 손을 대 어루만지면서 아무 말도 할 수 없었다. 눈물로 목이 멘 것이다.

"왜 울어, 엄마?" 완전히 잠에서 깬 아들이 물었다. "엄마, 왜 울고 있어요?" 그는 울먹이는 소리로 외쳤다.

"내가? 이제 안 울어…… 엄마는 말이야, 아주 기뻐서 우는 거야. 정말 오랫동안 못 만났으니까. 이제 울지 않을게. 울지 않아요." 그녀는 눈물을 삼키고 얼굴을 돌리면서 말했다. "자, 이제 옷을 갈아입어야지." 그녀는 잠시 잠자코 있다가 정신을 차리고 덧붙였다. 그리고 그의 손을 잡은 채, 갈아입을 옷이 준비된 침대 옆 의자에 앉았다.

"엄마가 없을 때는 넌 어떻게 옷을 입었지? 어떻게……" 그녀는 자연스럽고 쾌활하게 이야기하려고 했으나 하지 못하고 다시 얼굴을 돌려 버렸다.

"난 찬물로 씻지 않아, 아버지가 그러지 말라고 했으니까. 바실리 루끼치 선생님은 만났어? 이제 곧 올 거야. 아아, 엄마가 내 옷 위에 앉았어!"

이렇게 말하고 세료쥐아가 큰 소리로 웃었다. 그녀는 그런 그를 가만히 바라보다가 빙긋이 웃었다.

"엄마, 제일 사랑하는 내 엄마!" 그는 또다시 그녀에게 몸을 던져 그녀를 껴안으면서 외쳤다. 마치 지금 그녀 미소를 보고 비로소 무슨 일이 일어났는지 분명히 알기라도 한 것 같았다. "이런 것 필요 없어."

그는 그녀의 모자를 벗기면서 말했다. 그리고 모자를 벗은 그녀를 보자 새삼스럽게 어머니라고 이해한 것처럼 또다시 그녀에게 달려들어 입을 맞추었다.

"그런데 넌 엄마를 어떻게 생각하고 있었지? 엄마가 죽었다고 생각하지 않았니?"

"난 그런 건 조금도 믿지 않았어."

"믿지 않았다고, 아가?"

"난 알고 있었는걸, 알고 있었어!" 그는 그 좋아하는 말을 되풀이했다. 그리고 그의 머리를 쓰다듬고 있던 그녀 손을 움켜잡고 그 손바닥을 자기 입술에 갖다 대듯이 거기에 입을 맞췄다.

30

바실리 루끼치는 처음에는 이 귀부인이 누군지를 몰랐다. 그러나 그들의 이야기하는 투로 보아 그녀가 남편을 버리고 집을 나간 아이 어머니가 틀림없다고 짐작했다. 그는 안나가 떠나고 나서 이 집에 들어왔기 때문에 그녀를 본 적이 없었던 것이다. 그는 안으로 들어가야 할지 삼가야 할지, 그렇잖으면 까레닌에게 알려야 할지 망설였다. 그러나 마침내 그는 자기 의무가 정해진 시간에 세료쥐아를 일어나게 하는 것이므로 거기에 어머니가 있든 다른 누가 있든 자기에게는 조금도 상관없다, 자기는 그저 의무를 수행하기만 하면 그만이다, 이렇게 생각하고는 문 쪽으로 다가가서 문을 열었다.

그러나 어머니와 아들의 다정한 모습을 보고 그들의 목소리 울림과 이야기 내용을 듣자 예정을 변경할 수밖에 없었다. 그는 고개를 젓고 한숨을 쉬며 문을 닫았다. '10분만 더 기다려야겠다.' 그는 헛기침하고 눈물을 닦으면서 속으로 말했다.

이때 하인들 사이에서는 심한 동요가 일어나고 있었다. 마님이 왔다는 것, 가삐또느이치가 그녀를 들여보냈다는 것, 그녀가 지금 아이 방에 있다는 것, 한편 주인은 언제나처럼 9시에는 아이 방으로 들를 것이라는 일촉즉발의 상황이 모두에게 알려졌다. 이 부부를 만나게 해서는 안 되므로 어떻게든지 그것을 막아야만 한다고 우왕좌왕하고 있었던 것이다. 하인 꼬르네이는 문지기 방으로 내려가서 누가 어떻게 그녀를 들여보냈는가를 물었다. 가삐또느이치가 응대하고 안내했다는 것을 알고 노인을 나무랐다. 문지기는 끈질기게 침묵을 지키고 있었다. 그러나 꼬르네이가 이 사건 때문에 그를 쫓아내야겠다고 이야기했을 때는, 그에게 달려들어 눈앞에서 두 손을 내두르면서 고함을 질렀다.

"흥, 그렇지, 그래, 너 같으면 들여보내지 않았겠지! 하지만 난 10년이나 섬겨오면서 온정 외엔 아무것도 받은 적이 없는 몸이야. 차라리 지금 당장 가서 자, 빨리 나가 주십시오, 네 입으로 직접 말하지그래! 처세술만 능란해져서는! 정말이지! 너도 조금은 자기 일을 반성해 보는 게 좋을 거야. 주인의 돈을 빼돌리고 곰 털외투를 훔치기나 하는 주제에!"

"이 졸병 놈이!" 꼬르네이는 얕잡듯이 말하고 마침 들어온 유모를 돌아보았다. "응, 마침 잘됐어. 어떻게 생각해? 이 녀석이 글쎄, 마님을 들여놓고도 누구에게도 입을 딱 다물고 있었단 말이야." 꼬르네이가 그녀를 보고 말했다. "주인님이 이제 곧 방을 나와서 도련님 방으로 가실 텐데!"

"말보다 일이 먼저예요, 일이!" 유모가 말했다. "꼬르네이, 당신은 어떻게 해서든지 주인어른을 붙잡아 둬요. 난 뛰어가서 어떻게든 마님을 돌려보낼 테니. 자아, 어서요, 어서!"

유모가 아이 방으로 들어갔을 때, 세료쥐아는 어머니에게 나제니까와 함께 썰매를 타다가 넘어져서 세 차례나 곤두박질했던 것을 이야기하고 있었다. 안나는 그의 목소리 울림을 듣고 그의 얼굴과 장난기 어린 표정을 보고 그 손 감촉을 느꼈으나 그가 말하는 것은 조금도 머리에 들어오지 않았다. 이제 떠나야 한다. 이 아이를 두고 가야만 한다. 그녀는 그저 그것만을 생각하고 느끼고 있었던 것이다. 그녀는 문으로 다가와 기침한 바실리 루끼치의 발소리도, 지금 다가오는 유모 발소리도 들었다. 그러나 그녀는 말을 꺼낼 기운도, 일어설 기운도 없어서 그저 가만히 화석이 된 것처럼 앉아 있었다.

"마님, 반갑습니다!" 유모는 안나에게 다가가 그 손과 어깨에 입맞추면서 말을 꺼냈다. "하느님께서 도련님 생일에 정말 기쁜 선물을 가져다주셨습니다. 마님께서는 조금도 변하지 않으셨군요."

"아아, 유모. 유모가 아직 이 집에 있는 줄은 몰랐어." 안나는 순간 정신을 차리고 말했다.

"요즘은 댁에 있지는 않아요. 딸하고 같이 살고 있습니다만 오늘은 축하하러 왔습니다. 마님, 정말 반갑습니다."

유모는 갑자기 울음을 터뜨리고 또다시 그녀 손에 입맞추기 시작했다.

세료쥐아는 눈을 미소로 빛내면서 한 손으로 어머니를 한 손으로 유모를 붙잡은 채 맨살이 드러난 통통한 귀여운 발로 융단 위를 쿵쿵 굴렀다. 그가 좋아하는 유모가 어머니에게 부드럽게 대하는 모습이 기뻐서 어찌할 바를 몰랐던 것이다.

"엄마! 유모는 말이지, 나한테 곧잘 와 줘, 그리고 오면 말이야……." 그는 말을 꺼내려다 갑자기 입을 다물었다. 유모가 무엇인가 귓속말로 어머니에게 속삭이자, 어머니 얼굴에서 놀람과 더불어 어머니에게는 별로 어울리지 않는 일종의 부끄러움 비슷한 표정을 알아챘기 때문이다.

그녀는 그에게 다가갔다.

"아가!" 그녀가 말했다. 그녀는 안녕이라고 차마 말할 수 없었다. 그러나 그녀 표정이 그렇게 말하고 있었고, 그도 그것을 깨달았다.

"귀여운, 귀여운 꾸찌끄!" 그녀 입에서 어렸을 때 아들을 부르던 이름이 언뜻 튀어나왔다. "넌 날 잊지는 않겠지? 넌……." 하지만 그녀는 이제 더는 아무 말도 할 수 없었다.

나중에 가서야 그녀는 그때 그에게 할 수 있었을 말을 얼마나 많이 생각해 냈는지 몰랐다. 그러나 그때는 무엇이라고 이야기해야 좋을지 몰랐고 또 말할 기력도 없었다. 그러나 세료쥐아는 그녀가 자기에게 이야기하고 싶어 한 것을 모조리 알았다. 그는 그녀가 불행하다는 것, 자기를 사랑하고 있다는 것을 알았다. 그는 유모가 귓속말로 이야기했던 것까지도 알고 있었다. 그는 '언제나 9시에'라는 말을 들었고 그것이 아버지에 관한 얘기라는 것과 어머니가 아버지와 만날 수 없다는 것을 알았다. 그것은 모두 알 수 있었다. 그러나 단 한 가지를 알 수 없었다. 무엇 때문에 어머니 얼굴에 놀람과 부끄러움의 빛이 나타났던가?…… 그녀는 아무것도 잘못한 것이 없는데 아버지를 두려워하고 무엇인가를 부끄러워하는 것이었다. 그는 이 의심을 풀어 줄 만한 질문을 꺼내고 싶었지만 아무래도 그것만은 할 수 없었다. 그녀가 괴로워하는 것을 보자 그녀가 가여웠으므로, 그는 잠자코 그녀에게 안겨 귓속말로 이렇게 말했다.

"아직 가지 마. 곧바로 오시지는 않아."

어머니는 그가 정말로 그렇게 이야기하고 있는지 확인하기 위해 그를 자기에게서 떼어 놓았다. 그의 깜짝 놀란 표정 속에서, 그녀는 그가 진짜로 아버지 이야기를 하고 있을 뿐만 아니라 아버지에 대해 어떻게 생각해야 하는지 그녀에게 묻고 있음을 읽었다.

"세료쥐아, 응, 아가." 그녀는 말했다. "넌 아버질 사랑해야 해. 아버진 엄마보다도 더 훌륭하고 좋은 분이니까. 엄만 말이지, 아버지에게 죄를 지었어. 너도 크면 알 거야."

"엄마보다 좋은 사람은 없어!" 그는 울먹거리며 필사적으로 외쳤다. 그리고 그녀 어깨를 움켜쥐고 흥분 때문에 떨리는 두 손으로 힘껏 그녀를 끌어안았다.

"아아, 귀여운, 나의 귀여운 아가!" 안나도 아들과 마찬가지로 소리를 죽이고 어린애처럼 울고 말았다.

그때 문이 열리고 가정교사가 들어왔다. 다른 쪽 문에서도 발소리가 들리자 유모는 깜짝 놀라 귓속말로 말했다. "오셨습니다."

유모가 안나에게 모자를 건넸다. 세료쥐아는 침대에 엎드려서 두 손으로 얼굴을 가리고 흐느껴 울기 시작했다. 안나는 그 손을 떼고 다시 한 번 눈물 젖은 얼굴에 입맞추고서 총총걸음으로 문으로 향했다. 까레닌은 그녀와 딱 마주쳤다. 그녀를 보자 그는 발을 멈추고 가볍게 고개를 숙였다.

그녀는 방금 그가 자기보다 훌륭하고 좋은 사람이라고 이야기했음에도, 힐끔 그에게 재빠른 시선을 던지고 그의 온 모습을 구석구석까지 세세하게 훑어 보고 나자, 갑자기 그에 대한 혐오와 증오, 아들에 대한 질투심에 사로잡혀 버렸다. 그녀는 재빠른 동작으로 베일을 내리고 걸음을 재촉해서 거의 뛰다시피 방을 나갔다.

그녀는 어제 가게에서 그처럼 사랑과 슬픔에 잠겨 골랐던 그 장난감들을 건네줄 겨를도 없이 그대로 가지고 돌아오고 말았다.

31

안나는 아들과의 만남을 그렇게 간절히 바라고, 또 그렇게 오랫동안 그것에 대해 생각하고 준비해 왔는데, 이 만남이 이렇게까지 강하게 자기 마음을 움직이리라고는 꿈에도 생각지 못했다. 호텔의 쓸쓸한 방으로 돌아온 그녀는 오랫동안 어째서 자기가 이런 데 있는지 이해할 수 없었다. '그래. 모든 것이 다 끝나고 난 또 혼자가 되어 버렸어.' 그녀는 자신에게 말했고 모자도 벗지 않고 난로 옆에 있는 안락의자에 앉았다. 그녀는 창과 창 사이 탁자 위에 놓인 청동 시계에 멍하니 눈을 멈춘 채 생각에 잠겼다.

외국에서 데려온 프랑스인 하녀가 그녀에게 옷을 갈아입히러 들어왔다. 안나는 깜짝 놀란 얼굴로 그녀를 바라보고 말했다.

"이따가."

급사가 커피를 권하러 왔다.

"이따가." 그녀는 대답했다.

이탈리아인 유모가 곱게 꾸민 딸을 안고 안나에게 데리고 왔다. 토실토실하게 살이 찐 건강한 아이는 여느 때처럼 엄마를 보자 실로 손목을 졸라맨 것 같은 포동포동한 두 손을 손바닥이 밑으로 가게 내밀었다. 이가 나지 않은 입으로 앙증맞게 웃으면서 마치 물고기가 지느러미를 움직이는 것처럼 그 조막손을 움직여, 수놓인 치마 풀 먹인 주름을 와삭와삭하고 소리를 내면서 움켜쥐기 시작했다. 그 모습을 보면 누구나 웃지 않을 수 없었고, 입맞추지 않을 수 없었다. 그녀 앞에 손가락을 내밀면, 아이는 그것을 붙잡고 까르륵 웃으며 온몸을 들썩인다. 또 그녀에게 입술을 내밀면, 아이는 입을 맞추려는 듯이 자그마한 입으로 빨아들이려고 한다. 안나는 그것을 모두 해 주었다. 그녀를 안아 올려 뛰게 해 주기도 하고 싱싱한 볼이며 드러난 팔꿈치에 키스해 주기도 했다. 그러나 아기를 볼 때마다 그녀는 자기가 이 애에 대해서 느끼는 감정은 세료쥐아에 대한 것에 비하면 도저히 사랑이라고도 할 수 없음을 더한층 뚜렷하게 실감했다. 아기는 구석구석이 모두 다 귀여웠지만, 그 어느 것도 어째선지 그녀 마음을 움직이지 않았다. 첫아이에 대해서는, 사랑하지 않는 남편의 아들임에도 불구하고 사랑해도 사랑해도 끝이 없는 사랑을 쏟았다. 그러나 이 딸아이는 더할 나위 없는 어려움 속에서 태어났다. 그래서 이 애에 대해서는 첫아이에게 쏟은 보살핌의 백분의 1도 쏟지 않았다. 그뿐만 아니라 딸아이는 모든 것이 아직 미지수인데 반해 세료쥐아는 벌써 거의 어엿한 인간이, 그것도 사랑스러운 한 인간이 돼 있었다. 그에게는 벌써 사상이며 감정이 꿈틀거리고 있었다. 그는 벌써 그녀를 이해하고 사랑하고 판단하고 있다. 그녀는 그의 말과 눈동자를 상기하면서 그렇게 생각했다. 그런데 그녀는 이제 영원히 육체적으로도 정신적으로도 아들과 단절되어 버렸고, 더구나 이제는 그것을 돌이킬 수도 없었다.

그녀는 유모에게 젖먹이를 건네고 그녀를 내보냈다. 그리고 목에 건 로켓을 열었다. 그 속에는 세료쥐아가 꼭 지금의 젖먹이와 같은 또래였을 때 사진이 들어 있었다. 그녀는 일어서서 모자를 벗고 작은 탁자 위 사진첩을 집어 들었다. 그 속에는 아들 사진이 나이별로 들어 있었다. 그녀는 사진들을 비교해 보려고 사진첩에서 한 장씩 빼내기 시작했다. 모두 빼내고 단 한 장, 최근에 찍은 가장 잘나온 것만 남았다. 사진 속 세료쥐아는 하얀 셔츠를 입고 의자를 타고 앉아서 눈을 가늘게 하고 입언저리에 웃음을 띠고 있었다. 그것은 그의 가장 독특하고 가장 귀여운 표정이었다. 안나의 조그마하고 날렵한 손은 오늘따라 이상하게 움직임이 무뎌서 그 하얗고 가느다란 손가락으로 몇 번이고 사진의 모서리를 집어 빼내려고 했지만 도무지 잘 집히지 않아 빼낼 수가 없었다. 공교롭게도 페이퍼나이프가 탁자 위에 없었다. 그래서 그녀는 옆에 있던 다른 사진을 뽑아(그것은 로마에서 찍은, 둥근 모자 아래로 머리를 길게 기른 브론스끼의 사진이었다) 그것으로 아들의 사진을 밀어냈다. '아, 그이 사진이구나!' 그녀는 브론스끼의 사진을 보고 문득 중얼거린 순간, 갑자기 현재 자신의 슬픔의 원인이 누구인가를 생각해 냈다. 그녀는 아침부터 아직 한 번도 그를 생각하지 않았다. 그러나 지금 갑자기 이 사내답고 훌륭한, 그녀에게는 더할 나위 없이 정답고 그리운 얼굴을 보자, 그녀는 불현듯 그에 대한 사랑이 파도처럼 밀려옴을 느꼈다.

'그이는 도대체 어디에 있을까? 어째서 그이는 나 혼자 이런 괴로움 속에 내버려 두는 것일까?' 그녀는 자기가 아들에 관한 것을 그에게 모두 숨겼던 것을 잊어버리고 그에 대해 비난의 감정을 품으면서 생각했다. 그녀는 그에게 곧 와 달라고 심부름꾼을 보냈다. 그리고 심장이 짜릿해 오는 느낌으로 자기가 그에게 이야기할 말과 그가 자신을 위로해 줄 때 사랑의 표정을 생각하면서 그를 기다렸다. 심부름꾼은, 손님이 와 있지만 곧 가겠다, 그리고 지금 뻬쩨르부르그에 와 있는 야쉬빈 공작과 함께 가도 좋은가 어떤가 물어보도록 하라는 질문을 갖고 돌아왔다.

'혼자선 와 주지 않는군. 어제 낮부터 죽 만나지 못했는데도.' 그녀는 생각했다. '내가 모든 것을 이야기할 수 있도록 혼자 오지 않고, 야쉬빈을 데리고 오겠다니.' 그러자 갑자기 그녀 머리에 기묘한 생각이 떠올랐다. '만일 그가 자기를 사랑하지 않게 됐다면?'

요즈음 있었던 일들을 하나하나 되새겨 보자 그녀는 곳곳에서 이 무서운 상념의 확증이 발견되는 것 같았다. 어제 그가 이곳에서 식사하지 않았던 것도, 뻬쩨르부르그에 있는 동안 방을 따로 쓰자고 우긴 것도, 그리고 지금 그녀와 둘이서만 마주하길 피하기라도 하듯 혼자서 오지 않고 누군가를 데리고 오겠다는 것 모두 이유가 있어 보였다.

'그러나 만약 그렇다면 그는 내게 그것을 꼭 이야기해 줘야 해. 난 그것을 알아야만 해. 그것만 알면 그때는 내가 어떤 수단을 취해야 하는지 알게 될 테니까.' 그녀는 그의 마음이 식었음을 확인하면 자신이 어떻게 될지 상상해 볼 힘도 없으면서 그렇게 혼잣말을 했다. 그녀는 그가 이제 자기를 싫어하게 된 것으로 생각하며 절망에 가까운 심경에 빠졌다. 그 결과 그녀는 더욱 흥분하기 쉬운 상태였다. 그녀는 벨을 울려 하녀를 부르고 옷방으로 들어갔다. 옷을 갈아입으면서 그녀는 요즈음 보기 드물게 화장에 신경을 썼다. 마치 더 잘 어울리는 옷을 입고 머리 모양을 꾸미면, 이미 사랑이 식은 그가 또다시 사랑할 수 있게 되기라도 하듯이.

아직 준비가 충분히 되기도 전에 벨소리가 들렸다.

객실로 나온 안나를 눈으로 맞이한 것은 브론스끼가 아니라 야쉬빈이었다. 브론스끼는 그녀가 깜박 잊고 탁자 위에 놓아두었던 아들 사진을 한참 들여다본 뒤 천천히 그녀에게 눈을 돌렸다.

"우리는 구면이지요." 그녀는 자기 조그마한 손을 잔뜩 수줍어하는(그의 큼직한 키며 거친 얼굴에 수줍음은 전혀 어울리지 않았지만) 야쉬빈의 큼직한 손에 올리면서 말했다. "그러니까 작년에 경마에서 뵀었죠. 그것은 이리 주세요." 그녀는 브론스끼 손에서 재빨리 그가 보고 있던 아들 사진을 잡아채고는 반짝이는 의미심장한 눈으로 그를 쳐다보았다. "올해 경마는 좋았나요? 전 여기 대신 로마의 꼬르소 경마를 보고 왔어요. 그렇지만 당신께서는 외국 생활을 싫어하시죠." 그녀는 상냥하게 웃으면서 말했다. "거의 뵙지는 못하지만 난 당신과 당신 취향에 대해서도 모두 알고 있어요."

"아니, 이거 정말 곤란한데요. 내 취향이라야 모두 워낙 천하고 상스러운 것뿐이니 말씀이에요." 야쉬빈은 왼쪽 콧수염을 씹으면서 말했다.

얼마 동안 이야기하고서 브론스끼가 시계를 힐끔 들여다본 것을 알아채고, 야쉬빈은 그녀에게 뻬쩨르부르그에 오래 머무를 작정이냐고 물었다. 그러고는 그 큰 몸을 펴고 모자를 들었다.

"글쎄요, 그리 오래 있지는 않을 것 같아요." 그녀는 조금 당황하여 브론스끼 얼굴을 흘끗 쳐다보고 말했다.

"그럼 이제 뵙지 못하겠군요?" 야쉬빈은 일어서면서 브론스끼 쪽으로 얼굴을 돌렸다. "자네는 어디에서 식사하려나?"

"저, 식사는 여기에서 해 주세요." 안나는 이런 일로 당황하는 자신에게 화가 난 것처럼 단호한 어조로 말했다. 그러나 새로운 사람 앞에서 자신의 처지를 나타낼 때는 언제나 그렇듯이 얼굴을 붉혔다. "여기 식사가 좋지는 않지만 대신 이분하고는 만나실 수 있으시니까요. 알렉세이가 연대에서 사귄 옛 동료 중에서 당신처럼 사랑하는 분은 아무도 없어요."

"감사합니다." 야쉬빈은 빙긋이 웃으면서 말했다. 그 미소를 보고 브론스끼는 안나가 무척 그의 마음에 들었음을 알았다.

야쉬빈은 정중하게 인사를 하고 나갔다. 브론스끼는 뒤에 남았다.

"당신도 가세요?" 그녀는 그에게 물었다.

"이미 꽤 늦었으니까." 그가 대꾸했다. "먼저 가! 곧 뒤쫓아갈게." 그는 야쉬빈에게 큰 소리로 외쳤다.

그녀는 그의 손을 잡고 눈을 떼지 않은 채 찬찬히 그를 쳐다보았다. 머릿속으로는 무슨 말을 해서 그를 붙잡아야 하나 그 구실을 찾으면서.

"잠깐만. 나 당신께 이야기할 게 있어요." 그녀는 그의 짤막한 손을 잡아 자기 목에다 대고 눌렀다. "참, 내가 저분을 식사에 초대해도 괜찮았죠?"

"아주, 정말 좋았어." 그는 고른 이를 드러내며 따뜻한 미소를 띠고 그녀 손에 입을 맞추었다.

"알렉세이, 당신 나에 대해 마음이 변하신 것 아녜요?" 그녀는 두 손으로 그의 손을 꽉 쥐면서 말했다. "알렉세이, 나는 이제 여기에 있는 것이 괴로워요. 언제 떠날 거죠?"

"곧이야, 곧. 믿을 수 없겠지만 여기에서의 생활은 내게도 정말 괴로워." 그는 이렇게 말하고 자기 손을 뺐다.

"알았어요, 다녀오세요, 다녀오세요!" 그녀는 뾰로통하게 쏘아붙이고 서둘러 그의 곁을 떠났다.

32

브론스끼가 돌아왔을 때 안나는 숙소에 없었다. 전해진 이야기에 따르면, 그가 나가고 이내 한 부인이 찾아와 그녀와 함께 나갔다는 것이다. 그녀가 행선지도 밝히지 않고 나갔다는 것, 그녀가 여태까지 돌아오지 않았다는 것, 아침에도 그에게 한마디 말도 없이 어딘가 다녀왔던 것, 이런 모든 것이, 오늘 아침 야릇할 만큼 흥분한 그녀 얼굴빛이며 야쉬빈 앞에서 거의 빼앗다시피 그의 손에서 아들 사진을 잡아챘을 때 그 매몰찬 태도와 더불어 그를 깊은 생각에 잠기게 했다. 그는 그녀와 이야기해볼 필요가 있다고 생각했다. 그래서 그녀의 객실에서 그녀를 기다렸다. 그러나 안나는 혼자서 돌아오지 않고 자기 고모뻘 되는 미혼에 중년인 오블론스끼 공작 영애와 같이 돌아왔다. 이 사람이 바로 오늘 안나를 찾아와서 함께 물건을 사러 나갔다는 그 부인이었다. 안나는 브론스끼의 수심에 찬 의아해하는 얼굴빛을 눈치채지 못한 것처럼, 그에게 유쾌한 어조로 낮에 무엇을 샀는지 너절하게 늘어놓았다. 그는 그녀 마음속에 무엇인가 특별한 일이 일어나고 있음을 알았다. 그녀의 반짝이는 눈이 흘끗 그의 얼굴 위에 멎을 때 거기에는 잔뜩 긴장된 주의가 깃들어 있었고, 그 말과 동작 속에도 신경질적인 민첩함과 우아함이 있었다. 이런 요소들은 그들이 가까워졌던 초기에는 굉장히 그를 매혹했으나 지금은 그의 마음을 어수선하게 하고 놀라게 하였다.

식사는 네 사람분이 차려졌다. 모두 벌써 모여 조그마한 식당으로 가려고 할 때 뚜쉬께비치가 베뜨시 공작부인의 전언을 갖고 들어왔다. 베뜨시는 몸이 안 좋아 작별인사를 하러 오지 못하는 것을 사과하고, 대신 안나에게 6시 반부터 9시 사이에 자기에게 와 달라고 초대했다. 브론스끼는 안나를 다른 사람과 만나지 않게 하기 위해 고려된 이러한 시간 제한을 듣고 그녀 얼굴빛을 엿보았다. 그러나 안나는 그것을 전혀 눈치채지 못한 것 같았다.

"정말 유감스럽지만, 나도 6시 반에서 9시 사이엔 갈 수 없어요." 그녀는 엷은 웃음을 띠면서 말했다.

"부인께서 굉장히 섭섭해하시겠군요."

"나도 마찬가지예요."

"틀림없이 빳찌*4를 들으러 가시는 거겠죠?" 뚜쉬께비치가 말했다.

"빳찌? 아, 정말 좋은 생각이에요. 좌석을 얻을 수만 있다면 가고 싶어요."

"내가 얻어 드리죠." 뚜쉬께비치가 나섰다.

"어머나, 정말 고마워요." 안나는 말했다. "그건 그렇고 같이 식사나 하시지 않겠어요?"

브론스끼는 살짝 어깨를 으쓱했다. 그에게는 안나 행동이 전혀 이해가 가지 않았다. 무엇 때문에 이런 과년한 공작 영애를 데려오고, 무엇 때문에 뚜쉬께비치 따위를 만찬에 남게 하고, 가장 놀라운 것은 왜 그에게 좌석을 얻어 달

---

*4 이탈리아 소프라노 가수.

라고 하는 것일까? 도대체 지금 그녀와 같은 처지로, 사교계 사람들이 모두 모일 빳찌의 특별공연 같은 데 간다는 것이 가능하기나 할까? 그는 진지한 눈으로 그녀를 바라보았다. 그러나 그녀는 즐거운 것도 아니고 절망적인 것도 아닌, 도전적인 눈으로 그를 바라볼 뿐이었다. 도무지 그에게는 그 눈빛의 의미가 이해되지 않았다.

식사를 하는 동안 안나는 이상스러울 만큼 유쾌한 기분이었다. 그녀는 뚜쉬께비치에게도 야쉬빈에게도 일부러 비위를 맞추는 것 같았다. 식사가 끝나고 뚜쉬께비치는 좌석을 얻으러 가고 야쉬빈이 담배를 피우러 방 밖으로 나가자, 브론스끼도 그와 함께 자기 방으로 내려갔다. 그는 거기서 잠깐 앉아 있다가 2층으로 뛰어올라 갔다. 안나는 벌써 파리에서 맞춘, 가슴이 넓게 드러나는 우단으로 가장자리를 장식한 엷은 빛깔 비단옷을 입고 값진 하얀 레이스 머리 장식을 달고 있었다. 그 레이스는 그녀 얼굴 윤곽을 뚜렷하게 하여 그 산뜻한 아름다움을 특히 돋보이게 했다.

"당신 꼭 극장에 갈 작정이오?" 그는 그녀를 보지 않으려고 애쓰면서 말했다.

"어째서 그렇게 깜짝 놀란 것처럼 물으세요?" 그녀는 그가 자기 얼굴을 보지 않는 것에 상처를 입고 말했다. "어째서 내가 가서는 안 된다는 거죠?"

그녀는 마치 그의 말뜻을 이해하지 못하는 것 같았다.

"물론 그럴 이유는 어디에도 없지." 그는 눈살을 찌푸리고 말했다.

"그렇죠, 그래서 나도 얘기하는 거예요." 그녀는 일부러 그의 비꼬는 어조를 무시하고 좋은 향기가 나는 긴 장갑을 느긋하게 접으면서 말했다.

"안나! 정말이지! 도대체 어쩌자는 거야?" 그는 언젠가 그녀 남편이 그랬던 것과 마찬가지로 그녀를 일깨우려고 애쓰면서 말했다.

"당신이 도대체 무슨 얘기를 하시는지 난 모르겠어요."

"그런 데 갈 수 없다는 것은 당신도 알고 있잖아."

"어째서요? 난 혼자서 가는 게 아니에요. 바르바라 고모님은 옷을 갈아입으러 가셨어요. 그분과 같이 가는 거예요."

그는 당혹과 절망이 섞인 표정으로 어깨를 으쓱했다.

"하지만 당신도 알지 않소……." 그가 말을 꺼내려고 했다.

"아니요, 난 알고 싶지 않아요!" 그녀는 거의 비명을 지르듯이 말했다. "알고 싶지 않아요, 그럼 내가 한 짓을 후회하느냐고요? 아녜요, 절대로 그렇지 않아요. 똑같은 일이 한 번 더 처음부터 다시 반복된다고 하더라도 분명히 똑같은 선택을 할 거예요. 우리에게는, 나에게도 당신에게도 중요한 것은 오직 하나, 서로 사랑하고 있는가 그것뿐이잖아요. 그 외에는 아무것도 생각할 필요가 없어요. 그런데 우리는 무엇 때문에 여기에서 따로따로 살고 만나지도 않는 거죠? 어째서 난 갈 수가 없다는 거예요? 난 당신을 사랑하고 있어요. 그러니 다른 것은 아무래도 좋단 말이에요." 그녀는 그에게는 알 수 없는 독특한 빛을 눈에 띠고 그의 얼굴을 쳐다보면서 러시아어로 말했다. "당신 마음만 변하지 않는다면. 어째서 당신은 내 얼굴을 보시지 않는 거죠?"

그는 그녀를 바라보았다. 아름다운 얼굴과 언제 보아도 그녀에게 잘 어울리는 옷이 눈에 가득 들어왔다. 그러나 지금은 그 아름다움과 우아함이 오히려 그의 마음을 노엽게 했다.

"내 마음은 변할 리 없소. 당신도 알고 있을 거야. 그러나 난 당신이 가지 않기를 원해. 이렇게 빌겠소." 그는 또다시 프랑스어로 목소리에 부드러운 애원을 담고 말했으나 눈에는 싸늘한 빛이 어려 있었다.

그녀는 그 말은 흘려듣고 그 냉정한 시선만을 보았다. 그래서 짜증스러운 어조로 대꾸했다. "나도 부탁할게요, 내가 어째서 가면 안 되는지, 분명히 말씀해 주세요."

"어째서냐니, 자칫하면 당신이 그……." 그는 얼버무려 버렸다.

"난, 뭐가 뭔지 전혀 모르겠어요. 야쉬빈이라면 '상대로서 어울리지 않는 사람도 아니고', 바르바라 고모님 역시 다른 사람들보다 떨어지지 않아요. 아, 저기 고모님이 오셨어요."

33

브론스끼는 안나에 대해서, 일부러 이해하려 하지 않는 그녀 태도 때문에 처음으로 패씸한 거의 증오에 가까운 감정을 경험했다. 이 감정은 그가 그녀 앞에서 자신의 못마땅함의 원인을 표현할 수 없었기에 더한층 강하게 느껴졌다. 만약 그가 그녀에게 자기 생각을 솔직하게 털어놓을 수 있었다면 그는 이렇게 말했을 것이다. 그렇게 눈에 띄는 차림으로 소문이 자자한 공작 영애 따위와 함께 극장에 나타난다는 것은 곧, 타락한 여자로서 자기 위치를 인정하는 것이 될 뿐만 아니라 사교계를 향해 장갑을 던지는 것이 된다고. 말하자면 영원히 사교계와 인연을 끊는 것을 의미한다고.

그는 안나에게 그것을 이야기할 수는 없었다. '그런데 어째서 그녀는 이 정도도 알지 못할까. 도대체 그녀 마음속에서 무슨 일이 일어나는 것일까?' 그는 자신에게 스스로 물어 보았다. 그러자 그녀에 대한 존경이 엷어지는 것과 동시에 그녀를 아름답다고 생각하는 마음이 강해지는 것을 느꼈다.

그는 시무룩한 얼굴로 자기 방으로 돌아왔다. 의자 위에 긴 다리를 쭉 뻗고 꼬냑에 셀처 탄산수 탄 것을 마시고 있던 야쉬빈 옆에 앉아, 자기에게도 똑같은 것을 가져오라고 일렀다.

"자네, 란꼬프스끼네 모구차라는 말 이야기를 했지. 그것은 참으로 좋은 말이야. 자네가 사지그래." 야쉬빈은 친구의 시무룩한 얼굴을 보고 말했다. "방둥이는 좀 처진 듯하지만 다리와 머리는 정말 그 이상을 바랄 수 없지."

"나도 살 생각이야." 브론스끼가 대꾸했다. 말 이야기에는 흥미가 일었으나 그는 한순간도 안나를 잊을 수 없었고, 어느 틈에 저도 모르게 복도 발소리에 귀를 기울이다가 난로 위 시계를 쳐다보기도 했다.

"마님은 극장에 가셨다고, 그렇게 여쭈라는 말씀이셨습니다." 심부름꾼이 와서 말했다.

야쉬빈은 거품이 이는 셀처 탄산수에 다시 꼬냑을 부어서 쭉 들이켜고는 단추를 잠그면서 일어섰다.

"그럼 우리도 가지." 그는 콧수염 밑으로 살짝 웃어 보였다. 그 미소는 브론스끼가 시무룩해하는 까닭은 알지만 그런 것은 아무래도 좋지 않으냐는 뜻을 나타내고 있었다.

"난 안 가." 브론스끼가 침울하게 대꾸했다.

"난 가야 해, 약속이 있으니까. 그럼 실례하겠어. 마음이 바뀌면, 1층 정면 좌석으로 와. 끄라신스끼 자리가 있으니까." 야쉬빈이 나가면서 덧붙였다.

"아냐, 난 일이 있어."

'아내도 골칫거리지만 아내가 아니면 더욱 성가시군.' 야쉬빈은 호텔을 나가면서 생각했다.

혼자 남은 브론스끼는 의자에서 일어나 방 안을 거닐기 시작했다.

'그런데 오늘은? 자선 흥행 네 번째 초대일이다…… 예고르 형도 형수와 함께 갈 것이다. 어머니도 틀림없이 가셨을 거야. 말하자면 온 뻬쩨르부르그 사교계 사람들이 모두 모인 셈이다. 지금쯤 그녀는 들어가서 털외투를 벗고 조명 아래 모습을 드러냈겠지. 일행은 뚜쉬께비치, 야쉬빈, 공작 영애 바르바라…….' 그는 그 광경을 머릿속에 그려 보았다. '그래서 난 어떻다는 거야? 내가 두려워하는 것인가? 그렇잖으면 그녀 보호를 뚜쉬께비치한테 양도해 버린 것인가? 아무리 생각해 보아도 어리석다, 어리석어…… 도대체 그녀는 무엇 때문에 날 이런 궁지로 몰아넣는 것일까?' 그는 손을 내두르며 혼잣말을 했다. 그러다 탁자를 치는 바람에 셀처 탄산수며 꼬냑 병이 흔들거렸다. 그는 병을 붙잡으려고 했으나 결국 떨어뜨리고 말았다. 홧김에 탁자를 발로 걷어차고 벨을 울렸다.

"만약 네가 내 밑에서 계속 일하고 싶다면." 그는 들어온 하인에게 말했다. "자기가 할 일 정도는 잘 기억해 둬. 두 번 다시 이런 일이 있어서는 안 될 거야. 잘 치우도록 해."

하인은 자기에게 죄가 없다고 생각하고 변명할까 하다가 주인 얼굴을 힐끔 쳐다본 순간 아무 말도 하지 않는 것이 상책임을 깨달았다. 그래서 얼른 굽실굽실 머리를 숙이며 융단 위에 무릎을 꿇고 컵이나 병 성한 것이며 깨진 것을 치우기 시작했다.

"그것은 네가 할 일이 아니야. 급사를 불러서 치우라고 시키란 말이야. 넌 내 연미복 준비나 해."

브론스끼는 8시 반에 극장에 들어갔다. 극은 마침 한고비였다. 늙은 안내원은 브론스끼 털외투를 벗기면서 그를 알아보고 '각하' 하며 인사하고, 그에게 외투보관 번호표 같은 것은 받지 말고 그저 뾰뜨르를 불러달라고 말했다. 등불이 환한 복도에는 안내원과 주인 털외투를 들고 문 옆에서 엿듣는 두 하인 외에는 아무도 없었다. 닫힌 문 안쪽에서 오케스트라의 신중한 스타카토 반주와 또렷하게 노래를 부르는 여자의 독창 소리가 들렸다. 그때 문이 열리고 안내원이 슬며시 안으로 들어갔다. 그러자 끝 부분에 가까워지고 있던 가사가 또렷하게 브론스끼 귓전을 쳤다. 문은 곧 닫혔고 브론스끼는 마지막 가사와 반주의 맺음은 듣지 못했지만 문 안에서 울리는 우레 같은 박수 소리로 곡이 끝난 것을 알았다.

그가 촛대와 청동 가스등들로 환한 홀에 들어갔을 때도 술렁거림은 아직 계속되고 있었다. 무대 위 여가수는 드러난 어깨와 다이아몬드를 반짝이면서 허리를 구부리고 미소를 띠면서, 그녀 손을 잡은 테너의 도움을 받아 풋라이트 너머로 아무렇게나 던져진 꽃다발을 거두어 모았다. 그리고 그녀는, 기름을 번질번질하게 바른 머리를 한가운데에서 똑바로 가르마를 탄 한 신사가 풋라이트 너머로 손을 길게 뻗쳐 무엇인가 선물을 내미는 쪽으로 다가가서 그것을 받으려고 몸을 구부렸다. 그러자 1층 일반석 관객도 2층 칸막이 좌석 관객도 온통 술렁거리며 앞쪽으로 몸을 내밀고 박수하기도 하고 환호성을 올리기도 했다. 한 단 높은 자리에 있던 지휘자가 그것을 거들어 받아 주고 자기 흰 넥타이를 고쳐 맸다. 브론스끼는 아래층 정면 일반석 한가운데로 들어가서 발을 멈추고 주위를 둘러보았다. 이날 그는 조금도 변함없는 낯익은 분위기와 무대, 이러한 소란과 장내를 꽉 채운 흥미 없는 잡다한 관객 무리에는 여느 때보다 더욱 주의를 돌리지 않았다.

언제나 그렇듯 칸막이 좌석에는 비슷한 부류 귀부인들이 비슷한 부류 사관들을 데리고 자리에 앉아 있었다. 그들이 누구인지 하느님 외에는 아무도 모를 언제나 똑같은 화려한 몸치장을 한 부인들과 군복과 연미복 차림의 사람들이 일반석을 채웠고, 층계 맨 꼭대기 가장 싼 좌석에는 언제나 똑같은 지저분한 군중이 넘쳐나고 있었다. 그리고 이러한 어중이떠중이 가운데 아래층 앞줄 칸막이 좌석에 진정한 신사 숙녀가 40명쯤 있었다. 브론스끼는 얼른 이 오아시스 쪽으로 주의를 돌리고 곧 그들 축에 끼어들었다.

그는 막이 끝나고 들어갔으므로, 형의 칸막이 좌석에 들르기 전에 맨 앞줄까지 가서 세르뿌호프스꼬이가 있는 풋라이트 옆에 멈춰 섰다. 세르뿌호프스꼬이는 한쪽 무릎을 구부리고 뒤축으로 풋라이트를 가볍게 툭툭 치고 있다가, 멀리에서 그를 발견하고 웃는 얼굴로 불렀던 것이었다.

브론스끼는 아직 안나의 모습을 보지 못했다. 그는 일부러 안나 쪽을 보지 않았다. 그러나 사람들 시선의 방향을 통해 그녀가 있는 곳은 알고 있었다. 그는 슬쩍 사방을 둘러보았지만 그녀를 찾기 위한 것은 아니었다. 최악의 상황을 생각하며 까레닌을 눈으로 찾고 있었다. 그러나 다행히도 까레닌은 이때에는 극장에 와 있지 않았다.

"자넨 군인 티가 거의 없어져 버렸군그래." 세르뿌호프스꼬이가 말했다.

"외교관이나 미술가나 뭐 그런 자태인걸."

"그래, 난 귀국하자마자 곧 연미복을 입었으니까 말이야." 브론스끼는 웃는 낯으로 조용히 오페라글라스를 꺼내면서 대꾸했다.

"이야, 그 점에서 가장 자네가 부럽단 말이야. 나는 외국에서 돌아와 이것을 입을 때마다." 그는 견장에 손을 대 보였다. "정말 자유가 아깝다니까."

세르뿌호프스꼬이는 벌써 오래전부터 브론스끼의 관계진출에는 완전히 손을 내젓고 있었다. 그러나 여전히 그를 사랑하고 있었고 지금도 또한 그를 특히 반가워했다.

"자네가 서막에 늦다니 유감이야."

브론스끼는 한쪽 귀만으로 이야기를 들으면서, 아래층 좌석에서 2층으로 오페라글라스를 움직여 모든 칸막이 좌석을 자세히 둘러보았다. 머리 장식을 단 부인과 오페라글라스를 들이대자 노엽게 눈을 깜박거리는 대머리 노인 옆에서, 브론스끼는 눈이 부실 만큼 아름답고 레이스 테두리 속에서 의기양양하게 웃는 안나 얼굴을 찾아냈다. 그녀는 그에게서 스무 걸음쯤 떨어진 아래층 다섯 번째 칸막이 좌석에 있었다. 그녀는 맨 앞에 앉아 가볍게 몸을 틀고 야쉬빈에게 무엇인가 이야기하고 있었다. 아름답고 넓은 어깨 위로 날렵하게 빠진 목과 그 눈동자며 얼굴 전체의 흥분을 억누르는 것 같은 상기된 빛이 그 모스끄바 무도회에서 보았던 때와 조금도 다름없는 그녀를 생각나게 했다. 그러나 그 아름다움이 지금은 전혀 다르게 느껴졌다. 그녀에 대한 그의 느낌 속에 이제 신비로움 같은 것은 털끝만큼도 없었다. 그래서 그녀의 아름다움은 이전보다도 강하게 그의 마음을 사로잡기는 하나, 동시에 그에게 상처를 주기도 했다. 그녀는 그가 있는 쪽을 보지 않았지만 브론스끼는 그녀가 벌써 자기를 보았음을 느꼈다.

브론스끼가 다시 그쪽으로 오페라글라스를 돌렸을 때, 그는 공작 영애 바르바라가 새빨개진 얼굴로 부자연스럽게 웃으면서 끊임없이 옆 칸막이 좌석을 보고 있음을 알아챘다. 안나는 부채를 접어 그것으로 난간 붉은 우단을 가볍게 두들기면서 어딘지 딴 데로 눈을 돌리고 있었다. 옆 칸막이 좌석에서 일어나는 일에는 눈길도 주지 않았고, 보고 싶어 하지도 않았다. 야쉬빈 얼굴에는 카드에 졌을 때 짓는 표정이 떠올라 있었다. 그는 잔뜩 찌푸리고 왼쪽 콧수염을 더욱더 깊이 입속으로 밀어 넣으며 곁눈질로 옆 칸막이 좌석을 보고 있었다.

왼쪽으로 이웃한 그 칸막이 좌석에는 까르따소프 부부가 있었다. 브론스끼는 그들을 알고 있었고 또 안나가 그들과 아는 사이라는 것도 알고 있었다. 몸이 작고 수척한 까르따소프 부인은 일어나 칸막이 좌석 가운데 서서 안나 쪽으로 등을 돌린 채 남편이 입혀 주는 외투에 팔을 끼고 있었다. 그녀의 얼굴은 파리하고 성이 난 듯했으며, 흥분한 태도로 무엇인가 계속 중얼거리고 있었다. 몸집이 큰 대머리 신사인 까르따소프는 줄곧 안나 쪽을 돌아보면서 아내를 달래려고 진땀을 빼고 있었다. 아내가 밖으로 나가고 나서도 남편은 어떻게든 안나 시선을 붙잡아 인사라도 한마디하고 싶은지 한참을 어물어물했다. 그러나 안나는 분명히 고의로 그를 무시하면서 뒤로 등을 돌리고, 그녀 쪽으로 짧게 깎은 머리를 기울이는 야쉬빈에게 무엇인가 이야기하고 있었다. 까르따소프는 인사도 하지 못하고 나갔다. 칸막이 좌석은 텅 비었다.

브론스끼는 까르따소프 부부와 안나 사이에 무슨 일이 일어났는지 몰랐지만 그것이 안나에게 굴욕적인 일이라는 것은 알았다. 그가 목격한 사실과 또 무엇보다도 그녀 얼굴빛으로 짐작할 수 있었다. 그는 그녀가 스스로 받아들인 역할을 감당해 내기 위해서 안간힘을 쓰고 있는 것을 알았다. 표면적으로 침착이라는 이 연기를 그녀는 충분히 잘 수행했다. 그녀와 그녀의 처지를 모르는 사람들은, 그녀가 뻔뻔스럽게도 사교계에 더구나 레이스 장식이며 타고난 미모를 빛내면서 그런 눈에 띄는 차림으로 나타났다는 것에 대한 부인들의 불만과 노여움과 놀람의 소리를 듣지 못한 사람들은, 그녀의 아름다움과 침착함에 넋을 잃고, 그녀가 큰 칼을 쓴 죄인의 심정을 맛보고 있으리라고는 상상도 못할 것이다.

무엇인가가 일어났다는 것은 알지만 그것이 어떤 일인가는 몰랐던 브론스끼는 참을 수 없는 불안을 느끼고, 무슨 일인지 알게 될지도 모른다고 생각하며 형의 칸막이 좌석 쪽으로 갔다. 그는 일부러 안나의 칸막이 좌석과는 반대쪽인 아래층 정면 통로를 골라 그쪽으로 나가려고 했다. 그러다 거기에서 두 친지와 이야기하는 지난날 자기 연대장과 딱 마주쳤다. 브론스끼는 까레닌 부부 이름이 언급된 것을 들었다. 그 순간 연대장이 의미심장하게 말 상대를 힐끔 쳐다보고 나서 얼른 브론스끼를 큰 목소리로 불렀다.

"아아, 브론스끼, 언제 부대에 와 주겠나? 대접도 한번 못하고 자네를 보낼 수는 없지. 자넨 우리 연대의 가장 선임이니까 말이야." 연대장이 말했다.

"정말 유감입니다만, 좀처럼 틈이 나지 않는군요. 또 언제 뵙게 되겠지요." 브론스끼는 이렇게 대답하고 형이 있는 칸막이 좌석으로 계단을 뛰어올라 갔다.

거기에는 쇳빛 고수머리를 가진 브론스끼의 어머니도 같이 있었다. 바랴는 공작 영애 소로끼나와 같이 2층 복도에 나와 있다가 그와 마주쳤다.

공작 영애 소로끼나를 어머니에게 데려다 준 바랴는 시동생 손을 잡고, 곧 그가 가장 듣고 싶어 하던 이야기를 시작했다. 그녀는 그가 아직 한 번도 본 적 없었을 만큼 흥분해 있었다.

"정말 비열하고 괘씸한 짓이라고 생각해요. 까르따소바 부인에게 어째서 그런 권리가 있을까요. 까레닌 부인도……." 그녀가 말을 꺼냈다.

"도대체 무슨 일입니까? 난 아무것도 모릅니다."

"아니, 아직 듣지 못하셨어요?"

"그런 문제는 내 귀에는 맨 나중에야 들어오거든요."

"정말이지 그 까르따소바 부인처럼 심술 사나운 분이 또 있을까요?"

"도대체 그분이 어쨌다는 겁니까?"

"남편에게서 들은 말로는…… 그분이 까레닌 부인을 모욕했대요. 남편이 까레닌 부인하고 이야기를 시작하자 까르따소바 부인이 벌컥 화를 내며 큰 목소리로 무엇인가 실례될 말을 하고 휙 나가 버렸다는 거예요."

"백작, 어머님께서 부르십니다." 공작 영애 소로끼나가 칸막이 좌석 문에서 얼굴을 내밀고 말했다.

"네가 오길 줄곧 기다리느라 진이 다 빠지는구나." 어머니는 비웃는 듯한 미소를 띠며 그에게 말했다. "넌 좀처럼 얼굴을 보여주질 않으니 말이야."

아들은 그녀가 기쁨의 미소를 억누르지 못하는 것을 보았다.

"안녕하세요, 어머니. 지금 막 가려던 참이었습니다." 그가 차갑게 말했다.

"넌 어째서 '까레닌 부인의 비위를 맞추러 가지 않지?'" 그녀는 공작 영애 소로끼나가 자리를 떠나기를 기다렸다가 덧붙였다. "저 여자가 소동을 일으키는 통에 모두 빳찌에게 신경쓸 겨를이 없잖니."

"어머니, 그 얘긴 이제 나에게 하지 말아 달라고 부탁드렸잖아요." 그는 눈살을 찌푸리면서 말했다.

"난 그저 모두가 얘기하는 것을 전했을 따름이야."

브론스끼는 아무 대꾸도 하지 않고 공작 영애 소로끼나에게 두서너 마디 건넨 다음 자리를 떴다. 문가에서 형을 만났다.

"아, 알렉세이!" 형은 말했다. "정말 추잡한 일이야! 어리석은 여자 같으니. 그이상 아무것도 아니야…… 지금 그녀에게 가려던 참이야. 같이 가자."

브론스끼는 형의 말을 듣지도 않고 빠른 걸음으로 아래로 내려갔다. 무엇인가를 해야 한다는 것은 알았지만 그것이 무엇인지는 알지 못했다. 그녀가 자기 자신과 그를 이러한 불쾌한 지경에 빠뜨린 것에 대한 쾌씸함과 그녀의 고뇌에 대한 동정이 합쳐져서 그의 마음을 쥐어뜯었다. 그는 아래층 일반석으로 내려가 곧장 안나가 있는 좌석으로 갔다. 거기에는 스뜨레모프가 서서 그녀와 이야기를 하고 있었다.

"저 이상의 테너는 없어요. 정말 천하일품이에요."

브론스끼는 그녀에게 고개를 끄덕이고 멈춰 서서 스뜨레모프와 인사를 나누었다.

"당신은 늦게 오셔서 가장 좋은 아리아를 듣지 못하신 것 같군요." 안나는 브론스끼를 비웃는 것처럼(그에게는 그렇게 여겨졌다) 돌아보고 말했다.

"어차피 난 음악에 어두우니까요." 그는 매섭게 그녀를 쏘아보며 말했다.

"야쉬빈 공작처럼 말씀이죠." 그녀는 생긋 웃으면서 말했다. "글쎄 저분은 말씀이에요, 뺏찌 노랫소리가 너무 크다는 거예요."

"고마워요." 그녀는 긴 장갑을 낀 조그마한 손으로, 브론스끼가 주워 준 프로그램을 받아들면서 말했다. 그러나 돌연 그 순간 그녀의 아름다운 얼굴이 바르르 떨렸다. 그녀는 일어나 칸막이 좌석 안쪽으로 갔다.

다음 막이 되어서도 그녀의 좌석이 텅 비어 있는 것을 알아챈 브론스끼는, 서정적인 노랫소리에 쥐죽은 듯 조용해진 장내에 쉿 하는 비난 소리를 불러일으키면서 밖으로 빠져나와 숙소로 향했다.

안나는 벌써 돌아와 있었다. 브론스끼가 그녀 방에 들어갔을 때 그녀는 아직 극장에 입고 간 옷차림 그대로 혼자 오도카니 앉아 있었다. 그녀는 벽에 가장 가까운 안락의자에 앉아 정면을 찬찬히 바라보고 있었다. 그녀는 그를 흘끗 흘겨보았지만 곧 본디 자세로 돌아갔다.

"안나." 그가 말했다.

"당신이, 당신이 모두 나쁜 거예요!" 그녀는 일어서면서 절망과 분노의 눈물이 어린 목소리로 외쳤다.

"그래서 가지 말라고 그렇게 사정했잖아. 당신이 불쾌한 꼴을 당하리라는 것을 알고 있었으니까……."

"불쾌하다고요?" 그녀는 외쳤다. "불쾌한 정도가 아니라 정말 최악이에요! 난 살아 있는 한 이 일은 절대 잊지 않을 거예요. 그 여자는 나하고 나란히 앉아 있는 게 창피하다고 했어요."

"어리석은 여자의 말이야." 그가 말했다. "하지만 굳이 그렇게 도발하지 않았어도……."

"난 당신의 그런 태연한 모습이 정말 싫어요. 당신은 날 말렸어야 했어요. 당신이 만약 날 사랑하고 있다면……."

"안나! 이게 내 사랑과 무슨 관계가 있다고……."

"만약 당신이 내가 당신을 사랑하는 만큼 나를 사랑한다면, 내가 괴로워하는 만큼 당신이 괴로워한다면……." 그녀는 깜짝 놀란 듯한 표정으로 그를 쳐다보면서 말했다.

그는 그녀가 가여웠으나 역시 괘씸했다. 그는 그녀에게 자기 사랑을 몇 번이고 맹세했다. 오직 그것만이 지금 그녀 마음을 가라앉힐 수 있다고 보았기 때문이다. 그리고 말로는 비난하지 않았지만 속으로는 그녀를 비난하고 있었다.

그에게는 너무 낡아서 입에 담기조차 민망했던 사랑의 맹세를, 그녀는 목마른 듯 들이마시고 차차 안정을 되찾았다. 이 일이 있은 이튿날 그들은 완전히 화해하고 시골로 떠났다.

제6편

1

돌리는 아이들과 함께 뽀끄로프스꼬예에 있는 동생 끼찌 레비나의 집에서 한여름을 지냈다. 그녀 영지에 있는 집은 완전히 황폐해 있었으므로, 레빈 부부가 자기들 집에서 여름을 보내도록 그녀를 설득한 것이다. 오블론스끼는 이 계획에 적극적으로 찬성하고 자기도 가족과 함께 시골에서 여름을 보낼 수 있다면 얼마나 행복할지 모르지만 공무 때문에 그렇게 할 수 없는 것이 유감이라고 말했다. 그리고 모스끄바에 혼자 남아 어쩌다가 하루 이틀씩 시골을 다녀갔다. 아이들과 가정교사를 포함한 오블론스끼 가족 외에, 이 여름 레빈 집에는 '임신' 경험이 없는 금쪽같은 딸 뒷바라지가 자기 의무라고 생각한 노 공작부인도 와 있었다. 그 밖에 끼찌가 외국에 있을 때 친구가 된 바레니까도, 끼찌가 결혼하면 방문하겠다던 약속을 지켜 그의 집에 손님으로 와 있었다. 즉 레빈에게는 모두가 아내 친척이고 친구였다. 그는 이들을 모두 좋아하고는 있었지만, 이른바 '쉬체르바스끼 식 요소'의 유입에 의해서 자신의 레빈 식 세계와 질서가 눌려 버리는 것이 다소 서운했다. 그의 피붙이로는 이번 여름에 단 한 사람 세르게이가 와 있었으나, 그 역시 레빈 식 사람이라기보다는 꼬즈느이쉐프 식 사람이었으므로 레빈 식 정신은 완전히 쫓겨나 버린 상황이었다.

텅텅 비어 있던 레빈의 집에 지금은 너무 많은 사람이 모여서 거의 모든 방이 다 차고, 노 공작부인은 거의 날마다 식탁에 앉을 때 사람 머릿수를 세고 열세 번째 손자나 손녀를 다른 작은 식탁에 따로 떼어 앉혀야만 했다. 살림살이에 열의를 쏟고 있던 끼찌도, 손님과 아이들의 여름철 식욕을 채우기 위해 엄청나게 많이 필요한 닭이니 칠면조니 오리를 손에 넣는 데 적지 않은 고생을 해야 했다.

온 가족이 식탁에 모여 앉았다. 돌리의 아이들은 가정교사며 바레니까와 함께 버섯을 따러 갈 장소에 대해 상의하고 있었다. 그러자 지식과 학문으로 손님들 사이에서 거의 숭배에 가까운 존경을 받고 있던 꼬즈느이쉐프까지 버섯 따기 이야기에 끼여 일동을 놀라게 했다.

"나도 가고 싶군요. 버섯 따기를 아주 좋아하거든요." 그는 바레니까를 쳐다보면서 말했다. "그것은 굉장히 즐거운 놀이에요."

"그러세요. 저희도 굉장히 기뻐요." 바레니까가 얼굴을 붉히며 대답했다. 끼찌는 돌리와 의미 있는 눈빛을 교환했다. 학식이 높고 총명한 꼬즈느이쉐프가 굳이 바레니까와 함께 버섯을 따러 가겠다고 한 것으로, 요즈음 완전히 끼찌 마음을 사로잡고 있던 어떤 추측이 확인됐다고 생각했기 때문이다. 그녀는 자기 눈길을 들키지 않으려고 얼른 어머니와 이야기를 시작했다. 식사가 끝나자 꼬즈느이쉐프는 커피잔을 들고 객실 창가에 앉아 아우와 하던 이야기를 계속하면서, 버섯 따러 갈 준비를 마친 아이들이 나올 문 쪽을 힐끔거렸다. 레빈은 형 옆 창문틀에 걸터앉았다.

끼찌는 남편 옆에 서서 무엇인가를 그에게 이야기하기 위해, 그녀에게는 아무런 흥미도 없는 이야기가 끝나기를 기다리고 있었다.

"넌 결혼하고 나서 꽤 많이 변했어, 좋은 쪽으로 말이야." 꼬즈느이쉐프는 끼찌에게 웃는 얼굴을 돌리면서, 자기가 시작한 대화에 그다지 흥미가 없는 것 같은 태도로 말했다. "그러나 역설적인 주제를 변호하는 열정만은 여전하군."

"까쨔, 서 있으면 몸에 좋지 않아." 남편은 그녀에게 의자를 밀어주고 깊은 눈빛으로 그녀를 쳐다보았다.

"그래 그렇지, 나도 이러고 있을 때가 아니지." 꼬즈느이쉐프는 아이들이 뛰어나오는 것을 보고는 덧붙였다.

맨 앞에는 꼭 맞는 양말을 신은 따냐가 옆으로 폴짝폴짝 뛰면서, 바구니와 꼬즈느이쉐프 모자를 휘휘 내두르면서 곧장 그의 쪽으로 달려왔다.

기운차게 꼬즈느이쉐프 옆까지 뛰어온 그녀는 아버지를 쏙 빼닮은 아름다운 눈을 반짝이면서 그에게 모자를 건넸다. 그리고 수줍어하는 듯한 부드러운 미소로 자기 말괄량이 기질을 부드럽게 하면서 그것을 그에게 직접 씌워 주고 싶어 했다. 그녀는 꼬즈느이쉐프 미소에서 그렇게 해도 좋다는 것을 알고 그의 머리에 살짝 모자를 씌워 주면서 이렇게 말했다. "바레니까가 기다리고 계세요."

바레니까는 노란 사라사 옷으로 갈아입고 머리에 하얀 머릿수건을 두르고 문가에 서 있었다.

"지금 갑니다. 바레니까!" 꼬즈느이쉐프가 커피를 털어 마시고 여기저기 호주머니에 손수건과 담뱃갑을 갈라 넣으면서 말했다.

"내 친구 바레니까는 정말 좋은 사람이죠! 그렇죠?" 끼찌는 꼬즈느이쉐프가 자리를 뜨자 곧바로 남편에게 말했다. 그것은 꼬즈느이쉐프에게 들릴 법한 말투였다. 그녀는 분명히 그것을 바라고 있었다. "게다가 저분 아름다움은 말할 것도 없고요. 정말 고상한 아름다움이지요! 바레니까!" 끼찌가 소리쳤다. "물방앗간이 있는 숲으로 가시나요? 우리도 나중에 뒤따라가겠어요."

"몸이 무거운 것도 말끔히 잊었나 보다, 끼찌!" 노 공작부인이 부리나케 문에서 나오면서 소리쳤다. "넌 그렇게 큰 소리를 질러선 안 돼."

바레니까는 끼찌 목소리와 어머니 잔소리를 듣자 경쾌한 발걸음으로 얼른 끼찌에게 다가갔다. 그 날쌘 동작과 장밋빛 생기 있는 얼굴은 그녀 안에서 무엇인가 심상찮은 일이 일어나고 있음을 보여주었다. 끼찌는 그 심상찮은 것이 무엇인지 알고 있었으므로 주의 깊게 그녀를 관찰하고 있었다. 그녀가 지금 바레니까를 부른 것도, 그저 끼찌 생각으로는 오늘 점심 뒤에 숲 속에서 이루어질 중대사에 대해서 마음속으로나마 그녀를 축복하기 위해서였다.

"바레니까, 만약 말이에요, 어떤 일이 실현된다면 정말 더없이 기쁠 거예요." 그녀는 바레니까에게 입을 맞추면서 귓속말로 말했다.

"당신도 같이 가시겠지요?" 바레니까는 어찌할 바를 모르고 끼찌 말을 못 들은 척하면서 레빈에게 말했다.

"네, 가겠습니다. 그러나 난 탈곡장까지만 같이 가고 거기에 남겠어요."

"어머나, 그런 곳에 무슨 일이 있으세요?" 끼찌가 물었다.

"새 짐수레도 좀 조사해 보고 세어 봐야 돼." 레빈은 말했다. "그래, 당신은 어디에 있겠어?"

"난 테라스에 있겠어요."

2

테라스에는 부인들이 모두 모여 있었다. 그녀들은 점심 뒤에는 늘 거기에 모여 앉아 있기를 좋아했다. 더구나 오늘은 거기에서 할 일이 있었다. 태어날 아이 속옷을 짓기도 하고, 아이 배가리개를 바느질하느라고 바빴을 뿐만 아니라,

오늘은 거기에서 아가피야 미하일로브나에게는 처음인 물을 전혀 붓지 않는 방법으로 잼을 고았다. 끼찌가 친정에서 하던 이 새로운 방법을 도입한 것이다. 지금까지 쭉 이 일을 맡아서 해 온 아가피야는 레빈가에서 하던 방식이 나쁠 턱이 없다고 믿어 의심치 않으며 딸기와 산딸기에 물을 부었다. 그러다 들켜 끼찌가 그것을 나무라며 이렇게 여러 사람 앞에서 잼을 끓이게 되었고, 아가피야는 물을 넣지 않고도 잼은 아주 잘 고아진다는 것을 믿지 않을 수 없게 되었다.

아가피야는 화가 나서 토라진 얼굴에 헝클어진 머리칼을 하고 앙상한 두 팔을 팔꿈치까지 걷어붙이고 화로 위에서 냄비를 홰홰 젓고 있었다. 그리고 딸기가 굳어져서 잘 고아지지 않기를 간절히 바라면서 시무룩하게 그것을 찬찬히 지켜보고 있었다. 공작부인은 아가피야의 불만이 딸에게 잼 만드는 법을 가르쳐준 자기에게 돌려지고 있으리라는 것을 느끼고, 자기는 지금 다른 일이 너무 바빠 잼이니 하는 것에는 조금도 관심이 없다는 태도로 열심히 바느질을 했다. 그러면서도 다른 주제로 이야기꽃을 피우다 슬금슬금 화로 쪽을 곁눈질하고 있었다.

"난 특매장이 있으면 언제나 집안 하녀들 옷을 직접 사다 준단다." 공작부인은 아까부터 하던 이야기를 계속했다. "이제 슬슬 거품을 걷어내는 게 좋지 않겠어, 할멈?" 그녀는 아가피야에게 말했다. "네가 직접 손을 댈 필요는 없어, 뜨거우니까." 그녀는 끼찌를 말렸다.

"내가 하겠어요." 돌리가 말했다. 그녀는 일어서서 숟가락으로 부글부글 거품을 일으키며 끓고 있는 설탕 표면을 조심스럽게 걷어내기 시작했다. 이따금 그릇에 숟가락을 탁탁 치며 끈끈하게 엉겨붙은 것을 떨어뜨렸다. 그릇에는 벌써 노르스름하고 장밋빛으로 얼룩덜룩한 거품이 가득 찼다. '아이들이 차와 함께 이것을 핥아먹으면서 얼마나 기뻐할까!' 그녀는 자신이 아이였을 적에 어른들은 가장 맛있는 이 거품을 왜 먹지 않을까 이상하게 여겼던 일을 회상하면서 자기 아이들을 떠올렸다.

"스찌바는 말이에요, 돈으로 주는 게 훨씬 낫다고 해요." 잼을 휘저으면서도 돌리는 하인들에게는 무엇을 주는 것이 좋은가라는, 아까 시작된 흥미 있는 이야기를 계속하면서 말했다. "그렇지만……."

"돈이라니 무슨!" 공작부인과 끼찌가 입을 모아 소리쳤다. "다들 선물을 더 좋아해요."

"예를 들면 말이야, 내가 지난해 우리 집 마뜨료나 세묘노브나에게 포플린은 아니지만 그와 비슷한 것을 사 줬더니 말이야." 공작부인이 말했다.

"네, 저도 기억하고 있어요. 그녀가 어머님 명명일(命名日)에 그것을 입고 있었던 것을."

"그건 정말 좋은 무늬였어. 산뜻하고 고상하기까지 했지. 만약 그녀에게 주는 것이 아니었더라면, 내 옷을 지어 입고 싶었을 만큼. 바레니까가 입고 있는 것과 비슷했어. 아주 훌륭하고 또 값싸고."

"자! 이제 다 된 것 같아요." 돌리는 숟가락으로 뜬 시럽을 흘려보면서 말했다. "이렇게 떨어뜨려 봐서 끝이 조금 뭉치기만 하면 되는 거야. 좀 더 끓여 봐, 아가피야."

"이놈의 파리들이!" 아가피야는 퉁명스런 어조로 말하고는 이렇게 덧붙였다. "언제까지 끓여도 마찬가질 거예요."

"아아, 정말 예뻐!" 끼찌는 참새가 갑자기 난간에 앉아 딸기 속을 홱 뒤집어젖히고 쪼아 먹는 것을 보면서 말했다.

"그래, 그런데 넌 불에서 좀 더 멀리 떨어져 있는 게 좋겠구나." 어머니는 말했다.

"그건 그렇고 바레니까 이야기인데 말이에요." 끼찌는 아가피야가 알아듣지 못하도록 늘 하던 것처럼 프랑스어로 말했다. "저어, 어머니, 난 어쩐지 오늘 결정될 것 같은 느낌이 들어요. 무슨 일인지는 알고 계시겠지요. 만약 그렇게 된다면 정말 얼마나 좋겠어요!"

"하지만 네 중매기술도 정말 대단한걸!" 돌리가 말했다. "정말 얼마나 주의 깊고 솜씨 좋게 두 사람을 가깝게 만들었는지 몰라요……."

"어머, 그렇지 않아. 하여튼 어머니, 어머니는 어떻게 생각하세요?"

"내가 뭘 어떻게 생각하겠니? 그 사람(그 사람은 꼬즈느이쉐프를 말하는 것이었다)은 마음만 먹으면 언제라도 러시아에서 첫째가는 짝을 얻을 수가 있었지. 지금은 그다지 젊은 편은 아니지만 지금도 그 사람에게라면 역시 대개는 기꺼이 시집을 갈 거로 생각해…… 그 아가씨도 아주 좋은 분이지만, 그 사람으로 본다면……."

"아녜요 어머니, 그럼 그분도 그녀도 이보다 더 좋은 연분을 바랄 수 없는 이유를 말씀드리죠. 첫째, 그녀는 훌륭한 사람이에요!" 끼찌는 손가락을 하나 꼽으면서 말했다.

"그분은 그녀가 굉장히 마음에 든 것 같던데요. 그건 확실해요." 돌리가 맞장구를 쳤다.

"둘째로 그분은, 이미 아내 재산이라든가 지위 따위가 전혀 필요 없는 확실한 지위를 갖고 계세요. 그분에겐 다만 예쁘고 귀엽고, 그리고 차분한 아내면 그만이에요."

"그래, 그녀 하고라면 틀림없이 평화롭게 살 수 있을 거야." 돌리가 또다시 찬성했다.

"셋째로는 그녀가 그분을 사랑해야 해요. 그런데 이 조건도 갖추어져 있어요…… 말하자면 모든 것이 다 좋다는 얘기예요…… 그래서 난 그 사람들이 숲에서 돌아올 때 모든 것이 결정되어 있기를 진심으로 기다리고 있어요. 그들 눈을 보면 바로 알 테니까요. 정말 그렇게 된다면 얼마나 기쁠까! 언니는 어떻게 생각해요, 돌리?"

"하지만 너, 절대 흥분하면 안 돼. 너한테 흥분은 금물이니까." 어머니가 말했다.

"전 별로 흥분하지 않았어요, 어머니. 그저 어쩐지 오늘 그가 청혼할 것만 같은 생각이 자꾸만 드는 것뿐이에요."

"맞아, 정말 이상한 느낌이 드는 일이야, 언제 어떤 식으로 남자가 청혼하는가 하는 것은…… 무엇인가 장벽이 있구나 싶은데 그것이 갑자기 없어져 버리거든." 돌리는 오블론스끼와의 과거를 회상하면서 감개무량한 웃음을 띠었다.

"어머니, 아버님께선 어떻게 청혼을 하셨어요?" 끼찌가 불쑥 물었다.

"아무것도 특별한 것은 없었어. 아주 담담했었지." 공작부인은 이렇게 대답했으나 그 얼굴은 추억으로 밝게 빛났다.

"아이, 어떠셨어요? 어머니도 역시 이야기가 결정되기 전부터 아버지를 사랑하고 계셨나요?" 끼찌는 여자 일생에서 가장 중요한 이런 문제에 대해 어머니를 상대로 동등한 위치에서 이야기할 수 있다는 것이 참을 수 없을 만큼 즐거웠다.

"사랑하고 있었고말고. 그 사람은 마차로 시골 우리 집까지 곧잘 놀러오셨지."

"그래서 어떻게 결정됐어요? 네, 어머니?"

"너흰 틀림없이 너희가 어떤 새로운 것을 생각해 낸 것처럼 여기고 있지? 하지만 예나 지금이나 모두 똑같아. 눈짓이나 웃는 얼굴로 다 결정돼 버리는 거야……."

"어머니, 정말 멋있는 말씀이세요. 바로 눈짓과 웃는 얼굴이에요." 돌리는 시인했다.

"그렇지만 아버님께선 어떻게 말씀하셨어요?"

"꼬스짜는 너에게 뭐라고 말하던?"

"그이는 분필로 썼어요, 아주 근사했어요…… 그런데 어쩐지 아주 오래전 일 같은 느낌이 들어요!" 그녀가 말했다.

그리고 세 여인은 똑같은 생각에 잠겼다. 끼찌가 맨 먼저 침묵을 깨뜨렸다. 결혼하기 전 마지막 겨울과 브론스끼에게 마음이 끌렸던 일이 세세하게 떠올랐던 것이다.

"한 가지 문제가 있다면…… 바레니까의 옛날 로맨스인데요." 그녀는 그 상념으로부터 자연스럽게 그 일을 떠올리고 말했다. "전 그것을 어떻게 꼬즈느이 쉐프에게 이야기하여 그분에게 마음의 준비를 시키고 싶어요. 정말이지, 남자들이란 누구나 우리 여자 과거에 대해선 무서울 만큼 질투가 강하니까요."

"모두 그렇지는 않아." 돌리가 말했다. "너는 네 남편을 표준으로 삼고 그런 판단을 하는 거야. 그는 지금도 브론스끼 일로 괴로워하고 있지, 어때? 그렇지?"

"그래요." 끼찌는 생각에 잠긴 듯한 눈으로 웃으면서 대답했다.

"하지만 난 모르겠구나." 공작부인은 딸에 대한 자기의 어머니로서 감독의무를 변호하면서 참견했다. "도대체 너의 어떤 과거가 그 사람을 괴롭힌다는 거니? 브론스끼가 너에게 잘했던 것 때문이냐? 그건 어떤 처녀에게도 있는 일이잖니."

"네, 그러나 지금은 그것에 관해서 이야기하는 게 아녜요." 끼찌가 살짝 얼굴을 붉히면서 말했다.

"아니, 좀 들거라." 어머니는 계속했다. "그리고 넌 그 뒤 내가 브론스끼와 결판을 지으려는 걸 절대 못하게 했잖니, 기억하고 있지?"

"아아, 어머니!" 괴로운 표정으로 끼찌가 말했다.

"요즘 아가씨들은 누구나 그 정도 교제는 다 해…… 게다가 너희 관계는 도를 넘어선 적도 전혀 없었으니까 말이야. 그랬으면 내가 그 사람과 담판을 지었을 게다. 그건 그렇고, 애야, 넌 그렇게 흥분해선 안 돼. 제발, 착하지, 마음을 가라앉혀요, 응."

"전 조금도 흥분하지 않았어요, 어머니."

"결국, 그때 안나가 온 것이 끼찌에게는 다행한 일이었지." 돌리는 말했다. "그녀로서는 불행한 일이었지만. 정말 완전히 거꾸로 돼 버렸네요." 그녀는 자기 상념에 놀라면서 덧붙였다. "그때 안나는 굉장히 행복해 보였고 끼찌는 자기를 불행하다고 생각했었는데, 완전히 정반대가 돼 버렸지 뭐야! 난 종종 그녀를 생각해요."

"아니 저런, 큰일 낼 사람에 대해서 생각하는구나! 그런 끔찍하고 더럽고 인정머리 없는 여자를." 끼찌가 브론스끼가 아닌 레빈과 결혼한 것을 아직도 서운하게 여기는 어머니가 말했다.

"어째서 어머니는 그런 말씀을 하시는 거죠?" 끼찌가 발끈하며 말했다. "전 그런 건 생각하지도 않고, 또 생각하고 싶지도 않아요…… 정말 생각하고 싶지도 않아요." 그녀는 테라스 층층대를 올라오는 귀에 익은 남편 발소리에 귀를 기울이면서 거듭 말했다.

"무슨 소리야…… 생각하고 싶지도 않다니?" 레빈은 테라스에 발을 들여놓으면서 물었다.

그러나 아무도 그에게 대답하지 않았고 그도 더는 물음을 되풀이하지 않았다.

"이거 대단히 미안하게 됐군요. 부인들끼리의 분위기를 깨뜨려버려서." 그는 시무룩하게 모두의 얼굴을 둘러보고, 무엇인지 그의 앞에서는 꺼리는 것을 이야기하고 있었다는 사실을 깨닫고 말했다.

순간 그는 아가피야의 마음을, 물을 넣지 않고 잼을 만드는 것뿐만 아니라 외부인인 쉬체르바스끼의 영향에 대한 불만을 이해할 것 같았다. 그러나 그는 웃는 얼굴로 끼찌에게 다가갔다.

"그래 좀 어때?" 그는 요즘 그녀에게 말을 거는 사람이면 누구나 보이는 것과 똑같은 표정을 띠고 그녀에게 물었다.

"괜찮아요. 아주 좋아요." 끼찌는 방긋 웃으며 말했다. "당신 쪽은 어떻죠?"

"음, 그건 일반 짐수레 세 배는 운반할 수 있겠어. 그럼 어디 아이들을 맞으러 가 볼까? 말을 매 놓으라고 일러뒀어."

"아니 뭐라고, 자넨 끼찌를 리네이까*¹에 태울 셈인가?" 장모가 비난조로 말했다.

"걱정하지 마세요. 천천히 갈 테니까요, 공작부인."

레빈은 세상 사위들이 하는 것처럼 공작부인을 어머니라고는 절대 부르지 않았다. 이것이 공작부인은 불쾌했다. 그러나 레빈은 공작부인을 굉장히 사랑하고 또 존경하고 있었음에도, 죽은 자기 어머니에 대한 사모의 감정을 배신하는 것만 같아서 도저히 그녀를 어머니라고 부를 수 없었던 것이다.

"같이 가요, 어머니!" 끼찌가 말했다.

"난 그런 분별없는 짓은 보고 싶지도 않구나."

"그럼 전 걸어서 가겠어요. 그편이 건강에도 좋으니까요." 끼찌는 일어서서 남편에게 다가가 그 손을 잡았다.

"아무리 몸에 좋다고 해도 무슨 일에든 정도가 있는 거야." 공작부인은 말했다.

"어때, 아가피야, 잼은 다 됐나?" 레빈은 아가피야에게 빙그레 웃어 보이면서 그녀 기분을 돋우어 주려고 말했다.

"그야 뭐, 틀림없겠지요. 내가 보기엔 조금 지나치게 고아진 것 같지만."

"그러는 게 좋아요, 아가피야, 상하지 않거든. 그렇잖으면 집에 있는 얼음이 다 녹아 버려서 보관해 둘 곳도 없으니깐." 끼찌는 이내 남편의 뜻을 이해하고는 같이 할멈의 마음을 풀어 주려고 말했다. "그건 그렇고 소금절임은 어머니도 그렇게 맛있는 것은 어디서도 먹어 본 적이 없을 정도라고 말씀하셨지." 그녀는 방긋 웃고 할멈의 치맛자락을 고쳐 주면서 덧붙였다.

아가피야 미하일로브나는 시무룩하게 끼찌 얼굴을 바라보았다.

"그렇게 위로해 주시지 않아도 좋아요, 마님. 전 마님과 이분이 함께 있는 모습을 보는 것만으로도 즐거워요." 그녀는 말했다. '나리'가 아니라 '이분'이라는 허물없는 말투가 끼찌 마음에 들었다.

"같이 버섯을 따러 가요. 우리에게 좋은 곳도 가르쳐 주고요."

───────────

*1 대형 유개마차.

아가피야는 피식 웃고는, '당신에게는 아무리 화내려고 해도 그럴 수가 없군
요'라고 말하기라도 하듯이 머리를 저었다.

"부디, 내 말대로 해 줘요." 노 공작부인이 말했다. "잼 위에다 종이를 씌워서
럼주로 적셔 둬요. 그렇게 하면 얼음이 없어도 절대 곰팡이가 피는 일은 없으
니까."

3

끼찌는 남편과 단둘이 있을 기회를 얻게 된 것이 특히 기뻤다. 왜냐하면 그
가 테라스로 들어와서 무슨 얘기들을 하고 있었느냐고 물었을 때 그것에 대
해서 아무도 대답을 하지 않자, 그 표정이 풍부한 얼굴에 쓸쓸한 그림자가 스
쳤던 것을 알아챘기 때문이었다.

일행보다 한 걸음 먼저 나와 걷기 시작한 두 사람은 수레바퀴 자국으로 먼
지가 자욱하고 호밀 이삭이며 낱알이 흩어져 있는 한길로 나와 집 안에서의
시야를 벗어나자, 그녀는 더한층 강하게 남편 팔에 매달려서 그 팔을 자기 몸
에 꼭 눌렀다. 그는 벌써 아까의 불쾌한 인상 같은 것은 깡그리 잊어버렸다. 지
금은 그녀가 임신한 몸이라는 생각을 잠시도 잊지 않고, 욕망을 초월한, 그에
게는 새롭고 즐거운 완전히 순결한 감각으로, 사랑하는 여인이 옆에 있다는
쾌감을 느끼고 있었다. 딱히 이야기할 것은 없었으나 그는 임신 때문에 그 눈
빛과 마찬가지로 달라진 그녀의 목소리 울림이 듣고 싶었다. 그 목소리와 눈매
에는 오직 자기가 좋아하는 어떤 한 가지 일에 집중하는 사람에게서 흔히 보
이는 부드러움과 진지함이 서려 있었다.

"그러면 피곤하지 않아? 더 바싹 기대도 좋아." 그가 말했다.

"괜찮아요, 그보다 난 당신과 단둘이 있게 된 것이 정말 기뻐요. 바른 대로
말하면 난 여러 사람과 같이 지내는 것도 즐겁지만, 역시 단둘이 보냈던 겨울
밤이 그리워요."

"그때도 좋았지만, 지금은 더욱 좋아. 어느 쪽이고 다 좋아." 그는 아내 손을
꼭 쥐면서 말했다.

"당신이 들어오셨을 때 우리가 무슨 이야길 하고 있었는지 아세요?"

"잼 이야기겠지?"

"네, 잼 이야기도 했어요. 그러다가, 남자분이 청혼할 때의 이야기를 하고 있

었어요."

"그래!" 레빈은 그녀가 이야기하는 말보다 그 목소리 울림에 귀를 기울이면서 말했다. 그러면서도 이제부터 숲 속으로 접어든 길에 끊임없이 마음을 쓰면서 그녀가 걷기 어려워 보이는 곳을 피해 걸어갔다.

"그리고 꼬즈느이쉐프와 바레니까 이야기도 했어요. 당신 눈치채고 계셨어요?…… 난 정말 그렇게 되길 바라고 있어요." 그녀는 말을 계속했다. "당신은 그들을 어떻게 생각하세요?" 이렇게 말하고 그녀는 그의 얼굴을 찬찬히 쳐다보았다.

"글쎄, 어떻게 생각해야 좋을지." 레빈은 웃으면서 대답했다. "그런 문제에 있어선 내가 봐도 세르게이는 정말 수수께끼야. 당신에게도 말했었지……."

"네, 사랑하는 처녀가 있었는데 이미 세상을 떠났다는 얘기 말이죠……."

"음, 그것은 내가 아직 어렸을 때 일이었지. 난 사람들에게 들어서 알고 있을 뿐이야. 그 무렵 형을 기억해. 형은 굉장히 매력적인 사람이었어. 하지만 그 뒤로 여성에 대한 형의 태도를 보고 있으면 말이야, 확실히 형은 여자에게 친절하고 두서너 명은 마음에 들기도 한 것 같았어. 하지만 아무래도 다들 형에게는 여자가 아니라, 다만 인간으로 비치는 것 같아."

"그래요, 하지만 이번 상대는 그 바레니까예요…… 아무리 봐도 무엇인가 있는 것 같아요……."

"어쩌면, 있을지도 모르지…… 그러나 형님이란 사람을 잘 알아야 해…… 조금 특별하고 기묘한 사람이니까. 그분은 다만 정신적으로만 생활해서. 너무나도 순결하고 고상한 영혼을 지닌 사람이야."

"그래서요? 그게 그분 결점이라도 된다는 말씀이세요?"

"아냐, 그런 것은 아니야. 그러나 형은 다만 정신적인 생활에 너무 길들었기 때문에 실제적인 것과 조화를 이룰 수 없게 돼 버렸단 말이지. 그런데 바레니까는 역시 하나의 실제이니까."

레빈은 이제 자기 생각을 정확한 말로 나타내려고 고심하는 일 없이 생각하는 그대로 표현하는 일에 익숙해져 있었다. 그는 지금처럼 사랑으로 가득 찬 순간에는, 그가 얘기하려는 것을 조금만 암시해도 아내가 알아차린다는 것을 알고 있었다. 그리고 실제로 그녀는 그의 말을 이해했다.

"네, 그녀에게는 나만큼이나 실제적인 데는 없어요. 그야 물론 그분은 나 같은 여자를 절대 사랑하지 않으실 거예요. 하지만 그녀는 세속과는 완전히 동떨어져 있는 걸요……."

"아냐, 형님은 당신을 굉장히 사랑하고 있어, 그리고 나에겐 그것이 기뻐. 내 친척들이 당신을 사랑해 주는 것이 말이야……."

"네, 그분께서는 나한테 친절하게 해 주세요. 그렇지만……."

"하지만 죽은 니꼴라이 형님 같진 않다는 말이지…… 정말 당신과 형님은 서로 사랑하고 있었으니까." 레빈은 거침없이 말했다. "어째서 이런 말을 입 밖에 내선 안 되지?" 그가 덧붙였다. "난 이따금 나를 꾸짖어. 결국 잊어버리게 되고 말 테니까. 아아, 그분은 얼마나 무섭고도 매력적인 사람이었는지…… 음, 그런데 방금 우리가 무엇을 이야기하고 있었지?" 레빈은 잠깐 잠자코 있다가 말했다.

"당신은 세르게이 형님께서 사랑할 수 없는 분이라고 생각하고 계시는군요." 끼찌가 남편 생각을 자기 나름의 말로 고쳐서 말했다.

"꼭 사랑을 할 수 없다는 것은 아니야……." 레빈은 웃으면서 말했다. "그러나 형님에게는 사랑하기에 필요한 약점이란 것이 없어……난 늘 그런 형님을 부러워했고, 지금 이렇게 행복한데도 역시 형님이 부러워."

"사랑을 할 수 없는 것이 부럽다는 말씀이세요?"

"난, 형님이 나보다 뛰어난 인간이라는 점을 부러워하는 거야." 레빈은 여전히 웃는 얼굴로 말했다. "형님은 자기를 위해서 살지 않아. 형님 생애는 의무라는 것에 바쳐졌어. 그러니까 그처럼 침착하고 만족할 수 있는 거야."

"그럼, 당신은?" 끼찌가 장난치듯 애정 어린 웃음을 띠고 말했다. 그녀는 자기를 미소하게 한 생각의 경로를 표현하려 해도 도저히 표현할 수는 없을 것이다. 그러나 마지막 결론은, 형을 존경한 나머지 자기를 비하하고 마는 남편 태도가 솔직하지 않다는 것이었다. 남편의 이런 태도는 형에 대한 애정과 자기가 너무나 행복한 것에 대한 부끄러움에서, 또 언제나 보다 잘되려고 하는 그의 끊임없는 욕구에서 생긴 것임을 끼찌는 알고 있었다. 그녀는 그의 그러한 점을 사랑했으므로 그 때문에 미소를 지었던 것이다.

"그럼 당신은? 뭐가 불만이에요?" 그녀는 똑같은 미소를 띠고 물었다. 그의 자기 불만에 대해 그녀가 믿지 않는다는 사실은 그를 기쁘게 했다. 그래서 그는 자기도 모르는 사이에 그녀가 그 불신의 이유를 토로하게끔 들쑤셨다.

"난 행복해, 그러나 나 스스로에게는 불만이야." 그가 말했다.

"하지만 행복하다면 어째서 불만을 품을 수 있죠?"

"글쎄, 어떻게 이야기할까?…… 솔직히 나는 지금 당신이 발을 잘못 디디지 않는 것 외에는 아무것도 바라지 않아. 아, 그렇게 뛰면 안 돼!" 그는 그녀가 오솔길에 가로놓여 있던 굵은 나뭇가지를 뛰어넘으려고 너무 성급하게 움직인 것을 나무랐다. "그러나 나에 대해 여러 가지로 반성해 보고, 나를 다른 사람과 특히 형님과 비교해 보면 그런 내가 참으로 쓸모없는 인간이구나 느끼지 않을 수가 없어."

"그러니까 어떤 점에서 그렇다는 거예요?" 끼찌는 똑같은 미소를 띠면서 계속 물었다. "당신도 역시 남을 위해 힘쓰고 있지 않아요? 농장만 보더라도, 농업이나 저서를 보더라도 그렇잖아요?"

"아니, 난 특히 요즘 들어 나의 무익함을 느끼고 있어. 그것은 모두 당신 때문이야." 그는 그녀 손을 지그시 쥐면서 말했다. "도저히 일에 열중할 수가 없어서 그냥 건성으로 하는 거야. 당신을 사랑하는 것처럼 그러한 일들을 사랑할 수 있다면 참 좋을 텐데…… 정말, 난 요즘 마치 숙제라도 하는 기분으로 일하고 있다니까."

"그럼, 우리 아버지는 어떻게 되는 거죠?" 끼찌가 물었다. "아버지도 쓸모없는 인간인가요? 사회를 위해서는 아무것도 하시지 않으니까."

"장인어른? 아냐, 그건 아니지! 사람이라면 누구나 당신 아버지 같은 소박함과 명백함과 선량함이 있어야만 해. 그런데 내게 그러한 것이 있을까? 난 할 일을 하지 않고서 괴로워하고 있어. 모두 당신 때문이야. 아직 당신이 없고 그 아이도 없었을 때에는." 그가 힐끗 그녀 배를 바라본 것을 그녀도 알았다. "난 온 힘을 다해서 일에 몰두했지. 그러나 지금은 그게 안 돼서 부끄럽단 말이야. 마치 억지로 숙제를 하듯 일하는 척만 하고 있으니까……."

"그럼 당신은, 지금이라도 세르게이와 처지를 바꾸고 싶으세요?" 끼찌는 말했다. "형님처럼 사회적인 일을 하고 그 숙제를 사랑하기만 하면 그걸로 그만이라고 생각하고 계세요?"

"물론 그렇지는 않아." 레빈은 말했다. 잠시 잠자코 있다가 덧붙였다. "그러나 난 너무나 행복해서 아무것도 모르겠어. 그건 그렇고, 당신은 형이 오늘 청혼을 할 거라고 생각해?"

"그렇게도 생각되다가, 또 그렇지 않을 것 같기도 해요. 다만 나는 그렇게 되었으면 하고 바랄 뿐이에요. 조금 기다려 줘요." 그녀는 허리를 구부리고 길가에 피어 있는 야생 카밀레 꽃을 꺾어 들었다. "자, 어디 한번 점을 쳐 보세요. 청혼을 하실지, 어떨지." 그녀는 꽃을 그에게 건네면서 말했다.

"한다, 안 한다." 레빈은 하얗고 가느다란, 안쪽으로 오목 들어간 꽃잎을 하나하나 뜯으면서 말했다.

"안 돼요, 안 돼요." 가슴을 죄면서 손가락 끝을 지켜보던 끼찌는 갑자기 그의 손을 잡고 세는 것을 멈추게 했다. "두 잎을 같이 떼셨어요."

"그럼 대신 이 작은 것은 계산에 넣지 않기로 하지." 레빈은 아직 완전히 자라지 않은 꽃잎을 따면서 말했다. "오오, 벌써 마차가 우릴 따라잡았네."

"너 지치진 않았지, 끼찌?" 공작부인이 큰 소리로 외쳤다.

"아뇨, 조금도."

"피곤하면 여기에 타렴. 온순한 말이니까, 얌전히 걷게 하면 될 거야."

그러나 마차에 탈 것까지도 없었다. 목적지가 얼마 남지 않았기 때문이다. 그래서 모두가 내려서 걷기 시작했다.

4

새까만 머리에 하얀 머릿수건을 쓴 바레니까는 아이들에게 둘러싸여 상냥하고 즐겁게 그들 뒷바라지를 하고 있었다. 좋아하는 남자와 서로 마음을 밝힐 순간이 곧 다가올지도 모른다는 생각으로 가슴이 두근거리는 그녀는 굉장히 매력적으로 보였다. 꼬즈느이쉐프는 그녀와 나란히 거닐면서 눈을 떼지 못하고 그녀를 바라보고 있었다. 넋을 잃고 그녀를 보면서, 그는 그녀에게서 들은 여러 가지 즐거운 말과 그녀에 대해서 알게 된 온갖 장점을 생각해 냈다. 그러는 사이에 자기가 지금 그녀에게 느끼는 감정은, 오랜 옛날 맨 처음 청춘기에 단 한 차례 경험했던 그 특별한 어떤 감정이라는 사실을 더욱더 뚜렷이 의식하게 되었다. 그녀 옆에 있다는 기쁨과 즐거움은 점점 더 커지게 되었다. 그리하여 마침내는 그가 발견한 가느다란 줄기 위에 가장자리가 말려든 큼직한 갓이 달린 자작나무 버섯을 그녀 바구니에 넣으면서 그 눈을 힐끗 들여다보았을 때, 그녀 얼굴이 기쁜 듯도 하고 깜짝 놀란 것도 같은 혼란한 빛으로 빨갛게 물들어 있는 바람에, 자기도 순간 당황하여 말없이 웃고 말았다. 그러나 그 웃음은 너무나도 많은 것을 이야기하고 있었다.

'이렇게 된 이상.' 그는 스스로 말했다. '잘 생각해서 결심해야 한다. 어린애처럼 한때 유혹에 몸을 맡겨서는 안 된다.'

"자, 그럼 잠깐 여러분과 떨어져 혼자 버섯을 따 보지요. 그렇잖으면 어느 게 내가 딴 건지 모르니까요." 그는 이렇게 말하고 그때까지 바레니까와 함께 거닐었던, 명주실 같은 키 작은 풀 사이로 듬성듬성 늙은 자작나무가 들어찬 숲가에서 혼자 벗어나, 희끗희끗한 자작나무 줄기 사이로 버드나무 줄기가 잿빛을 아로새기며 거무튀튀한 호두나무 수풀이 보이는 숲 한가운데로 들어갔다. 한 마흔 걸음쯤 나아가서 장밋빛을 띤 붉은 이삭꽃을 잔뜩 단 박달나무 숲 뒤로 들어갔을 때, 꼬즈느이쉐프는 이제 아무도 보는 사람이 없다는 걸 알고 멈췄다. 주위는 죽은 듯이 고요했다. 그저, 머리 위 자작나무 우듬지에서 꿀벌 떼처럼 파리들이 끊임없이 윙윙거리는 소리와 이따금 아이들 목소리가 들려올 뿐이었다. 갑자기 숲가의 멀지 않은 데에서 그리쉬아를 부르는 바레니까의 낮은 목소리가 들려왔다. 그러자 꼬즈느이쉐프 얼굴에 기쁜 미소가 번졌다. 그 미소를 의식한 꼬즈느이쉐프는 자기 기분을 나무라듯 머리를 저었고 엽궐련을 꺼내어 그것에 불을 붙이려고 했다. 그는 자작나무 줄기에다 성냥을 그었으나 오랫동안 불을 일으킬 수가 없었다. 하얀 껍질의 부드럽고 얇은 막이 인(燐)에 달라붙어 불이 자꾸 꺼졌다. 겨우 성냥 한 개비에 불이 붙었다. 향기로운 엽궐련 연기가, 폭이 넓은 하늘거리는 탁자보처럼 산뜻하게 관목 검불 위와 자작나무 가지 사이를 앞으로 앞으로, 위로 위로 길게 퍼져 나갔다. 꼬즈느이쉐프는 연기 띠를 눈으로 좇으면서 자기 상황에 대해 요모조모로 생각하며 조용히 발걸음을 옮겼다.

'그러나 안 될 이유가 있을까?' 그는 생각했다. '만일 이것이 일시적인 충동이나 정욕에 불과하고, 이 동경을, 더구나 상호적인 동경을(상호적이라고 말해도 될 터이다) 느낄지라도 그것이 내 생활 경향에 전혀 어울리지 않는다고 느끼거나, 또는 이 감정에 몸을 맡길 경우 자기 사명과 본분을 저버리는 기분을 느낀다면 모르지만…… 그러나 그런 느낌은 전혀 없지 않은가. 단 한 가지 반대 이유가 있다면, 그것은 마리를 잃었을 때 내가 영원히 그녀의 추억에 대해서 충실하겠다고 맹세했던 일이다. 이것이 지금 내 감정에 반대할 수 있는 유일한 것이다…… 더욱이 이것은 중대한 것이다.'

꼬즈느이쉐프는 이렇게 생각하면서도, 한편으로는 그런 배려가 자신에게 아무런 중요성을 갖지 못할뿐더러, 설령 맹세를 깨뜨린다 해도 다른 사람 눈에 비친 자기의 시적인 역할이 손상될 뿐이라고 느끼고 있었다. '그러나 이 외에는 아무리 찾아봐도 내 감정에 반대할 구실은 찾아낼 수 없다. 오직 이성만으로 선택한다면 이 이상의 사람은 절대 찾아낼 수 없을 테니까!'

그는 자기가 아는 모든 부인네나 처녀들을 아무리 생각해 보아도, 냉정히 판단해서 자기 아내가 갖춰야 할 모든 자질을 이만큼 갖춘 사람은 생각해 낼 수 없었다. 그녀는 아름다운 젊음과 싱싱함을 유감없이 갖추고 있었다. 그러나 그렇다고 해서 어린애는 아니었다. 그녀가 그를 사랑하고 있다면, 그것은 성숙한 여성으로서 뚜렷한 자각 아래 사랑하는 것이다. 이것이 첫 번째 자질이다. 다음으로 그녀는 사교계에서 멀 뿐 아니라 분명히 사교계라는 것에 반감을 품고 있었다. 그러나 동시에 사교계를 잘 알고 있고 꼬즈느이쉐프가 생애 반려자가 반드시 갖추어야 한다고 생각하는 훌륭한 상류부인으로서의 온갖 예의범절을 터득하고 있었다. 셋째로 그녀는 종교적이었다. 그러나 그것은 이를테면 끼찌가 그러하듯 어린애처럼 무의식적인 신앙이나 착한 것과는 달랐다. 그녀 생활 자체가 종교적 신념에 기초를 두고 있었다. 꼬즈느이쉐프는 자기가 아내에게 바라는 모든 속성들을 사소한 점에 이르기까지 모조리 그녀에게서 발견했다. 그녀는 가난하고 외로운 여자였다. 따라서 끼찌처럼 구름 같은 일가친척을 데리고 와서 그 영향을 남편 가정에 미치게 하는 일도 없을 테고, 모든 점에서 남편의 은혜를 느낄 것이다. 그것도 그가 언제나 미래 가정생활에 바람직하다고 생각하던 것이었다. 그리고 이 처녀, 이러한 온갖 미덕을 모조리 갖춘 이 처녀가 자기를 사랑하는 것이다. 그는 겸손한 사내이긴 했으나 그것을 인정하지 않을 수 없었다. 그리고 그도 또한 그녀를 사랑했다.

다만 한 가지, 그의 나이가 걸렸다. 그러나 그의 혈통은 장수했고 그에게 흰 머리카락은 한 가닥도 없었다. 아무도 그를 마흔 살이라고 생각하지 않았다. 게다가 그는 바레니까가, 쉰 살 먹은 남자들이 자기를 늙은이라고 생각하는 나라는 러시아뿐이고, 프랑스에서 쉰 살은 '한창나이'이며 마흔 살은 아직 '청년'이라고 말했던 것을 기억하고 있었다. 더욱이 마음으로는 20년 전과 다름없이 젊다고 생각하는 그에게 나이가 무슨 의미가 있단 말인가? 지금 반대쪽으로 숲을 빠져나온 그가 비스듬한 태양의 붉은빛 속에서 노란 옷을 입고 바구니를 손에 든 채 경쾌한 걸음걸이로 늙은 자작나무 옆을 걷고 있던 바레니까의 우아한 모습을 발견했을 때, 그 마찬가지로 찬란한 햇빛을 담뿍 머금은 노란 귀리밭과 그 너머로 녹아드는 노란빛으로 얼룩진 푸르스름한 해묵은 숲의 숨이 막히도록 아름다운 광경이, 바레니까의 인상과 하나로 어우러져 보이는 것이 바로 젊음이 아닐까? 그의 심장은 환희로 죄어들었다. 감격이 그를 사로잡았다. 그는 자기 마음이 결정됐음을 느꼈다. 버섯을 따려고 막 몸을 구부렸던 바레니까가 유연한 몸짓으로 일어나 이쪽을 돌아봤다. 꼬즈느이쉐프는 엽궐련을 내던지고 결연한 걸음걸이로 그녀를 향해 걸어갔다.

5

'바르바라.*2 난 아주 젊었을 때에는 내가 사랑하고 기꺼이 아내라고 부를 수 있는 이상적인 여인을 마음에 그렸습니다. 그 이후로 오랜 세월을 살아왔지만, 지금 처음으로 당신 속에서 내가 찾던 것을 발견했습니다. 나는 당신을 사랑합니다. 나와 결혼해 주십시오.'

꼬즈느이쉐프가 마음속으로 이렇게 중얼거렸을 때, 바레니까로부터 열 걸음 남짓밖에 떨어져 있지 않았다. 그녀는 무릎을 꿇고 두 손으로 버섯을 가리면서 그리쉬아에게 빼앗기지 않으려고 어린 마쉬아를 부르고 있었다.

"이리 와요! 조그만 버섯이 많이 있어요!" 그녀는 가슴에서 나오는 듯한 특유의 듣기 좋은 목소리로 말했다.

꼬즈느이쉐프가 가까이 오는 것을 보고도 그녀는 일어서려고도 자세를 바꾸려고도 하지 않았다. 그러나 모든 것이 그에게, 그녀가 그의 접근을 느끼고 기뻐하고 있음을 말해 주었다.

"어떠세요, 좋은 걸 발견하셨어요?" 그녀는 새하얀 머릿수건 밑으로 아름답게 조용히 웃는 얼굴을 그에게로 돌리면서 물었다.

"전혀요." 꼬즈느이쉐프는 말했다. "당신은?"

그녀는 자기를 둘러싸는 아이들에게 정신이 팔려 대답하지 못했다.

"자아, 여기 또 하나 더 있어, 가지 옆에."

그녀는 탄력 있는 장밋빛 갓이 마른 풀 때문에 가로로 찢긴 채 머리를 내민

---

*2 바레니까의 정식 이름.

자그마한 스이로예쥐까*3를 어린 마쉬아에게 가리켰다. 마쉬아가 하얀 덩어리를 반씩 쪼개어 따자 바레니까가 일어섰다.

"이러고 있으니 어렸을 때 일이 떠올라요." 아이들 옆에서 떨어져 꼬즈느이쉐프와 어깨를 나란히 했을 때 그녀가 덧붙였다. 둘은 묵묵히 대여섯 걸음 걸었다. 바레니까는 그가 무엇인가 이야기하고 싶어 하는 것을 알았다. 그것이 무엇인지 짐작한 바레니까는 기쁨과 두려움으로 가슴이 두근거려서 심장이 얼어붙는 듯한 기분이었다. 그들은 상당히 멀리, 이제 누구에게도 이야기가 들릴 걱정이 없는 데까지 떨어졌다. 그러나 그는 좀처럼 이야기를 꺼내지 않았다. 여기서 바레니까는 잠자코 있어야 했다. 버섯 이야기를 계속하는 것보다 침묵이 흐르고서 이야기하고 싶은 것을 꺼내기가 한결 쉽기 때문이다. 그러나 바레니까는 의지에 반해서 불쑥 튀어나와 버린 듯 이렇게 말했다.

"그럼 당신께선 아무것도 발견하지 못하셨군요? 사실 숲 속에는 버섯이 오히려 귀하게 마련이에요."

꼬즈느이쉐프는 한숨을 내쉴 뿐 아무런 대꾸도 하지 않았다. 그는 그녀가 기껏 버섯 이야기를 꺼낸 것이 몹시 서운했다. 그는 그녀가 꺼낸 어렸을 적 이야기로 돌아가고 싶었다. 그러나 그도 또한 자신의 의지와는 달리 잠시 잠자코 있다가 그녀의 마지막 말에 장단을 맞추었다.

"난 흰 버섯이 주로 숲가에 난다는 것 정도만 알고 있었거든요. 그렇다고 흰 버섯을 분간할 눈이 있는 것도 아니지만요."

그리고 또 몇 분이 지났다. 두 사람은 아이들과 더 멀리 떨어져서 완전히 둘만 됐다. 바레니까의 심장은 그 소리가 들릴 정도로 쿵쾅거렸다. 그녀는 자기 얼굴이 홍당무같이 되었다가 새파랗게 질렸다가 또다시 홍당무처럼 되는 것을 느꼈다.

쉬딸리 부인 아래에서 지낸 그녀에게 꼬즈느이쉐프와 같은 사람의 아내가 된다는 것은 더없는 행복처럼 생각되었다. 그뿐만 아니라 그녀는 자기가 그에게 넋을 빼앗겼다는 것도 거의 확신했다. 그리고 그 일이 지금 곧 결정되려고 한다. 그녀는 무서웠다. 그가 그것을 입 밖에 내는 것도, 입 밖에 내지 않는 것도 무서웠다.

---

*3 버섯의 일종.

지금 아니면 두 번 다시 고백할 기회가 없을 것이다. 그것은 꼬즈느이쉐프도 느끼고 있었다. 바레니까의 눈동자와 홍조 띤 볼과 내리깐 눈 속에서 엄청난 기대의 빛이 흘러넘치고 있었다. 꼬즈느이쉐프는 그것을 보자 그녀를 안타깝게 여겼다. 지금 아무것도 이야기하지 않으면 그녀를 모욕하는 것이라고까지 생각했다. 그는 자기 결심의 정당성을 확인하기 위해 머릿속으로 온갖 이유를 얼른 되새겨 보았다. 청혼을 위해 생각해 두었던 말도 마음속으로 되풀이해 보았다. 그러나 뜻밖에 떠오른 어떤 생각에 이끌려 그는 정작 중요한 말 대신 이렇게 물었다.

"흰 버섯과 자작나무 버섯은 어떻게 다른가요?"

대답하는 바레니까 입술이 흥분 때문에 바르르 떨렸다.

"갓 모양에는 거의 다른 데가 없어요, 다만 자루가 조금."

말이 입 밖으로 나온 순간 그도 그녀도 사건은 끝장이 나고, 이야기되어야 할 것은 이제 이야기되지 않으리라는 것을 깨달았다. 그때까지 극도에 이르렀던 그들 흥분도 가라앉아 갔다.

"자작나무 버섯은…… 자루가 마치 이틀이나 면도하지 않은 갈색 턱수염 같군요." 꼬즈느이쉐프는 이제는 다 포기한 어조로 말했다.

"어머, 정말 그렇네요." 바레니까가 웃는 얼굴로 대답했다. 두 사람 발길이 자연스레 방향을 바꾸었다. 그들은 아이들 쪽으로 다가가고 있었다. 바레니까는 괴롭기도 하고 부끄럽기도 했으나 동시에 안도감을 느꼈다.

나중에 집으로 돌아와서 온갖 이유를 헤아려 본 꼬즈느이쉐프는 자기 생각이 옳지 않았던 것을 발견했다. 그는 마리의 회상을 저버릴 수가 없었던 것이다.

"조용히, 모두 조용히!" 레빈은 아이들이 환성을 지르며 뛰어오자 아내 몸을 감싸듯이 그녀 앞에 딱 버티고 서서 노한 것 같은 목소리로 소리쳤다.

아이들 뒤에서 꼬즈느이쉐프와 바레니까도 숲에서 나왔다. 끼찌는 바레니까에게 물을 필요도 없었다. 그녀는 침착하고 약간 어색한 둘의 표정을 보고 자기 계획이 실패했음을 깨달았다.

"그래, 어떻게 되었는지?" 귀로에 올랐을 때 남편이 그녀에게 물었다.

"틀렸어요." 끼찌는 아버지를 똑 닮은 미소와 어조로 말했다.

레빈은 자주 그녀에게서 아버지를 닮은 부분을 발견하고는 흐뭇함을 느꼈다.

"어째서 틀렸다는 거야?"

"그야 이런 식인걸요." 그녀는 남편 손을 잡아 자기 입으로 가지고 가서 꼭 다물린 입술에 대며 말했다. "마치 훌륭하신 목사님 손에다 키스하는 것 같은걸요."

"대체 어느 쪽이 틀렸던 걸까?" 그는 웃으면서 말했다.

"양쪽 다예요. 하려면 이렇게 해야죠……."

"농부들이 와……."

"괜찮아요, 안 보여요."

6

아이들이 차를 마시는 동안 어른들은 테라스에 앉아 마치 아무 일도 없었던 것처럼 이야기를 나누었다. 그러나 일동은, 특히 꼬즈느이쉐프와 바레니까는 비록 바람직하지는 않았지만 지극히 중대한 사건이 있었던 것을 아주 잘 알고 있었다. 두 사람 다 시험에 낙제하여 유급당하거나 영원히 제적당한 학생 같은 감정을 느꼈다. 그 자리에 있던 사람들도 역시 무슨 일이 일어난 것을 느끼면서, 그것과 관계없는 다른 문제에 대하여 열심히 이야기를 하고 있었다. 레빈과 끼찌는 이날 저녁에 특히 자기들을 사랑이 넘치고 행복한 사람이라고 느꼈다. 그리고 자기들이 서로 사랑하고 있기 때문에 행복하다는 사실이, 똑같은 것을 바라면서도 이룰 수 없는 사람들을 불쾌하게 한다고 생각하자 매우 미안한 마음이 들었다.

"것 봐라, 내가 뭐랬니. 오지 않는다니까." 노 공작부인이 말했다.

이날 밤 오블론스끼가 오기로 되어 있었고 노 공작도 어쩌면 갈지도 모른다고 편지를 보냈던 것이다.

"나는 그 까닭도 알고 있지." 공작부인은 계속해서 말했다. "그이는 젊은 부부를 당분간 자기들끼리 놓아두어야 한다고 늘 말씀하셨으니깐 말이야."

"맞아요, 아버지께서는 좀처럼 찾아와 주시지 않아요. 정말 만난 지 한참 됐어요." 끼찌가 말했다. "하지만 저희의 어디가 젊다는 거예요? 벌써 둘 다 이렇게나 나이를 먹었는데."

"어쨌든 아버지께서 오지 않으시면 나도 가 봐야겠구나." 공작부인은 쓸쓸하게 후유 하고 한숨을 내쉬며 말했다.

"아니, 무슨 말씀이세요, 어머니!" 두 딸이 동시에 그녀에게 항의했다.

"생각해 보렴, 그가 지금 어떤 심정으로 있겠니! 정말 요즘에는……."

그리고 별안간, 전혀 뜻밖에도 노 공작부인의 목소리가 떨리기 시작했다. 딸들은 입을 다물고 서로 얼굴을 마주 보았다. '어머니는 언제나 스스로 걱정거리를 찾아내신단 말이야.' 그녀들은 눈짓으로 말했다. 그러나 그녀들은 모르고 있었다. 딸네 집에 있는 것이 아무리 즐겁다 해도, 또한 거기에서 아무리 자기를 필요로 하더라도, 가장 사랑하는 막내딸을 시집보내고 그들 가정이라는 보금자리가 텅 비게 된 이후로 공작부인은 자기 자신과 남편을 생각하면 못 견디게 쓸쓸한 심정이 되었다.

"왜 그래, 아가피야?" 끼찌는 이상야릇한 태도로 의미심장한 얼굴을 하고 다가온 아가피야에게 물었다.

"저녁은 어떻게 할까요?"

"아, 마침 잘됐어." 돌리가 말했다. "넌 가서 그쪽 지시를 하렴. 난 그리쉬아에게 가서 학과 복습을 시킬 테니까. 그렇잖으면 그 애는 오늘 종일 아무것도 하지 않은 게 되니까 말이야."

"그건 내가 하겠어요! 돌리, 내가 가겠습니다." 레빈은 자리를 차고 일어서면서 말했다. 벌써 중학교에 들어간 그리쉬아는 여름 동안 학과 복습을 해야만 했다. 모스끄바에 있을 때부터 아들과 같이 라틴어를 배우고 있던 돌리는 레빈 집에 와서도 하루에 한 차례씩 수학과 라틴어 중 가장 어려운 부분을 그와 같이 복습한다는 규칙을 스스로 세운 터였다. 그것을 레빈이 대신하겠다고 제의했다. 그러나 돌리는 레빈의 교수 방법을 듣고, 그것이 모스끄바에서 교사들이 하는 방법과는 완전히 다르다는 것을 알아차렸다. 몹시 곤란해진 그녀는 레빈의 기분을 상하게 하지 않으려고 배려하면서, 수업은 역시 교사가 하듯이 교과서를 바탕으로 해야만 하니까 역시 자신이 하는 것이 좋겠다고 다시 한 번 확실히 말했다. 레빈은 못마땅했지만, 그 화는 아들 교육을 아무것도 모르는 어머니에게 전부 떠넘기고 자기는 나 몰라라 하는 무책임한 오블론스끼와 또 아이들을 형편없는 방법으로 가르치는 교사들을 향한 것이었다. 그러나 돌리에게는 그녀 희망대로 가르치겠다고 약속했다. 그리하여 그는 자기 방식으로가 아니라 교과서대로 그리쉬아를 가르쳤기 때문에 자연히 마음이 내키지 않았고, 공부 시간도 잊기 일쑤였다. 오늘도 그랬던 것이다.

"아니 내가 가겠어요, 돌리, 당신은 여기에 계세요." 그가 말했다.

"걱정하지 마십쇼, 꼭 책대로 할 테니까. 다만 스찌바가 와서 같이 사냥을 하러 갈 때만은 실례하겠어요."

레빈은 그리쉬아에게 갔다. 이것과 똑같은 말을 바레니까도 끼찌에게 말했다. 무엇 하나 불편한 것 없는 행복한 레빈 집에서도 그녀는 이것저것 일을 찾아내어 도움이 되고 있었다.

"저녁 준비는 내가 시키겠어요. 당신은 앉아 계세요." 그녀는 이렇게 말하고 일어나 아가피야에게 갔다.

"아 참, 오늘은 영계가 들어오지 않았을 거예요. 그러니 우리 집 닭으로 어떻게……." 끼찌가 말했다.

"네, 아가피야와 잘 상의해서 하겠어요." 바레니까는 그녀와 함께 모습을 감추었다.

"정말 귀여운 처녀로구나!" 공작부인이 말했다.

"귀여운 것만이 아녜요, 어머니. 저처럼 훌륭한 사람은 정말 드물어요."

"그럼, 오늘 오블론스끼가 오는군요?" 꼬즈느이쉐프는 분명히 바레니까 이야기가 계속되는 것을 바라지 않는 듯이 말했다. "여기 두 사위분만큼, 서로 닮은 데가 없는 사람들도 찾아내기 어려울 겁니다." 그가 엷은 웃음을 띠고 말했다. "한쪽은 활동적인 인간으로 물속의 물고기처럼 사교계 속에서만 생활하고 있는데, 다른 한 사람 제 동생 꼬스쨔는 활기차고 민첩하고 민감하면서도, 사교계에 나오기만 하면 의기소침해져서 육지에 오른 물고기처럼 그저 무턱대고 펄떡펄떡 뛰기만 할 뿐이니까 말씀이에요."

"그래요, 저 사람은 좀 생각이 부족한 데가 있지요." 공작부인은 꼬즈느이쉐프에게로 얼굴을 돌리면서 말했다. "당신께서도 한번 저 사람에게 말씀해 주세요. 이 애(하고 그녀는 끼찌를 가리켰다)는 언제까지 여기에 있을 수는 없어요. 꼭 모스끄바로 가야 해요. 저 사람은 의사를 부른다느니 하지만……."

"어머니, 저이는 무슨 일이라도 할 거예요. 무슨 일이라도 승낙해 줘요." 끼찌는 어머니가 이 문제에 꼬즈느이쉐프를 끌어들이려고 하는 것을 언짢게 여기면서 말했다.

그들의 이야기가 한창일 때, 가로수길 쪽에서 말의 콧김 소리와 자갈 위를 삐걱거리는 수레바퀴 소리가 들렸다.

돌리가 남편을 맞으려고 일어서기도 전에 그리쉬아가 공부하고 있던 아래층 방 창문에서 레빈이 뛰어나오더니 그리쉬아를 안아 내렸다.

"스찌바예요!" 레빈이 테라스 밑에서 소리쳤다. "공부는 끝났어요, 돌리, 걱정하지 마십쇼!" 이렇게 덧붙이고 그는 어린애처럼 마차 쪽으로 곧장 달려나갔다.

"Is, ea, id, ejus, ejus. ejus!"*4 그리쉬아는 가로수길을 통통 뛰듯이 달려가면서 소리쳤다.

"누군가 또 한 사람이 있어요. 틀림없이 아버님일 겁니다!" 레빈이 가로수길 어귀에서 발을 멈추고 소리쳤다. "끼찌, 가파른 계단을 내려오면 안 돼. 돌아서 와요."

그러나 포장마차 안에 앉아 있던 사람을 노 공작이라고 생각한 것은 레빈의 착각이었다. 마차 쪽으로 가까이 갔을 때 그는 오블론스끼와 나란히 앉아 있는 사람은 공작이 아니고 리본을 길게 뒤로 늘어뜨린 스코틀랜드 모자를 쓴, 젊고 미남인 투시투실한 사나이라는 것을 알았다. 그는 쉬체르바스끼가의 육촌뻘인 바세니까 베슬로프스끼로 뻬쩨르부르그와 모스끄바 사교계 총아이자, 오블론스끼의 소개에 따르면 '둘도 없는 훌륭한 청년에 열광적인 수렵가'였다.

노 공작 대신 자기가 온 것으로 야기된 실망적인 분위기에는 조금도 아랑곳하지 않고, 베슬로프스끼는 이전에 만난 적이 있음을 환기하면서 쾌활한 태도로 레빈과 인사를 나누었다. 그리고 그리쉬아를 마차 안으로 끌어올려, 오블론스끼가 데리고 온 포인터종(種)의 개 맞은편에 앉혔다.

레빈은 마차에 타지 않고 뒤에서 걸었다. 그는 알면 알수록 좋아지는 노 공작이 오지 않은데다, 전혀 생소하고 볼일도 없는 바세니까 베슬로프스끼라는 사람이 나타난 것이 좀 섭섭했다. 어른과 아이들이 전부 나와 떠들썩하게 모인 입구 층층대로 가서 그 베슬로프스끼가 특히 상냥하고 친절한 태도로 끼찌 손에 입맞추는 것을 보았을 때는, 그가 더욱 생소하고 불필요한 사람으로

---

*4 라틴어의 '있다' 동사의 각 인칭에 따른 변화.

여겨졌다.

"당신 부인과 나는 사촌인 데다가 또 전부터 친한 사이였어요." 베슬로프스끼는 또다시 레빈 손을 꽉 잡으면서 말했다.

"어때, 새는 있나?" 오블론스끼는 모두에게 인사를 겨우 끝내자 곧바로 레빈에게 얼굴을 돌렸다. "우리는 아주 야만적인 계획을 품고 왔지. 어머니, 어떻게 생각하세요? 이 두 사람은 그 이후로는 모스끄바에 한 번도 오질 않았다니까요. 아아, 따냐, 너에게 좋은 것을 가지고 왔어! 마차 뒤에 있으니 가지고 오렴." 그는 여기저기에 두루 말을 걸었다.

"당신은 정말 예뻐졌군, 돌리." 그는 다시 한 번 아내 손에 입맞추고 그 손을 다른 손으로 가볍게 두드리면서 말했다.

바로 1분 전까지 굉장히 유쾌한 기분이던 레빈은 이제 어두운 얼굴빛으로 일동을 보고 있었다. 그에게는 모든 것이 다 못마땅했다.

'이 사내는 저 입술로 어젠 누구와 키스했을까?' 그는 오블론스끼의 아내에 대한 정다운 태도를 보고 생각했다. 돌리 얼굴을 바라보자, 그녀 또한 그의 마음에 들지 않았다.

'그녀는 그의 사랑을 믿지 않아. 그런데도 무엇을 저렇게 반가워하는 걸까? 정말 메스껍다!' 레빈은 생각했다.

그는 1분 전까지 자기에게 굉장히 정다운 사람이었던 공작부인을 보았다. 마치 자기 집이기라도 한 것 같은 태도로 이 리본을 나풀거리는 바세니까를 환영하는 그녀 모습도 마음에 들지 않았다. 마찬가지로 입구로 나온 꼬즈느이쉐프까지도 오블론스끼를 가장된 친절로 맞이하는 것이 불쾌했다. 레빈은 형이 오블론스끼를 사랑하지도 존경하지도 않는 것을 알고 있었기 때문이다.

바레니까도, 여느 때처럼 새침한 '위선자' 모습으로 이 신사와 인사를 하는 것이 그에게는 역겨웠다. 머릿속으로는 어떻게 결혼을 할까 하는 생각밖에 없으면서. 그리고 무엇보다 가장 못마땅한 점은, 시골에 찾아온 것을 자신과 모두에게도 마치 무슨 잔치나 되는 양 여기는 이 신사의 들뜬 태도에 끼찌까지 덩달아 끌려드는 것이었다. 유달리 불쾌했던 것은 그녀가 그의 미소에 응답한 그 특별한 미소였다.

일동은 와자지껄하게 떠들면서 집 안으로 들어갔다. 그러나 모두 자리에 앉자마자 레빈은 돌아서서 나와 버렸다.

끼찌는 남편에게 무슨 일이 있다는 것을 알아챘다. 그녀는 남편과 단둘이 이야기할 기회를 만들고 싶었지만 그는 사무실에 볼일이 있다고 말하면서 황급히 그녀 곁을 떠나 버렸다. 오랫동안 그에게는 농사가 오늘처럼 중대하게 생각되었던 적이 없었다. '저들은 언제나 잔치 같은 기분으로 있군.' 그는 생각했다. '그러나 여기 일은 잔치나 벌이고 있을 때가 아니란 말이야, 일은 사람을 기다려 주지 않으니까. 그리고 그것 없이는 살아갈 수가 없으니까 말이지.'

<h2 style="text-align:center">7</h2>

레빈은 만찬에 부름을 받고서야 비로소 집으로 돌아왔다. 입구 계단에서 끼찌와 아가피야가 만찬에 낼 포도주에 대해 상의하고 있었다.

"도대체 무엇 때문에 그렇게 수선을 피우지? 평소 먹던 걸 내놓으면 되지 않아."

"안 돼요, 스찌바는 드시지 않아요…… 꼬스쨔, 잠깐, 당신 무슨 일 있으세요?" 끼찌는 서둘러 그의 뒤를 쫓으면서 물었으나 그는 매정하게 그녀를 기다리지도 않고 큰 걸음으로 성큼성큼 식당에 들어가 이내 베슬로프스끼와 오블론스끼가 주도하고 있던 활기찬 잡담에 끼어들었다.

"어때, 내일 사냥이나 하러 가지 않겠나?" 오블론스끼가 말했다.

"네, 정말 그래 주셨으면 합니다." 베슬로프스끼는 다른 의자로 옮겨 앉아 살진 한쪽 다리를 다른 다리 위로 얹으면서 말했다.

"나도 아주 찬성입니다. 가십시다. 당신은 올해 벌써 사냥을 하셨나요?" 레빈은 베슬로프스끼 다리를 말끄러미 바라보면서, 끼찌가 잘 알고 있으며 그에게는 지극히 어울리지 않는 거짓 유쾌함을 띠고 말했다. "멧도요가 있는지 없는지 모르지만 푸른도요는 많아요. 단, 아침 일찍 나가야 해요. 피곤하지 않으신가요? 자네도 지치지 않았나, 스찌바?"

"나보고 지쳤느냐고? 미안하지만 난 평생 피로라는 걸 몰라! 뭣하면 이대로 밤을 새울까! 어디 산책하러 나가지!"

"정말 한번 밤을 새워 봅시다! 거 훌륭한 생각인걸!" 베슬로프스끼가 맞장구를 쳤다.

"그래요, 당신이라면 안자고 견딜 수 있고, 다른 사람들을 못 자게 붙잡아 둘 수도 있겠죠." 돌리는 약간 야유가 섞인 어조로 남편에게 말했다. 그녀는 요즘 줄곧 이런 태도로 남편을 대하고 있었다. "하지만 이제 잘 시간이니까……
난 실례하겠어요. 야식도 필요 없어요."

"안 돼, 조금만 더 같이 있어줘, 돌리." 오블론스끼는 커다란 식탁 건너편 그
녀 곁으로 자리를 옮기면서 말했다. "당신에게는 아직도 이야기할 게 있어."

"이야기고 뭐고 있지도 않으면서."

"그럼 당신은 알고 있나, 베슬로프스끼가 안나에게 다녀왔어. 그리고 또 그
리로 돌아갈 거란 말이야. 아무튼 두 사람은 여기에서 70베르스따도 못 되
는 데 있으니까 말이지, 나도 꼭 한번 갈 생각이야. 베슬로프스끼, 이리 좀 와
주게."

베슬로프스끼는 부인들 쪽으로 옮겨 가서 끼찌와 나란히 앉았다.

"아아, 말씀해 주세요, 당신이 그녀에게 가셨다고요? 그 사람은 어떻게 하고
있죠?" 돌리가 그에게 물었다.

레빈은 식탁 반대쪽 끝에 떨어져서 공작부인과 바레니까와 이야기를 계속
하면서, 오블론스끼와 돌리와 끼찌와 베슬로프스끼 사이에 활기 있고 비밀스
러운 이야기가 무르익고 있음을 알았다. 더구나 비밀스러운 이야기가 한창일
뿐만 아니라, 무엇인가 열심히 이야기하는 베슬로프스끼의 아름다운 얼굴을
뚫어지게 바라보는 아내의 진지한 표정이 보였다.

"그 사람들 집은 매우 쾌적해요." 베슬로프스끼가 브론스끼와 안나에 대해
말했다. "난 그런 것에는 둔한 편이지만, 그래도 그 사람들 집에 있으면 마치
가족에게 둘러싸인 듯한 느낌이 들어요."

"그 사람들은 앞으로 어떻게 하려는 것일까요?"

"겨울이 되면 모스끄바로 갈 계획인 것 같던데요."

"그들 집에서 자네와 함께 지낸다면 정말 재미있을 거야! 언제 갈 생각이지?"
오블론스끼는 베슬로프스끼에게 물었다.

"난 7월 한 달을 거기에서 지낼 생각입니다."

"당신도 가겠어?" 오블론스끼가 아내에게 얼굴을 돌렸다.

"나는 벌써 오래전부터 가고 싶었으니까 꼭 가겠어요." 돌리는 말했다. "나는
그녀가 안타까워 못 견디겠어요. 그 사람을 잘 알고 있으니까요. 그녀는 훌륭
한 부인이에요. 나는 당신이 떠난 다음에 혼자서 가겠어요. 누구에게도 폐를
끼치고 싶지 않거든요. 그러니까 당신이 계시지 않는 편이 오히려 나아요."

"그것도 좋아." 오블론스끼가 말했다. "그럼 당신은, 끼찌?"

"나요? 내가 뭐 때문에 가요?" 끼찌는 온 얼굴이 홍당무처럼 되어 말했다. 그리고 남편을 돌아보았다.

"당신도 안나와 아는 사이셨나요?" 베슬로프스끼가 그녀에게 물었다. "그분은 정말 아름다운 부인이죠."

"네." 그녀는 더욱더 얼굴을 붉히면서 베슬로프스끼에게 대답하고는 일어서서 남편에게 다가갔다.

"그럼 당신은 내일 사냥하러 가시는 건가요?" 그녀가 물었다.

레빈의 질투는 이 몇 분 동안, 특히 그녀가 베슬로프스끼와 이야기하고 있을 때 그 뺨을 물들였던 홍조 때문에 이미 극도에 달해 있었다. 그래서 지금 그녀 말도 모두 자기 마음대로 해석해 버렸다. 나중에 다시 생각해 보자 정말 이상한 느낌이 들었으나, 지금 그에게는 분명히 아내가 사냥하러 갈 거냐고 묻는 이유는 그저 그녀가 어느 틈에 반해 버린(그의 해석으로는) 베슬로프스끼에게 남편이 만족을 제공해 줄 수 있는지를 알고 싶어서일 뿐이라 여겨졌던 것이다.

"아아, 가고말고." 그는 부자연스러운, 자기가 듣기에도 불쾌한 목소리로 그녀에게 대꾸했다.

"하지만 내일 하루는 집에 있는 것이 좋아요. 돌리는 아직 형부 얼굴도 제대로 보지 못했는걸요. 사냥을 모레 가기로 하세요." 끼찌가 말했다.

그러나 끼찌 말뜻을 레빈은 또 이렇게 해석했다. '나와 저분을 떼 놓지 마세요. 당신께서 가시는 것은 아무래도 상관없지만, 저 아름다운 분과는 교제를 즐기고 싶단 말이에요.'

"아, 당신이 원한다면 내일은 집에 있기로 하지." 레빈은 유달리 상냥한 어조로 대답했다.

한편 베슬로프스끼는 자기 때문에 다른 사람이 이렇게 괴로워하고 있다고는 생각지도 못하고, 끼찌 뒤를 이어 자리에서 일어나 미소를 머금은 부드러운 눈동자로 그녀 뒷모습을 좇으면서 그녀를 따라나갔다.

레빈은 그 눈동자를 보았다. 그는 파랗게 질려 한참 동안은 숨을 쉴 수도 없었다. '남의 아내를 저런 눈빛으로 보다니!' 그의 마음속은 분노로 끓어올랐다.

"그럼 내일은 가시는 거죠? 꼭 가십시다." 베슬로프스끼는 가까운 의자에 앉아서 또다시 다리를 포개면서 말했다.

레빈의 질투는 한층 더 심해졌다. 그는 어느 틈에 자기를, 아내와 정부가 생활의 편의와 만족을 얻기 위해서 요구하는 존재에 불과한 기만당한 남편이라고 생각했다. 그러나 그럼에도 그는 상냥하고 친절하게 베슬로프스끼의 사냥 경험과 엽총과 장화에 대해서 묻고 결국 이튿날 사냥을 가기로 동의했다.

다행히 노 공작부인이 일어나 끼찌에게 자러 가도록 권했기 때문에 레빈은 고민에서 구출되었다. 그래도 그는 새로운 고통을 맛보지 않을 수 없었다. 베슬로프스끼가 여주인과 작별인사를 나누면서 또다시 그녀 손에 입맞추려고 한 것이다. 그러나 끼찌는 얼굴을 붉히고 나중에 어머니에게 주의를 들었을 정도로 노골적으로 퉁명스럽게 손을 빼면서 이렇게 말했다.

"우리 집에는 그런 풍습은 없습니다."

레빈이 볼 때는 애초에 그녀가 상대에게 그러한 태도를 허용하게 한 것 자체가 잘못이었다. 더구나 그런 태도를 좋아하지 않는다는 것을 그처럼 서투른 태도로 표명한 것은 더 큰 잘못이었다.

"아아, 뭣 때문에 잠자리에 들려고 하는 걸까!" 만찬 때에 마신 포도주 때문에 황홀한 시적인 기분이 되어 있던 오블론스끼가 말했다. "저거 봐요, 끼찌." 그는 보리수 뒤에서 올라오는 달을 가리키면서 말했다. "정말 아름다워! 베슬로프스끼, 세레나데에는 그만인 밤이로군. 이 사람은 정말 목소리가 좋아. 우리는 내내 노래를 부르면서 왔지. 이 사람은 아름다운 악보들을 가지고 왔는데 새로운 것도 두 곡 있어. 바레니까와 한번 같이 부르면 좋을 텐데."

모두 뿔뿔이 흩어지고 나서도 오블론스끼와 베슬로프스끼는 오랫동안 가로수길을 거닐었다. 그리고 그들이 새로운 노래를 합창하는 소리가 울려 퍼졌다.

레빈은 그 소리를 들으면서 찌푸린 얼굴을 하고 아내 침실에 있는 안락의자에 앉은 채, 어떻게 된 영문이냐고 하는 그녀 물음에도 완강하게 침묵을 지키고 있었다. 그러나 마침내 그녀가 먼저 조심스레 미소하면서 이렇게 물었다.

"혹시 베슬로프스끼 때문에 못마땅한 일이라도 있었나요?" 그러자 봇물 터지듯 그는 모든 것을 털어놓았다. 그리고 이 고백을 부끄럽게 여기면서 한층 마음이 들끓었다.

그는 잔뜩 찌푸린 눈썹 밑으로 무섭게 눈을 번쩍이면서 그녀 앞에 우뚝 버티고 서서 자기를 억누르는데, 온 힘을 집중하는 듯 억센 팔로 팔짱을 끼고 굳게 가슴을 누르고 있었다. 그의 표정에 만일 그녀 마음을 감동시킨 고민의 빛이 담겨 있지 않았다면 거칠고 잔인하게까지 보였을 것이다. 그의 광대뼈는 달달 떨렸고 목소리는 뚝뚝 끊어졌다.

"들어 봐, 나는 질투하는 게 아니야. 질투니 하는 것은 할 수도 없고 또 믿을 수도 없어. 그런…… 내가 느끼는 것을 잘 말할 순 없지만 아무튼 이것은 무서운 일이야…… 난 질투 따위를 하는 게 아니야. 그러나 어디의 누군가가 주제도 모르고 그런 눈빛으로 당신을 본다고 생각하면, 나는 모욕을 느끼고 굴욕을 느끼지 않을 수가 없단 말이야……."

"도대체 어떤 눈빛이라는 거죠?" 끼찌는 가능한 한 꼼꼼하게 오늘 저녁 있었던 모든 이야기며 몸짓, 그 음영을 생각해 내려고 애쓰면서 말했다.

그녀는 마음속 깊은 곳에서 그 신사가 자기를 뒤따라 탁자 반대쪽 끝까지 옮겨 온 그때 무엇인가 느꼈었다. 그러나 그녀는 그것을 감히 스스로에게조차 인정할 용기가 없었다. 더군다나 그에게 그것을 밝히고 남편 고통을 더 심하게 할 생각은 추호도 없었다.

"그리고 지금 이 나의 어디에 사람들의 눈을 끌 매력이 있단 말이에요?"

"아아!" 머리를 움켜쥐면서 그는 소리쳤다. "그런 말이 어딨어! …… 그럼, 만약 자기가 매력적이라면……."

"어머, 그런 게 아녜요, 꼬스쨔, 잠깐만, 잘 들어요!" 그녀는 괴로운 듯한 동정에 가득 찬 표정으로 그를 찬찬히 쳐다보면서 말했다. "정말 당신은 어째서 그런 생각을 하세요? 내게는 이 세상에 다른 사람이라고는 한 명도 없는데!…… 그럼 난 이제부턴 아무도 만나지 말까요?"

처음에는 그의 질투가 그녀에게 모욕으로 느껴졌다. 약간의 기분 전환도, 지극히 죄 없는 농담도 자기에게 금지돼 있다고 생각하자 화가 났다. 그러나 지금은 그를 고통에서 해방하고 그의 마음에 평화를 줄 수 있다면 이런 사소한 것은 물론, 무슨 일이든지 기꺼이 희생해도 좋다는 생각이 들었다.

"지금 내가 얼마나 두렵고 우스꽝스러운 처지에 있는지 헤아려 줘." 그는 절망적인 속삭임으로 계속했다. "그 사내는 우리 집 손님이고, 염치없는 태도와 다리를 꼬는 버릇 외에는 아무것도 무례한 짓은 하고 있지 않아. 그러니 그가 그것을 제대로 된 예의라고 여기는 한 나도 그에게 친절하게 대해 주어야 한단 말이야."

"하지만 꼬스쨔, 당신은 너무 과장해서 생각하시는군요." 끼찌는 마음속으로 지금 질투로 표현된 자기에 대한 강한 사랑을 기뻐하면서 말했다.

"무엇보다도 참을 수 없는 것은, 당신은 언제나 한결같은 당신이고, 내게 둘도 없는 신성한 사람인데, 우리가 이렇게 행복한, 정말 행복한 지금 느닷없이 저런 되먹지 못한 놈이 나타나…… 아니, 그건 좀 심하군. 어쨌다고 내가 그 사내를 나쁘게 말해야 할까? 그와 아무런 관계도 없는데. 그러나, 그러나 뭣 때문에 나의, 당신의 행복이…….."

"아, 여보, 난 알겠어요. 어째서 이렇게 됐는가를." 끼찌가 말을 꺼냈다.

"어째서야? 어째서?"

"만찬 뒤에 우리가 이야기하는 것을 당신은 찬찬히 바라보고 계셨지요."

"응, 그래. 그거야!" 레빈은 깜짝 놀란 듯이 말했다.

그녀는 자기들이 나눈 이야기를 그에게 전해 주었다. 그녀는 그것을 이야기하면서 흥분으로 숨이 가빠졌다. 레빈은 잠자코 있다가 그녀의 파랗게 질린 겁먹은 듯한 얼굴을 들여다보더니 별안간 머리를 움켜쥐었다.

"까쨔, 내가 당신을 괴롭혔구려! 제발 용서해 줘! 정말이지 정신 나간 짓이었어! 까쨔, 죄다 내가 나빠. 어쩌면 이런 하찮은 일로 이렇게 괴로워할 수 있었을까."

"아녜요, 다만 난 당신이 가여워서 견딜 수가 없어요."

"내가? 나? 나 같은 게 뭐라고! 미친 게 틀림없어!…… 아무것도 아닌 일로 당신을 괴롭히다니. 하지만 생각만 해도 두려운 일이야, 아무 관계도 없는 남이 우리의 행복을 파괴할 수가 있다는 건."

"정말 그야말로 두려운 일이죠……."

"아냐, 이렇게 된 이상 난 반대로, 그 사내를 일부러 여름 내내 여기에 붙잡아 놓고 실컷 인정을 베풀어 주겠어." 레빈은 그녀 손에 입맞추면서 말했다. "어디 두고 봐, 내일은…… 그렇지, 내일은 정말로 모두 함께 가겠어."

8

이튿날, 부인들이 아직 일어나기도 전부터 사냥용 마차와 짐수레가 현관 앞

차도에 대기하고 있었다. 아침 일찍부터 사냥을 나간다는 것을 눈치챈 라스까는 마음껏 짖고 뛰어다니다가 마부 옆에 냉큼 올라앉았다. 그리고 좀처럼 사냥꾼들이 나오지 않는 문간 쪽을 나무라는 눈으로 지켜보며 이제나저제나 기다리고 있었다. 맨 처음에 나온 사람은 두둑한 넓적다리 중간께까지 오는 기다란 새 장화를 신고, 초록색 점퍼에 코를 쿡 찌르는 가죽 냄새가 풍기는 새 탄약띠를 매고, 그 리본 달린 사냥용 모자를 쓰고, 멜빵이 없는 영국식 새총을 든 베슬로프스끼였다. 라스까는 달려가서 펄쩍펄쩍 뛰면서 그를 맞았고 자기 나름의 방식대로 모두 뒤이어 나오는지를 물었다. 그러나 그에게서 대답을 얻지 못했기 때문에 라스까는 다시 자기 대기 장소로 되돌아가서 고개를 옆으로 돌리고 한쪽 귀를 쫑긋 세운 채 잠자코 웅크리고 앉았다. 마침내 덜컹하는 큰 소리와 함께 문이 열리고 오블론스끼의 황갈색 얼룩이 있는 포인터종(種)인 끄라끄가 빙빙 돌기도 하고 공중에서 회전해 보이며 뛰어나왔다. 그리고 오블론스끼 자신도 한 손에 총을 들고 입에 엽궐련을 문 채 모습을 나타냈다.

"가만, 가만있어, 끄라끄!" 그는 앞발을 사냥 주머니에 걸고 그의 배와 가슴으로 뛰어오르는 개를 부드럽게 달랬다. 오블론스끼는 허술한 구두에 각반, 해진 바지에 짧은 외투 차림을 하고 있었다. 머리에는 말뿐인 모자가 얹혀 있었으나 최신식 총은 훌륭했고 탄약대도 사냥 주머니도 낡기는 해도 최고급품이었다.

베슬로프스끼는 지금까지, 입은 것은 남루하지만 사냥 도구는 가장 좋은 것을 갖춘다는 진짜 사냥꾼의 멋을 이해하지 못했다. 그런데 그는 지금, 이러한 누더기를 걸치고도 그 우아하고 윤기가 번지르르한 쾌활하고 귀족적인 모습으로 빛나는 오블론스끼를 보고 비로소 그것을 이해했고, 다음에는 자기도 꼭 이렇게 해야겠다고 결심했다.

"그런데, 이 댁 주인은 어떻게 됐죠?" 그가 물었다.

"젊은 마누라가 있잖소." 오블론스끼는 씩 웃으면서 말했다.

"그렇군요. 게다가 그렇게 미인이니까 말씀이에요."

"벌써 준비는 다하고 있었는데, 틀림없이 또 마누라에게 달려갔겠지."

오블론스끼가 잘 알아맞혔다. 레빈은 아내가 어제의 어리석은 행동에 대하여 자기를 용서하고 있는가를 다시 한 번 확인하고, 자기가 없는 동안 제발 몸

조심하도록 부탁하기 위해서 또다시 아내에게 뛰어간 것이었다. 중요한 것은 아이들한테서 될 수 있는 대로 멀리 떨어져 있는 일이었다. 그들이 언제 어느 때 쿵 하고 맞부딪쳐 올지 알 수 없기 때문이다. 그리고 자기가 이틀 동안 집을 비우는 것에 대해서 그녀가 화를 내고 있지 않다는 확신을 다시 한 번 얻고, 또 그저 한두 마디만이라도 좋으니 그녀가 무사하다는 것을 알리는 편지를 내일 아침 심부름꾼에게 들려서 꼭 보내 달라고 부탁했다.

끼찌는 여느 때처럼, 이틀이나 남편과 떨어져 있는 것이 쓸쓸했다. 그러나 사냥용 장화와 하얀 외투를 몸에 걸치고 유달리 크고 억세어 보이는 남편의 활발한 모습과 자기에게는 이해되지 않는 사냥의 흥분에서 오는 일종의 광휘를 보자, 남편의 기쁨을 위해서 자기의 쓸쓸함 따위는 잊어버리고 즐겁게 배웅했다.

"실례했습니다. 여러분!" 그는 입구 층층대를 뛰어내려오면서 말했다. "도시락은 넣었나? 왜 구렁말을 오른쪽으로 맸지? 아니, 뭐 상관없지만. 라스까, 넌 저리 가서 앉아!"

"그 녀석은 암양 떼 속에 넣어 둬!" 그는 목장 거세양에 대해 무엇인가 물으려고 입구 층층대 옆에서 그를 기다리고 있던 양 치는 머슴 쪽을 돌아보며 말했다. "정말 미안해, 또 귀찮은 녀석이 오는군."

레빈은 마차에 앉았다가 다시 뛰어내리더니, 잣대를 손에 들고 층층대를 향해 오고 있던 고용 목수 쪽으로 달려갔다.

"자네, 어제는 사무소에 오지도 않고 이제 와서 날 방해하면 곤란하잖아. 도대체 무슨 일이야?"

"실은 저, 회전 층층대를 하나 더 만들게 하여 주시죠. 세 단만 계단을 늘리면 됩니다. 대번에 잘 맞춰 놓겠습니다. 그러면 훨씬 좋아질 겁니다."

"그러니까, 내 말을 잘 들으란 말이야." 레빈은 못마땅해하며 말했다. "내가 말하지 않았나, 우선 층층대 틀을 만들고 나서 발판을 끼우라고. 이제와선 바로잡아지지 않아. 내가 시킨 대로 새로 나무를 잘라 다시 만들게."

사정은 이러했다. 목수는 지금 짓고 있는 별채 층층대를 다는데 잘 생각해 보지도 않고 재목을 재단부터 해 버렸기 때문에, 그것을 현장에 붙여 보자 층계가 모두 기울어져 전체가 망가져 버렸다. 그런데 지금 목수는 층층대는 그대로 사용하고 거기에 층계를 세 단만 더 늘리자고 말하는 것이었다.

"그렇게 하면 훨씬 좋아집니다."

"네 말대로 하면 그 세 단을 붙인 층층대는 어디로 나오게 되지?"

"무슨 말씀이세요, 나리." 목수는 얕잡는 듯한 미소를 띠고 말했다. "그거야 딱 긴 의자가 있는 데로 이어지죠. 아래에서 위로 이렇게 올라가면." 그는 확신에 찬 몸짓을 하며 말했다. "이렇게 가고, 이렇게 가서, 이렇게 되죠."

"그 세 단만큼 전체 길이도 더 길어질 게 아니야…… 그것은 어디로 가게 되냔 말이야."

"그러니까 말하자면 아래에서 이렇게 가면 그대로 이렇게 나오죠." 목수는 자신만만하게 주장했다.

"그러면 천장 벽에 이르겠군."

"천만에요. 그러니까 아래에서 이렇게 올리지 않습니까. 그래서 이렇게 가고, 이렇게 가서, 이렇게 나오는 겁니다."

레빈은 총의 꽂을대를 빼어 먼지 위에 층층대 그림을 그려 보였다.

"어때, 알겠나?"

"네, 나리 말씀대로." 목수는 겨우 상황을 이해했는지 갑자기 눈을 반짝이면서 말했다. "역시 새것을 잘라 만드는 수밖에 없군요."

"그래. 알았으면 내가 시키는 대로 해." 레빈은 마차에 올라타면서 소리쳤다. "자아, 가자! 개를 붙잡고 있어, 필립쁘!"

이렇게 레빈은 집안일과 농장일도 모두 뒤로 하자, 입을 열고 싶지 않을 만큼 강렬한 삶의 환희와 기대에 찬 감정을 맛보았다. 그뿐만 아니라 그는 수렵 장소로 향하는 모든 사냥꾼이 경험하는 팽팽한 흥분을 느끼고 있었다. 만약 지금 그의 마음을 차지하는 것이 있다면 그것은 그저 목적지인 꼴뺀스꼬예 늪에서 어떤 큰 사냥감이 발견될 것인가, 라스까는 ᄁ라ᄁ와 비교해서 얼마나 활약할 것인가, 오늘 자신이 잘 쏠 수 있을 것인가 하는 문제뿐이었다. 어떻게 해서 새 손님 앞에서 창피를 당하지 않을 것인가? 어떻게 해서 오블론스끼에게 지지 않도록 잘 쏠 것인가? 이러한 생각도 그의 머리에 떠올랐다.

오블론스끼도 똑같은 기분을 맛보느라 역시 말이 없었다. 다만 베슬로쁘스끼만이 줄곧 유쾌하게 지껄이고 있었다. 레빈은 그의 이야기를 들으면서 어제 자기가 그에 대해서 올바르지 않았다는 것을 생각해 내고는 부ᄁ러워졌다. 베슬로쁘스끼는 참으로 소탈하고 선량하며 지극히 쾌활한 청년이었다. 만약 레빈이 독신시절에 만났었다면 틀림없이 그와 친해졌을 것이다. 물론 레빈에게 다소 인생에 대한 그의 유희적인 태도와 우아한 듯한 낙천적인 면이 불쾌하기 는 했다. 보기에 그는 긴 손톱이니 멋스러운 모자니 그 밖의 비슷한 것들 덕분 에 자기가 절대적인 숭고한 가치를 지닌다는 듯한 태도였다. 그러나 그것은 그 의 선량함과 예의 바름으로 용서될 수 있었다. 그의 뛰어난 교양, 영어와 프랑 스어에 능통한 것, 자기와 똑같은 세계 사람이라는 사실 때문에 레빈 마음에 들었다.

베슬로프스끼는 왼쪽 채에 채운 부마인, 돈 지방 초원에서 길러진 말이 아 주 마음에 들었다. 그는 줄곧 그 말을 칭찬했다.

"이런 초원 말을 타고 광야를 달리면 얼마나 좋을까요. 네? 그렇잖아요?" 그 가 말했다.

그는 초원 말을 타고 달리는 것을 일종의 야성적이고 시적인 행위로 믿고 있었다. 물론 그것은 망상일 뿐이었다. 그러나 이런 그의 천진난만은 특히 그 잘생긴 얼굴이며 애교 있는 미소, 동작의 우아함과 어울려 더한층 매혹적이었 다. 그의 성질이 레빈 마음에 들었기 때문인지 아니면 레빈이 어제의 잘못에 대해 속죄하기 위해 그에게서 좋은 점만을 찾아내려고 애썼기 때문인지, 레빈 은 그와 함께 있는 것이 즐거웠다.

3베르스따쯤 갔을까, 베슬로프스끼가 문득 엽궐련과 지갑을 꺼내려고 했다. 그러나 도중에서 빠뜨렸는지 탁자 위에 놓아두고 왔는지 보이지 않았다. 지갑 에는 370루블이나 들어 있었으므로 그대로 내버려 둘 수는 없었다.

"이렇게 합시다, 레빈. 제가 돈산의 이 부마를 타고 집에 달려갔다 올게요. 그 러면 다 해결 될 겁니다. 그렇죠?" 그는 벌써 말에 올라탈 채비를 서두르면서 말했다.

"아니, 어째서 당신이?" 레빈은 베슬로프스끼 체중이 9뿌드보다 가벼울 턱이 없다고 생각하면서 대답했다. "내가 마부를 보내겠습니다."

마부가 부마를 타고 되돌아가자, 레빈은 손수 말 두 필을 몰기 시작했다.

9

"그래, 어떤 차례로 갈 예정이지? 자세히 좀 이야기해 주게." 오블론스끼가 말했다.

"계획은 이래. 지금 우리는 그로즈조보까지 가고 있어. 그로즈조보 이쪽에는 멧도요 늪이 있고 저쪽에는 훌륭한 푸른도요 늪이 있어. 멧도요도 더러 있지. 지금은 아직 더우니까, 저녁때쯤 도착해서(20베르스따야) 밤 사냥을 하자고. 거기에서 하룻밤 묵고 내일은 큰 늪으로 가는 거야."

"그런데 도중에는 아무것도 없나?"

"있어, 하지만 시간도 걸릴 테고 날도 더우니까 말이야. 아주 좋은 곳이 두 군데 있긴 있지만, 지금은 변변한 건 없을 거야."

레빈도 거기에 들러 보고 싶은 생각은 있었다. 그러나 거기는 집에서 가까워서 언제라도 갈 수 있었고 게다가 또 장소가 너무 좁아서 셋이서는 사냥할 수가 없었다. 그래서 양심을 속여 가면서 변변한 게 없을 거라고 둘러댄 것이다. 조그마한 늪을 지나갈 때 레빈은 얼른 지나치려 했다. 그러나 노련한 사냥꾼인 오블론스끼의 날카로운 눈은 이내 길에서 보이는 갈대밭을 발견했다.

"어때, 한번 들러 보지 않으려나?" 그가 작은 늪을 가리키며 말했다. 그러자 "들러봅시다! 멋진 장소 아닙니까!" 베슬로프스끼까지 졸라 대기 시작했다. 레빈은 동의하지 않을 수 없었다.

미처 마차를 세우기도 전에, 개 두 마리가 앞다퉈 재빨리 늪 쪽으로 뛰어갔다.

"끄라끄! 라스까……."

개들이 되돌아왔다.

"셋이서 쏘기엔 좁으니, 난 여기서 기다리지." 레빈은 그들이, 개 때문에 날아올라 하늘거리면서 늪 위에서 슬프게 우는 댕기물떼새밖에는 아무것도 발견하지 못하리라고 생각하면서 말했다.

"아니! 같이 가십시다. 레빈, 같이 가십시다!" 베슬로프스끼가 불렀다.

"정말 좁다니까요. 라스까, 돌아와! 라스까! 개는 한 마리로 충분하겠죠?"

레빈은 마차 곁에 혼자 남아서 부러운 듯 사냥꾼들을 바라보았다. 사냥꾼들은 온 늪을 샅샅이 돌아다녔지만 베슬로프스끼가 댕기물떼새를 한 마리 쏘아 떨어뜨렸을 뿐이었다. 늪에는 뜸부기와 댕기물떼새 외에 아무것도 없었다.

"거봐요, 내가 이 늪을 아깝게 생각하지 않았던 까닭을 아시겠지요?" 레빈이 말했다. "그저 시간 낭비일 뿐이에요."

"아니, 그래도 역시 즐거웠습니다. 보셨나요?" 베슬로프스끼는 총과 댕기물떼새를 양손에 들고 어설프게 마차로 뛰어오르면서 말했다. "내가 이 녀석을 멋있게 쏘아 떨어뜨리는 걸? 그렇잖아요? 그건 그렇고, 목적지에는 곧 도착하게 됩니까?"

그때 갑자기 말들이 달려나간 탓에 레빈은 누군가의 총대에 머리를 부딪쳤다. 그러자 꽝 하고 총성이 울렸다. 실은 총알이 발사된 쪽이 빨랐으나 레빈에겐 그렇게 생각되었던 것이다. 그것은 베슬로프스끼가 방아쇠를 잡아당길 때 한쪽 안전장치를 걸고 다른 공이치기를 그대로 두었기 때문이었다. 총알은 땅속을 뚫고 들어갔으므로 아무도 다친 사람은 없었다. 오블론스끼는 머리를 살래살래 저으며 베슬로프스끼를 비난하는 것처럼 코웃음을 쳤다. 그러나 레빈은 그에게 설교를 늘어놓을 마음은 들지 않았다. 첫째, 모든 비난은 자신이 겨우 피한 위험과 이마에 툭 불거진 혹에 대한 분풀이라고 생각될 것이고, 둘째, 베슬로프스끼가 처음에는 어린애처럼 매우 풀이 죽어 있었으나 이윽고 일동의 당황하는 모습을 보고 지극히 친근하고 천진한 웃음을 터뜨렸으므로 이쪽도 덩달아 웃지 않을 수 없었기 때문이다.

그들이 두 번째 늪에 이르렀을 때 레빈은 늪이 상당히 커서 시간이 꽤 걸릴 것 같으니 내리지 말고 그냥 지나가자고 말했다. 그러나 베슬로프스끼가 또 애원했으므로 들르기로 했다. 여기서도 레빈은 늪이 좁았기 때문에 손님 대접을 잘하는 주인답게 마차에 남아 있었다.

목적지에 닿자마자 끄라끄는 곧장 언덕배기로 달려갔다. 베슬로프스끼가 맨 먼저 개 뒤를 쫓아 달렸다. 오블론스끼가 미처 접근하기도 전에 멧도요 한 마리가 푸드득하고 날아올랐다. 베슬로프스끼가 빗맞혔기 때문에 멧도요는 베다 남은 풀밭 속으로 숨었으나 이 멧도요는 이제 베슬로프스끼 손아귀에 든 것이었다. 끄라끄가 다시 그것을 발견하고 날아오르게 하자 베슬로프스끼가 그것을 쏘아 잡아서 마차 쪽으로 돌아왔다.

"이번엔 당신이 가십쇼, 내가 말과 같이 있겠습니다." 그가 말했다.

레빈은 사냥꾼다운 기대감에 사로잡히기 시작했다. 그는 말고삐를 베슬로프스끼에게 건네고 늪으로 들어갔다.

아까부터 부당한 취급을 하소연하며 슬프게 끙끙거리고 있던 라스까는 끄라끄가 아직 가지 않은, 레빈이 잘 아는 좋은 사냥감을 기대할 만한 언덕배기 쪽으로 곧장 달려갔다.

"왜 개를 말리지 않나?" 오블론스끼가 외쳤다.

"저 녀석은 새들을 놀라게 하는 짓은 하지 않아." 레빈은 자기 개를 자랑스럽게 생각하며 그 뒤를 서둘러 따라갔다. 라스까는 친숙한 언덕배기 가까이 다가갈수록 더욱더 정신을 바짝 차렸다. 늪의 작은 새가 날아올라도 라스까는 겨우 한순간밖에 주의를 돌리지 않았다. 라스까는 언덕배기 앞에서 한 번 동그라미를 그리고 두 번째 동그라미를 그리려다가 갑자기 부르르 몸을 떨더니 얼어붙은 것처럼 꼼짝도 하지 않았다.

"이리 오게, 이리 와, 스찌바!" 레빈은 심장이 더한층 세차게 고동치는 것과 그의 긴장된 귀 안쪽에 마개 같은 것이 빠지기라도 한 듯 갑자기 모든 소리가 거리 차이를 뛰어넘어 무질서하게, 그러나 똑똑히 그의 귓전을 두들기기 시작한 것을 느끼면서 소리쳤다. 오블론스끼 발소리가 멀리서 들려오는 말발굽 소리로 들리고, 자기가 막 밟은 언덕배기 가장자리가 풀뿌리와 함께 무너지는 바슬바슬한 소리가 멧도요의 날아오르는 소리로 들렸다. 또 그다지 멀지 않은 뒤쪽에서 물을 절벅거리는 소리가 들렸지만 더는 그것이 무엇인가를 판단할 수도 없었다.

그는 조심조심 발을 디디며 개 쪽으로 다가갔다.

"잡아라!"

개 발밑에서 멧도요가 아닌 푸른도요가 푸드득하고 날아올랐다. 레빈은 총을 겨냥했다. 그러나 그가 쏘려는 순간, 예의 물이 절벅거리는 소리가 점점 크고 가까워 오는 듯싶더니 뒤이어 베슬로프스끼의 무엇인가 이상하리만큼 크게 외치는 목소리가 한데 섞여 들려왔다. 레빈은 자기 총이 푸른도요 뒤쪽으로 조금 빗나갔다고 생각했으나 그냥 발사했다.

빗맞았다고 생각한 레빈이 뒤를 돌아보자 마차와 말이 길에서 벗어나 늪 속으로 빠져 들어가고 있었다.

베슬로프스끼가 사격을 구경할 양으로 마차를 늪으로 몰고 들어왔다가 말을 진창 속에 빠뜨려 버렸던 것이다.

"에잇 제기랄!" 레빈은 진창 속에 빠진 마차 쪽으로 돌아가면서 속으로 말했다. "어째서 이런 데로 들어왔어요?" 레빈은 열통적은 어조로 그에게 말하고 마부를 소리쳐 불러 말을 수레에서 풀기 시작했다.

레빈은 사격을 방해당한 것도, 그의 말을 진창 속에 빠트린 것도 괘씸했다.

하지만 가장 괘씸했던 점은 말을 수레에서 떼고 마구(馬具)를 푸는 데 오블론 스끼도 베슬로프스끼도 마구 다루는 법을 전혀 몰랐기 때문에 그와 마부에게 조금도 도움이 되지 않았던 것이다. 이쪽 땅이 완전히 말라 있었다고 말하는 베슬로프스끼 변명에는 한마디도 대답하지 않고, 레빈은 말을 끌어내기 위해서 마부와 함께 묵묵히 일에 매달렸다. 그러나 이윽고 일에 열을 띠기 시작하고, 베슬로프스끼가 온 힘을 다해 흙받기가 부수어질 정도로 그것을 붙들고 마차를 끌어내려고 하는 것을 보면서, 레빈은 어제 감정의 여파로 베슬로프스끼에게 너무 냉혹했던 것을 스스로 꾸짖었다. 그래서 그는 유달리 상냥한 태도로 그 냉담의 값을 치르려고 애썼다. 모든 것이 복구되고 마차가 길 위로 끌어 올려지자 레빈은 도시락을 꺼내라고 일렀다.

"왕성한 식욕은 좋은 양심의 증거지요! 이 영계는 그 맛이 장화 밑바닥까지 쭉 스며드는 것 같군요." 또다시 쾌활해진 베슬로프스끼는 영계를 두 마리째 들면서 프랑스 격언을 인용했다. "자, 이걸로 우리 불행은 끝났습니다. 이제부터는 모든 일이 잘되어 나갈 거예요. 그러나 나는 내 죄에 대해 속죄하기 위해 마부석에 앉을 의무가 있습니다. 그렇지 않습니까? 네? 난 말하자면 아우토메돈*5입니다. 자, 어디 한번 보십시오, 내가 얼마나 마차를 잘 모는가를!" 그는 레빈이 마부에게 말고삐를 넘겨 주라고 사정해도 완강하게 그것을 놓지 않고 대답했다. "아니, 난 내 죄를 씻어야만 합니다. 난 또 마부석을 굉장히 좋아합니다." 그리고 그는 말을 몰기 시작했다.

레빈은 그가 말들을 지치게 하지 않을까 얼마쯤 걱정이 되었다. 특히 왼쪽 구렁말은 그가 부릴 수 있는 말이 아니었다. 그러나 그는 자기도 모르는 사이에 상대의 쾌활함에 말려들어 마부석에 자리 잡은 베슬로프스끼가 가면서 내내 부른 노래며, 영국식 사두마차를 부리려면 이렇게 해야 한다는 이야기며 몸짓에 마음을 빼앗겼다. 이리하여 그들은 식후 가장 유쾌한 기분으로 그로즈 조보 늪에 도착했다.

10

베슬로프스끼가 세차게 말을 몰았기 때문에 그들은 너무 일찍 늪에 도착해

---

*5 마부란 뜻. 《일리아드》에서 아킬레우스의 마부였던 데에서 온 것.

버렸다. 햇볕도 아직 따가웠다.

사냥여행 주요 목적지인 바로 그 늪이 가까워짐에 따라 레빈은 무심결에 베슬로프스끼에게서 벗어나서, 그의 방해 없이 자유롭게 사냥하는 방법을 생각하고 있었다. 오블론스끼도 분명히 똑같은 것을 바라고 있었고 레빈은 그의 얼굴에서 진짜 사냥꾼이 사냥을 시작하기 전에 반드시 보이는 불안한 표정과 그 특유의 악의 없는 교활함을 읽었다.

"자, 어떻게 갈까? 훌륭한 늪이로군. 독수리도 있어." 오블론스끼는 갈대밭 상공에 동그라미를 그리며 나는 커다란 새 두 마리를 가리키면서 말했다. "독수리가 있는 곳에는 반드시 사냥감이 풍부하지."

"그러면 잘 들으시오, 여러분." 레빈은 얼마쯤 우울한 표정으로 장화를 잡아당겨 올리기도 하고 총의 격발장치를 살펴보기도 하면서 말했다. "저기에 갈대가 보이지?" 그는 강 오른쪽에 펼쳐진 반쯤 베다 만 크고 질퍽질퍽한 풀밭 속에 암녹색으로 검푸르게 보이는 덤불을 가리켰다.

"늪은 저기, 우리 바로 눈앞에서 시작되고 있어. 저기 저, 녹색이 짙어지는 데서부터야. 늪은 저기에서 오른쪽으로, 지금 말들이 걷는 쪽으로 뻗어 있어. 저 주변에는 여러 개 덤불이 있고 멧도요가 많아. 그리고 저기 갈대밭 뒤로 돌아가면 저 오리나무 있는 데를 지나, 저기 물레방아 옆까지 갈 수 있어. 그리고 후미진 곳이 있지. 저기가 가장 좋은 데야. 한번은 저기에서 도요새를 열일곱 마리나 잡은 적이 있어. 그럼 개가 두 마리니 두 패로 갈라지세. 저 물레방아가 있는 데서 만나기로 하지."

"그럼, 누가 오른쪽으로 가고 누가 왼쪽으로 가나?" 오블론스끼가 물었다. "오른쪽이 넓으니까 자네들 둘이서 가. 난 왼쪽으로 가겠어." 능청스럽게 그는 말했다.

"좋습니다! 우리 둘이 저 친구 콧대를 꺾어 줍시다. 자아 갑시다, 가요!" 베슬로프스끼가 장단을 맞추었다.

레빈은 그 말에 동의하지 않을 수 없었다. 그들은 두 패로 갈렸다. 그들이 늪으로 들어가자마자 개 두 마리도 사냥감을 찾기 시작하여 녹물처럼 물이 흐려진 쪽으로 나아갔다. 레빈은 라스까의 이러한 주의 깊고 자유로운 수색 방법을 잘 알고 있었다. 또 장소도 잘 터득하고 있었던 그는 도요새 떼를 기다렸다.

"베슬로프스끼, 나란히 나란히 걸어가도록 합시다!" 레빈은 목소리를 죽이고, 뒤에서 물을 철벅철벅 튀기며 오는 그에게 말했다. 아까 꼴빼스꼬예 늪에서의 발사사건 이후로 이 친구 총구 방향이 마음에 걸려 견딜 수 없었던 것이다.

"아니, 난 당신을 훼방 놓을 생각은 없습니다. 내 걱정은 하지 마십시오."

그러나 레빈은 '단단히 조심하세요, 서로 쏘거나 하는 일이 없도록' 하고 출발 전에 들었던 끼찌 말이 떠올라 괘념치 않을 수 없었다. 개들은 자기 진로를 지키면서 각자 앞다퉈 차츰 목적지로 가까이 다가갔다. 레빈은 도요새를 기대하는 마음이 너무 달아오른 나머지, 진창에서 발을 떼어 낼 때 나는 구두 뒤축 소리까지도 도요새 울음소리처럼 들렸고, 그때마다 그는 총을 치켜들고 그 개머리판 끝을 굳게 움켜쥐었다.

쾅! 쾅! 그의 귓전에서 총소리가 울렸다. 그것은 베슬로프스끼가 사냥꾼들 쪽을 향해 사정거리 밖 먼 늪 위를 날아오던 오리 떼를 향해 발사한 것이었다. 레빈이 돌아볼 틈도 없이, 도요새 한 마리가 물소리와 함께 날아오르자, 두 마리, 세 마리, 그리하여 도요새 여덟 마리가량이 뒤따라 날아올랐다.

오블론스끼는 도요새가 방향을 바꾸려고 한 순간 그중 한 마리를 쏘아서 맞혔다. 도요새는 둥그레져 철벅 하고 진흙 위에 떨어졌다. 오블론스끼는 갈대밭 위 아직 낮은 데를 나는 다른 한 마리를 보고 천천히 겨냥했다. 이윽고 발사음과 함께 그 도요새도 철벅 떨어졌다. 그러자 그 새가 다치지 않은 쪽 흰 날개를 파닥거리면서 베어 낸 갈대 속에서 날아오르려고 하는 것이 보였다.

레빈은 그다지 운이 좋지 않았다. 첫 번째 도요새는 너무 가까운 데에서 쏘아 맞지 않았다. 그래서 그것이 날아오르려고 할 때 다시 한 번 겨냥했지만, 바로 그때 또 다른 새가 그의 발밑에서 날아올라 주의를 빼앗겼기 때문에 또다시 실패하고 말았다.

그들이 총알을 재는 동안 또 한 마리가 날아올랐다. 그러자 이미 두 번째 총알까지 잰 베슬로프스끼가 또다시 산탄(散彈) 두 발을 물속에다 쏘아 버렸다. 오블론스끼는 자기가 쏜 도요새를 주워서 빛나는 눈으로 레빈을 힐끔 바라보았다.

"자, 이제 따로따로 떨어질까." 오블론스끼가 말했다. 그리고 왼발을 절룩거리는 것처럼 하면서 총을 언제나 쓸 수 있도록 잡고, 휘파람으로 개를 부르면서 자기 길로 걸어갔다. 레빈과 베슬로프스끼와는 다른 방향이었다.

레빈에게는 첫발을 실패하면 약이 오르고 부아가 나서 온종일 총질이 잘 되지 않는 버릇이 있었다. 오늘도 역시 그러했다. 도요새는 아주 많았다. 개가 쫓는 앞에서도 사냥꾼 발부리에서도 도요새는 끊임없이 날아올랐으므로 레빈은 아까의 실패를 충분히 돌이킬 수가 있었을 터인데도 쏘면 쏠수록 베슬로프스끼 앞에서 창피만 당할 뿐이었다. 베슬로프스끼는 사정거리 안이건 밖이건 아랑곳하지 않고 기분 좋게 탕탕 쏘면서 한 마리도 잡지 못해도 전혀 신경을 쓰지 않고 즐기는 것처럼 보였다. 레빈은 조바심이 나서 자제력을 잃고 더욱더 약이 올라 급기야 나중에는 발사하면서도 그 총알이 맞는 것을 거의 기대하지 않게끔 되어 버렸다. 라스까도 그것을 눈치챈 모양이었다. 점점 찾는 것을 게을리하기 시작하더니 의심쩍은 또는 꾸짖는 듯한 눈으로 사냥꾼들을 뒤돌아보았다. 사격에 사격이 잇따랐다. 화약 연기가 사냥꾼들 주위에 자욱했다. 그러나 널따랗고 큼직한 사냥 주머니에는 가볍고 조그마한 도요새가 겨우 세 마리 들어 있을 뿐이었다. 더구나 그 중 한 마리는 베슬로프스끼가 잡은 것, 한 마리는 함께 쏜 것이었다. 한편 늪 반대쪽에서는 그리 빈번하지는 않았으나 레빈 귀에는 틀림없이 명중한 것으로 들리는 오블론스끼의 총소리가 울렸고 거의 그때마다 *끄라끄, 끄라끄, 가져 와* 하는 목소리가 들렸다.

이것이 더한층 레빈의 마음을 어지럽혔다. 도요새들은 갈대밭 위를 끊임없이 빙빙 맴돌고 있었다. 진창 위에서 삑삑 우는 소리와 공중에서 꾸욱꾸욱 울어대는 소리가 사방에서 끊임없이 들렸다. 먼저 날아오른 도요새들이 하늘을 한 바퀴 돌고 또다시 사냥꾼들 앞으로 내려오기도 했다. 두 마리는커녕 독수리 몇 십 마리가 날카로운 울음소리를 내면서 늪 위를 빙빙 맴돌고 있었다.

늪 절반 이상을 돌아다니고서 레빈과 베슬로프스끼는 풀밭이 긴 띠처럼 분계를 이루며 갈대밭 쪽을 향해서 내려온 데까지 왔다. 그 풀밭은 어떤 데는 밟아 다져져 있고, 또 어떤 데는 줄지어 베어져 있었다. 그리고 그 풀밭 절반은 벌써 완전히 베어져 있었다.

풀베기가 아직 끝나지 않은 곳에서는 풀베기가 끝난 곳보다 새가 발견될 확률이 낮았지만, 레빈은 오블론스끼와 만날 약속이 돼 있었으므로 동행과 같이 벤 데와 베지 않은 데를 가리지 않고 앞으로 나아갔다.

"보세요, 사냥하시는 나리들!" 말을 풀어 놓은 짐수레에 앉아 있던 농부 중 한 사람이 그들을 향해서 소리쳤다. "이리 와서 무엇 좀 들고 가시구려! 한잔합시다!"

레빈은 주위를 돌아보았다.

"오시구려, 사양 말고!" 벌건 얼굴을 한 텁석부리의 쾌활한 농부가 하얀 이를 드러내고 웃으며 햇빛에 반짝이는 녹색 술병을 치켜들어 보였다.

"저 농부들이 뭐라고 떠벌리고 있죠?" 베슬로프스끼가 물었다.

"보드까를 마시러 오라는 겁니다. 아마 풀밭일을 끝내고 뒤풀이를 하나 보죠. 나도 한잔하고 싶기는 한데." 레빈은 베슬로프스끼가 보드까에 낚여 그들에게로 가기를 바라는 다소 교활한 생각에서 이렇게 말했다.

"어째서 우리에게 대접하려는 걸까요?"

"그냥 기분이 좋아서 그래요. 한 번 가 보십시오. 재미있을 겁니다."

"가십시다. 거 재미있겠군요."

"혼자서 다녀오십시오. 물레방아로 가는 길쯤은 곧 알 수 있을 테니까!" 레빈은 이렇게 외치며 뒤돌아보았다. 베슬로프스끼가 몸을 구부리고 지친 발을 질질 끌면서 축 늘어진 한쪽 손에 총을 받친 채 늪지를 빠져나가 농부들이 있는 곳으로 가는 것을 만족스럽게 지켜보았다.

"당신도 와요!" 농부가 레빈을 향해서 소리쳤다. "사양할 것은 없어요! 피로시키라도 자시구려!"

레빈은 보드까를 한잔하고 빵을 한 조각 먹고 싶은 강한 욕구를 느꼈다. 온몸의 기운이 쭉 빠져서 진창에 들러붙는 발을 빼는 것조차 힘에 부쳐서 잠깐 망설였다. 그러나 개가 기다리고 있었기 때문에 그도 이내 모든 피로를 잊고 개를 향해 진창 속을 가볍게 걸어갔다. 그때 발밑에서 도요새 한 마리가 날아올랐다. 그는 쏘아서 떨어뜨렸다. 그러나 개가 그대로 계속 서 있었다.

"잡아 와!"

개 발밑에서 또 한 마리 날아올랐다. 레빈은 발사했다. 그러나 이날은 아주 운이 없는 날이었다. 그는 그것도 빗맞히고 말았다. 더구나 방금 쏘아 떨어뜨린 것을 찾으러 갔으나 그것도 발견되지 않았다. 그는 갈대밭을 샅샅이 뒤졌으나 라스까는 그가 쏘아 떨어뜨린 것을 믿지 아니하고 그가 찾으러 보내도 찾는 시늉만 할 뿐 제대로 찾지 않았다.

레빈은 자기 실패를 베슬로프스끼 탓으로 돌리고 있었으나 그가 없어도 역시 잘되진 않았다. 도요새는 그 언저리에도 많이 있었지만 레빈은 실패를 거듭할 뿐이었다.

저물어가는 햇볕은 여전히 따가웠다. 땀에 흠뻑 젖은 옷은 몸뚱이에 찰싹 들러붙고 물이 잔뜩 든 왼쪽 장화는 무겁고, 걸을 때마다 꿀쩍꿀쩍 소리를 냈다. 화약 찌끼에 더러워진 얼굴을 타고 땀이 구슬처럼 흘러내렸다. 입 안이 쓰고 코에선 화약과 녹물 냄새가 나고, 귀에선 끊임없이 도요새 날갯소리가 들렸다. 총신은 손을 댈 수 없을 만큼 뜨거워져 있었다. 심장은 빨리, 짧게 고동치고 두 손은 흥분 때문에 떨렸고, 지친 발은 흙더미와 진창에 걸려 비틀거렸다. 그러나 그는 여전히 계속해서 걷고 계속해서 쏘아 댔다. 마침내 볼 꼴 사나운 실수를 하고서 그는 총과 모자를 땅에 내팽개쳐 버렸다.

'아니, 마음을 가라앉혀야 한다!' 그는 속으로 말했다. 총과 모자를 주워들고 라스까를 발 가까이 불러 늪지에서 나왔다. 마른 데로 나오자 그는 흙더미 위에 앉아 장화를 벗고 그 속에 든 물을 쏟았다. 그리고 늪가로 되돌아가서 녹내가 나는 물을 벌컥벌컥 마시고 뜨거워진 총신을 물로 식히고 얼굴과 두 손을 씻었다. 이리하여 몸도 마음도 상쾌해지자 이번에는 조바심을 내지 않겠다고 굳게 결심하고 또다시 도요새가 내려앉은 쪽으로 향했다.

그는 마음을 가라앉히려고 했지만 결과는 역시 마찬가지였다. 아무리 해도 새를 조준하기도 전에 손가락이 먼저 방아쇠를 당겨 버리는 것이었다. 상황은 더욱더 나빠질 뿐이었다. 결국 늪에서 나와 오블론스끼와 만나기로 한 오리나무 숲에 도착했을 때 그의 사냥 주머니에 들어 있던 것은 겨우 다섯 마리뿐이었다.

오블론스끼를 보기 전에 그는 오블론스끼의 개를 발견했다. 고약한 냄새를 풍기는 늪 진흙 때문에 온몸이 새까매진 끄라끄가 오리나무의 뒤집힌 뿌리 밑에서 훌쩍 뛰어나와 승자 같은 얼굴빛을 하고 라스까와 서로 냄새를 맡았다. 끄라끄에 뒤이어 오리나무 뒤에서 오블론스끼의 허우대 좋은 모습이 나타났다. 그는 새빨갛게 탄 얼굴에 폭포수 같은 땀을 흘리며 깃 단추를 끄른 채 여전히 조금 절뚝거리는 듯한 걸음걸이로 레빈에게 다가왔다.

"그래, 어떤가? 한창 빵빵 쏘아 대는 것 같더군!" 그는 쾌활하게 웃으며 말했다.

"자넨?" 레빈이 되물었다. 그러나 물어볼 필요도 없었다. 벌써 팽팽하게 들어찬 사냥 주머니를 보고 있었으니까.

"뭐, 별것도 없어."

그가 잡은 것은 열네 마리였다.

"정말 훌륭한 늪이야! 자넨 틀림없이 베슬로프스끼에게 방해받았을 거야. 게다가 두 사람이 개 한 마리로는 불편하잖아." 오블론스끼는 자기 승리를 겸손해하면서 말했다.

<h2 style="text-align:center">11</h2>

레빈이 오블론스끼를 데리고 언제나 머물곤 하는 농부 집에 닿았을 때 베슬로프스끼는 벌써 거기에 와 있었다. 그는 오두막집 한가운데에 버티고 앉아 두 손으로 벤치 등을 붙잡고 주인아주머니 남동생인, 병사 출신인 사나이에게 진흙투성이 장화를 잡아당겨 벗기게 하면서, 예의 사람을 끌어당기는 쾌활한 웃음을 웃고 있었다.

"나도 방금 왔습니다. 유쾌한 패들이었어요. 글쎄 좀 생각해 봐요, 그들은 내게 술을 잔뜩 권하고 음식을 대접해 주더군요. 그 빵이야말로 정말 훌륭했습니다! 정말 훌륭했어요! 그리고 보드까도…… 난 그렇게 맛있는 것을 마셔 본 적이 없어요! 그러면서도 결코 돈을 받으려고 하지 않는 거예요. 줄곧 '아, 이러니저러니 하지 마십쇼' 라고만 말하더라니까요."

"돈을 받을 리 없죠. 말하자면 그 사람들은 나리께 대접을 해 드린 겁니다. 그래, 나리는 그 사람들이 보드까를 팔려고 가진 줄 아셨던가요?" 마침내 병사 출신의 사내가 새까매진 양말과 함께 젖은 장화를 간신히 쑥 잡아 빼며 말했다.

오두막 안은 사냥꾼들의 장화와 진흙투성이 몸뚱이를 핥고 다니는 개들 때문에 더러워지고 늪 냄새와 화약 냄새로 가득 찼다. 더구나 나이프와 포크도 없었지만, 사냥꾼들은 사냥 때가 아니면 맛볼 수 없는 맛있는 차를 마시고 저녁을 들었다. 몸을 씻고 산뜻해진 그들은 깨끗이 청소된 건초 곳간으로 들어갔다. 마부가 주인들을 위해서 잠자리를 마련하고 있었다.

날은 벌써 어두워져 있었으나 사냥꾼들은 아무도 자려고 하지 않았다.

사격과 개에 대한 이야기에서부터 이전의 사냥에 대한 추억담을 주고받던 끝에 대화는 모두에게 흥미 있는 화제로 모였다. 이 야영 장소며 건초의 향기로운 냄새며, 아까 망가진 마차며(말을 매다는 앞부분이 빠져 있었으므로 그는 부서진 것으로 생각했다) 그에게 보드까를 대접했던 농부들의 선량함이며, 저마다 주인 발치에 엎드려 있는 개에 대하여 베슬로프스끼가 여러 번 찬미의 말을 되풀이했다. 그때 갑자기 오블론스끼가 지난해 여름 말리뚜스네에서의 굉장했던 사냥에 대해서 이야기했다. 말리뚜스는 철도 사업으로 유명한 벼락부자였다. 오블론스끼는 이 말리뚜스가 뜨베리현에서 얼마나 좋은 늪을 샀는가, 얼마나 잘 관리되고 있는가, 사냥꾼들을 태우고 갔던 마차(경쾌한 이륜마차였다)와 늪가에 세워진 식사용 천막이 얼마나 훌륭했던가 하는 것을 이야기했다.

"그러나 나는 자네를 이해하지 못하겠군." 레빈은 건초 위에서 몸을 일으키며 말했다. "어째서 그런 인간이 자네는 불쾌하게 느껴지지 않지? 물론 점심에 라피트 와인이 나오면 기쁘기야 하겠지만, 그러한 사치가 불쾌하지 않은가? 그러한 패들은 모두 옛날 주류 전매 청부인 같은 것으로, 정당치 않은 방법으로 돈벌이하고 있단 말이야. 그들은 세상 사람의 모멸쯤에는 숫제 눈도 깜빡하지 않아. 그리고 나중에 그 부정하게 번 돈의 위력에 기대어 그때까지의 모멸을 보상받으려고 하는 녀석들이야."

"정말 말씀하신 그대로입니다!" 베슬로프스끼가 맞장구를 쳤다. "정말입니다! 그야 물론, 오블론스끼는 선량한 마음에서 상대해주는 것뿐일 테지만, 세상 사람들은 '오블론스끼가 사귀는 사람이라면……' 하고 생각하게 되지요……"

"아니, 추호도." 이렇게 말하면서 오블론스끼가 씩 웃는 것을 레빈은 느꼈다. "나는 다만 그 사내가 유복한 장사치나 귀족 나부랭이와 비교하여 특히 부정한 인간이라고 생각하지 않아. 어느 쪽이건 모두 한결같이 지혜와 노동으로 돈벌이한 거니까 말이야."

"그렇군, 그러나 어떤 노동으로? 이권을 얻고 샀던 물건을 도로 다른 사람에게 팔아넘기는 것이 과연 노동이라고 할 수 있을까?"

"물론, 노동이야. 그 이유는 만일 그 사람 또는 그런 부류 사람들이 없었다면 철도 같은 것은 부설되지 않았을 테니까."

"그러나 그들 노동은, 농민이나 학자의 그것과는 다르지 않은가."

"그럴지도 모르지. 하지만 그의 활동 결과, 즉 철도를 낳았다는 의미에서는 확실히 노동이야. 그러나 자넨, 철도 같은 건 무용하다고 생각하지."

"아니, 그건 다른 문제야. 뭣하면 철도가 유익하다고 인정할 수도 있어. 하지만, 가해진 노력에 상당하지 않는 이익은 모두 부당이득이야."

"그래, 그러나 상당한지 아닌지는 누가 정하는가?"

"부정한 수단, 교활한 방법으로 얻은 이득은." 레빈은 정당과 부정의 한계를 똑똑히 규정할 힘이 자기에게 없음을 느끼면서 말했다. "말하자면 은행의 이득과 같은 것은 죄악이야. 옛날 주류 전매 업자가 그저 형태만 바뀐 것에 불과하니까 말이지. 국왕은 갔으나, 새로운 왕 만세! 겨우 주류 전매 제도가 폐지되는가 했더니 재빨리 철도며 은행이 나타나서 노력 없이 돈을 긁어모으고 있으니 말이야."

"그래, 어쩌면 자네 의견이 진실이거나 또 신랄한 의견일 수도 있겠지…… 이놈, 자, 자, *끄라끄!*" 개가 몸뚱이를 닥닥 긁으면서 건초를 온통 뒤집어 놓는 것을 보고 오블론스끼는 소리쳤다. 분명 자기주장이 올바르다고 믿고 있었으므로 침착하게 서두르지 않는 말투였다. "그러나 자넨 정당한 노력과 부정한 노력 사이 경계를 정확하게 구분하지 못하고 있어. 그럼, 어디 한번 물어보겠어. 내 서기장이 일에 있어서는 나보다 잘 아는데 내가 봉급을 더 많이 받고 있어. 이것은 부정인가?"

"나는 모르겠어."

"음, 그럼, 내가 한 수 가르쳐 주지…… 가령 말이야, 자네는 농사일로 5천 루블의 수익을 얻는데, 이 집 주인인 농부는 아무리 뼈 빠지게 일해도 50루블 이상은 얻지 못하지. 그렇다면 이것도 내가 서기장보다 많은 봉급을 받고 말리뚜스가 선로 일꾼 이상의 수입을 얻는 것과 마찬가지로 부정한 일이 아닌가. 그런데 내가 볼 때, 세상은 말리뚜스 같은 사람들에게만 아무런 근거도 없는 일종의 적의를 보인단 말이야. 생각해보건대 거기에는 부러움이 섞여 있어서……."

"아니, 그것은 아니에요." 베슬로프스끼가 말했다. "부러움 같은 게 있을 턱이 없어요. 다만 그런 일에는 어쩐지 불순한 데가 있어요."

"아냐, 잠깐만." 레빈은 계속했다. "자넨 내가 5천 루블을 버는데 농민은 50루블밖에 벌지 못하는 것은 불공평하다고 했지…… 정말 그대로야. 그것은 불공평해. 나도 그것을 느끼고 있어. 그러나……."

"정말 그렇군요. 우리는 먹고 마시고 사냥이나 하며 늘 빈둥빈둥 노는데 농민들은 언제나 일만 하죠, 도대체 어째서죠?" 베슬로프스끼는 난생처음으로 이런 일을 생각해 본 듯, 지극히 진지한 투로 말했다.

"옳지, 자네는 느끼고 있군. 그러나 자네 재산을 농부에게 주려고는 하지 않겠지." 오블론스끼는 일부러 레빈을 꼬집는 듯한 어조로 말했다.

요즈음 이 두 동서 사이에는 은근한 적의 같은 것이 형성되었다. 그들이 두 자매의 남편이 되고 나서부터 어느 쪽이 더욱 나은 생활을 하는가에 대해 경쟁심이 생기기라도 한 것 같았다. 지금도 대화가 서로의 개인적인 문제를 반영하게끔 되자 그 적의가 겉으로 드러나고 있었다.

"나는 아무도 그것을 내게서 요구하지 않으니까 주지 않는 거야. 또 설혹 내가 주고 싶어도 줄 수가 없어. 줄 만한 사람도 없고." 레빈이 대답했다.

"이 집 농부에게 주게나. 물리치지 않을 거야."

"아아, 그러나 어떻게 주어야 하지? 그 사나이와 같이 가서 부동산 이적 등기라도 만들어 주어야 하나?"

"난 몰라. 그러나 만약 자네가 자네에게 그 권리가 없다고 믿는다면……."

"난 그런 건 전혀 믿지 않아. 도리어 내게는 영지를 내 줄 권리가 없을뿐더러, 토지에 대해서도 가족에 대해서도 내가 의무를 지고 있다고 생각해."

"아니, 잠깐만. 아무튼 말이야, 자네가 만일 불평등을 잘못이라고 생각하고 있다면 어째서 마땅한 행동을 하지 않지?"

"난 소극적이지만 실행은 하고 있어. 나와 그들 사이에 존재하는 격차가 더 이상 커지지 않도록 애쓰고 있어."

"아니, 실례지만 그것은 궤변이야."

"그래요, 그것은 어딘가 궤변적인 설명인 것 같군요." 베슬로프스끼가 맞장구를 쳤다. "아아, 주인장!" 그는 삐걱거리는 문소리와 함께 곳간으로 들어온 농부에게 말했다. "자네는 아직 자지 않고 있었나?"

"네, 자고 있을 새가 없어요! 나리들이야말로 주무시고 계실 줄 알았는데 아직도 이야길 나누고 계시는군요. 전 갈고리를 가지러 왔습니다. 그 개는 물진 않겠지요?" 그는 조심스럽게 맨발을 안으로 디디면서 덧붙였다.

"자넨 어디서 자나?"

"우린 밤치기*6를 나갑니다."

"아아, 정말 멋진 밤이군!" 지금 막 열어젖힌 문 큼직한 틀 속에 한 폭의 그림같이 담긴, 밤빛을 받아 어슴푸레하게 보이는 오두막과 말을 풀어 놓은 마차 한 귀퉁이를 보면서 베슬로프스끼가 말했다. "저것 좀 들어 보십시오, 여자들이 노래를 부르고 있습니다. 썩 잘 부르는군요. 어이, 저건 누가 부르는 거요, 주인장?"

"남의집살이 하는 처녀들이 부르고 있습죠. 바로 옆이거든요."

"어디 산책하러 나가시지 않으렵니까? 어차피 잠은 못 잘 테니까. 오블론스끼, 가십시다!"

"누워서 갈 수 있다면야 좋지." 오블론스끼가 기지개를 켜면서 대답했다. "난 그냥 누워 있겠어."

"그럼 나 혼자라도 가겠습니다." 베슬로프스끼는 기운 좋게 벌떡 일어나 구두를 신으면서 말했다. "그럼 실례하겠어요, 여러분. 만약 재미있으면 두 분을 데리러 오겠습니다. 덕분에 신나는 사냥을 했습니다. 그 은혜는 잊지 않겠어요."

"어때, 정말 좋은 사내지?" 오블론스끼는 베슬로프스끼가 나가고 농부가 문을 닫았을 때에 말했다.

"응, 좋은 사내야." 레빈은 방금까지 얘기하던 문제를 계속 생각하면서 대답했다. 자기로서는 꽤 뚜렷하게 사상과 감정을 표명했다고 생각했는데 머리도 좋고 성실한 그 둘은 입을 모아 자기가 궤변을 늘어놓고 있다고 했다. 그는 당혹스러웠다.

"그러니까 말이야, 이봐! 말하자면 현재 사회제도를 올바른 것으로 인정하고 자기 권리를 옹호하든가 아니면 나처럼 자기가 부정한 특권을 누리고 있다는 것을 인정하면서 그것을 기꺼이 이용하든가, 어차피 우리는 이 둘 중 하나를 취할 수밖에 없어."

"아니, 그것은 말이 안 돼. 만약 그것이 부정하다면 자네도 그 이익을 기꺼이 누릴 수 없을 거야. 적어도 나는 그럴 수 없어. 나는 무엇보다도 먼저 내게 잘못이 없다는 것을 인정할 수 있어야 해."

---

*6 밤에 말을 방목하는 것.

"그건 그렇고 정말 한번 나가 보지 않으려나?" 오블론스끼는 분명히 사상의 긴장에서 지쳐 버린 태도로 말했다. "어차피 잠이 오지 않으니. 응? 나가 보세!"

레빈은 대답하지 않았다. 소극적인 의미에서 올바르게 행동하고 있다던 자기 말이 마음에 걸린 것이다. '그러면 정말 소극적으로만 올바르게 살 수는 없을까?' 그는 스스로 물었다.

"그건 그렇고 신선한 건초라는 건 향이 정말 강하군!" 오블론스끼는 몸을 일으키면서 말했다. "아무래도 잠이 오지가 않아. 베슬로프스끼는 저기에서 뭔가 벌 일 모양이로군. 저 봐, 와자지껄한 웃음소리와 그 친구 목소리가 들리지? 가지 않겠나? 가 보세!"

"아니, 난 가지 않겠어." 레빈이 대답했다.

"설마 여기서도 자네의 그 주의라는 게 튀어나오는 건가?" 오블론스끼는 어둠 속에서 모자를 찾으면서 웃는 소리로 말했다.

"주의라고 할 것까지는 없지. 그러나 내가 무엇 때문에 가야 하는데?"

"이것 봐, 자네는 스스로 불행하게 만들고 있어." 모자를 찾아 일어서면서 오블론스끼가 말했다.

"어째서지?"

"마누라에 대한 자네 태도를 내가 모른다고 생각하나? 듣자하니 자네들 부부 사이에는 남편이 고작 이틀 동안 사냥을 떠나느냐 마느냐 하는 것이 굉장히 중요한 문제라지. 그것은 소박하며 평화롭고 좋은 일이지만, 평생을 그렇게 지낼 순 없어. 남자는 어디까지나 독립적이어야 하니까 말이지. 남자에겐 남자만의 일이 있는 거야. 사내는 사내다워야지." 문을 열면서 오블론스끼가 말했다.

"그렇다면 뭐야, 처녀들 뒤꽁무니나 쫓아다니는 게 남자만의 일인가?" 레빈이 물었다.

"그럼, 왜 또 가서는 안 되지? 재미만 있다면야. 뒤탈이 있는 것도 아니잖아, 아내가 그 때문에 어떤 해를 받는 것도 아니고, 나는 즐길 수 있고 말이야. 중요한 것은 가정이라는 성역을 지키는 일이야. 가정에는 아무 일도 없도록, 그러나 자기 손은 언제나 자유롭도록 말이지."

"그럴지도 몰라." 레빈은 열통적은 어조로 말하고 돌아누워 버렸다. "내일은 일찍 가야 해. 나는 아무도 깨우지 않고 새벽에 나설 거야."

"여러분, 빨리 와요!" 되돌아온 베슬로프스끼 목소리가 들렸다. "근사한 여자예요! 내가 발견했어요. 매혹적인 여자, 완전히 괴테 《파우스트》의 그레트헨이에요. 나는 그녀와 벌써 친구가 됐습니다. 이야, 정말 굉장한 미인이에요!" 그는 마치 그녀가 아름다운 것은 모두 자기를 위해서이며, 이러한 미녀를 마련해 준 누군가에게 매우 만족하고 있기라도 한 것 같은 태도로 떠들어 댔다.

레빈은 자는 체하고 있었다. 오블론스끼는 덧신을 신고 엽궐련에 불을 붙이면서 곳간에서 나갔다. 이내 그들 목소리가 잦아들었다.

레빈은 오랫동안 잠을 이룰 수 없었다. 자기 말들이 건초를 씹는 소리와 집주인이 맏아들과 함께 채비를 갖추고 밤치기에 나가는 소리를 들었다. 이어서 그 병사 출신 사내가 주인 막내아들인 조카와 함께 곳간 저쪽 구석에서 잘 준비를 하는 기척을 느꼈다. 사내아이가 가느다란 목소리로 외삼촌에게 소곤대며, 어린애에게는 크고 무서운 것으로 보였던 개에 대한 인상을 이야기하는 것이 들렸다. 또 사내아이가 저 개들은 무엇을 잡느냐고 묻자 병사가 거슬거슬한 졸린 목소리로 사냥꾼 나리들이 내일 늪으로 가서 총을 쏠 것이라고 답했다. 그러고는 어린애 질문을 막으려고 이렇게 말했다. "이젠 그만 자, 바시까, 자라, 그렇잖으면 가만두지 않을 테니까."

이내 그가 먼저 코를 골기 시작하더니 이윽고 완전히 잠잠해졌다. 들리는 것은 다만 말 울음소리와 도요새 울음소리뿐이었다.

'정말 소극적으로밖에는 별도리가 없는 걸까?' 그는 마음속으로 되풀이했다. '그러나 어쩔 수 없잖아? 내가 나쁜 게 아니다.' 그리고 그는 내일 일을 생각하기 시작했다.

'내일은 아침 일찍 나가야겠다. 그리고 절대 흥분하지 않도록 명심하자. 도요새는 얼마든지 있다. 푸른도요도 있다. 그리고 돌아오면 끼찌의 편지가 와 있을 것이다. 그래, 스찌바 말이 옳을지도 모른다. 나는 그녀에 대해서 사내답지 않다. 나는 약해져 버렸다…… 그러나 어쩔 수 없잖아! 이것도 소극적인 건가!'

그는 잠결에 베슬로프스끼와 오블론스끼의 유쾌한 말소리와 웃음소리를 들었다. 문득 살짝 눈을 뜨자 달이 떠 있었다. 그들은 환하게 빛나는 달빛을 받으며 활짝 열어젖혀진 문간에서 이야기하고 있었다. 오블론스끼가 시골 처녀의 싱싱함을 막 껍데기를 벗긴 신선한 호두에 비유했다. 그러자 베슬로프스끼가 예의 빨려들 듯한 웃음을 웃으면서 아마 농부에게서 들었을, '이보슈, 꾀려면 당신 마누라나 꾀슈!'라는 말을 되풀이했다.

레빈은 선잠 속에서 말했다. "여러분, 내일은 날이 밝기 전에 떠나겠어!" 그리고 그는 잠들었다.

12

아침 일찍 눈을 뜬 레빈은 친구들을 깨웠다. 엎드린 베슬로프스끼는 양말을 신은 한쪽 발을 이불 밖으로 내민 상태로 곤히 잠들어서 꿈쩍도 안 했다. 오블론스끼는 잠결에 이렇게 일찍 나가기 싫다고 말했다. 건초 가장자리에서 동그랗게 웅크리고 자고 있던 라스까마저 싫어하면서 억지로 일어나 느릿느릿 뒷발을 번갈아 뻗어가며 기지개를 켰다. 레빈은 구두를 신고 총을 들고 삐걱거리는 곳간 문을 조심스럽게 열고 밖으로 나왔다. 마부들은 마차 안에서 자고 있었고 말들도 꾸벅꾸벅 졸고 있었다. 그래도 말 한 필은 콧등으로 여물통 속을 뒤적거리면서 귀찮은 듯이 귀리를 먹고 있었다. 바깥은 아직 어두컴컴했다.

"아니, 어째서 이렇게 일찍 일어나셨어요, 나리?" 오두막집에서 나오던 안주인이 마치 다정한 옛 친지라도 대하듯 정다운 어조로 말했다.

"아아, 사냥을 가느라고, 할멈. 이리로 가면 늪으로 갈 수 있겠지?"

"집 뒤로 곧장 가세요. 우리 집 타작마당을 지나서요. 다시 삼밭을 지나면 오솔길이 나와요."

햇볕에 그을린 맨발을 조심스럽게 디디면서 노파는 레빈을 안내하고 타작마당 옆 울타리를 열어 주었다.

"이리로 곧장 가시면 늪이 나와요. 우리 집 아이들도 간밤부터 거기에 가 있죠."

라스까는 선두에 서서 기쁜 듯이 오솔길을 달렸다. 레빈은 가볍고 빠른 걸음으로 줄곧 하늘을 우러러보면서 그 뒤를 따랐다. 그는 해가 뜨기 전에 늪에 도착하고 싶었다. 그러나 태양도 우물우물하지는 않았다. 그가 집을 나왔을 때만 해도 아직 밝게 빛나던 달이 지금은 수은 조각처럼 겨우 흐릿하게 빛날 뿐이었다. 보기 싫어도 눈에 들어오던 샛별도 지금은 찾아야 겨우 보일 정도였다. 먼 들판 끝 어렴풋하던 얼룩이 지금은 뚜렷하게 보였다. 그것은 호밀 더미였다. 벌써 꽃가루가 진 향기롭고 키가 큰 삼에 맺혀 있는 이슬은 햇빛을 받지 않아 아직 보이진 않았으나, 레빈의 두 다리와 외투를 허리띠 위까지 흠뻑 적셨다. 맑은 아침 정적 속에서는 지극히 작은 소리까지도 똑똑히 들렸다. 작은 꿀벌 한 마리가 총알 같은 윙윙거리는 소리로 레빈 귓전을 스쳐 갔다. 주위를 둘러본 그는 두세 마리를 더 찾아냈다. 벌들은 모두 울타리 뒤 양봉장에서 날아와 삼밭을 지나 늪 쪽으로 사라져 갔다.

오솔길은 곧장 늪으로 뻗어 있었다. 늪이 있는 곳은 피어오르는 물안개 덕에 이내 알 수 있었다. 물안개는 어떤 데는 짙고 어떤 데는 엷게 떠오르며 갈대와 버들 덤불이 마치 섬처럼 그 물안개의 바다 위에서 흔들리고 있었다. 늪가나 길가에는 밤치기를 한 농부들이며 아이들이 드러누워서 외투를 둘러쓰고 날이 새기 전에 한숨 자고 있었다. 그들에게서 그다지 멀지 않은 곳에서 말 세 필이 돌아다녔다. 그 가운데 한 필은 족쇄를 찰카닥찰카닥 울리고 있었다. 라스까는 앞으로 달려나가고 싶어서 자꾸만 주인을 올려다보며 그와 나란히 걷고 있었다. 레빈은 잠든 농부들 옆을 지나서 맨 처음 습지에 다다르자 총을 살펴보고 개를 풀어주었다. 살찐 세 살배기 구렁말 한 마리가 개를 보고 펄쩍 뛰어오르며 꼬리를 높이 쳐들고 울었다. 그러자 나머지 두 마리도 기겁을 해서, 도망가지 못하도록 느슨하게 묶인 다리로 물을 튀기고 차진 진흙에서 발굽을 빼낼 때마다 손뼉을 치는 듯한 소리를 내면서 늪에서 뛰어나왔다. 라스까는 멈춰 서서 비웃는 것처럼 말을 바라보더니 의심쩍은 눈으로 레빈을 쳐다보았다. 레빈은 라스까를 쓰다듬어주고 시작해도 좋다는 신호로 휘파람을 불었다.

라스까는 자못 즐거운 듯이, 그러나 조심스러운 태도로 불안정한 진창을 내달리기 시작했다.

늪 속으로 뛰어들자마자 라스까는 코에 밴 나무뿌리며 늪 풀이며 진창 냄새와 코에 선 말똥 냄새 가운데 새 냄새를, 일대에 온통 퍼져 있는 물씬한 새 냄새를 맡았다. 그것은 다른 어떤 새보다도 강하게 라스까를 자극하는 가장 좋은 새 냄새였다. 늪 이끼밭이며 풀밭 어딘가에 그 냄새가 유독 강한 데가 있었다. 그러나 어느 방향이 강하고 어느 방향이 약한가를 판단할 수 없었다. 그 방향을 알기 위해서는 멀리 바람받이로 가 보아야만 했다. 라스까는 무의식적으로 발을 움직여 잽싸게, 필요에 따라서는 언제든지 딱 멈출 수 있는 긴장된 약진으로, 새벽 동풍을 등지고 질주하다가 바람을 향해서 오른쪽으로 몸을 홱 돌렸다. 잔뜩 팽창된 콧구멍으로 공기를 들이마시자, 곧 라스까는 그들의 흔적뿐만 아니라 그들이 바로 앞에 더구나 한두 마리가 아니고 무수히 많이 있음을 감지했다. 라스까는 달리는 속도를 늦추었다. 그들은 거기에 있었다. 그러나 그것이 어디인지 라스까는 아직 결정할 수 없었다. 그 장소를 똑똑히 확인하기 위해서 라스까는 동그라미를 그리며 돌기 시작했다. 그때 돌연 주인의 목소리가 라스까를 방해했다.

"라스까! 이쪽이야!" 그는 라스까에게 반대 방향을 가리키면서 말했다. 라스까는 자기가 하던 대로 계속하는 것이 좋지 않겠느냐고 묻는 듯이 잠깐 서 있었다. 그러나 주인은 척 봐도 아무것도 있을 것 같지 않은, 물에 잠긴 조그마한 언덕배기를 가리키면서 노한 목소리로 명령을 되풀이했다. 라스까는 주인을 기쁘게 하기 위해서 그가 명령한 대로 언덕배기 주위를 돌며 찾는 체했다. 그리고 다시 먼저 자리로 되돌아와 이내 또 그들의 기적을 감지했다. 주인이 훼방을 놓지만 않으면 라스까는 자기가 해야 할 일을 잘 알고 있었으므로, 높다란 언덕배기에 엎어지기도 하고 물속에 빠지는 꼴을 당하면서도 발밑은 보지도 않고 그럴 때마다 유연하고 튼튼한 다리로 다시 일어서면서 온갖 것을 해결해 주는 예의 동그라미를 그리기 시작했다. 그들의 냄새는 더욱더 강하고 더욱더 분명하게 라스까 코를 자극했다. 그때 갑자기 한 마리가 바로 거기 그 언덕배기 뒤에, 다섯 걸음밖에 떨어지지 않은 언덕배기 뒤에 있는 것을 분명히 알 수 있었다. 라스까는 발을 멈추고 온몸이 얼어붙은 것처럼 빳빳해졌다. 다리가 짧은 탓에 자기 앞에 무엇이 있는지는 볼 수 없었으나, 냄새를 통해서 새가 다섯 걸음도 채 떨어지지 않은 곳에 숨어 있음을 알았다. 라스까는 더욱더 그것을 뚜렷이 감지하면서 기대감을 만끽하며 서 있었다. 긴장된 꼬리는 꼿꼿하게 서서 그 끝만 약간 떨리고 있었다. 입이 가볍게 벌어지고 귀가 쫑긋 섰다. 한쪽 귀는 달리고 있던 동안 뒤집힌 채였다. 호흡은 거칠었지만 신중했고, 더한층 주의 깊게 고개를 돌리기보다 곁눈으로 주인을 돌아보았다. 레빈은 익숙한 얼굴빛으로, 그러나 예의 무서운 눈초리로 언덕배기에 발이 걸려 비틀거리면서 야릇할 만큼 천천히(라스까에게는 그렇게 보였다) 다가왔다. 라스까에게는 주인이 천천히 걷는 것처럼 여겨졌지만, 사실 그는 뛰고 있었다.

라스까가 온 몸뚱이를 땅바닥에 착 붙이고 가볍게 입을 벌린 채 뒷발로 물을 차는 시늉을 하는 특수한 수색 자세를 본 레빈은 라스까가 멧도요를 노리는 것을 알아챘다. 그는 마음속으로 사냥의 성공을, 특히 맨 처음의 한 마리를 잡게 해 달라고 신에게 빌면서 라스까 쪽으로 달려갔다. 라스까 옆으로 바싹 다가간 그는 자기 키 높이에서 앞을 건너다보았다. 라스까가 코로 맡은 것이 눈으로 보였다. 거기에서 겨우 1사젠쯤 떨어진 다보록한 두 흙더미 사이에 멧도요 한 마리가 고개를 갸우뚱하며 귀를 기울이고 있었다. 이윽고 조금 날개를 폈다가 또다시 날개를 접고 거북스럽게 꼬리를 흔들면서 흙더미 뒤로 숨어 버렸다.

"잡아! 잡아!" 레빈은 라스까 엉덩이를 쿡 찌르면서 소리쳤다.

'그렇지만 잡으라고 하셔도 무리예요.' 라스까는 생각했다. '어디로 가라는 거죠? 여기에서라면 그들을 느낄 수 있지만 한 발이라도 나가면, 새들이 어디에 있는지 그것이 무엇인지 전혀 모르게 된단 말이에요.' 하지만 주인은 라스까를 무릎으로 쿡 찌르고 잔뜩 흥분하여 귓속말로 명령했다.

"잡아, 라스까, 잡아!"

'별수 없군요. 주인님께서 원하신다면 해 보죠. 그러나 나는 이제 책임 지지 않겠어요.' 라스까는 이렇게 생각하고 냅다 다보록한 흙더미 사이로 돌진했다. 이미 라스까는 아무 냄새도 맡지 못했다. 아무것도 모르는 채 그저 시각과 청각에만 의지할 뿐이었다.

처음 장소에서 열 걸음쯤 떨어진 곳에서 기름진 울음소리와 특유의 선명한 날갯소리를 내면서 멧도요 한 마리가 날아올랐다. 그러자 쾅 하고 한 발의 총성과 함께 새는 털퍽 하고 무겁게, 축축한 진창으로 하얀 가슴을 부딪치며 떨어졌다. 당황한 한 마리가 레빈 등 뒤에서, 개가 다가오기 전에 기다리지 않고 날아올랐다.

레빈이 돌아보았을 때 그 새는 벌써 멀리 날아가고 있었다. 그러나 총알은 보기 좋게 명중했다. 멧도요는 스무 걸음쯤 날아가더니 순간 말뚝처럼 우뚝 위로 치솟았다가 이내 던져진 공처럼 추락하며 무겁게 툭 하고 마른 흙 위로 떨어졌다.

'좋아, 오늘은 잘될 것 같은데!' 레빈은 아직 뜨뜻하고 살이 통통한 멧도요를 사냥 주머니 속에 넣으면서 생각했다. "어때, 라스까, 잘될 것 같지?"

레빈이 총에 탄알을 재고 앞으로 나아갔을 때는, 구름에 가려 아직 보이지 않았지만 해가 벌써 떠 있었다. 달은 완전히 빛을 잃고 마치 구름 조각처럼 하늘에 희끄무레하게 걸려 있었다. 별은 이제 하나도 보이지 않았다. 조금 전까지 이슬을 머금어 은빛으로 빛나던 풀들이 지금은 황금빛으로 반짝였다. 늪물은 완전히 호박색이었다. 풀의 푸름은 누르스름한 녹색으로 변했다. 늪의 작은 새들은 아침 이슬을 반짝이며, 긴 그림자를 던진 떨기나무 덤불 위를 떼지어 움직이고 있었다. 잠에서 깬 독수리 한 마리가 건초더미 위에 앉아 목을 좌우로 갸우뚱거리며 불만스럽게 늪을 바라보았다. 갈까마귀들은 들 쪽으로 날아가고, 맨발의 소년이 윗옷을 떨치고 일어나 몸을 긁고 있는 노인 쪽으로 벌써 말을 몰고 있었다. 총 연기가 녹색 풀 위를 우유처럼 뽀얗게 떠돌고 있었다.

어린아이 하나가 레빈 곁으로 뛰어왔다.

"아저씨, 오리가 어제 저기에 있었어요!" 사내아이가 소리치고 멀찍이 떨어져서 그의 뒤를 따라왔다.

레빈은 자기 솜씨에 감탄하는 이 꼬마 앞에서 또다시 연거푸 도요새 세 마리를 떨어뜨려 보였으므로 갑절은 더 유쾌했다.

13

맨 처음의 짐승이나 새를 빗맞히지만 않으면 그날 사냥은 순조롭다는 사냥꾼들 입버릇은 역시 옳았다.

레빈은 30베르스따나 돌아다닌 나머지 지치고 시장기가 들었으나 행복했다. 그는 훌륭한 도요새 열아홉 마리와 사냥 주머니에는 들어가지 않아서 허리띠에 매단 오리 한 마리를 가지고 아침 9시가 지나 숙소로 돌아왔다. 두 친구는 벌써 오래전에 잠에서 깨어 시장기를 못 참고 아침식사를 먼저 끝내고 있었다.

"잠깐 기다려 봐, 잠깐만. 분명히 열아홉 마리였을 테니까."

레빈은 하늘을 날던 때의 당당한 모습을 잃고 지금은 몸뚱이를 구부리고 말라 오그라들고 피로 더럽혀져 힘없이 머리를 축 늘어뜨린 멧도요와 푸른도요를 다시 한 번 고쳐 헤아리면서 말했다. 계산은 틀림없었다. 오블론스끼의 부러움이 레빈에게는 유쾌했다. 게다가 숙소로 돌아왔을 때는 끼찌가 보낸 편지를 가진 사내가 벌써 도착해 있었으므로 더욱 기뻤다.

'전 지극히 건강하고 즐겁게 지내고 있습니다. 만일 저에 대해서 걱정하고 계신다면 전보다도 더 안심하셔도 괜찮습니다. 제 곁에는 지금 새로운 경호인인 마리야 블라시예브나가 함께 있으니까요(그녀는 조산부로 레빈네의 새로운 중요 인물이었다). 마리야가 저를 검진하러 와 주었는데 지극히 건강한 상태라고 합니다. 그래도 당신이 돌아오실 때까지 머물러 달라고 했습니다. 모두 유쾌하고 건강합니다. 그러니까 당신도 부디 서둘지 마시고 만일 사냥이 재미있으시다면 하루쯤 더 늦추셔도 괜찮습니다.'

만족스러운 사냥과 아내에게서 온 편지, 이 두 가지 기쁨이 너무 컸기 때문에, 이어서 일어난 두 가지 사소한 불미스러운 일도 레빈은 지극히 가볍게 넘길 수 있었다. 그 하나는 구렁말이 분명히 어제 무리한 탓으로 먹이도 먹지 않고 축 처져 있는 일이었다. 마부 말로는 너무 오래 혹사했기 때문이라고 했다.

"어제 너무 심하게 몰아붙였으니까요, 레빈 나리." 그가 말했다. "아무튼 그 험한 길을 10베르스따나 뛰게 하였으니까 말씀이에요."

처음에는 그의 좋은 기분에 찬물을 끼었었으나 나중에는 크게 웃어 버린 또 하나 불쾌한 일은, 일주일 안에 다 먹어 치울 수 없으리라고 생각될 만큼 잔뜩 끼찌가 들려 보낸 음식물이 하나도 남아 있지 않았다는 것이었다. 레빈은 배고프고 지친 몸으로 사냥에서 돌아오면서 오로지 집에서 가져온 피로시키만 생각하기 때문에, 집에 도착했을 때에는 라스까가 들새 냄새를 맡듯이 피로시키 냄새를 맡고 그 맛을 입 안에서 느꼈을 정도였다. 그래서 곧 그것을 가져오도록 필립쁘에게 명령했다. 그런데 피로시키는 고사하고 영계 고기마저도 없다는 것이었다.

"아니, 정말 이 사람의 식욕이란!" 오블론스끼가 히죽히죽 웃으며 베슬로프스끼를 가리켰다. "나도 절대 소식하는 편이 아니지만, 이 사람 식욕에는 참으로 놀라지 않을 수 없어……."

"음, 그렇다면, 별수 없지!" 레빈은 실망한 얼굴빛으로 베슬로프스끼를 보면서 말했다. "그럼 말이지, 필립쁘, 쇠고기를 가지고 와."

"쇠고기도 다 드셔서 뼈는 개를 주어 버렸습니다." 필립쁘가 대답했다.

레빈은 너무 약이 올라서 화가 난 목소리로 불쑥 이렇게 말해 버렸다. "하다못해 뭐라도 좀 남겨뒀어야 할 것 아닌가!" 그는 정말 울고 싶은 심정이었다.

"그럼 이 사냥감들 창자를 빼내둬." 베슬로프스끼 쪽을 보지 않으려고 애쓰면서 그는 떨리는 목소리로 필립쁘에게 말했다. "그런 다음 뱃속에 쐐기풀을 채워. 그리고 나에게는 우유라도 좀 얻어다 주게."

우유를 실컷 마시고 배가 부르자, 그는 불만을 다른 사람 앞에 털어놓은 것이 부끄러워졌다. 그래서 공복 때문에 성급히 화를 낸 데 대해서 웃음을 터뜨려 버렸다.

저녁때 그들은 또 사냥을 나갔다. 그때는 베슬로프스끼도 몇 마리인가를 쏘아서 떨어뜨리고 밤늦게 귀로에 올랐다.

돌아오는 길은 갈 때와 마찬가지로 즐거웠다. 베슬로프스끼는 노래를 부르기도 하고, 농부들이 보드까를 대접하며 '이러니저러니 하지 마십쇼'라고 말했던 일이나, 한밤중에 모험을 나가 탐스러운 과일 같은 처녀들이며 저택에서 일하는 미인이며 농부를 만났던 일을 이야기했다. 그 농부는 그에게 아내가 있느냐고 묻고 독신이라고 대답하자 "남의 여편네한테 욕심내지 말고 빨리 자기 걸 한 사람 만드시구려" 하고 말했다. 이 한마디가 특히 베슬로프스끼를 웃게 했다.

"요컨대 말입니다. 이번 여행에 난 아주 만족합니다. 당신은 어떻습니까, 레빈?"

"나도 굉장히 만족스럽습니다." 레빈은 진심으로 대답했다. 그는 집에서 느꼈던 베슬로프스끼에 대한 적의를 지금은 조금도 느끼지 않았을 뿐만 아니라, 반대로 그에 대해 더없이 정다운 기분을 느끼고 있음이 유달리 기뻤던 것이다.

14

이튿날 9시에 레빈은 이미 농장을 한 바퀴 빙 돌아보고 베슬로프스끼가 묵는 방 문을 노크했다.

"들어오세요." 베슬로프스끼가 소리쳤다. "용서하십시오, 지금 막 목욕을 끝낸 참이라서요." 그는 셔츠 바람으로 그의 앞에 서서 싱글싱글하면서 말했다.

"아니, 어려워하시지 마십시오." 레빈은 창가에 걸터앉았다. "간밤에는 편히 주무셨습니까?"

"마치 죽은 사람 같이 푹 잤습니다. 그런데 오늘도 역시 사냥하기 좋은 날 아닌가요?"

"당신은 무엇을 드시겠습니까. 차를 하겠습니까, 아니면 커피를?"

"아니, 괜찮습니다. 점심까지 기다리겠어요. 아니, 참으로 부끄럽습니다. 부인들은 벌써 일어나셨겠지요? 이런 때에는 조금 걷는 것이 제일이에요. 말을 좀 보여 주시지 않겠습니까?"

레빈은 손님과 뜰을 산책하면서 마구간으로 갔다가 평행봉 위에서 함께 체조까지 하고 나서 집으로 돌아와 나란히 객실로 들어갔다.

"우리는 멋진 사냥을 하고 왔죠. 신기한 것도 잔뜩 봤어요!" 베슬로프스끼는 싸모바르 앞에 앉아 있는 끼찌 쪽으로 다가가면서 말했다. "부인께서 이러한 즐거움을 못 누린다는 것은 정말 안타까운 일이에요."

'흠, 어쩔 수 없지, 이 사내도 안주인과 얘기는 해야 하니까.' 레빈은 속으로 혼잣말을 했다. 그는 또다시 이 손님이 끼찌에게 말을 걸 때 보이는 승자와 같은 표정과 미소 속에 무엇인가 거슬리는 것이 있음을 느꼈다.

마리야 블라시예브나며 오블론스끼와 함께 탁자 반대쪽에 앉아 있던 공작부인은 레빈을 자기 옆으로 불러, 끼찌 해산을 위해 모스끄바로 옮기는 것과 그것을 위해 집을 준비하는 것에 대해서 의논을 시작했다. 결혼 때도 레빈은 모처럼의 위대한 사건을 쓸데없는 준비작업으로 다치게 하는 것이 자못 불쾌했다. 하물며 손꼽아 예정일을 계산해 가며 해산을 위한 준비를 한다는 것은 굴욕적이었다. 그래서 갓난아기에게 기저귀를 채우는 법이니 하는 따위 이야기는 듣지 않으려고 줄곧 애썼다. 또 돌리가 유달리 중대시하는 뭔지 모를 굉장히 긴 복대며 리넨 삼각 수건이니 하는 것은 외면하고 보지 않으려 애썼다. 사내애가 태어난다고 하는(그는 아들이라고 확신하고 있었다) 것은 이미 예정된 일이지만 그 자신은 역시 아직 믿을 수 없었다. 그만큼 예사롭지 않은 일로 여겨졌던 것이다. 그것은 한편으로는 너무 중대해서 있을 수 없는 행복이었고 또 한편으로는 더없이 신비로운 사건이었다. 따라서 단순한 공상으로 이 앞을 넘겨다본다거나, 그것에 근거하여 마치 대수롭지 않은 인위적인 일에 대처하듯 하는 준비가 그에게는 괴롭고 굴욕적이었던 것이다.

그러나 그의 그런 기분을 모르는 공작부인은 그가 이 문제를 생각하거나 이야기하려 하지 않는 것은 경솔하고 냉담하기 때문이라고 여겼다. 그래서 자연히 그를 더욱 다그치게 되었다. 그녀는 오블론스끼에게 집을 물색하여 달라고 부탁하고 지금 이렇게 레빈을 자기 곁으로 부른 것이었다.

"전 아무것도 모릅니다, 공작부인. 좋도록 하십시오." 그가 말했다.

"언제 옮길 것인지는 자네들이 정해 주어야지."

"정말로 저는 모르겠습니다. 제가 아는 것은, 다만 모스끄바가 아니라도, 훌륭한 의사가 없어도 몇백만 아이들이 어김없이 태어나고 있다는 것뿐입니다…… 도대체 무엇 때문에 굳이……."

"아아, 그래, 그렇다면……."

"아니, 그러나 저어, 아무튼 끼찌가 원하는 대로 하지요."

"끼찌에게 이런 걸 결정하게 할 수는 없어! 그 애를 놀라게 해도 좋다는 건가? 당장 올봄만 해도 나딸리 골리쓰이나가 나쁜 산부인과 의사 때문에 죽어 버렸단 말일세."

"그러니까 공작부인 말씀대로 무조건 따르겠습니다." 그는 어두운 얼굴로 대답했다. 공작부인은 그에게 무엇인가를 이야기하기 시작했지만 그는 듣고 있지 않았다. 공작부인 이야기가 그의 기분을 상하게 하긴 했지만, 그를 이토록 침울하게 한 것은 그 대화가 아니고 싸모바르 옆에서 일어나는 광경을 보았기 때문이었다.

'아니, 이건 도저히 안 되겠어.' 그는 끼찌 쪽으로 몸을 구부리고 타고난 잘생긴 얼굴로 웃으면서 그녀에게 무엇인가를 말하는 베슬로프스끼와 얼굴을 붉히고 들떠 있는 끼찌를 힐끔거리면서 생각했다.

베슬로프스끼의 자세와 눈빛과 웃는 얼굴 속에는 무엇인가 불순한 것이 있었다. 레빈은 끼찌의 자세와 눈빛에서도 불순한 무언가를 보았다. 또다시 눈앞이 아득해졌다. 또다시 전날처럼 갑자기 아무런 예고도 없이 행복과 평안과 만족의 절정에서 절망과 증오와 굴욕의 구렁텅이로 내팽개쳐진 자신을 느꼈다. 또다시 그에게는 모든 사람, 모든 것이 불쾌해졌다.

"제발, 공작부인, 제발 좋도록 하십시오." 그는 또다시 그쪽을 돌아보며 말했다.

"왕관은 무거운 것이지."*⁷ 오블론스끼는 분명히 공작부인과의 대화뿐만 아니라 레빈 마음의 괴로움을 눈치채고 놀리면서 말했다.

"여어, 당신 오늘은 꽤 늦었군, 돌리!"

---

*7 푸시킨 작 《보리스고두노프》의 대사.

모두 돌리를 맞기 위해서 일어섰다. 베슬로프스끼는 잠깐 일어나 요즘 젊은 청년다운 부인에 대한 정중함이 결핍된 태도로 가볍게 머리만 숙이고 그대로 또 웃으면서 이야기를 계속했다.

"마쉬아 때문에 정말 진땀을 뺐어요. 잠을 푹 자지 못해서인지 오늘은 어찌나 떼를 쓰는지 말이에요." 돌리가 말했다.

베슬로프스끼와 끼찌의 대화는 전날과 마찬가지로 안나에 대한 것으로, 사랑이 사회 규범을 초월할 수 있는가 하는 문제가 제기되었다. 끼찌에게는 이화제가 불쾌했다. 내용 자체도 그렇지만 그의 어조도 심상치 않았고, 특히 그것이 남편에게 어떤 영향을 미칠지 이미 그녀가 알고 있었기 때문이었다. 그러나 그녀는 이 이야기를 중단하는 것은 물론, 이런 청년의 명백한 관심이 주는 외부적인 만족을 감추기에도, 너무나 단순하고 너무나 순진했다. 그녀는 이 대화를 중단하고 싶었지만 어떻게 해야 할지 몰랐다. 그녀는 자기가 무엇을 하든 모두 남편이 알아채고 나쁜 쪽으로 해석하리라는 것을 알고 있었다. 그리고 실제로 그녀가 돌리에게 마쉬아에 대해서 묻고, 베슬로프스끼가 자기에게는 지루한 그 이야기가 끝나기를 기다리면서 무관심한 태도로 돌리 쪽을 바라보기 시작했을 때, 그녀 질문이 레빈에게는 부자연스럽고 혐오감을 느끼게 하는 얄은꾀처럼 여겨졌던 것이다.

"어때요, 오늘은 버섯을 따러 가지 않겠어요?" 돌리가 말을 꺼냈다.

"네, 가요, 나도 가겠어요." 끼찌는 이렇게 말하고 빨개졌다. 그녀는 예의상 베슬로프스끼에게 그도 갈 것인가를 묻고 싶었다. 그러나 결국 묻지 않았다.

"당신 어디 가세요, 꼬스쨔?" 그녀는 남편이 확고한 걸음걸이로 자기 옆을 지나가려고 하자 죄지은 사람 같은 표정으로 그에게 물었다. 그 꺼림칙한 표정이 그의 모든 의혹을 확인했다.

"내가 없는 동안에 기계사가 왔나 본데 아직 얼굴도 못 봤거든." 그는 그녀 쪽은 보지도 않고 말했다.

그는 아래층으로 내려갔다. 그러나 미처 서재를 나오기도 전에 부주의한 총총걸음으로 그의 뒤에서 쫓아오는 귀에 익은 아내 발소리를 들었다.

"무슨 일이지?" 그는 열없는 말투로 그녀에게 말했다. "우리는 바빠."

"잠깐 실례하겠어요." 그녀는 독일인 기계사를 보고 말했다. "남편에게 할 이야기가 있어서요."

독일인이 나가려고 하자 레빈이 말했다.

"아니, 그럴 것까진 없습니다."

"기차는 3시던가요?" 독일인이 물었다. "될 수 있으면 늦지 않고 싶어서요."

레빈은 그것에는 대답하지 않고 아내와 함께 방 밖으로 나갔다.

"자, 무슨 얘기지?" 그는 프랑스어로 말했다.

그는 그녀 얼굴을 보려 하지 않았다. 이런 처지에 놓인 그녀가 온 얼굴을 떨면서 가련하고 짓밟힌 것 같은 표정으로 있는 것을 보고 싶지도 않았다.

"난 말이에요…… 난, 이런 생활은 견딜 수 없다는 걸 말씀드리고 싶었어요. 이런 고문 같은 생활……." 그녀는 말했다.

"식당에 하인들이 있잖아. 소란 피우지 마." 그는 퉁명스럽게 말했다.

"그럼 이리로 들어가요!"

그들은 홀에 서 있었던 것이다. 끼찌는 그 옆방으로 들어가려고 했다. 그러나 거기에서는 영국인 부인이 따냐를 가르치고 있었다.

"그럼 뜰로 나가요!"

뜰로 나간 두 사람은 샛길을 청소하는 정원사와 마주쳤다. 그러나 정원사가 끼찌의 눈물에 젖은 얼굴이며 레빈의 흥분된 얼굴을 보든, 자기들이 어떤 재난에서 빠져나온 사람과 같은 꼴을 하고 있든 더는 전혀 신경을 쓰지 않았다. 그저 모든 것을 탁 털어놓고 서로의 오해를 풀고 잠시라도 단둘이 있으면서 각자 맛보던 고통에서 벗어나야 한다는 것만을 느끼면서 그들은 걸음을 재촉했다.

"이렇게 살 수는 없어요! 이건 고문이에요! 나도 괴롭고 당신도 괴로워하고 계세요. 대체 왜요?" 그녀는 마침내 보리수가 줄지어 늘어선 길 한쪽 구석에 쓸쓸히 놓인 벤치까지 왔을 때 말했다.

"그러나 한 가지만 내게 말해 줘. 그의 태도에는 어딘가 조심성 없는, 불순하고 비열하고 꺼림칙한 데가 있었지 않아?" 그는 전날 밤과 마찬가지로 또다시 두 주먹을 가슴에 움켜쥔 모습으로 그녀 앞에 우뚝 서면서 말했다.

"있었어요." 그녀는 떨리는 목소리로 말했다. "그렇지만, 꼬스쨔, 그것이 내 잘못이 아니라는 것쯤은 아시잖아요? 나도 아침부터 두 번 다시 그런 일이 없었으면 하고 바랐어요. 하지만 그 사람은…… 아아, 어째서 그런 사람이 왔을까요? 우리가 얼마나 행복했는데!" 그녀는 커다랗게 부푼 배와 가슴이 들썩

거릴 정도로 흐느껴 울면서 말했다.

정원사는 쫓아오는 사람도 없고 누구에게서 도망쳐 나오는 것도 아닌데 그렇게 황급히 걸어왔다가, 이번에는 그 벤치에서 특별히 유쾌한 무엇이 있을 리 없는데도 그들이 마침내 완전히 가라앉은 명랑한 얼굴빛을 되찾은 것을 보고 어안이 벙벙했다.

15

아내를 2층으로 데려다 주고 나서 레빈은 돌리 방으로 갔다. 돌리도 이날은 어쩐지 몹시 울적한 기분에 빠져 있었다. 그녀는 방 안을 돌아다니면서, 방 한쪽 구석에 서서 울부짖는 여자아이를 노엽게 혼내고 있었다.

"오늘은 온종일 그렇게 구석에 서 있어. 밥도 혼자 먹고 인형은 하나도 가지고 놀아서는 안 돼. 새 옷도 이젠 지어 주지 않을 거야." 그녀는 딸에게 어떤 벌을 주어야 할지를 몰라서 이렇게 말하고 있었다.

"애는 참 고약한 아이예요!" 그녀는 레빈에게 얼굴을 돌렸다. "정말 누구를 닮아서 이런 고약한 기질을 가졌을까요?"

"도대체 무슨 짓을 했습니까?" 레빈은 제법 냉담한 어조로 말했다. 그는 자기 문제를 의논하고 싶어서 왔다가 공교롭게도 이런 장면에 부딪친 것이 유감스러웠던 것이다.

"이 아이가 그리쉬아와 함께 딸기밭에 가서 말이에요, 거기에서…… 아아, 정말 무슨 짓을 했는지 입에 올릴 수도 없어요. 이렇게 되고 보니까 더욱더 미스 엘리어트가 생각나는군요. 이번 사람은 전혀 신경 써주질 않아요. 흡사 기계라니까…… 글쎄, 좀 생각해 보세요, 저런 조그만 계집애가……."

그리고 돌리는 마쉬아가 한 짓을 이야기했다.

"그런 것은 아무것도 아닙니다. 나쁜 기질이라니 당치도 않아요. 단순한 장난이에요." 레빈은 그녀를 위로했다.

"그건 그렇고, 당신은 어쩐지 우울해 보이는군요. 무슨 일이죠?" 돌리가 물었다. "저기에서 무슨 일 있었어요?"

이 물음의 말투에서, 레빈은 자기가 말하려고 마음먹고 온 것을 수월하게 입 밖에 낼 수 있게 해 주는 어떤 것을 느꼈다.

"나는 거기에 없었습니다. 끼찌하고 둘이서 뜰에 있었지요. 우리는 벌써 두 차례나 싸움을 했어요. 그…… 스찌바가 온 때부터예요."

돌리는 명민하고 이해심 깊은 눈초리로 그를 보고 있었다.

"그래서 말이에요, 솔직한 의견을 말해 주시지 않겠어요? 끼찌에 대해서가 아니라 그 신사 말이에요, 어딘가 그 불쾌한, 아니 불쾌하다기보다는 저속하고 남편 되는 사람으로서 모욕으로 느껴지는 그런 태도가 없었나요?"

"글쎄요, 뭐라고 말해야 좋을까요…… 안 돼, 구석에 가만히 서 있어!" 그녀는, 어머니 얼굴에 희미한 미소가 떠오른 것을 보고 몸을 움직이려고 했던 마쉬아를 돌아보았다.

"사교적인 의견에서 말한다면, 그분 몸가짐은 일반적으로 보통 젊은 분들 몸가짐과 별로 다른 데가 없다고 하는 것이 되겠죠. 그 사람은 젊고 아름다운 여자에게 장난을 거는 거예요. 그러니까 사교계 남편이라면 도리어 기뻐할 일이지요."

"그렇습니까, 그래요." 레빈은 어두운 표정으로 말했다. "그렇다면, 당신도 알아채고 계셨군요?"

"나뿐만이 아녜요. 스찌바도 눈치챘어요. 그이는 차를 마시고서 바로 내게 이렇게 말한걸요. 아무래도 베슬로프스끼가 끼찌 마음을 사려고 수작을 부리는 것 같은데, 라고요."

"그랬군요. 이제 완전히 안심했습니다. 그 사내를 내쫓아버리겠어요." 레빈이 말했다.

"어머나, 제정신이세요?" 돌리가 놀라며 외쳤다. "이봐요 꼬스쨔, 정신 차리세요!" 그녀는 웃으면서 말했다. "자, 이제 그만 너는 판니에게 가 봐." 그녀는 마쉬아에게 말했다.

"그러면 안 돼요. 당신이 만약 정 그러고 싶으시면, 내가 스찌바에게 말하겠어요. 그러면 그 사람이 어떻게 잘 데리고 갈 거예요. 다른 손님이 오기로 돼 있다고 하면 되니까요. 하여튼 그 사람은 여기에는 어울리지 않는 사람이에요."

"아니, 괜찮습니다. 내가 직접 말하겠어요."

"그렇지만 당신이 나서면, 싸움이 벌어지지 않을까요?"

"아니, 괜찮아요. 그렇게 하는 편이 나로서도 유쾌할 겁니다." 정말 기분 좋은 듯이 눈을 반짝이면서 레빈은 말했다.

"저어, 그리고 이 아이도 용서해 주세요, 돌리! 이제 다시는 그러지 않을 테니까요." 그는 어린 죄인을 가리키며 말했다. 마쉬아는 판니에게 가지도 못하고 어물어물하며 어머니 앞에 서 있었다. 이마 너머로 어머니 시선을 기다리면서. 어머니는 그녀 얼굴을 보았다. 소녀는 으앙 하고 울음을 터뜨리고 어머니 무릎에 얼굴을 파묻었다. 돌리는 그녀 머리에 가냘픈, 그러나 부드러운 손을 얹었다.

'도대체 우리와 그 사내 사이에 어떤 공통점이 있는 것일까?' 레빈은 문득 생각하고 베슬로프스끼를 찾으러 나갔다.

현관을 지나면서 그는 역으로 가기 위한 마차를 준비하라고 명령했다.

"그것은 어제 용수철이 부러졌습니다." 하인이 대답했다.

"그래, 그럼 여행마차로 준비해, 어쨌든 급히 서둘러야 한다. 손님은 어디 계시지?"

"방으로 가셨습니다."

레빈은 마침 베슬로프스끼가 가방에서 꺼낸 짐들을 깨끗하게 정리하고, 새 악보 같은 것도 늘어놓고서 말을 타기 위해서 각반을 차는 참에 들이닥쳤다.

레빈 표정에 뭔가 특별한 점이 있었기 때문인지 아니면 베슬로프스끼 자신도 자기 장난이 이 집에는 맞지 않는다는 것을 느꼈기 때문인지, 아무튼 그는 레빈이 들어온 것을 보자 약간(어차피 사교계 사람이 느끼는 정도였지만) 당황했다.

"당신은 각반을 차고 말을 타십니까?"

"네, 이편이 훨씬 더러움을 덜 타니까요." 베슬로프스끼는 통통한 발을 의자 위에 올리고 아래쪽 고리를 채우면서 쾌활하고 사람 좋은 미소를 띠고 말했다.

그는 의심할 것도 없이 선량한 청년이었다. 레빈은 그의 눈동자 속에 두려움이 스쳐 가는 것을 보자 그가 가엾어지고 한집의 주인으로서 자기 자신이 부끄러워졌다.

탁자 위에는 두 사람이 오늘 아침 같이 체조했을 때 물에 젖은 평행봉을 세우려고 하다가 부러뜨린 막대기 동강이가 놓여 있었다. 레빈은 그것을 집어들고 어떻게 말문을 열어야 할지 몰라서, 그 끝 갈라진 데를 자신도 모르게 잡아 뜯기 시작했다.

"실은……." 그는 얼버무리려고 하다가 문득 끼찌와 지금까지 있었던 일을 떠올렸다. 그래서 굳게 마음먹고 그의 눈을 들여다보면서 말했다.

"당신을 위해서 마차를 준비하도록 일러두었습니다."

"그게 무슨 말입니까?" 베슬로프스끼가 깜짝 놀라 반문했다.

"도대체 어딜 가는 데요?"

"당신을 역으로 모셔다 드리려고요." 레빈은 막대기 동강이 끝을 잡아 뜯으면서 우울하게 말했다.

"당신들은 여행을 가시나요, 그렇지 않으면 무슨 일이 있었습니까?"

"그렇습니다. 손님이 많이 오기로 돼 있어서요." 레빈은 억센 손가락 끝으로 더욱더 세차게 갈라진 막대기 끝을 꺾으면서 말했다. "아니, 손님은 오지 않습니다. 아무 일도 일어나지 않았고요. 그러나 나는 당신이 돌아가 주셨으면 합니다. 저의 무례는 좋으실 대로 생각하셔도 상관없습니다."

베슬로프스끼가 몸을 똑바로 폈다.

"아니, 직접 설명해 주십시오……." 간신히 사태를 이해한 그는 위엄을 가지고 말했다.

"나는 말씀 드릴 수 없습니다." 레빈은 뺨이 떨리는 것을 숨기려고 애쓰며 조용히 또박또박 말했다.

"당신 또한 그 이유를 묻지 않으시는 편이 좋을 겁니다."

그러는 동안 갈라진 막대기 동강이 끝을 다 꺾어버렸으므로, 레빈은 크게 갈라진 틈에 손가락을 걸어서 막대기를 둘로 쪼개고 떨어진 한쪽을 조심스럽게 집어 올렸다.

그 긴장된 팔과 오늘 아침 체조를 했을 때 만져보았던 근육이며 번뜩이는 눈, 조용한 목소리와 떨리는 두 볼이 말 이상으로 베슬로프스끼를 이해시켰는지, 그는 어깨를 으쓱하고 경멸하는 듯한 미소를 띠더니 고개를 끄덕였다.

"오블론스끼를 만날 수 있습니까?"

그가 어깨를 으쓱한 것도 웃는 얼굴도 레빈을 노하게 하지는 않았다. '이 사나이가 달리 무엇을 더 할 수 있겠는가?' 그는 생각했다.

"곧 이리로 보내겠습니다."

"이 무슨 황당한 짓이야?" 오블론스끼는 친구에게서 그가 이 집에서 쫓겨나게 되었다는 것을 듣고, 손님이 나가기를 기다리며 뜰을 어정거리고 있던 레빈을 발견하고 말했다. "아니, 정말 우스운 이야기가 아닌가! 대체 뭐가 그리 거슬리던가? 아니, 이건 정말 당치도 않은 이야기야! 대체 무에 어떻단 말인가, 가령 젊은 사내가……."

그러나 레빈 마음의 상처는 아직 아물지 않은 듯했다. 그 증거로 그는 오블론스끼가 사태의 원인을 설명하려 하자, 또다시 새파랗게 질려 얼른 그 말을 가로막았다.

"제발, 원인 같은 것은 설명하지 말아 줘! 나로서는 어떻게 할 수 없으니까! 나는 자네에 대해서도 그 사람에 대해서도 굉장히 미안하게 생각하고 있어. 하지만 말이야, 이 집에서 떠나는 것쯤은 그 사람에게 그다지 큰 슬픔은 아닐 거야. 그러나 나와 내 아내에겐 그 사람이 있는 게 아주 불쾌하기 짝이 없단 말이야."

"그러나 그 사내에게는 큰 모욕이야! 더구나 이런 어리석은 방식으로!"

"하지만 나도 모욕을 느끼고 고통받고 있어! 나에겐 아무 잘못도 없어, 괴로워해야 할 까닭이 없다고!"

"아아, 설마 자네가 이런 짓을 하리라고는 생각도 못했어! 그야 질투를 하는 것도 좋아. 그러나 이쯤 되면 정말 어리석음의 극치야!"

레빈은 홱 돌아서서 친구 곁을 떠나 가로수길 안쪽으로 도망쳤다. 그리고 혼자서 계속 왔다 갔다 하기 시작했다. 이내 그는 여행마차의 바퀴 소리를 들었다. 예의 스코틀랜드 모자를 쓴 베슬로프스끼가 건초 위에 앉아(공교롭게도 여행마차에는 좌석이 없었다) 털썩털썩 흔들거리면서 가로수길을 지나가는 것이 나무 사이로 보였다.

'아니, 또 무슨 일이 있나?' 레빈은 하인이 집에서 뛰어나와 마차를 세우는 것을 보고 잠시 생각했다. 그 사람은 다름 아닌 레빈이 까맣게 잊고 있던 기계사였다. 그는 한참 머리를 숙이고 무엇인가 베슬로프스끼에게 말하더니 이윽고 마차에 올라타고 함께 떠났다.

오블론스끼와 공작부인은 레빈의 행위에 분개했다. 레빈 자신도 자기를 지극히 '우스꽝스럽게' 느꼈을 뿐만 아니라 모든 게 자기 잘못인지라 면목이 없었다. 그러나 자기와 아내가 받은 고통이 얼마나 컸던가를 생각해 내자, 다시 이런 일이 일어나면 어떻게 할 것인가를 스스로 되물어도 역시 똑같은 짓을 할 것이라고 답했다.

이러한 일이 있었는데도 이날 해가 질 무렵에는, 레빈의 행위를 아직도 용서하지 않은 공작부인만 제외하고 모두가 마치 벌을 받은 뒤의 어린아이나, 또는 답답하고 까다로운 공식 연회가 끝난 뒤의 어른들처럼 야릇할 만큼 활기 띤 쾌활한 기분이 돼 있었다. 밤에는 공작부인만 없으면 모두 베슬로프스끼가 쫓겨난 사건을 마치 먼 옛일처럼 떠들어대기까지 했다. 아버지에게서 재미있게 이야기하는 재능을 물려받은 돌리는, 같은 이야기를 세 차례고 네 차례고 반복하면서, 그때마다 새롭고 익살스러운 과장을 덧붙여 바레니까를 포복절도하게 했다. 그 이야기는 이랬다. 그녀가 손님을 위해서 일부러 새 리본을 매고 객실로 나가자마자 갑자기 덜커덕하는 이륜마차 소리가 들렸다. 저런 마차에 탄 사람은 도대체 누굴까? 의아해하며 내다보자, 바로 그 베슬로프스끼가 스코틀랜드 모자를 쓰고 각반을 차고 새 악보를 손에 들고 건초 위에 앉아 있는 것이 아닌가.

"당신도 그래요, 하다못해 소형마차라도 준비해 주시지 그랬어요! 그런데 조금 있자, '잠깐 기다려 줘요'라고 말하는 목소리가 들리지 않겠어요. 그래서 아아, 용서하기로 했구나 생각하며 보고 있자니까 그 뚱뚱한 독일인을 그 사람 곁에 태우고는 떠나 버리지 않겠어요…… 그래서 모처럼 준비한 내 리본도 허사가 돼 버렸단 말이지요……."

16

돌리는 자기가 마음먹은 대로 안나 집을 향해서 마차를 달렸다. 그녀는 동생을 슬프게 하고 동생 남편을 불쾌하게 한 것이 무척 괴로웠다. 그녀는 레빈 부부가 브론스끼와 절대로 아무런 관계도 맺고 싶어 하지 않는 것을 지극히 현명한 일로 이해하고 있었다. 그러나 돌리는 안나를 방문하여, 그녀 처지가 어떻게 바뀌더라도 자기 마음은 절대 바뀌지 않는다는 것을 나타내는 게 자기 의무라고 생각했다.

돌리는 이 여행을 위해서 레빈에게 신세를 질 수는 없다고 생각하고 말을 빌리기 위해 마을로 사람을 보냈다. 그러나 레빈이 이 사실을 알고 그녀에게 항의하러 왔다.

"어째서 당신은 내가 당신이 가시는 것을 불쾌해할 거로 생각하십니까? 아니, 설령 내게 그것이 불쾌하다 해도, 그렇다면 더더욱 당신이 내 말을 써 주시지 않는 것이 나는 불쾌합니다." 그는 말했다. "당신은 내게 단 한 번도 꼭 가야겠다고 말씀하신 일이 있습니까. 무엇보다 마을에서 말을 빌린다는 것이 불쾌합니다. 더욱이 중요한 것은 마을 사람들이 좋다고 받아들이더라도 거기까지 모셔다 드리지는 않는다는 겁니다. 말은 우리에게 얼마든지 있습니다. 그러니까 나를 슬프고 괴롭게 하고 싶지 않으시다면 부디 내 말을 써 주십시오."

돌리는 그의 말에 동의하지 않을 수 없었다. 그래서 정해진 날에 레빈은 처형을 위해서 사두마차의 말과 교대마 한 마리를 준비했다. 짐말과 승마용 말이 섞여 있어 볼품은 없으나 돌리를 그날 중으로 목적지까지 데려다 줄 힘은 있었다. 마침 그때는 이 집을 떠나는 공작부인과 산파를 위해서도 말이 필요했으므로 이렇게 한다는 것은 레빈에게는 상당한 고생이었다. 그러나 그는 손님에 대한 의무로서, 자기 집에 있는 돌리가 딴 데서 말을 빌리게 할 수는 없었다. 그뿐만 아니라 그 말 값으로 돌리에게 청구된 20루블이 그녀에게는 그리 쉽지 않은 금액이라는 사실을 알고 있었고, 또 지극히 좋지 못한 그녀의 호주머니 사정을 자기 일처럼 느끼고 있었기 때문이다.

돌리는 레빈의 권고에 따라 동이 틀 무렵에 출발했다. 길은 좋고, 마차는 편안하고, 말은 기운차게 달렸다. 마부석에는 마부 외에도 하인 대신으로 서기(書記)—만약의 경우를 위해서 레빈이 딸려 보냈다—가 앉아 있었다. 돌리는 꾸벅꾸벅 졸다 말을 교대할 곳에 도착할 무렵이 되어서야 겨우 눈을 떴다.

그녀는 레빈이 일찍이 스비야쥐스끼를 방문했을 때에 들렀던 그 부유한 농부 집에서 차를 마시고 아낙네들과는 아이들 이야기를, 노인과는 그가 굉장히 칭찬을 늘어놓는 브론스끼 백작에 대해서 이야기를 나누고서 10시쯤 다시 앞길을 재촉했다. 집에서 그녀는 아이들을 보살피느라 무엇을 생각할 시간이 조금도 없었다. 그런 만큼 지금 이렇게 네 시간째 줄곧 여행을 하고 있자니, 이제까지 억눌려 있던 온갖 상념이 갑자기 머릿속에 떼 지어 떠올라 왔다. 그녀는 전에 없던 기세로 자기의 온 생활에 대해 다양한 방면으로 생각해 보았다. 그녀의 상념은 그녀 자신에게도 이상야릇했다. 처음에 그녀는 아이들을 생각했다. 아이들은 어머니며 특히 끼찌가(그녀는 끼찌 쪽을 더욱 많이 의지하고 있었다) 보살펴 주기로 약속했으나, 그래도 역시 아이들 일이 걱정되었다. '마쉬아가 또 장난을 시작하지는 않을까, 그리쉬아가 말에 채이지는 않을까, 릴리 위가 더 나빠지지 않으면 좋으련만.' 그러나 이윽고 현재 문제는 가까운 장래 문제로 옮겨 갔다. 그녀는 올겨울에 모스끄바에서 새로운 집을 빌려야 한다는 것, 객실 가구를 바꿔야 한다는 것, 맏딸에게 털가죽 외투를 마련해 줘야 한다는 것에 대해 생각하기 시작했다. 다음에는 조금 먼 미래의 문제가 떠올랐다. 아이들을 사회에 잘 내보내기 위해서는 어떻게 해야 할 것인가 하는 문제였다.

'딸애들은 그런대로 괜찮다 하더라도 사내애들은?' 그녀는 생각했다.

'지금은 내가 그럭저럭 그리쉬아를 가르칠 수 있지만, 그것은 다만 지금 뱃속에 아이가 없고 여유가 있기 때문일 뿐이다. 스찌바는 물론 아무 의지도 되지 않는다. 친절한 사람들 힘을 빌리면 나 혼자서도 그 아이들을 길러낼 수 있겠지만, 만약 또 아이를 낳는다든가 하는 일이 있다면……' 그러자 그녀 머릿속에, 흔히 여자들에게 산고라는 저주가 지워져 있다는 이야기가 옳지 않다는 생각이 떠올랐다. '낳는 건 아무것도 아니야. 다만 그때까지 몸속에 넣고 있는 것이 힘들지.' 그녀는 자기의 마지막 임신과 그 애의 죽음을 회상하면서 이렇게 생각했다. 그러자 좀 전에 농부 집에서 젊은 새댁과 주고받았던 이야기가 생각났다. 아이가 있느냐는 그녀 물음에, 젊고 아름다운 새댁이 쾌활하게 대답했다.

"딸아이가 하나 있었습니다만, 하느님이 데리고 가 버렸어요. 사순절 때 묻었지요."

"어머나, 그럼 새댁은 굉장히 슬펐겠군요?" 돌리가 물었다.

"뭐가 슬퍼요? 할아버지한테는 안 그래도 손자들이 잔뜩 있는 걸요. 그저 걱정거리가 늘 뿐이죠. 일은커녕 아무것도 할 수 없게 돼 버리니까요. 정말 방해만 될 뿐이에요."

젊은 새댁은 마음씨가 착하고 얼굴이 예뻤음에도 그녀의 이 대답은 돌리에게 언짢은 인상을 주었다. 그러나 지금 그녀는 불현듯이 그 말을 떠올렸다. 이런 파렴치한 말 속에도 일말의 진리가 있었던 것이다.

'그래, 정말로.' 돌리는 15년 동안의 결혼생활을 뒤돌아보았다. '임신, 입덧, 지력의 쇠퇴, 모든 것에 대한 무관심, 특히 추해지는 모습. 끼찌도, 아직 젊고 아름다운 끼찌도 그렇게 외모가 상하는데, 내가 임신하면 얼마나 흉해질 것인지는 다 알고 있어. 해산의 괴로움, 그 엄청난 고통과 그 최후의 순간…… 그리고 또 수유, 잠 못 이루는 밤, 그 무서운 통증…….'

돌리는 아이가 태어날 때마다 경험한, 젖꼭지가 떨어져 나가는 그 아픔을 생각하는 것만으로도 오싹했다. '그리고 아이들의 병, 그 끊임없는 불안, 그리고 양육, 좋지 않은 버릇—그녀는 어린 마쉬아가 딸기밭에서 저지른 장난을 생각해 냈다—교육, 라틴어…… 이거고 저거고 모두 조금도 알 수 없는 어려운 것들뿐이다. 그중에서도 가장 무서운 것은 그렇게 키운 아이들이 죽는다는 것.'

그러자 또다시 그녀 가슴에는 모정(母情)을 영원히 괴롭힐 무참한 기억, 크루프로 죽은 막내아들인 갓난아이의 죽음이 떠올랐다. 그 장례식, 조그마한 장밋빛 관 앞에 선 사람들의 무심한 태도, 금몰 십자가가 달린 장밋빛 뚜껑으로 관을 덮는 순간 곱슬곱슬한 머리카락이 내려 덮인 창백한 이마며, 깜짝 놀란 것처럼 벌어진 그 조그마한 입을 보았을 때 가슴을 갈기갈기 잡아 찢는 듯하던 혼자만의 외로운 아픔이 떠올랐다.

'이 모든 게 다 무엇 때문일까? 이런 일이 대체 무엇이란 말인가? 나는 한시도 쉴 틈 없이, 임신이니 육아니 하면서 늘 화를 내고 잔소리하여 남과 자신을 동시에 괴롭히고, 남편에게 미움받으며 평생을 살아왔다. 그 결과 내 아이들은 변변한 교육도 받지 못한 채 불행하고 가난한 인간으로 성장해 간다. 지금만 하더라도 레빈네에서 여름을 보내지 않았다면 우리는 어떻게 지냈을지 몰라. 물론 꼬스쨔와 끼찌는 아주 세심하게 잘 보살펴 주니까, 언짢은 것은 조금도 없지만 언제까지나 이러고 있을 수는 없어. 그들에게도 아이가 생기면 이렇게 우리를 도울 수만도 없게 될 테니까. 지금만 하더라도 그들에게는 우리가 짐 덩어리야. 그렇다고 자기 앞으로는 거의 아무것도 남겨 놓으시지 않은 아버지가 어떻게 우리를 도울 수 있으랴? 결국 나는 내 손으로 아이들을 교육하지 못하니, 남의 힘을 빌리기 위해 굽실굽실할 수밖에 없어. 더없는 행복이라야, 이 이상 더는 아이가 죽지 않고 내가 그들을 어떻게 해서라도 길러 내는 것뿐이야. 아이들이 나쁘게 되지만 않는다면 그나마 성공이지. 이것이 내가 바랄 수 있는 전부야. 그리고 고작 그것만을 위해서 얼마나 큰 고통과 곤란을 겪어왔단 말인가…… 내 일생은 무의미해!'

또다시 그 젊은 새댁이 말했던 것이 생각났다. 또다시 언짢음을 느꼈다. 그러나 그 말 속에 일면의 소박한 진리가 있다는 것을 다시 한 번 인정하지 않을 수 없었다.

"어때, 아직 멀었니, 미하일라?" 돌리는 자기를 위협해 오는 상념을 떨쳐 버리려고 서기에게 물었다.

"이 마을에서 7베르스따라고 합니다."

마차는 마을 한길을 달려 작은 다리 쪽으로 나아갔다. 다리 위에는 새끼 줄을 어깨에 걸친 쾌활한 촌 아낙네들이 큰 소리로 즐겁게 이야기를 나누면서 걷고 있었다. 아낙네들은 다리 위에서 발을 멈추고 호기심에 찬 눈으로 마차를 들여다보았다. 이쪽을 향한 그들 얼굴이 돌리에게는 어느 것이나 다 건강하고 즐거워 보였고 밉살스러울 만큼 환희와 생명으로 가득 차 있는 것 같았다. '모두 살아 있다. 모두 인생을 즐기고 있다.' 돌리는 마차가 아낙네들 곁을 지나 산길로 접어들자, 말의 빠른 걸음에 맞춰 움직이는 낡은 마차의 부드러운 용수철에 유쾌하게 흔들리면서 생각을 이어갔다. '하지만 나는 마치 감옥에서 나온 사람처럼, 온갖 걱정으로 나를 죽여 버릴 것 같은 세계에서 풀려나와 지금 겨우 잠깐 정신을 차렸을 뿐이다. 모두 살아 있다. 그 아낙네들도 동생 나딸리도 바레니까도, 이제부터 찾아가는 안나도. 그저 나만 그렇지 않구나.'

'그런데 세상 사람들은 모두 안나를 비난한다. 어째서일까? 도대체 내가 더 나은 게 무엇인가? 내게는 적어도 사랑하는 남편이 있지. 이상적인 사랑 방식은 아닐지언정 아무튼 나는 그를 사랑하고 있다. 그러나 안나는 자기 남편을 사랑하지 않았다. 도대체 그녀가 어째서 나쁘다는 것일까? 그녀는 살고 싶은 거야. 하느님이 우리에게 그러한 마음을 심으셨어. 어쩌면 나도 똑같은 짓을 할지도 몰라. 그 괴롭던 무렵, 안나가 모스끄바 우리 집에 와 주었던 때에 그녀의 말을 들었던 것이 과연 잘한 일이었는지, 나는 아직껏 판단이 서지 않는걸. 난 그때 남편을 버리고 다시 한 번 인생을 고쳐 시작해야 옳았어. 그랬으면 나도 정말로 다른 사람을 사랑하고 사랑받을 수도 있었을 거야. 지금 이 상황이 어디가 더 나은 걸까? 나는 남편을 존경하지는 않아. 단지 그가 나에게 필요하기 때문에.' 그녀는 남편에 대해서 생각했다. '참고 있을 뿐이야. 어째서 이것이 낫단 말이지? 그때였다면 아직 나를 좋아해 줄 누군가도 있었겠지. 내게도 조금은 아름다움이 남아 있었으니까.' 돌리는 계속 생각했다. 그러자 문득 거울을 들여다보고 싶어졌다. 가방 속에는 여행용 작은 손거울이 들어 있어서 그녀는 그것을 꺼내려고 생각했다. 그러나 마부와 마차의 진동에 흔들리는 서기의 뒷모습을 보자, 그들 가운데 누군가가 돌아본다면 매우 부끄러울 것이라고 여겼으므로 거울을 꺼내는 것은 그만두었다.

비록 거울에 비추어 보지 않더라도 지금도 아직 늦지 않다고 그녀는 생각했다. 그래서 그녀는 자기에게 유달리 친절한 꼬즈느이쉐프며 남편의 친구인 사람 좋은 뚜로프쯔인을 떠올렸다. 뚜로프쯔인은 아이들이 성홍열을 앓을 때 함께 병간호를 해 주었으며, 그녀에게 마음을 두고 있었다. 그리고 또 한 사람, 남편이 농담 삼아 들려준 말에 따르면 그녀를 자매 중에서 가장 아름답다고 생각했다는 아주 젊은 청년도 있었다. 그러자 지극히 정열적인 황홀한 로맨스가 돌리 앞에 그려졌다.

'안나가 한 행동은 훌륭하다. 나는 이제 결코 그녀를 비난하지 않을 거야. 그녀는 스스로 행복하니까 다른 사람도 행복하게 하고, 나처럼 굴복당하는 대신, 틀림없이 여느 때처럼 싱싱하고 영리하고 무엇이든 솔직한 태도로 대하고 있을 테지.' 돌리는 이렇게 생각했다. 그러자 약삭빠른 미소가 그녀 입술에 주름을 잡았다. 그것은 그녀가 안나의 로맨스를 생각하면서 그와 동시에 자기를 사랑하는 가공의 사나이와의 거의 똑같은 로맨스를 상상했기 때문이었다. 공상 속에서 그녀 또한 안나와 마찬가지로 모든 것을 남편에게 고백했고 그것을 들은 오블론스끼의 놀람과 혼란이 그녀를 미소 짓게 했던 것이다.

이러한 공상 속에서 그녀는 보즈드비줸스꼬예로 가는 한길 모퉁이로 접어들었다.

17

마부는 사륜마차를 세우고, 농사용 마차 옆에 앉아 있는 농부들 오른쪽의 호밀밭을 돌아보았다. 서기는 뛰어내리려고 하다가 고쳐 생각하고 농부 한 사람을 자기 쪽으로 손짓하면서 명령하는 말투로 불렀다. 달리는 동안 불던 미풍은 마차가 멈춤과 동시에 그쳐 버렸다. 땀에 흠뻑 젖은 말들의 몸뚱이에 착 들러붙은 등에들은 화난 말들이 아무리 꼬리를 휘둘러 쫓아내려 해도 꿈쩍하지 않았다. 농사용 마차 쪽에서 들려오던 낫을 가는 금속성 소리도 조용해졌다. 농부 한 사람이 일어서서 마차 쪽으로 걸어왔다.

"어이, 무척 느리군!" 서기는 수레에 길들지 않은 울퉁불퉁한 마른 길을 맨발로 느럭느럭 디디면서 걸어오는 농부를 향해 노한 것처럼 소리쳤다. "빨리 오지 않겠나!"

보리수나무껍질로 머리를 질끈 동여맨 고수머리 농부가 곱사등을 땀으로 거멓게 번질거리면서 걸음을 빨리하여 마차로 다가오더니 햇볕에 그은 손으로 마차 흙받기를 붙잡았다.

"보즈드비쥇스꼬예 나리댁이요? 백작님 댁 말씀이시죠?" 그가 질문을 되풀이했다. "저 작은 산을 넘어 바로 왼쪽으로 돌아가세요. 그리고 넓은 길을 곧장 따라서 가시면 저택이 나옵니다. 그런데 당신네는 도대체 어느 분을 찾으십니까? 백작님인가요?"

"모두 집에 계신가?" 돌리는 이런 농부한테조차 안나에 대해서 어떻게 물어야 좋을지 몰라서 애매하게 말했다.

"네, 계실 겁니다." 농부가 맨발을 옮겨 디디자 먼지 위에 다섯 발가락 자국이 뚜렷이 남았다. "틀림없이 계실 겁니다." 그는 이야기를 계속하고 싶어 하는 태도로 되풀이했다. "어제도 손님들이 오셨거든요. 그것도 아주 많은 손님이…… 뭐야, 왜 그래?" 그는 농사용 마차 쪽에서 무엇인가를 그에게 외치는 젊은 사람을 돌아보았다. "아, 그렇지! 조금 전에 모두 풀 베는 기계를 보러 말을 타고 여길 지나가셨습니다. 그렇지만 지금쯤은 틀림없이 집에 계실 겁니다. 그건 그렇고 당신네는 뉘신가요?"

"우린 먼 데서 왔어." 마부석에 오르면서 마부가 말했다. "그럼, 이제 멀지 않단 말이지?"

"그래요. 바로 저기라고 말했잖아요. 저 언덕 넘어서……." 그는 손으로 마차 흙받기를 만지작거리면서 말했다.

젊고 튼튼해 보이는 땅딸막한 젊은이도 옆으로 다가왔다.

"어이, 뭐 거두어들일 일이든 뭐든, 없나?" 그가 물었다.

"난 모르겠어."

"그러니까 왼쪽으로 꺾어서 가시면 됩니다, 그러면 곧 닿게 돼요." 농부는 분명히 이 나그네들을 놓아주기 싫은 눈치로 더 이야기하고 싶어 했다.

마부는 말을 출발시켰다. 그러나 그들이 막 길을 꺾어 들자마자 농부가 큰 소리로 외쳤다.

"기다리세요! 여보세요, 거기 있는 손님, 기다리라니까요."

두 사람이 저마다 외쳤다. 마부는 말을 세웠다.

"나리들이 돌아오십니다! 바로 저기에." 농부가 계속 외쳤다. "저기 좀 보시구려, 기세 한 번 엄청나구먼!" 그는 그 길을 달려오는 말을 탄 네 사람과 이륜마차에 탄 두 사람을 가리키면서 외쳤다.

브론스끼와 경마 기수(競馬騎手), 베슬로프스끼와 안나가 말을 타고, 바르바라와 스비야쥐스끼가 마차에 타고 있었다. 그들은 운동 삼아 새로 들여온 곡식 베는 기계의 성능을 보러 나갔던 것이다.

마차가 멈추자 말을 탄 사람들도 보조를 늦추었다. 맨 앞에는 안나가 베슬로프스끼와 나란히 오고 있었다. 그녀는 갈기를 베어 버린, 꼬리가 짧고 키가 그리 크지 않은 탄탄한 영국종(種) 말을 타고 조용히 다가왔다. 높은 모자 밑으로 드리워진 아름다운 칠흑의 머리카락, 살집 좋은 어깨, 검은 승마복을 입은 가는허리, 그리고 침착하고 우아한 승마 자세가 돌리 마음을 사로잡았다.

처음에 돌리는 안나가 말을 탄 것이 점잖지 못한 행동처럼 여겨졌다. 그녀 마음속에서는 여자의 승마란 언제나 젊은이의 경박한 교태와 일치했다. 그리고 그런 것은 안나와 어울리지 않는다고 생각했다. 그러나 가까이에서 자세히 보고 나서 돌리는 곧 안나의 승마모습에 익숙해져 버렸다. 우아한데도 그녀의 자세도 옷차림도 동작도 모두, 그 어떤 것도 이보다 더 자연스러울 수 없다고 생각될 만큼 단순하고 침착하고 훌륭하며 위엄이 있었다.

안나와 나란히 잿빛의 기운찬 기병마 위에 앉아서 통통한 다리를 앞으로 쭉 뻗고 자기 자세를 즐기는 듯한 태도로, 예의 스코틀랜드 모자에 리본을 나부끼며 베슬로프스끼가 달려왔다. 돌리는 그를 알아보고 즐거운 미소를 금할 수 없었다. 그들 뒤에서 브론스끼는 분명히 힘차게 달려와서 흥분해 있는 듯한 우량종의 짙은 구렁말을 타고 있었다. 그는 말을 제지하려고 끊임없이 고삐를 당기고 있었다.

그의 뒤에서는 기수 옷차림을 한 좀스러운 사나이가 왔다. 스비야쥐스끼와 공작 영애는 커다란 검정 경마말이 끄는 새 이륜마차를 타고 말 탄 사람들을 뒤쫓아왔다.

낡아 빠진 포장마차 한쪽 구석에 몸을 밀어붙이듯이 기대어 탄, 몸집이 작은 사람이 돌리임을 알아보자마자 안나 얼굴은 갑자기 기쁨의 미소로 빛났다. 그녀는 무심코 환성을 지르고 안장 위에서 살짝 몸을 떨더니 말을 빠르게 몰았다. 마차로 다가가자 그녀는 누구의 도움도 빌리지 않고 훌쩍 말에서 뛰어내려 승마복 자락을 치켜들면서 돌리 쪽으로 뛰어왔다.

"난 그럴 것이라고는 생각했지만, 설마 하는 생각도 들었어요. 아아, 정말 기뻐요! 내가 얼마나 기쁜지 당신은 상상도 못할 거예요!" 그녀는 돌리에게 얼굴을 대고 입을 맞추기도 하고, 또 조금 떨어져서 싱글싱글하고 그녀를 위아래로 훑어보기도 하면서 말했다.

"아아, 알렉세이, 반가운 손님이에요!" 그녀는 말에서 내려 그들 쪽으로 다가온 브론스끼를 돌아보고 말했다.

브론스끼는 잿빛의 높은 모자를 벗고 돌리 옆으로 다가갔다.

"우리가 당신이 오신 것을 얼마나 기뻐하고 있는지, 당신은 좀처럼 믿어지지 않을 겁니다." 그는 한 마디 한 마디에 특별한 의미를 곁들이고 미소로 새하얀 이를 드러내면서 말했다.

베슬로프스끼는 말에서 내리지도 않고 모자만 들어 머리 위에서 리본을 흔들면서 손님을 환영했다.

"저쪽은 공작 영애 바르바라예요." 안나는 이륜마차가 다가왔을 때 돌리가 묻는 듯한 눈짓을 하자 이렇게 대답했다.

"아아!" 하고 돌리는 말했지만, 그녀 얼굴에는 부지중에 불만이 떠올랐다.

공작 영애 바르바라는 오블론스끼의 고모였다. 그녀는 전부터 바르바라를 알고 있었으나 존경하지는 않았다. 돌리는 이 공작 영애가 온 생애를 유복한 친척들 사이에서 식객으로만 지내왔다는 것을 이미 알고는 있었으나, 그녀가 지금 이렇게 아무런 관계도 없는 브론스끼네 집에서 지내고 있다는 것이 남편 집안의 수치로 여겨져 부끄러웠다. 안나는 돌리의 얼굴빛을 읽자 당황한 나머지 새빨개져서 승마복 자락을 손에서 놓치는 바람에 발이 걸려 비틀거렸다.

돌리는 멈춰선 이륜마차 쪽으로 다가가서 공작 영애 바르바라와 싸늘하게 인사를 나누었다. 스비야쥐스끼와도 구면이었다. 그는 좀 남다른 친구인 레빈이 젊은 아내와 어떻게 지내고 있는가를 묻고 재빠른 눈길로 돌리 마차의 고르지 않은 말이며 더덕더덕한 흙받기를 단 포장마차를 훑어 보고는, 부인들에게 사륜마차에 탈 것을 권했다.

"그럼 내가 그 수레로 가겠어요." 그가 말했다. "이쪽은 말도 순하고 공작 영애의 말 다루는 솜씨도 훌륭하니까요."

"아녜요, 그냥 그대로 계세요." 옆으로 다가온 안나가 말했다. "나도 저 포장

마차로 같이 갈 테니까요." 그리고 그녀는 돌리 손을 잡고 데리고 가 버렸다.

돌리는 지금까지 한 번도 본 적 없는 훌륭한 마차와 말과 우아하고 눈부신 사람들에게 둘러싸여 완전히 얼이 빠지고 말았다. 하지만 무엇보다 강하게 그녀를 놀라게 한 것은 자기가 잘 알고 또한 사랑하는 안나의 내면에 일어난 변화였다. 만약 더 주의력이 모자라고 또 이전 안나를 알지 못하고, 특히 돌리가 마차를 타고 오면서 죽 생각했던 그러한 생각을 해 본 적이 없는 여자였다면, 안나에게서 어떤 각별한 것도 발견할 수 없었을 것이다. 그러나 지금 돌리는 사랑을 하는 여자의 얼굴에만 나타나는 그 순간적인 아름다움을 발견하고 큰 충격을 받았다. 안나 얼굴에 어린 모든 것들—볼에 깊이 팬 보조개, 입술 모양, 얼굴 둘레에 번져 있는 미소, 눈의 반짝임, 동작의 우아함과 민첩함, 풍부한 성량, 그리고 베슬로프스끼가 그녀의 암말에게 내달릴 때 오른발부터 내딛도록 가르칠 테니 한번 타도 되겠느냐고 부탁했을 때 발끈하면서도 부드러운 태도까지—그 모두가 유난스럽게 매혹적이었다. 그리고 그녀 자신도 그것을 알고 기뻐하는 듯했다.

두 여자가 포장마차에 탔을 때, 두 사람 모두 갑자기 당혹감을 감추지 못했다. 안나는 자기를 보는 돌리의 주의 깊고 의심쩍은 눈동자에 당황했기 때문이었고, 돌리는 스비야쥐스끼가 '수레'라고 말한 뒤였으므로 안나가 자기와 함께 탄, 이 더럽고 낡은 마차가 어쩐지 창피하게 느껴졌기 때문이었다. 마부인 필립쁘와 서기도 똑같은 느낌을 경험했다. 서기는 당혹감을 감추기 위해 부인네를 태우느라고 부산을 떨었다. 그러나 마부인 필립쁘는 부루퉁한 얼굴로 이런 겉만 번드르르한 인간들에게 굴복해서는 안 된다고 다시 한 번 마음을 다잡은 모양이었다. 그는 이륜마차에 매인 검정털의 경마말을 흘깃 보고 벌써 마음속으로 이 말은 그저 산책용 정도로나 쓸 수 있을 뿐, 땡볕 아래를 단숨에 40베르스따나 달리기에는 도저히 무리라고 단정해 버리고 히죽 빈정대는 웃음을 띠었다.

농부들은 모두 농사용 마차 그늘에서 일어서서 제 나름의 비평을 하면서, 반갑게 서로 인사하는 손님들을 신기한 듯이 보고 있었다.

"서로 똑같이 반가워하는군, 오랫동안 만나지 않았던 거야." 보리수나무껍질로 머리를 동여맨 고수머리 노인이 말했다.

"저거 봐, 게라심 아저씨, 저 검은 종마로 곡식 다발을 나르게 하면 정말 일이 수월할 거야!"

"저거 봐, 저 바지를 입은 건 여자야?" 그들 중 한 사람이 여자용 안장에 앉아 있는 베슬로프스끼를 가리키면서 말했다.

"아냐, 남자야. 저거 봐, 정말 멋있게 뛰잖아."

"다들 어쩐 일이야, 이제 낮잠도 필요 없나 보죠?"

"지금 낮잠이 다 뭐야!" 노인이 곁눈질로 햇살을 바라보면서 말했다. "이거 봐, 벌써 정오가 지났어! 자, 갈고리 들고 나가자고, 나가."

18

안나는 돌리의 여위고 수척해진 얼굴 주름 사이에 먼지가 낀 것을 보고, 떠오른 대로 솔직하게 '조금 말랐네요' 하고 말하려고 했다. 그러나 자기 자신은 전보다 더 아름다워졌고 돌리의 눈동자도 그것을 이야기하고 있다는 것을 눈치채자, 그녀는 후유 한숨을 몰아쉬고 자기에 대해 이야기하기 시작했다.

"당신은 나를 보면서 나 같은 처지에 있는 사람이 과연 행복할 수 있을까 생각하고 계시죠? 그렇지요, 정말 이런 말을 하기도 아주 부끄럽지만 말이에요, 난…… 나는 더할 나위 없을 만큼 행복해요. 나에게 무엇인가 꿈 같은, 마술 같은 일이 일어났어요. 마치 무섭고 불쾌한 일을 당하고 있다가 갑자기 눈을 떠 보니까 무서운 것이 완전히 사라져 있는 거예요. 나는 꿈에서 깨어났어요. 나는 괴롭고 무서운 경험을 해 왔으나 지금은 벌써 훨씬 전부터, 특히 여기에 온 뒤로는 완전히 행복해졌어요……." 그녀는 주뼛주뼛하면서 미소를 띠고 돌리 얼굴을 쳐다보면서 말했다.

"그렇다니 다행이에요!" 돌리는 웃으며 자기도 모르게 생각보다 냉담한 투로 말했다. "난, 당신을 위해서 정말 기쁘게 생각하고 있어요. 그런데 어째서 편지를 주지 않았죠?"

"어째서냐고요?…… 그런 짓까지는 감히 할 수 없었어요…… 아무래도 당신은 나의 처지를 잊고 계시나 봐요……."

"나에게 감히 할 수 없었다고요? 모르는 말씀 마세요, 내가 얼마나…… 나는 말이에요, 이렇게 생각하고 있어요……."

돌리는 오늘 아침 자기 생각을 털어놓으려고 했다. 그러나 어째서인지 지금은 그 이야기를 하는 것이 옳지 않다고 여겨졌다.

"어쨌든 그 이야기는 나중에 하겠어요. 어머나, 저 다양한 건물들은 다 뭐예요?" 그녀는 화제를 바꿀 양으로 아카시아며 개나리로 된 푸른 산울타리 뒤로 들여다보이는 붉은 지붕이며 녹색 지붕을 가리키면서 물었다. "마치 작은 마을 같군요."

그러나 안나는 그것에 대답하지 않았다.

"아뇨, 잠깐, 잠깐만요! 당신은 나의 처지를 어떻게 생각하고 계시죠, 네?" 그녀가 물었다.

"나는 말이에요……." 돌리는 말을 시작하려고 했다. 그러나 이때, 암말에게 내달릴 때 오른발부터 내딛는 법을 가르친 베슬로프스끼가 짧은 재킷차림으로 여자용 안장의 부드러운 가죽을 육중한 몸으로 삐걱삐걱 누르면서 그들 곁을 달려 지나갔다.

"성공했어요, 안나!" 그가 외쳤다.

안나는 그를 보지도 않았다. 그러나 또다시 돌리에게는 마차 속에서 이러한 긴 이야기를 시작하는 것이 전혀 어울리지 않는 일처럼 여겨졌다. 그래서 그녀는 자기 생각을 요약해 버렸다.

"나는 어떻게도 생각하고 있지 않아요." 그녀가 말했다. "그저 나는 언제나 당신을 사랑했어요. 사람을 사랑한다는 게, 있는 그대로의 그 사람 전체를 사랑하는 거지, 그 사람이 이렇게 돼 주었으면 하고 바라는 것은 아니잖아요."

안나는 친구 얼굴에서 시선을 돌리더니 눈을 가느다랗게 하고(이것은 돌리에게는 낯선 그녀의 새로운 버릇이었다), 그 말의 의미를 잘 이해할 양으로 생각에 잠겼다. 그리고 분명히 생각한 대로 그 말이 이해되었는지 돌리 얼굴을 힐끔 쳐다보았다.

"설령 당신에게 죄가 있다고 하더라도." 그녀가 말했다. "그것은 당신이 이렇게 와 주었다는 것과 지금 하신 말씀으로 완전히 지워져 버릴 거예요."

돌리는 안나 눈에 눈물이 핑 도는 것을 보았다. 그녀는 묵묵히 안나의 손을 쥐었다.

"그런데 저 건물은 뭐예요? 꽤 많은데요." 그녀는 한동안 침묵하고서 또다시 물음을 되풀이했다.

"저것은 집에서 일을 보는 사람들의 집이며 공장, 마구간이에요." 안나는 대답했다. "그리고 저기서부터가 유원지예요. 완전히 황폐하던 것을 알렉세이가 손을 대서 새롭게 가꾸었어요. 그이는 이 영지를 굉장히 사랑하거든요. 정말 전혀 예기치 못했는데, 그이는 소유지 일에 완전히 넋을 빼앗겨 버렸어요. 이 것도 다 그이의 풍부한 재능 때문이죠! 그이는 무엇을 하든 훌륭하게 해치운 답니다. 그이는 권태라는 것을 모를뿐더러 그야말로 열심히 몰두해요. 그이는…… 내가 아는 한으로는…… 면밀하고 훌륭한 경영자가 되어 버렸어요. 농 사일로는 인색하기까지 하답니다. 그러나 그것은 다만 농사에 관한 것뿐이에 요. 몇만 몇십만쯤 되는 큰일에는 돈을 아끼지 않는걸요." 그녀는 여자가 자기 만 아는 애인의 남모르는 성격을 이야기할 때 곧잘 보이는 그 기쁜 듯한 능청 스런 미소를 띠고 있었다.

"저 봐요, 저기 큰 건물이 보이죠? 저것은 새로운 병원이에요. 내 예상엔 저 기에 10만 루블 이상 들어갈 것 같아요. 이것이 지금 그이의 도락이죠. 저것이 도대체 어떤 동기로 시작되었을 것 같아요? 언젠가 농부들이 와서 목장의 풀 을 더 싸게 깎아 달라고 부탁을 했었어요. 그런데 그이가 그것을 거절해서 내 가 인색하다고 나무랐죠. 물론 그 때문만은 아녜요. 여러 가지 일이 합쳐지긴 했지만, 아무튼 그이는 자기가 인색하지 않다는 걸 보이기 위해 저 병원을 세 우기 시작한 거랍니다. 뭐, 쓸데없는 짓이긴 하지만, 나는 그 때문에 더한층 그 이를 사랑하게 됐어요. 아아, 이제 곧 집이 보일 거예요. 할아버지 시대의 집으 로, 외관은 그대로 조금도 달라지지 않았어요."

"어머나, 정말 훌륭하군요!" 돌리는 정원에 있는 늙은 나무 가지가지 녹색 사 이로 드러난, 둥근 기둥이 늘어선 훌륭한 집을 무의식중에 감탄의 눈으로 쳐 다보면서 말했다.

"정말 좋지요, 네? 2층에서 바라보는 경치는 더욱 좋아요."

마차는 자갈을 깔고 꽃으로 꾸민 저택 안으로 들어갔다. 뜰에는 두 일꾼이 가공하지 않은 구멍투성이 돌로 무너지기 쉬운 화단의 가장자리를 쌓고 있었 다. 마차가 지붕이 있는 현관 앞에서 멈추었다.

"아, 벌써 모두 와 있군요." 안나는 입구 층층대에서 막 풀어 놓은 말을 보면 서 말했다. "정말 좋지 않아요, 저 말? 저건 꼬브예요. 내 애마지요. 이리 데려 와서 설탕을 줘. 백작은 어디 계시지?" 그녀는 예복을 입고 위엄 있는 몸가짐 으로 달려나온 두 하인에게 물었다. "아, 저기 계시는군!" 그녀는 베슬로프스끼 와 같이 자기를 맞으러 나오는 브론스끼를 발견하고 말했다.

"손님을 어디로 모시겠어요?" 브론스끼는 안나에게 프랑스어로 말했으나 그 대답은 기다리지 않고 다시 한 번 돌리와 인사하고 이번에는 그녀 손에 입을 맞추었다. "나는 발코니가 있는 넓은 방이 좋으리라고 생각하는데?"

"아이, 안 돼요, 거기는 너무 멀어요! 구석방이 더 나을 거예요. 그러는 편이 더 만나기 편하니까. 자, 가요." 안나는 하인이 가지고 온 설탕을 자기 애마에게 주면서 말했다.

"당신은 당신이 하셔야 할 일을 또 잊으셨군요." 그녀는 역시 입구 층층대로 나온 베슬로프스끼에게 말했다.

"용서하십시오, 설탕은 호주머니에 잔뜩 가지고 있습니다만." 그는 조끼 호주머니에 손가락을 찔러 넣으며 쓴웃음을 지었다.

"그러나 당신은 오시는 것이 너무 늦어요." 안나는 설탕을 핥느라고 말이 적신 손을 손수건으로 닦으면서 돌리 쪽을 돌아보았다. "오래 계실 테죠? 하루라고요? 그건 안 돼요."

"그렇지만 난 그런 약속으로 온걸요, 애들도 있고……" 돌리는 포장마차에서 가방을 꺼내와야 한다는 것과 자기 얼굴이 틀림없이 먼지투성이가 되어 있을 것이라는 생각 때문에 당황하면서 말했다.

"안 돼요, 돌리…… 하지만, 나중에 얘기하지요. 아무튼 가요!" 안나는 돌리를 그녀 방으로 데리고 갔다.

그 방은 브론스끼가 권한 호화로운 방이 아니라, 돌리한테는 미안하다며 안나가 말했던 그런 방이었다. 그런데 용서를 구한 그 방조차 돌리가 한 번도 살아 본 적이 없는, 외국의 훌륭한 호텔을 상기시킬 만큼 사치로 가득 찬 방이었다.

"아아, 돌리, 난 정말 기뻐요!" 안나는 승마복 차림 그대로 잠깐이라며 돌리 곁에 앉아 말했다. "당신네 아이들 이야기를 해 주세요. 오라버니와는 잠깐 만나긴 했지만, 그는 아이들 이야기는 해 주지 않거든요. 내 사랑하는 따냐는 어떻죠? 많이 컸겠죠?"

"네, 많이 컸어요." 돌리는 자기가 아이들에 대해 이렇게 냉담한 어조로 말한다는 사실에 스스로 놀라면서 짧게 대답했다.

"우리는 레빈네에서 즐겁게 지내고 있어요." 그녀는 덧붙였다.

"아아, 만약 내가 그것을 알고 있었다면." 안나는 말했다. "당신이 나를 멸시하고 계시지 않는다는 것을 말이에요…… 그러면 다 같이 집으로 초대할 수 있었을 텐데. 스찌바는 알렉세이와 다정한 옛 친구잖아요." 그녀는 덧붙이며 갑자기 새빨개졌다.

"네, 하지만, 우리는 지금 이대로도 정말 잘 지내고 있어요……." 돌리는 어찌 할 바를 모르면서 대답했다.

"어머나, 정말 나 좀 봐, 기쁜 나머지 쓸데없는 소리만 지껄이고. 그저 말이에요, 난 당신을 만나게 돼서 이렇게 기쁠 수가 없어요." 안나는 또다시 그녀에게 입맞추면서 말했다. "그건 그렇고, 당신은 아직 나에 대해 어떻게 생각하고 계신지 말씀해 주시지 않았어요. 나는 꼭 알고 싶어요. 그렇지만 당신이 있는 그대로의 나를 보아 주시는 것이 무엇보다도 기뻐요. 난 다른 사람들에게 내가 무엇인가 변명하고 싶어 하는 것처럼 보이는 것이 가장 싫거든요. 나는 조금도 변명할 생각은 없어요. 그저 살고 싶다고 생각할 뿐이에요. 자기 이외의 어떤 사람에게도 폐를 끼치지 않으면서. 나에게도 그만한 권리는 있어요, 그렇지 않아요? 하지만 이것은 이렇게 간단하게 할 이야기가 아니지요. 그러니까 모든 것은 나중에 천천히 이야기해요. 그럼 난 옷을 갈아입고 오겠어요. 곧 하녀를 이리 보낼게요."

19

혼자 남게 되자 돌리는 주부의 눈으로 방을 둘러보았다. 그녀가 이 집까지 오면서 보고, 집 안을 지나오면서 보고, 지금 또 이 방에서 본 모든 것은, 그녀가 읽었던 영국 소설 이외에서는 아직 한 번도, 러시아 특히 이런 시골에서는 전혀 본 적이 없었던 새로운 유럽풍의 사치와 멋과 풍부함의 인상을 그녀의 마음속에 새겨 놓았다. 프랑스제 새 벽지부터 온 방 안에 깔린 융단에 이르기까지 모든 것이 새로웠다. 용수철 장치가 되어 있는 침대 위에 요가 깔렸으며, 침대머리판도 특별제작한 것이었다. 조그마한 쿠션들은 비단 덮개가 씌워 있었다. 대리석 세면기, 화장대, 작은 소파, 탁자, 난로 위의 청동 시계, 창문에 친 두 겹의 커튼, 이 모든 것이 다 새로운 것들뿐이었다.

시중을 들러온 멋쟁이 하녀가 머리를 땋는 법에서 옷차림에 이르기까지 돌리보다 훨씬 더 유행에 맞는 것들, 그 방 전체와 마찬가지로 새롭고 값진 것들로 꾸미고 있었다. 돌리는 그녀의 공손함과 청초함과 친절한 면이 마음에 들었지만 그녀와 함께 있는 것이 어쩐지 거북했다. 공교롭게도 실수로 넣어 온 조각 천을 덧댄 블라우스가 그녀 보기에 수치스러웠던 것이다. 집에서는 그렇게도 자랑스럽게 여겼던 그 덧댄 헝겊이며 기워진 데가 여기서는 부끄러웠다. 집에서는 여섯 장의 블라우스를 지으려면 1아르쉰에 65코페이카 하는 천이 24아르쉰 필요하므로 바느질이며 장식을 따로 치더라도 15루블 이상 돈이 든다. 따라서 조각들을 덧대면 그 15루블이 절약되는 셈이다. 그 사실을 명백히 알고 있었으나 그것이 하녀 앞에서는 부끄럽다기보다 어쩐지 거북스러웠다. 돌리는 옛날부터 알고 지내던 안누쉬까가 방으로 들어왔을 때에야 정말 안도의 한숨을 쉬었다. 멋쟁이 하녀는 마님한테 불려갔기 때문에 돌리에게는 안누쉬까가 남았다.

안누쉬까는 분명히 돌리가 찾아온 것이 아주 기쁜지 끊임없이 지껄여 댔다. 돌리는 그녀가 안주인 신상에 대해서, 특히 안나를 향한 백작의 사랑과 헌신에 대해서 자기 의견을 늘어놓고 싶어 한다는 것을 알아챘다. 그러나 돌리는 상대가 그쪽으로 이야기를 끌고 가려 할 때마다 한사코 그것을 저지하고 있었다.

"나는 안나 마님과 같이 자랐어요. 그래서 나에게는 마님이 무엇보다도 귀중해요. 그야 뭐 내가 이러쿵저러쿵할 일은 아녜요. 그보다는 그렇게 누군가를 사랑한다는 것은……."

"그럼, 미안하지만, 이걸 좀 빨게 내 줘요." 돌리가 그녀 말을 가로막았다.

"알았습니다. 이 댁에는 세탁을 위해 둘이나 따로 고용된데다가, 이불보는 모두 기계로 빨지요. 백작님이 무슨 일이건 직접 지시를 하세요. 정말 보기 드문 어른이에요……."

돌리는 안나가 방으로 들어와서 안누쉬까의 이야기를 중단시켜 준 것이 기뻤다. 안나는 아주 간결한 모시옷으로 갈아입고 있었다. 돌리는 주의 깊게 그 옷을 보았다. 그녀는 이 담백함이 무엇을 의미하며, 그것에 얼마만큼의 돈이 들었는가를 알 수 있었다.

"오래전부터 아는 사이죠." 안나는 안누쉬까를 가리키며 말했다.

안나는 이제 마음이 동요되지 않았다. 그녀는 완전히 자유롭고 침착한 사람이 되어 있었다. 돌리는 깨달았다. 안나가 지금은 자기의 방문이 그녀에게 주었던 감동에서 완전히 벗어나, 그녀의 감정과 진심이 간직된 마음의 문을 닫아 버린 듯한 피상적이고 기계적인 태도를 보이고 있는 것을.

"참, 당신 딸아이는 어떻지요, 안나?" 돌리가 물었다.

"아니 말이에요?(그녀는 자기와 이름이 같은 딸을 그렇게 부르고 있었다) 건강해요. 아주 좋아졌어요. 그 애가 보고 싶으세요? 그럼, 가시죠. 보여 드릴게요. 정말 손이 많이 간다니까요." 안나는 이야기하기 시작했다. "유모 때문에 말이에요. 우리는 이탈리아인 유모를 두었지요. 좋은 여자이긴 하지만 말할 수 없는 바보예요. 그래서 돌려보낼 생각이었는데, 그 애가 완전히 정이 들어 버려서 아직도 그냥 두고 있어요."

"그건 그렇고, 결국 어떻게 하셨어요?……" 돌리는 그 딸아이가 어느 쪽 성을 갖게 되는가 물어보려고 했으나 안나 얼굴이 별안간 싹 흐려진 것을 알아채고 얼른 질문의 의미를 바꾸었다. "어떻게 되었어요? 이제 젖은 뗐어요?"

그러나 안나는 눈치를 채고 이렇게 물었다.

"당신이 묻고 싶은 것은 다른 것이죠? 그 애 성에 대해 물어볼 생각이었지요? 그렇죠? 그것 때문에 알렉세이도 괴로워하고 있어요. 그 애에게는 성이 없어요. 말하자면 그 애는 까레닌의 아이예요." 안나가 눈을 질끈 감았으므로 하나로 합쳐진 속눈썹밖에 보이지 않았다. "그렇지만……." 그녀는 또다시 얼굴을 빛내면서 말했다. "이런 것은 나중에 천천히 이야기하기로 해요. 그것보다, 그 애를 보여 드릴게요. 정말 귀여워요. 벌써 기어다니는걸요."

온 집 안 어디로 가나 돌리를 놀라게 했던 사치가 아이 방에서는 더한층 그녀를 놀라게 했다. 거기에는 영국에서 주문한 유모차, 보행기, 기어 돌아다니기에 편리하게 만들어진 당구대 같은 모양의 소파, 요람, 특별제작한 새로운 목욕통도 있었다. 더구나 이러한 것들은 모두 영국제의 튼튼하고 품질 좋은 것으로 분명히 보기에도 아주 값진 것이었다. 방 자체도 크고 천장이 매우 높고 밝았다.

그들이 들어갔을 때 아기는 내의 바람으로 탁자 옆 조그마한 안락의자에 앉아 온 가슴을 축축하게 적시면서 수프를 먹고 있었다. 수프를 먹여주고 있던 러시아인 하녀는 아이와 함께 분명히 자기도 먹고 있었던 모양이었다. 방에는 유모도 보모도 없었다. 그녀들은 옆방에 있었다. 거기에서 기묘한 프랑스어 이야기 소리가 들려왔다. 그녀들은 그러한 말로 겨우 의사소통을 할 수 있었다.

안나의 목소리를 듣자, 잘 차려입은 키가 크고 불쾌한 느낌이 드는 낯빛과 불순한 표정을 띤 영국인 여자가 금발 고수머리를 흔들며 허둥지둥 안으로 들어와 안나가 나무라지도 않는데 이내 변명을 시작했다. 이 영국인 여자는 안나가 한마디 할 때마다 허둥지둥 몇 번이고 "네, 마님" 하고 말하는 것이었다.

눈썹도 머리칼도 새카맣고, 부드러운 피부에 볼이 새빨갛고 튼튼해 보이는 어린아이가 낯선 얼굴을 보고 무서운 표정을 지었음에도 단박에 돌리 마음에 들었다. 그녀는 아이의 건강한 모습을 부러워하기까지 했다. 기어다니는 모습 또한 아주 마음에 들었다. 그녀의 아이들은 누구도 이렇게 잘 기어다니지 못했다. 융단 위에 앉혀놓고 때때옷 밑단을 걷어올려 주었을 때에는 특히 놀라울 만큼 귀여웠다. 조그마한 동물처럼 그 빛나는 까만 눈으로 어른들을 둘러보고 분명히 자기가 주목받는 것이 기뻐 방실거리면서, 두 다리를 옆으로 내뻗고 힘차게 두 손을 앞으로 내밀며 재빨리 몸을 그쪽으로 끌어 붙였다가 또다시 손을 앞으로 내밀어 긁듯이 하는 것이었다.

그러나 아이 방 전체의 공기와 특히 영국인 여자가 돌리 마음에 몹시 거슬렸다. 분명히 이런 비정상적인 가정에는 훌륭한 보모가 오지 않겠지…… 사람 보는 안목이 있는 안나가 이렇게도 느낌이 안 좋은 비천한 영국인 여자를 자기 아이를 위해서 고용한 이유를, 돌리는 이렇게밖에 설명할 수 없었다. 그뿐만 아니라 두서너 마디 주고받은 것만으로 이내 돌리는 안나와 유모, 보모와 아이가 서로 융합되어 있지 않다는 것, 어머니가 여기 오는 일은 지극히 드물다는 것을 알 수 있었다. 안나는 아이에게 장난감을 꺼내 주려고 했으나 그것을 찾을 수가 없었던 것이다.

가장 놀라운 것은 아이 이가 몇 개나 났느냐는 물음에 안나가 틀린 대답을 하고, 최근에 난 이 두 개에 대해서는 전혀 몰랐다는 사실이었다.

"난 가끔 괴로워요. 여기에서는 내가 마치 불필요한 사람 같은 기분이 들거든요." 안나는 아이 방을 나오면서 문간에 있던 장난감을 피하느라 치맛자락을 치켜들며 말했다. "첫아이 때는 전혀 이렇지 않았는데 말이에요."

"나는 그 반대라고 생각하고 있었어요." 돌리가 조심스럽게 말했다.

"오오, 그렇잖아요! 당신은 알고 계시잖아요. 내가 그 애를, 세료줘아를 만나러 갔던걸." 안나는 먼 곳을 보는 것처럼 눈을 가느다랗게 뜨고 말했다. "하지만 그 얘기는 나중에 천천히 해요. 당신은 모르겠지만, 나는 지금 마치 갑자기 산더미 같은 음식 앞에 앉은 굶주린 사람처럼 무엇부터 손을 대야 할지 전혀 모르겠어요. 산더미 같은 음식이란 이제부터 당신과 함께하게 될 이야기를 뜻하는 거예요. 나는 지금까지 누구와도 그런 이야기를 할 기회가 없었거든요. 참으로 무슨 이야기부터 해야 할지 모르겠어요. 그렇다고 내가 어려워하는 것은 아니에요. 나는 다 이야기할 작정이에요. 그렇지, 먼저 당신이 여기에서 만나게 될 사람들을 대충 소개해야겠네요." 그녀는 이야기하기 시작했다. "여성들부터 말씀드리겠어요. 공작 영애 바르바라, 당신은 그분을 알고 계시죠. 그분에 대한 당신이나 스찌바의 생각은 나도 알고 있어요. 스찌바는 그분이 사는 목적이 다만 까쩨리나 빠블로브나 고모님에 대한 자기 우월을 나타내기 위해서라고 하죠. 그건 정말 그래요. 그래도 그분은 좋은 사람이에요. 나는 그분에게 감사하고 있어요. 뻬쩨르부르그에 있었을 때 나는 꼭 한 번 샤프롱*8이 필요했던 적이 있었어요. 그때 마침 그분이 나서 주셨어요. 정말 그분은 좋은 분이에요. 그분은 내 처지를 아주 편하게 해 주셨어요. 당신은 내 처지의 괴로움이 어떤 것이었는지 이해가 가지 않으리라고 생각해요…… 거기, 그 뻬쩨르부르그에서 말이에요." 그녀가 덧붙였다. "여기서 나는 완전히 안정을 찾았고 행복해요. 그렇지만 이것도 나중에 이야기하기로 해요. 지금은 다른 분들에 대해서 설명해야 하니까요. 다음은 스비야쥐스끼─이분은 귀족 회장이고 인간적으로도 굉장히 훌륭한 사람이지만 알렉세이에게 무엇인가 볼일이 있으신 것 같아요. 알렉세이는 그 많은 재산을 갖고 이런 시골에서 살다 보니 크나큰 영향력이 있게 되었거든요. 그리고 뚜쉬께비치─이 사람은 당신도 아실 거예요. 베뜨시와 친분이 있던 사람인데 지금은 버림을 받아 우리 집에서 살고 있어요. 알렉세이의 말로는, 그가 나타내 보이려고 하는 그대로 우리가 받아들여 준다면 매우 유쾌한 사람이고, 공작 영애 바르바라의 말을 빌리자면 훌륭한 사람이래요. 다음은 베슬로프스끼─이분은 잘 아시죠. 아주 귀여운 어린애지요." 그녀는 말했다. 그러자 능청스런 미소가 그녀 입술 언저리에 새겨졌다.

"그 레빈 부부와의 야만적인 이야기는 도대체 어떻게 된 거예요? 베슬로프스끼가 알렉세이에게 이야기했지만, 우리는 믿어지지가 않아요. 그 사람은 정말 귀엽고 순진한 사람이잖아요." 그녀는 또다시 똑같은 미소를 띠고 말했다.

"남자분들에게는 심심풀이라는 것이 필요해요. 알렉세이에게도 여러 종류의 사람이 필요해요. 그러니까 나는 이러한 사람들을 모두 소중하게 여기고 있어요. 말하자면, 가정이 언제나 활기 있고 유쾌하면 알렉세이도 어떤 새로운 것을 바란다든가 하지 않을 테니까요. 그게 중요해요. 그리고 또 한 사람, 집사가 있어요. 아주 유능한 독일 사람으로 자기 일을 잘 알고 있지요. 알렉세이는 그를 몹시 높이 평가하고 있어요. 그리고 의사. 젊은 사람으로 완전한 허무주의자는 아니지만 아무튼 나이프로 음식을 먹곤 해요…… 하지만 아주 실력 있는 의사예요. 그리고 건축 기사…… 마치 조그마한 궁전 같네요."

20

"자아, 고모님, 돌리를 데리고 왔어요. 당신이 그렇게 만나 보고 싶어 하셨잖아요." 안나는 돌리와 함께 큰 석조 발코니로 나가면서 말했다. 거기에는 그늘에서 수틀을 앞에 놓고 브론스끼를 위하여 안락의자 덮개를 수놓는 공작 영애 바르바라가 있었다. "돌리는 만찬 때까지 아무것도 들고 싶지 않다고 하셨지만, 무엇이든 좀 가벼운 것으로 내오라고 일러 주세요. 나는 알렉세이를 찾아서 여러분을 모시러 올 테니까요."

공작 영애 바르바라는 은근히 약간 보호자 같은 태도로 정답게 돌리를 맞고, 이내 그녀에게 자기가 안나한테 와 있는 이유를 설명하기 시작했다. 그것은 안나를 길러 낸 자기 언니 까쩨리나 빠블로브나보다 더 많이 그녀를 사랑하고 있기 때문이며, 더욱이 모든 사람이 안나를 내친 지금, 이 가장 괴로운 과도기에 그녀를 돕는 것을 자기 의무로 생각하기 때문이었다.

"저 애 남편이 이혼해 주면 나는 다시 외로운 생활로 돌아갈 거야. 하지만 지금은 내가 도움될 수도 있으니까. 그것이 내게 아무리 쓰린 일이라도 나는 나의 의무를 다할 생각이다. 나는 다른 사람들과는 다르니까. 그러나저러나, 정말 넌 착하구나, 정말 잘 와 주었어! 두 사람은 정말 아주 이상적인 부부처럼 지내고 있단다. 두 사람을 심판하는 것은 하느님이지 우리가 아니잖니. 그 비류조프스끼와 아베니예바만 보더라도…… 니깐드로프만 해도, 바실리예프와 마모노바, 리자 네쁘뚜노바도…… 모두 그랬잖아. 그런데도 누구 한 사람 그들을 손가락질하지 않았잖니? 결국에는 누구나가 그 사람들을 받아들였지. 그리고 이 집은 굉장히 즐겁고 예의 바른 집이야. 무엇이든 영국식이지. 아침

식사 때 모두 얼굴을 맞대고, 그러고는 뿔뿔이 헤어져 버린단다. 모두 만찬 때까지 저마다 하고 싶은 일을 하지. 만찬은 7시. 스찌바가 널 여기에 보낸 것은 정말 잘한 일이다. 그도 여기 사람들과 인연을 맺어둬야 해. 브론스끼는 어머니와 형님을 통해서 무슨 일이든 할 수 있는 사람이거든. 게다가 남을 위해서 여러 가지 좋은 일을 하고 있어. 병원에 대해서는 그 사람한테서 좀 들었니? 훌륭한 것이 될 거야. 뭐든 파리에서 주문해온대."

두 사람의 이야기는 당구실에서 남자들을 발견하고 그들과 함께 발코니로 되돌아온 안나 때문에 중단됐다. 만찬까지는 아직 시간이 많이 남았고, 날씨도 무척 좋았기 때문에 남은 두 시간을 보낼 여러 가지 방법이 제의되었다. 보즈드비쥇스꼬예에는 시간을 보내는 방법이 얼마든지 있었다. 그리고 그것들은 모두 레빈의 마을인 뽀끄로프스꼬예에서 하던 것과는 완전히 달랐다.

"테니스 한 게임 어때요?" 베슬로프스끼가 아름다운 미소로 싱긋 웃으며 제의했다. "나는 또 당신과 짝이 되겠습니다. 안나."

"아니야, 더우니까 그보다 뜰을 조금 거닐다, 보트를 타고 돌리에게 강가를 보여 드리는 편이 낫지 않을까요?" 브론스끼가 말을 꺼냈다.

"나는 무엇이거나 찬성입니다." 스비야쥐스끼는 말했다.

"돌리에게는 산책이 가장 좋으리라고 생각해요. 어때요? 그러고 난 뒤에 보트를 타요." 안나가 말했다.

이 제안에 따르기로 하고, 베슬로프스끼와 뚜쉬께비치가 먼저 욕장으로 가서 보트를 준비하고 기다리겠다고 약속했다.

그들은 두 패로 나뉘어 오솔길을 걸었다. 안나는 스비야쥐스끼와 돌리는 브론스끼와. 돌리는 이 새로운 환경에 자기가 어울리지 못하고 있음을 알고 조금 얼떨떨하고 불안한 기분을 느꼈다. 추상적으로 이론적으로, 그녀는 안나의 행위가 정당하다고 여겼을 뿐만 아니라 심지어 뜻을 같이하고 있었다. 도덕적인 생활의 단조로움에 지친, 조금도 나무랄 데 없는 도덕적인 여자에게 흔히 있는 것처럼, 그녀는 죄 많은 사랑을 용서했을 뿐만 아니라, 그것을 부러워하기까지 했다. 게다가 그녀는 진심으로 안나를 사랑했다. 그러나 현재 눈앞에 있는 안나를, 낯설고 훌륭한 기품으로 가득 차 있는 자기와는 전혀 다른 부류의 사람들 사이에서 발견하고 보자, 그녀는 어쩐지 거북스럽고 어색한 느낌이 들지 않을 수 없었다. 특히 자기 편의를 위해 두 사람의 모든 것을 용서한 공작 영애 바르바라는 보기만 해도 불쾌했다.

말하자면, 추상적으로 돌리도 안나의 행동을 지지했다. 그러나 안나에게 그 행위를 하게 만든 당사자를 보는 것은 유쾌하지 않았다. 더구나 브론스끼는 전부터 그녀 마음에 들지 않았다. 그녀는 그를 매우 교만한 사내로 보았고, 그에게 재산 외에 아무것도 자랑할 만한 것이 있다고는 생각하지 않았다. 그러나 의지와는 달리, 여기 그의 집에서 그 사나이에게 전보다도 더 압도되고 말았다. 그와 같이 있으면 그녀는 도저히 자유로운 기분이 될 수 없었다. 그녀가 브론스끼에 대해서 느낀 감정은 아까 블라우스 때문에 하녀 앞에서 느꼈던 것과 비슷했다. 그 헝겊을 댄 옷이 하녀 보기에 특히 부끄러운 것은 아니지만 어쩐지 거북했던 것처럼, 브론스끼와 있으면 자기 자신이 부끄럽다기보다는 어쩐지 불편해서 견딜 수 없었던 것이다.

자기가 당황하고 있다는 것을 느낀 돌리는 열심히 화제를 찾았다. 그녀는 그의 오만으로 미루어, 집이나 정원 따위를 칭찬하는 것은 틀림없이 그를 불쾌하게 하리라고 생각했지만 달리 화제를 찾을 수 없었으므로 별수 없이 이 집이 몹시 마음에 들었다고 말했다.

"네, 퍽 아름다운 건축이에요. 고풍스러운 양식이죠." 그가 말했다.

"나는 저 입구 층층대 앞 뜰이 아주 마음에 들었어요. 저것은 옛날부터 있던 것인가요?"

"오오, 천만에요!" 그의 얼굴은 만족한 빛으로 환해졌다. "저 뜰은 봄에 보셨더라면 더 좋았을 것을 말이에요."

그는 처음에는 삼가는 것 같았으나 이윽고 더욱 열을 올리며 저택이나 뜰 장식의 갖가지 세세한 부분에까지 그녀 주의를 돌리게 하기 시작했다. 브론스끼는 그 저택의 개량과 장식에 많은 노력을 쏟고 있었으므로 새로운 손님 앞에서 그것을 자랑하지 않을 수 없었으며, 돌리의 찬사가 진심으로 기뻤던 것이다.

"만약 병원을 한번 둘러보고 싶은 생각이 있으시다면, 아직 지치지 않으셨다면, 별로 멀지 않으니 가보시겠습니까?" 그는 상대가 정말 지루해하지 않는지 확인하려고 돌리 얼굴을 들여다보며 말했다.

"당신도 가겠어, 안나?" 그는 그녀 쪽을 돌아다보았다.

"우리도 가요. 괜찮죠?" 안나는 스비야쥐스끼에게 물었다. "하지만 베슬로프스끼와 뚜쉬께비치를 배 안에서 계속 기다리게 하면 안 되죠. 그들에게 사람을 보내 일러 주어야겠어요. 아아, 이것은 저이가 지금 세우는 기념비예요." 안나는 아까 병원에 대해 이야기할 때 보였던 것과 똑같이 능청스러운 미소를 띠고 돌리를 돌아보면서 말했다.

"야, 정말 큰 사업이군요!" 스비야쥐스끼가 말했다. 그러나 브론스끼에게 아부한다고 여겨지지 않도록 이내 가벼운 비난이 섞인 말을 덧붙였다. "그러나 내가 볼 땐 이상하군요, 백작." 그는 말했다. "당신은 농민을 위해 위생적인 방면에서는 이처럼 큰일을 하고 계시면서, 학교에 대해서는 전혀 무관심하니 말입니다."

"학교 같은 것은 이제 너무 흔하니까요." 브론스끼가 말했다. "그러나 꼭 그런 이유에서라기보다는 그냥 여기에 정신을 빼앗겨 버린 거죠. 병원은 이쪽 길로." 그는 가로수길에서 옆으로 빠지는 오솔길을 가리키며 돌리에게 얼굴을 돌렸다.

부인들은 양산을 펴고 오솔길로 들어갔다. 몇 번인가 모퉁이를 돌아 작은 문을 지나자, 돌리는 눈앞 높직한 곳에 벌써 거의 완성되어 가는 큼직하고 훌륭하며 정묘한 형태의 건물을 발견했다. 아직 칠을 하지 않은 쇠로 된 지붕은 강렬한 햇빛을 받아 눈부시게 빛났다. 거의 완성된 건물 옆에서는 또 하나의 건물을 세우고 있었다. 앞치마를 걸친 일꾼들이 발판 위에서 벽돌을 쌓고 통에 든 회반죽을 부어 그것을 흙손으로 반드럽게 만들었다.

"여기서는 일이 굉장히 빨리 진척되는군요!" 스비야쥐스끼가 말했다. "내가 지난번에 왔을 때는 아직 지붕도 올리지 않았었는데."

"가을까지는 완공되리라고 보아요. 내부는 거의 다 완성되어 있으니까요." 안나가 말했다.

"그런데 저 새로 짓는 건물은 뭐예요?"

"저것은 의사 숙소와 약국입니다." 브론스끼가 대답했다. 그때 짧은 외투를 입은 건축 기사가 자기에게 다가오는 것을 발견하자 그는 부인들에게 양해를 구하고 그쪽으로 갔다.

브론스끼는 노동자들이 끊임없이 석회를 긁어내는 생석회 구덩이를 빙 돌아, 건축 기사와 마주치자 발을 멈추고 무엇인가를 열심히 이야기하기 시작했다.

"박공이 아무리 해도 낮다는군." 그는 무슨 일이냐고 묻는 안나에게 대답했다.

"그러니까 내가 계속 말했잖아요, 주추를 더 높여야만 한다고." 안나가 말했다.

"네, 당연히 그렇게 해야 했었습니다, 마님." 건축 기사가 말했다. "하지만 어쩌다 보니."

"네, 나는 이런 일에 상당한 흥미가 있어요." 안나는 스비야쥐스끼가 그녀의 건축 지식에 놀라움을 표명하자 이렇게 대답했다. "저 새 건물은 병원과 조화를 이루면서 균형이 잡혀야 해요. 그런데 뒤늦게 착안하여 제대로 된 설계 없이 시작된 것이어서 말씀이에요."

브론스끼는 건축 기사와 이야기를 마치자 부인들을 병원 안으로 데리고 갔다. 바깥쪽은 아직 처마 박공을 다는 중이었고 1층은 페인트를 한창 칠하고 있었으나 2층은 벌써 거의 완성되어 있었다. 그들은 옥상으로 통하는 넓은 주철 층층대를 올라가 옆의 큰 방으로 들어갔다. 벽은 대리석 모양으로 벽토칠을 했고, 한 장짜리 창유리도 모두 벌써 끼웠으며, 모자이크 마루만 아직 덜 되어 있었다. 널빤지를 대패질하던 목수들이 일손을 멈추고, 머리에 질끈 동여매고 있던 끈을 풀고 주인들에게 인사를 했다.

"여기가 접수실입니다." 브론스끼는 말했다. "이 방에는 책상과 탁자와 장 외에는 아무것도 놓지 않을 생각입니다."

"이리 들어가요. 창 옆으론 다가가지 마세요." 안나는 페인트가 말랐는지 확인하면서 말했다. "알렉세이, 페인트는 이제 다 말랐어요." 그녀가 덧붙였다.

그들은 접수실에서 복도로 나갔다. 브론스끼는 그들에게 신식 환기 설비를 보여 주었고 대리석 목욕통과 특별한 용수철이 달린 침대를 보였다. 다음에는 죽 늘어선 병실과 저장실, 세탁물을 넣어 두는 방, 신식 난로, 조금도 소리를 내지 않고 필요한 물건을 나를 수 있는 수레, 그 밖의 온갖 것을 보여 주었다. 스비야쥐스끼는 새로운 개량품에 안목이 있는 사람인 만큼 모든 것에 감탄했다. 돌리는 처음으로 보는 것들에 그저 경탄하면서 모든 것을 알려고 일일이 자세하게 질문했다. 그런 그녀의 태도는 브론스끼에게 대단한 만족을 안겨 주었다.

"정말, 아마도 이곳은 그야말로 러시아에서 유일하게 완전한 설비를 갖춘 병원이 될 겁니다." 스비야쥐스끼가 말했다.

"여기에 산실은 없나요?" 돌리는 물었다. "시골에서는 그것이 꼭 필요해요. 나도 때때로……."

그러자 브론스끼는 여느 때의 정중함에 어울리지 않게 그녀 말을 가로막았다.

"이곳은 산원이 아니고 병원입니다. 전염병 외의 모든 병을 치료하기 위해서 세워진 것이니까요." 그는 말했다. "잠깐 이것을 보시겠어요……." 그는 회복기 환자용으로 새로 주문한 휠체어를 돌리 쪽으로 밀었다.

"이것 보세요." 그는 휠체어에 앉아 그것을 움직이기 시작했다. "아직 허약하다든가 또는 다리 병으로 걸을 수 없는 사람이 바깥바람을 쐴 때 이것을 타고 자기가 굴리면 됩니다……."

돌리는 모든 것에 흥미를 느끼고 모든 것이 매우 마음에 들었는데, 그중에서도 가장 그녀 마음에 들었던 것은 이런 자연스럽고 순박한 열정을 보여 준 브론스끼 본인이었다. '그렇구나. 이분은 퍽 사랑스럽고 선량한 사람이다.' 그녀는 이따금 그가 말하는 것은 듣지 않고 그의 얼굴을 보고 그 표정에 주의하면서, 마음속으로 자기를 안나의 위치에 놓으면서 생각했다. 그녀는 그의 지금이 활기 넘치는 모습이 완전히 마음에 들어 버렸기 때문에, 안나가 그에게 반한 것도 이해할 수 있었다.

21

"아니, 부인께서는 지치셨을 거고, 또 말 같은 것에는 흥미가 없을 거야." 브론스끼는 새로 산 종마를 스비야쥐스끼가 보고 싶어 하니까 마구간으로 가자고 제의한 안나에게 말했다. "둘이 다녀와요, 나는 부인을 집으로 모시고 가서 이야기나 하고 있겠어." 그는 말했다. "만약 당신이 괜찮으시다면 말입니다." 그는 돌리에게 얼굴을 돌렸다.

"전 말에 대해서는 아무것도 모르니까, 그러는 편이 한결 좋아요." 돌리는 약간 놀라며 말했다.

그녀는 브론스끼의 표정으로 그가 자기에게 무슨 할 말이 있음을 알아챈 것이다. 그녀는 잘못 생각지 않았다. 작은 문을 지나서 다시 뜰 안으로 들어오자마자, 그는 안나가 떠난 쪽을 돌아보고 그녀가 이제 자기들을 볼 수도 들을 수도 없음을 확인한 다음 이렇게 말문을 열었다.

"내가 당신께 드릴 말씀이 있다는 것은 이미 짐작하셨을 줄 압니다." 그는 웃음을 머금은 눈으로 그녀 얼굴을 쳐다보면서 말했다. "난 당신을 안나의 친구라고 믿고 있는데 잘못 생각한 것이 아니었군요." 그는 모자를 벗고 손수건을 꺼내어 약간 벗어진 머리를 닦았다.

돌리는 어떻다고도 대답하지 않고 그저 깜짝 놀라 그를 보고 있었다. 그와 단둘이 남게 되자 그녀는 갑자기 무서워졌다. 그의 웃음을 머금은 눈동자와 심각한 표정이 그녀를 두렵게 했던 것이다.

그가 자기에게 얘기하려는 것에 대한 온갖 잡다한 상상이 그녀 머리를 스쳤다. '이 사람은 나에게 아이들을 데리고 이리 옮겨 와 달라느니 하고 부탁하려는 것일까. 만일 그렇다면 나는 어떻게든지 거절해야만 해. 아니면 모스끄바에서 안나를 위한 모임을 만들어 달라고 말하려는 셈일까?…… 그렇잖으면 베슬로프스끼에 대해서, 그 사람과 안나의 관계니 하는 것일까? 아니면 끼찌에 대한 것인지도 모른다. 끼찌에게 가책을 느끼는 것일지도.' 그녀는 아무튼 불쾌한 것들만 예상해 보았으나 그가 말하고 싶어 하는 것은 결국 추측할 수 없었다.

"당신은 안나에 대해서 대단한 영향력을 가지고 계십니다. 그녀는 당신을 무척 좋아해요." 그가 말을 꺼냈다. "나에게 그 힘을 빌려 주십시오."

돌리는 의심스럽고 두려운 듯한 눈으로 그의 활기찬 얼굴을 보고 있었다. 그 얼굴에는 때로는 전부, 때로는 군데군데 보리수 잎 사이로 새어 드는 햇빛이 비치기도 하고 그늘지기도 했다. 그녀는 그가 이어 말하기를 기다렸으나, 그는 지팡이로 자갈을 찍으며 묵묵히 그녀와 나란히 걸을 뿐이었다.

"안나의 옛 벗 가운데서 유일하게…… 바르바라 공작 영애는 별도입니다…… 당신이 우리를 찾아 주신 것은, 당신이 우리 처지를 올바른 것이라고 인정해 주셨기 때문은 아닐 겁니다. 이런 처지의 괴로움을 충분히 이해하시고 그래도 예나 다름없이 그녀를 사랑하고 그녀를 도와주어야 겠다 생각하셔서 와 주신 것이라고 저는 해석하고 있습니다. 어떻습니까, 제 생각이 맞습니까?" 그가 그녀를 돌아보면서 물었다.

"네, 그래요." 돌리는 양산을 접으면서 대답했다. "그렇지만……."

"아닙니다." 그는 그녀를 가로막고는 이렇게 하면 상대를 거북하게 만든다는 것도 잊고 자기도 모르게 그곳에서 발을 멈추었다. 그래서 그녀도 걸음을 멈추지 않을 수 없었다.

"아무도 안나 처지의 쓰라림과 괴로움을 나 이상으로 강하고 깊게 느끼는 사람은 없어요. 당신이 만일 나 역시 심장이 있는 인간이라고 여겨 주시기만 한다면, 그것도 잘 이해해 주시리라 생각합니다. 내가 이러한 상황을 만든 장본인인 만큼 그것을 뼈아프게 느끼고 있습니다."

"네, 잘 알고 있습니다." 돌리는 그가 그러한 것을 사뭇 진지하고 확고한 어조로 말하는 데에 자기도 모르게 이끌리면서 말했다. "하지만 자신이 원인이라고 여기시기 때문에 너무 지나치게 생각하고 마는 일도 있지 않을까요." 그녀가 말했다.

"사교계에서 그녀 처지가 무척 쓰라린 것임은 나도 잘 알고 있어요. 사교계는 이미 지옥이에요!" 그는 음울하게 이맛살을 찌푸리고 재빨리 말했다. "2주간 뻬쩨르부르그 체재 중에 그 사람이 받은 정신적인 고통보다 더한 것은 좀처럼 상상할 수 없을 정도죠…… 이것은 믿어 주시기 바랍니다."

"네, 그렇지만 여기서는…… 안나도…… 당신도 사교계의 필요를 느끼지 않는다면……."

"사교계!" 그는 경멸에 차서 말했다. "내가 사교계에 어떤 필요를 느끼겠어요?"

"그러니까 사교계의 필요성을 느끼지 않는다면…… 아마 평생 그러리라 생각하지만, 당신들은 행복하고 평화롭게 사실 수 있을 거예요. 나는 안나의 모습을 보고 그녀가 행복하게, 정말 행복하게 지내고 있다는 것을 알았어요. 그녀는 자기 입으로도 나에게 그렇게 말했어요." 돌리는 웃는 얼굴로 말했지만, 그렇게 말하면서 그녀는 자기도 모르게 안나가 참으로 행복할까 하고 의심해 보지 않을 수 없었다.

그러나 브론스끼는 그것을 의심하지 않는 것 같았다.

"네, 그렇습니다." 그는 말했다. "확실히 그녀는 고통 속을 뚫고 나와 부활했습니다. 그녀는 지금 행복합니다. 현재라는 시간을 즐기고 있지요. 그러나 나는요? 나는 우리를 기다리는 것이 두렵습니다…… 아니, 이거 너무 실례를 했습니다. 계속 걸으시겠습니까?"

"아네요, 아무래도 좋아요."

"그렇습니까, 그럼 여기에라도 앉으실까요."

돌리는 가로수길 한쪽 구석에 있는 벤치에 앉았다. 그는 그녀 앞에 섰다.

"확실히 안나는 행복해 보입니다." 그는 되풀이했다. 그러자 그녀가 과연 정말로 행복한가 하는 의문이 더한층 강하게 돌리를 사로잡았다. "그러나 이 행복이 언제까지 계속될까요? 우리가 한 일이 옳은가 그른가는 별개의 문제예요. 하지만 운명은 이미 결정되었습니다." 그는 러시아어에서 프랑스어로 바꾸어 말했다. "우리 전 생애가 결합해 버린 것입니다. 우리는 가장 거룩한 사랑의 사슬로 묶여 있습니다. 우리에게는 아이도 하나 있고, 앞으로 더 생길지도 모릅니다. 그러나 우리 처지가 이러하니 법률도 그렇고 앞으로도 수많은 착잡한 결과를 낳게 될 것입니다. 지금 안나는 그런 온갖 고통과 시련을 겪고 나서 이제 겨우 마음으로 쉬는 중이니 이 상황이 보이지도 않고 보고 싶지도 않은 겁니다. 그도 당연하죠. 그러나 나는 그것을 보지 않을 수 없습니다. 내 딸이 법률상으로는 내 애가 아니고 까레닌의 애가 되어 있으니까요. 나는 이러한 허위를 용서할 수 없습니다!" 그는 맹렬하고 부정적인 몸짓으로 말하면서 어둡고 의심쩍은 눈빛으로 한동안 돌리를 바라보았다.

그녀는 아무런 대꾸도 하지 않고 그저 그를 바라볼 뿐이었다. 그는 계속했다.

"내일이라도 아들이 태어난다고 합시다. 내 아들이 말이에요. 그러나 그 아이도 법적으로는 까레닌의 아이라, 내 성도 내 재산도 물려받을 수 없습니다. 우리 가정이 아무리 행복하고, 아이들이 아무리 많이 생긴다고 하더라도 나와 그들은 친족이 될 수 없습니다. 그들은 까레닌의 것이니까요. 이러한 처지의 괴로움과 두려움을 이해해 주십시오! 나는 이것을 안나에게 얘기해 보았으나 그저 그녀의 기분을 망쳐 놓을 뿐이었습니다. 그녀는 이것을 이해하지 못하고, 나는 그녀에게 이 모든 것을 털어놓을 수 없습니다. 그럼 이번에는 다른 측면에서 봐 주십시오. 나는 행복합니다. 그녀의 사랑 덕분에 행복합니다. 그러나 나도 무엇인가 일을 해야만 합니다. 그리하여 지금의 일을 발견한 것입니다. 나는 이 일을 자랑스럽게 여기고 있고, 옛 동료가 궁정이나 군대에서 하는 일보다도 훨씬 훌륭한 것이라고 여기고 있습니다. 따라서 이제 무슨 일이 있더라도 이 일을 그들의 일과 바꾼다든가 하지는 않을 것입니다. 나는 여기서 자리를 잡고 일을 해나갈 생각입니다. 나는 행복하고, 만족하고 있습니다. 우리 행복을 위해서는 더는 아무것도 필요 없습니다. 나는 이 일을 사랑하고 있습니다. 달리 어쩔 수 없기 때문은 아닙니다. 오히려…….."

돌리는 여기까지 와서 그의 이야기가 뒤범벅되어 버린 것을 알아챘다. 그녀는 이야기가 어째서 이런 옆길로 들어갔는지 잘 알 수 없었다. 그러나 그가 안나에게는 이야기할 수 없었던 중대한 문제에 대해 한 번 입을 열었기 때문에 이제 속마음을 속속들이 털어놓고자 한다는 것, 그리고 이 시골에서의 일이라는 문제가 안나와의 관계에 대한 문제와 마찬가지로 중대한 비밀의 한 부분에 속해 있다는 것을 그녀는 느꼈다.

"그러니까 말하자면 말입니다." 그는 제정신을 차리고 말했다. "중요한 것은 일을 하려면 지금 하는 사업이 나와 함께 끝나 버리는 것이 아니라, 후계자가 있다는 확신을 해야 한다는 것입니다. 그러나 내게는 그것이 없습니다. 어디좀 생각해 보십시오, 자기와 사랑하는 여자 사이에서 태어난 아이들이 자기 자식이 아니고 누군가 다른, 그들을 미워하고 상대하려고도 하지 않는 어떤 사내 것이 된다는 사실을, 그런 처지에 놓인 한 인간을. 참으로 끔찍한 일이 아닙니까!"

그는 격렬한 흥분에 휩싸여 입을 딱 다물어 버렸다.

"네, 물론 그 마음은 잘 알고 있어요. 그렇지만 안나가 어떻게 할 수 있는 일이 아니잖아요?" 돌리가 물었다.

"그렇습니다, 여기서 본론으로 들어가자면." 그는 간신히 마음을 가라앉히면서 이렇게 말했다. "안나는 이 문제를 해결할 수 있습니다. 이것은 그녀에게 달린 것입니다…… 양자를 들이기 위해 황제께 청원한다고 하더라도 역시 이혼이 필요합니다. 그리고 그것은 안나 마음 하나에 달렸습니다. 그녀의 남편은 이혼에 동의했습니다. 언젠가 댁의 남편이 완전히 모든 일을 매듭지어 주려고 했던 그때 말입니다. 그러니까 지금이라도 그 사람은 거절하지 않으리라고 봅니다. 그저 그에게 편지 한 장 써 보내면 그만입니다. 그때 그는 그녀가 희망한다면 자기는 절대 거절하지 않겠다고 분명히 답했으니까요. 물론." 그는 침울하게 말했다. "그것은 그런 냉혈한이나 할 수 있는 잔인하고 포학한 위선의 하나겠지만 말씀이에요. 그 사람은 안나가 자기를 떠올리는 것만으로 얼마나 큰 고통을 받는지 빤히 알고 있습니다. 더구나 그녀의 기질까지 잘 알고 있으면서 그녀가 쓴 편지를 요구하는 겁니다. 나는 그녀가 괴로워하는 것을 알고 있습니다. 그러나 어떻든 사안이 중대하니까, 뼈를 깎는 마음으로 한 발 내디뎌야 합니다. 안나와 아이들의 행복과 운명이 걸려 있으니까요. 날 위해서가 아닙니다. 물론 저도 무척 괴롭습니다만." 그는 자기를 괴롭히는 누군가를 위협하는 것 같은 표정으로 말했다. "그러니까 말입니다, 부인, 나는 부끄러움을 무릅쓰고 구원의 닻에 매달리듯 당신에게 매달리는 것입니다. 안나가 남편에게 편지를 써서 이혼을 요구하도록, 설득해 주시지 않겠습니까?"

"네, 좋아요." 돌리는 까레닌과 마지막으로 만났을 때 일을 생생하게 떠올리며 깊이 생각한 끝에 말했다. "네, 좋아요." 이번에는 안나를 생각하고 확고한 마음으로 되풀이했다.

"그녀에 대한 당신의 영향력을 이용하여 꼭 그녀가 편지를 쓰도록 해 주세요. 나는 이 일로 그녀와 이야기하고 싶지도 않고 또 할 수 있는 상황도 아니거든요."

"좋습니다. 내가 이야기하겠어요. 그렇지만 그녀는 어째서 스스로 생각을 하지 않을까요?" 돌리는 문득, 눈을 가느다랗게 뜨는 기묘한 안나의 새 버릇을 생각해 냈다. 그리고 안나가 눈을 가느다랗게 한 것은 언제나 이야기가 삶의 내적인 방면에 미쳤을 때였음을 깨달았다. '마치 그녀는 자기 삶에 대해 아무것도 보지 않으려고 눈을 감고 있는 것 같아.' 돌리는 생각했다.

"나는, 나 자신을 위해서도 안나를 위해서도 꼭 이야기하겠어요." 그녀는 감사의 표정을 짓는 그를 보며 대답했다.

두 사람은 일어나 집 쪽으로 걸어갔다.

22

벌써 집으로 돌아와 있던 돌리를 본 안나는 그녀가 브론스끼와 나눈 이야기에 대해 캐묻기라도 하는 것처럼 돌리 눈을 찬찬히 보았으나 입 밖으로 내지는 않았다.

"벌써 식사 시간이 다 됐나 봐요." 그녀가 말했다. "우리는 아직 얼굴도 제대로 못 봤지만 밤을 기대하기로 해요. 지금은 옷을 갈아입으러 가야겠어요. 당신도 그러셔야겠지요. 모두 건축 현장에서 완전히 더럽혀져 버렸으니까요."

돌리는 자기 방으로 돌아가면서 갑자기 우스워졌다. 그녀는 이미 가장 좋은 옷을 입고 있었기에 더 갈아입을 옷이 없었기 때문이다. 그러나 어떻게든 정찬을 위해 준비했다는 인상을 주려고 하녀에게 옷에 솔질하도록 부탁하고 커프스와 리본을 새로 바꾸고 머리에는 레이스 장식을 붙였다.

"이게 내가 할 수 있는 전부예요." 그녀는 안나가 다시 세 번째의 여전히 지극히 단아한 옷차림을 하고 방으로 들어오자 쓴웃음을 지으며 말했다.

"네, 여기에서 굉장히 격식을 갖추고 있어서요." 그녀는 새로운 차림새를 사과하는 투로 말했다. "알렉세이는 당신이 찾아와 주셔서 아주 기뻐하고 있어요. 그 사람이 이렇게 기뻐하는 일은 좀처럼 드물답니다. 당신에게 홀딱 반한 모양이에요." 그녀는 덧붙였다. "그런데 당신은 피곤하지 않으세요?"

식사 때까지는 이제 무엇을 이야기할 시간도 없었다. 객실로 들어가자 벌써 공작 영애 바르바라와 검은 프록코트를 입은 남자들이 쭉 자리에 앉아 있었다. 건축 기사는 연미복을 입고 있었다. 브론스끼가 돌리에게 의사와 관리인을 소개했다. 건축 기사는 벌써 병원에서 소개받았기 때문이다.

한 집사가 깨끗하게 면도한 둥근 얼굴에 빳빳이 풀 먹인 흰 나비 넥타이를 빛내면서 식사 준비가 되었음을 알리자 부인들이 일어섰다. 브론스끼는 스비야쥐스끼에게, 안나에게 팔을 빌려 주라고 부탁하고, 자기는 돌리한테 갔다. 베슬로프스끼가 뚜쉬께비치를 앞질러서 공작 영애 바르바라에게 팔을 내밀었기 때문에 뚜쉬께비치는 의사며 관리인과 함께 걸어갔다.

식탁도 식당도, 식기도 급사도, 술도 요리도 모두 이 집 전체의 호사스러운 신식 분위기에 잘 어울렸을 뿐만 아니라 한층 더 새롭고 사치스런 것처럼 보였다. 돌리는 한집안의 살림을 꾸려나가는 주부로서 이 새로운 호사를 관찰했다. 물론 여기의 모든 호사는 그녀의 생활수준과는 저 멀리 떨어진 높은 데 있었으므로 자기 집에 응용해야겠다는 생각은 털끝만큼도 없었다. 그래도 그녀는 자기도 모르는 사이에 구석구석까지 관찰하면서 머릿속으로 누가 어떻게 해서 이 모든 것을 준비한 것일까 하고 의문을 던지지 않을 수 없었다. 베슬로프스끼나 그녀의 남편, 스비야쥐스끼는 물론 그녀가 아는 대부분의 남자는 결코 이런 것은 생각하지 않았다. 그저 모든 점잖은 주인이 손님들에게 느끼게끔 하려는 것, 즉 그가 아무리 호사스러운 대접을 하더라도 그런 것은 자기에게 전혀 대수로울 게 없으며 그냥 저절로 그렇게 된다는 겉치레를 곧이곧대로 믿고 있었다. 그러나 돌리는 아이들 아침 죽마저도 저절로 되지 않는다는 것, 하물며 이만큼 공이 든 훌륭한 식탁은 누군가 정성 어린 손길을 베풀어야만 가능하다는 것을 알고 있었다. 그녀는 브론스끼가 식탁을 둘러보고 집사에게 고갯짓으로 신호를 보내거나 돌리에게 찬 수프와 뜨거운 수프 중 뭘 드시겠느냐고 물었을 때의 눈빛을 통해서 모든 것이 주인의 보살핌 아래에서 행해지고 또한 유지되고 있다는 것을 깨달았다. 안나는 베슬로프스끼 정도의 역할밖에 하고 있지 않았다. 안나도 스비야쥐스끼도, 공작 영애도 베슬로프스끼도 그들을 위해 준비된 것을 즐겁게 누리고 있는 손님에 지나지 않았다.

안나는 그저 이야기를 이끌고 가는 점에서만 여주인이었다. 관리인이든가 건축 기사처럼 전혀 다른 세계에 속한 사람들, 익숙지 않은 호사 앞에서 두려워하지 않으려고 애를 쓰면서도 모두의 이야기에 오래 끼어 있을 수 없는 사람들이 섞인 조그마한 식탁에서, 안주인이 화기애애한 분위기를 만들어 나가기란 매우 어려운 일이다. 그런데 돌리가 볼 때 안나는 이 어려운 일을 예의 재치로 자연스럽게 일종의 만족까지 느끼며 해 나가는 것이었다.

대화는 뚜쉬께비치와 베슬로프스끼가 둘이서만 보트를 탔던 것으로 이어졌다. 그러자 뚜쉬께비치가 뻬쩨르부르그 요트 클럽에서 거행됐던 최근 경주에 대해서 얘기하기 시작했다. 그러나 안나는 이야기가 잠깐 끊어지는 것을 기다렸다가 건축 기사를 침묵에서 끌어내기 위해서 그쪽으로 얼굴을 돌렸다.

"스비야쥐스끼도 깜짝 놀라지 않겠어요." 그녀는 스비야쥐스끼를 들먹이며 이야기했다. "요전에 오셨을 때보다 새 건물이 굉장히 진척됐다고 말이에요. 하긴 나는 날마다 보면서도, 일이 진척되는 속도에 놀라지 않을 수 없거든요."

"백작님 댁에서는 일하기가 수월해서 말입니다." 건축 기사는 싱글벙글하면서 말했다(그는 자기 가치를 의식하는 예의 바르고 침착한 사람이었다). "현청일 같은 것과는 전혀 이야기가 다르니까요. 서류를 한 뭉치나 작성해야 될 문제가, 여기서는 백작께 직접 말씀드리면 그저 두세 마디로 완전히 해결되니까 말씀이에요."

"미국식이군요." 스비야쥐스끼가 씩 웃으면서 말했다.

"그렇습니다. 거기에서는 건물도 합리적으로 세워지고 있죠……."

이야기는 합중국에서의 정권 악용이라는 주제로 옮겨 갔다. 그러나 안나는 이내 관리인을 침묵에서 끌어내고자 했다.

"당신은 곡식 베는 기계를 보신 적이 있으세요?" 그녀는 돌리를 보며 말했다. "당신을 만났을 때, 마침 우리는 그것을 보러 갔다 오던 참이었어요. 나도 처음 봤어요."

"어떻게 움직이는 거예요?" 돌리가 물었다.

"가위랑 똑같아요. 판자에 조그마한 가위가 잔뜩 붙어 있어요, 꼭 이렇게."

안나는 반지로 덮여 있는 하얗고 아름다운 두 손으로 나이프와 포크를 들고 그 시늉을 해 보였다. 그녀는 자기 설명으로는 아무것도 이해되지 않으리라는 것을 분명히 알고 있었다. 그러나 자기 이야기가 먹히고 있다는 것과 자기 손이 아름답다는 것을 알고 있었으므로 설명을 계속했다.

"아니, 가위보다는 펜나이프 같다고 하는 게 좋을 겁니다." 베슬로프스끼는 그녀에게서 눈을 떼지 않고 비위를 맞추는 듯한 어조로 말했다.

안나는 살짝 미소했지만 거기에는 대꾸하지 않았다.

"어때요, 그렇잖아요, 까를르 표도로비치, 마치 가위 같잖아요?" 그녀는 관리인에게 말을 걸었다.

"네, 그렇습니다." 독일인이 대답했다. 그것은 아주 단순한 것입니다." 그리고 그는 기계 구조를 설명하기 시작했다.

"유감스럽게도 그것에는 묶는 기능이 없더군요. 나는 빈 박람회에서 철사로 다발을 묶어 주기까지 하는 기계를 보았어요." 스비야쥐스끼가 말했다. "그쪽이 훨씬 편리할 텐데요."

"말하자면…… 철사 값을 고려하느냐의 문제예요." 침묵에서 불려나온 독일인은 "계산은 해 볼 수 있습니다" 하고 브론스끼에게 말하더니 어느 틈에 손을 호주머니에 넣어, 여러 가지 계산을 적는 연필이 끼워 놓은 수첩을 꺼내려 했다. 그러나 자기가 지금 만찬 식탁에 앉아 있다는 것을 생각해 내고 브론스끼의 싸늘한 시선을 알아챘으므로 자제했다. "그러나 너무 복잡하고 번거로울 겁니다." 이렇게 그는 이야기를 맺었다.

"돈을 벌고 싶으면 번거로움도 감수해야지요." 베슬로프스끼가 독일인을 야유하면서 말했다. "나는 독일어를 숭배합니다." 그는 다시 똑같은 미소를 띠면서 안나를 돌아보았다.

"그만 하세요!" 그녀는 농담인 양 엄격한 어조로 말했다.

"그나저나 우리는 당신을 밭에서 뵙게 되리라 생각하고 있었어요, 바실리 세묘느이치." 그녀는 병약한 얼굴을 한 의사에게 말을 걸었다. "당신은 거기 가셨었죠?"

"가기는 갔습니다만 곧 도망쳐 나왔습니다." 의사는 익살이 섞인 우울한 어조로 대답했다.

"그럼, 당신은 좋은 운동을 하신 셈이군요."

"네, 훌륭한 운동이었죠!"

"그런데 말이에요, 그 할멈은 어떻죠? 티푸스는 아니었죠?"

"티푸스는 아닙니다. 그러나 상태가 그다지 좋은 편은 아네요."

"어머, 가엾어라!" 안나가 말했다. 이런 식으로 그녀는 집안 사람들에게 예의를 다하고 나서 친구들 쪽으로 얼굴을 돌렸다.

"하지만 당신이 설명한 대로 기계를 만들기는 좀 어려울 것 같습니다, 안나." 스비야쥐스끼가 농담을 걸었다.

"어머나, 어째서요?" 안나는 미소를 띠고 말했다. 그 미소는 기계 구조에 대한 그녀 이야기 속에 무엇인가 귀여운 데가 있어서 그것이 스비야쥐스끼 눈에 띈 것을 그녀도 알고 있음을 말해 주었다. 젊은 여성 같은 교태를 보이는 안나의 이 새로운 특징은 돌리를 불쾌하게 했다.

"그러나 대신 안나의 건축에 대한 지식은 정말 놀라워요." 뚜쉬께비치가 말했다.

"맞아요, 나는 어제 안나가 주각이니 방습 장치니 하는 전문용어를 말씀하시는 것을 들었어요." 베슬로프스끼가 말했다. "내가 제대로 말했습니까?"

"별로 놀라실 건 없어요. 매일 보고 듣고 하는걸요." 안나는 말했다. "그런데 당신은 아마 집이 무엇으로 만들어지는지조차 모르고 계시지요?"

돌리가 볼 때 안나는 베슬로프스끼와의 이러한 대화에 흥미가 없으면서도 자기도 모르는 사이에 그 속으로 말려들어 가고 있었다.

브론스끼는 이럴 때 레빈과는 전혀 반대의 태도를 보였다. 그는 베슬로프스끼의 요사스러운 수작에 조금도 개의하지 않았다. 아니, 그렇기는커녕 오히려 그러한 장난을 부채질하고 있었다.

"그럼 대답해보세요, 베슬로프스끼, 돌과 돌을 붙이는 데 무엇을 쓰는지 아시나요?"

"물론 시멘트지요."

"브라보! 그럼 시멘트라는 것은 도대체 뭘까요?"

"그것은 풀 같은…… 아니, 회반죽 같은 거지요." 베슬로프스끼 대답은 일동의 폭소를 자아냈다.

식탁에 앉은 사람들의 이야기는, 음울한 침묵에 잠겨 있는 의사와 건축 기사와 관리인을 제외하고, 때로는 매끄럽게 때로는 정체되다 때로는 누군가의 아픈 데를 쿡 찌르기도 하면서 한시도 쉬지 않고 이어졌다. 한번은 돌리가 아픈 데를 찔려 얼굴이 새빨개질 정도로 흥분했다. 나중에 자신이 무엇인가 쓸데없이 불쾌한 말을 하지는 않았나 돌이켜 생각해 봤을 정도였다. 그것은 스비야쥐스끼가 레빈에 대한 말을 꺼내며, 러시아 농업에서 기계는 그저 해가 될 뿐이라는 레빈의 기괴한 의견을 이야기했기 때문이었다.

"안타깝게도 나는 그 레빈 씨라는 분을 알지 못합니다만." 브론스끼는 씩 웃으면서 말했다. "그러나 아마 그 사람은 자기가 비난하는 그러한 기계들을 아직 한 번도 본 적이 없는 게 아닐까요. 설사 보거나 써본 일이 있다 하더라도 고작 해야 그것은 그럭저럭한 러시아 것이고 외국 제품은 아닐 겁니다. 그렇다면 거기에 무슨 의견이 있을 수 있겠습니까?"

"이른바 터키식(式) 의견이지요." 베슬로프스끼가 안나에게 얼굴을 돌리고 싱긋 웃으면서 말했다.

"내게 그 사람의 생각을 변호할 힘은 없습니다만." 돌리는 얼굴이 빨개진 체 이렇게 말했다. "그래도 난 그가 상당한 교양이 있는 사람이라는 것만은 자신 있게 말할 수 있어요. 그러니까 만약 그 사람이 여기에 있다면 당신들에게 훌륭하게 답변하셨을 겁니다. 난 그렇게 할 수 없지만요."

"나는 그를 무척 사랑하고 있습니다. 우린 대단히 친한 친구죠." 스비야쥐스끼는 사람 좋아 보이는 미소로 말했다. "그러나 미안한 말씀입니다만, 그 사람은 조금 특이하다고 할까요. 예를 들자면 말입니다. 그는 주(州)의회도 치안재판소도 모두 불필요하다고 단언하고, 그 어느 것에도 관계하려고 하지 않아요."

"그것은 우리 러시아인들에게 공통된 무관심이라는 겁니다." 브론스끼는 발이 달린 얇은 컵에 얼음 병 물을 따르면서 말했다. "우리 권리가 부과하는 의무를 느끼지 못하기 때문에 그런 의무를 부정하는 것입니다."

"그렇지만 나는 그 사람만큼 엄격하게 자기 의무를 다하는 인물은 본 적이 없어요." 돌리는 브론스끼의 이 얕잡는 듯한 말투에 발끈하여 말했다.

"나는 반대로……." 브론스끼도 어째선지 이 이야기에 아픈 곳을 찔린 듯한 말투로 계속했다. "나는 여러분이 보시는 바와 같은 인간이니 그 반대로, 이번에 스비야쥐스끼(그는 스비야쥐스끼를 가리켰다) 덕택에 명예 치안판사로 선출된 것을 사람들이 내게 내려준 명예로 여기고 깊이 감사하고 있습니다. 나는 내가 할 수 있는 모든 일을 중요하게 생각하며, 법정에 나가 이러니저러니 하소연하는 농부들의 사건을 판가름해 주는 책무도 그에 못지않게 중요한 것이라고 여기고 있습니다. 그러므로 만약 현 의회 의원에 선출된다면 그것 또한 명예라고 생각할 것입니다. 나는 오직 그럼으로써만 내가 지주로서 누리고 있는 이익의 대가를 치를 수 있으니까요. 그러나 불행하게도 보통 사람들은 대지주들이 국가에 대해서 수행해야 할 의무를 전혀 모르고 있어요.”

돌리는 그가 자기 집 식탁에서 자기 의견을 정당하다고 확신하면서 자신만만하게 말하는 품이 어쩐지 이상하게 생각되었다. 그녀는 정반대 의견을 품고 있던 레빈도 역시 그의 집 식탁에서 자기 의견을 늘어놓을 때에는 똑같이 확신에 찬 억양이었다는 것을 생각해 냈다. 그러나 그녀는 레빈을 좋아하고 있었으므로 그의 편을 들었던 것이다.

“그럼, 백작, 다음 집회에는 출석해 주신다고 믿어도 좋겠습니까?” 스비야쥐스끼가 말했다. “그러나 8일에는 이미 그곳에 가 있어야 하니 조금 일찍 출발하셔야 할 겁니다. 만일 나한테 먼저 들러 주신다면요.”

“나는 얼마만큼은 그분 의견에 찬성해요.” 안나가 돌리에게 말했다. “그분만큼 극단적이지는 않지만.” 그녀는 미소를 띠고 이렇게 덧붙였다. “요즘 러시아에는 이 공적인 의무라는 것이 너무 많은 것 같아요. 옛날에는 관리가 많아서 무슨 일이건 그들이 해결했지만, 지금은 모든 것이 공공사업이니까 말이에요. 알렉세이도 여기에 온 지 아직 반년밖에 안 되는데 벌써 이것저것 대여섯 공공단체 임원이니까 말씀이에요…… 감사나 재판관, 지방 자치회 의원이나 배심원, 또 말에 관련된 무엇이라든가. 이대로 가다가는 사시사철 그것에만 얽매여 살아야 할 거예요. 더구나 그런 일이 많아지면 결국은 형식만 남게 돼 버리지 않을까요? 당신은 몇 군데쯤 임원으로 계시죠, 스비야쥐스끼?” 그녀는 스비야쥐스끼 쪽을 돌아보았다. “틀림없이 스무 곳 이상이겠죠?”

안나는 장난기를 섞어 말했지만 그 말투에서는 뾰족한 가시가 느껴졌다. 안나와 브론스끼를 주의 깊게 관찰하고 있던 돌리는 브론스끼가 이 대화를 귀에 담는 동시에 완고한 표정을 지었던 것을 놓치지 않았다. 그리고 공작 영애 바르바라가 화제를 바꾸기 위해 황망히 뻬쩨르부르그 친지들에 대해서 이야기하기 시작한 것을 알아채고, 또 아까 정원에서 브론스끼가 아무 맥락도 없이 자기 사회활동에 대한 이야기를 꺼냈던 것을 생각해 내고, 돌리는 이 공공사업 운운하는 문제에 안나와 브론스끼 사이의 내부적 다툼이 얽혀 있다는 것을 깨달았다.

식사도 술도 식기들도, 모든 것이 매우 훌륭했다. 그러나 그것들은 모두 이미 돌리와는 인연이 멀어진 초대의 잔치 베푸는 자리이며 무도회에서 흔히 보았던 것으로, 그와 똑같이 개성 없고 딱딱한 성질의 것이었다. 따라서 아무것도 아닌 평범한 날 조그마한 모임인 만큼 이러한 것들은 모두 그녀에게 불쾌한 인상을 불러일으켰다.

식후에 모두 잠시 테라스에서 휴식을 취하고 테니스를 하기 시작했다. 사람들은 두 패로 나뉘어, 반반하게 고르고 다진 크로케 경기장 도금이 된 말뚝에 팽팽하게 쳐진 네트 양쪽으로 갈려 섰다. 돌리도 시험 삼아 해 보았으나 좀처럼 치는 방법을 터득할 수 없었다. 그리고 겨우 터득했을 때는 벌써 완전히 지쳐 버렸기 때문에 공작 영애 바르바라 옆에 앉아서 게임을 바라보았을 뿐이다. 그녀의 상대였던 뚜쉬께비치도 마찬가지로 그만둬 버렸다. 그러나 나머지 사람들은 오랫동안 게임을 계속했다. 스비야쥐스끼와 브론스끼는 둘 다 아주 실력이 좋았고 진지하게 쳤다. 그들은 날아온 공 방향을 날카롭게 포착하고는 서두르거나 어물어물하지 않고 재빨리 공 쪽으로 뛰어가 공이 튀어 오르기를 기다렸다가, 정확하게 겨냥해 라켓으로 공을 쳐서 네트 저쪽으로 넘겼다. 베슬로프스끼가 가장 서툴렀다. 그는 너무나 흥분했지만 대신 타고난 쾌활함으로 다른 사람들의 기분을 돋우었다. 그의 웃음소리와 외침은 잠시도 그치지 않았다. 그도 다른 남자들과 마찬가지로 부인들의 허락을 얻고 프록코트를 벗었다. 그러자 그 크고 아름다운 몸집이 셔츠 새하얀 소매와 붉고 땀에 젖은 얼굴과 그 격렬한 동작과 함께 뚜렷하고 생생하게 사람들 기억에 남게 되었다.

그날 밤 돌리는 잠자리에 들어가서 눈을 감자마자, 크로케 경기장을 뛰어다니는 베슬로프스끼 모습이 다시 한 번 눈앞에 떠올랐다.

테니스를 하는 동안 돌리는 즐겁지 않았다. 게임을 하는 중에도 계속되는 베슬로프스끼와 안나의 천하고 교양 없는 대화도 마음에 안 들거니와, 다 큰 어른이 아이도 없는데 애들 놀이를 하고 있다는 부자연스러움이 싫었다. 그러나 다른 사람 기분을 다치게 하지 않으면서 어떻게든 시간을 보내기 위해서,

그녀는 쉬고 나서 또 놀이에 어울려 유쾌한 척했다. 그날 그녀는 온종일 자기보다 능숙한 배우와 연극을 하고 있고, 자기의 서투른 연기가 무대 전체를 망가뜨리는 듯한 기분을 맛보았다.

그녀는 지내기가 좋기만 하면 이곳에서 이틀 정도 머무를 생각으로 온 것이었다. 그러나 석양을 받으며 테니스를 하는 동안 내일 떠나기로 했다. 여기로 오는 도중 그처럼 몸서리를 쳤던 그 어머니로서 고달픈 삶이, 지금처럼 아이들 없이 하루를 보내고서는 어느 틈에 새로운 빛을 밝히며 그녀를 끌어당기는 것이었다.

석양의 다과회와 한밤의 뱃놀이 뒤에 겨우 자기 방으로 돌아와 옷을 벗고 잠을 자기 위해 그 성긴 머리를 풀 양으로 앉았을 때, 돌리는 비로소 크나큰 안도감을 느꼈다.

안나가 곧 찾아오리라고 생각하니 불쾌하기까지 했다. 그녀는 생각해 보기 위해 다만 얼마간이라도 혼자 있고 싶었던 것이다.

23

돌리가 막 잠자리에 들어가려고 할 때 안나가 잠옷 바람으로 들어왔다.

이날 안나는 몇 차례 마음속 문제에 대해 이야기를 꺼냈으나 그때마다 두서너 마디로 중지해 버렸다. "나중에 단둘이 있게 되면 다 이야기하겠어요. 당신에게 이야기해야만 할 일이 산더미 같거든요."

막상 단둘이 있게 되자 안나는 무엇을 이야기해야 좋을지 몰랐다. 그녀는 창가에 앉아서 돌리 얼굴을 지켜보며, 전에는 아무리 이야기해도 다할 수 없을 것만 같았던 진솔한 이야기들의 창고를 열어 보아도 무엇 하나 찾아낼 수 없었다. 그녀에게는 이 순간 이미 모든 것을 이야기해 버린 느낌이 들었던 것이다.

"저, 끼찌는 어때요?" 그녀는 무거운 한숨을 쉬고 뒤가 켕기는 표정으로 돌리를 쳐다보면서 말했다. "진실을 말해 줘요, 돌리. 끼찌가 내게 화내고 있지 않아요?"

"화를 내다뇨? 아뇨!" 돌리는 웃으면서 말했다.

"그렇지만 미워하고 경멸하지요?"

"어머나, 어째서 그런! 그러나 그러한 것은 쉽게 용서될 일은 아니죠."

"네, 그렇죠." 안나는 몸을 돌리고 열려 있는 창밖을 내다보면서 말했다. "하지만 내 죄는 아녜요. 누구에게 죄가 있기나 한가요? 그 죄라고 하는 것은 도대체 뭔데요? 달리 어떻게 할 수 있었나요? 당신은 어떻게 생각하시죠? 당신이 스찌바의 아내가 되지 않았더라면 하는 것이 과연 있을 수 있을까요?"

"솔직히, 나도 모르겠어요. 하지만 한 가지만 말해 줘요……."

"네, 좋아요. 그러나 우리는 아직 끼찌 이야기를 끝내지 않았어요. 그분은 행복하세요? 바깥분은 훌륭한 분이시라지만."

"훌륭한 정도가 아녜요. 나는 그보다 더 착한 사람을 본 일이 없을 정도예요."

"아, 정말 잘 됐어요! 난 정말 기뻐요! 훌륭한 정도가 아니라니." 그녀가 말을 되풀이했다.

돌리는 빙그레 웃었다.

"그나저나 당신 얘기를 들려줘요. 나는 당신에게 긴 이야기를 할 거예요. 아까 그…… 그분하고도 이야기했어요." 돌리는 브론스끼를 어떻게 불러야 좋을지 몰랐다. 백작이나 브론스끼라고 부르는 것도 어쩐지 거북했다.

"알렉세이라고 부르세요." 안나가 말했다. "두 분이 이야기하신 것을 알고 있어요. 하지만 나는 당신에게 직접 듣고 싶어요. 당신은 나를, 내 삶을 어떻게 생각하세요?"

"갑자기 그렇게 말씀하시면…… 나는 정말로 잘 모르겠어요."

"그래도 역시 말씀해 주세요…… 내 삶을 보셨잖아요. 그렇지만 당신이 보신 것이 여름 생활이라는 점을 잊지 말아 주세요. 당신도 와 주셨고, 집에 다른 손님들도 오시는 시기죠…… 하지만 우리가 여기 왔을 때는 이른 봄이었고 완전히 단둘이서 지내고 있었어요. 그리고 이제부터도 단둘이서 살게 될 테지요. 나는 그 이상 아무것도 바라지 않아요. 그런데 말이에요, 내가 그 사람 없이 혼자서 외톨이로 있는 모습을 한번 상상해 보세요. 앞으로 종종 그렇게 될 것 같아요…… 보고 있으면, 앞으로 그런 일이 자꾸 늘어나서, 그가 하루의 절반은 집 밖에서 보내게 되지 않을까 생각해요." 그녀는 일어나 돌리 옆으로 가까이 자리를 옮기면서 말했다.

"그야 물론." 그녀는 무엇인가 반박하려고 하는 돌리를 가로막았다. "물론 억지로 그 사람을 붙잡아 두려는 것은 아녜요. 실제로 붙들고 있지도 않고요. 오늘도 경마가 열리는데 그의 말이 몇 마리 출전하니까 그도 외출할 거예요. 아주 좋은 일이죠. 하지만 말이에요, 나에 대해서도, 내 처지에 대해서도 한번 생각해 주면 좋겠어요…… 아아, 내가 뭣 때문에 이런 말을 다 입 밖에 냈담!" 그녀가 방긋 웃었다. "그래서 그 사람은 당신에게 무슨 말을 했죠?"

"그분은 나 역시 말하고 싶어 하던 것을 말씀하셨으니까, 그분 대변인이 되는 것은 아무것도 아녜요. 다름이 아니라, 당신 처지를 그……." 돌리는 잠깐 말이 막혔다. "정상화해서 개선할 가능성은 없는가 하는 것이었어요…… 내 생각은 당신도 알고 계시겠지요. 이것에 대한 내 의견은…… 그러나 아무튼 간에, 할 수 있다면 제대로 결혼을 하셔야 해요……."

"말하자면 이혼 말이죠?" 안나가 말했다. "알고 계세요? 뻬쩨르부르그에서 나를 찾아와 준 오직 한 사람의 여성이 그 베뜨시 뜨베르스까야였어요. 그녀를 알고 계시죠? 사실인즉, 그녀는 이 세상에서 가장 타락한 여자예요. 더할 나위 없이 야비한 방법으로 남편을 속여 가며 뚜쉬께비치와 관계하고 있던 사람이거든요. 그런데 그 여자가 내게 이렇게 말했어요. 내 처지가 애매한 동안은 나와 교제할 수 없다고. 그러나 이렇게 내가 그녀와 당신을 비교하고 있다고 생각하시면 곤란해요…… 당신 마음은 잘 알고 있어요. 그저 어찌하다 보니 생각이 났어요……. 그건 그렇고, 그 사람은 당신에게 무슨 말을 하던가요?" 그녀가 다시 물었다.

"그분은 당신과 자기 일로 괴롭다고 말씀하셨어요. 당신은 그게 이기주의라고 말씀하실지도 몰라요. 그렇지만 그것은 정당하고 고귀한 이기주의예요! 그분은 우선 첫째로 딸아이를 법률상 정당한 자기 아이로 하고, 당신의 정당한 남편이 되어 당신에 대한 정당한 권리를 갖길 원하고 계세요."

"도대체 어떤 아내나 노예가, 지금 이 상황에 있는 나 같은 노예가 어디 있겠어요?" 그녀는 침울한 투로 말을 가로챘다.

"무엇보다 그분이 가장 바라는 것은 …… 당신이 괴로워하지 않는 거예요."

"그것은 불가능한 얘기예요! 그래서요?"

"그래서, 아주 당연하지만 그분은 당신 아이들이 제대로 된 성을 갖게 되기를 원해요."

"아이들이라니, 누구요?" 안나는 돌리 쪽을 쳐다보지 않고 눈을 가늘게 하면서 말했다.

"아니와 앞으로 태어날 아이들이요……."

"그 일이라면 그 사람이 걱정할 것은 없어요. 내게는 이제 아이는 없을 테니까."

"그런 걸 어떻게 알죠?"

"없을 거예요, 내가 바라지 않으니까."

안나는 돌리 얼굴에서 순박한 호기심과 경악과 공포가 뒤섞인 표정을 알아채자, 자신의 흥분을 감추고 생긋 웃었다.

"그 병을 앓고 나서 의사한테 배웠어요……."

"설마!" 돌리는 눈이 휘둥그레지면서 말했다. 그녀에게 이것은 큰 발견의 하나였다. 그 결과와 결론이 너무나 엄청나서 처음에는 좀처럼 그 전체를 짜맞춰 판단할 수 없었다. 그저 그것에 대해서는 앞으로 충분히 생각해 보아야 한다고 느낄 뿐이었다.

이제까지 그녀에게는 수수께끼였던, 아이가 하나나 둘밖에 없는 가정의 비밀을 별안간 설명해 주는 이 발견은, 그녀 마음에 무수한 생각이며 성찰이며 모순된 감정을 불러일으켰다. 그녀는 아무 말도 못하고 그저 눈을 크게 뜨고 깜짝 놀라 안나를 바라볼 뿐이었다. 이것은 오늘 그녀가 여기로 오는 도중에 열심히 공상했던 것이었다. 그러나 실제로 그것이 가능한 일이라는 걸 알게 되자 갑자기 무서워졌다. 그녀는 그것이 너무나 복잡한 문제에 대한 너무나 간단한 해결이라고 느꼈다.

"하지만 그것은 부도덕한 게 아닌가요?" 그녀는 잠시 뒤에 겨우 이렇게 말했다.

"어째서요? 나는 둘 중 하나밖에 선택할 수 없어요. 임신으로 몸이 무거워져서, 말하자면 반 환자가 되든가 아니면 내 남편, 남편이라고 해도 괜찮겠죠, 그의 벗이 되든가." 안나는 일부러 들뜬 경박한 어조로 말했다.

"그건 그래요." 돌리는 자기가 생각하던 것과 똑같은 논리에 귀를 기울였으나 거기에서 이전 같은 확신은 찾을 수 없었다.

"당신이나 다른 분에게는." 안나는 그녀 마음을 짐작한 것처럼 말했다. "아직도 의혹이 있을지도 모르지만 내게는…… 아시겠어요? 나는 아내가 아녜요. 그 사람은 사랑이 있는 동안만 나를 사랑해 줄 거예요. 그렇다면, 나는 무엇으로 그의 사랑을 붙잡아 둘 수 있나요? 이것으로요?"

그녀는 새하얀 두 팔을 배 앞으로 뻗어 보였다.

흥분하면 흔히 그렇듯이 갖가지 생각과 회상이 돌리 머릿속에서 빠르게 소용돌이쳤다. '나는.' 그녀는 생각했다. '스찌바를 매혹하지 못했다. 그이는 내게서 다른 여자한테 가 버렸어. 그러나 그로 하여금 나를 저버리게 했던 첫 번째 여자도, 언제나 쾌활하고 아름다웠지만 그를 붙잡아 두지 못했지. 그이는 그 여자를 버리고 또 다른 여자를 손에 넣었어. 그렇다면 안나가 과연 그러한 것으로 브론스끼 백작을 매혹하여 언제까지고 붙잡아 둘 수 있을까? 그 사람이 만일 그런 것을 바라기만 한다면, 화장이나 태도 면에서 더욱더 매력적이고 즐거운 상대를 얼마든지 찾을 수 있겠지. 안나의 노출된 팔이 아무리 희고 곱다 하더라도, 이 풍만한 몸이며 검은 머리 밑에서 상기된 얼굴이 아무리 아름답다 하더라도, 그는 더욱더 멋진 상대를 발견할 것이다. 마치 나의 인정머리 없는 가련한 철부지 남편이 그랬던 것처럼.'

돌리는 아무런 대답도 하지 않고 그저 한숨만을 몰아쉴 뿐이었다. 안나는 도무지 이해할 수 없다는 그 한숨을 알아챘으나 말을 계속했다. 그녀 가슴 속에는 어떻다고도 논박할 수 없을 만큼 강력한 논쟁거리가 아직도 잔뜩 있었다.

"당신은 그게 좋지 않다고 생각하시는군요? 그러나 잘 생각해 보세요." 그녀는 계속했다. "당신은 내 처지를 잊고 있어요. 어떻게 내가 아이를 바랄 수 있겠어요? 출산의 괴로움이니 하는 것을 말하는 게 아녜요. 그런 것은 두렵지 않아요. 하지만 태어난 아이들이 어떻게 될지 생각해 봐요. 남의 성을 갖게 될 불행한 아이들이에요. 그들은 태어났다는 것만으로 아버지며 어머니며 자기 출생을 부끄러워할 수밖에 없어요."

"그래요, 바로 그 때문에도 이혼이 필요하지 않겠어요?"

그러나 안나는 그 말을 듣고 있지 않았다. 그녀는 여태껏 수없이 스스로 타일러 왔던 결론을 남김없이 털어내고 싶었던 것이다.

"불행한 아이들을 이 세상에 내보내지 않기 위해서라도 쓰지 않는다면, 이성이라는 것이 나에게 주어진 보람이 어디에 있겠어요?"

그녀는 돌리를 보았다. 그러나 대답을 기다리지 않고 말을 계속했다.

"그런 불행한 아이들 앞에서 나는 늘 죄책감을 느껴야만 할 거예요." 그녀는 말했다. "아이들은 세상에 태어나지만 않으면 적어도 불행해지지는 않아요. 그러나 만약 불행하다 하더라도 전부 나만의 책임으로 끝나죠."

이것은 돌리가 자기 자신에 대해서 생각했던 것과 완전히 똑같은 논법이었다. 그러나 이렇게 들어보니 그 의미를 이해할 수 없었다. '있지도 않은 존재에게 어떻게 죄책감을 느끼는 걸까?' 그녀는 생각했다. 별안간 그녀 머리에 한 생각이 떠올랐다. 만약 그녀가 가장 사랑하는 그리쉬아가 태어나지 않았다면, 그편이 그리쉬아에게 차라리 좋았을 것이란 경우가 있을 수 있을까? 이 생각은 너무도 야만적이고 기괴한 것으로 여겨졌으므로, 그녀는 머릿속에서 소용돌이치는 혼란을 떨쳐 버리기 위해서 저도 모르게 머리를 내저었다.

"아네요, 나는 잘 모르지만 그런 생각은 좋지 않아요." 그녀는 혐오스런 표정을 띠고 겨우 말했다.

"네, 하지만 당신과 나는 사정이 다르다는 것을 잊지 말아 주세요." 안나는 자기의 논거가 풍부하고 돌리의 논거는 빈약한데도 아무튼 그것이 좋지 않은 일이라는 것을 스스로 인정하는 태도로 덧붙였다. "당신은 지금 내가 당신과 똑같은 처지가 아니라는 가장 중요한 점을 잊으셔서는 안 돼요. 당신의 문제는 당신이 더는 아이들을 갖고 싶지 않은가 어떤가 하는 것이겠지만, 나의 문제는 내가 아이를 갖기 바라는가 어떤가 하는 것이에요. 이것은 굉장히 달라요. 지금 상황에서 내가 아이를 바랄 수 없다는 건 잘 알고 계시잖아요."

돌리는 반박하지 않았다. 그녀는 문득 깨달았다. 자기와 안나는 이제 아주 멀리 떨어져 버렸고 두 사람은 이 문제에 대해서 영원히 의견이 합치될 수 없으므로 차라리 말하지 않는 편이 더 좋다는 것을 느꼈다.

24

"그렇다면 당신은 더욱더 자기 처지를 확실히 해야죠. 그게 가능한 일이라면." 돌리가 말했다.

"그래요, 만약 가능하다면요." 안나는 갑자기 전혀 다른, 조용하고 서글픈 목소리로 말했다.

"이혼이 힘들단 말씀인가요? 까레닌은 승낙하셨다고 들었는데요."

"돌리, 나는 그 이야기는 하고 싶지 않아요."

"그럼 그만두죠." 돌리는 안나 얼굴에 떠오른 고뇌를 보고 얼른 말했다. "난 그저 당신이 너무 어두운 면만 보는 것 같아서요."

"내가요? 아뇨, 전혀요. 나는 굉장히 즐겁고 만족스러워요. 보셨잖아요, 나는 꽤 인기가 많답니다. 베슬로프스끼가……."

"사실대로 말하면, 난 베슬로프스끼 태도가 마땅찮아요." 돌리는 화제를 바꾸려고 하면서 말했다.

"어머, 조금도 그렇지 않아요! 그것은 알렉세이를 기쁘게 하기 위한 것일 뿐 아무 의미도 없어요. 더구나 아직 어린애니까 완전히 내 손아귀에 들어 있는 걸요. 보시다시피 나는 그 사람을 내 생각대로 다루고 있죠. 댁의 그리쉬아나 마찬가지라고요……. 돌리!" 갑자기 그녀는 말을 바꾸었다. "당신은 내가 어두운 면만 본다고 말씀하셨지요. 당신은 모르세요. 너무나 두려운 상황인걸요. 그래서 나는 아예 아무것도 보지 않으려 하고 있어요."

"그러면 안 되잖아요. 할 수 있는 일은 다 해 봐야죠."

"하지만 뭘 할 수 있다는 거죠? 아무것도 없어요. 당신은 내가 알렉세이와 결혼을 해야 할 텐데도 내가 그것을 생각하지 않는 것처럼 말씀하세요. 내가 그것을 생각하지 않는다고!" 그녀는 되풀이했다. 그러자 짙은 홍조가 그녀 얼굴에 번졌다. 그녀는 일어나 가슴을 펴고 후유 하고 무거운 한숨을 쉬고는 예의 경쾌한 걸음걸이로 이따금 발을 멈추면서 방 안을 걸어다니기 시작했다.

"내가 생각하지 않고 있다고요? 단 하루도 단 한 시간도 나는 그 문제를 생각하지 않은 적이 없어요. 또 그때마다 그걸로 자기를 나무라지 않은 일이 없어요…… 왜냐하면 그것을 생각하면 나는 미칠 것만 같단 말이에요. 미칠 것만 같아." 그녀는 되풀이했다. "그것을 생각하면 그날은 모르핀 없이는 도저히 잠들 수 없어요. 그러나 좋아요, 침착하게 이야기합시다. 어느 분이나 예외 없이 내게 이혼하라고 하세요. 그렇지만 첫째, 그 사람이 그것을 들어주지 않을 거예요. 그는 지금 리지야 이바노브나 백작부인이 지배하고 있으니까."

돌리는 의자 위에서 허리를 쭉 펴고 동정어린 시선으로 고개를 저으면서 걷는 안나 모습을 좇고 있었다. "그래도 시도해 볼 필요는 있지 않겠어요." 그녀가 조용히 말했다.

"그럼, 가령 해 본다고 해요. 그러면 어떻게 되겠어요?" 안나는 분명히 몇천 번도 더 생각을 거듭하여 지금은 낙인처럼 찍혀버린 생각을 말했다. "아마 이렇게 될 거예요. 그 사람을 미워하는 내가, 그 사람 앞에서 내 죄를 인정하고…… 그 사람을 관대한 사람으로 떠받들면서…… 편지를 쓰는 굴욕을 참아야만 해요……. 그러면 만약 내가 모든 것을 참고 그렇게 한다고 합시다. 그러면 난 모욕에 찬 답장을 받든가, 승낙을 받든가 하겠지요. 그러나 또 좋아요. 승낙을 받았다고 해 봅시다……."

안나는 이때 방 저쪽 끝에 가 있었는데 커튼을 만지작거리다 멈췄다.

"내가 승낙을 얻었다고 합시다. 하지만 아…… 아들은 어쩌죠? 그들은 아이를 나에게 넘겨주진 않을 거예요. 그리고 그 애는 내가 버리고 온 아버지 밑에서 나를 경멸하면서 자라겠죠. 그런데 아시겠어요, 나는 그 두 사람…… 세료쥐아와 알렉세이를 똑같이, 어느 쪽이나 나 자신 이상으로 사랑하고 있어요."

그녀는 방 가운데로 나와서 두 손으로 가슴을 꼭 누르면서 돌리 앞에 섰다. 하얀 잠옷을 입은 그녀 모습이 유달리 풍만해 보였다. 그녀는 고개를 숙인 채 눈물에 젖어 반짝반짝 빛나는 눈을 들어, 기운 잠옷에 나이트캡 차림으로 흥분 때문에 온몸을 와들와들 떠는 작고 말라빠진 불쌍한 돌리를 보고 있었다.

"내가 사랑하는 건 이 두 사람뿐인데, 그들은 양립하지 않아요. 나는 이 둘을 결합시킬 수 없어요. 그들만이 내게 필요한 것인데도요. 그러니까 만일 그것이 안 된다면 어차피 마찬가지예요. 어떻게 되건 상관없어요. 언젠가는 어떻게든 끝이 나겠죠. 그러니까 나는 이 문제에 대해 말하고 싶지도 않고 또 할 수도 없어요. 그러니까 당신도 제발 나를 꾸짖지 말고 비난하지 말아 줘요. 당신의 순결한 마음으로는 내가 괴로워하는 이유를 좀처럼 이해할 수 없을 테니까요."

안나가 다가가 돌리와 나란히 앉았다. 그리고 쑥스러워 어색한 표정으로 돌리 얼굴을 들여다보면서 그 손을 쥐었다.

"당신은 어떻게 생각하세요? 나에 대해서 어떻게 생각하고 계세요? 나를 업신여기진 말아요. 업신여길 가치도 없으니까요. 난 불행해요. 만약 이 세상에 불행한 인간이 있다면 그것은 바로 나예요." 이렇게 말하고 그녀는 등을 돌리며 울음을 터뜨렸다.

혼자 남게 된 돌리는 기도를 하고 잠자리에 들었다. 안나와 이야기를 하는 동안 그녀는 진심으로 안나를 안타깝게 여겼다. 그러나 지금은 도저히 그녀에 대해 생각할 수 없었다. 집과 아이들에 대한 회상이 특별하고 신선한 매력을 풍기며 새로운 빛을 띠고 그녀 머릿속에 떠올랐다. 자신만의 그 세계가 지금 그녀에게는 더할 나위 없이 귀중하고 정다운 것으로 느껴졌으므로, 자기 집을 떠나서 또 하루를 무익하게 보낸다는 것을 도저히 참을 수 없었다. 그래서 내일은 기필코 여기를 떠나리라 마음먹었다.

한편 안나는 자기 방으로 돌아오자 컵을 들고 모르핀이 주성분인 약을 몇 방울 따랐다. 그것을 단숨에 꿀꺽 들이켜고 잠깐 거기에 가만히 앉아 있다가, 조용하고 쾌활한 기분이 되어 침실로 갔다.

침실로 들어가자 브론스끼가 주의 깊게 그녀를 살펴보았다. 그는 그녀가 이렇게 오래 돌리의 방에 있었으니 틀림없이 나누었을 그 이야기 흔적을 찾으려 했다. 그러나 흥분을 꾹 억누르고 무엇인가를 숨기는 그녀 표정에서는, 그의 눈에 익었어도 여전히 그를 사로잡고야 마는 아름다움과 자기 아름다움을 의식하고 그것으로 그가 감동하기를 바라는 그녀 마음 외에는 아무것도 발견할 수 없었다. 그는 그녀들이 이야기한 내용을 자기가 먼저 묻고 싶지는 않았으므로 그녀 쪽에서 먼저 말문을 열어주기를 기대했다. 그러나 그녀는 그저 이렇게 말했을 뿐이었다.

"나는 당신이 돌리를 좋아해 줘서 정말 기뻐요. 어때요, 그렇죠?"

"아아, 그녀에 대해서는 전부터 알고 있는 걸 뭐. 굉장히 좋은 사람 같아. 다만 좀 평범하긴 하지만 말이지. 아무튼 난 그 사람이 와 준 것이 굉장히 기뻐."

그는 안나 손을 잡고 무언가를 묻는 것처럼 그녀 눈을 찬찬히 들여다보았다.

그녀는 그 시선을 다른 의미로 받아들이고 방긋 미소를 지었다.

이튿날 아침, 돌리는 주인 부부가 간청했지만 돌아갈 채비를 했다. 예의 허름한 겉옷을 입고 절반쯤 구멍이 뚫린 모자를 쓴 레빈의 마부는 누덕누덕한 흙받기가 달린 마차를 고르지 않은 말들에게 맡긴 채 자갈이 깔리고 지붕이 있는 현관 앞쪽으로, 음울하나 과단성 있게 몰고 들어왔다.

공작 영애 바르바라며 남자들과 작별을 하는 것이 돌리로서는 불쾌했다. 하루를 보내고 난 뒤 그녀도 상대편도 그들이 서로 어울리지 않으며, 따라서 함께 있지 않은 편이 낫다는 것을 똑똑히 느꼈기 때문이다. 그저 안나만이 슬퍼했다. 그녀는 돌리가 떠나면, 이 만남이 불러일으켜 주었던 것과 같은 감정을 자기 마음에 되살아나게 해 줄 사람은 이제 아무도 없으리라는 것을 알고 있었다. 그러한 감정을 일깨우는 것은 그녀에게는 고통이었다. 그러나 역시 그것이 자기 마음의 가장 좋은 부분이라는 것, 그리고 지금과 같은 생활 속에서는 그런 좋은 부분이 재빨리 사라져 없어지리라는 것을 그녀는 알고 있었다.

들로 나와서야 겨우 마음이 가벼워진 돌리는 마부들에게 브론스끼 집이 마음에 들었는가 어떤가 물어보려고 했다. 그때 마부인 필립쁘가 불쑥 말을 꺼냈다.

"부자는 부자지만 귀리는 겨우 3뿌드밖에 주지 않았습니다. 닭이 울 때까지는 한 알도 남지 않았지요. 3뿌드가 어디 말이나 됩니까요? 겨우 입맛을 다실 정도밖에 되지 않아요. 요즘 귀리는 여관에서도 45코페이카밖에 하지 않아요. 우리 집에선 손님 말에게 얼마든지 양껏 주는데요."

"정말 인색한 나리야." 서기도 장단을 맞추었다.

"그래도 그 댁 말은 자네 마음에 들었겠지?" 돌리가 물었다.

"말은...... 말할 것도 없죠. 음식도 훌륭하고. 그렇지만 저희에겐 어쩐지 답답하게 보이더군요, 마님. 어떻게 말씀드려야 할지 잘 모르겠지만 말씀이에요." 그가 착해 보이는 잘생긴 얼굴을 그녀에게 돌리며 말했다.

"나도 역시 마찬가지야. 어때, 저녁까지는 닿을까?"

"어떡하든 도착하도록 해야지요."

돌리는 집으로 돌아와서 모두의 완전히 행복하고 유달리 정다운 얼굴을 보자 자기 여행에 관해 굉장히 생생한 말투로 이야기하기 시작했다. 자기가 크게 환영받은 것이며 브론스끼네의 호사스러운 생활과 뛰어난 취미며 그들의 오락 등을 차례차례 설명하고, 누구도 반대의 입을 열지 못하게 했다.

"안나와 브론스끼를 잘 알고 나면 그들이 얼마나 정답고 사랑스러운지 알 수 있어요. 나도 이번에 가서 그 브론스끼라는 사람을 더 잘 알게 되었어요." 그녀는 거기에서 느꼈던 불만과 막연한 거북스러움은 완전히 잊어버리고 진심으로 그렇게 말했다.

25

브론스끼와 안나는 여전히 똑같은 상태로, 이혼에 대해서는 아무런 수단도 마련하지 않고 여름과 초가을을 시골에서 지냈다. 그들 사이에는 아무 데도 가지 않는다는 결정이 되어 있었다. 그러나 그들만 지내는 날이 차츰 길어짐에 따라서, 특히 가을이 되어 손님들이 다 돌아가고 나자 두 사람 다 이러한 생활에는 도저히 배겨 낼 수 없으리란 것, 무언가를 변경할 필요가 있다는 것을 느끼기 시작했다.

그들의 생활은 보기에는 그 이상 더 바랄 수 없을 만큼 훌륭했다. 충분한 재산이 있고 건강하고 아이도 있고, 게다가 또 두 사람 다 일을 하고 있었다. 안나는 손님들이 떠나가고서도 여전히 몸단장을 정성 들여 했고 시간 대부분을 독서로 소일했다. 소설이건 딱딱한 책이건 화제에 오른 것은 닥치는 대로 읽었다. 구독하는 외국 신문과 잡지에서 추천하는 책은 모조리 주문해, 고독한 독서가 특유의 깊은 주의를 가지고 하나하나 통독했다. 그뿐만 아니라 그녀는 브론스끼가 관계하는 각종 문제도 서적이며 전문지를 통하여 공부하고 있었으므로, 그는 자주 농업이며 건축이며 때로는 목축이나 스포츠에 관한 문제까지도 그녀에게 물을 정도였다. 그는 그녀의 뛰어난 지식과 기억력에 놀라 처음에는 의심을 품고 증명을 요구했다. 그러자 그녀는 그가 질문한 문제를 책에서 찾아내어 그에게 보여 주었다.

그녀는 병원 건축에도 관여했다. 단순히 돕는 정도가 아니라 여러 가지로 설계하기도 하고 새로운 계획을 생각하기도 했다. 그러나 그녀의 주된 관심은 역시 자신의 일이었다. 자신이 브론스끼에게 얼마나 소중한 존재이고 그가 버리고 온 것을 얼마만큼 그에게 보상할 수 있는가 하는 것이었다. 그녀의 삶의 유일한 목적이 된, 그의 마음에 들려고 할 뿐만 아니라 그에게 도움이 되고자 하는 이 희망을 브론스끼는 기쁘게 생각했다. 그러나 동시에 자기를 동여매려고 하는 그 사랑이라는 그물이 거추장스럽기도 했다. 날이 감에 따라 자신이 그 그물에 점점 더 깊게 얽혀드는 것을 느낄수록, 그는 그것에서 빠져나가고 싶은 것은 아니지만 그것이 자기 자유를 방해하지는 않는가 어떤가 시험해 보고 싶은 마음에 사로잡혔다. 자유를 누리고 싶다든가 집회나 경마 때문에 도시에 가야 할 때마다 안나와 다투는 것을 그만두고 싶다는, 끊임없이 쌓여 가는 이 욕망만 없었다면, 브론스끼는 지금 생활에 충분히 만족했을 것이다.

그가 선택한 역할, 러시아 귀족의 중핵을 구성하는 부유한 지주라는 역할은 완전히 그의 취미에 적합했을 뿐만 아니라 이렇게 반년을 지낸 지금은 시시각각으로 증대되는 만족을 주었다. 그리고 그의 일은 더욱더 그의 흥미를 샘솟게 하면서 훌륭하게 진척되고 있었다. 병원이며 기계며, 스위스에서 사들인 젖소며 그 밖의 온갖 것들에 막대한 비용이 들었음에도, 그는 자기가 결코 돈을 헛되이 쓴 것이 아니라 재산을 불린 것이라고 확신했다. 재목이며 곡식이며, 양털 매각이라든가 토지 대부라든가 하는 수입에 관한 문제에서 브론스끼는 부싯돌처럼 단단해서 한 번 정한 값을 끝까지 한 푼도 깎지 않고 강경하게 주장하는 힘이 있었다. 대규모 농업 문제에서는, 이곳은 물론 다른 소유지에서도 그는 가장 단순하고 위험이 적은 방법을 취하고 있었고 극도로 경제적이었으며 사소한 것에도 타산적이었다. 굉장히 교활하고 능변인 집사가 처음에는 훨씬 많은 돈이 든다고 해 놓고, 그러나 잘 알아보니 같은 것을 훨씬 싸게 살 수 있으니까 그것만으로도 당장 이러저러한 이득이 있다면서 온갖 견적을 늘어놓으며 그에게 이것저것 사기를 권해도, 브론스끼는 넘어가지 않았다. 그는 관리인 말에 끝까지 귀를 기울이고 여러 가지 질문을 하고 나서, 주문하거나 맞출 것이 러시아에는 아직 알려지지 않은 신제품이라 사람들을 놀라게 할 수 있는 경우가 아니면 절대로 사지 않았다. 그뿐만 아니라 그는 여분의 돈이 있을 때만 큰 지출을 하기로 마음먹고 있었다. 그러한 지출을 할 때도 각 방면에서 미세한 점까지 연구하고 같은 돈으로 최상의 것을 손에 넣으려고 주의했다. 그러니까 이 방법에 따르면, 그가 재산을 낭비하는 것이 아니고 오히려 불리고 있다는 것은 분명했다.

10월에는 까쉰현에서 귀족단 선거가 있었다. 그 현에는 브론스끼와 스비야쥐스끼, 꼬즈느이쉐프와 오블론스끼의 소유지가 있고 레빈의 소유지도 일부 포함되어 있었다.

이번 선거는 여러 가지 정세나 그것에 관여하는 사람들 얼굴도 세간의 주의를 끌었다. 선거에 대하여 온갖 소문이 나돌고 사람들은 준비에 여념이 없었다. 지금까지 한 번도 선거에 나간 일이 없는 모스끄바며 뻬쩨르부르그며 외국에 있는 사람들까지 이 선거에 모여들었다.

브론스끼는 이미 오래전부터 선거에 참가하기로 스비야쥐스끼와 약속하고 있었다. 지금껏 자주 보즈드비췐스꼬예를 찾아왔던 스비야쥐스끼가 선거 직전에 브론스끼에게 들렀다.

그 전날부터 벌써 브론스끼와 안나 사이에는 이 여행 때문에 안 좋은 분위기가 형성되어 있었다. 때마침 시골생활에서 가장 지루하고 우울한 가을날이었다. 그래서 브론스끼는 처음부터 싸울 각오를 하고, 이제껏 안나에게는 한 번도 보인 일이 없는 싸늘하고 엄격한 표정으로 여행을 갔다 오겠다고 알렸다.

그러나 놀랍게도 안나는 매우 가라앉은 태도로 그 소식을 받아들이며 그저 언제 돌아오느냐고만 물을 뿐이었다. 그는 그녀의 이러한 차분함이 이해되지 않았으므로 한참 동안 그녀 얼굴을 지켜보았다. 그녀는 그의 눈길에 대해서 방긋 웃었다. 그는 그녀가 이렇게 하여 자기 안으로 숨어 버린다는 것을 알고 있었다. 더구나 이것은 그녀가 그에게는 알리지 않고 자기 혼자서 무엇인가를 결심했을 때만 나타나는 모습이라는 것도 알고 있었다. 그는 앞날이 두려웠으나 싸움만은 피하고 싶었으므로 자기가 믿고 싶은 대로 즉 그녀가 알아주었다고 믿는 척했고, 어느 정도는 정말로 믿었다.

"당신이 쓸쓸해하지 않으면 좋을 텐데."

"괜찮아요." 안나가 말했다. "어제 고티에 서점에서 책이 한 상자 도착했으니까요. 쓸쓸하지 않아요."

'음, 이런 식으로 끌고 갈 셈이군. 하지만 오히려 잘 됐어.' 그는 생각했다. '그렇잖으면, 또 평소 같은 상황이 될 테니까.'

이렇게 하여 그는 일부러 그녀 속마음을 확인하지 않고 선거를 위해서 떠났다. 이런 식으로 석연치 않게 그녀와 작별해 버린 것은 그들이 관계를 맺은 이래 처음 있는 일이었다. 한편으로 그것은 그의 마음을 불안하게 했지만 다른 한편으로는 그러는 편이 낫다고 생각했다.

'얼마 동안은 지금처럼 뭔가 분명하지 않은 꺼림칙한 느낌이 들 테지. 그러나 머지않아 그녀도 익숙해질 거야. 아무튼 난 그녀에게라면 무엇이라도 줄 생각이지만, 사내로서 독립만은 포기할 수 없어.' 그는 생각했다.

26

9월에 레빈은 끼찌의 분만을 위해서 모스끄바로 거처를 옮겼다. 그는 벌써 한 달이나 하는 일도 없이 모스끄바에서 빈둥거리고 있었다. 그때 까쉰현에 소유지가 있고 이번 선거에 크게 관심이 있는 꼬즈느이쉐프가 선거에 나갈 채비를 하고 있었다. 그는 같은 현 셀레즈네프군에 선거권을 가진 아우에게 같이 가자고 권했다. 그뿐만 아니라 레빈에게는, 외국에 있는 누님을 대신하여 후견인 문제와 농민에게 나누어 준 토지대금 수령 문제로 까쉰현에 중요한 볼일이 있었다.

레빈은 그래도 역시 주저하고 있었다. 그러는 사이에 그가 모스끄바에서 지루해하는 것을 보고 전부터 이 여행을 권하던 끼찌가, 그에게는 말하지 않고 그를 위해서 80루블이나 하는 귀족단 제복을 주문해 버렸다. 그리고 이 제복 값으로 치러진 80루블이 레빈을 그곳으로 가게 한 주요한 원인이 되었다. 그는 까쉰현을 향해 출발했다.

레빈은 벌써 엿새나 까쉰현에 있으면서 매일 집회에 얼굴을 내밀고 어쩐지 잘 풀리지 않는 누님의 볼일로 분주했다. 귀족단장들이 모두 선거 일로 매우 바빴으므로 후견에 관한 간단한 일마저 좀처럼 해결되지 않았다. 토지대금 수 령 또한 같은 이유로 난관에 부딪혔다. 그가 동분서주한 끝에 금령 해제에 성 공하여 돈을 받기 직전까지 갔다. 그러나 아무리 절친한 공증인이라도 금전 교부서를 발행할 수는 없었다. 그것에는 의장 서명이 필요한데 그 의장이 직무 를 인계하지 않고 선거장에 나가 버렸기 때문이었다. 이렇게 한곳에서 다른 곳 으로 아득바득 뛰어다니며, 청원자의 불쾌한 처지를 충분히 알면서도 그를 도 울 수 없는 지극히 선량하고 친절한 사람들과 끝없이 면담을 해도 결실 없는 노력은, 마치 꿈속에서 몸에 힘을 넣으려고 하지만 그럴 수 없는 그 부아가 나 는 무력감과 흡사한 괴로운 느낌이 들게 했다. 그는 그 기분을, 자기가 고용한 굉장히 친절한 대변인과 이야기할 때에도 종종 느꼈다. 이 대변인은 레빈을 곤 경에서 구출하기 위해 할 수 있는 모든 일을 하려고 온 지혜를 짜내고 있었다.

"그럼, 이렇게 한번 해 보세요." 그는 벌써 수차례 이렇게 말했다. "거기하고 이곳에 한번 가 보세요."

대변인은 사건 전체에서 장애가 되는 근본 원인을 피하기 위한 안(案)을 무 수히 제공하면서 이내 이렇게 덧붙였다. "이래도 단번에 해결되진 않을 거예요. 그러나 좌우간 한번 해 봐요."

그래서 레빈은 걷거나 마차를 타고 온갖 곳을 다 돌아보았다. 모두 선량하 고 친절했다. 그러나 결국엔 역시 피한 줄 알았던 장애가 또다시 머리를 쳐들 고 일어나 길을 가로막는 것이었다. 무엇보다 레빈에게 유감스러웠던 것은 자 기가 누구와 싸우는 것인지, 자기 일이 늦어지는 것이 도대체 누구의 이익이 되는지 전혀 명백하지 않은 점이었다. 이 점은 아무도 모르는 것 같았다. 대변 인도 몰랐다. 만약 그것이, 기차표를 사려면 창구에서 한 줄로 늘어서야만 하 는 것처럼 그 이유를 이해할 수만 있었다면, 모욕과 노여움은 느끼지 않았을 것이다. 하지만 그가 이 문제로 부딪친 장애에 대해서, 누구도 그것이 무엇 때문인지 그에게 설명할 수 있는 사람이 없었다.

그러나 레빈은 결혼을 하고 나서 크게 변했다. 그는 너그러워졌다. 그래서 무엇 때문에 이러한 곤경에 빠지게 되었는지 이해되지 않는다고 해도 완전히 그 이유를 알기 전에는 옳고 그름의 판단을 내릴 수 없다고, 아마 그렇게 될 수밖에 없었을 것이라고 이해하고 화를 내지 않으려고 애썼다.

지금 선거에 출석해서 참여하면서도 그는 될 수 있으면 비판이나 말다툼을 삼가고, 평소 존경하는 명예롭고 훌륭한 사람들이 굉장한 진지함과 열의를 가지고 몰두하는 이 일을 될 수 있는 한 잘 이해하려고 노력했다. 결혼한 뒤로 레빈에게는, 그때까지 제대로 생각해 보지도 않았기 때문에 하찮게 여겨졌던 것들에서 새롭고 진지한 일면을 발견하는 일이 곧잘 있었다. 그래서 그는 선거에도 분명히 그러한 의미가 있을 것이라고 단정하고 그것을 탐구하는 참이었다.

꼬즈느이쉐프는 이번 선거에서 예상되는 개혁의 성질이며 의미를 그에게 설명해 주었다. 현의 귀족단장은 법률에 따라 많은 중요한 공무를 장악하고 있었다. 후견 문제(지금 레빈을 괴롭히는 바로 그 문제)도 귀족단의 막대한 기금도, 여자, 남자, 군인 등의 학교도 새로운 제도 아래 국민교육도, 나아가 지방 자치회까지도 그의 손아귀에 쥐고 있었다. 현재 귀족단장인 스네뜨꼬프는 막대한 재산을 탕진한 지주귀족으로, 선량하고 나름 정직한 사람이지만 새로운 시대 요구에는 맞지 않는 구시대적인 인물이었다. 그는 무슨 일에건 언제나 귀족 편을 들었고, 국민교육 보급에는 정면으로 반대하고 나섰으며, 본디 아주 중대한 의의가 있어야 할 지방 자치회에도 계급적인 성질을 부여했다. 그러므로 지금 필요한 것은 그를 대신할 현대적이고 젊고 활동적인 전혀 새로운 인물을 그 자리에 앉혀서, 단지 계층으로서만 아니라 지방 자치회의 한 요소로서 귀족에게 주어진 모든 권리에서 빼낼 수 있는 최대한의 자치 이익을 빼내도록 하는 일이었다. 모든 면에서 언제나 다른 현보다 한 걸음 앞서는 부유한 까쉰현에는 현재 굉장한 세력이 형성돼 있으므로 여기에서 이번 계획이 무사히 실현되면 다른 현은 물론 러시아 전체의 모범이 될 수 있을 터였다. 따라서 이 계획에는 중대한 의미가 있었다. 스네뜨꼬프를 대신할 차기 귀족단장으로 지목된 이는 스비야쥐스끼나, 더 욕심을 부린다면 전직 교수이자 총명함으로 이름 높은 네베도프스끼라는 사람이었다. 그는 꼬즈느이쉐프의 막역한 친구었다.

지사가 개회를 선언했다. 그는 귀족 일동을 향하여 그들이 추호도 공평을 잃는 일 없이 조국 복지를 위해서 그 공적에 따라 의원을 선출하기를, 까쉰현의 명예로운 귀족이 이제까지의 선거와 마찬가지로 신성하게 그 의무를 이행하여 황제의 신임에 보답하기를 희망한다고 연설했다.

개회사를 끝내자 지사는 회장 밖으로 나갔다. 그러자 귀족들도 와자지껄하게 떠들어 대며 그의 뒤를 따라나갔다. 어떤 이들은 벌써 감동을 하여 정신없이 기뻐하면서, 지사가 털가죽 외투를 입으며 다정하게 현 귀족단장과 이야기하고 있는 주위를 둘러쌌다. 모든 사태를 파고들고 하나도 놓치지 않으리라 생각하면서, 무리 속에 섞여 있던 레빈도 지사가 이렇게 인사하는 것을 들었다. "안타깝게도 안사람은 양육원에 가느라고 뵙지 못하지만, 부디 부인께도 잘 전해 주십시오."

뒤이어 귀족들도 즐겁게 저마다 털가죽 외투를 찾아 입고 다 같이 대성당으로 향했다.

대성당에서 레빈은 다른 사람들과 함께 한 손을 들고 사제장의 말을 반복하면서 지사의 희망을 모두 이행할 것을 지극히 엄숙하게 맹세했다. 예배는 레빈에게 언제나 큰 영향을 주었다. 이번에도 그는 "십자가에 입맞추노라" 하는 말을 읊조리면서, 똑같이 읊조리는 늙은이와 젊은이가 뒤섞인 사람들 쪽을 돌아보고 강한 감동을 느꼈다.

이틀째와 사흘째에는 귀족단 기금과 여자 중학교에 대한 문제가 토의되었다. 꼬즈느이쉐프 설명에 따르면 그것은 조금도 중요한 문제가 아니었으므로, 자기 볼일로 여기저기 뛰어다녀야 하는 레빈은 출석하지 않았다. 나흘째에는 현의 회계 보고가 의제로 떠올랐다. 그리고 여기서 처음으로 신구 양당 충돌이 일어났다. 회계 감사를 맡은 위원회는 결산이 완벽하다고 보고했다. 현 귀족단장은 일어나 귀족단의 신임에 감사하면서 눈물을 흘렸다. 귀족들은 환호로 응답하며 악수를 청했다. 그러나 그때 꼬즈느이쉐프 패 한 귀족이 일어서서, 자기는 위원회가 그런 감사를 하는 것은 귀족단장에 대한 모욕이라고 생각하고 재고금(在庫金) 감사를 하지 않았다는 이야기를 들었다고 말했다. 그리고 경솔하게도 감사 위원 한 사람이 그 말을 수긍하고 말았다. 그러자 몸집이 작고 보기에 굉장히 젊지만 매우 신랄한 어느 신사가, 아마 귀족단장으로서도 결산 보고를 하는 쪽이 마음이 편할 것이며, 위원회의 그런 지나친 조심성은 그의 이 도덕적인 만족을 빼앗는 일이라고 주장했다. 여기에 대하여 위원회는 명확한 대답을 거부했다. 그래서 꼬즈느이쉐프는 위원회가 먼저 회계 감사를 했다고 인정하는가 인정하지 않는가부터 명확히 해야 한다고 논리적으로 논단하기 시작하여 이 양도논법을 상세히 펼쳐보였다. 반대파 요설가가 꼬즈느이쉐프에게 반박했다. 다음에는 스비야쥐스끼가, 또다시 예의 신랄한 신사가 발언했다.

논쟁은 오래 계속되었지만 어떤 결론도 얻지 못했다. 레빈은 이런 문제로 사람들이 이렇게 오래 논쟁하는 것에 놀라지 않을 수 없었다. 게다가 그가 꼬즈느이쉐프에게, 예산이 부정하게 사용되고 있다고 생각하는지 물었을 때 다음과 같은 답변이 돌아왔으므로 더욱 놀랐다.

"오오, 아니야! 그는 정직한 사람이야. 그러나 귀족단 사업을 이 케케묵은 가부장적인 방식으로 운영하는 낡은 풍습은 좀 흔들어 놓아야 하거든."

닷새째에는 각 군에서 귀족단장 선거가 있었다. 이날 몇몇 군회의는 상당히 시끄러웠다. 셀레즈네프군에서는 스비야쥐스끼가 투표 없이 만장일치로 선출되었다. 그의 집에서는 이날 잔치를 베풀었다.

27

엿새째에는 현의 귀족단장 선거를 하기로 되어 있었다. 크고 작은 홀들은 온갖 제복을 입은 귀족들로 꽉 들어찼다. 많은 사람은 다만 이날을 위해 온 것이었다. 오랫동안 만나지 못했던 친지들이 끄리미아 반도와 뻬쩨르부르그, 외국에서 돌아와 이 홀에서 만났다. 황제의 초상 바로 아래에 있는 현 귀족단장의 탁자에서는 끊임없이 논쟁이 벌어지고 있었다.

귀족들은 크고 작은 홀에서 한 떼 한 떼가 되어 진을 치고 있었다. 적의와 불신에 찬 눈빛이며 남이 옆에 오면 그쳐 버리는 이야기며 두서너 사람이 무엇인가를 수군거리면서 일부러 먼 복도까지 나가는 것으로 보아, 서로가 서로에게 제각기 비밀을 가진 것이 분명했다. 외관으로 비추어 보면 귀족들은 현저하게 신구 두 패로 갈려 있었다. 구세대 사람들은 거의 다 옛 귀족 제복이었던 깃이 올라오는 고풍스러운 옷을 입고 칼을 차고 차양이 달린 모자를 쓰고 있거나, 또는 각자 계급에 따라서 해군이며 기병 제복을 착용하고 있었다. 늙은 귀족들의 제복은 어깨를 부풀려 구식으로 지은 것이었다. 그들의 옷은 분명히 작고 통도 좁아서, 마치 입은 사람의 몸이 그 옷을 짓고 나서 커지기라도 한 듯 보였다. 젊은 사람들은 낮은 하얀 조끼 위에 어깨가 넓고 앞이 트인 현대식 귀족 제복을 입거나 검은 깃에 법무성 휘장인 월계관을 수놓은 제복을 입고 있었다. 이 젊은 부류에는 여기저기에 특별히 두드러지게 눈에 띄는 시종 제복 차림도 끼어 있었다.

그러나 노소 구별이 당파 구별과 일치하지는 않았다. 레빈이 보는 바로는, 젊은이 중에서도 어떤 사람들은 구파에 속하고, 그 반대로 굉장히 나이 먹은 몇몇 귀족은 스비야쥐스끼니 하는 사람들과 서로 수군거리는 것으로 보아 분명히 신파의 열렬한 지지자였다.

레빈은 사람들이 담배를 피우고 가벼운 식사를 하는 작은 홀에 서 있었다. 그는 자기 그룹 옆에서 그들 이야기에 귀를 기울이며 이야기 내용을 이해하려고 헛되이 지력을 짜내고 있었다. 꼬즈느이쉐프를 중심으로 다른 패가 모여 있었다. 그는 지금 다른 군의 귀족단장으로 그들 당파에 속해 있는 흘류스또프와 스비야쥐스끼의 이야기에 귀를 기울이고 있었다. 흘류스또프는 자기 군을 대표하여 현 단장인 스네뜨꼬프에게 입후보를 간청하는 것에 동의하지 않았으나 스비야쥐스끼는 꼭 그렇게 하라고 열심히 설득하고 있었다. 꼬즈느이쉐프도 그 안(案)에 찬성했다. 레빈은 무슨 이유로 반대파에게, 그들이 당선되길 바라지 않는 귀족단장에게 입후보를 의뢰할 필요가 있는지 도무지 이해할 수 없었다.

그때 오블론스끼가 막 전채를 안주 삼아 한잔하고 나서, 가장자리를 장식하고 향수 냄새가 코를 찌르는 모시 손수건으로 입가를 닦으며 시종 제복 차림으로 다가왔다.

"진지 점령은 확실하군." 그가 양쪽 구레나룻을 쓰다듬으면서 말했다. "이봐요, 꼬즈느이쉐프!"

그리고 잠깐 이야기에 귀를 기울이고 나서 그도 스비야쥐스끼 의견에 동의했다.

"한 군만으로 충분하지. 또 스비야쥐스끼는 두말할 것 없이 반대파니까." 그는 레빈을 제외하고 누구나 이해하는 자명한 말을 했다.

"어때, 꼬스쨔, 보아하니 자네도 이제 이 재미를 알게 된 것 같군?" 그는 레빈을 돌아보면서 덧붙이고 그의 팔을 꽉 쥐었다. 레빈은 기꺼이 그 재미를 알고 싶었지만 무엇이 어떻게 되어가고 있는지 전혀 이해되지 않았다. 그래서 이야기하는 사람들에게서 몇 발짝 떨어져, 어째서 현 귀족단장에게 입후보를 의뢰해야 하는가 하는 질문을 오블론스끼에게 던졌다.

"오, 성자 같은 단순함이여!" 이렇게 말하고 오블론스끼는 짧고 명료하게 요점을 설명해 주었다.

만일 지금까지의 선거처럼 각 군이 모두 현 귀족단장에게 입후보를 요청한다면 그는 만장일치로 선출될 것이다. 그런 일이 있어서는 안 된다. 지금은 여덟 군이 이것에 동의하고 있는데, 만일 남은 두 군이 반대하면 스네뜨꼬프는 출마를 거절할지도 모른다. 그러면 구파에서는 모든 계산이 수포로 돌아가 다른 후보를 선출하게 될 것이다. 그러나 만일 스비야쥐스끼의 군만 그것을 반대하면 스네뜨꼬프는 물론 나오게 될 것이다. 그러면 이쪽에서도 일부러 그에게 어느 정도 찬성표를 넣어 그를 후보로 당선되게 한다. 이렇게 적의 계산을 혼란스럽게 만들어 놓으면 이쪽에서 후보자를 냈을 때 그들도 어느 정도 투표하게 될 것이다.

레빈은 그 말을 이해했다. 그러나 아직 충분하지 않았기 때문에 또 두서너 가지 질문을 하려고 하는데 그때 모든 사람이 갑자기 왁자지껄하며 큰 홀 쪽으로 움직이기 시작했다.

"무슨 일이야? 뭐야? 누가?"—"신임? 누구에게? 뭘?"—"거부당했다고?"—"자격이 없다는 거야."—"플레로프의 선거권을 인정할 수 없다는군."—"뭐, 재판을 받고 있기 때문이라고?"—"그런 식으로 하면 누가 들어갈 수 있다는 거야. 그건 비열해."—"법이 그렇잖아!" 레빈은 사방에서 떠드는 소리를 들으며, 무엇을 놓치고 보지 못할까 봐서 급히 서두르는 일동과 함께 큰 홀로 들어갔다. 그리고 많은 귀족에게 떼밀리면서 현 귀족단장과 스비야쥐스끼며 그 밖의 지도자들이 무엇인가를 열심히 토론하는 큰 탁자 쪽으로 나아갔다.

28

레빈은 상당히 멀리 떨어져 서 있었다. 그의 옆에서 한 귀족의 씩씩거리는 숨소리와 또 다른 사람의 구두창이 삐걱거리는 소리에 방해되어 그는 사람들의 이야기를 똑똑히 알아들을 수 없었다. 그저 때때로 귀족단장의 부드러운 목소리와 이어지는 예의 신랄한 신사의 날카로운 말소리, 뒤이어 스비야쥐스끼의 목소리를 들었을 뿐이었다. 그가 이해한 바로는, 그들은 어떤 법 조항의 의미와 특히 '예심을 받고 있는 자'라는 말의 의미에 대해서 논쟁하고 있었다.

탁자 쪽으로 다가가려는 꼬즈느이쉐프에게 길을 열어 주기 위하여 사람들은 양쪽으로 갈렸다. 꼬즈느이쉐프는 신랄한 신사의 이야기가 끝나기를 기다렸다가, 무엇보다도 확실한 방법은 법문 자체를 조사해 보는 것으로 생각한다면서 서기에게 그 조항을 찾아오라고 부탁했다. 그 조항에는 의견 불일치 때 투표에 부쳐야 한다고 적혀 있었다.

꼬즈느이쉐프는 조항을 읽고 그 의미를 설명하기 시작했다. 그러나 그때 키가 크고 뚱뚱하며 허리가 구부정한, 뒤에서 목을 조르는 것 같은 것이 달린 꽉 쪼이는 제복을 입고 콧수염을 물들인 한 지주가 그를 가로막았다. 그는 탁자 쪽으로 나아가더니 보석 반지를 낀 손가락으로 그것을 한 번 두드리고 큰 소리로 고함을 질렀다.

"투표에 부칩시다! 다수결이야! 이러니저러니 말할 필요도 없어! 투표합시다, 투표!"

그러자 별안간 몇 사람이 목소리를 드높였다. 반지를 낀 키가 큰 귀족은 더욱더 크게 소리를 질렀다. 그러나 누가 무엇을 말하고 있는지 알아들을 수 없었다.

사실 그는 꼬즈느이쉐프 제의와 똑같은 것을 주장하고 있었다. 그러나 그는 분명히 꼬즈느이쉐프와 그 당파를 미워하고 있었다. 그리고 이 혐오감이 그당 전체에 퍼지자, 반대파에서도 그보다 점잖기는 하지만 똑같은 분노에 찬 반격이 일어났다. 고함이 사방에서 터져 나오고 순간 전체가 뒤죽박죽 되어 현귀족단장은 질서 회복을 요청해야만 했다.

"투표, 투표! 귀족이라면 알 것이다."—"우리는 필요하다면 얼마든지 피를 흘릴 것이다……."—"황제의 신임이……."—"단장을 나무라지 마라. 그의 탓이 아니다."—"아니, 그런 문제가 아니다."—"투표에 부칩시다! 이게 무슨 꼴이야……." 거칠고 미친 듯한 외침 소리가 사방에서 울렸다. 눈빛과 얼굴빛은 말보다 더 독살스럽고 사나웠다. 그것들은 도저히 융화할 수 없는 증오를 드러냈다. 레빈은 무엇이 문제인지 전혀 이해할 수 없었다. 플레로프에 대한 판단을 표결에 부칠지 말지 하는 문제에 사람들이 이다지도 열광적인 태도를 보이는 것이 이상했다. 그는 나중에 꼬즈느이쉐프가 설명해 주었던 다음과 같은 삼단논법을 잊고 있었던 것이다. 말하자면 일반적인 복지를 위해서는 현 귀족단장을 낙선시키는 것이 필요하고, 귀족단장을 낙선시키려면 선거권자의 과반수를 점유할 필요가 있으며, 과반수가 되기 위해서는 플레로프에게도 투표권을 주어야 한다. 그리고 플레로프의 권리를 인정하기 위해서는 법 조항을 명백하게 해석해야 한다는 논리이다.

"한 표 차가 모든 것을 결정할 수도 있으니까. 공공의 일에 봉사하려면 진지하고 일관된 태도를 보여야 해." 꼬즈느이쉐프는 말을 맺었다. 그러나 레빈은 그것을 모두 잊고 있었으므로 자기가 존경하는 이 훌륭한 사람들이 이처럼 추하게, 분노에 차서 소란을 피우는 모습을 보기가 괴로웠다. 이 쓰라린 기분에서 벗어나기 위해 그는 토론이 끝나기를 기다리지 않고 다른 홀 쪽으로 나왔다. 거기에는 뷔페 옆에 급사들이 있을 뿐 그밖에는 아무도 없었다. 바지런히 식기를 닦고 접시와 컵을 치우는 급사들의 침착하고 활기찬 얼굴을 보자, 레빈은 마치 악취가 코를 찌르는 방에서 청신한 공기 속으로 나온 것 같은 편안함을 느꼈다. 그는 자못 만족한 양 급사들의 모습을 바라보면서 여기저기 거닐기 시작했다. 특히 그는 반백의 구레나룻을 기른 한 급사가 자기를 우롱하는 다른 젊은 패들에게 경멸의 빛을 보이면서 냅킨 접는 법을 가르치는 것이 굉장히 마음에 들었다. 레빈은 이 늙은 급사에게 무엇인가 말을 걸려고 생각했다. 그런데 마침 그때 귀족 후견 사무소 비서로, 현내 귀족의 이름이며 부칭(父稱)을 모조리 아는 독특한 재주가 있는 노인이 그를 불러세웠다.

"실례합니다, 꼰스딴찐 드미뜨리예비치." 그가 레빈에게 말했다. "형님께서 찾고 계십니다. 투표가 시작됐습니다."

레빈은 홀로 들어가 투표용 흰 공을 받고 형 꼬즈느이쉐프 뒤를 따라서 투표대로 향했다. 거기에는 스비야쥐스끼가 진지하면서도 빈정대는 듯한 표정으로 턱수염을 손아귀에 그러쥐고 냄새를 맡으면서 서 있었다. 꼬즈느이쉐프는 손을 상자 속에 집어넣고 자기 공을 어딘가에 놓더니, 레빈에게 자리를 비켜주고 그대로 거기에 서 있었다. 레빈은 투표대로 다가갔다. 하지만 무엇을 해야 하는지 완전히 잊어버리고 있었으므로 갈팡질팡하여 꼬즈느이쉐프를 돌아보며 물었다. "어디에 놓죠?" 그는 아무에게도 들리지 않을 것이라고 방심하고 가까이에 있는 사람이 이야기하는 틈을 타서 조용히 물었다. 그러나 이야기하고 있던 패들이 갑자기 입을 다물어 버렸으므로 그의 부끄러운 질문은 들키고 말았다. 꼬즈느이쉐프는 눈살을 찌푸렸다.

"그것은 각자의 신념에 달린 일이야." 그는 엄한 어조로 말했다.

두서너 사람들이 히죽 웃었다. 레빈은 얼굴을 붉히고 얼른 한쪽 손을 두꺼운 모직물 밑으로 집어넣었다. 그는 오른손에 공을 가지고 있었으므로 오른쪽 상자에 그것을 넣었다. 공을 내려놓고 나자 그는 왼손도 집어넣어야 했다는 것에 생각이 미쳐서 바로 그렇게 했으나 이미 늦었다. 그는 더욱더 거북스러워져서 얼른 맨 뒤쪽으로 물러났다.

"찬성 백스물여섯 표! 반대 아흔여덟 표!" R음을 발음하지 않는 비서 목소리가 울렸다. 뒤이어 웃음소리가 들렸다. 단추 한 개와 호두 두 알이 상자에서 나왔기 때문이었다. 예의 그 귀족의 투표권도 인정받았다. 신파가 승리를 거둔 것이다.

그러나 구파도 자기들이 졌다고는 생각하지 않았다. 레빈은 그들이 스네뜨꼬프에게 입후보를 종용하는 것을 들었고, 한 무리 귀족들이 무엇인가를 지껄이는 현 귀족단장을 둘러싸고 있음을 보았다. 레빈은 그쪽으로 가까이 갔다. 귀족들에게 대답하면서 스네뜨꼬프는 자기에 대한 그들 신임과 사랑에 대해서 감사하고, 자기 공적이라고는 그저 12년의 근무 기간에 귀족을 위해 몸을 바친 것뿐이라고 겸손을 떨었다.

"난 다만 신념과 정의가 시키는 대로 힘껏 소임을 다하여 왔을 뿐입니다. 고맙습니다. 감사합니다." 그는 이 말을 몇 번인가 되풀이하다가 갑자기 솟구치는 눈물 때문에 말을 멈추고 홀 밖으로 나가 버렸다. 그 눈물은 자기가 부당한 대우를 받고 있다는 의식에서 온 것인지, 귀족들에 대한 사랑 때문인지, 그렇잖으면 사면초가의 압박감에서 온 것인지 분명하지 않았다. 그러나 아무튼 그의 동요는 귀족 대부분에게 전해져 그들을 감동케 했다. 레빈도 스네뜨꼬프에 대하여 따뜻한 애정을 느꼈다.

출입구에서 현 귀족단장은 레빈과 부딪쳤다.

"아니, 이거 실례했습니다, 용서하십시오." 그는 낯선 사람을 대하는 듯한 어조로 말했다. 그러나 레빈을 알아보자 조심스러운 미소를 띠었다. 레빈에게는 그가 흥분 때문에 말하고 싶은 것도 말하지 못하는 듯 보였다. 바쁜 걸음으로 걸어오던 그의 얼굴빛과 제복 가슴에 십자훈장을 몇 개나 달고 금몰이 달린 흰 바지를 입은 그의 모습은 레빈에게, 독을 마시고 궁지에 빠진 것을 알아챈 야수를 연상케 했다. 이 표정은 유달리 레빈의 마음을 움직였다. 왜냐하면 레빈은 바로 어제 후견 일로 그의 집을 방문하여 선량한 인간으로서 그의 훌륭한 모습을 자세히 보고 왔기 때문이었다. 낡은 가구가 있는 큰 저택, 분명히 이전의 농노제 시대부터 이 주인을 섬기는 듯한 촌스럽고 꾀죄죄하지만 예의 바른 늙은 하인들, 레이스가 달린 머리꾸미개에 터키풍의 숄을 걸친 채 귀여운 손녀를 어르고 있던 뚱뚱하고 마음씨 좋아 보이는 부인, 학교에서 돌아와 아버지에게 인사를 하면서 그의 큼직한 손에 키스한 중학교 6학년인 우수한 아들, 주인의 인상 깊은 온정에 찬 말과 몸짓, 이 모든 것이 어제 레빈 마음속에 자연스레 존경과 동정을 불러일으켰다. 그래서 지금 이 노인이 지극히 가엾고 불쌍한 사람처럼 여겨졌다. 레빈은 그에게 무엇인가 유쾌한 말을 해 주고 싶어졌다.

"틀림없이 당신은 또 우리 귀족단장이 될 것입니다." 레빈이 말했다.

"아니, 말도 안 돼요." 깜짝 놀란 것처럼 주위를 둘러보며 귀족단장은 말했다. "난 늙고 지쳤어요. 더 젊고 훌륭한 사람이 얼마든지 있습니다. 그런 사람에게 부탁하는 편이 좋을 거예요." 이렇게 말하고 귀족단장은 옆문으로 들어가 버렸다.

마침내 가장 엄숙한 순간이 찾아왔다. 곧 선거에 착수해야만 했다. 양당 지도자들은 손가락으로 흑과 백을 세고 있었다.

플레로프에 대한 논쟁은 신파에 한 표를 더 얻게 해 주었을 뿐만 아니라, 또 한 시간도 벌어 주었다. 그 틈에 신파는 구파의 간사한 꾀로 선거에 참여할 가능성을 잃고 있던 세 귀족을 데려오는 일에 성공했다. 음주벽이 있는 두 사람은 스네뜨꼬프 일파 때문에 술에 곤드레만드레 취해 있었고, 또 한 사람은 제복을 도둑맞아 버린 것이었다.

이것을 안 신파는 플레로프 일로 논쟁이 벌어지는 사이에 사람을 삯마차로 보내 한 귀족에게는 제복을 입히고 술에 녹아떨어진 두 사람 가운데 한 사람도 회장으로 데려오는 데 성공했다.

"한 사람은 데려왔습니다. 술을 깨라고 물을 마시게 하고 있습니다." 그 사내를 데리러 갔던 한 지주가 스비야쥐스끼 옆으로 가까이 가서 말했다.

"걱정 없습니다, 도움이 될 겁니다."

"굉장히 취한 건 아닌지, 넘어지거나 하는 일은 없을까요?" 머리를 저으면서 스비야쥐스끼가 말했다.

"아니, 문제없습니다. 그저 여기에서 더 먹이지만 않으면…… 어떤 일이 있어도 술을 먹여서는 안 된다고 급사에게 일러두었습니다."

29

흡연실과 뷔페를 겸한 작은 방은 귀족들로 꽉 차 있었다. 흥분은 시시각각으로 증대되어 모든 사람의 얼굴에 불안이 뚜렷하게 드러났다. 그중에서도 세세한 사정과 예상 결과를 잘 아는 지도자들이 유달리 강하게 흥분하고 있었다. 그들은 바로 다가올 싸움의 지휘관들이었다. 다른 사람들은 싸움을 앞둔 병사들처럼, 비록 전투 준비는 하고 있을지언정 당장은 심심풀이가 되는 것을 찾고 있었다. 어떤 사람들은 선 채로 또는 탁자에 앉아서 음식을 먹고 있었고, 어떤 사람은 궐련을 물고 길쭉한 방 안을 여기저기 거닐며 오랜만에 만난 친구들과 웃고 즐기면서 이야기하고 있었다.

레빈은 식욕이 없었다. 그는 담배도 피우지 않았다. 또한 자기 지기들, 꼬즈느이쉐프며 오블론스끼며 스비야쥐스끼 등이 있는 쪽으로 가서 함께 어울리기도 싫었다. 왜냐하면 열심히 이야기하는 그들 속에 시종(侍從) 제복을 입은 브론스끼가 끼어 있기 때문이었다. 레빈은 어제도 선거장에서 그를 보았으나 그와는 만나고 싶지 않았으므로 애써 피해 온 터였다. 그는 창문 쪽으로 가 앉아서 사람들 무리를 둘러보며 주위에서 들려오는 이야기에 귀를 기울였다. 기분은 우울했다. 왜냐하면 그의 눈앞에 있는 모두가 다 활기를 띠고 마음을 졸이며 무언가에 열중하고 있는데 자기 혼자만, 옆에 해군 제복을 입고 앉아, 이가 하나도 없이 입술을 우물거리는 아주 늙어 빠진 영감과 함께 아무 흥미도 없고 하는 일도 없이 어물어물하고 있었기 때문이다.

"그자는 정말 얼토당토않은 사기꾼이에요! 그래서 한마디 해 줬죠. 어지간히 좀 하라고요. 그랬더니 보세요! 역시 3년으로는 모으지 못했잖아요!"

향유를 바른 긴 머리칼을 수놓은 제복 깃 위로 늘어뜨린 키가 작고 허리가 구부정한 지주가, 선거라고 특별히 신고 온 듯한 새 장화 뒤축으로 마룻바닥을 세차게 구르면서 사납고 세찬 투로 말했다. 그러고는 불만스러운 눈길을 레빈한테 슬쩍 던지고 나서 거칠게 홱 몸을 돌려 버렸다.

"그렇고말고요, 딱 봐도 수상한 일이잖아요." 몸집이 작은 지주가 가느다란 소리로 맞장구를 쳤다.

이어서 한패의 지주들이 어떤 크고 뚱뚱한 장군을 주위에서 보호하며 바쁜 걸음으로 레빈 쪽으로 가까이 왔다. 그들은 분명히 다른 사람들에게 들리지 않게 이야기할 수 있는 장소를 찾는 것 같았다.

"그놈이 어떻게 감히, 내가 녀석 바지를 훔치게 했다고 함부로 주둥아리를 놀리다니! 틀림없이 제 놈이 돈으로 바꿔 술로 탕진해 버렸을 거야! 그런 녀석이 다 공작이라니 침이나 탁 뱉어 주고 싶을 정도야. 어디서 그따위 말을 해? 돼지 같은 녀석!"

"잠깐만 기다려 주세요! 그들도 법 조항에 따르고 있으니까." 다른 패의 말소리가 들려왔다.

"부인도 귀족으로 등록되어 있어야만 해요."

"법문 따위가 무슨 상관이야! 내가 말하는 건 정신적인 문제야. 귀족이란 고귀한 존재야. 신뢰가 으뜸이라고!"

"각하, 저쪽으로 가시지요. 꼬냑이 있습니다."

무엇인가를 큰 소리로 외치는 귀족의 뒤를 따라서 또 다른 한패가 가까이 왔다. 그는 아까 적군이 준 술에 취해 나가떨어진 사람 중 한 명이었다.

"나는 언제나 마리야 세묘노브나에게 땅세를 받고 땅을 빌려 주라고 권해왔어요. 아무튼 그녀는 돈을 벌 줄 모르는 사람이니까 말이에요." 옛 참모 대령 제복을 입고 반백의 콧수염을 기른 한 지주가 기분 좋은 목소리로 말했다. 레빈이 스비야쥐스끼 집에서 만났던 그 지주였다.

레빈은 곧 그를 알아보았다. 지주 쪽에서도 레빈을 보고 두 사람은 인사를 나누었다.

"아니 이거 정말 반갑군요. 그렇고말고요! 잘 기억하고 있습니다. 작년에 만났었죠, 왜 그 귀족단장 스비야쥐스끼네 집에서."

"그래 농사는 그 뒤 어떻습니까?" 레빈이 물었다.

"네, 여전히 적자지요." 지주는 허탈한 미소를 띠고 그러나 그럴 수밖에 없다는 확신에 찬 침착한 표정으로 그의 옆에서 대답했다. "그건 그렇고, 당신은 어떻게 우리 현에 오셨습니까?" 그가 물었다. "우리 쿠데타에 참여하기 위해?" 그는 또렷하나 서투르게 프랑스어를 발음하면서 말했다.

"온 러시아가 다 모인 셈이군요. 궁정 시종과 대신급 사람들까지 보이니 말이에요." 그는 어떤 장군과 나란히 걷는 시종 제복의 흰 바지를 입은 오블론스끼의 당당한 모습을 가리켰다.

"부끄러운 말씀입니다만, 실은 전 귀족단 선거의 의미가 잘 이해가 가지 않아요." 레빈이 말했다.

지주는 그의 얼굴을 바라보았다.

"아니 뭐, 알고 모르고 할 것이 뭐가 있어요? 의미는 아무것도 없습니다. 이젠 퇴색되어서 그저 타성으로 움직이고 있을 뿐인 제도니까요. 저 제복들을 한번 보세요. 저것만 봐도 알 수 있지 않습니까. 이것은 치안판사니 상임위원이니 하는 패들 집회지 귀족들 집회가 아니라는 것을."

"그럼 당신은 무엇 때문에 나오셨습니까?" 레빈이 물었다.

"그냥 습관이지요. 그것뿐입니다. 그리고 친분을 유지하는 것은 중요하니까 말이에요. 일종의 도덕적 의무도 있고요. 또 사실을 말하자면 자기 이해관계도 얽혀 있어요. 실은 사위가 상임 위원으로 선출되었으면 하는 희망을 품고 있거든요. 풍족한 집안이 아닌지라 좀 끌어 줄 필요가 있지요. 그러나 저런 자들이야말로 뭐 하러 왔을까요?" 그는 아까 귀족단장의 탁자 쪽에서 한창 무엇인가를 이야기하고 있던 예의 신랄한 신사 쪽을 손가락질하면서 말했다.

"저것이 귀족의 새 유형입니다."

"새롭기는 하지만, 그러나 귀족은 아녜요. 그들은 토지 소유주에 지나지 않아요. 우리야말로 지주입니다만. 그들은 귀족으로서는 스스로 자기 목을 조르고 있어요."

"그러나 당신도 귀족단이 이제 시대에 뒤떨어진 제도라고 하셨잖아요!"

"시대에 뒤떨어진 건 사실이나 그래도 더 존중받아야 할 것이긴 합니다. 저 스네뜨꼬프 일만 해도…… 아무튼 좋거나 나쁘거나 우리 귀족은 몇 천 년 역사를 가지고 있으니까요. 가령 집 앞에 뜰을 만들어야겠다고 생각했을 때 마침 거기에 백 년이나 된 나무가 있다고 합시다. 그렇다면 그 나무가 아무리 구부러진 고목이라고 해도, 당신은 화단을 만들기 위해서 그 고목을 베어 버린다든가 하지 않고 오히려 그 나무를 잘 이용하여 화단을 꾸미실 겁니다. 1, 2년으로 그런 나무를 길러 내지는 못하니까요." 그는 조심스러운 어조로 말하고 이내 말머리를 돌렸다. "그런데 당신 농사는 어떻습니까?"

"아니, 별로 재미없어요. 이익이 5%정도밖에 안 되거든요."

"그래요. 그러나 당신은 자기를 계산에 넣으시지 않았어요. 당신 자신도 얼마간 보수를 받는 게 당연하지 않습니까? 나 자신만 하더라도 말입니다. 난 농사에 손을 대기 전에는 직장에서 연봉 3천 루블을 받았습니다. 지금은 그때보다 훨씬 더 일을 많이 하고 있습니다만 그래도 역시 당신과 마찬가지로 5% 이익밖엔 얻지 못하고 있습니다. 그것도 운 좋을 때죠. 즉 내 노력은 공짜란 말이지요."

"그럼 어째서 당신은 그런 일을 하고 계시죠? 완전한 손해라는 걸 알고 계시면서."

"어찌하다 보니 그렇게 되는 겁니다. 달리 방도가 있나요? 습관도 있고요. 또 그렇게 해야 할 필요가 있기 때문이지요. 좀 더 자세히 말하자면 말입니다." 지주는 창가에 팔꿈치를 짚으면서 흥이 난 듯 계속해서 지껄였다. "우리 집 자식놈은 농사엔 조금도 관심이 없어요. 아무래도 학자 기질이 있는 모양이에요. 그러니까 우리 집에는 뒤를 이을 사람이 없어요. 그래도 난 역시 하지 않을 수 없단 말입니다. 올해는 과수원도 만들어 봤습니다."

"그래요, 그렇군요." 레빈이 말했다. "확실히 말씀과 같습니다. 나 역시 수지 타산이 맞지 않는다고 생각하면서도 계속 하고 있으니까 말씀이에요…… 말하자면 토지에 대해 일종의 의무를 느낀다고나 할까요."

"그래요, 또 이런 일이 있었어요." 지주가 계속했다. "언젠가 이웃 장사치가 집에 찾아와서 함께 농장이며 뜰을 걸었습니다. 그러자 그자가 '아니, 스쩨빤 바실리예비치, 댁에서는 모든 것이 다 빈틈없이 손이 가 있지만 뜰은 전혀 돌보지 않으시는군요' 하고 말하지 않겠어요. 하지만 우리 집 뜰은 상당히 잘 정돈되어 있거든요. '내 생각에 저 보리수는 베어 버리시는 것이 좋겠군요. 다만 수액이 나올 때까진 기다려야 해요. 이 수천 그루나 되는 보리를 베어 버리면 한 그루에서 훌륭한 수피(樹皮)가 두 장씩은 나오거든요. 요즘 수피 값이 좋은 데다, 보리수는 목재로도 쓰이니까요.' 그가 이렇게 말하는 겁니다."

"그런 사내는 그렇게 번 돈으로 가축이나 토지를 헐값으로 사서 그것을 농부들에게 빌려 준다든가 하는 짓을 하겠지요." 레빈은 싱글벙글하면서 말했다. 분명히 그는 벌써 여러 차례 그러한 이해타산에 부딪친 적이 있었던 것이다. "그런 사내는 그렇게 한 재산을 만들겠지요. 그러나 당신이나 나는 그저 가진 것을 잃지 않도록 잘 지켜 아이들에게 물려줄 수 있기를 바랄 뿐이죠."

"그러고 보니 당신, 결혼을 하셨다지요?" 지주가 말했다.

"네." 레빈은 자랑스러운 만족감을 드러내며 대답했다. "그런데 왠지 이상하네요." 그는 말을 계속했다. "이처럼 우리는 채산을 생각하지 않고, 고대 베스타 여신의 무녀들처럼 뭔가 불을 지키는 역할이라도 분부받은 듯이 살고 있으니 말입니다."

지주는 하얀 콧수염 밑에서 히죽 웃었다.

"우리 가운데에도 똑같은 사람이 있습니다. 우리 친구인 스비야줴스끼나 요즘 여기에 정착한 브론스끼 백작이라든가, 이런 사람들은 농업을 하나의 기업으로 하고 싶어 해요. 그러나 지금까지는 자본만 낭비하고 있을 뿐 아무것도 이루지 못하고 있지요."

"그런데 무엇 때문에 우리는 장사치처럼 하지 않는 걸까요? 어째서 수피를 얻기 위해 뜰을 벌거숭이로 만들지 않는 걸까요?" 레빈은 문득 가슴에 떠오른 생각으로 되돌아가서 말했다.

"그건 당신이 말씀하신 것처럼 불을 지키기 위해서입니다. 그렇지 않으면 귀족답지 않은 일이니까요. 귀족으로서 우리의 일은 이런 선거장에 있는 게 아니라, 자기들 고향의 자기들 집에 있습니다. 또 해야 할 것과 해서는 안 될 것을 정하는 계급 특유의 본성도 있지요. 이 점은 농부도 역시 마찬가지입니다. 난 언제나 그들을 관찰하고 있습니다만 좋은 농부일수록 반드시 될 수 있는 한 많은 토지를 빌리려고 합니다. 그것이 아무리 척박한 땅이라 하더라도 죽자꾸나 하고 경작하는 겁니다. 채산도 맞지 않고 손해라는 것도 환히 알면서요."

"우리도 그와 마찬가지예요." 레빈은 말했다. "아, 당신을 뵙게 되어 굉장히, 굉장히 유쾌했습니다." 그는 자기 쪽으로 다가오는 스비야줴스끼를 보면서 이렇게 덧붙였다.

"우린 당신 집에서 만난 뒤 이번에 처음 만났어요." 지주가 스비야줴스끼에게 말했다. "그래서 무던히 지껄이고 말았죠."

"그럼 틀림없이 새 제도를 공격하고 계셨겠군요?" 스비야줴스끼는 싱글벙글하며 말했다.

"아아, 그것도 있었죠."

"한껏 울분을 풀었겠습니다그려."

스비야쥐스끼는 레빈의 팔을 잡고 같이 자기편 친구들 쪽으로 갔다. 이제 더는 브론스끼를 피할 수 없었다. 그는 오블론스끼나 꼬즈느이쉐프와 같이 서서, 다가오는 레빈을 똑바로 바라보고 있었다.

"참으로 오랜만입니다. 전에 뵌 것이 분명한데…… 그래, 쉬체르바스끼 공작 댁에서였죠." 그가 레빈에게 손을 내밀면서 말했다.

"네, 그때 일은 잘 기억하고 있습니다." 레빈은 말했다. 그리고 새빨갛게 얼굴을 붉히더니 이내 몸을 홱 돌리고 형과 이야기를 시작했다.

브론스끼는 희미하게 쓴웃음을 짓고는 레빈과 이야기를 하고 싶은 마음이 조금도 없다는 태도로 스비야쥐스끼와 대화를 계속했다. 그러나 레빈은 형과 이야기를 하면서도 끊임없이 브론스끼 쪽으로 눈길을 보내고 있었다. 자기의 예의 없는 태도를 보상하기 위해 어떤 말을 꺼내야 할 것인가 고심했다.

"그래, 지금 문제는 무엇입니까?" 레빈은 스비야쥐스끼와 브론스끼를 돌아보며 물었다.

"스네뜨꼬프 문제입니다. 그 사람이 입후보를 거절하든가, 승낙하든가, 확실히 해주어야만 합니다." 스비야쥐스끼가 대답했다.

"그 사람은 어떻게 말하고 있습니까? 승낙했습니까?"

"바로 그것이 문제입니다. 아직 어느 쪽으로도 결정되지 않아서거든요." 브론스끼가 말했다.

"만일 그 사람이 거절한다면 도대체 누가 나서는 겁니까?" 레빈은 브론스끼를 보면서 물었다.

"입후보하고 싶은 사람은 누구든지." 스비야쥐스끼가 말했다.

"당신은 나가지요?" 레빈이 물었다.

"아니, 당치도 않아요." 스비야쥐스끼는 어찌할 바를 모르고 꼬즈느이쉐프 옆에 서 있는 그 신랄한 신사 쪽으로 놀란 듯한 눈길을 던지며 말했다.

"그럼 누굽니까? 네베도프스끼입니까?" 레빈은 어리벙벙한 기분을 느끼면서 말했다.

그러나 그 질문은 더욱 나빴다. 네베도프스끼와 스비야쥐스끼 두 사람 다 후보자였던 것이다.

"아니, 나는 절대로 나가지 않아요." 신랄한 신사가 대답했다.

그가 바로 네베도프스끼였다. 스비야쥐스끼는 그에게 레빈을 소개했다.

"어때, 자네는 재미있어서 몸이 근질근질하지?" 오블론스끼는 브론스끼에게 눈짓을 하면서 말했다. "이건 경마나 마찬가지니까 말이야. 내기도 할 수 있어."

"정말 그래, 아주 마음에 들어." 브론스끼가 말했다. "한번 손을 대면 좀처럼 중도에 그만둘 수가 없어. 영락없는 전쟁이야!" 그는 눈살을 찌푸리고 억센 광대뼈를 움켜쥐면서 말했다.

"이야, 정말 대단한 사람이야, 스비야쥐스끼는! 모든 것에 환하거든."

"음, 그래." 브론스끼는 방심한 것 같은 어조로 말했다.

침묵이 찾아들었다. 그동안 브론스끼는 달리 눈을 둘 곳도 없었으므로 레빈을 관찰하고 있었다. 그 발과 그 제복, 그 얼굴을 바라보다가 자기 쪽으로 가만히 쏠려 있는 음울한 눈빛을 알아채고 무슨 말이든 해야겠기에 입을 열었다.

"어째서 당신은 죽 시골에서 사시면서도 치안판사가 되지 않으셨나요? 치안판사 제복을 입고 있지 않는군요."

"그것은 내가 치안 재판이라는 것을 어리석은 제도라고 생각하기 때문입니다." 처음 만났을 때 예의 없던 태도를 보상하기 위해 브론스끼와 이야기 나눌 기회를 줄곧 기다리고 있었음에도 레빈은 음울한 투로 말했다.

"난 그렇게 생각하지 않습니다. 오히려 반대입니다." 브론스끼는 침착하면서도 놀란 빛을 보이면서 말했다.

"아니, 그런 것은 장난이에요." 레빈이 그의 말을 가로막았다. "우리에게 치안판사 따위는 조금도 필요 없습니다. 나는 8년 동안 아직 한 번도 재판에 걸린 일이 없습니다. 전에 한 번 얽혔을 때는 완전히 엉뚱한 판결을 받았지요. 게다가 또 치안판사는 우리 집에서 40베르스따나 떨어진 곳에 살고 있었으니 나는 불과 1~2루블 안팎의 사건에 15루블이나 들여서 대리인을 보내야만 했어요."

그리고 그는 한 물레방앗간 주인이 자기 물레방앗간에서 밀가루를 훔친 농부를 추궁하자 그 농부가 도리어 비방죄로 고소했다는 이야기를 했다. 이 이야기는 때와 장소에 맞지 않는 지극히 어리석은 이야기였다. 레빈 자신도 이야기하면서 그것을 느꼈다.

"오오, 여전한 기인이로군그래!" 오블론스끼가 언제나처럼 편도유 같은 편안한 미소를 띠고 말했다. "그건 그렇고 그만 가지. 투표가 시작되는 모양이야……."

이렇게 그들은 뿔뿔이 흩어졌다.

"난 도무지 모르겠어." 아우의 서투른 언동을 보고 있던 꼬즈느이쉐프가 말했다. "너는 어쩌면 그렇게 정치적인 분별이 모자랄 수 있는지 난 모르겠다. 그게 우리 러시아 사람의 결점이긴 하지만 말이야. 현 귀족단장은 우리의 정적이야. 그런데 너는 그 사내와 '친밀한 사이'인데다가 그에게 입후보하라고 권하고 있단 말이지. 그런데 브론스끼 백작에 대해서는…… 그야 나도 그와의 친교는 바라지도 않고, 만찬 초대를 받았지만 갈 생각도 없어. 하지만 어쨌든 그는 우리 편이라고. 어째서 그 사내를 적으로 여기는 거냐? 그리고 너는 네베도프스끼가 선거에 나올 것인가 어떨 것인가 하고 물었는데 그런 짓은 하는 게 아니야."

"아, 나는 아무것도 모르겠습니다. 그리고 그런 일은 모두 쓸데없어요." 레빈은 음울하게 대답했다.

"넌 툭하면 쓸데없다고 말하지만 네가 해 보려무나, 좀처럼 잘되지 않을 테니까."

레빈은 입을 다물어 버렸다. 두 사람은 같이 큰 홀로 들어갔다.

현 귀족단장은 자기에 대해 어떤 흉악한 계략이 꾸며지고 있음을 어렴풋이 감지하고 또 모든 군에서 입후보를 요청받은 것이 아니었음에도 역시 출마를 결심했다. 홀 안은 쥐 죽은 듯이 잠잠해졌다. 서기가 큰 소리로, 근위 기병 대위 미하일 스쩨빠노비치 스네뜨꼬프가 현 귀족단장 후보로서 투표에 부쳐지리라는 것을 알렸다.

군 귀족단장들은 공이 든 작은 접시를 들고 자기들 탁자에서 현 귀족단장 탁자로 갔다. 투표가 시작됐다.

"오른쪽에 놓는 거야." 레빈이 형과 함께 귀족단장 뒤를 이어 탁자 쪽으로 다가갔을 때 오블론스끼가 그의 귀에 대고 속삭였다. 그러나 레빈은 벌써 전에 설명받았던 계획을 잊고 있었으므로, 오블론스끼가 실수로 '오른쪽'이라고 말한 것은 아닌가 걱정스러웠다. 스네뜨코프는 그들의 적이 아닌가. 그는 투표함 쪽으로 나아갈 때는 공을 오른손에 들고 있었으나 아무래도 실수였을 거라 생각하고 함 바로 앞에서 공을 왼손에 바꿔 들었다. 그리고 훤히 드러나는 몸짓으로 왼쪽에 넣었다. 투표함 옆에 서 있어서 팔꿈치 움직임 하나로 누가 어디에 놓는지 훤히 안다는 이 방면의 전문가인 사내는 불만스럽게 얼굴을 찌푸렸다. 그의 안목이 발휘될 기회가 없었던 것이다.

사방이 조용해지고 공을 헤아리는 소리가 들렸다. 그리고 어떤 목소리가 찬성표와 반대표 수를 발표했다.

스네뜨꼬프가 반수를 넘는 표를 얻었다. 일동은 왁자지껄하게 떠들면서 곧장 문 쪽으로 돌진했다. 스네뜨꼬프가 안으로 들어오자 귀족들은 축하인사를 퍼부으면서 그를 둘러쌌다.

"자, 이제 이것으로 끝났나요?" 레빈은 꼬즈느이쉐프에게 물었다.

"아니, 이제 겨우 시작이에요." 스비야쥐스끼가 싱글벙글하면서 꼬즈느이쉐프를 대신하여 대답했다.

"다른 후보가 더 많이 표를 얻을지도 모르니까 말이에요."

레빈은 또 그것을 완전히 잊고 있었던 것이었다. 그는 이제야 겨우 거기에 무엇인가 알쏭달쏭한 사정이 숨어 있음을 기억했으나 그것이 무엇이었던가 생각해 내는 것조차 거추장스러웠다. 그는 침울한 기분을 느꼈다. 그래서 이러한 인파 속에서 도망치고 싶어졌다.

아무도 그에게 주의하는 사람이 없었고 또 아무도 그를 필요로 하지 않을 것 같았으므로, 그는 조용히 작은 식당 홀 쪽으로 들어갔다. 그리고 또다시 급사들의 모습을 보고 편안한 기분을 느꼈다. 늙은 급사가 그에게 식사를 권했다. 레빈은 동의했다. 광저기를 곁들인 커틀릿을 한 접시 먹고 급사와 이전 주인에 대한 이야기를 조금 하고 나서, 레빈은 선거회장으로 돌아가도 다시 불쾌해질 뿐이라고 생각하며 2층 방청석 쪽으로 걸음을 옮겼다.

방청석은 아래층에서 이야기하는 말을 한마디도 놓치지 않을 양으로 난간 너머로 몸을 내미는 한껏 치장한 부인들로 가득 차 있었다. 부인들 주위에는 말쑥한 차림을 한 변호사들이나 안경을 낀 중학교 교사들이나 사관들이 서 있었다. 모두 선거에 대해서, 귀족단장이 지쳤다느니 토론이 재미있었다느니 하고 이야기했다. 어떤 한 무리 속에서 레빈은 형을 칭찬하는 소리를 들었다. 한 부인이 변호사에게 말했다.

"나는 꼬즈느이쉐프의 연설을 들은 것이 굉장히 기뻐요. 배가 고픈 것도 참은 보람이 충분히 있었어요. 정말 어쩜 그렇게 훌륭할까요! 정말 똑똑히 잘 들리는 말씨였어요! 당신네 법정 관계 분들 가운데에도 저만큼 연설을 잘하는 분은 없을 거예요. 마이젤리는 좀 다르지만, 그래도 그 역시 저만큼 능변은 아니에요."

난간 옆에서 빈자리를 발견했으므로 레빈은 난간에 기대어 이것저것 보고 듣기 시작했다.

귀족들은 모두 저마다 군별로 갈린 칸막이 속에 자리를 잡고 있었다. 홀 한가운데에는 제복차림의 한 사내가 서서 날카로운 큰 목소리로 선언하고 있었다.

"현 귀족단장 후보자로서 육군 기병 이등 대위 예브게니 이바노비치 아쁘흐찐을 추천합니다."

죽음 같은 침묵이 엄습했다. 뒤이어 한 가냘픈 늙은이의 목소리가 들렸다.

"사절합니다!"

"7등 문관 뾰뜨르 뻬뜨로비치 볼리를 천거합니다." 다시 아까의 목소리가 말했다.

"사절합니다!" 젊은이의 높고 날카로운 목소리가 울렸다. 또다시 후보 이름이 지명되면 똑같은 "사절합니다!"라는 외침이 터졌다. 이것이 거의 한 시간이나 계속됐다.

레빈은 난간에 팔꿈치를 짚고 그 상황을 가만히 바라보며 귀를 기울였다. 처음에는 그도 놀라움을 느끼고 그 의미하는 바를 이해하려고 애썼다. 그러나 이윽고 자기에게는 좀처럼 이해될 것 같지 않다고 단정해 버리자 갑자기 지루해졌다. 그다음 모든 사람의 얼굴에서 보아온 흥분과 적대하는 마음을 떠올리자 슬퍼졌다. 그래서 그는 그만 돌아가자고 결심하고 아래로 내려갔다. 방청석 입구를 지날 때 그는 지친 눈으로 여기저기 서성거리는 침울한 얼굴의 중학생과 마주쳤다. 층층대 위에서는 한 쌍의 부부, 뾰족구두를 신고 참을성 없이 조급하게 바삐 뛰어오는 부인과 경박해 보이는 검사보를 만났다.

"늦을 염려는 없다고 말하는데도." 검사보는 레빈이 부인에게 길을 양보하느라고 옆으로 비킨 순간 그렇게 말했다.

레빈은 벌써 출구 층계로 나와 조끼 호주머니에서 외투 보관 번호표를 꺼내고 있었다. 그때 서기가 덥석 그를 붙들었다. "이쪽으로 오세요, 레빈, 투표가 시작됩니다."

그처럼 단호하게 부정했던 네베도프스끼가 입후보한 것이다.

레빈은 홀 입구로 다가갔다. 문은 닫혀 있었다. 서기가 노크를 하자 문이 열리면서 새빨간 얼굴을 한 두 지주가 레빈과 엇갈리면서 비틀비틀 걸어 나왔다.

"더는 못 참겠군." 얼굴이 벌건 한 지주가 말했다.

그 지주들 뒤에서 현 귀족단장이 얼굴을 내밀었다. 그 얼굴은 고달픔과 공포 때문에 무섭게 일그러져 있었다.

"아무도 내보내서는 안 된다고 말해 두었잖아!" 단장이 수위에게 소리쳤다.

"안으로 들여보냈습니다. 각하!"

"오, 주여!" 귀족단장은 후유 하고 무거운 한숨을 토하더니 하얀 바지를 입은 다리를 힘없이 끌면서 홀 한가운데를 지나 큰 탁자 쪽으로 갔다.

예상대로 네베도프스끼가 상대보다 더 많은 표를 얻고 현의 귀족단장이 되었다. 많은 사람은 흥겨워 어찌할 바를 모를 만큼 기뻐했으나 다른 많은 사람은 불만스러워하고 낙담했다. 현 귀족단장은 숨길 수 없는 절망에 빠져 있었다. 네베도프스끼가 홀로 들어오자 군중은 그를 둘러싸고 환희에 취하여 그의 뒤를 따라갔다. 그들이 첫날에 개회를 선언한 지사 뒤를 따라갔던 것과 똑같이, 그리고 좀전에 스네뜨꼬프가 과반수를 얻었을 때 그 뒤를 따라갔던 것과 똑같이.

31

새로 선출된 현의 귀족단장과 의기양양한 신파의 많은 사람이 그날 브론스끼가 여는 정찬에 참석했다.

브론스끼가 선거에 나온 것은 첫째 시골살이가 지루했고 또 안나 앞에서 자기의 자유스런 권리를 나타낼 필요가 있었기 때문이며, 둘째 스비야쥐스끼가 지방 자치회 선거 때 자기를 위해서 힘써 준 은혜에 대해 이번 선거에서 그를 지지하는 것으로 보답하기 위해서였다. 마지막으로 무엇보다도 그가 선택한 귀족이자 지주라는 입장에 따르는 온갖 의무를 엄격히 수행하기 위해서였다. 그러나 그는 선거라는 것이 이처럼 재미있고 진심으로 자기 마음을 움직이리라고는, 또 자기가 이러한 일에 이처럼 재주가 있으리라고는 전혀 예기치 못했다. 그는 이곳 귀족사회에서 완전히 신출내기였으나 분명히 성공적인 인상을 남겼으며 벌써 귀족들 사이에서 영향력을 확보했다고 말해도 과언이 아니었다. 그의 세력에 힘이 된 것은 그의 부와 명성, 그리고 옛 친구 쉬르꼬프—재계(財界)에 종사하며 까쉰헌에 나날이 번창하는 은행을 소유한—에게서 양도받은 도심의 훌륭한 저택, 시골에서 데려온 뛰어난 요리사, 단순한 동료 이상으로 그를 두둔해 주던 옛 친구인 현 지사와의 친교니 하는 것이었다. 그러나 가장 큰 힘이 되었던 것은 누구에 대해서도 평등하고 솔직한 그의 태도였다. 이 태도를 접한 귀족 대다수는 그가 교만하다는 편견을 버리지 않을 수 없었다. 그 끼찌 쉬체르바스까야와 결혼한 특이한 신사만이 '별다른 이유도 없이' 격렬한 악의를 드러내며 아무런 소용도 없는 어리석고 미련한 소리를 잔뜩 퍼부었으나, 그것만 아니면, 그가 알게 된 귀족은 모두 그의 편이 되었다. 네베도프스끼의 성공에도 그가 아주 많은 힘이 되었다는 것을 그도 다른 사람들도 똑똑히 알고 인정했다. 그래서 그는 지금 이렇게 자기 집 식탁에 자리를 만들어 네베도프스끼의 당선을 축하하면서 자기가 선택한 자가 승리했다는 쾌감을 경험하고 있었다. 선거 자체에도 굉장한 흥미를 느꼈으므로 2, 3년 (귀족단장의 임기) 안에 정식 결혼을 하게 되면 자기도 후보로 나서 봐야겠다고까지 생각했다. 그것은 마치 기수를 경마에 내보내 승리의 상품을 탄 말의 주인이 이번에는 자기가 나가 보고 싶어지는 심리와 똑같은 것이었다.

지금은 바로 그 기수의 승리를 축하하는 중이었다. 브론스끼는 식탁 윗자리에 자리를 잡고, 그의 오른쪽에는 시종 장관인 젊은 지사가 앉아 있었다. 일동에게 이 사내는 현의 주인이었으며, 엄숙하게 개회를 선언하고 연설을 한 태도는 브론스끼가 본 바로는 많은 사람의 마음속에 존경과 복종을 품게 했다. 그러나 브론스끼에게 그는 그저 사관학교 시절에 마슬로프 까찌까라는 별명으로 불리던 내성적인 동급생일 뿐이고, 자기 앞에서 주뼛 주뼛하는 그를 어떻게든 편하게 해 주려고 애쓰는 중이었다. 그의 왼쪽에는 젊고 강직하며 신랄한 얼굴을 한 네베도프스끼가 앉아 있었다. 그에 대해 브론스끼는 솔직한 존경의 태도를 보였다.

스비야쥐스끼는 자기 실패를 쾌활하게 달래고 있었다. 그러나 이것은 그가 샴페인 잔을 손에 들고 네베도프스끼를 향해 말했던 것처럼, 귀족들이 앞으로 따라야 할 신운동의 대표자로서 더 이상의 인물은 없었으므로, 그에게는 실패라고 할 만한 것도 아니었다. 따라서 그의 말과 같이, 공정한 사람이라면 누구나 오늘의 성공을 기뻐하고 축복하는 것이었다.

오블론스끼도 또 유쾌한 시간을 보냈다는 것과 모든 사람이 만족하고 있다는 것을 기뻐했다. 훌륭한 식사가 진행되는 동안 선거 뒷이야기가 이러쿵저러쿵하고 들추어졌다. 스비야쥐스끼는 전임 귀족단장의 눈물 섞인 연설을 희극적으로 흉내냈다. 그리고 네베도프스끼를 향해 "각하는 눈물보다 더 제대로 된 회계감사법을 택하셔야 합니다"라고 말했다. 익살꾼인 한 귀족은 전임 귀족단장이 재선축하를 위해 스타킹을 신은 하인들은 불러다 놓았으니, 이렇게 된 이상 그들이 필요한 무도회를 열지 않는다면 그들을 공짜로 돌려보내야 할 판이라고 이야기했다.

식사 중에 사람들은 줄곧 네베도프스끼에게 얼굴을 돌리면서 '우리 현의 귀족단장'이니 '각하'니 하고 불렀다.

이것은 아직 앳되고 젊은 부인에게 일부러 '마님'이나 남편의 성으로 부를 때와 똑같은 만족감을 담은 호칭이었다. 네베도프스끼는 이러한 호칭을 전혀 염두에도 두지 않았을 뿐만 아니라 도리어 경멸하는 태도를 보이고 있었다. 그러나 내심으로는 무척 기쁘면서도, 일동이 속해 있는 새롭고 자유로운 모임의 분위기에 어울리지 않는 다른 이유로 감정표현을 자제하고 있음이 분명했다.

식사가 끝나고 나서 선거 결과에 흥미가 있는 사람들에게 몇 통의 전보가 띄워졌다. 잔뜩 기분이 좋은 오블론스끼도 돌리에게 다음과 같은 전보를 쳤다. '네베도프스끼 15표 차로 당선. 경사. 전언하라.'

그는 그것을 "그들도 기쁘게 해 줘야지요" 하고 말하면서 큰 소리로 받아쓰게 했다. 그러나 돌리는 전보를 받았을 때 그저 요금을 생각하며 한숨을 쉬었다. 그리고 그것이 식후의 흥취라는 것도 알아챘다. 연회 끝 무렵이면 '전보 놀이'에 빠지는 스찌바의 나쁜 버릇을 알고 있었기 때문이다.

훌륭한 요리, 러시아 주점이 아니라 외국에서 직접 들여온 술을 포함한 모든 것이 굉장히 고상하고 산뜻하고 유쾌했다. 손님 스무 명은 사상을 같이하는 자유주의의 신세대 활동가 중에서 특히 총명하고 고상한 이들로 스비야쥐스끼가 엄선한 사람들이었다. 그들은 반농담조로 신임 현 귀족단장을 위해서도 지사를 위해서도, 은행장을 위해서도 또 '상냥한 이 저택의 주인'을 위해서도 축배를 들었다.

브론스끼는 만족했다. 그는 지방에서 이런 유쾌한 흥취를 얻으리라고는 전혀 짐작도 못 했다.

식사가 끝날 무렵에는 더한층 유쾌해졌다. 지사는 브론스끼를 보고, 그와 친해지길 원하는 자기 아내가 주최하는 동포를 위한 자선음악회에 출석해 달라고 요청했다.

"무도회도 있을 거야. 이 지방 미인도 볼 수 있고. 참 재미있을 거야."

"내 취미가 아닌걸." 브론스끼는 평소 즐겨 쓰는 말로 이렇게 대답했지만 씩 웃으면서 가기로 약속했다.

모두 식탁에서 일어나 담배를 피우기 시작했을 때 브론스끼의 하인이 쟁반에 놓인 편지를 가지고 다가왔다.

"보즈드비쉔스꼬예에서 특별 보행꾼이 왔습니다." 그는 의미 있는 표정을 하고 말했다.

"아니, 이거 놀라운걸. 저 사낸 검사보 스벤찌스끼를 쪽 빼닮은 것 같군." 손님 한 사람이 프랑스어로 하인에 대해서 말했다. 한편 브론스끼는 상을 찌푸리고 편지를 읽고 있었다.

편지는 안나가 보낸 것이었다. 그것을 읽기도 전에 그는 벌써 내용을 짐작했다. 처음에 그는 선거가 닷새로 끝나리라는 예상 아래에, 금요일에는 돌아오겠다고 약속했다. 오늘은 토요일이었다. 그는 편지 내용이 그가 약속한 대로 돌아오지 않는 것에 대한 비난이 틀림없으리라고 생각했다. 그가 어제저녁에 보낸 편지와 엇갈렸음이 틀림없을 것이다.

내용은 예상한 그대로였다. 그러나 그 형식은 전혀 뜻밖으로 유달리 불쾌했다.

'아니의 상태가 매우 좋지 않습니다. 의사 말로는 폐렴일지도 모른다고 합니다. 혼자서 어떻게 해야 할지 모르겠습니다. 바르바라 고모는 방해만 될 뿐 전혀 도움이 되지 않습니다. 난 그제와 어제 굉장히 기다린 끝에 당신이 어디서 무엇을 하고 계신지 알고 싶은 간절한 생각으로 오늘 심부름꾼을 보냅니다. 내가 직접 가 보려고도 생각했습니다만 그러면 당신에게 불쾌함을 주게 될 것 같아 결심을 바꾸었습니다. 어떻게 하면 좋을지 아무쪼록 회답을 주시길 기다리고 있겠습니다.'

어린애가 아픈데 그녀는 자기가 직접 오려고 생각했다는 것이다. 게다가 자기 딸이 병이 났다고 하면서 이 냉담한 태도는 뭐란 말인가!

당선을 축하하는 이 티없는 즐거움과 이제 돌아가야만 하는 그 음울하고 답답한 사랑, 이 둘의 도드라진 대비가 브론스끼를 참담하게 했다. 그러나 돌아가지 않을 수 없었으므로 그는 그날 밤 첫차로 귀로에 올랐다.

32

브론스끼가 선거 때문에 떠나기 전에, 안나는 그와의 작별을 조용히 참기 위해서 될 수 있는 대로 자기를 억제하려고 결심했다. 그가 어딘가로 떠날 때마다 두 사람 사이에 언제나 되풀이되어온 불화가 그를 집에 붙들어두기는커녕 냉담하게 만들 뿐이라고 생각했기 때문이다. 그러나 출발을 알리러 온 그의 냉담하고 험악한 눈동자는 그녀를 상처 입혔다. 그래서 그가 떠나기도 전에 그녀의 평정은 벌써 무너져 버리고 말았다.

나중에 혼자 남은 그녀는 자유의 권리를 주장하던 그의 눈동자를 요모조모 생각하다 여느 때처럼 같은 결론에 이르고 말았다. 즉 자기 굴욕을 의식한 것이다.

'그이는 언제 어디든 원하는 데로 떠날 권리가 있어. 그저 떠나갈 뿐만 아니라 나를 내버려 둘 권리도 있어. 그이는 온갖 권리를 갖고 있지만 내게는 아무런 권리도 없어. 하지만 그것을 아는 이상 그이는 그런 태도를 보여선 안 되는 거야. 그런데 그이가 도대체 어떻게 했지?…… 그래, 싸늘하고 엄격한 눈빛으로 나를 노려보았어. 물론 확실한 것도 아니고 그냥 막연한 느낌일 뿐이지만 전에는 그런 일이 없었으니까 그 눈빛은 깊은 뜻을 품고 있는 거야.' 그녀는 생각했다. '그 눈빛은 사랑이 식어 가고 있다는 증거야.'

그녀는 사랑이 식어 가고 있다는 확신을 하면서도 어떻게 할 도리가 없었다. 그에 대한 자기 태도는 어떤 식으로도 바꿀 수 없었다. 여전히 지금까지처럼 사랑과 매력만으로 그를 묶어 둘 수밖에 별도리가 없었다. 그래서 그녀는 역시 지금까지와 똑같이, 낮에는 일하고 밤에는 모르핀으로, 그의 사랑이 식어 버리면 어떻게 될까 하는 무서운 생각을 잠재울 수밖에 없었다. 그러나 실제로는 또 하나의 방법이 있었다. 그를 묶어 두는 수단이라기보다는(묶어두기 위해서는 오직 상대에게 사랑받는 것 말고는 어떤 수단도 사용하고 싶지 않았으므로), 이쪽에서 그에게 딱 붙어 그가 그녀를 버릴 수 없는 상황을 만드는 것이었다. 그 방법은 바로 전남편과 이혼하고 브론스끼와 결혼하는 것이었다. 그래서 그녀는 그것을 바라게 되었고, 그와 스찌바가 이혼을 권한 이후 처음으로 그것을 받아들일 마음이 생겼다.

이런 생각을 하면서 그녀는 그가 집을 비워야 했던 닷새를 홀로 지낸 것이었다.

산책하기도 하고, 공작 영애 바르바라와 이야기하기도 하고, 병원을 방문하기도 했으나 주로 끊임없는 독서로 시간을 보냈다. 그러나 엿새째에 마부가 그를 태우지 않고 혼자 돌아오자, 그녀는 더는 그를 생각하는 마음, 그가 거기에서 무엇을 하고 있을까 생각하는 마음을 억누를 수 없음을 느꼈다. 그런데 그때 마침 그녀 딸이 병이 났다. 안나는 딸의 간호에 착수했지만 그것도 그녀 마음을 가라앉히지는 못했다. 더군다나 그 병이 위험한 것이 아니었기 때문에 더욱 그랬다. 아무리 애써도 그녀는 이 딸아이를 사랑할 수 없었고, 또 사랑하는 척할 수도 없었다. 저녁때가 되어 혼자 멍하니 있게 되자, 안나는 그가 너무나 걱정되었으므로 자기가 시내까지 나가야겠다고 마음먹었다. 그러나 고쳐 생각한 끝에, 브론스끼가 받은 그 모순투성이 편지를 쓰고 그것을 다시 읽어보지도 않은 채 특별 보행꾼에게 들려서 보낸 것이었다.

이튿날 그녀는 엇갈려 도착한 그의 편지를 받고 자기가 한 짓을 뉘우쳤다. 그녀는 그가 떠날 때 자기에게 던졌던 그 매몰찬 눈매가 다시 그가 돌아왔을 때, 특히 딸의 병이 아무것도 아니었음을 알았을 때 되풀이될 것을 예상하고 오싹해졌다. 하지만 역시 그녀는 그에게 편지를 쓰길 잘했다고 생각했다. 지금 안나는 그가 자기를 귀찮아 한다는 것을 알고 있었고, 그가 모처럼의 자유를 버리고 그녀에게 돌아오는 일을 몹시 언짢게 여기고 있다는 것도 알고 있었다. 그럼에도 그녀는 그가 돌아오는 것이 기뻤다. 비록 그가 귀찮게 여겨도, 그저 그를 보고 그의 일거일동을 알 수 있도록 옆으로 돌아와 주기만 하면 충분했던 것이다.

그녀는 바깥바람 소리에 귀를 기울이고 마차가 도착하기를 이제나저제나 기다리며 객실 램프 아래에서 떼느*9의 신간을 읽고 있었다. 몇 번이나 수레바퀴 소리를 들었다고 생각했으나 그녀의 착각이었다.

마침내 수레바퀴 소리뿐 아니라 마부의 외침이며 지붕이 있는 현관 앞 차도로 마차가 들어오는 무딘 울림을 들었다. 트럼프 점을 치고 있던 공작 영애

---

*9 1829~1893, 프랑스의 철학자, 문예비평가.

바르바라까지도 그것을 확인했으므로 안나는 얼굴을 붉히며 일어섰다. 그러나 그녀는 여태까지 벌써 두 차례나 그랬듯이 아래층으로 내려가는 대신 그자리에 멈춰 버렸다. 갑자기 자기 거짓말이 부끄러웠던 것이다. 무엇보다도 그가 자기에게 어떤 태도를 보일 것인지가 겁이 났다. 굴욕감은 벌써 사라지고 없었다. 그녀는 그저 그의 불만스런 표정이 두려웠던 것이다. 그녀는 아이가 어제부터 벌써 완전히 건강이 회복된 것을 생각했다. 그녀는 자기가 편지를 보내자마자 꼭 그때부터 아이가 언제 그랬냐는 듯이 나은 것을 불만스럽게 여겼을 정도였다. 그다음 그녀는 그에 대해 생각해 내고, 정말로 그가 지금 계단 아래에 있다는 사실을 떠올렸다. 그의 목소리가 들렸다. 그러자 그녀는 기뻐서 모든 것을 잊고 그에게 달려갔다.

"그래, 아니는 어때?" 그가 달려오는 안나를 보면서 주춤거리는 어조로 말했다.

그는 의자에 앉아 있었다. 하인이 그의 발에서 방한용 장화를 벗기고 있었다.

"괜찮아요, 굉장히 좋아졌어요."

"그래, 당신은?" 그가 몸을 털면서 말했다.

안나는 두 손으로 브론스끼 손을 잡고 그에게 눈을 떼지 않은 채 그 손을 자기 허리 쪽으로 끌어당겼다.

"어쨌든 다행이군." 그는 그녀를, 그 머리와 자기를 위해 갈아입은 것이 분명한 그 옷을 싸늘하게 훑어보면서 말했다.

그러한 것들은 모두 그의 마음에 들었다. 그러나 아무리 취향이라도 이미 몇 차례나 보고 눈에 익은 것뿐이었다. 그러자 그녀가 그처럼 두려워하던 그 엄격한 돌 같은 표정이 여전히 그의 얼굴에 들러붙어 있었다.

"아, 정말 다행이야. 그럼 당신은 건강하군?" 그는 젖은 턱수염을 손수건으로 닦고 그녀 손에 입맞추면서 말했다.

'이젠 아무래도 좋아.' 그녀는 생각했다. '그저 이 사람이 여기에 있어 주기만 하면 그만이야. 여기에 있는 한 이 사람은 나를 사랑하지 않을 수 없어. 사랑하지 않을 수 없고말고.'

그날 저녁은 공작 영애 바르바라도 같이 유쾌하고 행복하게 지냈다. 바르바라는 그가 없는 동안 안나가 모르핀을 썼다고 그에게 하소연했다.

"그렇지만 어쩔 수 없잖아요? 잠을 잘 수 없는 걸요…… 온갖 생각에 방해를 받아서 말이에요. 이이가 집에 있을 때는 절대로 마시지 않아요, 대체로는요."

그가 선거 이야기를 들려주자 안나는 교묘하게 질문을 하면서 그를 가장 기쁘게 했던 일 쪽으로, 그의 성공 쪽으로 말머리를 돌리게 했다. 그녀는 그에게 그가 신경 쓰던 집안일을 남김없이 이야기했다. 더구나 그녀가 전해준 소식은 모두 지극히 유쾌한 것들뿐이었다.

밤도 깊어져 단둘이 됐을 때 안나는 그를 또다시 완전히 점유했다고 생각하자, 그 편지 때문에 그의 눈에 나타난 무거운 인상을 씻어 버리고 싶었다. 그녀는 말했다. "숨기지 말고 말해 줘요. 당신은 그 편지를 받고 언짢으셨죠. 내말을 믿지 않으셨지요?"

그렇게 말한 순간 그녀는, 그가 지금 자기에 대해 아무리 부드러워져 있다 해도 딱히 그 일을 용서한 것은 아님을 깨달았다.

"그래." 그가 말했다. "그 편지는 정말 우스웠어. 아이가 병에 걸렸다면서 당신이 몸소 올 생각이었다고 쓰여 있었으니."

"하지만 그건 모두 정말이었어요."

"그렇겠지, 나도 의심하는 건 아니야."

"아녜요, 당신은 의심하고 계세요. 불만스럽지요? 보면 알아요."

"아니, 그런 일은 결코 없어. 그저 내가 불만인 것은, 의무라는 게 있다는 사실을 당신이 인정하려 들지 않는다는 거야."

"음악회에 가야 하는 의무 말인가요……."

"아니, 이런 이야기는 그만두지." 그가 말했다.

"어째서 또 그만둔다는 거예요?" 그녀가 말했다.

"난 다만 피할 수 없는 일에 부딪칠 때도 있다는 것을 말하려 했을 뿐이야. 이번만 하더라도 나는 조만간 집안일로 모스끄바에 다녀와야 해…… 아아, 안나, 어째서 당신은 그렇게 안절부절못하지? 내가 당신 없이 살지 못한다는 것쯤이야 잘 알고 있잖아?"

"만약 그렇다면 당신은." 별안간 안나 목소리가 바뀌었다. "분명히 이 생활을 지긋지긋하다고 여기는 거로군요…… 이제 겨우 돌아오셔서 또 벌써 떠나시겠다니, 그건 마치……."

"안나, 그것은 너무 지나친 생각이야. 나는 일생을 버릴 각오로……."

그러나 그녀는 그의 말을 듣지 않았다.

"만약 당신이 모스끄바에 가신다면 나도 가겠어요. 이런 데 혼자 남기는 싫어요. 우리는 헤어지든가 함께 있든가 둘 중 하나를 선택해야 해요."

"그러니까 오로지 함께 사는 것 하나가 내 소원이라는 것은 당신도 잘 알잖아. 그러나 그러기 위해서는……."

"이혼이 필요하다는 말씀이지요? 그에게 편지를 쓰겠어요. 나도 이러한 생활에는 배겨 낼 수 없다는 것을 잘 알았으니…… 그렇지만 모스끄바에는 같이 가겠어요."

"마치 날 위협이라도 하는 것 같군그래. 그러나 좋아, 내가 가장 바라는 것도 당신과 떨어지지 않는 거니까." 브론스끼는 웃는 얼굴로 말했다.

그러나 이 부드러운 말을 입 밖에 냈을 때 그의 눈 속에는 단순한 싸늘함 이상으로, 궁지에 몰려 미쳐 날뛰는 사람 같은 증오의 빛이 번뜩였다.

그녀는 그 눈동자를 보고 정확히 그 의미를 이해했다.

'만약 그렇게 한다면 좋은 꼴은 못 볼 거야!' 그의 눈빛은 말하고 있었다. 그것은 순간적인 인상일 뿐이었지만, 그녀는 영원히 그것을 잊지 않았다.

안나는 남편에게 이혼을 요구하는 편지를 쓰고, 11월 말에 뻬쩨르부르그로 가는 공작 영애 바르바라와 헤어져 브론스끼와 함께 모스끄바로 떠났다. 날마다 까레닌의 회답과 그에 이어질 이혼만을 기다리면서, 두 사람은 이제 완전히 부부가 된 기분으로 같이 살고 있었다.

제7편

1

레빈 부부가 모스끄바에 온 지 벌써 석 달째였다. 이러한 일에 소상한 사람들의 아주 정확한 계산으로는, 끼찌가 아이를 낳았어야 할 시기는 벌써 오래 전에 지나 있었다. 그러나 그녀는 지금도 여전히 뱃속에 아이를 담고 있었으며, 두 달 전보다 해산에 가까워진 기색도 전혀 보이지 않았다. 의사도 산파도, 돌리도 어머니도, 특히 다가올 일에 대해서 두려움 없이는 생각할 수 없는 레빈도 초조함과 불안을 느끼기 시작했다. 그러나 끼찌만은 완전히 침착하고 행복한 기분을 느끼고 있었다.

그녀는 머지않아 태어날 아기, 아니 그녀에겐 어떤 의미론 이미 실재하는 아기에 대한 새로운 애정의 싹을 지금 또렷하게 의식하며 황홀하게 그 감정에 취해 있었다. 태아는 이제 그녀의 완전한 한 부분이 아니라 때로는 독립된 자기 생명을 주장하고 있었다. 이 때문에 그녀는 자주 고통을 느꼈으나 동시에 야릇한 새로운 기쁨으로 소리내어 웃고 싶어지기도 했다.

사랑하는 사람이 모두 옆에 있었고 모두가 몹시 상냥하며 친절하게 뒷바라지를 해줘서 모든 것이 그저 즐겁기만 했으므로, 만약 이런 생활이 곧 끝난다는 것을 느끼지 않았다면 그야말로 끼찌는 더 이상 즐거운 생활을 바랄 수 없을 정도였다. 단 하나 그녀의 이 행복을 해치는 것은 남편이, 그녀가 사랑하는 그가 시골에 있을 때 그 남자가 아니라는 사실이었다.

그녀는 시골에서 침착하고 친절하게 손님을 잘 대하던 그의 태도를 매우 사랑했다. 그런데 도시에서 그는 줄곧 안절부절못하며, 마치 누군가가 그를, 그리고 그녀를 모욕하지는 않을까 두려워하는 사람처럼 신경을 곤두세웠다. 시골에 있을 때 그는 자기가 있어야 할 장소에 있음을 똑똑히 알고 있고, 어디로 허겁지겁 나다니는 일도 없고, 뭔가 일을 하지 않는 날은 전혀 없었다. 그런데 도시에서는 마치 무엇인가를 놓치지 않으려는 것처럼 항상 허둥대고만 있었다. 그러나 그에게는 아무것도 할 일이 없었다. 그녀는 그런 그를 안타깝게 여겼다. 그러나 다른 사람들 눈에는 그가 가엾은 사람으로 보이지 않는다는 것을 그녀는 알고 있었다. 아니, 오히려 끼찌는 언젠가 자기가 사랑하는 사람이 남에게 주는 인상을 확인하기 위해 타인의 눈으로 그를 지켜본 일이 있었는데, 그 결과 질투와 두려움마저 느낄 정도였다. 그는 가엾기는커녕 그 훌륭한 태도며 부인들에 대한 약간 구식의 수줍은 정중함, 그 씩씩한 몸집과 유달리 인상적인 표정이 풍부한 얼굴 생김새가 무척이나 매력적이었던 것이다. 그러나 지금 그녀가 그를 외면에서가 아니라 내면에서 보고 있자니, 이곳에서의 그는 진정한 그가 아니라는 것을 알았다. 그의 상태를 그렇게밖에는 설명할 수 없었다. 이따금 그녀는 마음속으로 도시생활을 할 줄 모르는 그를 나무랐다. 그러나 때로는 이 도시에서 만족스러운 삶을 살아가는 것이 그에겐 참으로 어려운 일임을 이해했다.

참으로 그가 무엇을 해야 좋을까? 그는 카드놀이를 좋아하지도 않는다. 클럽에도 가지 않는다. 오블론스끼와 같은 쾌활한 사내들과 어울리는 것이 무엇을 의미하는가를 그녀는 이미 알고 있었다. 그것은 술을 마시고 그 뒤에 어딘가로 몰려가는 것이었다. 그녀는 이럴 때 사내들이 가는 데를 두려움 없이는 생각할 수 없었다. 그럼 사교계에 나가는 것은 어떨까? 그러나 사교계에서는 젊은 여자들과의 만남에서 즐거움을 찾아내야 한다는 것을 그녀는 알고 있었으므로 그것을 바랄 수는 없었다. 그러면 그녀나 어머니, 언니와 함께 집에 틀어박혀 있는 것은? 하지만 언제나 똑같은 이야기—'알리나 나지나'(딸들의 그런 수다를 노 공작은 이렇게 부르고 있었다)—가 그녀에겐 아무리 재미있고 즐거울지라도 그에겐 지루하리라는 것을 알고 있었다. 그렇다면 그 밖에 무슨 일이 남아 있을까? 저술을 계속한다면? 사실 그도 처음에는 그것을 해 보려고 도서관에 다니며 저술을 위한 발췌나 조사를 하곤 했다. 그러나 그가 그녀에게 말했던 것처럼, 아무것도 하지 않고 있으면 있을수록 더욱더 시간 여유는 줄어든다. 그뿐만 아니라, 그는 여기에 와서 자기 저술에 대해서 너무 많은 것을 지껄인 나머지 매우 중요한 사상이 온통 말라버리고 뒤엉켜 흥미마저 잃어버렸다고 그녀에게 하소연했다.

도시생활의 유일한 선물은 여기 온 뒤로 그들 사이에 단 한 번도 싸움이 일어나지 않았다는 것이었다. 생활이 평소와는 다르기 때문인지, 아니면 그들 두 사람이 이 점에 대해서 조심스럽고 신중해졌기 때문인지, 아무튼 그들이 도시로 오기 전에 그렇게 두려워하던 질투로 말미암은 말다툼이 모스끄바에서는 한 번도 일어나지 않았다.

더군다나 이 문제에 있어서 그들 두 사람에게 아주 중대한 사건까지 일어났다. 다름 아닌 끼찌와 브론스끼와의 만남이었다.

끼찌의 대모로 평소 그녀를 무척 사랑하던 노 공작부인 마리야 보리소브나가 그녀를 꼭 한번 만나고 싶어 했다. 끼찌는 몸이 무거워 아무 데도 나다니지 않았지만, 아버지와 함께 이 존경하는 노 부인을 찾아갔다. 그리고 거기에서 브론스끼를 만났다.

이 해후에서 굳이 끼찌가 자기를 나무랄 일이 있었다면, 그것은 단지 평복 차림의 남자를 알아보고 그의 얼굴에서 언젠가 자신과 그렇게 가까웠던 모습을 발견한 순간 호흡이 멎고 피가 심장으로 솟구쳐 불꽃 같은 홍조가 얼굴을 뒤덮었다는(스스로 그것을 느꼈다) 점뿐이었다. 그러나 이것은 겨우 몇 초에 불과했다. 먼저 일부러 큰 소리로 브론스끼에게 말을 걸어 준 아버지가 그 이야기를 끝내기도 전에, 그녀는 벌써 그를 쳐다보고 만약 필요하다면 마리야 보리소브나 공작부인과 대화하듯이 그와 이야기할 수 있을 만큼 충분히 마음의 준비를 하고 있었다. 무엇보다 끼찌는 이때 눈에 보이지 않는 남편의 존재를 느끼고 있었다. 그녀는 음조며 미소에 이르기까지 모든 태도를 그에게서 잘했다고 칭찬을 들을 수 있을 만큼 조절하고 있었다.

그녀는 그와 두서너 마디 나누고, 또 그가 '우리 의회'라고 부르며 선거에 대해 농담을 했을 때는 조용히 미소까지 보였다(그 농담을 이해했다는 것을 나타내기 위해 웃는 얼굴을 지어 보여야 했기 때문이다). 그러나 이내 그녀는 마리야 보리소브나 공작부인 쪽으로 얼굴을 돌리고, 그가 작별을 고하고 일어서기까지 한 번도 그를 쳐다보지 않았다. 그가 일어설 때 그를 본 것도, 그저 이쪽을 향해 인사하는 사람을 보지 않는 것은 예의에 벗어나기 때문일 뿐이었다.

그녀는 브론스끼와의 해후에 대해 한마디도 하지 않는 아버지가 고마웠다. 그러나 방문을 끝내고 늘 하는 산책을 하면서 그녀는 아버지의 특별한 부드러움으로 미루어 그가 딸에게 만족하고 있다는 것을 알았다. 그녀 자신도 스스로 만족했다. 그녀는 브론스끼에 대한 옛 감정의 추억을 마음속에 야무지게 억누르고 그에 대해 끝까지 냉담하고 침착한 태도를 보일 수 있었던 이러한 힘이 자기에게 있으리라고는 상상도 못했던 것이다.

레빈은 그녀가 마리야 보리소브나 공작부인 집에서 브론스끼를 만났다는 이야기를 들었을 때, 그녀보다도 훨씬 더 얼굴을 붉혔다. 이 일을 그에게 털어놓는 것도 그녀에겐 굉장히 어려운 일이었으나 만났을 때 상태를 자세히 이야기하는 것은 더욱 어려웠다. 그가 아무것도 묻지 않고 다만 눈살을 찌푸리고 그녀를 바라보고만 있었기 때문이다.

"당신이 계시지 않아서 정말 섭섭했어요." 그녀는 말했다. "당신이 같은 방 안에 계시지 않았다는 것을 말씀드리는 건 아녜요…… 당신 앞에서라면 그처럼 자연스럽게 행동하진 못했을 테니 말이에요…… 난 지금이 그때보다 훨씬 더, 훨씬, 훨씬 더 빨개져 있는 걸요." 그녀는 금방 울음을 터뜨릴 것만 같이 새빨개지면서 말했다. "당신이 어디 문틈에서라도 보고 계셨으면 하고 생각했었어요."

진실 어린 눈은 그녀가 스스로 만족하고 있다는 것을 레빈에게 말해 주었다. 그는 그녀가 얼굴을 붉히고 있음에도 곧 마음을 가라앉히고 이런저런 질문을 하기 시작했다. 그것이 바로 그녀가 바라던 일이었다. 그녀가 처음에는 새빨개지지 않을 수 없었지만 이윽고 처음 만나는 사람을 대하듯 단순하고 가벼운 마음이 될 수 있었다는 자세한 경위까지 모두 듣고 나자, 레빈은 완전히 쾌활해졌다. 그는 자기도 그것이 상당히 기쁘며, 이제는 선거장에서와 같은 어리석은 행동거지는 하지 않고 브론스끼와 만나면 될 수 있는 대로 다정한 태도를 보여야겠다고 했다.

"얼굴도 마주하기 싫을 정도로 원수 같은 사람이 있다고 생각하는 것은 정말 괴로운 일이니까 말이지." 레빈은 말했다. "난 정말, 정말 기뻐."

2

"그럼, 볼리 백작부인 댁에 좀 들러 주세요." 끼찌는 남편이 11시쯤 외출하기 전에 그녀에게 들렀을 때 말했다. "클럽에서 식사하실 거죠? 아버님께서 당신 이름도 함께 예약해 두셨다더군요. 오전엔 무엇을 하실 거예요?"

"까따바소프한테나 좀 들를까 해." 레빈이 대답했다.

"어째서 이렇게 일찍?"

"그 사람이 나를 메뜨로프에게 소개해 주기로 약속되어 있거든. 내 책에 대해서 그와 이야기하고 싶은 게 있어서 말이야. 그는 뻬쩨르부르그의 유명한 학자야." 레빈이 말했다.

"아아, 당신이 언젠가 굉장히 칭찬하셨던 논문을 쓰신 분이죠? 그럼 그다음은요?" 끼찌가 물었다.

"어쩌면 누님 일로 재판소에 들르게 될지도 몰라."

"그럼 음악회에는요?"

"혼자 가서 무엇 하겠어!"

"다녀오세요. 새로운 작품을 하나 보던데…… 그토록 재미있어하시면서. 나라면 어떻게 해서라도 꼭 가고 말 거예요."

"음, 어쨌든 식사 전에 한 번 들르겠어." 그는 시계를 보면서 말했다.

"프록코트를 입고 가세요. 그대로 곧장 볼리 백작부인 댁에 들르실 수 있도록."

"정말 꼭 가야만 하나?"

"어마, 꼭이에요! 그분도 저희에게 와 주셨는걸요. 그리 어려운 일도 아니잖아요? 잠깐 들러 좀 앉아서 한 5분쯤 날씨 이야기라도 하다가 일어서서 나오시면 되는걸요."

"당신은 믿기질 않을 테지만 난 그런 일에는 익숙하지 못해서 말이야. 정말 쑥스러워서 할 수가 없어. 글쎄 어떻게 그러지? 멀쩡한 타인이 찾아가 주저앉아서, 아무런 용건이 없는데도 어물어물하면서 그쪽을 방해하고 내 기분마저 언짢아져서 돌아오다니 말이야."

끼찌가 웃어 댔다.

"당신도 총각시절엔 곧잘 방문하시지 않았어요?" 그녀가 말했다.

"그랬지. 그러나 늘 부끄러운 기분을 느끼고 있었어. 그런데 지금은 그런 습관에서 멀어져 버렸기 때문에 그런 방문을 하느니 차라리 이틀쯤 저녁을 거르는 편이 나을 정도야. 정말 부끄럽단 말이야! 당장에라도 상대가 잔뜩 노해서, 어쨌다고 일도 없는데 꾸역꾸역 찾아오느냐고 말할 것만 같아 계속 흠칫 거리게 된다니까."

"아이 참. 화내거나 하지는 않아요. 그것만은 보증할게요." 끼찌는 웃음을 머금고 그의 얼굴을 쳐다보면서 말했다. 그녀는 그의 손을 잡았다. "그럼, …… 어서 다녀오세요. 몸조심 하시고요."

그는 아내 손에 입을 맞추고 곧 나가려고 했다. 그때 그녀가 그를 불러세웠다.

"꼬스쨔, 있잖아요, 내게 이제 50루블밖에 남지 않은 거 아세요?"

"아아, 그래, 그럼 은행에 들러 찾아오지. 얼마나?" 그는 그녀가 잘 아는 불만스런 표정을 보이면서 말했다.

"아녜요, 잠깐만." 그녀는 그의 손을 잡고 말했다.

"조금만 더 이야기해요. 난 이 일이 마음에 걸려서 견딜 수 없어요. 내가 쓸데없는 돈을 쓰는 것도 아닌데 돈이 자꾸만 어디론가 흘러 나가버리는 것 같아요. 역시 뭔가 우리가 하는 일에 잘못된 게 있나 봐요."

"아니, 그렇지 않아." 그는 헛기침을 하고 그녀 얼굴을 흘깃 쳐다보며 말했다.

그녀는 이 헛기침의 의미를 알고 있었다. 그것은 그의, 그녀에 대해서가 아니라 자기 자신에 대한 강한 불만의 표시였다. 그는 참으로 불만이었다. 그러나 그것은 지출이 많아서가 아니라, 스스로 무엇인가 이상하다고 느끼면서도 억지로 잊으려 하던 것이 그에게 돌이켜져 생각나기 때문이었다.

"밀을 팔고 물방앗간 세를 먼저 받으라고 소꼴르프에게 일러뒀어. 돈 걱정은 하지 않아도 돼."

"하지만 난 전체적으로 비용이 너무 들어서 걱정이에요……."

"괜찮아, 걱정하지 마요." 그는 거듭 말했다. "그럼 다녀오겠어, 응."

"잠깐만요, 정말 난 어머님 말씀을 들었던 것을 이따금 후회하고 있어요. 그냥 시골에 있었으면 얼마나 좋았을까! 괜히 이쪽으로 와서 당신들 모두에게 폐만 끼치고, 돈도 쓸데없이 많이 들고……."

"괜찮아, 괜찮아. 난 결혼한 뒤로 여태까지, 그랬으면 좋았을 텐데 생각한 적은 한 번도 없어……."

"정말요?" 그녀는 그의 눈을 똑바로 바라보면서 말했다.

그는 그저 그녀를 위로하려는 마음에서 아무런 생각도 없이 말한 것뿐이었다. 그러나 그녀를 보고 그 진실이 담뿍 담긴 귀여운 눈이 미심쩍은 듯 자기에게 집중되는 것을 보자 그는 마음속에서 진심으로 똑같은 말을 되풀이했다. '나는 아내 몸에 대한 배려를 말끔히 잊고 있었군.' 그는 생각했다. 그리고 가까운 장래에 자기들을 기다리는 것을 기억해 냈다.

"이제 머지않았지, 당신? 기분은 어때?" 그는 그녀 두 손을 잡고 속삭였다.

"난 그동안 너무 많이 생각해서 지금은 아무것도 생각하지 않아요. 아무것도 모르겠어요."

"두렵진 않아?"

그녀는 무슨 소리냐는 듯 씨익 웃었다.

"전혀요." 그녀가 말했다.

"그럼, 만약 무슨 일이 있으면 난 까따바소프 집에 있을 테니까 말이지."

"아녜요, 아무 일도 없을 거예요. 걱정하지 마세요. 나는 아버님과 함께 가로수길로 산책하러 가겠어요. 그리고 그 길로 돌리 집에 들를 거예요. 그럼 식사 전까지 돌아오세요. 아, 참! 당신, 돌리네 형편이 아주 옴짝달싹도 못하게 된 것 아세요? 여기저기 빚투성이고 돈이라곤 푼돈도 없대요. 어제 어머님과 아르세니(그녀는 둘째 언니 나딸리의 남편 리보프를 이렇게 부르고 있었다)와 상의해서, 당신과 아르세니가 스찌바에게 이야기하는 수밖에 없다고 결정했어요. 정말 이젠 어떻게 손댈 수도 없을 정도로 곤궁에 빠져 있으니까요. 이 일을 아버님께 여쭐 수도 없고……그러나 만약 당신하고 아르세니가 어떻게 말해 주신다면……."

"하지만 우리가 무엇을 할 수 있지?" 레빈이 말했다.

"아무튼 아르세니에게 가서 그분과 상의를 해보세요. 그분이 당신에게 우리 결정을 말씀하실 테니."

"그래, 아르세니 말이라면 상의할 것도 없이 찬성이야. 그럼 그에게도 들르지. 아, 만약 음악회에 가게 되면 나는 나딸리와 함께 가겠어. 그럼 다녀올게."

레빈이 입구 층층대로 나갔을 때, 독신시절부터 그를 섬겼고 지금은 도시에서의 집안 살림을 맡은 노복 꾸지마가 그를 멈추게 했다.

"호한이 말입니다(이것은 시골에서 데려온 왼쪽 멍에 말 이름이었다), 편자를 갈아 주었는데도 계속 절고 있습니다." 그가 말했다. "어떡해야 좋을지요?"

모스끄바로 온 처음 얼마 동안 레빈은 시골에서 데려온 말을 애지중지하며 부리고 있었다. 되도록 좋은 말을 값싸게 부리고 싶었던 것이다. 그러나 막상 자기 말이 고용한 말보다 비용이 더 많이 든다는 것이 드러났다. 그래서 결국 고용한 말을 쓰고 있었다.

"수의사를 부르게. 찰과상을 입었을지도 모르니까."

"그럼, 마님께서 외출하실 때는 어떡하지요?" 꾸지마가 물었다.

보즈드비줸스꼬예 자택에서 시프쎄프 브라죠끄까지 가려면 무거운 삼륜마차에 튼튼한 말 두 필을 달고서 눈이 녹아 질퍽거리는 길을 4베르스따쯤 가야 하며, 거기에 네 시간이나 세워 놓고 그 값으로 5루블이나 치러야 한다는 것을 듣고, 모스끄바 생활 초기에는 깜짝 놀랐으나, 지금은 더 놀랄 것도 없었다. 이제는 그것이 당연하다고 여겨졌다.

"마부에게 두 필을 끌고 오게 해서 그것을 우리 마차에 달도록 해." 그는 말했다.

"알았습니다."

도시환경 덕분으로, 시골에서라면 자신의 굉장한 노고와 주의를 요했을 까다로운 문제를 손쉽게 해결하고, 레빈은 입구 층층대로 나갔다. 그리고 삯마차를 불러 타고 니끼쓰까야 거리로 향했다. 도중에 그는 벌써 돈이니 하는 것은 전혀 생각하지 않고, 그저 사회학을 전공하는 뻬쩨르부르그의 학자와 어떻게 인사를 나누고, 자기 저술에 대해서 어떻게 이야기할 것인지만 궁리하고 있었다.

처음 모스끄바로 옮겨 왔을 때는 시골 사람들이 보기엔 아주 기괴하고 비생산적인, 그러나 불가피하게 여기저기에서 요구되는 지출에 레빈은 몹시 놀랐다. 그러나 지금은 그도 그것에 익숙해져 버렸다. 이 점에서 그의 경험은 흡사 흔히 이야기하는 주정꾼의 그것과 똑같았다. 첫 잔은 말뚝처럼 목에 걸리고, 두 잔째는 매처럼 날아오르며, 석 잔째는 조그마한 새들처럼 날아가 버리는 것이었다. 하인과 문지기의 정복 값으로 100루블 수표를 처음 현금으로 바꿨을 때 레빈은 자기도 모르게 이렇게 생각했다. 누구에게도 필요해 보이지 않는 정복쯤은, 그런 것은 없어도 괜찮을 거라고 은근히 비추었을 때 공작부인과 끼찌가 놀라는 것으로 미루어 보아 역시 꼭 필요한 것이겠지만, 아무리 그래도 이 정복 두 벌은 꼭 여름 노동자 두 명분의 품삯과 맞먹는다. 말하자면 부활제부터 사육제까지 약 300일 동안 매일매일 아침 일찍부터 밤늦게까지 이어지는 노동과 맞먹는 것이다. 이 100루블 수표는 말뚝처럼 목에 걸렸다가 넘어갔다. 그러나 그 다음에 일가붙이를 위한 정찬 식료품을 사고 28루블을 지급하기 위해 100루블짜리 수표를 환전했을 때는, 확실히 28루블이라는 돈은 많은 사람이 땀을 뻘뻘 흘리고 끙끙거리면서 베고, 묶고, 마당질을 하고, 부치고, 까부르고, 자루에 넣어 겨우 만들어지는 9체뜨베르찌 귀리에 상당한다는 연상을 불러일으키기는 했으나 처음보다는 손쉽게 지나갔다. 그리고 지금은 이미 매일같이 수표를 교환해도 그런 연상은 조금도 떠오르지 않고 마치 조그마한 새들처럼 훨훨 날아가 버렸다. 돈을 벌기 위해서 치른 노력이, 그 돈으로 사들인 것이 주는 만족과 서로 어울리는가 어떤가 하는 생각은 벌써 오래전에 어딘가로 사라지고 없었다. 이 곡식을 그 이하 값으로는 팔 수 없다는 경영상의 회계조차 잊고 있었다. 그가 오랫동안 값을 유지해 왔던 호밀도 한 달 전 시세보다 1체뜨베르찌당 50코페이카나 싼 헐값으로 팔렸다. 1년 동안 이러한 지출을 계속하다간 빚을 지지 않고는 살기 어렵다는 계산조차 더는 아무런 의미도 지니지 않았다. 필요한 것은 오직 한 가지였다. 내일 살 쇠고기 값을 걱정하지 않도록 출처에 상관없이 은행에 돈이 있기만 하면 되는 것이었다. 그리고 지금까지는 아무 문제가 없었다. 언제나 은행에 돈이 있었기 때문이다. 하지만 결국 은행 돈도 다 바닥이 났다. 게다가 또 그는 어디에서 돈을 마련해야 할지 생각나지 않았다. 그래서 끼찌가 돈 이야기를 했을 때 이 문제가 잠시 그의 마음을 어지럽혔다. 그러나 그에게는 그 문제를 생각하고 있을 겨를이 없었다. 그는 마차를 타고 가며 까따바소프와 곧 이루어질 메뜨로프와의 만남을 기대했다.

3

레빈은 이번에 모스끄바에 와서, 결혼하고서 만나지 못했던 대학시절 동창 까따바소프 교수와 다시 친근하게 오가고 있었다. 그는 까따바소프가 명쾌하고도 단순한 인생관의 소유자인 것이 마음에 들었다. 레빈은 까따바소프의 명쾌함이 그의 타고난 본성의 빈약함에서 비롯된 것으로 느꼈으며 까따바소프는 그 나름대로 레빈의 사상이 무질서한 것은 지적 훈련 부족 때문이라고 생각했다. 그러나 까따바소프의 명쾌함이 레빈에게는 유쾌했고, 레빈의 미숙하지만 풍부한 사상은 까따바소프에게 유쾌했다. 그래서 그들은 이따금 만나 논쟁을 즐겼다.

레빈은 자기 저술의 한 부분을 까따바소프에게 읽어 주었다. 그는 그것이 마음에 들었다. 어제 어떤 공개 강연 자리에서 두 사람이 만났을 때 까따바소프가 레빈을 보고, 전에 레빈이 높이 평가하던 논문의 저자인 유명한 메뜨로프가 지금 모스끄바에 와 있다는 것, 자기가 레빈의 저술에 대해 이야기를 했더니 그가 굉장한 흥미를 보였다는 것, 메뜨로프가 내일 11시에 자기 집으로 오기로 했으며 레빈과 만나기를 기대하고 있다는 걸 알려 주었다.

"여어, 자네, 아주 발전했는걸. 정말 잘 왔어." 조그마한 객실에서 레빈을 맞으며 까따바소프가 말했다. "벨소리를 듣긴 했지만, 설마 자네가 제시간에 오리라곤 생각도 못했어…… 그건 그렇고, 몬테네그로 형세는 어때? 하여간 천성이 무인이라니깐."

"무언가 진전이 있었나?" 레빈이 물었다.

까따바소프는 간단하게 요즘 전황을 전해 주었다. 그러고 나서 서재로 안내하더니, 키가 크진 않지만 다부지고 인상이 아주 좋은 사내를 그에게 소개했다. 그가 메뜨로프였다. 이야기는 잠시 정치 문제와 이번 사건에 대해서 뻬쩨르부르그의 상층부가 어떻게 관망하고 있는가에 머물렀다. 메뜨로프는 어떤 믿을 만한 출처로부터 들었다며, 이 문제에 대해서 황제와 한 대신이 주고받았다는 이야기를 전했다. 그런데 까따바소프 역시 믿을 만한 소식통에서 황제가 그것과는 전혀 반대되는 이야기를 한 것으로 들었다. 레빈이 그러한 두 가지 말이 다 나올 수 있는 상황을 생각해 내려고 애쓰는 사이에 그 이야기는 끝나고 말았다.

"그렇습니다. 이 사람은 토지에 대한 농민의 자연적 조건이라는 주제로 거의 책 한 권을 썼습니다." 까따바소프가 이어서 말했다. "나는 전문가는 아닙니다만 자연 과학자로서, 이 사람이 인류를 생물학적 법칙에서 벗어난 어떤 것으로 취급하질 않고, 반대로 그 환경에 대한 종속성을 인정하며, 그 종속성 속에서 진보 발달의 법칙을 구하는 점에 흥미를 느꼈습니다."

"굉장히 재미있군요." 메뜨로프는 말했다.

"실은 처음에는 농업에 관한 책을 쓸 생각이었습니다만 농업의 주요 기관인 농민을 연구하는 사이에 저절로." 레빈은 얼굴을 붉히면서 말했다. "전혀 예기치 않은 결과에 이르고 말았습니다."

레빈은 마치 땅바닥을 손으로 더듬어 나가듯 조심스럽게 자기 견해를 말하기 시작했다. 그는 메뜨로프가 일반적으로 인정되는 경제학 학설에 반대하는 논문을 썼던 것은 알고 있었다. 그러나 자기의 새로운 견해에 어느 정도까지 동감할지 분명치 않았고, 또 이 학자의 총명하고 침착한 얼굴빛으로는 그것을 미루어 헤아릴 수 없었다.

"그런데 당신은 어떤 점에서 러시아 농민의 특질을 인정하고 계십니까?" 메뜨로프가 물었다. "이른바 생물학적 특질입니까, 아니면 그들이 처한 조건의 특수성입니까?"

레빈은 이 질문 속에 이미 자기와는 일치하지 않는 사상이 함축되어 있음을 알았다. 그러나 그는 러시아의 농민이 토지에 대해서 다른 국민과는 전혀 다른 견해를 지니고 있다는 점을 논거로 하는 자기 사상을 계속 개진했다. 그리고 이 정의를 입증하기 위해서 얼른, 자기가 본 바로는 러시아 국민의 이러한 견해는 동쪽에 있는 광대무변한 황무지를 개척해야 한다는 것을 스스로 사명으로 자각하는 데서 유래한다고 덧붙였다.

"국민의 일반적인 사명이니 하는 것으로 결론 내리게 되면 오류를 범하기 쉬워집니다." 레빈을 가로막으면서 메뜨로프가 말했다. "농민의 상태는 언제나 토지와 자본에 대한 관계에 따라 좌우되니까요."

메뜨로프는 이제 레빈의 사상을 끝까지 들으려고 하지 않고 자기 학설의 특수한 점을 그 앞에 드러내어 말하기 시작했다.

레빈은 이해하려는 노력조차 하지 않았으므로 그의 학설의 특수성이 무엇인지 이해가 가지 않았다. 그러나 메뜨로프 또한 다른 사람들과 마찬가지로, 경제학자들의 학설을 반박하는 논문을 썼음에도 러시아 농민의 상태를 단순히 자본과 임금과 땅값이라는 견지에서만 보고 있다는 것을 알았다. 물론 메뜨로프도 러시아의 가장 넓은 지역인 동부에서는 여전히 땅값이라는 것이 전혀 없으며, 8천만 러시아 인구의 90% 사람들에게 임금이란 그저 그날그날 충당되는 양식에 불과하다는 것, 또 자본도 가장 원시적인 생산 도구 형태로밖에 달리 존재하지 않는다는 것을 인정치 않을 수 없었다. 그러나 일반적인 경제학자와는 의견이 다르고 임금에 대해 레빈에게 설명했던 것과 같은 자기 나름의 새로운 학설을 갖고 있었음에도, 그도 결국은 오로지 경제적인 견지에서만 농민을 보고 있었다.

레빈은 마지못해 그것을 들으면서 처음엔 이따금 반박을 하기도 했다. 이 이상 떠들어댈 필요가 없도록 그의 이야기를 가로막고 자기 견해를 들려주고 싶었다. 그러나 이윽고 그들 관점이 도저히 서로 이해할 수 없을 정도로 상반됨을 깨닫자 그는 이젠 반박조차 하지 않고 그저 듣기만 했다. 지금은 이미 메뜨로프가 지껄이는 내용에는 추호도 흥미가 없었다. 그런데 막상 그렇게 되자 상대편 말을 듣는 일에서 일종의 만족을 느꼈다. 이 훌륭한 학자가 이렇게까지 즐거워하며, 열심히 레빈의 지식을 신뢰하여 때로는 가벼운 암시만으로 문제의 한 면을 정리하면서 자기 사상을 그 앞에 털어놓고 말한다는 사실이 레빈의 자존심을 기쁘게 했던 것이다. 그는 이것을 자기에게 그만한 가치가 있기 때문이라고 풀이했다. 왜냐하면 메뜨로프가 이미 자기 주위의 사람들을 상대로는 토론거리가 바닥난 터라 새로운 사람의 얼굴만 보면 특히 신바람이 나서 이 문제를 이야기한다는 것, 그리고 본디 자기에게 흥미가 있고 아직 자기 자신에게도 뚜렷하게 설명할 수 없는 문제라면 아무나 붙들고도 말하기 좋아하는 사람이라는 것을 레빈은 알지 못했기 때문이다.

"그건 그렇고 늦겠습니다." 까따바소프는 메뜨로프가 설명을 마치자마자 시계를 보면서 말했다.

"아아, 오늘은 학술 애호협회에서 스빈찌치 탄생 50주년 기념제가 있어." 까따바소프가 레빈에게 말했다. "나도 메뜨로프와 같이 참가하기로 했어. 동물학상 그의 업적에 대해 잠깐 이야기할 거야. 어때, 같이 가겠나? 굉장히 재미있을 거야."

"정말 시간이 다 되었군요." 메뜨로프가 말했다. "당신도 함께 가십시다. 그리고 만약 괜찮으시다면 오는 길에 우리 집에도 들러 주십시오. 나도 당신 저술에 대해 이야기를 끝까지 듣고 싶으니까요."

"아니, 별말씀을 다, 게다가 책은 아직 다 정리되지도 않았는걸요. 그러나 모임에 따라가게 해 주시는 것은 다시없는 기쁨입니다."

"그런데, 자네, 들었나? 나는 다른 의견서를 제출했어." 별실에서 연미복으로 갈아입고 나오면서 까따바소프가 말했다. 그리하여 대학 문제에 대한 이야기가 시작되었다.

대학 문제는 올겨울 모스끄바에서 아주 중대한 사건이었다. 세 사람의 노교수가 교수회의에서 젊은 교수들의 의견을 받아들이지 않자, 젊은 교수들이 독자적인 의견서를 제출한 것이다. 일부의 비평을 따르면 그 의견서는 터무니없었고, 다른 사람들의 견해에 따르면 그것은 지극히 간단하고 정당한 의견이었다. 그리하여 교수들은 두 파로 분열되고 말았다.

까따바소프가 속해 있던 일파는 반대파를 비열한 밀고와 기만의 집단으로 보았고, 반대파는 그들대로 상대편 권위에 대한 불손과 경솔함을 비난했다. 레빈은 대학과 관계는 없지만 모스끄바에 온 뒤로 벌써 몇 번이나 이 사건에 대해 듣고 이야기했기 때문에 그 문제에 대해서는 자기 나름의 의견도 있었다. 세 사람의 대화는 한길로 나와 오래된 대학 건물에 닿을 때까지 계속되었다.

모임은 벌써 시작되어 있었다. 까따바소프와 메뜨로프가 자리 잡은 두꺼운 모직물로 덮인 탁자에는 여섯 사람이 앉아 있었다. 그중 한 사람은 원고 위로 몸을 들러 붙이듯이 구부리고 무엇인가를 한창 읽고 있었다. 레빈은 탁자 주위에 놓인 빈 의자 하나에 걸터앉아서 옆에 있는 대학생에게 무엇을 읽고 있는가를 나지막한 목소리로 물었다. 대학생은 불만스러운 눈빛으로 레빈을 돌아보았다.

"전기(傳記)예요."

레빈은 학자의 전기에는 관심이 없었으나 무심코 듣는 사이에 유명한 학자의 생애에 대한 몇 가지 흥미 있는 새로운 사실을 알게 되었다. 낭독자가 그것을 다 읽고 나자 사회자는 그에게 감사를 표하고 이어서 이 50년제를 위해서 시인 멘뜨가 보내온 시를 몇 편 낭독하고 나서, 다시 시인에 대한 감사의 말을 늘어놓았다. 그다음에 까따바소프가 크고 쩌렁쩌렁한 목소리로 고인의 학술 업적에 관한 자신의 원고를 낭독했다.

까따바소프가 다 읽고 났을 때 레빈은 시계를 보고 벌써 1시가 지났음을 알았다. 음악회에 가기 전까지 이제 도저히 메뜨로프에게 자기 원고를 읽어 줄 틈이 없다고 생각했다. 게다가 지금은 이미 그러고 싶은 생각도 들지 않았다. 낭독하는 사이에도 그는 여전히 아까의 대화를 생각하고 있었다. 이제 그는 설사 메뜨로프의 사상에 의미가 있다 하더라도 자기 사상에도 역시 의미가 있다는 것, 그러므로 서로 사상을 해명하고 어떤 성과를 얻으려면 각자 자기가 선택한 길에서 연구를 계속해야 하며, 단순한 사상의 교환으로는 아무것도 생겨나지 않는다는 것을 뚜렷이 알게 되었다. 그래서 메뜨로프의 초대를 거절하려고 결심한 레빈은 모임이 끝나자 메뜨로프에게 다가갔다. 메뜨로프는 때마침 정치상의 새로운 사건에 대해서 이야기하고 있던 사회자에게 레빈을 소개했다. 이때 메뜨로프는 아까 레빈에게 이야기했던 것과 똑같은 것을 사회자에게 들려주었다. 그래서 레빈도 오늘 아침에 이야기한 것과 똑같은 것을 논술했으나, 변화를 주기 위해서 마침 머릿속에 떠오른 새로운 생각까지도 함께 덧붙였다. 그 뒤에 다시 대학 문제에 대한 이야기가 시작되었다. 레빈은 이미 전부 들었으므로, 유감스럽긴 하지만 그의 초대에 응할 수 없다는 것을 메뜨로프에게 황급히 알리고 작별을 고하고서 리보프의 집으로 마차를 몰았다.

4

끼찌의 언니인 나딸리와 결혼한 리보프는 평생을 수도인 뻬쩨르부르그와 모스끄바 및 외국에서 보냈고 교육도 외국에서 받았으며 외교관으로도 근무하고 있었다.

그런데 지난해 그는 달리 불미스러운 일이 있었던 것도 아닌데(그는 누구와도 결코 문제를 일으킨 적이 없었다) 외교관직에서 물러나 모스끄바 궁내부로 전근했다. 두 아들에게 될 수 있는 대로 훌륭한 교육을 해주기 위해서였다. 습관이나 견해에 있어서 두 사람은 극도로 상반되고, 또한 리보프가 레빈보다 훨씬 나이가 많은데도, 그들은 이 겨울 동안에 아주 친해져서 서로 좋아하고 있었다.

리보프는 집에 있었다. 그래서 레빈은 거침없이 그의 방으로 들어갔다. 리보프는 벨트가 달린 실내용 프록코트에 스웨드 구두를 신고 안락의자에 앉아, 아름다운 손으로 반쯤 재가 된 궐련을 조심스럽게 몸에서 멀찍이 비껴들고 푸른 유리알 코안경 너머로 독서대에 세운 책을 읽고 있었다.

반짝반짝 빛나는 은빛 고수머리가 한결 명문 출신다운 면모를 더해 주고 있어 아름답고 화사한, 아직은 젊은 그의 얼굴이 레빈을 보자 갑자기 미소로 빛났다.

"아니, 이거 잘됐군! 그렇지 않아도 지금 당신에게 심부름꾼을 보내려고 마음먹은 참이었어요. 그래 어때요, 끼찌는? 자, 이리 앉으세요. 이쪽이 더 편하니까……." 그는 일어서서 흔들의자를 밀었다. "뻬쩨르부르그 신문에 실린 최신 통고를 보셨어요? 난 훌륭하다고 생각합니다만." 그는 약간 프랑스 악센트로 말했다.

레빈은 까따바소프에게 들은 뻬쩨르부르그 상층부 견해라는 것을 전하고 정치에 관한 이야기를 조금 하고 나서, 메뜨로프와 지기가 되어 기념회에 참석한 얘기를 했다. 그것은 리보프의 흥미를 크게 끌었다.

"바로 그거예요, 내가 당신을 부러워하는 것은. 당신은 그러한 흥미 있는 학자의 세계로 거침없이 들어갈 수 있으니 말이에요." 그가 말했다. 그러고는 이내 여느 때처럼 자기에게 익숙한 프랑스어로 말을 바꿨다. "정말 내게는 그럴 시간이 없거든요. 근무라든가 아이들 뒷바라지에 완전히 시간을 빼앗기고 있어서 말입니다. 게다가 나는 부끄럽게도 교양이 너무나도 모자라서 말이에요."

"그럴 리 있습니까." 레빈이 웃으면서 말했다. 겸손한 인간으로 보이고 싶다든가 겸손한 척해야겠다는 겉치레가 아니고 완전히 마음속에서 우러나온 리보프의 겸허함에 여느 때처럼 감동하면서.

"아니, 정말입니다. 요즘 들어 특히 교양의 부족을 뼈저리게 느끼고 있어요. 아이들을 가르치기 위해 난 다시 복습하거나 처음부터 새로 배워야 할 정도예요. 교육도 교사만으론 부족해서 꼭 감독자가 필요하잖아요. 마치 댁 농사에 농부와 감독이 필요하듯 말입니다. 그래서 지금도 나는 이러한 것을 읽고 있어요." 이렇게 말하면서 그는 독서대에 놓여 있는 부슬라예프의 문법책을 가리켰다. "미쉬아를 위해 읽어 줘야 해서요. 그런데 이게 또 무척 어렵군요…… 이 대목을 좀 설명해 주지 않겠어요? 여기 이런 말이 있는데요……"

레빈은 그런 것은 이해할 수 없으니 그냥 외우는 수밖에 없다고 말하려고 했으나 리보프는 들어주지 않았다.

"아아, 역시, 당신은 날 놀리고 계시군요!"

"그럴 리가요, 당신은 잘 모르실지 몰라도, 난 당신을 볼 때마다 늘 앞으로 내가 해야 할 내 일…… 즉 아이들 교육법에 대해서 배우고 있는 걸요."

"뭐, 교육법이랄 것도 없어요." 리보프가 말했다.

"아무튼 내가 아는 것은." 레빈이 말했다. "당신 아이들만큼 잘 교육된 아이들을 본 적이 없고, 내 아이들도 이렇게만 된다면 더 바랄 게 없다는 것뿐입니다."

리보프는 기쁨을 겉으로 나타내지 않으려 애썼으나 결국 환하게 미소 짓고 말았다.

"그저 나보다 잘 자라기만을 바랄 뿐이죠. 그리고 당신은 아직 잘 모르실 테지만." 그는 말하기 시작했다. "우리 아이들처럼 외국 생활 때문에 제멋대로인 아이들을 가르치는 것은 무척 힘든 일이에요."

"그런 것은 금방 만회할 수 있을 겁니다. 아무튼 아이들 모두 재주가 있으니까요. 중요한 것은 덕성 교육이에요. 그것이 곧 내가 댁의 아이들을 볼 때마다 가르침을 받는 점입니다."

"덕성 교육이라고 말은 쉽게 하시지만, 그것이 얼마나 어려운지는 상상도 못할 겁니다. 가까스로 한쪽을 이겨 내었는가 하면 어느새 다른 쪽이 고개를 쳐들고 나와, 또다시 싸움을 벌여야 하니 말씀이에요. 만일 종교의 도움이 없었다면, 이 문제는 전에도 말한 적이 있죠. 정말 이 도움이 없다면 어떤 아버지도 자기 힘만으로 아이들을 양육할 수는 없을 거예요."

언제나 레빈에게는 흥미로운 이 화제는 마침 외출 준비를 하고 들어온 아름다운 나딸리 알렉산드로브나 때문에 중단되었다.

"어머, 당신이 와 계신 줄은 전혀 몰랐어요." 그녀는 오래전부터 싫증이 날만큼 들어 온 교육 이야기를 방해한 것을 조금도 유감스럽게 여기지 않을뿐더러 오히려 기뻐하는 듯한 어조로 말했다. "끼찌는 어때요? 나는 오늘 댁에서 만찬을 할 생각이에요. 그건 그렇고 아르세니." 그녀는 남편 쪽으로 얼굴을 돌렸다. "당신은 마차로 가시겠죠……."

그렇게 부부 사이에 오늘 하루를 어떻게 지낼 것인가 하는 의논이 시작되었다. 남편은 직무상 일로 누군가를 만나러 가야 했고, 아내는 음악회와 남동(南東)위원회의 회의에 나가야 했기 때문에 이리저리 생각해서 결정해야 했다. 레빈도 가족 한 사람으로서 그 의논에 동참해야 했다. 결국 레빈과 나딸리가 마차로 음악회에 가고 거기에서 사무소에 있는 아르세니에게 마차를 보내면, 그는 그것을 타고 아내에게 들렀다가 그녀를 끼찌에게 데려다 준다. 그러나 만약 그의 일이 덜 끝났으면 마차를 되돌려보내, 레빈이 나딸리와 함께 가기로 했다.

"정말이지 이 사람은 나한테 너무 관대해." 리보프가 아내에게 말했다. "우리 애들이 아주 훌륭하다고 칭찬해 주니 말이야. 그렇게 결점투성인데도."

"아르세니는 아무튼 극단적이라니까요. 언제나 하는 말이지만." 아내가 말했다. "완벽을 바라면 평생 만족할 수 있을 리가 없잖아요. 아버지께서 곧잘 정곡을 찌르는 말씀을 하셨어요. 이것도 극단이지만, 우리가 자랄 무렵엔 아이들은 다락방에 처박히고 부모가 넓은 2층에서 살고 있었는데, 지금은 아주 반대로 부모가 골방에 있고 자식들이 2층에서 태평하게 살고 있다고요. 요즘 부모들은 자기 삶을 누리기보다 그저 무엇이든 자식들을 위해 헌신하니까 말이에요."

"그러나 그것이 기쁘다면 그걸로 충분한 것 아닌가?" 리보프는 아름다운 미소를 짓고 아내 손을 만지면서 말했다. "모르는 사람이 들으면 당신을 친어머니가 아니라 계모라고 생각하겠군."

"아녜요, 무슨 일에나 극단적인 건 좋지 않아요." 나딸리는 남편의 페이퍼나이프를 정해진 자리에 놓으면서 태연하게 말했다.

"자, 이리 오렴, 우리 훌륭한 아이들!" 리보프는 때마침 들어온 아름다운 사내아이 두 명을 보고 말했다. 그들은 레빈에게 인사하고 나서 무엇인가 묻고 싶은 것이 있는 듯 아버지에게 다가갔다.

레빈은 그들과 이야기도 나누고, 또 그들이 아버지에게 이야기하는 것을 듣고 싶었다. 그러나 공교롭게도 나딸리가 먼저 그들에게 말을 건넨데다가 때마침 리보프의 동료인 마호쩐이 그와 함께 누군가를 만나러 가기 위해서 궁내관 제복 차림으로 방 안으로 들어왔기 때문에, 갑자기 이야기는 헤르쩨고비나의 일이며 꼬르진스까야 공작 영애의 일이며, 의회니 아쁘락시나 부인의 뜻밖의 죽음에 관한 것들로 줄기차게 바뀌어 버렸다.

레빈은 아내가 부탁한 용건을 까마득히 잊고 있었다. 그는 현관으로 나와서야 겨우 그것을 생각해 냈다.

"아아, 참, 끼찌가 오블론스끼의 문제에 대해서 당신들과 의논해 달라고 하더군요." 레빈은, 아내와 그를 배웅하러 나온 리보프가 계단에 멈췄을 때 말했다.

"그래, 그래, 어머님은 우리 '동서들'이 그를 혼내주기를 바라고 계시지." 그는 얼굴을 붉히고 미소를 지으면서 말했다. "하지만 어째서 나 같은 사람이?"

"그럼 내가 그 사람을 혼내겠어요." 하얀 개털 가죽 망토를 입은 리보프 부인이 대화가 끝나기를 기다리다 웃으며 말했다.

"자, 가요."

5

낮 음악회에서는 굉장히 흥미로운 두 곡이 연주되었다.

하나는 환상곡 '광야의 리어 왕', 또 하나는 바흐를 기념하는 '4부 합주곡'이었다. 둘 다 새로운 경향의 신작이었으므로 레빈은 그것에 대한 자기 의견을 정리해 두고 싶었다. 그래서 처형을 그녀 자리로 안내하고 그는 둥근 기둥 옆에 서서 될 수 있는 대로 충실하고 열심히 들으리라 마음먹었다. 그는 모처럼 음악에 쏠린 주의를 언제나 흐트러뜨리는 흰 넥타이를 맨 지휘자가 어지럽게 휘둘러 대는 손놀림이며, 음악회에 오면서 굳이 귀를 리본으로 싸고 모자를 쓴 귀부인들, 아무것에도 흥미가 없어 보이거나 아니면 모든 것에 흥미가 있는데 단지 음악에만 관심 없는 청중들 얼굴에는 눈길도 주지 않고, 오직 주의력을 잃거나 인상을 망그러뜨리지 않으려고 애를 썼다. 그는 음악에 조예가 깊은 사람이나 요설가와의 만남을 피하려 애쓰면서 거기에 서서 발밑을 내려다보며 가만히 귀를 기울였다.

그러나 리어 왕의 환상곡에 귀를 기울이면 기울일수록 그는 어떤 일정한 의견을 바로 세우는 일이 점점 어려워짐을 느꼈다. 감정의 음악적 표현이 끊임없이 모양을 이루는 것 같다가도 이내 그것이 다른 음악적 표현의 새로운 단서가 되든가, 때론 그저 작곡가 변덕으로밖에 여겨지지 않는, 아무 맥락도 없지만 굉장히 복잡한 음향이 되어 산산히 흩어지는 것이었다. 이러한 음악 표현의 조각들은 아름다웠으나 대체로 불쾌했다. 아무런 마음의 준비도 할 수 없게 느닷없이 나타나는 바람에 너무나도 매력이 없었기 때문이다. 쾌활함, 우수, 절망, 부드러움, 환희니 하는 것이 마치 미치광이 감정처럼 개연성없이 번갈아 가며 나타났고, 그러한 감정 역시 미치광이 경우처럼 느닷없이 어딘가로 사라져 버렸다.

레빈은 이 연주를 듣는 동안 마치 춤을 보는 귀머거리 같은 느낌을 경험했다. 연주가 끝났을 때는 완전히 여우에 홀린 것 같았다. 신경을 곤두세우고 들었지만 아무것도 보상받지 못하자 굉장한 피로를 느꼈다. 사방에서 요란한 박수소리가 들렸다. 사람들이 일어서서 걷고 지껄이기 시작했다. 다른 사람의 감상을 듣고 자기 의혹을 풀어야겠다고 마음먹은 레빈은 음악 전문가를 찾아나섰다. 그리고 반갑게도 전부터 안면이 있는 뻬쏘프와 이야기를 나누는 저명한 음악 전문가 한 사람을 발견했다.

"정말 경탄할 만하군요!" 뻬쏘프의 중후한 저음이 말했다. "오오, 안녕하세요, 레빈. 특히 코델리아가 다가오는 것이 느껴지는 곳, 그 영원한 여성(das ewige Weibliche)이 운명과의 싸움으로 들어서는 부분은 매우 생생해서, 말하자면 조형적이고 색채도 참으로 풍부하더군요. 그렇잖아요?"

"그런데 거기에 왜 코델리아가 나오죠?" 환상곡이 광야의 리어 왕을 그린 것임을 까마득히 잊고 레빈은 주뼛거리며 물었다.

"코델리아가 나오는 건…… 자, 이걸 보세요!" 뻬쏘프는 손에 들고 있던 반질

반질한 프로그램을 손가락으로 두드리면서 레빈에게 건넸다.

그제야 비로소 레빈은 환상곡의 표제를 생각해 내고 얼른 프로그램 뒤에 인쇄된 러시아어로 번역된 셰익스피어의 시를 읽었다.

"그것 없이는 도저히 따라갈 수 없다니까요." 뻬쏘프는 이야기 상대가 가 버리자 상대할 사람이 없었기 때문에 레빈에게 얼굴을 돌리며 말했다.

이 막간에 레빈과 뻬쏘프는 바그너파(派)의 음악상 장점과 단점에 대한 논쟁을 벌였다. 레빈은 바그너와 그 후계자들의 오류가 음악을 다른 예술의 영역으로 넓히려는 데 있다고 주장했다. 그것은 마치 회화에 맡겨두면 될 얼굴 묘사를 시로 하려고 할 때 오류에 빠지는 것과 매한가지이며, 또한 받침돌 위에 세운 시인의 상(像) 주위에 피어오르는 시적 영감의 그림자를 대리석으로 새겨내고자 하는 것이다.

"이러한 그림자는 조각으로 표현할 수 없습니다. 그런 것은 받침돌 주위에나 달라붙어 있을 뿐이니까요." 레빈은 이렇게 말했다. 그는 이 문구가 마음에 들었다. 그러나 전에도 이와 똑같은 말을 바로 뻬쏘프에게 하지 않았던가 하는 의혹이 들었으므로 그것을 입 밖에 낸 순간 갑자기 당황하고 말았다.

뻬쏘프는 예술은 본디 하나이며, 온갖 종류의 예술이 하나로 융합된 경우에만 그 최고 표현에 도달할 수 있다고 주장했다.

레빈은 다음 곡을 전혀 들을 수 없었다. 뻬쏘프가 그의 옆에 딱 들러붙어 줄곧 그에게 말을 걸면서, 그 곡의 지나치게 달곰하고 단순한 점을 회화에서 라파엘 전파(前派)의 단순함과 비교하면서 끝없이 비판했기 때문이었다. 홀을 나와서도 레빈은 또 많은 지기를 만나 정치며 음악, 공통 친지들에 관한 이야기를 나눴다. 그 사이에 그는 방문하는 것을 까맣게 잊고 있던 볼리 백작도 만났다.

"그럼 이길로 다녀오세요." 나딸리는 그에게서 그 이야기를 듣고 말했다. "그리고 혹시 문전박대당하면 나를 데리러 공회(公會) 쪽으로 와 주세요. 아직 시간은 넉넉할 테니까요."

6

"혹시 방문 시간이 지나진 않았나?" 레빈은 볼리 백작의 현관으로 들어가면서 말했다.

"아닙니다. 어서 오십시오." 주저 없이 그의 외투를 벗기면서 문지기가 말했다.

'정말이지, 이게 뭐람.' 레빈은 한숨과 함께 한쪽 장갑을 벗고 모자를 고쳐 들면서 생각했다. '그런데 난 뭣 때문에 또 왔을까? 이 집 사람들과 도대체 무슨 이야기를 하라는 거야?'

객실 들머리를 질러 지나간 레빈은 문가에서 자못 걱정스럽고 엄격한 얼굴로 하인에게 무엇인가를 지시하고 있던 볼리 백작부인을 만났다. 레빈을 보자 그녀는 방긋 웃고 누군가의 목소리가 새어 나오는 조그마한 객실로 그를 안내했다. 거기에는 백작의 두 딸과 레빈도 안면이 있는 모스끄바의 대령이 안락의자에 앉아 있었다. 레빈은 그들에게 다가가 인사를 하고 모자를 무릎 위에 놓으면서 소파 옆의 의자에 앉았다.

"부인은 어떠세요? 당신은 음악회에 가셨죠? 우린 못 갔어요. 어머님이 추도식에 가셔야 했거든요."

"네, 들었습니다...... 정말 갑작스러운 일이었어요." 레빈이 말했다.

백작부인이 들어와서 긴 의자에 앉아, 마찬가지로 아내와 음악회에 대해서 물었다. 레빈은 그 물음에 대답하고 다시 아쁘락시나 부인의 뜻밖의 죽음에 대한 이야기를 되풀이했다.

"그러나 그분은 늘 몸이 약한 편이었어요."

"어제 오페라에는 가셨나요?"

"네, 갔습니다."

"루쓰까가 정말 훌륭하더군요."

"네, 정말 훌륭했습니다." 그는 말했다. 그리고 그는 그들이 어떻게 생각하든 전혀 아랑곳없었으므로 그 여가수 기량의 특질에 대해, 그들이 벌써 몇백 번이나 들은 이야기를 되풀이했다. 볼리 백작부인은 귀 기울여 듣는 체하고 있었다. 이윽고 그가 실컷 떠들고 나서 입을 다물자, 이번엔 그때까지 침묵을 지키고 있던 대령이 지껄이기 시작했다. 대령 역시 오페라와 조명에 대해서 이야기했다. 마지막으로 쥐린의 집에서 열릴 '광기의 파티'에 관한 이야기를 하고, 껄껄 웃으며 한바탕 소란을 피우더니 일어서서 나가 버렸다. 레빈도 역시 일어섰으나 백작부인의 안색을 통해 아직 돌아갈 때가 아님을 알아챘다. 아직 2, 3분은 더 있어야 했다. 그래서 그는 또 주저앉았다. 그러나 그는 이런 상황이 얼마나 어리석은가 하는 생각이 머리에서 떠나지 않았으므로 적당한 화제를 발견할 수 없어 그저 잠자코 있었다.

"당신은 공회에 나가시지 않으세요? 굉장히 재미있다는 이야기를 들었습니다만." 백작부인이 입을 열었다.

"아니요. 하지만 처형을 데리러 가기로 약속했습니다." 레빈은 말했다.

침묵이 찾아들었다. 어머니와 딸들은 또 한 번 눈을 마주쳤다.

'자아, 이젠 괜찮을 것 같군.' 레빈은 생각하며 일어섰다. 부인들은 그와 악수하고 부인에게 안부를 전해 달라고 부탁했다.

문지기는 모피 외투를 건네면서 그에게 물었다.

"실례지만 댁은 어디십니까?" 그러더니 그는 이내 그것을 큼직하고 훌륭한 장부에 적어 넣었다.

'물론 나야 아무래도 상관없지만, 역시 부끄럽고 어리석은 짓이다.' 이렇게 느끼면서 레빈은 누구나 다 하는 일이라고 자신을 위로했다. 그는 처형을 찾아 집으로 함께 가기 위해서 공회장으로 마차를 몰았다.

공회장은 매우 북적거렸으며 상류사회 사람들이 거의 다 모여 있었다. 레빈이 도착했을 때는 개괄 보고가 한창이었는데, 그것은 과연 소문대로 상당히 재미있었다. 보고문 낭독이 끝나자 사람들은 한군데로 모였다. 거기서 레빈은 오늘 밤 농업협회 모임에서 유명한 강연이 있으니 꼭 출석하라고 권한 스비야쥐스끼를 만났다. 그리고 조금 전에 경마장에서 왔다는 오블론스끼와 그 밖의 많은 친지도 만나 공회와 새로운 희곡 이야기, 소송 문제 등에 대한 갖가지 비평을 지껄이기도 하고 또 듣기도 했다. 그런데 아마 자신도 느낄 정도로 주의력이 떨어진 결과였는지, 그는 소송 문제에 대해 이야기하면서 이상한 실수를 했다. 이 실수는 그 뒤에도 끊임없이 머릿속에 떠올라 그를 언짢게 했다. 즉 러시아 재판에서 유죄를 선고받은 외국인에게 가해질 형벌을 논하면서 그들을 국외 추방에 처하는 것이 얼마나 부당한 일인가 이야기하는 사이에, 레빈은 어제 어떤 지기와 이야기하던 중에 얻어들었던 것을 되풀이하고 만 것이었다.

"난 말입니다, 그들을 외국으로 추방하는 것은 마치 꼬치고기를 벌하려고 물속에 놓아주는 것과 똑같은 짓이라고 생각해요." 레빈은 말했다. 그러나 친지에게 들은 말을 마치 자기 의견인 것처럼 입 밖에 낸 그 소리가, 실은 끄릴로프의 우화에서 나온 것이고, 그 친지도 그것을 신문의 사설란에서 주워 옮긴 것임을 나중에야 생각해 낸 것이었다.

레빈은 처형과 함께 집에 돌아와 끼찌가 쾌활하고 무탈한 것을 확인하고, 클럽으로 마차를 달렸다.

7

레빈은 딱 알맞은 시간에 클럽에 도착했다. 내빈과 회원들이 마차를 타고 들이닥칠 때였다. 레빈은 아주 오랫동안, 그가 대학을 나온 직후 모스끄바에 살면서 사교계에 출입하던 시절 이후로는 쭉 클럽에 발을 들여놓은 적이 없었다. 그는 클럽의 외관을 자세히 기억하고 있었으나 일찍이 여기서 맛보던 인상은 완전히 잊고 있었다. 그러나 널따란 반원형 뜰로 들어간 삯마차에서 그가 내려 현관 층층대에 발을 딛자 나비넥타이를 맨 문지기가 소리도 없이 문을 열어 그를 맞아 공손하게 고개를 숙였을 때, 위층으로 가져가는 것보다 아래층에 벗어 놓고 가는 편이 덜 귀찮다고 해서 회원들이 벗어 놓고 간 덧신과 모피 외투를 그가 대기실에서 발견했을 때, 또 그의 도착을 알리는 신비로운 벨소리를 듣고 융단이 깔린 완만한 계단을 올라가면서 층계참에 서 있는 조각상을 보았을 때, 위층 문간에서 서두르지도 어물거리지도 않고 문을 열며 손님을 돌아보는 클럽 제복 차림의 낯익은 늙은이인 세 번째 문지기를 만났을 때, 먼 옛날 클럽의 인상 즉 휴식과 만족과 우아함의 인상이 별안간 레빈을 사로잡았다.

"저, 모자를 주시죠." 문지기는 모자를 대기실에 두고 가야 하는 클럽 규칙을 잊고 있던 레빈에게 말했다. "참 오래간만입니다. 공작께서 어제 당신의 성함을 써넣으셨습니다. 오블론스끼 공작은 아직 안 보이십니다."

문지기는 비단 레빈뿐만 아니라 그의 교우상대나 일가친척들까지 모두 알고 있었으므로 이내 그와 가까운 사람들 이름을 언급했다.

칸막이를 두른 통로용 홀과 오른쪽에 칸막이벽을 세워 과일을 마련해 둔 방을 지나가면서, 레빈은 앞에서 느릿느릿 걸어가는 늙은이를 앞질러 많은 사람이 떠드는 식당으로 들어갔다.

그는 손님들을 둘러보며 거의 꽉 들어찬 탁자를 따라서 걸었다. 여기저기에서 늙은이, 젊은이, 겨우 안면이 있는 사람, 가까운 사람을 포함한 온갖 사람들의 모습이 보였다. 노한 얼굴이나 걱정스러운 얼굴은 단 한 명도 없었다. 마치 모두가 걱정과 근심마저 모자와 함께 대기실에 맡겨 두고 유연히 물질생활의 행복을 향락하려는 것처럼 보였다. 거기에는 스비야쥐스끼도, 쉬체르바스끼도 네베도프스끼도 노 공작도, 브론스끼도 꼬즈느이쉐프도 있었다.

"아아, 어째서 늦었나?" 공작은 미소를 띠고 어깨너머로 손을 내밀면서 말했다. "끼찌는 어떤가?" 그는 조끼 단춧구멍에 꽂은 냅킨을 바로잡으며 덧붙였다.

"괜찮습니다. 건강해요. 지금쯤은 자매들 셋이 집에서 식사를 하고 있을 겁니다."

"아아, '알리나 나지나' 말이로군. 그런데 여기에는 자리가 없는데, 아아, 저 탁자로 가서 얼른 자리를 잡게." 공작은 이렇게 말하며 탁자로 몸을 돌리고는 조심스럽게 괴도라치*¹ 수프가 든 접시를 받아 들었다.

"레빈, 이리 오십시오!" 조금 떨어진 저쪽에서 친절한 목소리가 들렸다. 뚜로프쯔인이었다. 그는 젊은 군인과 함께 앉아 있었고 그 옆엔 의자 두 개가 반대쪽으로 놓여 있었다. 레빈은 기꺼이 그들에게 다가갔다. 그는 평소 이 선량한 도락가인 뚜로프쯔인을 좋아했으며, 그는 끼찌에게 청혼을 했을 때의 추억도 연결되어 있었다. 더욱이 오늘처럼 긴장되고 고답적인 대화를 나누고 나서는 선량한 뚜로프쯔인 얼굴이 유달리 반가웠다.

"여긴 당신과 오블론스끼를 위해서 잡아 둔 자리입니다. 그분도 곧 올 겁니다."

언제나 웃는 듯한 쾌활한 눈매로 몸을 꼿꼿하게 세운 군인은 뻬쩨르부르그에 사는 가긴이었다. 뚜로프쯔인이 두 사람을 소개했다.

"오블론스끼는 언제나 늦군요."

"아, 저기 왔습니다."

"자네도 지금 막 왔나?" 성큼성큼 그들에게 다가오면서 오블론스끼가 말했다. "잘 왔어. 보드까는 마셨나? 그래, 그럼 가지."

레빈은 일어나 그와 함께 보드까와 온갖 안주가 늘어서 있는 커다란 탁자 쪽으로 걸어갔다. 스무 가지나 되는 안주 가운데 좋아하는 것을 고르는 방식 같았으나 오블론스끼는 무엇인가 특별한 것을 주문했다. 그러자 서 있던 제복 차림의 급사가 냉큼 주문한 것을 가져왔다. 두 사람은 보드까를 한 잔씩 들이

---

*¹ 장갱잇과의 바닷물고기.

켜고 자리로 돌아왔다.

생선 수프를 다 먹자마자 가긴이 샴페인을 주문하여 그것을 컵 네 개에 따르도록 명령했다. 레빈은 권하는 술을 사양하기는커녕 다른 병을 추가로 주문했다. 그는 몹시 시장하였으므로 실컷 먹고 마셨다. 가장 만족스러운 것은 이들의 즐겁고 허물없는 이야기였다. 가긴은 목소리를 낮추고 뻬쩨르부르그의 새로운 일화를 소개했다. 그 일화는 좀 점잖지 못하고 바보스러운 것이었으나 너무나 우스웠으므로 레빈은 가까이 있는 사람들이 휙 돌아볼 만큼 큰 소리로 웃었다.

"그것과 비슷한 이야기로 '난 도저히 참을 수가 없다'는 것이 있는데 말이야, 자넨 알고 있나?" 오블론스끼가 물었다. "이야, 정말 재미있어. 이봐, 한 병 더 줘." 그는 급사에게 명령하고 나서 말하기 시작했다.

"뾰뜨르 일리이치 비노프스끼께서 보내는 것입니다." 늙은 급사가 반짝반짝 빛나는 샴페인이 담긴 얇은 컵을 두 개 들고 와서 오블론스끼의 이야기를 가로막듯이 그와 레빈에게 말했다. 오블론스끼는 컵을 받고, 탁자 저쪽 끝에 있던 머리가 벗어진 붉은 수염의 사나이와 눈짓을 교환하고 싱글벙글하며 머리를 끄덕여 보였다.

"저 사람은 누구야?" 레빈이 물었다.

"자네도 언젠 한번 우리 집에서 만난 적이 있는데. 기억 못 하나? 좋은 친구야!"

레빈도 오블론스끼를 따라서 컵을 높이 들었다.

오블론스끼의 일화도 마찬가지로 매우 재미있었다. 레빈도 자기 일화를 이야기해서 모두를 즐겁게 했다. 이윽고 대화는 말에 대한 것, 오늘 낮의 경마에 대한 것, 브론스끼의 말 아뜰라스가 용맹스럽게 1등상을 탄 것으로 옮겨 갔다. 레빈은 어떻게 식사를 끝마쳤는지도 모를 정도였다.

"아아, 호랑이도 제 말하면 온다더니!" 식사가 끝날 무렵, 오블론스끼는 의자 등 너머로 몸을 젖히고, 키가 훤칠한 근위 대령과 함께 다가온 브론스끼에게 손을 내밀면서 말했다.

브론스끼 얼굴에도 역시 클럽에 공통된 즐거움과 명랑함이 빛나고 있었다. 그는 쾌활하게 오블론스끼 어깨에 팔꿈치를 짚고 무엇인가를 소곤거리고 나서 역시 즐거운 미소를 띠며 레빈에게도 손을 내밀었다.

"이렇게 다시 뵙게 되어 아주 반갑습니다." 그가 말했다. "그때 선거장에서 당신을 찾았습니다만 벌써 떠나셨다고 하더군요."

"네, 그날 바로 떠났었습니다. 우리는 지금 막 당신의 말 이야기를 하던 참이었습니다. 축하합니다." 레빈이 말했다. "굉장한 속력이었다고요."

"댁에서도 말을 기르고 계시지요."

"아뇨, 아버님께서 기르셨고, 난 그저 조금 기억하는 정도에 지나지 않습니다."

"자넨 어디에서 식사했나?" 오블론스끼가 물었다.

"기둥 뒤 두 번째 탁자에서야."

"이 사람을 위해서 축배를 들었지." 키가 큰 대령이 말했다. "아무튼 두 번째 황제상이니까 말이야. 이 사람이 말로 얻은 행운을 나도 카드로 얻을 수 있으면 좋을 텐데…… 자, 귀중한 시간을 헛되이 보내고 있을 순 없지. 어디 지옥으로나 한번 가 볼까." 대령은 이렇게 말하고 탁자에서 멀어져 갔다.

"저 사람이 야쉬빈이에요." 브론스끼가 뚜로프쯔인에게 말하며 그들 옆 빈자리에 앉았다. 그는 권하는 잔을 들이켜고는 또다시 한 병을 청했다. 클럽 분위기 때문인지 그렇지 않으면 마신 술의 영향인지, 레빈은 혈통이 좋은 말에 관해 브론스끼와 이야기하면서 자기가 이 사내에 대해 아무런 적의도 느껴지지 않음을 기쁘게 여겼다. 그는 이야기하는 동안, 아내가 마리야 보리소브나 공작부인 댁에서 그와 만났다고 이야기했던 것까지 꺼내고 말았다.

"아아, 마리야 보리소브나 공작부인, 그녀는 정말 좋은 분이죠!" 오블론스끼는 이렇게 말하고 그녀에 관한 일화를 이야기하여 일동을 웃겼다. 그중에서도 브론스끼가 얼마나 사람 좋게 껄껄 웃어대는지, 레빈은 그와 완전히 화해한 느낌이 들었을 정도였다.

"그럼 이걸로 끝났나?" 오블론스끼가 일어나 싱글싱글 웃으며 말했다.

"자, 갈까?"

8

식탁을 떠나 걸음을 옮기면서 레빈은 두 팔이 유달리 규칙적이고 가볍게 흔들리는 것을 느꼈다. 그는 가긴과 함께 천장이 높은 방들을 지나 당구장으로 향했다. 그는 큰 홀을 지나갈 때 장인과 마주쳤다.

"그래, 어떤가, 우리의 무위(無爲)의 전당은 마음에 들었나?" 공작은 그의 손을 잡고 말했다. "자아, 슬슬 한번 돌아볼까."

"저도 마침 여기저기 구경 삼아 한번 거닐려던 참이었습니다. 정말 재미있는 곳입니다."

"그래, 자네에겐 흥미롭겠지. 하지만 내 관심사는 자네와 또 달라. 저거 보게, 저기 오는 저런 늙은이를 보면." 공작은 그 노인이 부드러운 장화를 신은 두 발을 비실비실 옮겨 디디면서 그들 쪽으로 걸어오자, 입술이 축 처지고 허리가 굽은 그 회원을 가리키면서 말했다. "자넨 저들이 태어나면서부터 저런 쉴뤼삐끄였다고 생각하겠지."

"쉴리삐끄라뇨?"

"허, 자넨 이 말을 모르는군. 이건 우리 클럽의 은어야. 그 왜, 부활절 달걀 굴리기 알지? 그걸 너무 오랫동안 굴리고 있으면 말캉말캉한 달걀, 즉 쉴뤼삐끄가 되지. 우리도 그와 마찬가지야. 클럽만 쫓아다니다 보면 어느새 쉴뤼삐끄가 되어 버리는 거야. 자넨 웃고 있지만, 우리 나이가 되면 자기가 언제 쉴뤼삐끄가 될지 몰라 걱정하게 되지. 자네, 체첸스끼 공작을 아나?" 공작이 물었다. 레빈은 그의 표정으로 미루어 그가 무엇인가 우스운 얘기를 하려는 것을 알았다.

"아니요, 모릅니다."

"어허, 이런 일도 있나! 체첸스끼 공작은 아주 유명한 인물인데. 아니, 그런 건 어쨌든 좋아. 그는 일 년 내내 당구를 치거든. 3년 전까지는 그도 쉴뤼삐끄와는 거리가 먼 아주 건장한 사람이었어. 다른 사람들을 쉴뤼삐끄라고 부르고 다닐 정도였지. 언젠가 그가 여기에 왔는데 문지기가…… 자네도 알지? 바실리라고, 왜 그 뚱뚱한 녀석 말이야. 대단한 익살꾼이거든. 체첸스끼 공작이 그 녀석에게 이렇게 물었어. '어떤가, 바실리, 오늘은 누구누구 와 있나? 쉴뤼삐끄 패들도 있나?' 그러자 그 녀석이 한다는 말이 이랬다네. '당신이 세 번째입니다.' 정말, 아주 걸작이야."

여기저기에서 마주치는 친지들과 인사를 하고 이야기를 나누면서 레빈과 공작은 모든 방을 보고 돌아다녔다. 큰 홀에는 벌써 몇 개의 탁자가 준비되고 카드놀이 상습자들이 작은 노름판을 벌이고 있었다. 소파가 있는 방에서는 체스를 두었는데, 꼬즈느이쉐프도 거기서 누군가와 이야기하고 있었다. 당구실에는 방 안쪽 소파 옆에 쾌활한 샴페인 패가 모여 있고 그 속에 가긴도 끼어 있었다. 지옥도 들여다보았다. 거기에는 야쉬빈이 벌써 자리 잡은 한 탁자 둘레에 많은 패가 떼를 지어 내기를 하고 있었다. 두 사람은 발소리를 내지 않으려 애쓰면서 어둠침침한 독서실에도 들어가 보았다. 거기에는 갓을 씌운 램프 밑에서 닥치는 대로 잡지를 뒤적거리는 성난 듯한 얼굴의 젊은 사내와 독서에 열중하는 대머리 장군이 앉아 있었다. 두 사람은 또 공작이 지식의 방이라고 부르는 곳에도 들어갔다. 그 방에서는 세 신사가 최근 정치 문제에 대해 열심히 토론하고 있었다.

"공작, 준비되었으니 오시지요." 여기서 카드놀이 패 중 한 사람이 그를 부르자 공작은 가 버렸다. 레빈은 앉아서 잠시 지식인들의 논의에 귀를 기울였으나, 문득 오늘 아침 이야기의 자초지종이 떠올라 갑자기 못 견디게 지루해졌다. 그는 부랴부랴 일어서서 같이 있으면 즐거운 오블론스끼와 뚜로프쯔인을 찾으러 나섰다.

뚜로프쯔인은 큰 컵을 손에 든 채 당구실 높은 소파에 앉아 있었고 오블론스끼는 그 방 먼 구석 문가에서 브론스끼와 무엇인가를 이야기하고 있었다.

"그녀가 지루해하는 것은 아니지만 아무튼 처지가 애매하니까 말이야."

레빈은 이러한 말을 들었으므로 얼른 물러가려고 했다. 그러나 오블론스끼가 그를 불러 세웠다.

"레빈!" 그를 부르는 오블론스끼의 눈에서 레빈은 눈물은 아니지만 뭔가 물기가 어린 것을 알아챘다. 이것은 그가 술을 마셨을 때나 깊이 감동했을 때 볼 수 있는 현상이었다. 지금은 양쪽 다였다. "레빈, 가면 안 돼." 그는 이렇게 말하고 어떠한 일이 있어도 레빈을 놓치지 않겠다는 태도로 그의 팔꿈치께를 꽉 잡았다.

"이 사람은 나의 진실한, 둘도 없다고 해도 좋을 만한 친구야." 그는 브론스끼에게 말했다. "자네도 나에겐 더없이 가깝고 귀중한 사람이지. 그래서 나는 자네들 두 사람이 다정하고 가까운 사이가 되길 바라고, 또 그렇게 되리라는 것을 알고 있어. 왜냐하면 자네들은 둘 다 좋은 사람이니까."

"보아하니 우리는 입맞추지 않을 수 없겠군요." 허심탄회한 농담과 함께 브론스끼가 손을 내밀면서 말했다.

레빈은 그 손을 재빨리 잡고 굳게 쥐면서 말했다. "나는 정말, 정말로 기쁩니다."

"어이 급사, 샴페인 한 병." 오블론스끼가 말했다.

"나도 정말 기쁩니다." 브론스끼도 말했다. 그러나 오블론스끼의 바람과 그들도 서로 희망했지만 그들에겐 이야기할 것이 없었고 두 사람 다 그것을 느꼈다.

"무엇보다 레빈이 안나와 안면이 없다는 게 이상하지 않나?" 오블론스끼가 브론스끼에게 말했다. "그래서 난 꼭 이 친구를 그녀에게 데려갈 생각이야. 가세, 레빈!"

"정말이야?" 브론스끼가 말했다. "그녀가 얼마나 기뻐할까. 난 당장에라도 집으로 돌아가고 싶은데." 그는 덧붙였다. "야쉬빈이 마음에 걸려서 말이야. 그가 게임을 다 끝낼 때까지 여기에 있어 주고 싶어."

"뭐야, 잘 안 돼 가나?"

"요즘 줄곧 잃고만 있어. 게다가 그 친구를 말릴 수 있는 건 나뿐이니까 말이야."

"그럼, 피라미드 게임이나 한판 할까? 레빈, 자네도 하겠지? 좋아, 됐어, 됐어." 오블론스끼가 말했다. "피라미드 준비를 해 주게." 그는 게임 계산자에게 얼굴을 돌렸다.

"벌써 다 준비되어 있습니다." 이미 공을 세모꼴로 배치하고 심심풀이로 빨간 공을 굴리고 있던 게임 계산사가 대답했다.

"그럼 시작하지."

한 판이 끝나고 브론스끼와 레빈은 가긴의 탁자 옆에 앉았다. 레빈은 오블론스끼의 제안으로 승부에 끼었다. 브론스끼는 끊임없이 찾아오는 친지들에게 둘러싸여 탁자 옆에 앉아 있다가 지옥으로 야쉬빈을 보러 가기도 했다. 레빈은 아침의 정신적인 피로가 기분 좋게 풀리는 것을 경험했다. 브론스끼에 대한 적대감의 해소가 그를 기쁘게 했고, 평안과 고상함과 만족스러운 인상도 마음에서 떠나지 않았다.

승부가 끝나자 오블론스끼는 레빈의 팔을 잡았다.

"자, 그럼 어디 안나에게 가 볼까. 지금 곧, 괜찮지? 안나는 집에 있어. 오래 전부터 자넬 데리고 가겠다고 그녀에게 약속했다고. 자넨 오늘 밤 어딜 갈 생각이었나?"

"뭐 별로 갈 데는 없어. 농업협회에 가기로 스비야쥐스끼와 약속을 하긴 했지만 말이야. 어쨌든 좋아, 그럼 갈까." 레빈이 말했다.

"좋아, 가세! 어이, 내 마차가 와 있는지 좀 알아봐 주게." 오블론스끼는 급사를 보고 말했다.

레빈은 탁자로 다가가서 게임에서 잃은 40루블을 지급하고, 문설주 옆에 서 있는 늙은 급사가 신기하게 파악하는 클럽비를 낸 다음, 유난히 두 팔을 크게 흔들면서 홀을 벗어나 출구 쪽으로 나갔다.

9

"오블론스끼님의 마차!" 문지기가 거칠고 낮은 소리로 외쳤다.

마차가 다가오자 두 사람은 올라탔다. 레빈은 마차가 클럽 정문을 벗어날 때까지 불과 몇 분 동안 클럽의 평안과 만족과 더없이 우아한 인상에 취해 있었다. 하지만 마차가 한길로 나와 울퉁불퉁한 길을 요동치며 달리는 것을 온몸으로 느끼면서, 스쳐 지나가는 삯마차 마부의 노한 고함을 듣고, 희미한 불빛에 비치는 선술집과 구멍가게의 빨간 간판을 보자 그 인상은 삽시간에 무너져 버렸다. 그는 자기 행동을 반성하기 시작했고 안나한테 가는 것이 과연 옳은 일인가 스스로 물어 보았다. 끼찌는 뭐라고 말할까? 그러나 오블론스끼는 그에게 생각할 여유를 주지 않았다. 마치 그의 의혹을 헤아리기라도 한 것처럼 정신을 흐트러뜨렸다.

"아아, 나는 정말 기뻐." 그가 말했다. "드디어 자네에게 그녀를 소개할 수 있게 되다니. 돌리도 오래전부터 그걸 바라고 있었어. 리보프도 그녀를 이따금 찾아가지. 내 누이이긴 하지만." 오블론스끼는 말을 이었다. "난 그 애가 훌륭한 여자라는 것을 떳떳하게 말할 수 있어. 자네도 곧 알게 될 거야. 그런데 그녀는 굉장히 괴로운 처지에 빠져 있어. 특히 지금은 더 그래."

"특히 더 그렇다니, 어째서?"

"이혼 문제로 남편과 담판 중이거든. 그도 동의는 하지만, 아들이라는 까다로운 문제가 얽혀 있어서 말이야. 그 때문에 이미 오래전에 해결했어야 할 문제를 벌써 석 달째 질질 끌고 있어. 이혼만 되면 그녀는 곧 브론스끼와 결혼할 거야. 정말 그 '이사야여, 기뻐하라'의 낡은 관습*2처럼 어리석은 일은 없어. 누

─────────

*2 교회 결혼을 말함.

구 하나 믿는 사람도 없는데 그저 인간의 행복이나 방해하고만 있으니 말이야!" 오블론스끼는 자기 생각을 이렇게 표현했다. "어쨌든 그렇게 되면 그들 처지도 나나 자네처럼 분명해질 거야."

"뭐가 문제인데?" 레빈이 물었다.

"아아, 그건 장황하고 지루한 이야기야. 모든 것이 참으로 막연하거든. 그보다 지금 상황은 이래. 그녀는 두 사람 일을 모르는 사람이 없는 이 모스끄바에서 이혼 성립만을 기다리면서 벌써 석 달이나 지냈어. 아무 데도 나가질 않고 여자라고는 돌리 외엔 누구 한 사람 만나지 않고 말이야. 왜냐하면 그녀는 누가 동정으로 찾아주는 것을 바라지 않기 때문이지. 예전에는 그 어리석은 공작 영애 바르바라가 같이 살았었는데 그녀도 창피했는지 떠나 버렸어. 상황이 이러니 만약 다른 여자 같으면 어찌할 바를 몰랐을 거야. 그러나 그녀는, 자네도 보면 알 테지만, 훌륭하게 자기 생활을 하면서 냉정함을 잃지 않고 당당하게 지내고 있어. 왼쪽으로, 교회 앞 골목으로 들어가!" 오블론스끼는 마차 창문 밖으로 몸을 내밀어 소리쳤다.

"에잇, 정말 덥군!" 그는 영하 15도의 추위에도 이미 상당히 풀어헤친 모피 외투 앞자락을 더욱더 열어젖혔다.

"그녀에게는 딸아이가 있잖아. 그 뒷바라지만으로도 아마 바쁘리라고 생각하는데?" 레빈이 말했다.

"자네는 아마 여자란 모두 그저 암컷으로만, '알을 품은 암탉'으로만 생각하는 것 같군." 오블론스끼가 말했다. "여자가 바쁘다고 하면 언제나 아이들 때문이라는 건가. 그야 그녀도 아이는 훌륭하게 기르는 것 같지만, 딸아이 이야기는 한 번도 들은 바 없어. 그녀가 몰두해 있는 일은 첫째로 집필이야. 자네는 비웃고 있지만 그렇게 얕볼 일이 아니야. 그녀는 어린이 책을 쓰고 있어. 누구에게도 말하지 않았지만 나한테는 읽어 주었어. 그래서 내가 그 원고를 보르꾸예프에게 넘겨줬지…… 알지, 그 출판인 말이야…… 그 자신도 작가인 모양이지만. 그랬더니 이 방면을 잘 아는 그가 이것은 걸작이라고 말했어. 그런데 이렇게 말하면 자네는 보통 여류 작가들을 떠올릴 테지? 천만에, 천만에. 그녀는 무엇보다도 먼저 여자야, 심장을 지닌 여자라고. 이제 곧 자네도 알게 되겠지만. 지금 그 집에는 영국인 수양딸과 그 가족이 더부살이하고 있기 때문에 그녀도 몹시 바빠."

"자선사업 같은 건가?"

"자넨 무슨 일이든지 나쁘게만 보려고 하는군. 자선사업이 아닌 진심에서 우러나온 일이야. 그들의 집, 즉 브론스끼 집에는 말이야, 영국인 말 훈련사가 있었는데, 그 사람이 실력 하나는 확실한데 주정뱅이었어. 결국 술독에 빠져서 알코올 중독이 되어 가족이고 뭐고 다 내팽개쳐 버렸지. 그래서 안나가 가끔 찾아가 도와주다가 완전히 정이 들어서, 지금은 온 식구가 그녀에게 기대는 형편이야. 더구나 오만하게 돈으로 해결하는 게 아니야. 사내아이들에겐 직접 러시아어를 가르쳐서 중학교에 들어갈 준비를 시키고 있고, 계집아이는 자기가 맡아서 기르는 식이지. 뭐 어쨌든 이제 만나면 알 거야."

마차가 마당으로 들어갔다. 오블론스끼는 옆에 썰매가 한 대 서 있는 차도에서 요란스럽게 벨을 눌렀다. 문을 연 하인에게 주인이 있는지 없는지도 묻지 않고, 그는 현관으로 들어갔다. 레빈도 그의 뒤를 따랐으나 자기 행동이 옳은가 그른가 하는 의혹은 점점 강해져만 갔다. 거울을 보았을 때 그는 자기 얼굴이 붉어진 것을 알았다. 그러나 취하지 않았다는 확신이 있었으므로 오블론스끼를 따라 융단을 깐 계단을 올라갔다. 위층에서 오블론스끼는, 친근한 사람을 대하듯 인사한 하인에게 안나한테 누가 와 있는지 묻고 보르꾸예프 씨라는 대답을 받았다.

"어디에 있나?"

"서재에 계십니다."

오블론스끼와 레빈은 어두운 빛깔의 판자벽으로 된 그다지 크지 않은 식당을 지나, 부드러운 융단을 밟으면서 커다란 검은 갓을 씌운 램프를 밝힌 어두운 서재로 들어갔다. 벽에는 반사경이 달린 램프 하나가 켜져 있어 여자의 전신 초상화를 비추고 있었다. 레빈은 저도 모르게 이 초상화에 눈을 빼앗겼다. 그것은 이탈리아에서 미하일로프가 그린 안나의 초상화였다. 오블론스끼가 칸막이 저쪽으로 들어가서 이야기 소리가 뚝 그치기까지, 레빈은 밝은 조명을 받아 틀에서 튀어나올 것만 같은 초상화에 넋을 잃어 눈을 뗄 수 없었다. 그는 심지어 자기가 지금 어디에 있는지조차 잊은 채, 사람들 말소리에도 아랑곳없이 이 놀라운 초상화를 뚫어져라 바라보았다. 그것은 그림이 아니었다. 살아 있는 아름다운 여인이었다. 새까만 고수머리와 드러낸 어깨와 팔, 부드러운 솜털이 덮인 입가에 생각에 잠긴 듯한 아슴푸레한 웃음을 드리운 이 여인이 보는 사람의 마음을 어지럽히는 눈빛으로 당당하고도 부드럽게 그를 바라보고 있었다. 그녀가 살아 있는 여자와 다른 게 있다면, 그것은 현실에는 있을수 없을 정도로 그녀가 아름답다는 점이었다.

"어머나, 정말 반가워요." 그는 갑자기 바로 옆에서 분명히 자기에게 말하는목소리를 들었다. 그가 초상화를 보고 넋을 잃었던 바로 그 여자의 목소리였다. 안나가 그를 맞으러 칸막이 뒤에서 나온 덕분에, 레빈은 서재의 희미한 불빛 속에서 여러 가지 빛깔이 섞인 암녹색 옷을 걸친 초상화 주인공을 눈앞에서 보았다. 자세도 표정도 그림과 달랐지만, 그래도 그녀는 화가가 초상화에포착했던 것과 똑같은 아름다움의 극치였다. 현실의 그녀는 비록 그림만큼 찬란하진 않았으나, 그 대신 초상화에서는 볼 수 없었던 어떤 새로운 매력이 있었다.

10

안나는 레빈을 만난 기쁨을 숨기려고도 하지 않고 그의 정면에서 서 있었다. 그녀는 침착한 태도로 그 조그마한 힘이 넘치는 손을 그에게 내밀고 먼저보르꾸예프를 소개하고서 옆에 앉아서 수예하고 있던 불그스름한 머리칼의아름다운 소녀를 자기 수양딸이라고 말하면서 인사시켰다. 레빈에게는 상류사회 부인다운, 언제나 조용하고 자연스러운 그녀 태도가 정답고 기분이 좋았다.

"정말, 잘 오셨어요." 그녀는 되풀이했다. 그녀 입에서 나오니 이러한 평범한말까지도 레빈의 귀에는 어째선지 특별하게 울렸다. "난 오래전부터 당신을 알고 있었고 그리워하고 있었어요. 스찌바와의 우정도 그렇고, 또 당신 부인에대해서도…… 부인과는 아주 잠깐밖에 사귀지 못했지만, 그때의 꽃 같은, 아름다운 꽃 같은 인상을 지금도 생생하게 기억하고 있어요. 그분도 이제 곧 어머니가 되신다고요!"

그녀는 이따금 시선을 레빈에게서 오라버니에게 옮기면서 자유롭고 유연한태도로 말했다. 레빈은 자기가 그녀에게 준 인상이 좋았다는 것을 느끼자 마치 어릴 적부터 알고 지내던 여성과 이야기하는 것처럼 이내 마음이 가볍고편안하고 즐거워졌다.

"내가 보르꾸예프와 함께 알렉세이의 서재에 자리 잡은 것도 다 담배를 피울 수 있기 때문인걸요." 그녀는 담배를 피워도 되냐는 오블론스끼 물음에 이렇게 대답했다. 그리고 레빈을 흘깃 쳐다보고 담배를 피우느냐고 묻는 대신 거북 등딱지로 만든 궐련갑을 자기 쪽으로 끌어당겨 옥수수 잎으로 만 궐련 한 개비를 꺼냈다.

"요즘 몸은 좀 어때?" 오라버니가 그녀에게 물었다.

"괜찮아요. 신경은 여느 때와 같지만요."

"어때, 정말 잘 그렸지?" 레빈이 초상화를 쳐다보는 것을 알아채고 오블론스끼가 말했다.

"이보다 훌륭한 초상화는 본 일이 없어."

"게다가 또 굉장히 닮았어요. 그렇지 않아요?" 보르꾸예프가 말했다.

레빈은 초상화에서 실물 쪽으로 눈길을 옮겼다. 안나가 그의 시선을 느낀 순간 특별하고 아름다운 빛이 그 얼굴에 환하게 떠올랐다. 레빈 얼굴이 새빨개졌다. 그는 당황한 것을 숨기기 위해, 돌리와 만난 게 언제였냐고 물으려 했으나 그때 마침 안나가 입을 열었다.

"나는 지금 보르꾸예프와 바쉬첸꼬프의 최근 그림에 대해서 이야기하던 참이었어요. 당신도 보셨나요?"

"네, 봤습니다." 레빈이 대답했다.

"그런데 실례했어요, 하시려던 말씀을 가로막아 버려서……."

레빈은 안나에게 언제 돌리를 만났는지 물었다.

"그분은 어제 다녀가셨어요. 그리쉬아 일로 학교에 대해서 굉장히 화를 내셨지요. 라틴어 교사가 그 아이를 불공평하게 대했나 봐요."

"네, 나도 그 그림들은 보았습니다. 하지만 그다지 마음에 들지는 않더군요." 이번에는 레빈이 그녀가 꺼냈던 화제로 되돌렸다.

레빈의 말씨는 아침결의 대화에서 보였던 것 같은 사무적인 어조가 전혀 아니었다. 그녀와의 이야기에서는 단어 하나하나가 특별한 의미가 있었다. 그녀와 이야기하는 것이 정말 즐거웠고 그녀 말을 듣는 것은 더 기분이 좋았다. 안나의 말씨는 자연스럽고 재치가 있었을 뿐만 아니라 조금도 거드름을 피우지 않았다. 자기 생각에는 아무런 가치가 없으며 오직 상대의 생각에 지극히 큰 가치를 두는 태도였다.

대화는 미술의 새로운 경향과 프랑스 화가가 그린 성서의 새 삽화에 대한 것에 미쳤다. 보르꾸예프는 그 화가의 사실주의는 이미 거칠고 나쁘다고 할 수 있는 단계까지 왔다고 비난했다. 레빈은 프랑스인들이 누구보다도 예술의 양식성을 극단적으로 추구해왔기 때문에 오히려 사실주의로의 복귀에서 특별한 가치를 발견했다고 말했다. 더는 거짓말을 하지 않는다는 것 자체에서 그들은 하나의 미학을 발견했다고.

레빈이 지금까지 입 밖에 낸 재치 있는 말 가운데, 그에게 이만큼 만족을 준 말은 없었다. 그의 견해를 이해한 순간, 안나 얼굴이 더욱더 환하게 빛났다. 그녀는 웃음을 터뜨렸다.

"제가 웃는 이유는, 마치 사람과 똑 닮은 초상화를 보면 그만 웃음이 터져 나오는 것과 똑같아요. 당신이 말씀하신 것은 지금의 프랑스 예술 특질과 정말 꼭 맞아떨어져요. 그림뿐만 아니라 졸라나 도데 같은 문학까지도 말이죠. 하지만 모든 게 다 그런 것 같아요. 꾸며진 전형적인 인물에서 자기 '개념'을 만들어 내고, 이윽고 온갖 '조합'을 모두 해보면 이번엔 그런 꾸며낸 인물에 진저리나서, 더 자연스럽고 참다운 인물을 만들어 내게 되는 것이 아닐까요?"

"그래요, 정말 그렇습니다." 보르꾸예프가 말했다.

"그런데 클럽에 다녀들 오셨지요?" 그녀는 오라버니에게로 얼굴을 돌리고 말했다.

'그렇다, 그렇다, 그야말로 여자다!'

그녀의 아름답고 활기찬 얼굴을 넋 놓고 바라보던 레빈은, 그 얼굴이 지금 갑자기 확 변하는 것을 보고 이렇게 생각했다. 그녀가 오라버니에게 몸을 내밀고 말하는 내용은 레빈에겐 들리지 않았으나 그는 그 표정 변화에 깜짝 놀랐다. 조금 전까지만 해도 잔잔하고 아름다웠던 그녀 얼굴이 순식간에 야릇한 호기심과 분노와 오만을 드러냈기 때문이었다. 그러나 그것도 불과 한순간이었을 뿐이었다.

그녀는 무엇인가를 생각해 내려는 듯이 눈을 가늘게 떴다.

"그렇지만, 그래요, 이런 이야기는 아무에게도 흥미가 없을 거예요." 그녀는 이렇게 말하고 영국인 소녀를 돌아보았다.

"객실에 차 준비를 하도록 일러 줘."

소녀가 일어나 서재에서 나갔다.

"어때, 저 애는 마음에 드니?"

"아주 훌륭한 아이예요. 재주도 있고 마음씨도 착하거든요."

"그러다가 네 딸보다 저 앨 더 귀여워하게 될 것 같구나."

"남자분들은 모두 그런 식으로 말씀하시는군요. 애정에 많고 적고가 어디 있어요? 딸에겐 딸에 대한 애정이 있고 저 애에겐 저 애에 대한 애정이 있는 거예요."

"내가 안나에게 언제나 하는 말이지만요." 보르꾸예프가 말했다. "만일 안나가 저 영국 소녀를 위해서 쏟고 계시는 정력의 백분의 1이라도 러시아의 아동 교육이라는 대의에 쏟으신다면, 안나는 훨씬 큰 유익한 사업을 하실 수 있을 겁니다."

"네, 말씀은 고맙습니다만 난 할 수 없어요. 알렉세이 끼릴로비치 백작도 나를 굉장히 격려해 주세요(그녀는 알렉세이 끼릴로비치 백작이라고 하면서 애원하는 것 같은 조심스러운 눈으로 레빈을 흘끗 보았다. 그래서 그도 그만 정중하고 긍정적인 눈동자로 그것에 대답했다). 시골에서 학교를 경영하면 어떻겠느냐고요. 그래서 나도 몇 번인가 가 보았어요. 그런데 아이들은 굉장히 사랑스러웠지만, 도무지 그 일에 열중할 수 없는 거예요. 당신은 정력이라고 말씀하시지만 정력의 근원은 사랑이에요. 그리고 사랑은 저절로 솟아나는 것이지 명령한다고 해서 어떻게 되는 게 아니죠. 내가 저 애를 사랑하는 것도 마찬가지예요. 어째서 그처럼 사랑스러운지는 나 자신도 까닭을 모른답니다."

그녀는 또다시 레빈을 힐끔 쳐다보았다. 그 미소도 눈동자도, 모든 것이 그에게 말하고 있었다. 그녀는 그의 의견을 존중하고 동시에 자기들이 서로 이해하고 있다는 것을 이미 알면서, 그저 그 한 사람을 향해서 이야기하는 것이라고.

"나도 그 기분은 잘 압니다." 레빈이 대답했다. "학교건 무엇이건 그 같은 시설에 마음을 집중한다는 것은 불가능한 일입니다. 그런 자선사업이 언제나 좋은 결과를 내지 못하는 것도 결국은 그 때문이라고 생각해요."

그녀는 잠시 잠자코 있었으나 이윽고 생긋 웃었다.

"그래요, 맞아요." 그녀가 찬성했다. "난 도저히 할 수 없었어요. 그 정도로 넓은 마음이 나에겐 없어요, 더러운 여자아이들이 잔뜩 우글거리는 양육원 전체를 사랑할 만큼은 아니라는 거죠. 나는 그런 일에는 한 번도 성공하지 못했어요. 세상에는 이러한 것으로 사회적 지위를 이룩한 부인들이 꽤 많지만 말이에요. 요즈음은 더한층 많아진 것 같아요." 그녀는 서글프면서도 의지하는 듯한 표정으로 말했다. 겉으론 오라버니를 보고 있었지만, 분명히 레빈 한 사람만을 향한 말이었다.

"그러니까 지금 꼭 무엇이든 일을 해야만 하는 때인데도 나는 도무지 할 수가 없어요." 그녀는 갑자기 눈살을 찌푸리더니(레빈은 그녀가 자기 이야기를 꺼낸 스스로에 대해서 눈살을 찌푸렸다는 것을 이해했다) 말머리를 돌렸다. "나는 당신을 잘 알고 있어요." 그녀가 레빈에게 말했다. "당신은 좋지 않은 시민인 모양이더군요. 그러나 난 열심히 당신을 변호했지요."

"어떻게 나를 변호해 주셨나요?"

"그건 그때의 공격에 따라 달라요. 그건 그렇고, 차를 드시지 않겠어요?" 그녀는 일어나 모로코가죽으로 포장된 책을 손에 들었다.

"나에게 그것을 주시지 않겠어요, 안나?" 보르꾸예프가 책을 가리키면서 말했다. "꼭 출판하고 싶습니다."

"어머나, 안 돼요. 이건 아직 너무 미흡해요."

"이 친구에게도 얘기했지." 오블론스끼가 레빈을 가리키면서 누이에게 말했다.

"어머나, 그런 대단한 게 아니에요. 내가 쓴 것 따위는 옛날 리자 메르깔로바가 이따금 내게 팔곤 하던, 감옥에서 만든 손바구니와 비슷한 거예요. 그녀는 자선 협회에서 교도소를 담당한 분이었거든요." 그녀는 레빈을 보고 설명했다. "그런 불행한 죄수들도 인내의 힘으로 기적을 낳죠."

거기에서 레빈은 이 신기할 정도로 마음에 든 여인에게서 또다시 새로운 특징을 발견했다. 지혜와 우아함과 아름다움 외에도 그녀의 마음속엔 깊은 진실성이 있었다. 그녀는 자기 처지의 온갖 괴로움을 조금도 그에게 숨기려 하지 않았다. 그 말을 내뱉고 그녀는 한숨을 쉬었다. 그러자 그 얼굴은 엄숙한 표정과 함께 화석처럼 굳어 버렸다. 그런 표정을 지은 그녀는 전보다도 더한층 아름다웠다. 그러나 이 표정은 낯선 것이었다. 그것은 저 초상화에 화가가 그려 넣은, 행복에 빛나고 행복을 낳기도 하는 그런 표정과는 전혀 다른 것이었다. 그녀가 오라버니 손을 잡고 높은 문밖으로 나갈 때 레빈은 다시 한 번 초상화를 보고 그녀 모습을 바라보았다. 그는 그녀에 대해 안타까움과 연민을 느끼고 스스로 깜짝 놀랐다.

그녀는 레빈과 보르꾸예프에게 먼저 객실로 들어가도록 부탁하고 자기는 무엇인가 오라버니와 이야기하기 위해서 발을 멈췄다.

'이혼에 대해서인가, 브론스끼에 대해서인가, 그가 클럽에서 무엇을 하고 있는가에 대해서인가, 그렇지 않으면 나에 대해서인가?' 레빈은 생각했다. 그녀가 오블론스끼와 무엇을 이야기하고 있을까 하는 의문이 너무 세차게 그의 마음을 뒤흔들었으므로, 안나가 쓴 아동소설의 가치에 대한 보르꾸예프 말이 거의 귀에 들어오지 않았다.

차를 마시는 동안에도 마찬가지로 유쾌하고 알찬 이야기가 계속되었다. 화제가 궁해 찾아야 한다든가 하는 일은 조금도 없었을 뿐만 아니라, 반대로 할 말이 너무 많아 다 얘기할 수 없을 것 같았으므로 차라리 입을 닫고 남의 이야기에 귀를 기울이는 쪽이 편할 정도였다. 그녀뿐만 아니라 보르꾸예프와 오블론스끼까지도 무슨 말을 하건, 모두 그녀가 주의를 기울이고 비평을 함으로써 레빈에게는 특별한 의미로 다가오는 것처럼 여겨졌다.

재미있는 대화에 귀를 기울이면서도 레빈은 시종 그녀 모습에, 그 아름다움과 슬기와 교양, 그 솔직함과 성실함에 넋을 잃고 있었다. 그는 이야기를 들을 때도 할 때도 끊임없이 그녀에 대해서, 그 내면생활을 생각하고 그녀 감정을 헤아리려고 애썼다. 전에는 그처럼 엄하게 그녀를 비난했던 그가 지금은 어떤 불가사의한 논리에 따라 그녀를 변호하고 브론스끼가 그녀를 충분히 이해하지 못하는 점을 안타까워하며 걱정하기에 이르렀다.

10시가 지나서 오블론스끼가 돌아가기 위해 일어났을 때도(보르꾸예프는 그전에 돌아가 버렸다) 레빈은 지금 막 온 것 같은 느낌이 들었다. 그러나 그도 서운한 마음을 안고 역시 자리에서 일어섰다.

"안녕히 가세요." 그녀는 그의 손을 꼭 쥐고 호소하는 듯한 눈빛으로 그의 눈을 쳐다보면서 말했다. "정말 기뻐요, 이렇게 얼음이 녹아서."

그녀는 그의 손을 놓고 눈을 가늘게 떴다.

"꼭 부인께 전해 주세요. 난 옛날과 다름없이 그분을 사랑하고 있다고요. 그리고 만약 그분이 내 처지 때문에 나를 용서하실 수 없다면, 영원히 용서하지 않기를 희망한다고요. 날 용서하기 위해선 내가 경험했던 것을 경험해야 할 테지만, 그분에게는 절대로 그러한 일이 일어나지 않기를 바라니까요."

"알았습니다. 꼭 전하겠습니다……." 레빈은 얼굴을 붉히며 말했다.

11

'이 얼마나 놀랍고 사랑스럽고 가엾은 여자인가.' 그는 오블론스끼와 함께 얼어붙은 바깥 공기 속으로 나오면서 생각했다.

"그래, 어때? 내가 말한 그대로지?" 레빈이 완전히 얼이 빠진 것을 보고 오블론스끼가 말했다.

"아아." 레빈은 생각에 잠긴 어조로 대답했다. "정말 비범한 여자야! 총명하다기보다는 놀라울 정도로 진실함이 넘치는 여자야. 저대로는 정말 가엾은 생각이 들어 견딜 수 없어!"

"이제 곧 다 잘 될 거야. 이 이상은 말할 수 없지만 말이야." 오블론스끼는 마차 문을 열면서 말했다. "그럼 실례하겠어, 우린 갈 길이 다르니까."

레빈은 안나에 대해, 그녀와 주고받았던 지극히 단순한 대화를 하나하나 끊임없이 생각하면서, 또 그때그때의 미세한 표정까지 떠올리면서, 점점 더 깊이 그녀 처지에 마음이 끌리고 그녀에 대한 연민에 푹 빠져 집으로 돌아왔다.

집에 도착하자 꾸지마가 레빈에게, 마님은 무탈하시다는 것과 자매들은 조금 전에 돌아갔다는 것을 알리고 편지 두 통을 건네주었다. 레빈은 성가신 일은 서둘러 처리해 버릴 작정으로 이내 현관에 선 채로 그것을 읽었다. 한 통은 관리인 소꼴로프에게서 온 것이었다. 소꼴로프는 밀을 살 사람이 값을 불과 5루블 반밖에 쳐주지 않아 팔래야 팔 수 없고, 달리 돈 들어올 데가 없다고 썼다. 다른 한 통은 누님에게서였다. 그녀는 부탁한 일이 아직 해결되지 않았다며 그를 나무라고 있었다.

'어쩔 수 없지, 그것밖에 값이 나가지 않는다면 5루블 반으로 파는 수밖에.' 이전에는 무척 까다로운 것으로 여겨졌던 첫 번째 문제를 레빈은 당장 전에 없이 가볍게 해결해 버렸다. '여기에 있으면 시간이 쑥쑥 지나가버려서 깜짝 놀란다니까.' 그는 두 번째 편지에 대해 이렇게 생각했다. 누님에게 부탁받은 일을 아직 해결하지 못한 것은 그도 줄곧 마음에 걸렸다. '오늘도 재판소에 가지 못했어. 그러나 오늘은 전혀 시간이 없었으니까.'

그는 내일은 기필코 그것을 해결해야겠다고 결심하고 아내에게 갔다. 그녀에게 가면서 그는 부랴부랴 오늘 하루 일을 돌이켜 생각해 보았다. 이날 일은 모두가 이야기였다. 들은 이야기, 같이 어울린 이야기였다. 그런 이야기들은 모두, 만약 혼자 시골에 있었다면 절대 돌아보지도 않았을 테지만 여기서는 그 것이 굉장히 흥미로웠다. 실제로 모든 이야기가 다 재미있었으며 불만이라면 그중에서 딱 두 가지뿐이었다. 하나는 그 꼬치고기를 강에 풀어주는 비유를 자기 발언인양 말했던 것이고, 또 하나는 안나에 대해 그가 느꼈던 부드러운 연민 속에 어쩐지 부적절한 뭔가가 있었다는 점이었다.

레빈은 서글프고도 쓸쓸해하는 아내를 발견했다. 자매 셋이서 한 만찬은 굉 장히 유쾌하게 끝났지만, 그 후 그가 돌아오기를 기다리는 사이에 완전히 흥 이 깨져 버리고 말았다. 그래서 언니들은 돌아가 그녀 혼자 남게 되었던 것이 다.

"아니, 지금까지 무얼 하고 계셨어요?" 그녀는 그의 눈 속에서 번뜩이는 일종 의 유난히 수상적은 빛을 보면서 물었다. 그러나 그가 모든 것을 솔직히 이야 기할 수 있게끔, 일부러 자기 관심사를 숨기고 격려하는 듯한 미소를 띠면서 하루 저녁을 어떻게 보냈는가 하는 그의 이야기를 귀 기울여 들었다.

"이야, 운 좋게도 브론스끼를 만났지 뭐야. 더구나 아주 가볍고 아무렇지도 않은 기분으로 이야기할 수 있었어. 앞으로 다시 만날 생각은 없지만, 그런 거 북함만은 이제 사라졌어." 그는 두 번 다시 그를 만날 생각은 없다면서 그 길 로 곧장 안나한테 갔던 것을 떠올리고 얼굴을 붉혔다.

"우리는 민중이 술꾼이라고 이야기하지만 말이야, 사실 민중과 우리 계급 중 어느 쪽이 더 많이 마시는가 하는 문제가 나오면 모르겠어. 민중은 축제일에나 마시지만……."

그러나 끼찌는 민중의 음주에 관한 토론에는 흥미가 없었다. 그녀는 그가 얼굴이 빨개진 것을 보고 그 원인을 알고 싶었던 것이다.

"그리고 그다음에는 어딜 가셨어요?"

"스찌바가 안나에게 가자고 자꾸 권해서 말이야."

레빈은 이렇게 말하고 더욱 빨개졌다. 안나에게 갔던 것이 옳았던가 나빴던 가 하는 의혹이 마침내 명백하게 드러난 것이다. 그는 그렇게 해서는 안 될 일 이었다는 것을 지금에야 깨달았다.

끼찌 눈이 안나의 이름을 들음과 동시에 유달리 휘둥그레 커지고 번쩍 빛 났다. 그녀는 힘껏 자기를 억누르며 흥분을 숨기고 그를 속였다.

"어마!" 그녀는 이렇게 말했을 뿐이었다.

"당신, 혹시 내가 거기 갔다고 화내진 않겠지. 스찌바도 부탁을 하고, 돌리도 그것을 바라고 있었으니까." 레빈은 계속했다.

"물론이에요." 그녀는 말했다. 그러나 그녀 눈은 조금도 괜찮아 보이지 않았다. 그것은 그에게 있어 좋지 않은 징조였다.

"그녀는 굉장히 매력적이고, 굉장히 가엾은 좋은 여자였어." 그는 안나에 관해, 또 그녀의 일과 그녀가 전한 말에 대해 이야기했다.

"그래요, 그야 물론 가엾은 분이지요." 그가 이야기를 끝냈을 때 끼찌가 말했다. "편지는 누구한테서 온 거예요?"

그녀에게 대답한 그는 그녀의 침착한 태도에 안심하고 옷을 갈아입으러 나갔다.

그가 돌아왔을 때 끼찌는 똑같이 안락의자에 앉아 있었다. 그가 다가가자 그녀는 그를 올려다보고 갑자기 울음을 터뜨렸다.

"왜……, 왜 그래?" 그는 벌써 '왜 그러는지' 짐작하면서 물었다.

"당신은 그 욕지기를 치밀게 하는 여자에게 홀딱 반해 버리고 말았어요. 그녀는 당신을 매혹해 버렸어요. 당신 눈빛만 봐도 알아요. 그래요, 그래요! 아아, 이제 어떻게 될까요? 클럽에서 실컷 술을 마시고 노름을 하고, 그러고는…… 그것도 누구한테 갔나 했더니! 아뇨, 그보다 우리 돌아가요…… 나는 내일 돌아가겠어요."

오랫동안 레빈은 아내를 달랠 수 없었다. 간신히 연민과 술기운 탓에 제정신이 아니었으므로 그만 안나의 교활한 유혹에 굴복당해 버렸다는 것을 인정하고, 앞으로는 꼭 그녀를 피하겠다는 다짐을 하고서야 겨우 그녀를 달랠 수 있었다. 무엇보다 그가 참된 마음으로 고백한 사실은, 이렇게 오랫동안 모스끄바에서 지내면서 언제나 똑같은 이야기와 먹고 마시는 것에만 빠져 있는 사이에 자기가 바보가 되었다는 것이었다.

그들은 새벽 3시까지 이야기를 계속했다. 3시가 되어서야 겨우 화해하고 잠자리에 들 수 있었다.

12

손님을 배웅하고 나자, 안나는 앉지 않고 방 안을 여기저기 서성이기 시작했다. 그녀는 무의식적으로(요즈음 젊은 남자라면 누구에게나 그랬듯이) 자기에 대한 사랑의 감정을 레빈 마음에 일깨우기 위해서 저녁 내내 할 수 있는 모든 것을 다했다. 그녀는 아내가 있는 사내를 상대로, 더군다나 단 하루 저녁으로 가능한 범위 안에서는 충분히 그 목적을 이루었다는 것을 알았고, 또 그를 굉장히 마음에 들어 했다(브론스끼와 레빈 사이에는 사내로서 사물을 판단하는 태도에 뚜렷한 차이가 있지만, 여자인 그녀는 바로 끼찌가 브론스끼와 레빈을 동시에 사랑한 요인이었던 그 둘의 공통점을 꿰뚫어 본 것이었다). 그러나 그가 방에서 나가자마자 그녀는 그에 대해서 생각하는 것을 그쳐 버렸다.

갖가지 상념이 온갖 형태로 끈덕지게 그녀를 따라다녔다.

"나는 남에게는, 심지어 가족이 있고 사랑하는 사람이 있는 사내에게까지 그만큼 영향을 줄 수가 있는데, 어째서 '그 사람'은 나에게 이처럼 차가운 것일까? 아니, 매정한 건 아니야. 그 사람은 나를 사랑하고 있어. 그건 나도 알아. 그러나 지금 우리 사이에는 무엇인가 새로운 벽이 있어. 어째서 그는 하루 저녁 내내 집을 비우는 걸까? 스쩨바의 전갈에 따르면 야쉬빈을 내버려 둘 수는 없다, 그의 승부를 감시해야만 한다고 했지. 야쉬빈이 무슨 어린애도 아닌데. 하지만 그렇다고 하자. 그 사람은 절대 거짓말하지 않으니까. 하지만 진실이라고 해도 그 안에 다른 것이 있어. 그는 자기에겐 달리해야 할 일이 있다는 것을 내게 내보일 기회가 생겨 기뻐하는 거야. 그런 것쯤은 나도 알고 그 사실에는 이의가 없어. 그러나 무엇 때문에 그것을 굳이 내게 증명하려는 것일까? 그 사람은 나에 대한 사랑이 자기 자유를 방해해서는 안 된다는 것을 증명하고 싶어해. 그러나 내가 필요한 건 그러한 증명 따위가 아니라 사랑이야. 이 모스끄바에서의 내 생활이 얼마나 괴로운지 더 알아주어도 좋잖아. 도대체 이것을 생활이라고 할 수 있을까? 아니야. 나는 사는 게 아니야. 그저 언제까지나 지연되는 결과를 기다리고 있을 뿐이지. 오늘도 답장은 오지 않았어! 스쩨바도 까레닌에겐 갈 수 없다고 하고, 나도 더는 편지를 쓸 수 없어. 난 무엇을 할 수도, 무엇을 시작할 수도, 무엇을 바꿀 수도 없어. 그저 꾹 참고 영국인 가족을 돌본다든가 책을 쓰고 읽는다든가 하는 소일거리를 생각해 내면서 기다리고 있을 뿐이야. 그러나 이러한 것은 모두 기만에 지나지 않아. 모르핀이나 마찬가지야. 그는 나를 더 가엾게 여겨 줘야 하련만." 그녀는 자기에 대한 연민의 눈물이 하염없이 흘러내리는 것을 느끼면서 이렇게 중얼거렸다.

그때 브론스끼가 울리는 요란스러운 벨소리를 듣고 얼른 눈물을 닦았다. 아니, 눈물을 닦았을 뿐만 아니라 램프 옆에 자리를 잡고 앉아서 책을 펴며 차분한 태도를 보였다. 그녀는 그가 약속대로 돌아오지 않았던 것에 대한 불만을 보여 주어야 했다. 그러나 오직 불만만 드러낼 뿐 자기의 슬픔, 특히 자기에 대한 연민이니 하는 것은 단연코 보여서는 안 되었다. 스스로 가엾게 여기는 것은 좋지만 그로부터 동정받고 싶지는 않았기 때문이다. 그녀는 싸움을 바라지는 않았다. 평소 싸우기를 좋아하는 그를 나무라고 있었으면서도 몸은 무의식적으로 전투태세를 취하고 있었다.

"어때, 지루하진 않았나?" 그는 활기찬 얼굴로 다가가면서 쾌활한 어조로 말했다. "정말, 도박에 거는 승부사의 열정이란 상상을 초월하더군."

"아뇨, 지루하지 않았어요. 이미 오래전에 지루해하지 않는 방법을 터득한걸요. 스찌바가 왔었고 또 레빈도요."

"아아, 그들은 당신을 방문하고 싶어 했었지. 그래, 어때, 레빈은 마음에 들었어?" 그는 그녀 옆에 앉으면서 말했다.

"네, 아주. 방금 돌아가셨어요. 야쉬빈은 어떻게 됐어요?"

"한때는 1만 5천 루블이나 땄어. 그래서 내가 그를 불러냈지. 겨우 돌아갈 마음이 생긴 듯하더니 또 되돌아가서 지금은 한창 잃고 있어."

"그럼 여태까지 무엇 때문에 남아 계셨어요?" 그녀는 돌연 그의 얼굴에 눈을 돌리며 물었다. 그 표정은 싸늘하고 원망에 차 있었다. "당신은 스찌바에게 야쉬빈을 데리고 나오기 위해서 남는다고 말씀하셨다면서요. 그런데 그분을 두고 왔다고요?"

전투태세를 알리는 싸늘한 표정이 그의 얼굴에도 똑같이 나타났다.

"첫째, 난 당신에게 말을 전해 달라는 부탁은 스찌바에게 하지도 않았어. 둘째, 난 결코 거짓말은 하지 않아. 요컨대 난 남아 있고 싶었기 때문에 남아 있었을 뿐이야." 그는 얼굴을 찌푸리면서 말했다. "안나, 당신은 어째서, 어째서 그래?" 그는 몇 분 침묵하고 나서 그녀에게 몸을 구부리면서 한쪽 손을 펼쳐 보였다. 그 위에 그녀가 손을 올려 주기를 바라면서.

그녀는 이 화해의 초대가 기뻤다. 그러나 일종의 불가사의한 사악한 힘이, 마치 투쟁이라는 상태가 그녀에게 항복을 허용하지 않는 것처럼, 그녀가 몸을 맡기는 것을 허락하지 않았다.

"물론 당신은 남아 있고 싶었으니까 남아 있었겠죠. 당신은 뭐든지 하고 싶은 대로 하시니까. 하지만 무엇 때문에 굳이 그런 말을 내게 하는 거예요? 무엇 때문에?" 그녀는 점점 격앙된 목소리로 말했다. "대체 누가 당신의 권리에 대해서 이러쿵저러쿵했다는 거예요? 당신은 언제나 올바른 사람으로 있고 싶어 하니 올바르게 있으면 그만이잖아요."

브론스끼는 펼쳐든 손을 거두고 몸을 돌려 버렸다. 그 얼굴에는 전보다도 더 한층 완강한 표정이 나타났다.

"그야 당신에게 이러한 일은 아집일 뿐이겠죠." 그녀는 그를 찬찬히 쳐다보는 사이에 갑자기 그녀를 약오르게 하는 이 표정의 명칭을 발견하고 이렇게 말했다. "그래요, 바로 아집이에요. 당신에게는 나한테 이기느냐 지느냐 하는 것이 문제일 테지만 나에게는……." 그녀는 다시 자기가 가엾어져서 거의 울음을 터뜨릴 것만 같았다.

"내 문제가 무엇인지 당신이 알아주신다면! 지금처럼 당신이 나에 대해서 적의를, 그래요, 적의를 품고 있다는 걸 느낄 때 그것이 내게 어떠한 의미로 다가오는지 알아주신다면! 이러한 순간에 내가 얼마나 불행해지는가, 내가 얼마나 두려워하는가, 나 자신을 얼마나 두려워하는가를 조금이라도 알아주신다면!" 그녀는 흐느낌을 숨기기 위해 몸을 돌렸다.

"아니, 도대체 우린 무엇 때문에 싸우고 있는 거지?" 그는 그녀의 절망 앞에 공포를 느끼고, 다시 그녀에게 몸을 구부려 그녀 손을 잡고 입맞추면서 말했다. "왜 그런 말을 하는 거야? 내가 집 밖에서 위안을 찾고 있기라도 한다는 거야? 내가 여자와의 교제를 피하지 않는다는 거야?"

"당연히 그게 아녜요!" 그녀가 말했다.

"그럼, 말해 봐. 당신이 안심하려면 내가 어떻게 해야 하지? 당신을 행복하게 할 수만 있다면 난 무슨 짓이라도 할 생각이니까." 그는 그녀의 절망에 마음이 흔들려 이렇게 말했다. "지금 같은 얄궂은 슬픔에서 당신을 구하기 위해선 나는 무슨 짓이라도 할 거야, 안나!" 그가 말했다.

"아무것도, 아무것도 필요 없어요!" 그녀가 말했다. "나 자신도 모르겠어요. 외로운 생활 때문인지, 신경 탓인지…… 자, 이런 이야긴 그만두기로 해요. 그보다도 경마는 어떻게 됐어요? 당신은 아직 말해 주시지 않았어요." 그녀는 어쨌든 승리를 손에 넣은 기쁨을 숨기려고 애쓰면서 말했다.

그는 만찬을 부탁하고 나서 그녀에게 경마 광경을 아주 자세하게 이야기하기 시작했다. 그러나 그녀는 차츰 싸늘하게 식어 가는 눈동자와 말투 속에서 그가 그녀의 승리를 허용하지 않는 것, 그녀가 싸운 그 아집이 또다시 그의 마음속에 뿌리내리는 것을 보았다. 그는 마치 자기가 그녀에게 항복한 것을 후회하기라도 하듯이 전보다도 더욱 싸늘해졌다. 그녀는 자기에게 승리를 주었던 말, 즉 '나는 무서운 불행에 가까워지고 있고, 나 자신을 많이 두려워한다'는 그 말을 생각해 내고 이 무기는 위험하며 이제 두 번 다시 사용해선 안 된다는 점을 깨달았다. 그녀는 그들을 맺고 있는 사랑과 더불어, 그들 사이에는 모종의 싸움을 좋아하는 사악한 정신이 자리하게 되어 버렸음을 느꼈다. 그것은 이제 그의 마음에서는 물론 자기 마음에서도 몰아낼 수 없었다.

13

인간이 길들 수 없는 조건이란 없다. 특히 자기 주위 사람들이 모두 마찬가지로 살아가는 것을 볼 경우에는 더욱 그렇다. 레빈은 그날 자기가 처했던 형편 속에서 편안히 잠들 수 있으리라고는 석 달 전만 해도 믿을 수 없었을 것이다. 아무 목적도 의미도 없이, 더군다나 수입 이상의 방탕한 하루를 보내고, 술에 젖어(그는 클럽에서 한 일을 달리 표현할 수 없었다) 한때 아내가 사랑했던 남자와 분별없는 우정을 맺고, 또 타락한 여자라고밖에 부를 수 없는 여자를 방문한다든가 하는 더한층 분별없는 짓을 하고, 더욱이 그 여자에게 마음을 뺏겨 아내를 비탄에 잠기게 한 뒤에, 이러한 상황 속에서 자기가 편안히 잠들 수 있으리라곤. 그러나 그는 피로와 밤샘과 마신 술 덕분으로 곤하고 편안하게 잠들었던 것이다.

5시에 삐걱 문이 열리는 소리가 그의 잠을 깨웠다. 그는 침대에서 일어나 주위를 둘러보았다. 끼찌가 옆에 없었다. 그러나 칸막이벽 저쪽에 흔들리는 불빛이 보이고 그녀 발소리가 들렸다.

"왜 그래?…… 왜 그래?" 그는 반은 꿈속에서 물었다. "끼찌! 어떻게 된 거야?"

"아무것도 아녜요." 그녀는 촛불을 손에 들고 칸막이벽 뒤에서 나오면서 말했다. "조금 기분이 안 좋아서요." 그녀는 유난히 사랑스럽고 의미심장한 미소를 지으면서 말했다.

"뭐야, 시작된 건가, 시작된 거야?" 레빈은 깜짝 놀라 말했다. "그럼 심부름꾼을 보내야지." 그가 허둥지둥 옷을 입기 시작했다.

"아녜요, 아녜요." 그녀는 방글방글 웃으면서 손으로 그의 팔을 누르며 말했다. "정말 아무것도 아녜요. 약간 기분이 나빴을 뿐이에요. 이젠 괜찮아졌어요."

그리고 그녀는 침대로 와서 촛불을 끄고 누워 잠잠해졌다. 그는 그녀의 숨죽이는 듯한 조용함을, 특히 그녀가 칸막이벽 뒤에서 나오면서 '아무것도 아녜요' 하고 말했을 때의 그 유다른 부드러움과 흥분된 표정을 미심쩍게 여기지 않은 건 아니었으나 너무 졸려 그만 그대로 곧 잠들어 버렸다. 훨씬 나중에야 그는 그녀의 조용한 숨결을 떠올리고, 꼼짝도 하지 않고 옆에 누운 채 여자의 생애에서 가장 큰일을 기다리는 동안 그녀의 거룩하고 귀여운 영혼 속에서 일어나고 있던 모든 것을 이해할 수 있었다. 7시가 되어 어깨에 닿은 그녀 손의 감촉과 조용한 속삭임이 그를 깨웠다. 그녀는 그때까지 그를 깨우는 것의 안타까움과 그와 이야기하고 싶다는 욕망 사이에서 혼자 싸우고 있기라도 한 것 같았다.

"꼰스, 놀라지 마세요. 난 괜찮으니까. 그러나 어쩐지…… 리자베따 뻬뜨로브나를 부르러 사람을 보내야 할 것 같아요."

촛불이 또다시 켜져 있었다. 그녀는 침대 위에 앉아서 며칠째 계속 뜨고 있던 뜨개질감을 손에 들고 있었다.

"정말 놀라지 마세요. 괜찮아요. 난 조금도 두렵지 않아요." 그녀는 그의 놀란 얼굴을 보고, 그의 손을 잡아 자기 가슴에, 그리고 자기 입술에 눌렀다.

그는 부랴부랴 일어나 정신없이, 그녀에게서 눈도 떼지 않고 가운을 걸치고 그녀를 찬찬히 보면서 거기에 멍하니 서 있었다. 그는 나가야만 했으나 도저히 그녀 눈동자에서 눈을 뗄 수가 없었다. 그는 그토록 그녀 얼굴을 사랑하고, 그 표정과 눈빛을 낱낱이 알고 있었지만 여태까지 지금과 같은 그녀의 모습을 한 번도 본 적이 없었다. 이런 그녀를 보면서 문득 어젯밤 그녀가 겪은 슬픔을 떠올리자, 자신이 지극히 추악하고 못난 사람으로 느껴져서 견딜 수 없었다. 나이트캡 밑으로 비어져 나온 부드러운 머리칼에 둘러싸인 그녀의 발갛게 상기된 얼굴은 기쁨과 결단으로 빛나고 있었다.

대체로 끼찌 성격에는 부자연스럽거나 기교적인 면이 적었지만 그래도 레빈은 지금 자기 앞에 나타난 것에 놀라지 않을 수 없었다. 갑자기 모든 덮개가 걷히고 그녀의 깊은 영혼이 그 눈 속에서 반짝이고 있었다. 그리고 이 가식 없는 적나라함 속에서 그가 사랑하는 바로 그 끼찌가 한결 선명하게 드러나는 것이었다. 그녀는 방긋방긋 웃으면서 그를 쳐다보았다. 그러나 갑자기 그 눈썹이 파르르 떨렸다. 그녀는 고개를 쳐들고 재빨리 그의 옆으로 바짝 다가와 그의 손을 붙잡고 온몸으로 기대어 타는 듯한 입김을 내뿜었다. 그녀는 고통에 몸을 허우적거리며 그 괴로움을 그에게 호소하는 것 같았다. 처음에 그는 여느 때의 습관대로 자기에게 죄가 있다고 느꼈다. 그러나 그녀의 눈에 어린 부드러움은, 그를 나무라기는커녕 이 괴로움 때문에 그를 사랑하고 있음을 말하고 있었다.

'만약 내 잘못이 아니라면 도대체 누구 탓이란 말인가?' 문득 이렇게 생각한 그는 죄인을 벌하기 위해서 이 고통의 책임자를 모색했으나 죄인은 없었다. 그녀는 괴로움을 호소하면서도 그것을 자랑스러워하고 기뻐하고 또한 사랑했다. 그는 그녀의 영혼 속에서 무엇인가 굉장한 일이 일어나고 있음을 보았다. 하지만 그것이 무엇인지는 이해할 수 없었다. 그것은 그의 이해를 초월하는 것이었다.

"어머니께는 내가 심부름꾼을 보냈어요. 그러니 당신은 빨리 리자베따 뻬뜨로브나를 불러오세요…… 아, 꼬스쨔! 이젠 괜찮아요, 지나갔어요."

그녀는 그에게서 떨어져 벨을 울렸다.

"자, 이제 어서 가세요. 빠쉬아가 올 테니까. 나는 괜찮아요."

레빈은 그녀가 밤중에 가져다 놓은 뜨개질감을 집어 들고 다시 뜨기 시작하는 것을 놀란 얼굴로 보고 있었다.

레빈이 한쪽 문으로 나가려고 할 때 마침 다른 문에서 하녀가 들어오는 소리가 들렸다. 그는 문가에서 발을 멈추고, 끼찌가 하녀에게 세세한 지시를 내리고 자기도 하녀와 함께 침대 위치를 바꾸는 소리를 들었다.

옷을 갈아입은 그는 삯마차가 아직 없었으므로 자기 썰매에 말을 채우라고 지시하고서 또다시 침실로 뛰어들어왔다. 발소리를 죽이기는커녕 발끝에 날개가 돋친 듯한 기세였다. 침실에서는 두 하녀가 걱정스러운 얼굴로 방의 배치를 바꾸고 있었다. 끼찌는 서성거리면서 날쌔게 바늘을 움직여 뜨개질하면서 이것저것 지시를 하고 있었다.

"나는 곧 의사에게 다녀올게. 리자베따 뻬뜨로브나에겐 이미 심부름꾼을 보냈지만 나도 다시 들러보겠어. 그 밖에 필요한 건 없어? 그래, 돌리에게 연락

할까?"

그녀는 그를 보고는 있었으나 분명히 그의 이야기가 귀에 들어오지 않는 것 같았다.

"네, 네, 다녀오세요." 그녀는 얼굴을 찌푸리고 그에게 손을 내저으면서 재빨리 말했다.

침실을 나온 레빈이 막 객실로 들어서려는 찰나, 갑자기 침실에서 비통한 신음 소리가 들리더니 이내 잠잠해졌다. 그는 걸음을 멈추고 오랫동안 정신 나간 사람처럼 가만히 서 있었다.

'분명히 그녀일 것이다.' 그는 이렇게 혼잣말을 하더니 머리를 움켜쥐고 아래층 쪽으로 뛰어내려 갔다.

"주여, 자비를 베풀어 주소서! 용서해 주소서, 도와주소서!" 그는 불쑥 입 밖으로 튀어나온 말을 되풀이했다. 신앙이 없으면서도 그는 이러한 말을 그저 입으로만이 아니라 마음속 깊이 되풀이했다. 지금 이 순간 그는, 자기가 품고 있는 온갖 회의뿐만 아니라 이성적으로 볼 때 신앙이란 불가능하다는 확실한 자기 판단까지, 신에게 매달리려고 하는 자신을 조금도 방해하지 못한다는 사실을 깨달았다. 그런 것이 지금은 모두 먼지처럼 그의 마음에서 획 날아가 버렸다. 자기의 몸, 자기의 영혼, 자기의 사랑이 신의 손에 달렸음을 느끼고 있는데, 그 존재 말고 대체 누구에게 매달릴 수 있단 말인가?

말은 아직 준비되지 않았다. 그러나 레빈은 앞으로 해야 할 일을 분명히 인식하고 몸속에 알 수 없는 힘이 솟구치는 것을 느끼면서, 1분도 헛되이 버리지 않기 위해 말을 기다리지 않고 걷기 시작했다. 꾸지마에게는 뒤에서 쫓아오도록 일러두었다.

길모퉁이에서 그는 급히 달려오는 야간 삯썰매와 마주쳤다. 조그만 썰매 위에는 우단 외투를 입고 숄을 둘러쓴 조산사 리자베따 뻬뜨로브나가 타고 있었다.

"다행이다, 다행이야!" 유달리 엄격해 보이고 정색하는 표정을 담은 금발의 조그만 얼굴을 알아보자, 그는 춤이라도 출 듯한 마음으로 이렇게 되뇌었다. 그는 마부에게 그대로 달리라고 말하고, 방향을 바꾸어 그녀와 나란히 뛰었다.

"그럼 한 두어 시간쯤 되었군요? 그 이상은 아니지요?" 조산사가 물었다. "표뜨르 드미뜨리치 선생님은 집에 계실 거예요. 하지만 너무 서두르실 것은 없어요. 참, 약방에서 아편을 사오세요."

"그럼 당신은 무사히 끝나리라 생각하는 거죠? 오, 주여, 자비를 베풀어 주시옵소서, 도와주시옵소서!" 레빈은 문 안쪽에서 달려나오는 자기 말을 보면서 또 중얼거렸다. 그는 썰매에 뛰어올라 꾸지마 옆에 앉자 의사의 집으로 달리도록 명령했다.

14

의사는 아직 일어나지 않았다.

"늦게 주무셨기 때문에 아침에는 깨우지 말라는 분부였습니다. 그러나 곧 일어나실 겁니다." 하인이 이렇게 말했다.

하인은 램프의 등피를 분주하게 닦고 있었는데 그것에 완전히 정신을 빼앗긴 것 같았다. 등피 따위에는 열중하면서 레빈의 집에서 일어나고 있는 일에는 냉담한 하인의 태도가, 그는 처음에는 기가 막혔다. 하지만 그는 이내 고쳐 생각했다. 아무도 남의 감정을 알 수 없고 또 알아야 할 의무도 없으니까 이 무관심의 벽을 뚫고 목적을 이루려면 침착하게 생각하고 단호히 행동해야 함을 깨달았던 것이다. '서두르지 말고 실수하지 않도록 해야 한다.' 레빈은 체력이 더욱더 넘쳐나고 이제부터 해야 할 일에 대한 주의력이 고조되는 것을 느끼면서 속으로 다짐했다.

의사가 아직 일어나지 않은 것을 알게 된 레빈은 머리에 떠오른 온갖 계획 가운데에서 다음의 수단을 취하기로 했다. 꾸지마에게 편지를 들려서 다른 의사에게 보내고 자기는 아편을 사러 약방으로 간다, 그리고 거기에서 돌아왔을 때도 아직 의사가 일어나 있지 않으면 그때는 이 하인을 매수하고, 하인이 응하지 않으면 억지로라도 기어코 의사를 깨운다는 것이었다.

약방에서는 약제사가 아까 등피를 닦고 있던 하인과 마찬가지로 손님에게 냉담한 태도로, 기다리는 한 마부를 위해서 가루약을 포장지로 싸면서 아편 팔기를 거절했다. 레빈은 서두르지 않고 화를 내지 않으려고 애쓰면서 의사와 산파의 이름을 대고, 아편의 용도를 설명하면서 그를 설득하기 시작했다. 약제사는 누군가와 독일어로 약을 주어도 좋은가 어떤가를 묻고, 칸막이벽 저쪽에서 좋다는 대답을 듣고 나서야 약병과 깔때기를 꺼냈다. 큰 병에 든 것을 작은 병에 느릿느릿 따르고 상표를 붙인 다음, 하지 말라는 레빈의 청을 무시하고 그것을 봉합하여 심지어 종이로 싸려고 했다. 이쯤 되자 레빈은 더는 참지 못하고 냅다 그의 손에서 병을 잡아채고 큰 유리문 밖으로 뛰어나갔다.

의사는 아직도 일어나지 않았다. 이번엔 융단을 깔고 있던 하인이 여전히 의사를 깨우는 것을 거절했다. 레빈은 서두르지 않고 10루블 지폐를 꺼내어 천천히 또박또박 발음하면서도 시간을 낭비하지 않도록 애쓰면서 그에게 지폐를 쥐어 주고, 표뜨르 드미뜨리치가(지금까지는 그처럼 하잘것없는 인간으로 보였던 표뜨르 드미뜨리치가 지금은 얼마나 위대하고 중요한 인물로 여겨졌는지 모른다) 언제든 와 주기로 약속이 되어 있으니까 결코 화를 내거나 하지는 않을 것이다, 그러니까 안심하고 당장 깨워 달라고 부탁했다.

하인은 동의하고 위로 올라가서 레빈을 응접실로 청했다.

레빈은 방문 저쪽에서 의사가 기침하고, 걷고, 세수하고, 무엇인가 지껄이는 것을 들었다. 3분쯤 흘렀다. 그에겐 그것이 1시간도 더 지나간 것처럼 여겨졌다. 이제 더는 기다릴 수 없었다.

"표뜨르 드미뜨리치, 표뜨르 드미뜨리치!" 그는 애원하는 목소리로 열려 있는 문을 향해 말하기 시작했다. "정말 죄송하지만 그대로도 괜찮으니 나 좀 만나 주십시오. 벌써 2시간이나 지났습니다."

"다 됐어요, 다 됐습니다!" 대답이 돌아왔다. 레빈은 의사의 웃음 섞인 목소리를 듣고 기가 막혀서 입을 다물 수가 없었다.

"1분간만이라도 좋으니······."

"지금 나갑니다."

의사가 구두를 신는 데 2분, 웃옷을 입고 머리를 다듬는 데 또다시 2분이 지났다.

"표뜨르 드미뜨리치!" 레빈은 또다시 애처로운 목소리로 재촉했다. 그때 마침 몸치장을 끝내고 머리를 곱게 다듬은 의사가 쑥 나타났다.

'이런 사람들에겐 양심이라는 것이 없는 모양이다. 사람이 죽느냐 사느냐 하는 판에 머리나 빗고 있다니.' 레빈은 생각했다.

"안녕하십니까!" 의사는 그에게 손을 내밀면서 마치 그를 놀리기 위해 일부러 태연한 척하는 듯한 모습으로 말했다. "서두르실 것은 없습니다. 그래, 증세는 어떻습니까?"

레빈은 되도록 자세하게 이야기할 생각으로 아내의 증세에 대해 불필요한 것까지 남김없이 너절하게 늘어놓기 시작했다. 의사에게 당장 자기와 함께 가 달라는 부탁으로 줄곧 말을 중단해 가면서.

"일단 진정하시고 그 일은 전문가에게 맡겨 두십시오. 보나마나 나도 필요 없을 거예요. 그러나 약속했으니까 반드시 가겠습니다. 단, 서두를 것은 없어요. 좀 앉으세요. 커피라도 한 잔 어떻습니까?"

레빈은 자기를 조롱하는 거냐고 묻는 눈빛으로 그를 뚫어지게 쳐다보았다. 그러나 의사 쪽에서는 조롱한다든가 하는 생각은 조금도 없었다.

"네, 잘 압니다." 의사가 빙긋이 웃으면서 말했다. "나도 가정이 있는 사람이니까요. 정말, 우리 남편들이란 이럴 때 정말 비참한 존재예요. 내 환자의 남편 가운데, 이런 순간이면 언제나 마구간으로 내빼는 사람도 있습죠."

"하지만 당신은 어떻게 생각하십니까, 표뜨르 드미뜨리치? 무사히 순산할 것 같습니까?"

"지금까지의 경과로 미루어 물론 순산이 틀림없습니다."

"그럼 곧 와 주시겠지요?" 레빈은 커피를 가지고 온 하인을 노려보면서 말했다.

"1시간쯤 있다가 가지요."

"그건 안 돼요, 제발 부탁입니다!"

"그래요, 그럼 커피 정도는 편하게 마시도록 해 주십시오."

의사는 커피를 마시기 시작했다. 두 사람은 잠시 잠자코 있었다.

"그건 그렇고, 터키를 통쾌하게 쳐부수고 있지 않아요. 어제 전보 기사는 읽으셨습니까?" 의사가 흰 빵을 오물오물 씹으면서 말했다.

"아니, 더는 도저히 이러고 있을 수 없습니다!" 레빈은 자리를 박차고 일어서면서 말했다. "그러면 15분쯤 뒤에는 와 주시겠지요?"

"30분 뒤에."

"정말이죠?"

레빈이 집으로 돌아왔을 때 마침 공작부인의 마차가 도착했다. 두 사람은 같이 침실로 향했다. 공작부인 눈에는 눈물이 어렸고 손은 덜덜 떨리고 있었다. 레빈을 보자 그녀는 그를 덥석 껴안고 울기 시작했다.

"그래, 어때요, 리자베따 뻬뜨로브나?" 그녀는 웃음을 지으면서도 걱정스러운 빛을 띠고 그들을 맞으러 나온 리자베따 뻬뜨로브나의 손을 잡으면서 말했다.

"순조롭습니다." 그녀가 말했다. "다만, 따님께서 눕도록 말씀해주세요. 그렇게 하는 것이 편하니까요."

레빈은 아침에 잠을 깨어 사태를 깨달은 순간부터 이제 아무것도 생각한다든가 예상하지 않기로 다짐했다. 온갖 사고와 감정을 닫아 가두고 아내의 기분을 절대 어지럽히지 않도록, 아니 오히려 그녀를 안심시키고 용기를 북돋아주기 위해 자기는 어떤 일이 있어도 견뎌낼 각오를 했다. 앞으로 어떻게 되어 어떻게 끝날지 생각하는 것조차 자기에게 허용하지 않고, 보통 이런 일은 얼마나 오래 걸리는가를 남들에게 물어보고 난 결과로 미루어, 다섯 시간 정도는 자기 심장을 꼭 움켜쥐고 의연히 버텨낼 마음의 준비를 했다. 그 정도는 할 수 있을 것 같았기 때문이다. 하지만 의사를 만나고 돌아와서 또다시 그녀의 고통을 봄과 동시에, 그는 더욱더 자주 한숨을 쉬고 하늘을 우러러 '주여 용서하시옵소서, 도와주시옵소서' 하고 되풀이하게 되었다. 그리고 그는 도저히 견뎌내지 못할 것 같았고, 울음을 터뜨리든가 도망쳐 버리고 싶은 공포를 끊임없이 느꼈다. 그는 그만큼 괴로웠던 것이다. 그런데 이제 겨우 한 시간이 지났을 뿐이었다.

그러나 이 한 시간 뒤에 또 한 시간, 두 시간, 세 시간이 지나 그의 인내의 최대한도라고 어림잡았던 다섯 시간이 완전히 지나 버렸는데 상태는 조금도 바뀌지 않았다. 달리 어찌할 도리도 없으니 계속 참으면서, 그는 1분마다 인내의 극한을 느끼며, 그녀에 대한 연민 때문에 당장에라도 심장이 찢어질 것만 같은 기분에 휩싸였다.

그러나 또 몇 분이 지나고 1시간, 또 1시간이 지나자 그의 고통과 공포감은 더욱더 커지고 긴장되었다.

그것 없이는 아무것도 생각하지 못할 일상생활의 당연한 조건들조차 레빈에겐 이젠 모조리 존재하지 않게 되었다. 그에겐 시간관념마저 사라져 있었다. 아내 옆으로 불려가 그 땀이 송송한 손을 예사롭지 않은 힘으로 꼭 쥐는가 하면 갑자기 또 밀어젖히기도 하는 그 손을 쥐고 있던 몇 분이 몇 시간처럼 느껴지는가 하면, 때로는 몇 시간이 몇 분처럼 느껴지는 것이었다. 칸막이 저쪽에서 리자베따 뻬뜨로브나가 촛불을 켜 달라고 부탁했을 때, 벌써 저녁 5

시가 되었다는 것을 알고 깜짝 놀라고 말았다. 만약 누군가가 그에게 지금은 아직 아침 10시라고 말한다 하더라도 그는 그렇구나 하고 전혀 놀라지 않았을 것이다. 그는 지금 자기가 어디에 있는지도, 또 언제 무슨 일이 있었는지도 거의 모르고 있었다.

그는 그녀의 부어오른 얼굴을 보고 있었다. 그 얼굴은 어떤 때는 주저주저하며 괴로워하는 듯하다가, 어떤 때는 방긋이 미소를 지으며 그를 달래려고 했다. 그는 또 반백의 고수머리를 풀어헤친 채 입술을 깨물고 솟구쳐 오르는 눈물을 억지로 삼키며 새빨간 얼굴로 긴장한 공작부인도 보았다. 돌리도, 굵직한 궐련을 태우는 의사도, 강직하고 침착해서 보기만 해도 안심이 되는 리자 베따 뻬뜨로브나도, 찡그린 얼굴로 홀 안을 거니는 노 공작도 보았다. 하지만 그들이 언제 나가고 들어가는지, 지금 어디에 있는지는 조금도 몰랐다. 공작부인은 의사와 함께 끼찌의 침실에 있기도 하고 어느새 식탁이 준비된 서재에 가 있었다. 그런가 하면 그녀 대신 돌리가 거기에 있기도 했다. 나중에야 레빈은 누가 자기를 어딘가로 보냈던 것을 생각해 냈다. 한번은 탁자와 소파를 옮겨 달라며 보내졌다. 그는 그것이 그녀를 위해서 필요한 것으로 생각하여 열심히 일했다. 나중에 알고 보니 그것이 자기 잠자리를 준비한 것이었다. 그다음에 그는 뭔가를 물어보라며 서재에 있는 의사에게 보내졌다. 의사는 그것에 대답하고 나서는 시의회의 무질서에 대해 이야기하기 시작했다. 그리고 그는 또 공작부인의 침실에서 금은제 장식이 달린 성상을 가져 오라며 보내졌다. 그는 공작부인의 늙은 하녀와 함께 그것을 꺼내려 장롱 위로 기어올라갔다가 성등(聖燈)을 깨뜨리고 말았다. 늙은 하녀는 마님도 성등도 다 괜찮다며 그를 위로했다. 성상을 들고 온 그는 그것을 끼찌 베갯머리에, 말 그대로 베개 뒤에 꼭 끼워 넣듯이 세웠다. 그러나 이 모든 일이 언제, 어디에서, 무엇 때문에 일어났는지, 그는 몰랐다. 또 어째서 공작부인이 그의 손을 잡고 안타까워하는 눈빛으로 그를 쳐다보면서 진정하라고 했는지, 왜 돌리가 그에게 식사를 권하며 방에서 끌고나갔는지, 왜 의사까지 정색하고 동정어린 눈으로 그를 보면서 물약을 권했는지, 그 까닭이 전혀 이해되지 않았다.

그는 그저 1년 전 지방 도시의 여인숙에서 니꼴라이 형의 임종 자리에서 있었던 일과 비슷한 것이 지금 일어나고 있음을 알고 느낄 뿐이었다. 확실히 그것은 슬픔이고 이것은 기쁨이다. 그러나 그 슬픔도 이 기쁨도 모두 일상생활

밖에 있는 완전히 다른 차원의 일이다. 말하자면 일상생활에 뻥 뚫린 균열 같은 것이며, 그 틈으로 숭고한 무엇인가를 보여주는 통로였다. 그때와 마찬가지로 지금 일어나는 일도 쓰라림과 괴로움을 동반하여 다가왔다. 그리고 마음 또한 이 숭고한 것을 똑바로 눈여겨보기 위해, 영혼이 지금까지 조금도 몰랐던 무한히 높은 경지로, 이성은 도저히 뒤따를 수 없는 높이까지 올라가고자 하는 것이다.

'주여, 용서하시옵소서, 도와주시옵소서.' 그는 줄곧 마음속으로 되뇌었다. 그처럼 오래도록 종교와는 상관없이 살아왔는데도, 유년시절이나 청년시절과 조금도 다름없이 그저 믿는 솔직한 마음으로 하느님을 부르는 자신을 느꼈다.

그동안 그는 동떨어진 두 가지 기분을 품고 있었다. 그 하나는 아내 옆을 떠나서, 굵다란 궐련을 연거푸 피워대며 이미 가득 찬 재떨이 모서리에 연방 담배를 비벼 끄는 의사, 돌리나 공작과 함께 있을 때 느끼는 기분이었다. 그들과 저녁식사며 정치, 마리야 뻬뜨로브나의 병 이야기를 하면서, 레빈은 문득 이 순간 일어나는 일을 까맣게 잊고 마치 꿈에서 깨어난 듯한 기분을 느꼈다. 또 하나는 끼찌 곁에서 그 머리맡에 있을 때 느끼는 기분이었다. 그럴 때면 그는 심장이 그녀에 대한 안타까움으로 금방이라도 터질 것 같지만 역시 터지지 않는 가슴을 끌어안고, 그는 끊임없이 하느님께 기도를 올렸다. 그리고 침실에서 날아오는 비명 소리에 자기 망각의 순간에서 깨어낼 때마다, 그는 처음에 그를 엄습했던 것과 똑같은 그 야릇한 착각에 빠졌다. 즉 매번 비명 소리를 들을 때마다 그는 벌떡 일어나 자기를 변호하기 위해 달려가거나, 도중에서 자기에게 죄가 있는 것은 아니라는 사실을 생각해 내고는 그녀를 보호하고 도와주고 싶다고 생각하는 것이었다. 하지만 그녀 얼굴을 보면 그가 돕는다는 것이 불가능함을 깨닫고 두려움에 빠져, '주여, 용서해 주시옵소서, 도와주시옵소서' 하고 기도했다. 시간이 흐를수록 이 두 가지 기분은 점점 강해졌다. 그녀 곁에서 떨어져 있을 때는 완전히 그녀를 잊어버리고 차분한 기분이 되었고, 그렇지 않을 때는 그녀의 고통에 대한 안타까움과 그것을 도울 방도가 없다는 무력감이 더욱 커져만 갔다. 그는 무심코 벌떡 일어나 어딘가로 달아나고 싶었으나 달아난 곳은 역시 그녀 곁이었다.

이따금 그녀가 너무 자주 부를 때는 그녀를 나무라고 싶었다. 그러나 그녀의 유순한 미소를 보고 "걱정을 끼쳐 드리는군요" 하는 말을 들으면 이번엔 하

느님을 비난하게 되고, 그렇게 하느님을 생각해 내면 이내 용서와 자비를 구하
는 것이었다.

15

그는 지금이 한밤중인지 새벽인지도 몰랐다. 촛불은 벌써 다 타들어갔다.
돌리가 서재로 와서 의사에게 조금 누울 것을 권했다. 레빈은 의사가 말하는
사기꾼 최면술사 이야기를 들으면서 의자에 앉아 그의 궐련 재를 바라보고 있
었다. 진통이 잦아든 때였으므로 그는 머릿속이 멍해져 있었다. 지금 일어나
는 일을 말끔히 잊고 의사의 이야기를 들으며 그것을 이해하고 있었다. 그때
갑자기 뭐라 형언할 수 없는 비명 소리가 울려 퍼졌다. 그 소리가 너무 끔찍했
기 때문에 레빈은 벌떡 일어나는 것마저 잊은 채 숨을 죽이고, 깜짝 놀란 의
심적은 눈으로 의사를 바라보았다. 의사는 귀를 기울이고 고개를 갸웃하더니,
이윽고 격려하는 듯한 미소를 띠었다. 모든 것이 너무나도 이상했기 때문에 오
히려 이제 레빈은 그 무엇에도 놀라지 않을 정도였다.

'아마 이것이 당연한 일이겠지.' 그는 이렇게 생각하고 그냥 그대로 앉아 있
었다. 그러나 그건 도대체 누구의 소리였을까? 그는 벌떡 일어나 까치발로 침
실로 뛰어들어가서 리자베따 뻬뜨로브나와 공작부인의 뒤를 돌아 머리맡 자
기 자리에 섰다. 비명 소리는 가라앉아 있었으나 뭔가 바뀌어 있었다. 그것이
무엇인지 그는 보지도 못했고 알지도 못했으며, 또 보려고도 알려고도 하지
않았다. 하지만 그것은 리자베따 뻬뜨로브나 얼굴빛을 통해서 분명히 알 수
있었다. 리자베따 뻬뜨로브나 얼굴은 긴장되어 창백하고 아래턱이 약간 떨렸
으나 그 눈은 여전히 확고한 빛을 띤 채 끼찌 얼굴에 머물러 있었다. 땀에 젖
은 이마에 흩어진 머리카락이 끈끈하게 들러붙어 있고, 괴로워하는 끼찌의 빨
갛게 달아오른 얼굴이 그를 바라보며 그의 시선을 찾았다. 들어 올린 손이 그
의 손을 청했다. 그녀는 땀에 젖은 두 손으로 그의 차디찬 손을 붙잡자, 그것
을 자기 얼굴에 갖다 댔다.

"가면 안 돼요, 여기 있어요! 난 무섭지 않아요, 무섭지 않아요!" 그녀가 재
빨리 말했다. "어머니, 귀걸이를 떼어 주세요. 귀찮아서 견딜 수 없어요. 당신은
괜찮아요? 곧 끝나요, 곧, 리자베따 뻬뜨로브나……."

그녀는 점점 더 빨리 이렇게 말하고 웃어 보이려고 했다. 그러나 갑자기 얼

굴을 일그러뜨리며 그를 자기 옆에서 밀어냈다.

"아니야, 아아, 무서워! 난 죽어요, 죽고 말 거예요! 저리 가요, 가!" 그녀가 이렇게 소리지르고 다시 아까와 같은 형언할 수 없는 비명 소리가 울려 퍼졌다.

레빈은 머리를 움켜쥐고 방 밖으로 뛰어나갔다.

"괜찮아요, 괜찮아, 걱정하지 않아도 돼요!" 돌리가 그의 뒤에서 말했다. 하지만 뭐라고 말하건 그는 이제 모든 게 끝장났다는 것을 알았다. 그는 옆방에서 기둥에 머리를 기대고 선 채로 지금까지 한 번도 들은 적이 없는 누군가의 찢어지는 듯한 포효를 들었다. 그는 그것이 한때 끼찌라고 불리던 사람이 내는 소리임을 알고 있었다. 벌써 오래전부터 어린아이 따위는 안중에도 없었다. 지금 그는 그 아이가 미웠다. 이제는 그녀 목숨까지도 어떻게 되든 좋았다. 그저 이 무시무시한 고통이 멈추기만을 바랄 뿐이었다.

"선생님! 도대체 어떻게 된 일입니까? 어떻게 된 거예요? 아아!" 그는 방에 들어온 의사의 팔을 붙잡고 추궁했다.

"이제 다 끝나 갑니다." 의사가 말했다. 이렇게 말하는 의사 얼굴이 너무나도 진지했으므로 레빈은 다 끝나 간다는 말을 죽어 가고 있다는 뜻으로 받아들였다.

그는 정신없이 침실로 뛰어들어갔다. 맨 처음 눈에 들어온 것은 리자베따 뻬뜨로브나 얼굴이었다. 그녀는 아까보다도 한층 굳어진 표정으로 긴장하고 있었다. 끼찌 얼굴은 거기에 없었다. 아까까지 얼굴이 있던 자리에는, 잔뜩 힘준 모습으로 보나 거기에서 들려오는 소리로 보나 뭐라 형용할 수 없는 끔찍한 무언가가 있을 뿐이었다. 그는 심장이 터질 것만 같음을 느끼면서 침대 가로목에 얼굴을 묻었다. 끊임없이 이어지는 무서운 외침 소리는 점점 더 참혹하게 변했다가 이윽고, 마치 공포의 극한에 다다르기라도 한 것처럼 갑자기 뚝 그쳐 버렸다. 레빈은 자기 귀를 믿을 수 없었지만 의심의 여지가 없었다. 외침 소리가 멈췄다. 소리 없는 분주한 기척과 옷자락 스치는 소리와 가쁜 숨소리가 들려왔고, 끼찌의 떠듬거리는 생기 넘치고 부드럽고 행복한 목소리가 조용히 말했다. "아아, 이제 끝났어."

그는 고개를 쳐들었다. 두 손을 힘없이 이불 위에 늘어뜨린 채 그 여느 때보다도 아름답고 조용한 얼굴로 그녀가 말없이 그를 찬찬히 바라보고 있었다. 미소를 지으려 했으나 그녀는 그럴 수 없었다.

그러자 갑자기 레빈은 이 스물두 시간 동안 갇혀 있던 이 세상 같지 않은 신비롭고 무서운 세계에서 순식간에 이전의 평범한 세계로, 그러나 지금은 현기증이 날만큼 새로운 행복의 찬연한 광채로 빛나는 세계로 되돌아왔음을 느꼈다. 팽팽하게 당겨졌던 현(絃)이 모조리 끊어졌다. 전혀 예기치 못했던 환희의 흐느낌과 눈물이 걷잡을 수 없는 힘으로 솟구쳐 올라 온몸을 들썩이게 했으므로, 그는 오랫동안 입조차 열 수 없었다.

그는 침대 옆에 무릎을 꿇고 아내 손을 입술로 가져가 연거푸 입맞추었다. 그녀의 손이 손가락의 가냘픈 움직임으로 그의 입맞춤에 답해 주었다. 그 사이에도 침대 발치 쪽에서는 리자베따 뻬뜨로브나의 민첩한 손 안에서 마치 촛대 위 작은 불꽃처럼 한 인간의 생명이 요동하고 있었다. 이때까지는 전혀 존재하지 않았던 그 생명은 다른 생명과 마찬가지로 동등한 권리, 동등한 의의를 간직한 채 살아가고, 또한 자기와 같은 인간을 번식시켜 갈 것이다.

"건강해요! 건강해! 게다가 사내아이예요! 안심하세요." 레빈은 떨리는 손으로 갓난아이 등을 가볍게 두드리는 리자베따 뻬뜨로브나의 목소리를 들었다.

"어머니, 정말이에요?" 끼찌의 목소리가 물었다.

공작부인은 흐느낌으로 그녀에게 대답했다.

그 침묵 속에서 어머니의 물음에 대한 가장 틀림없는 대답으로서, 방 안의 억눌려 있는 듯한 사람들의 목소리와는 전혀 다른 새로운 목소리가 울렸다. 그것은 어디에서 나타났는지 알 수 없는 새로운 인간적 존재의 용감하고 거리낌 없는, 아무것도 고려하지 않는 외침이었다.

조금 전의 레빈이었다면, 설령 끼찌가 죽었고, 자기도 그녀와 함께 죽었고, 그들의 아이는 천사가 되었으며, 지금 그들 앞에 하느님이 나타나셨다는 말을 들어도 전혀 놀라지 않고 받아들였을 것이다. 그러나 이미 현실 세계로 되돌아와 버린 지금 그는 아내가 건강하게 살아 있고 또 이러한 필사적인 소리를 내는 존재가 자기 아들이라는 것을 이해하기 위해 비상한 노력을 기울여야만 했다. 끼찌는 무사하고 괴로움은 끝났다. 그리고 그는 뭐라고 말할 수 없을 만큼 행복했다. 그것은 이해할 수 있었고 그 때문에 매우 기뻤다. 그러나 갓난아이는? 어디에서 무엇 때문에 왔으며, 도대체 누구인가. 그는 도무지 이해할 수 없었고 그런 생각에 익숙해질 수도 없었다. 아기는 그에게 무엇인가 무익하고 불필요한 것처럼 여겨져서 오랫동안 익숙해질 수 없었다.

16

9시가 지나서 노 공작과 꼬즈느이쉐프와 오블론스끼가 레빈의 방에서 자리를 같이하고 앉았다. 그들은 잠시 산모에 대해서 이야기하고 나서 다른 여러 가지 일로 대화의 꽃을 피웠다. 레빈은 그들 이야기를 듣고 있었으나 어느새 옛날 일, 곧 오늘 아침 이전에 있었던 일을 떠올렸다. 그리고 동시에 바로 어제까지 자기가 어떤 인간이었던가를 생각했다. 마치 백 년 전 일을 떠올리는 듯한 기분이었다. 그는 어딘가 남이 다다를 수 없는 경지에 올라가 있는데, 오직 같이 이야기하는 사람들을 모욕하지 않기 위해 일부러 밑으로 내려와 어울리는 듯한 느낌이었다. 그는 이야기하면서도 끊임없이 아내에 대해, 그녀의 지금 상태의 상세한 점들에 대해, 그리고 아들에 대해, 자기에게 아들이 있다는 것에 익숙해지려고 열심히 애쓰며 생각했다. 결혼을 하고 나서 그에게는 미지의 새로운 의미가 있는 여자의 세계라는 것이, 지금 그의 인식 속에서 아무리 상상해도 도저히 미칠 수 없을 만큼 높은 데로 올라가 버린 것이다. 그는 어제 클럽에서의 만찬에 관한 이야기를 들으며 생각에 잠겼다.

'지금 그녀는 어떻게 하고 있을까? 자고 있을까? 기분은 어떨까? 무엇을 생각하고 있을까? 아들은, 드미뜨리는 울고 있을까?' 그는 이야기 도중에, 누군가 이야기하는 도중에 돌연 자리를 차고 일어나 방 밖으로 나갔다.

"나도 그 애한테 가도 좋은지 나중에 알려 주게." 공작이 말했다.

"알았습니다, 곧 알려 드릴게요." 레빈은 발을 멈추지도 않은 채 대답하며 그녀에게 갔다.

그녀는 아직 자고 있지 않았다. 조만간 있을 세례식에 관한 계획을 세우며 조용히 어머니와 이야기하고 있었다.

몸치장을 하고 머리를 빗고 푸른빛이 도는 화사한 나이트캡을 쓴 끼찌는 이불 위로 두 손을 내놓고 반듯이 누워 눈빛으로 남편을 맞이했다. 그리고 역시 눈빛으로 그를 자기 옆으로 불렀다. 언제나 밝은 그녀의 눈동자는 그가 가까이 다가감에 따라 더욱 밝아졌다. 그녀 얼굴에는 흔히 죽은 사람의 얼굴에서 나타나는, 지상의 것에서 천상의 것으로의 변화가 있었다. 그러나 죽은 사람은 영원한 이별이었고 그녀와는 만남이었다. 분만의 순간에 느꼈던 것과 같은 흥분이 또다시 그의 마음에 가득 찼다. 그녀는 그의 손을 잡고, 그가 잤는지 어떤지를 물었다. 그는 대답하지 못하고 자기의 약함을 뼈저리게 느끼면서 얼굴을 돌리고 말았다.

"난 조금 잤어요, 꼬스쨔!" 그녀가 그에게 말했다. "그래서 지금은 아주 기분이 좋아요."

가만히 그를 바라보고 있던 그녀 표정이 갑자기 변했다.

"그 애를 나한테 줘요." 그녀가 갓난아이 울음소리를 듣고 말했다. "주세요, 리자베따 뻬뜨로브나. 이이도 보시게요."

"자아, 아버님에게도 봐 달라고 합시다." 리자베따 뻬뜨로브나는 무엇인가 새빨갛고 야릇한 고물거리는 것을 안아 올려 다가오면서 말했다. "아, 잠깐만 기다려 주세요. 그전에 몸치장이나 조금 할까요." 이렇게 말하고 리자베따 뻬뜨로브나는 꿈실거리는 새빨간 것을 침대에 놓고 배내옷을 벗기더니 손가락만으로 아기를 들어 올렸다 엎어 놓기도 하면서 무슨 가루를 뿌리고 다시 감쌌다.

레빈은 이 조그맣고 가련한 존재를 바라보며 자기 가슴에서 그것에 대한 아버지다운 감정의 작은 조각이나마 발견하기 위해 부질없는 노력을 되풀이했다. 그는 지금 그저 혐오감을 느낄 뿐이었다. 그러나 발가벗겨진 아기의 자줏빛 손과 발의 각각 앙증맞은 손가락과 발가락을 보고, 특히 다른 손가락과는 형태가 다른 엄지손가락과 엄지발가락까지 뚜렷하게 달린 것을 보았을 때, 또 리자베따 뻬뜨로브나가 부드러운 용수철이라도 다루듯이 그 기운차게 내뻗은 손을 꼭 잡고 리넨 옷 속에 밀어 넣는 것을 보았을 때, 그는 이 작은 존재에 대해서 갑자기 강한 애련의 정을 느꼈다. 그래서 그녀가 아이를 다치게 하지나 않을까 하는 격렬한 두려움에 휩싸여 자기도 모르게 그녀의 손을 막았다.

리자베따 뻬뜨로브나가 웃어 댔다.

"괜찮아요, 괜찮아요."

갓난아이에게 깨끗한 옷을 갈아입히고 야무진 인형처럼 꾸미고 나자, 리자베따 뻬뜨로브나는 자기 솜씨를 뽐내기라도 하듯 그 인형을 한번 흔들어 보이고 나서 레빈이 잘생긴 아들을 잘 볼 수 있도록 옆으로 몸을 비켰다. 끼찌도 눈을 떼지 않고 곁눈질로 아기를 바라보고 있었다.

"이리 줘요. 이리 줘!" 그녀는 일어나려고 하면서 말했다.

"어머나, 까쩨리나 알렉산드로브나, 그렇게 움직이시면 안 돼요! 잠깐만 기다리세요, 지금 건네 드릴 테니까. 자, 그럼 아버님께 먼저 보여 드릴까요. 정말 어

쩌면 이처럼 예쁘담!" 리자베따 뻬뜨로브나는 한쪽 손으로(다른 한쪽 손은 그
저 손가락만으로 흔들흔들하는 뒤통수를 받치고 있었다) 이 야릇하게 흐느적거
리는, 그 배내옷 속으로 머리가 들어가 버릴 것만 같은 새빨간 생물을 레빈 앞
에 안아 올려서 보였다. 이 위태로운 생물에게도 역시 코도 있고, 곁눈질을 하
는 눈도 짭짭거리는 입술도 있었다.

"아이가 정말 예뻐요!" 리자베따 뻬뜨로브나가 말했다.

레빈은 괴로운 마음으로 한숨을 쉬었다. 이 예쁘다는 갓난아이는 그에게 한
갓 혐오와 연민의 정만을 불러일으킬 뿐이었다. 그건 그가 기대했던 감정과는
전혀 별개의 것이었다.

리자베따 뻬뜨로브나가 아직 익숙지 않은 끼찌에게 아기를 안겨서 젖을 물
리게 하는 동안 레빈은 얼굴을 돌리고 있었다.

돌연 웃음소리가 들리자 그는 고개를 쳐들었다. 그것은 끼찌 웃음소리였다.
갓난애가 젖을 빨기 시작한 것이었다.

"자, 이젠 충분해요. 충분합니다." 리자베따 뻬뜨로브나는 말했다. 그러나 끼
찌는 갓난애를 놓지 않았다. 아기는 그녀 품 안에서 잠들어 버렸다.

"자, 보세요." 끼찌는 그에게 잘 보이도록 아이를 그 쪽으로 돌리면서 말했다.
늙은이 같은 주름진 얼굴이 더한층 쭈글쭈글해지더니 아이가 재채기를 했다.

미소를 짓고 감동의 눈물을 가까스로 억누른 레빈은 아내에게 입맞추고 어
두운 방에서 나왔다.

그가 이 조그마한 존재에 대해서 느꼈던 감정은 기대했던 바와 전혀 다른
것이었다. 이 감정 속에는 유쾌함도 기쁨도 전혀 없었다. 반대로 그것은 참을
수 없는 두려움이었다. 다치기 쉬운 새로운 약점을 하나 얻게 되었다는 인식이
었다. 처음에는 이 인식으로 너무 괴롭고 또 이 의지할 곳 없는 존재가 고통스
러워지지는 않을까 하는 두려움이 너무 강했기 때문에, 갓난아이가 재채기했
을 때 맛본 불가사의하고 자랑스럽기까지 한 기쁨과 자부심도 거의 눈에 띄지
않았던 것이다.

17

오블론스끼의 사정은 아주 좋지 않았다.

숲 3분의 2에 대한 대금은 이미 다 써버렸고 나머지 3분의 1의 대금도 1할

을 감해주고 거의 전부를 상인에게서 앞당겨 받아 버렸다. 상인은 그 이상 돈을 내지 않았다. 게다가 올겨울에는 돌리까지 처음으로 자기 재산권을 정면으로 주장하며, 숲 나머지 3분의 1의 대금 수령증에 서명하는 것을 거부했다. 봉급은 전부 생활비와 남아 있는 자질구레한 빚을 갚는 데 다 썼다. 그래서 돈이라고는 한 푼도 없었다.

이것은 불쾌하고 거북한 상황으로, 오블론스끼 생각엔 이대로 두어서는 안 될 일이었다. 이렇게 된 원인은 그의 해석을 따르면 봉급이 너무 적다는 것에 있었다. 그가 차지한 지위는 5년 전만 해도 분명히 참으로 좋았으나 지금은 그렇지 않았다. 은행 총재 뻬뜨로프는 1만 2천 루블을 받고 회사임원 스벤쩌스끼는 1만 8천 루블을 받으며, 은행을 설립한 미쩐은 5만 루블을 벌고 있었다.

'분명히 난 깜빡 잠든 사이에 모두에게 잊혀버렸던 것이다.' 오블론스끼는 이렇게 생각했다. 그래서 그는 귀를 세우고 눈을 부릅뜨고 살피기 시작하여 겨울이 다 갈 무렵 굉장히 좋은 자리를 발견하고 그것을 향하여 공격을 개시했다. 처음에는 모스끄바에서 고모와 고모부, 친구들을 통해서 손을 쓰다가, 이윽고 기회가 무르익었다고 생각하자 봄에는 그가 직접 뻬쩨르부르그로 나갔다. 그것은 최근 들어 급증한 일 중 하나로, 연봉은 1천 루블에서 5만 루블까지 다양하지만, 일도 수월하고 뇌물 수입이 쏠쏠한 지위였다. 바로 남부 철도와 여러 은행의 제휴에 의한 상호신용 합동대리위원회의 위원직이었다. 이런 일들이 다 그렇듯이, 위원에게는 한 인간이 아울러 갖추기 어려운 극히 넓은 지식과 활동력을 요구했다. 그러나 이런 자질을 갖춘 사람은 있을 까닭이 없지만, 그런대로 공정하지 않은 사람보다는 공정한 사람에게 이 지위를 주는 것이 가장 좋은 방법이었다. 그런데 오블론스끼는 일반적인 의미로 공정한 사람이었을 뿐만 아니라, 모스끄바에서 '공정한 활동가', '공정한 문인', '공정한 잡지', '공정한 조직', '공정한 경향'이라고 말할 때와 같은 특수한 의미에 비추어 공정한 사람이었다. 또한 이 말은 그저 인간이라든가 조직이 파렴치하지 않다는 것을 의미할 뿐만 아니라, 경우에 따라서는 그 사람이 정부에 일침을 가할 정도의 기량을 갖추었음을 의미했다. 오블론스끼는 모스끄바에서 언제나 이러한 말이 쓰이는 사회에 드나들었으므로 거기에서 '공정한 사람'으로 통용되었다. 따라서 그는 이 지위에 대해서 다른 사람들보다 많은 권리가 있다고 생각한 것이다.

이 지위에는 연 7천 루블에서 1만 루블까지 봉급이 지급되었다. 게다가 오블론스끼는 현재의 관직에서 물러나지 않고 그것을 차지할 수 있었다. 성패는 두 명의 대신과 한 명의 귀부인, 유대인 두 명의 권한 내에 있었다. 그들과의 교섭은 이미 다 돼 있었으나, 오블론스끼는 뻬쩨르부르그에서 일단 그들을 직접 만나 두어야만 했다. 게다가 또 그는 까레닌한테 이혼에 대한 확답을 얻어 오겠다고, 누이인 안나에게 약속한 상황이었다. 그래서 그는 돌리한테 있는 돈을 다 긁어 50루블을 얻어서 뻬쩨르부르그로 출발했던 것이다.

까레닌 서재에 앉아서 러시아의 재정이 곤경에 처한 원인 해결을 위한 그의 사업내용을 들으면서, 오블론스끼는 그저 안나에 대한 자기 용건을 꺼내려고 상대 이야기가 끝나기만을 기다렸다.

"그렇지, 그건 정말 그래." 그는, 안경 없이는 이제 글을 읽을 수 없게 된 까레닌이 코안경을 벗고 의심쩍게 옛 처남 얼굴을 쳐다보자 이렇게 말했다. "그야 상세한 점에서는 정말 틀림없지. 그러나 우리 시대 원칙은 역시 자유란 말이야."

"그렇죠, 그러나 내가 처음 내놓아 주장하는 것은 자유의 원칙을 포괄하는 다른 원칙입니다." 까레닌은 '포괄한다'는 말에 특히 힘을 주며, 그것이 설명된 부분을 한 번 더 읽어주려고 다시 코안경을 쓰면서 말했다. 넉넉히 여백을 두고 깨끗하게 쓴 원고를 뒤적이며 다시 문제가 된 부분을 읽어 내려갔다.

"난 개인의 이익을 위해 보호 제도를 원하는 게 아닙니다. 바로 일반복지를 위해서입니다. 하층계급도 상류계급도 마찬가지로요." 그는 코안경 위로 오블론스끼를 쳐다보면서 말했다. "그러나 그들은 그것을 이해하지 못해요. 그들은 다만 개인적인 이해관계에만 사로잡혀 있으면서 말만 번드르르 하니까요."

오블론스끼는 까레닌이 그의 제안을 받아들이려고 하지 않았던 바로 그들, 러시아 온갖 악행의 원흉인 바로 그들이 무엇을 하고 무엇을 생각하는가에 대해서 말하기 시작하면 그 이야기가 이제 끝날 무렵임을 알고 있었다. 그래서 이제 그는 기꺼이 자유의 원칙을 포기하고 완전히 까레닌 견해에 동의했다. 까레닌은 생각에 잠긴 듯한 태도로 자기 원고를 뒤적거리면서 입을 다물었다.

"아아, 참." 오블론스끼가 말했다. "자네한테 부탁이 하나 있는데 말이야. 언제라도 좋아, 만약 뽀모르스끼를 만나거든, 내가 이번에 생기는 남부철도 상호신용 합동대리위원회의 위원 자리를 굉장히 희망하고 있다고 한마디 해 주지 않겠나?"

오블론스끼는 이 지위 명칭에 완전히 익숙해 있었으므로 조금도 틀리지 않고 술술 말해 버렸다.

까레닌은 그 새로운 위원회가 하는 일에 대해서 자세히 묻고 나서 생각에 잠겼다. 이 위원회 활동에 무엇인가 그의 사업과 상반되는 게 있지 않나 생각한 것이었다. 그러나 이 신설 조직의 사업이 굉장히 복잡한 데다 또 그의 초안도 지극히 넓은 범위에 걸친 것이었으므로 그는 당장은 그것을 판단할 수 없었다. 그래서 코안경을 벗으면서 말했다.

"물론 그런 말을 하는 건 어렵지 않지요. 그런데 뭣 때문에 그런 지위를 바라시는 겁니까?"

"봉급이 많으니까, 9천 루블까진 주니까 말이야. 지금 내 재정이……."

"9천 루블이라." 까레닌은 이렇게 되풀이하고 이맛살을 찌푸렸다. 그는 이 급료의 높은 숫자를 듣고, 오블론스끼가 얻으려는 자리가 이 부분에서 언제나 긴축 쪽으로 기우는 그의 초안의 주요 취지와 상반되는 것이 아닌가 생각한 것이다.

"현대의 그러한 거액 봉급이야말로 우리 정부의 경제정책 불균형을 나타내는 증거라고 생각합니다. 난 그것에 대해 각서까지 쓴 적이 있지요."

"아니, 그럼 대체 어쩌란 말이야?" 오블론스끼가 말했다. "가령 말이야, 은행 총재가 1만 루블의 봉급을 받는다면 그것은 그에게 그만한 가치가 있기 때문이 아닐까. 그런가 하면 기술자 중에서 2만 루블을 받는 사람도 있을지 모르지, 아무튼 현실 문제니깐 어쩔 수 없는 거야!"

"나는 봉급도 상품에 대한 대가라고 생각합니다. 그러니까 당연히 수요공급의 법칙에 따라야지요. 그런데 봉급 액수가 이 법칙에서 벗어나 있다면, 나는 그것이 수요공급의 법칙이 아닌 사사로운 인맥에 따라 정해진 거라고 결론지을 수밖에 없어요. 이를테면 똑같은 학벌에 똑같은 지식, 똑같은 재능을 갖춘 두 기사가 있는데, 한 명은 4만 루블을 받고 다른 한 명은 2천 루블로 만족해야 하는 상황이나, 또는 아무런 특별한 지식도 없는 법학자나 경기병에게 은행 총재 자리를 내주며 사회가 거액의 봉급을 지급하는 경우가 이에 해당합니다. 이것은 그 자체로도 예삿일이 아니며 국가 직무에도 지극히 해로운 영향을 끼치는 남용입니다. 그래서 내가 생각하기에……."

오블론스끼는 부랴부랴 매제 말을 가로막았다.

"그래, 하지만 말이야, 지금 설립되고 있는 기관은 틀림없이 새롭고 유익한 조직이야. 무엇보다 시대에 발맞춘 조직이지! 일을 공정하게 처리하는 점을 특히 중요시하고 있어." 오블론스끼는 '공정'이라는 말을 강조하며 말했다.

그러나 공정하다는 말의 모스끄바적 의미가 까레닌에겐 이해되지 않았다.

"공정하다는 것은 그저 소극적인 성질에 불과하지요." 그가 말했다.

"어찌 되었건 자네가 그래 준다면 난 참으로 고맙겠어." 오블론스끼는 말했다. "그저 한마디만 뽀모르스끼에게 얘기해 주면 돼. 이야기 도중에 잠깐 말이지."

"그러나 이 문제에 관해선 볼가리노프 쪽이 더 힘이 있을 것 같은데요." 까레닌이 말했다.

"볼가리노프는 내 요청에 완전히 승낙해 주었어." 이렇게 말하면서 오블론스끼는 얼굴이 빨개졌다. 그가 볼가리노프 이름을 입에 담자마자 얼굴을 붉힌 이유는, 바로 이날 아침 유대인 볼가리노프를 방문했기 때문이며, 이 방문이 그의 마음에 불쾌한 인상을 남겨 놓았던 것이다.

오블론스끼는 자기가 이제부터 하고 싶어 하는 일이 새롭고 시대에 맞는 훌륭한 사업임을 확신하고 있었다. 그러나 오늘 아침, 볼가리노프가 분명히 고의로 그를 두 시간 동안 다른 청원자들과 함께 응접실에서 기다리게 했을 때, 그는 갑자기 몹시 거북스러웠던 것이다.

러시아 시조 뤼리끄의 후예인 오블론스끼 공작이 유대인의 응접실에서 두 시간이나 기다렸다는 사실이 유감이었는지, 아니면 그가 대대로 정부에 봉사하여 온 조상의 예에 따르지 않고 난생처음 새로운 무대에 진출하려고 하는 것이 꺼림칙했는지 몰라도, 아무튼 그는 굉장히 거북했다. 볼가리노프의 집에서 기다리던 두 시간 동안 오블론스끼는 활발하게 응접실을 돌아다니며 구레나룻을 바로잡기도 하고 다른 청원자들과 이야기하기도 하고, 자기가 유대인의 집에서 기다린 이야기를 다른 사람들에게 어떤 익살로 풀어놓을까 궁리하면서, 자기가 느낀 기분을 다른 사람은 물론 자기 자신에게도 필사적으로 숨기려고 애썼다.

그러나 그는 그동안 줄곧 거북스러웠고 부아가 잔뜩 났다. 그러나 그것이 무

엇 때문인지, 모처럼 생각해 낸 '브일로 젤로 도 쥐다 이 야 도쥐달샤*³라는
재담이 영 시원치 않았기 때문인지, 그렇지 않으면 무엇인가 다른 원인이 있
었는지 그 자신도 석연치 않았다. 마침내 볼가리노프가 그를 굉장히 정중하게
접견하고, 그러나 분명히 그의 비굴한 태도를 보고 으쓱거리면서 거의 거절이
나 다름없는 대답을 했기 때문에, 오블론스끼는 될 수 있는 대로 빨리 그것을
잊어버리려고 했다. 그래서 지금 그는 그 일을 떠올리고 얼굴이 화끈거린 것이
었다.

18

"그리고 말이야, 나에겐 볼일이 또 하나 있는데. 이미 자네도 알 테지만 안나
에 관한 일이야." 잠시 침묵하며 아까의 불쾌한 인상을 떨쳐 버리고 오블론스
끼가 말했다.

오블론스끼가 안나 이름을 내자마자 까레닌 얼굴빛이 확 바뀌었다. 지금까
지의 생기가 싹 사라지고 피로한 주검 같은 표정이 나타났다.

"당신은 내게 도대체 무엇을 바라시는 겁니까?" 그는 안락의자에서 몸의 방
향을 바꾸고 코안경을 치우면서 말했다.

"해결이야, 어떤 해결말이야, 까레닌. 나는 지금 자네를(오블론스끼는 '모욕당
한 남편으로서가 아니라' 이렇게 말하고 싶었으나 그것으로 중요한 볼일을 망쳐
서는 안 된다고 생각하여 곧바로 말을 바꿨다) 정치가로서가 아니라(이 말은 도
무지 상황에 어울리지 않았다) 그저 한 사람의 인간으로, 그것도 선량한 인간,
기독교인으로 보고 말하는 거야. 부디 그녀를 불쌍히 여겨 주게나." 그가 말
했다.

"대체 어떤 점을 말입니까?" 까레닌은 조용히 말했다.

"그야 그녀 자체를 가엾게 여겨야지. 만약 자네가 나처럼 날마다 그 애를 보
았다면…… 난 올겨울 내내 함께 있었거든…… 그랬다면 자네도 그녀를 가엾
게 여기지 않을 수 없었을 거야. 그 애 처지는 정말 끔찍하다니까."

"내가 볼 때……." 까레닌은 더한층 날카롭고 거의 째지는 목소리로 대답했
다. "안나 아르까지예브나는 자기가 바랐던 것은 전부 가진 것처럼 여겨집니

---

*3 유대인에게 볼일이 있어 나는 오랫동안 기다리고 있었다는 의미로 도 쥐다(유대인에게)라는
말과, 도쥐달샤(기다렸다)라는 말의 어조를 맞춘 희담.

다만."

"아아, 까레닌, 제발 언쟁은 그만두자구! 지나간 일은 지나간 일이잖나. 자네도 알다시피 현재 그녀가 바라고 애타게 기다리는 건 이혼이야."

"그러나 만약 내가 아들은 여기에 남겨 두어야 한다는 요구를 꺼낸다면 안나 아르까지예브나는 이혼을 거절할 거라고 생각해요. 그래서 나는 그렇게 답장했고 이 문제는 이미 끝났다고 생각했습니다. 지금도 그렇게 생각하고요." 까레닌은 날카로운 목소리로 말했다.

"자, 흥분하진 말게." 오블론스끼는 매제 무릎을 만지면서 말했다. "그 문제는 아직 끝나지 않았어. 요약하자면 일은 이렇지. 즉 두 사람이 헤어졌을 때 자네는 지극히 훌륭하고 최대한도로 관대했어. 자네는 그녀에게 모든 것을 주었지······ 자유도, 이혼까지도. 그녀는 고맙게 생각했어. 아니 의심하면 안 돼. 정말로 고맙게 여겼지. 너무 지나치게 고마워한 나머지 처음에는 오직 자네에 대한 죄의식에만 사로잡혀 이것저것 잘 생각해 보지도 않았고 또 생각할 힘도 없었지. 그래서 그녀는 결국 모든 것을 단념해 버렸어. 그러나 그러는 사이에 현실과 시간이 그녀에게 가르쳐 주었지. 그녀 처지가 얼마나 괴롭고 절망적인지를."

"나는 이제 안나 아르까지예브나의 생활에는 흥미가 없어요." 까레닌은 눈썹을 추켜세우면서 말을 가로막았다.

"실례지만 난 그걸 믿지 않아." 오블론스끼가 부드럽게 받아넘겼다. "그녀 처지는 그녀에게 괴로울 뿐만 아니라 그 누구에게도 전혀 이로울 게 없어. 자네는 자업자득이라고 말하겠지. 그녀도 그것을 알고 있기 때문에 자네에게 부탁할 수 없는 거야. 그녀는 자기가 감히 아무것도 부탁할 권리가 없다고 분명히 말하고 있어. 그러나 내가, 아니, 그녀를 사랑하는 우리 집안 모두가 자네에게 부탁하고 애원하고 싶다네. 도대체 그녀가 괴로워한들 무슨 의미가 있나? 누구에게 이득이 되는 것도 아니잖아?"

"실례지만 당신은 나를 피고 자리에 앉히려고 하는 것 같군요." 까레닌이 말했다.

"아니, 천만에, 절대 그렇지 않아. 오해하지 말게." 이번에는 매제 손을 만지면서 오블론스끼가 말했다. 마치 이 접촉이 그를 누그러뜨릴 수 있다고 믿기라도 하는 것처럼.

"내가 하고 싶은 말은 단 하나야. 그녀 처지가 괴롭고, 그 고통은 자네를 통해서만 가벼워질 수 있으며, 더구나 자네는 아무것도 잃을 게 없다는 것, 단지 이것뿐이야. 나한테 맡겨만 주면 자네를 대신해서 만사를 말끔히 정리하겠어. 자네도 전에 그러한 약속을 했잖나."

"약속했다고 해도 이미 지난 일입니다. 그리고 나는 아들에 대한 문제로 이미 이야기가 끝난 걸로 알고 있었습니다. 게다가 안나 아르까지예브나도 조금은 마음을 너그럽게 가져 주겠거니 하고……." 새파랗게 질린 까레닌은 입술을 파르르 떨면서 간신히 말했다.

"그녀야말로 모든 것을 자네의 관대한 마음에 맡기는 거야. 그 애는 오직 한 가지…… 지금의 절망적인 처지에서 건져 주기만을 바라고, 비는 거야. 그녀는 이제 아들도 바라지 않아. 까레닌, 자네는 선량한 사람이야. 조금이라도 좋으니 그녀 처지에서 생각해 주게. 지금 처지의 그녀에겐 이혼은 생사가 걸린 문제야. 자네가 만약 전에 그러한 약속을 하지 않았던들 그 애도 자기 처지를 체념하고 시골에서 살았을 거야. 그러나 자네 약속이 있었기 때문에 그녀는 자네에게 편지를 쓰고 모스끄바로 나왔어. 그리고 모스끄바에서 사람들과 만날 때마다 심장이 비수로 찔리는 듯한 기분을 느끼면서 날마다 목을 늘이고 해결을 기다리며 벌써 여섯 달이나 살아온 거야. 이것은 죽음을 선고받은 자에게, 어쩌면 용서될지도 모른다고 말하면서 목에 올가미를 채운 채 몇 달이나 붙잡아 매 두는 꼴이 아닌가. 그녀를 불쌍히 여겨 주게. 그럼 뒷일은 내가 다 알아서 하겠네…… 자네 걱정은……."

"난 그런 것을 말하는 게 아녜요. 그런 것은……." 까레닌은 불쾌한 듯이 그를 가로막았다. "그러나 어쩌면 난 내가 약속할 권리가 없는 것을 약속했는지도 모르겠군요."

"그럼 자넨 한 번 한 약속을 깨겠다는 건가?"

"나는 결코 가능한 일의 이행을 거절한 적은 없습니다. 그러나 이 경우 약속한 것이 어느 정도까지 실행될 수 있는가, 그것을 생각해 볼 시간이 필요하다는 겁니다."

"그건 안 돼, 까레닌." 오블론스끼가 펄쩍 뛰면서 말했다. "해도 너무하지 않은가! 그녀는 지금 여자로서 가장 불행한 처지에 놓여 있어. 그런 여자를 내버려두겠다니……."

"약속한 것이 어느 정도까지 이행될 수 있는가에 달렸지요. 당신은 스스로 자유사상가라고 말하고 있습니다. 그러나 나는 신자입니다. 이런 중대한 사건을 기독교 계율에 반해 처리할 수는 없습니다."

"하지만 기독교 국가에서도, 우리나라에서도 내가 아는 범위 내에서는 이혼이 허용되는데." 오블론스끼가 말했다. "우리 교회에서도 이혼을 허용하지 않나. 실제로……"

"허용되지요. 그러나 지금 같은 의미에서는 아닙니다."

"까레닌, 나는 자네를 모르겠군." 잠시 침묵을 지키고 나서 오블론스끼가 말했다. "그 당시 기독교 정신에 따라 모든 것을 용서하고 일체를 희생할 각오까지 했던 것은 자네가 아니었던가? 그리고 그런 자네에게 감사한 우리가 아니었던가? 자네 스스로 말하지 않았나. 웃옷을 벗기려고 하는 자에게는 속옷까지 주라고. 그것을 지금에 와서……"

"부탁이에요." 까레닌은 갑자기 훌쩍 일어나서 새파랗게 질린 얼굴로 턱을 달달 떨며 날카로운 목소리로 외쳤다. "부탁이에요. 이제 그만, 그만하십시오…… 이 이야긴."

"아니, 미안하네! 자네를 괴롭혔거든 용서해 주게, 용서해 주게." 오블론스끼는 난처한 듯 웃으며 악수를 청했다. "어쨌든 난 심부름꾼으로서 부탁받은 말을 전했을 뿐이야."

까레닌도 손을 내밀고 잠시 생각하더니 이렇게 말했다.

"난 잘 생각하고 가르침을 구해야만 합니다. 확답은 모레 드리겠습니다." 그는 무엇인가 헤아리면서 말했다.

19

오블론스끼가 막 돌아가려고 할 때 꼬르네이가 들어와서 알렸다.

"세르게이 알렉세이치가 돌아오십니다."

"누구야, 세르게이 알렉세이치가?" 오블론스끼는 이렇게 물었으나 이내 생각해 냈다. "아아, 세료쥐아!" 그가 말했다. '세르게이 알렉세이치라고 해서 나는 또 어딘가의 국장이나 뭣인 줄 알았네. 그래, 안나도 그 애를 만나고 오라고 부탁했었지.' 그는 생각했다.

오블론스끼는 안나가 자기를 배웅하면서 "어떻게 해서든 그 애를 만나고 오세요. 지금 어디에 있는지, 누구와 함께 있는지 자세히 알아 가지고 와 주세요. 그리고 스찌바...... 만약 할 수만 있다면! 할 수 있을까요?" 하고 말했을 때 그 주저하는 듯한 가련한 표정을 떠올렸다. 오블론스끼는 그 '만약 할 수만 있다면'이라는 말이 무엇을 의미하는지 잘 알고 있었다. 만약 아들을 그녀가 맡기로 하고 이혼할 수 있다면 이라는 의미였다. 오블론스끼는 지금으로선 그러한 가능성은 생각할 수조차 없다는 것을 알고 있었지만 그래도 조카를 만나게 되어 역시 기뻤다.

까레닌은 아들에게 어머니에 대해서 절대로 얘기하지 않도록 하고 있으니, 그도 그녀에 관해서는 한마디도 꺼내지 말아 달라고 못을 박았다.

"그 애는 우리가 전혀 예기치 않았던 어머니와의 상봉 후에 몹시 아팠습니다." 까레닌이 말했다. "한때는 이제 틀렸다고 여겼을 정도였습니다만, 적절한 치료와 여름의 해수욕 덕분으로 간신히 건강을 회복했지요. 지금은 의사의 권고에 따라 학교에 보내고 있습니다. 요즈음 학교 친구들 덕택에 완전히 튼튼해졌고 공부도 열심히 하고 있지요."

"오, 아주 훌륭한 청년이 되었군! 과연, 이젠 어린 세료쥐아가 아니라, 어엿한 세르게이 알렉세이치야!" 오블론스끼는 푸른 윗옷에 긴 바지를 입고 거침없이 활발한 걸음걸이로 들어온, 어깨가 딱 벌어진 잘생긴 소년을 보자 벙실거리면서 이렇게 말했다. 소년은 건강하고 쾌활한 얼굴을 하고 있었다. 그는 남에게 대하듯이 외숙에게 인사했으나, 그가 누구인지 알아보자 얼굴을 붉히더니 마치 모욕을 당하고 잔뜩 부아가 난 것처럼 얼른 얼굴을 돌려 버렸다. 소년은 아버지에게 다가가 학교에서 받아 온 성적표를 내밀었다.

"음, 아주 잘했구나." 아버지가 말했다. "자, 이제 가 보렴."

"좀 야위고 키가 컸군. 애티가 없어지고 완전히 소년이 되어 버렸어. 응, 좋은 시절이지." 오블론스끼가 말했다. "어때, 나를 기억하겠니?"

소년은 아버지를 힐끗 돌아보았다.

"기억하고 있습니다, 외삼촌." 그는 외숙 얼굴을 쳐다보고 대답했으나 이내 또 눈을 내리깔아 버렸다.

외숙은 소년을 가까이 불러 그의 손을 잡았다.

"그래, 어떠냐, 어떻게 지내고 있지?" 그는 무엇인가를 이야기하고 싶었으나 무슨 이야기를 해야 할지 몰라 그저 막연히 이렇게 물었다.

소년은 얼굴을 붉힌 채 아무 대꾸도 하지 않고 외숙 손에서 살며시 자기 손을 잡아 빼려 했다. 오블론스끼가 손을 놓아주자마자, 소년은 의심쩍은 눈으로 아버지를 흘끗 보고 나서 마치 풀려난 새처럼 빠른 걸음으로 서재를 나가 버렸다.

세료쥐아가 어머니를 마지막으로 본 지 벌써 1년이 지났다. 그때 이래 그는 어머니 이야기를 한 번도 듣지 못했다. 또 올해부터 학교에 들어가 많은 친구를 알게 되고 사랑하게 되었다. 어머니를 만난 뒤에 병이 났을 정도의 어머니에 대한 공상과 추억도 이제 그의 마음을 차지하지 않았다. 그러한 회상이 떠오르면, 그는 그것을 부끄러운 것, 그저 계집아이들에게나 있는 것이고, 사내이자 학생인 자신에게 있어서는 안 되는 것으로 생각하고 필사적으로 마음에서 내쫓으려고 노력했다. 그는 아버지와 어머니 사이의 불화 때문에 두 사람이 헤어졌으며 자기는 아버지 곁에 남게 되었다는 사실을 알고 있었다. 그래서 어떻게든 이 생각에 길들도록 애쓰고 있었던 것이다.

어머니와 닮은 외숙을 보는 것도 그에게는 불쾌했다. 그가 수치스러운 것으로 생각하는 그 추억을 마음속에 불러일으키기 때문이다. 또한 서재 문어귀에서 기다리며 엿들은 두서너 마디 말을 통해서, 특히 아버지와 외숙의 표정을 통해서, 둘 사이에 어머니 얘기가 오가고 있었다는 걸 알아챘으므로 더한층 불쾌했다. 그래서 같이 살면서 돌봐주는 아버지를 비난한다든가 하지 않기 위해, 그리고 무엇보다 평소에 수치스러운 것으로 생각하는 감정에 빠지지 않기 위해, 세료쥐아는 자기 평안을 어지럽히러 온 이 외숙을 보지 않으려 애썼고, 그가 불러일으키는 회상을 떠올리지 않으려고 애썼던 것이다.

그러나 곧 뒤따라온 오블론스끼가 층층대 위에서 그를 발견하고 자기 옆으로 가까이 불러 학교에서 쉬는 시간에 무엇을 하느냐고 물었으므로, 세료쥐아는 아버지가 없는 곳에서 외숙과 이야기하게 되었다.

"지금은 철도놀이가 한창이에요." 세료쥐아가 그의 물음에 대답했다. "어떻게 하냐면, 일단…… 긴 의자에 둘이 걸터앉아요. 그게 손님들이죠. 그리고 그 의자 위에 한 사람이 올라 서요. 그러면 모두가 의자에 들러붙어서 그걸 끌고 다녀요. 손으로든 허리띠로든 무엇으로도 괜찮아요. 그리고 온 교실을 쓸고 돌아다니는 거예요. 문은 미리 다 열어 놓고요. 차장이 되는 건 굉장히 어려워요!"

"그건 서 있는 사람이겠군?" 오블론스끼가 웃으면서 물었다.

"네. 그러니까 차장에게는 용기와 솜씨가 필요해요. 갑자기 멈춘다든가 누군 가가 굴러떨어진다든가 할 때에는 더욱더."

"그래, 장난이 아닐걸." 오블론스끼는 이젠 어릴 때의 천진함을 잃어가는, 어머니를 빼다 박은 그 생생한 눈을 서글픈 마음으로 들여다보면서 말했다. 그는 까레닌에게 안나 이야기는 하지 않겠다고 약속했으나 끝내 참을 수 없었다.

"어머니를 기억하고 있니?" 그가 갑자기 물었다.

"아뇨, 기억하고 있지 않아요." 세료쥐아는 얼른 말하고 얼굴을 새빨갛게 붉히며 고개를 떨어뜨려 버렸다. 외숙은 이제 그에게서 그 이상 아무것도 알아낼 수 없었다.

슬라브인 가정교사는 그로부터 반시간쯤 후 층층대 위에서 제자를 발견했다. 그리고 그가 화내는 것인지 우는 것인지 한참 동안 이해할 수 없었다.

"왜 그러세요, 넘어져 다치셨어요? 가정교사가 말했다. "그러니까 일러뒀잖아요, 그건 위험한 놀이라고요. 교장 선생님께 말씀드려야겠군요."

"만약 다쳤다면 난 아무에게도 들키지 않았을 거예요. 정말이에요."

"그럼 도대체 어떻게 된 거예요?"

"나를 내버려 둬요! 내가 기억하든 말든……. 그 사람이 무슨 상관이죠? 무엇 때문에 내가 기억하고 있어야 하지? 나 좀 가만 내버려 두란 말이에요!" 그는 이미 가정교사가 아닌 온 세계를 향해 외치고 있었다.

20

오블론스끼는 여느 때처럼 뻬쩨르부르그에서 시간을 허투루 보내지 않았다. 모처럼 뻬쩨르부르그에 왔으니 누이의 이혼과 취직이라는 볼일 말고도, 이른바 모스끄바에서 곰팡이가 슬어 버린 자기를 산뜻하게 씻어내야 했던 것이다.

모스끄바는 아무리 무대가 딸린 카페와 삯마차가 있어도 역시 괴어 있는 웅덩이였다. 오블론스끼는 언제나 그것을 통감하고 있었다. 모스끄바에서, 특히 가족과 함께 사노라면 그는 마음이 우울해지는 것을 느꼈다. 오랫동안 모스끄바에 처박혀 한 발자국도 나가지 않고 살다 보면 결국 저기압인 아내 잔소리, 아이들 건강과 교육에 관한 일, 근무상의 자질구레한 이해관계니 하는 것으로 마음을 어지럽히게 되고, 나아가 소소한 빚들까지 마음에 걸리는 것이었다. 그러나 이렇게 뻬쩨르부르그로 나와 언제나의 동료와 어울려 지내다 보면, 모스끄바처럼 그저 추위에 얼어붙어 있는 것이 아니라 참으로 활기 있는 생활을 하다 보면 그런 하찮은 걱정은 불 앞의 밀랍처럼 순식간에 녹아 사라져 버리는 것이었다.

아내는?…… 그는 오늘 체첸스끼 공작과 이야기를 나누었다. 체첸스끼 공작에겐 아내도 있고 가족—사관학교에 다니는 다 큰 아들들도 있었지만, 그것과는 별개로 또 하나의 가족이 있었고 거기에도 역시 아이들이 있었다. 첫째 가족도 나쁘지 않았지만 체첸스끼 공작은 둘째 가족에게서 더 많은 행복을 느꼈다. 더구나 그는 자기 장남을 둘째 가족에게 데려갔는데, 그것이 아들을 위해 유익하고 교육적이라고 오블론스끼에게 이야기했다. 모스끄바였다면 사람들은 뭐라고 말할까?

아이들은? 뻬쩨르부르그에서는 아이들이 아버지 생활을 방해하지 않는다. 아이들은 학교에서 양육되었다. 모스끄바에 퍼져 있는 것처럼—이를테면 리보프의 가정이 그 전형이다—아이들은 온갖 생활의 사치를 즐기고 어버이는 그저 근로와 걱정만 해야 한다는 그러한 낡아빠진 견해는 없었다. 여기에서는 일반적으로, 인간은 문명인답게 자기를 위해서 살아야 한다고 생각했다.

근무는? 이곳의 근무도 모스끄바처럼 집요하고 절망적인 멍에가 아니었다. 여기에서는 근무에도 미묘한 재미가 있었다. 해후, 봉사, 재치 있는 말, 익살스럽게 표현하는 능력, 이런 것만 있으면, 사람은 대번에 어제 오블론스끼가 만난 현재 제1급 고관인 브랸세프처럼 출세하는 것이다. 근무도 이렇다면 흥미진진할 것이다.

특히 금전사정에 대한 뻬쩨르부르그 사람들의 견해가 오블론스끼에게 안도감을 주었다. 그 생활방식으로 미루어 적어도 5만 루블은 쓰는 바르뜨냔스끼가 이것에 대해 어제 그에게 재미있는 말을 들려주었다.

점심 전에 이야기하면서 오블론스끼는 바르뜨냔스끼에게 말했다.

"자넨 모르드빈스끼와 가까이 지내는 것 같더군. 그러니까 나를 위해서 말이야, 한마디만 거들어 주지 않겠나? 실은 내가 노리는 자리가 하나 있어, 대리 위원회의 일인데……"

"글쎄, 난 곧잘 잊어버리고 마니깐…… 그런데 자넨 무엇 때문에 그러한 유대인들이 얽힌 철도사업 같은 것에 눈독을 들이나? 그건 뭐니뭐니 해도 역시 기분 나쁜 일이야."

오블론스끼는 그것이 시대 흐름에 맞는 일이라고 말하지 않았다. 바르뜨냔스끼에게는 이해되지 않으리라 생각했기 때문이다.

"돈이 필요해, 생활이 어려워서 말이야."

"하지만 살아갈 수는 있지 않나?"

"그야 그렇지만 빚도 있고 하니까."

"뭐, 자네가? 많나?" 바르뜨냔스끼가 동정의 빛을 띠고 말했다.

"아주 많아. 한 2만 루블쯤."

바르뜨냔스끼는 쾌활하게 껄껄 웃었다.

"오오, 행복한 사나이여!" 그가 말했다. "나는 50만 루블이나 되는 빚이 있어. 게다가 가진 것도 하나 없지. 그래도 보시다시피 아직 잘살고 있거든!"

오블론스끼는 그저 말뿐만이 아니라 실제로도 그렇다는 것을 알았다. 쥐바호프는 30만 루블의 빚을 진 무일푼이었지만 역시 까딱없이 훌륭하게 살고 있었다! 끄리프소프 백작은 이미 오래전에 사회에서 매장돼 버렸으나 지금도 여자를 둘이나 데리고 있다. 뻬뜨로프스끼는 5백만 루블이나 탕진하고도 여전히 똑같은 생활을 하고 있을 뿐만 아니라 재무성에 근무하며 2만 루블의 봉급을 받고 있었다. 하지만 돈 문제 말고도 뻬쩨르부르그는 오블론스끼에게 육체적으로도 좋은 영향을 주었다. 이곳은 그를 젊게 했다. 모스끄바에서 그는 이따금 백발을 발견하기도 하고, 식후에 꾸벅꾸벅 졸다 줄곧 기지개를 켜고, 헐떡헐떡 가쁜 숨을 쉬면서 층층대를 한 발짝 한 발짝 천천히 오르고, 젊은 여자와 함께 있어도 지루하니 무도회에서도 춤추지 않을 정도였다. 그러나 뻬쩨르부르그에 오면 언제나 10년은 젊어지는 것을 느꼈다.

그는 뻬쩨르부르그에서 요즘음 외국에서 막 돌아온 예순 살 표뜨르 오블론스끼 공작이 어제 그에게 이야기했던 것과 똑같은 것을 경험했다.

"러시아에선 아무래도 참된 생활을 할 수 없어." 표뜨르 오블론스끼는 말했다. "자넨 믿지 않을지 모르지만, 난 한여름을 바덴에서 지냈는데 어땠는 줄 아나? 정말 내가 마치 청년이 된 느낌이 들지 뭐야. 젊은 여자를 보면 온갖 망상이 떠오르고…… 식사를 하고 가볍게 한잔 들이키면 힘과 용기가 솟구친단 말이야. 그런데 러시아에 돌아오면 아내를 만나러 시골까지 가야 하지. 그러면 어떤 줄 아나, 2주만 지나면 줄곧 가운만 입고 지내고, 식사 때조차 옷을 갈아입지 않게 된단 말이야. 젊은 여자 생각이 다 뭐야! 완전히 노인네가 돼 버리지. 하는 일이라곤 내세의 안락을 바라는 정도야. 그러나 지금이라도 또 파리로 나가면 금방 회복된다니까."

오블론스끼는 표뜨르 오블론스끼가 말하는 이 격차를 느꼈다. 모스끄바에서 그는 완전히 의기소침해지므로 만약 거기에 계속 머물렀다간 아마 내세나 비는 인간이 되어 버렸을 것이다. 그러나 뻬쩨르부르그에서는 자기가 또다시 생생한 인간으로 되돌아온 느낌이 들었다.

베뜨시 뜨베르스까야 공작부인과 오블론스끼 사이에는 오래전부터 아주 묘한 관계가 이어져 왔다. 오블론스끼는 늘 반농담조로 그녀에게 치근거렸고, 역시 지극히 외설적인 말을 반농담조로 지껄여 대곤 했다. 그녀가 그것을 아주 좋아한다는 것을 알고 있었기 때문이다.

까레닌과 예의 담판이 있었던 이튿날, 그는 그녀를 찾아갔다. 아주 젊어진 기분에 취해 자기도 모르게 우쭐해져서 그 반농담조의 구애를 입에서 나오는 대로 지껄여댄 결과, 이젠 어떻게 뒤로 빠져나와야 할지 모를 만큼 궁지에 빠지고 말았다. 사실 그는 그녀를 좋아하지 않았을 뿐 아니라 오히려 싫어하고 있었기 때문에 더욱 큰일이었다. 일이 그렇게 되어 버린 것도 실은 그녀가 그에게 굉장히 마음이 있었기 때문이었다. 그래서 때마침 거기에 마흐까야 공작부인이 찾아와, 괴로운 두 사람의 대면을 중단시켜서 그는 굉장히 기뻐했다.

"어머, 당신도 오셨군요." 그녀가 그를 보고 말했다. "그래 불행한 누이는 어떻게 지내고 계시죠? 어머나, 그런 눈으로 나를 보지 말아 주세요." 그녀는 덧붙였다. "세상 사람들이, 그분보다 천 배나 만 배나 나쁜 사람들이 그분을 욕하고 공격하기 시작했지만 난 그분이 잘했다는 것을 알게 되었어요. 그래서 나는 그분이 뻬쩨르부르그에 오셨을 때 브론스끼가 내게 알려 주지 않았던 것을 용서할 수 없어요. 만약 알았더라면 난 그분을 찾아가서 어디든 같이 다녔을 텐데 말이에요. 아무쪼록 그분에게 내 사랑을 전해 주세요. 그리고 내게 그분 이야기를 들려주세요."

"네, 그녀는 지금 굉장히 괴로운 처지에 있어요. 그녀는⋯⋯." 단순한 오블론스끼는 '당신의 누이 이야기를 들려주세요'라는 마흐까야 공작부인의 말을 액면 그대로 받아들여 말하기 시작했다. 그러자 마흐까야 공작부인은 여느 때와 마찬가지로 곧 그를 가로막고 자기가 이야기하기 시작했다.

"그분은 누구나 몰래 숨어서 하는 짓을 한 것에 불과해요. 난 아니지만요. 그분은 거짓말을 하지 않았을 뿐이에요. 그 점은 높이 살 만하죠. 또 그분이 그 얼간이 같은 당신 매제를 버린 건 더한층 훌륭한 태도였어요. 실례되는 말을 지껄이는 것을 용서하세요. 세상 모두가 그분을 현명하다고 떠받들 때부터 나만은 그가 어리석다고 말했어요. 그랬는데 이제 와서야, 그가 리지야 이바노브나 백작부인이며 '랑드'와 한통속이 된 것을 보고 비로소 모두가 그를 얼간이라고 말하고 있지 뭐예요. 나도 세상 이야기에는 동의하고 싶지 않지만, 이번만은 그럴 수 없군요."

"그럼, 내게 한 가지 설명 좀 해주세요." 오블론스끼가 말했다. "이게 도대체 어떠한 의미인가요? 어제 난 누이 일로 그에게 가서 확답을 청했었지요. 그런데 그는 대답하지 않고 좀 더 생각해 보겠다고 말했어요. 그런데 오늘 아침에 대답 대신, 오늘 밤 리지야 이바노브나 백작부인의 집으로 와 달라는 초대장이 온 겁니다."

"아아, 그거예요, 그거!" 마흐까야 공작부인이 기뻐하는 얼굴빛을 띠며 말했다. "그 사람들은 틀림없이 랑드에게 의견을 물을 거예요."

"어째서 랑드에게? 무엇 때문이죠? 도대체 그 랑드가 뭡니까?"

"어머, 당신은 쥘 랑드를 모르세요? 그 유명한 천리안 쥘 랑드? 그 역시 얼간이 같은 사내이지만 말씀이에요. 그러나 당신 누이의 운명은 그 사람 손안에 있어요. 당신은 시골에 살아서 아무것도 모르시는군요. 랑드는 말이에요, 파리 어떤 가게 점원이었어요. 그런데 어느 날 의사를 찾아갔다가 대기실에서 잠이 들었는데, 잠든 채로 거기에 있던 환자들에게 일일이 충고를 하기 시작했다는 거예요. 그런데 그것이 놀라운 충고였단 말이죠. 그러고 나서 유리 멜레진스끼—아시나요? 병에 걸리셨어요—의 부인이 이 랑드에 대해 알고 남편에게 그를 데려왔어요. 랑드는 지금 그녀 남편을 치료하고 있어요. 내 눈에는 아무런 효과도 없어 보이지만요. 왜냐하면 멜레진스끼는 여전히 쇠약한 채로 있거든요. 하지만 그들은 그를 믿고 어디든 데리고 다녀요. 그렇게 러시아까지 데려온 거죠. 그러자 여기에서도 너도나도 몰려드니까 그는 모두를 치료하기 시작했어요. 베즈주보바 백작부인은 병이 나았다며 그 사내에게 홀딱 반한 나머지지 결국 그를 양자로 삼아 버렸다니까요."

"양자로 삼았다고요?"

"네, 양자로 삼았어요. 그래서 그는 이제 랸드가 아니라 베즈주보프 백작이에요. 하지만 그거야 어쨌든 상관없는 일이고, 중요한 것은 리지야 이바노브나 백작부인이—난 그분을 굉장히 사랑하지만 그분은 제정신이 아니에요—이 랸드에게 목을 매고 있어서, 그가 없으면 그분도 까레닌도 무엇 하나 결정하지 못하는 판국이에요. 그러니까 당신 누이의 운명도 지금은 이 랸드, 즉 베즈주보프 백작 손에 달린 셈이죠."

21

바르뜨냔스끼 집에서 성찬을 대접받고 많은 양의 꼬냑을 마신 오블론스끼는 약속한 시간보다 조금 늦게 리지야 이바노브나 백작부인의 집으로 갔다.

"부인에게는 또 누가 와 있나? 프랑스인이야?" 오블론스끼는 눈에 익은 까레닌의 외투와 특이하고도 수수한 호크가 달린 외투를 보고 문지기에게 물었다.

"알렉세이 알렉산드로비치 까레닌과 베즈주보프 백작님이 와 계십니다." 문지기가 엄숙한 어조로 대답했다.

'마흐까야 공작부인이 말한대로군.' 오블론스끼는 충충대를 오르면서 생각했다. '아무래도 이상한 상황이야! 그러나 아무튼 이 여자와 알아 두는 건 나쁘지 않아. 그녀는 대단한 세력가이니까 말이야. 만약 이 여자가 뽀모르스끼에게 한마디만 거들어 준다면 그야말로 틀림없을 텐데.'

바깥은 아직 환했으나 커튼을 드리운 리지야 이바노브나 백작부인의 객실에는 램프가 켜져 있었다.

백작부인과 까레닌이 램프가 놓인 둥근 탁자를 둘러싸고 무엇인가 조용히 이야기하면서 앉아 있었다. 그리고 저쪽 끝에서 한 사나이가, 초상화가 잔뜩 걸려 있는 벽을 둘러보며 서 있었다. 체구가 작고 수척한 그는 여자처럼 허리가 잘록하고 다리가 무릎께에서 안으로 굽었으며, 굉장히 창백한 잘생긴 얼굴에 반짝반짝 아름다운 눈이 빛나고 프록코트 깃까지 긴 머리칼을 늘어뜨리고 있었다. 여주인과 까레닌에게 인사를 한 오블론스끼는 아무렇지 않게 다시 한번 그 낯선 사나이를 쳐다보았다.

"랸드 씨!" 백작부인은 오블론스끼가 깜짝 놀랄 만큼 부드럽고 조심스레 그를 불렀다. 그녀는 두 사람을 소개했다.

랑드는 재빨리 돌아보고 가까이 다가와 미소를 띠면서 오블론스끼가 내민 손에, 그 힘없는 땀이 밴 손을 살짝 얹더니 이내 다시 물러가서 초상화를 바라보기 시작했다. 백작부인과 까레닌은 의미심장하게 서로 눈짓을 주고받았다.

"뵙게 되어 대단히 반갑습니다. 특히 오늘 같은 날에." 백작부인은 오블론스끼에게 까레닌 옆 자리를 권하면서 말했다.

"나는 저분을 랑드라고 소개해 드렸어요." 그녀는 프랑스인 쪽을 한 번 쳐다보고 곧 까레닌에게 눈길을 옮기면서 조용한 목소리로 말했다. "사실 저분은, 아마 아실 테지만 베즈주보프 백작이세요. 그저 저분이 그러한 칭호를 싫어하셔서요."

"네, 들었습니다." 오블론스끼는 대답했다.

"듣기로는, 저분이 베즈주보바 백작부인을 완전히 낫게 했다더군요."

"그분은 오늘도 우리 집에 오셨었는데 정말 딱하기 짝이 없었어요!" 백작부인은 까레닌을 돌아보았다. "이 작별은 그녀에겐 정말 가슴 아픈 일이에요. 굉장한 타격이 아닐 수 없어요."

"그럼, 저분은 정말로 떠나는 겁니까?" 까레닌이 물었다.

"네, 파리로 가세요. 어제 계시를 받으셨대요." 백작부인은 오블론스끼를 쳐다보면서 말했다.

"아아, 계시를요!" 오블론스끼는 아직 자기에게 그것을 풀 열쇠가 없는 특별한 그 무엇인가가 이미 일어나려고 하든가, 또는 앞으로 일어날 이러한 모임에서는 될 수 있는 대로 조심스럽게 행동해야 한다고 느끼면서 그녀의 말을 되풀이했다.

잠깐 침묵이 찾아들었다. 그 뒤에 백작부인은 이제부터 이야기의 본론으로 들어가겠다는 어조로 엷은 미소를 띠고 오블론스끼에게 말했다.

"오래전부터 당신을 알고 있던 터라 이렇게 가까이 보게 되니 무엇보다도 기쁩니다. 내 친구의 친구는 역시 친구라고 하니까요. 그런데 친구라면 그의 속마음을 배려해야 하지 않나요? 내 생각에 당신은 까레닌에 대해서 그 배려가 부족하신 게 아닌가 싶어요. 내가 무슨 말을 하는지 이해하시겠지요?" 그녀는 깊은 생각에 잠긴 듯한 아름다운 눈을 치뜨며 말했다.

"그거야, 부인, 나도 까레닌 처지를 얼마쯤은 이해하고 있어요……." 오블론스끼는 일이 어떻게 돌아가는지 잘 몰랐으므로 일반론에서 그쳐야겠다고 생각하면서 말했다.

"외면적인 변화를 말하는 게 아녜요." 백작부인은 엄격한 어조로 말하는 동시에 애틋한 눈으로, 자리에서 일어나 랑드 쪽으로 가려는 까레닌 뒤를 좇았다. "저분은 마음이 변한 거예요. 새로운 마음이 생긴 거죠. 나는 당신이, 저분 마음속에서 일어난 그 변화를 충분히 헤아리지 못하는 게 아닌가 싶은 거지요."

"하지만 나도 대충은 그 변화를 상상할 수 있습니다. 우리는 여태까지 쭉 친밀하게 지내 왔고 지금도……." 오블론스끼는 백작부인 눈빛에 부드러운 시선으로 대답하면서, 마음속으로는 두 대신 가운데 어느 쪽에 조언해달라고 부탁해야 할지 알아내기 위해, 그녀가 그들 중 어느 쪽과 더 친할까 생각했다.

"저분 마음에 일어난 변화가 가까운 사람들에 대한 애정을 약하게 하는 일은 없어요. 그렇기는커녕 도리어 사랑을 강하게 하고 있을 거예요. 하지만 당신은 지금 내 말을 잘 이해 못 하시는 것 같군요. 차를 드세요." 그녀는 차를 내온 하인 쪽을 눈짓으로 가리키면서 말했다.

"아니, 조금은 알고 있습니다, 부인. 물론 저 사람의 불행은……."

"그래요, 그 불행이, 마음이 새로워지면서 지극히 높은 행복이 된 거예요. 마음이 행복으로 가득 찬 거예요." 그녀는 황홀경에 빠진 눈빛으로 오블론스끼를 보면서 말했다.

'어쩐지 양쪽 모두에게 다 조언을 부탁해도 될 것 같군.' 오블론스끼는 생각했다.

"네, 말씀 대롭니다. 부인." 그가 말했다. "그러나 그런 변화는 아무에게도, 매우 친밀한 사람에게도 말하기 꺼려지는 굉장히 내밀한 것이라고 생각합니다만."

"천만에요, 오히려 그 반대예요! 우리는 서로 마음을 털어놓고 힘이 되어야만 해요."

"물론 그렇습니다만 신념의 차이라는 것도 있고, 게다가……." 오블론스끼는 부드러운 미소를 띠고 말했다.

"신성한 진리 문제에 신념의 차이 같은 게 있을 턱이 없어요."

"아, 네, 그렇지요, 물론. 그러나……." 어찌할 바를 모르고 오블론스끼는 입을 다물어 버렸다. 그는 그들 이야기가 종교에 관한 것임을 비로소 깨달았던 것이다.

"곧 잠들 것 같군요." 까레닌이 리지야 이바노브나 옆으로 다가와서 의미심장하게 귓속말을 했다.

오블론스끼는 뒤를 돌아보았다. 랑드는 창가에 있는 안락의자 등에 기대어 팔꿈치를 짚고 머리를 떨어뜨린 채 앉아 있었다. 자기에게 쏠린 일동의 시선을 알아채자 그는 고개를 쳐들고 어린아이처럼 티없는 미소를 지었다.

"마음 쓰지 마세요." 백작부인은 까레닌을 위해 의자를 살짝 밀었다. "나는 말이에요……." 그녀가 뭔가 말하려고 했을 때, 하인이 편지를 갖고 방으로 들어왔다. 부인은 그것을 훑어보더니 잠깐 실례한다고 말하고는, 굉장한 속도로 답장을 써서 하인에게 건네고 탁자로 돌아왔다. "나는 말이에요." 그녀는 아까 시작했던 이야기를 계속했다. "모스끄바 분들, 특히 남자분들은 종교에 굉장히 냉담한 분들이라고 생각해요."

"아닙니다, 그건 그렇지 않아요, 부인. 모스끄바 사람들은 가장 종교심이 두텁다는 평판을 듣는 것으로 알고 있습니다만." 오블론스끼가 대답했다.

"그러나 내가 아는 한 당신은 유감스럽게도 냉담한 사람 중의 한 명이에요." 지친 듯한 미소를 띠고 그에게 얼굴을 돌리면서 까레닌이 말했다.

"어떻게 냉담할 수 있을까요!" 백작부인이 말했다.

"종교에 대해 난 냉담한 것이 아닙니다. 그저 대기 중일 뿐이지요." 오블론스끼는 비장해 보이는 부드러운 미소를 띠면서 말했다. "내게는 아직 때가 오지 않은 것 같습니다."

까레닌과 리지야 이바노브나는 서로 눈짓을 했다.

"우리는 자신에게 그러한 때가 왔는가 어떤가를 결코 알 수 없습니다." 까레닌이 엄하게 말했다. "우리는 자기가 준비되어 있는지 아닌지 하는 것을 생각해서는 안 됩니다. 하느님의 은총은 인간의 판단에 좌우되는 게 아닙니다. 그것은 부지런히 애쓰는 사람 위에 내리지 않고, 사울*4처럼 아무런 준비도 하지 않은 사람에게 내릴 수도 있으니까요."

"아직은 안 되는 것 같군요." 그동안 프랑스인의 움직임에 계속 눈을 주고 있

*4 사도 바울이 개종하기 전의 이름.

던 백작부인이 말했다.

랑드가 일어서서 그들 쪽으로 다가왔다.

"여러분 이야기를 들어도 괜찮을까요?" 그는 물었다.

"네, 괜찮다마다요. 우린 그저 당신을 방해하고 싶지 않았을 뿐이니까요." 부드러운 눈빛으로 그를 쳐다보면서 백작부인이 말했다. "자, 앉으세요."

"빛을 잃지 않기 위해서는, 그저 눈을 감지만 않으면 됩니다." 까레닌은 계속했다.

"아아, 당신이 가슴속에 언제나 하느님이 계시다는 것을 느끼면서 우리가 맛보는 이 행복을 알아주신다면!" 행복에 겨운 미소를 지으며 백작부인이 말했다.

"그러나 인간은 때로 그런 높은 데로 올라갈 능력이 자기에게 없다는 느낌이 들 때도 있는 겁니다." 오블론스끼는 그 종교적인 경지를 인정하는 것이 자기 양심을 속이는 것임을 느끼면서도, 동시에 뽀모르스끼에게 한마디 하는 것으로 자기가 바라는 지위를 줄 힘이 있는 그 귀부인 앞에서 자기의 자유사상을 표명할 용기가 없었다.

"말하자면 당신은 죄가 방해되기 때문이라고 말씀하고 싶으시겠지요?" 백작부인이 말했다. "하지만 그것은 그릇된 생각이에요. 믿는 자에게는 죄가 없어요. 죄를 이미 속죄받았으니까요. 아, 실례할게요." 그녀는 또다시 편지를 갖고 들어온 하인 쪽을 쳐다보면서 덧붙였다.

그녀는 편지를 읽고 말로 답변을 전했다. "내일 대공비 저택에서, 그렇게 전해 줘…… 믿는 자에게 죄라는 건 없어요." 그녀는 이야기를 계속했다.

"그러나 행함이 없는 믿음은 죽은 것이니까요." 오블론스끼는 교리문답의 한 구절을 떠올리고 말했으나, 이미 그는 고작 미소만으로 자신의 주체성을 애써 지키는 상태였다.

"저 봐요, 또 야고보서 문구가 나왔습니다." 까레닌은 약간 꾸짖는 듯한 어조로 리지야 이바노브나에게 얼굴을 돌리며 말했다. 분명히 그것은 그들이 이미 여러 차례 이야기한 문제인 모양이었다. "그 구절의 그릇된 해석이 얼마나 많은 폐단을 빚어내고 있는지 모릅니다! 그 해석만큼 사람을 신앙으로부터 멀어지게 하는 건 없으니까요. '나에게는 행함이 없으니까 나는 믿을 수 없다'라는 논리겠지만 그런 말은 아무 데도 쓰여 있지 않아요. 전혀 정반대 말이 언급

될 따름입니다."

"하느님을 위해서 일하고, 노동과 금식으로써 영혼을 구제한다." 혐오와 경멸의 빛을 드러내며 백작부인은 말했다. "이것은 우리나라 수도사들의 야만적인 해석이에요…… 그런 가르침은 어디에도 없거든요. 문제는 훨씬 간단하고 손쉬워요." 그녀는 궁중에서 새로운 환경에 어찌할 바를 모르는 젊은 여관(女官)들을 격려할 때처럼, 용기를 북돋우는 듯한 미소를 짓고 오블론스끼를 쳐다보면서 덧붙였다.

"우리는 우리를 대신해 고난을 받으신 그리스도에 의해 구제를 받는 겁니다. 우리는 믿음으로 구원받는 겁니다." 눈빛으로 그녀 말에 찬성하면서 까레닌은 주저하지 않고 딱 잘라 말했다.

"당신은 영어를 할 줄 아시죠?" 그녀는 오블론스끼에게 묻고 안다는 답을 듣자, 자리에서 일어나 서가의 책을 고르기 시작했다.

"《구원받은 자와 행복한 자》나 《날개 아래》를 읽어 드리려고요." 그녀는 뭔가 묻고 싶은 것처럼 까레닌을 쳐다보고 말했다. 그리고 책을 찾아 다시 자리로 돌아와서 그것을 폈다.

"아주 짧은 이야기지만 여기에는 신앙에 이르기까지의 과정과 그것을 얻은 이의 가슴을 가득 채우는 지상의 온갖 만물을 초월한 행복에 대해 씌어 있어요. 믿는 사람이 불행해지는 일은 없어요. 왜냐하면 그 사람은 이제 혼자가 아니니까요. 당신도 곧 알게 되실 거예요."

그녀가 책을 읽으려는 순간, 또 하인이 들어왔다.

"보로즈지나 부인? 내일 2시에 오라고 말해 줘. 그래." 그녀는 책갈피에 손가락을 끼운 채 지시를 내리고 한숨을 한 번 내쉬더니, 생각에 잠긴 듯한 아름다운 눈으로 정면을 물끄러미 바라보면서 말했다. "참다운 신앙은 어마어마한 작용을 해요. 당신은 마리 사나나를 아시지요? 그럼 그녀의 불행도 아세요? 단 하나뿐인 아이를 잃고, 그녀는 크게 절망했죠. 그러나 그 뒤 어떻게 되었을까요? 그녀는 이 벗을 발견하고 지금은 자기 아이의 죽음조차 완전히 하느님께 감사하고 있어요. 이것이 바로 신앙이 주는 행복이지요."

"아아, 그렇습니까, 그것은 굉장히……" 오블론스끼는 상대가 곧 책을 읽기 시작하면 어느 정도나마 생각을 정리할 여유가 생길 것에 만족하면서 이렇게 말했다. '아니, 오늘은 이 여자에게 아무것도 부탁하지 않는 편이 좋을 것 같

다.' 그는 생각했다. '어쨌든 골치 아파지기 전에 빨리 빠져나가야겠어.'

"당신은 지루하실 거예요." 백작부인이 랑드에게 말했다. "당신은 영어를 모르시니까요. 하지만 이건 짧아요."

"아닙니다, 저도 알게 되겠지요." 랑드는 아까와 같이 웃는 얼굴로 말하고 눈을 감았다.

까레닌과 리지야 이바노브나 백작부인은 의미 있게 눈길을 주고받았다. 그리고 낭독을 시작했다.

22

오블론스끼는 거기에서 들은 새롭고 이상야릇한 말에 완전히 어리벙벙한 자신을 느꼈다. 뻬쩨르부르그 생활의 복잡성은 그를 모스끄바의 침체한 생활로부터 끌어내면서 그에게 좋은 자극을 주었다. 그러나 그는 자기에게 새롭고 낯익은 범위 안에서만 그 복잡성을 사랑하고 이해했던 것이다. 이 낯선 세계에서는 그도 어리둥절하고 아찔하여 아무것도 이해할 수 없었다. 리지야 이바노브나 백작부인의 낭독에 귀를 기울이는 동안 자기에게 얼어붙어 있는 랑드의 아름답고 순박한 또는 교활한—그중 어느 쪽인지 그 자신도 잘 몰랐다—시선을 느끼면서, 오블론스끼는 어쩐지 머리가 무거워지는 것을 느끼기 시작했다.

지극히 잡다한 상념이 그의 머릿속에서 한데 엉클어졌다. '마리 사니나는 자기 아이의 죽음을 기뻐하고 있다…… . 지금 담배를 피울 수 있다면 참 좋으련만…… . 구원을 받기 위해서는 그저 믿기만 하면 된다, 수도사들은 그것을 어떻게 해야 할지 모르고 있으나 리지야 이바노브나 백작부인은 알고 있다…… . 그런데 어째서 난 이렇게 머리가 무거운 것일까? 꼬냑 탓일까, 아니면 모든 것이 너무 이상한 탓일까? 아무튼 나도 지금까지 무례한 짓은 하지 않은 것 같다. 하지만 역시 그녀에게 무언가를 부탁할 수는 없다. 들은 바로는 이 사람들은 기도를 강요한다고 하지 않는가. 그런 일은 사양하겠어. 너무나도 어리석으니까 말이야. 그건 그렇고, 이 여자는 어쩌면 이렇게 쓸데없는 것을 읽고 있을까. 그러나 발음은 정말 훌륭하군. 랑드가 베즈주보프라니, 어째서 저 사내가 베즈주보프야?'

갑자기 오블론스끼는 자기 아래턱이 억누를 수 없을 만큼 하품 모양새로 뒤틀리는 것을 느꼈다. 그는 하품을 감추기 위해 구레나룻을 다듬는 척하며 몸을 떨었다. 그러나 뒤미처 곧 그는 잠에 빠져 코를 골기 시작할 것만 같음을 느꼈다. 그 순간 "잠이 들었어요" 하는 백작부인 목소리에 그는 퍼뜩 정신을 차렸다.

오블론스끼는 나쁜 짓을 하다가 들킨 것처럼 깜짝 놀라 눈을 떴다. 그러나 그 '잠이 들었어요'라는 말은 그가 아니라 랑드를 두고 한 말임을 알고 이내 안심했다. 프랑스인은 오블론스끼처럼 졸고 있었다. 그러나 자기가 잠들면 분명히 이 두 사람을 노하게 했겠지만(그러나 그러한 것을 뚜렷이 생각한 건 아니었다. 그만큼 지금 모든 것이 그에게는 이상야릇하게 여겨졌던 것이다) 랑드의 잠은 그들을, 특히 리지야 이바노브나 백작부인을 굉장히 기쁘게 했다.

"내 친구(Mon ami)." 리지야 이바노브나는 옷 스치는 소리를 내지 않도록 비단옷 치맛자락을 조심스럽게 치켜들고, 흥분한 나머지 까레닌을 이제 까레닌이 아닌 '내 친구'라고 부르면서 이렇게 말했다. "손을 쥐 봐요, 알겠죠? 쉿!" 그녀는 다시 들어온 하인을 꾸짖었다.

"지금은 무엇이든 안 돼."

프랑스인은 안락의자 등받이에 머리를 기댄 채 자고 있었다. 아니면 자는 시늉을 하고 있었는지도 몰랐다. 무릎 위에 놓은, 땀이 밴 한 손으로 마치 무엇인가를 붙잡으려는 듯한 가냘픈 동작을 하고 있었다.

까레닌은 일어섰다. 조심하려고 했으나 탁자 모서리에 걸리며 그 옆으로 다가가서 자기 손을 프랑스인 손 안에 살짝 놓았다.

오블론스끼도 함께 일어나, 만약 자기가 아직 졸고 있다면 빨리 잠을 깨야 겠다고 생각하면서 눈을 휘둥그렇게 뜨고 두 사람을 번갈아 바라보았다. 그 모든 것이 현실이었다. 오블론스끼는 점점 더 머리가 이상해져 가는 것을 느꼈다.

"마지막에 온 사람, 의심을 품는 그 사람을 내쫓아라! 내쫓아라!" 프랑스인은 눈을 감은 채 중얼거리기 시작했다.

"죄송합니다만 이런 사정이니까요…… 10시쯤 다시 와 주세요. 내일이면 더욱 좋고요."

"내쫓아라!" 프랑스인이 참을성 없이 급하게 되풀이했다.

"나 말씀이지요, 그렇지요?"

오블론스끼는 그렇다는 대답을 듣자 리지야 이바노브나에게 부탁하려고 했던 것뿐만 아니라 누이에 관한 일도 잊어버린 채 그저 한시바삐 여기에서 빠져나가야겠다는 욕망에 떠밀려 발끝걸음으로, 마치 전염병에 감염된 집에서 도망치듯이 한길로 뛰어나갔다. 그리고 조금이라도 빨리 기분을 돌이켜야겠다고 생각하고 오랫동안 마부를 상대로 지껄이며 농을 걸었다.

프랑스 극장 마지막 막에 간신히 맞춰서 도착해 구경하고 난 뒤 타타르인 레스토랑에서 샴페인을 마시고 나서야, 오블론스끼는 비로소 자신을 추스르고 안도의 숨을 쉴 수 있었다. 그러나 역시 그날 밤은 어쩐지 몹시 기분이 개운하지 않았다.

뻬쩨르부르그에 있는 동안 숙소로 삼은 표뜨르 오블론스끼 집으로 돌아오자 베뜨씨의 편지가 와 있었다. 그녀는 하다 만 이야기를 꼭 마무리 짓고 싶으니까 내일 와 주면 좋겠다고 쓰고 있었다. 그가 편지를 읽고 그 내용에 눈살을 찌푸리고 있는데 아래층에서 무엇인가 무거운 것을 나르는 듯한 사람들의 쿵쾅거리는 발소리가 들려왔다.

오블론스끼는 상황을 살펴보러 나갔다. 젊음을 되찾은 표뜨르 오블론스끼가 계단을 오를 수 없을 만큼 만취해 있었다. 그러나 오블론스끼를 보자 자기를 일으켜 세우라고 명령하고 그에게 매달려 그의 방으로 함께 들어갔다. 그리고 거기에서 자기가 어떻게 하루 저녁을 지냈는가 이야기하다 그대로 잠이 들어 버렸다.

오블론스끼는 드물게도 굉장히 의기소침하여 오랫동안 잠을 이룰 수 없었다. 그가 떠올리는 것마다 하나부터 열까지 구역질이 치밀었다. 그 가운데에서도 가장 구역질 나고 남부끄러웠던 것은, 백작부인 집에서 보낸 그날 저녁의 일이었다.

이튿날 그는 까레닌에게서 안나와의 이혼 문제에 대한 단호한 거절 회답을 받았다. 그는 그 결정이, 어제 프랑스인이 정말인지 거짓인지 모를 수면 상태에서 했던 말에 근거하고 있음을 깨달았다.

23

가정생활에서 무엇인가 새로운 것을 꾀하기 위해서는 부부 사이에 완전한 분열이든가 아니면 사랑의 일치가 있어야만 한다. 부부관계가 애매하여 이것도 저것도 아니라면 어떤 계획도 실행될 수 없다. 세상에는 남편과 아내가 서로 치를 떠는 생활을 습관적으로 몇 해고 계속하여 되풀이하는 부부가 꽤 있지만 그것은 모두 완전한 불화도 화합도 없기 때문이다.

태양은 이미 봄에서 여름으로 넘어가고 있었다. 가로수길 나무도 벌써 오래전에 완전히 잎에 파묻혀 먼지를 뒤집어쓰고 있는 이 무렵, 무더위와 티끌 속에서의 모스끄바 생활은 브론스끼에게도 안나에게도 견디기 어려운 것이었다. 그런데도 그들은 벌써 오래전에 결정한 보즈드비쥔스꼬예로 돌아가지 않고, 두 사람 다 못 견디게 싫어하는 모스끄바에서의 무료한 생활을 이어 가고 있었다. 이것도 요즈음 두 사람 사이에 완전한 일치가 없어졌기 때문이었다.

그들을 갈라놓은 조바심에는 표면적인 이유가 전혀 없었다. 그리고 아무리 원인을 찾으려고 해도 전혀 소용없었을 뿐만 아니라 오히려 짜증을 증폭시켰다. 그것은 내면적인 분노였다. 그녀에겐 그의 사랑의 감퇴가 원인이었고, 그에게는 자기가 그녀를 위해 이런 괴로운 상황을 감내하는데도 그녀가 그것을 가볍게 해주기는커녕 오히려 더한층 괴로운 것으로 만든다는 점에서 비롯된 회한 때문이었다. 두 사람 모두 자기 조바심의 원인을 비록 직접 입 밖에 내지는 않았지만, 서로 상대를 옳지 않다고 생각하면서 사사건건 그것을 증명하려고 애썼다.

안나에게는 브론스끼의 모든 것, 즉 온갖 상념, 온갖 욕망, 온갖 정신적 육체적 특색이니 하는 것이 오직 하나—여자에 대한 사랑으로 귀착되었다. 그런데 그녀 감정에 따르면 이 사랑은, 그녀 한 사람에게만 모두 집중되어야 했으나 그 사랑이 식어버린 것이다. 따라서 그녀 판단으로는, 그의 사랑 일부가 다른 여자들 또는 다른 한 여자에게 옮겨간 것이 틀림없었다. 그래서 그녀는 질투를 느꼈다. 그녀는 어떤 여자에 대해서가 아니라 그의 사랑의 감퇴에 대해서 질투했다. 즉 아직 구체적인 질투 대상이 없었으므로 그녀는 끊임없이 그것을 찾고 있었다. 아주 작은 계기만으로도 그 질투 대상은 계속 바뀌어 갔다. 어떤 때는 그가 독신이었던 친구들 덕분에 손쉽게 관계를 맺을 수 있었던 천한 여자를, 어떤 때는 그가 어디에서나 만날 수 있었던 사교계 여자를, 또 어떤 때는 그가 자기와의 관계를 끊고 결혼하고 싶어 하는 가상의 처녀를 질투하기도 했다. 이 마지막 질투가 가장 그녀를 괴롭혔다. 특히 그의 어머니가 그를 조금도 이해하지 않고 소로끼나 공작 영애와 결혼시키려 한다고, 그가 그녀에게 언젠가 툭 터놓고 이야기했을 때 자기도 모르게 입 밖에 낸 적이 있었기 때문이다.

안나는 질투에 휩싸여서 그를 원망하고 온갖 것에서 트집을 잡았다. 자기 처지의 괴로움을 전부 그만의 죄로 돌렸다. 그녀가 모스끄바에서 경험하는 이 쓰라리고 괴로운 기다림의 연속, 까레닌의 우유부단과 주저, 자기의 고독, 이러한 것을 전부 그의 탓으로 돌렸다. 만약 그가 자기를 사랑한다면 무엇보다 먼저 그녀가 놓인 처지의 모든 괴로움을 이해하고 그 속에서 구해 주었을 것이다. 그녀가 시골이 아니라 모스끄바에서 살고 있다는 것도 그의 죄였다. 그는 그녀가 바랐던 것처럼 시골에 파묻혀 살 수 없었다. 그에게는 사교계가 필요했다. 그래서 그는 그녀를 이러한 무서운 처지에 놓아두고도 그 괴로움을 이해하려고 하지 않는다. 그뿐만 아니라 그녀가 아들과 영원히 이별한 것도 역시 그의 책임이었다.

이따금 그들을 찾아드는 잠깐의 부드러운 애정마저도 그녀를 달랠 수는 없었다. 그의 부드러운 애무 속에서 그녀는 이전엔 보지 못했던 평온과 자신감의 그림자를 보았다. 그리고 그것이 그녀를 안절부절못하게 했다.

벌써 황혼이었다. 안나는 독신 클럽 회식에 나간 그의 귀가를 홀로 기다리면서 그의 서재를(한길의 소음이 제일 들리지 않는 방이었다) 이리저리 거닐며, 어제 말다툼의 자초지종을 세세하게 곱씹고 있었다. 분명하게 기억에 남아 있는 모욕적인 말다툼에서 그 원인 쪽으로 거슬러 올라가, 그녀는 마침내 그 언쟁의 발단에까지 도달했다. 그녀는 이다지도 하잘것없고 아무래도 좋은 대화에서 말다툼이 시작되었다는 것을 오랫동안 믿을 수 없었다. 그러나 실제로 그러했던 것이다.

모든 일은 그가 여자 중학교를 불필요하다고 비웃었을 때, 그녀가 여자 중학교를 옹호하면서 시작되었다. 그는 여자의 교육 자체를 경멸하고, 안나가 보살피는 영국 계집애 한나 따위에게 물리학 지식은 전혀 필요 없다고 말했던 것이다.

이것이 안나를 화나게 했다. 그녀는 이 말을 자신의 일에 대한 모욕적인 비꼼으로 받아들였다. 그래서 그녀는 자기가 받은 아픔을 되돌려줄 문구를 생각하고 입 밖에 냈다.

"난 당신이 나를, 내 감정을 이해해 주리라고는 기대하지 않아요. 그것은 사랑하는 사람만이 할 수 있는 일이니까요. 그래도 다만 품위만은 지켜 줄 수 있으리라 생각해요." 그녀가 말했다.

그러자 그도 노여움으로 벌겋게 달아올라 핏대를 올려 무엇인가 불쾌한 말을 주워섬겼다. 그녀는 자기가 그것에 뭐라고 대답했는지는 기억나지 않았다. 그러나 그 역시 그녀에게 무언가 아픔을 줘야겠다는 욕구에서 이렇게 말했다.

"난 당신이 그 계집애에게 홀딱 빠진 게 불쾌해. 왜냐하면 그것은 너무나 부자연스러운 것이니까 말이야."

그녀가 괴로운 생활을 참고 견디기 위해서 고심을 거듭하며 간신히 쌓아올린 세계를 무참히 파괴해버린 그의 잔혹함, 그녀를 허위니 부자연스럽다느니 하고 나무라는 그의 부당함에 그녀는 결국 폭발했다.

"나도 정말 유감스러워요. 그저 당신이 야만스럽고 물질적인 것만을 이해하고 자연스럽게 느낀다는 것이." 그녀는 이렇게 말하고 방을 획 나가 버렸다.

그날 밤 그가 그녀에게 왔을 때 그들은 이 말다툼에 관해서는 언급하지 않았다. 둘 다 지금은 소강상태일 뿐, 싸움이 아직 끝난 것은 아님을 느끼고 있었다.

오늘은 그가 온종일 집에 없었다. 그녀는 그와의 사이가 틀어진 것이 너무 쓸쓸하고 답답해서 참을 수 없었다. 그녀는 모든 것을 잊고 그를 용서하고 화해하고 싶은 마음이 간절하여, 전에 없이 자기를 꾸짖고 그를 변호하고 싶어졌다.

'내가 나쁜 거야. 내가 참을성 없고 조급하며 쓸데없이 질투가 많기 때문이야. 그이와 화해하고 시골로 돌아가자. 시골로 가면 내 마음도 가라앉을 테니까.' 그녀는 자신에게 말했다.

'부자연스러워!' 문득 그녀는 무엇보다 자신에게 모욕적인 말을 돌이켜 생각해 냈다. 그것은 말 자체보다도, 그녀에게 아픈 말을 해 주려던 그의 의도였다.

'나는 그이가 하고자 한 말을 알아. 그이는 이렇게 말하고 싶었던 거야. 자기 딸을 사랑하지 않으면서 남의 아이를 사랑하는 것은 부자연스럽다고. 아이에 대한 사랑에 대해 그이가 뭘 안단 말이야? 그이를 위해 희생한, 세료쥐아에 대한 사랑을 그이가 어떻게 알겠어? 그런데도 나를 아프게 하다니! 그래, 그이는 딴 여자를 사랑하고 있어. 틀림없어.'

마음을 좀 가라앉혀야겠다고 생각하면서도 벌써 몇 차례나 돌았던 원을 또 다시 돌아, 이전의 초조한 기분으로 되돌아온 것을 깨닫자 그녀는 자신이 무서워졌다. '정말 안 될까? 어떻게 해도 내 탓으로 돌릴 순 없을까?' 이렇게 중얼거리고 그녀는 다시 처음부터 생각하기 시작했다.

'그이는 미덥고 참된 사람이다. 그이는 정직하다. 그이는 나를 사랑하고 있다. 나도 그이를 사랑하고 있고 오래지 않아서 이혼도 된다. 이것 말고 또 뭐가 필요하지? 필요한 것은 안정과 신뢰뿐이야. 그것만 있으면 난 자신을 이겨 낼 수 있어. 그렇다. 그이가 돌아오면, 내게는 잘못이 없지만 그래도 내가 잘못했다고 말하자. 그리고 함께 시골로 떠나자.'

그리고 더는 생각하거나 조바심에 사로잡히지 않기 위해서 그녀는 벨을 울리고, 시골로 가져갈 물건들을 넣기 위한 트렁크를 갖고 오도록 일렀다.

브론스끼는 10시에 돌아왔다.

24

"어때요, 재미있었어요?" 그녀는 얼굴에 겸연쩍은 듯 부드러운 표정으로 그를 맞으면서 물었다.

"여느 때나 똑같아." 그는 그녀를 흘낏 본 것만으로 그녀 기분이 좋은 것을 단번에 알았다. 그는 이미 이러한 기분 변화에 익숙했으나 오늘은 자기 역시 굉장히 기분이 좋았으므로 그녀의 그런 변화가 유달리 기뻤다.

"오! 좋은 걸 생각해 냈군!" 그는 현관 옆방에 있는 트렁크를 가리키면서 말했다.

"네, 아무래도 이젠 꼭 돌아가야겠어요. 아까 마차를 타고 나갔다가 너무 기분이 좋아져서 문득 시골로 가고 싶어졌어요. 당신에게도 아무런 지장은 없잖아요?"

"해야 할 일이 한 가지 있긴 하지만. 곧 돌아올 테니 의논해 보자고. 잠깐 옷만 갈아입고 오겠어. 차를 준비하도록 일러 줘요."

그리고 그는 자기 서재로 들어갔다.

그의 '좋은 걸 생각해 냈군!'이라는 말에는 마치 떼를 쓰다가 멈춘 어린아이를 칭찬하는 듯한 무엇인가 모욕적인 울림이 있었다. 게다가 또 그녀의 겸연쩍은 태도와 그의 자신에 찬 태도의 대조는 한층 굴욕적이었다. 그래서 순간 그녀는 자기 안에 투쟁욕이 뭉클 치밀어 오르는 것을 느꼈다. 그러나 애써 인내하면서 그 기분을 억누르고 아까와 똑같은 쾌활한 태도로 브론스끼를 맞았다.

그가 돌아오자 그녀는, 몇 가지 미리 준비해 두었던 말들을 섞어가며 오늘 있었던 일과 출발 계획을 이야기했다.

"그런데, 일종의 영감 같은 것이 떠오른 거예요." 그녀는 말했다. "무엇 때문에 여기에서 이혼을 기다려야 하죠? 시골에서 기다려도 마찬가지잖아요? 난 이제 더 이상 기다릴 수 없어요. 기대하고 싶지도 않고 이혼에 관한 이야기를 듣는 것도 싫어요. 이혼 따윈 이제 내 인생에 아무런 영향도 미치지 않을 거라고 단정해 버렸어요. 당신도 동의해 주시겠죠?"

"아아, 하고말고!" 그는 그녀의 흥분된 얼굴을 불안스레 보면서 말했다.

"그래 당신들은 무엇을 하셨어요? 어떠한 분들이 오셨죠?" 그녀는 잠시 잠자코 있다가 물었다.

브론스끼는 손님들의 이름을 댔다.

"식사는 훌륭했고 보트 경주도 재미있었고, 모든 것이 전부 꽤 유쾌했어. 그런데 모스끄바에선 반드시 예기치 못한 일이 일어난단 말이야. 갑자기 스웨덴 왕비 수영 교사라는 이상한 여자가 나와서 자기 재주를 보이지 뭐야."

"어머나, 헤엄을 쳤어요?" 이맛살을 찌푸리면서 안나가 물었다.

"새빨간 수영복을 입었는데, 나이 먹고 볼품없는 여자였지. 그건 그렇고, 언제 출발할까?"

"어머나, 정말 어쩜 그런 어리석고 별스런 일을 다 생각해 낸담! 그래서 그 여자는 어떤 특별한 헤엄법이라도 보여주던가요?" 안나는 그의 물음에는 대답하지 않고 말했다.

"특별한 건 정말 아무것도 없었어. 엄청나게 어리석은 짓이지. 그래 언제 떠날 생각이야?"

안나는 불쾌한 생각을 내쫓으려는 것처럼 머리를 흔들었다.

"언제냐고요? 음, 빠르면 빠를수록 좋지만, 준비하는 데 시간이 걸리니 내일은 안 돼요, 모레로 해요."

"그래…… 아니, 잠깐만, 모레는 일요일이니 어머님에게 다녀와야 해." 브론스끼가 당황하면서 말했다. 어머님이란 말을 입 밖에 내자마자 안나의 미심쩍어하는 눈길이 말끄러미 쏟아지는 것을 느꼈기 때문이었다. 그의 당황한 모습은 그녀의 의심을 굳혔다. 그녀는 발끈 달아올라 그에게서 얼굴을 돌려 버렸다. 지금은 스웨덴 왕비의 수영 교사가 아니라, 브론스끼의 어머니와 함께 모스끄바 교외에서 사는 소로끼나 공작 영애가 안나 머릿속에 떠올랐던 것이다.

"거기엔 내일 다녀오시면 되잖아요?" 그녀가 말했다.

"아니, 내일은 안 돼. 거기 가는 목적인 위임장도 돈도 내일은 받을 수가 없어." 그는 대답했다.

"그렇다면 아예 시골로 떠나지 말기로 해요."

"그건 또 왜?"

"너무 늦어질 것 같으면 차라리 떠나지 않겠어요. 월요일이면 몰라도 그보다 늦어진다면 그만두겠어요!"

"어째서야? 전혀 무의미한 짓이잖아!" 깜짝 놀란 듯한 어조로 브론스끼가 말했다.

"그야 당신에겐 무의미하겠죠. 당신은 나 같은 것은 어떻게 되건 아랑곳없으니까. 당신은 내 생활을 조금도 이해하려고 하지 않아요. 내가 여기서 지탱하는 것은 오직 양녀 하나예요. 그런데 당신은 그것이 부자연스럽다고 말씀하셨죠. 당신은 어제, 내가 자기 딸은 사랑하지 않으면서 그런 영국 계집애를 귀여워하는 체하는 것은 부자연스럽다고요. 그럼 내가 여기서 어떤 자연스런 생활을 할 수 있단 거죠?"

순간 그녀는 정신을 차리고 자기의 처음 의도를 배반한 것에 가슴이 철렁했다. 그러나 그녀는 스스로 자신을 망치는 행위임을 알면서도 도저히 자기를 억누를 수 없었다. 얼마나 그가 부당한가 그에게 보여 주지 않을 수 없었다. 얌전히 그에게 굴복할 수는 없었던 것이다.

"난 결코 그런 말을 하진 않았어. 다만 그러한 느닷없는 사랑에는 동감할 수 없다고 했을 뿐이야."

"당신은 늘 자신의 솔직함을 자랑하면서 어째서 진실을 말하지 않죠?"

"나는 결코 자랑 따위를 한 적도 없고, 거짓말도 하지 않았어." 그는 부글부글 끓어오르는 격정을 억누르면서 조용히 말했다. "굉장히 유감스럽군. 당신이 나를 존경하지 않다니……."

"존경이니 하는 건 사랑이 있어야 할 자리가 텅 비어 버린 걸 숨기기 위해 생각해 낸 말이에요. 만약 당신이 이제 나를 사랑하지 않는다면 분명히 그렇다고 말씀해 주시는 게 좋아요. 그게 솔직한 거니까요."

"아아, 이젠 정말 참을 수 없어!" 브론스끼는 의자에서 벌떡 일어나면서 외쳤다. 그리고 그녀 앞에 우뚝 서서 차근차근 말했다. "무엇 때문에 당신은 내 인내력을 시험하려는 거야?" 그는 하고픈 말이 얼마든지 있지만 간신히 억제하고 있다는 낯빛으로 말했다. "인내에도 한계가 있어."

"그게 무슨 말이에요?" 그녀는 그의 얼굴 전체에, 유달리 잔인해 보이는 위협적인 눈 속에 뚜렷이 나타난 증오의 표정을 두려움과 함께 응시하면서 겁에 질려 외쳤다.

"내 말은……." 그는 말을 꺼내다가 머뭇거렸다.

"그보다도 나는, 당신이야말로 내게서 무엇을 바라는지 그것을 묻고 싶어."

"내가 무엇을 요구할 수나 있느냐는 거지요? 내가 바랄 수 있는 것은 다만, 당신이 나를 버리지 말아 주십사 하는 것 정도죠. 당신은 그럴 생각인 모양이지만." 그녀는 그가 미처 다 말하지 못했던 것까지 전부 헤아리고 말했다. "하지만 난 이제 그런 바람도 버렸어요. 아무래도 좋으니까요. 내가 정말 바라는 것은 사랑이에요. 그러나 그것이 없어요. 그러니 이젠 모든 것이 다 끝장나고만 거예요!"

그녀는 문 쪽으로 향했다.

"잠깐! 잠…… 잠깐만!" 브론스끼는 미간에 잡힌 음울한 주름을 펴지도 않고 그녀 손을 붙잡으며 말했다. "도대체 왜 그래? 난 그저 출발을 사흘만 늦추면 안 되겠느냐고 말했을 뿐이잖아. 그런데 당신은 내가 거짓말쟁이니 정직하지 않다느니 퍼붓고 있잖아."

"그래요, 나는 얼마든지 퍼붓겠어요. 나를 위해서 모든 것을 희생했다며 나를 나무라는 사람은……." 그녀는 저번 말다툼 때 나온 말을 생각하면서 말했다. "그러한 사람은 정직하지 못한 사람보다도 더 나빠요, 그야말로 매정한 인간이에요."

"이봐, 참는 데도 한도가 있어!" 그는 버럭 소리를 지르고 그녀 손을 홱 뿌리쳤다.

'저이는 나를 미워하고 있다. 그건 틀림없어.' 이렇게 생각한 안나는 말없이 돌아보지도 않고 불안한 걸음걸이로 방을 나가 버렸다.

'저이는 딴 여자를 사랑하고 있다. 그것은 더욱 분명한 사실이다.' 그녀는 자기 방으로 들어가면서 생각했다. '난 사랑을 바라지만 그것이 없다. 그렇다면 이제 다 끝난 거야.' 그녀는 아까 자기가 뱉은 말을 되풀이했다. '그럼 끝을 내야지. 그러나 어떡해?' 그녀는 스스로에게 물었다. 그리고 거울 앞 안락의자에 앉았다.

자, 이제 어디로 갈까…… 나를 길러 준 고모님한테 갈까, 아니면 돌리에게 갈까, 차라리 혼자서 외국으로 가 버릴까, 그이는 지금 혼자 서재에서 무엇을 하고 있을까, 이 싸움으로 마지막일까, 그렇잖으면 아직 화해의 가망이 있을까? 뻬쩨르부르그의 옛 친구들은 이제 나에 대해서 뭐라고 말할까? 까레닌은 이 사태를 어떻게 볼까? 이별 뒤에는 어떠한 일이 기다리고 있을까? 이런 갖가지 생각들이 물밀듯이 들이닥쳤다. 그러나 온 마음을 기울여 그러한 생각에 빠지지는 않았다. 그 마음에는 그녀의 흥미를 끄는 막연한 한 가지 생각이 깃들어 있었다. 그것만이 그녀의 관심사였지만 그녀는 아직 그것을 의식하지 못했다. 다시 한 번 까레닌을 생각하면서 그녀는 해산 뒤 병을 앓았을 때를 기억해 내고, 그때 자기를 내내 사로잡았던 그 기분을 떠올렸다.

'왜 나는 죽지 않았을까?' 그때 말과 기분이 그녀 마음에 떠올랐다. 그러자 그녀는 갑자기 자기 마음속에 있던 그것을 이해했다. '그래, 그것이야말로 모든 것을 해결해 줄 단 하나의 생각이었어.'

'그래. 죽는 거야! 남편과 세료쥐아의 치욕도 불명예도, 나의 이 끔찍한 수치도 죽으면 전부 사라진다. 죽으면 저이도 뉘우치며, 날 불쌍하게 여기고, 사랑해 주고, 나를 위해서 괴로워해 주리라.' 그녀는 자기에 대한 동정의 미소가 어린 채 굳어버린 얼굴로 안락의자에 앉아 왼손의 반지를 뺐다 끼웠다 하며 자기가 죽은 뒤의 브론스끼의 감정을 여러모로 그려 보았다.

다가오는 발소리, 그의 발소리가 그녀를 생각에서 떼어 놓았다. 그러나 그녀는 반지를 치우는 데 열중하는 체하며 그를 돌아보려고도 하지 않았다. 그는 옆으로 다가가서 그녀 손을 잡고 조용히 말했다.

"안나, 당신이 원한다면 모레 가자. 난 무슨 말이라도 듣겠어."

그녀는 잠자코 있었다.

"왜 그래?" 그가 물었다.

"아시면서." 이렇게 말한 순간, 그녀는 참지 못하고 울음을 터뜨렸다.

"나를 버리세요, 버리란 말이에요." 그녀는 흐느끼며 말했다. "나는 내일 나가겠어요…… 아니, 그 이상의 짓을 하겠어요. 난 대체 뭐죠? 난 화냥년이에요. 당신 목에 매달린 무거운 돌이에요. 난 당신을 괴롭히고 싶지 않아요, 괴롭히고 싶지 않단 말이에요! 당신을 자유롭게 해 드리겠어요. 당신은 나를 사랑하지 않으니까. 딴 여자를 사랑하고 있으니까요!"

브론스끼는 그녀에게 진정하라고 애원하며, 그녀 질투에는 아무 근거도 없고, 그녀에 대한 자기 사랑은 결코 중단된 적 없고 또 앞으로도 계속 이어질 것이며, 지금도 전보다 더한층 사랑하고 있다고 단언했다.

"안나, 대체 무엇 때문에 당신은 이렇게 자기 자신과 날 괴롭히는 거야?" 그는 그녀 손에 입맞추면서 말했다.

그의 얼굴에는 이제 부드러움이 나타나 있었다. 그녀는 그의 목소리에서 눈물의 울림을 듣고 자기 손에 그 눈물방울을 느꼈다. 그러자 순식간에 안나의 절망적인 질투는 걷잡을 수 없는 정열로 바뀌었다. 그녀는 그를 껴안고 머리며 목이며 손을 입맞춤으로 뒤덮었다.

25

완전히 화해했다고 느끼면서 안나는 아침부터 활기 있게 출발 준비에 착수했다. 어제는 서로 양보하느라 월요일에 떠날지 화요일에 떠날지 결정하지 못했지만, 이제 안나는 하루쯤 늦고 빠른 것은 아무렇지 않았으므로 부지런히 움직이며 짐을 꾸렸다. 그녀가 자기 방의 열린 트렁크 앞에서 물건들을 골라내고 있을 때, 그가 벌써 옷을 갈아입고 여느 때보다 일찍 들어왔다.

"이제부터 어머님에게 다녀오겠어. 돈은 예고르한테 시켜서 보내달라고 해도 될 테니까. 그러면 내일은 떠날 수 있을 거야." 그가 말했다.

그녀는 더할 나위 없을 만큼 기분이 좋았으나, 그가 어머니 별장에 간다고 하자 무언가가 울컥 치밀어 올랐다.

"아녜요, 내가 그렇게 빨리는 준비할 수 없어요." 그녀는 말했지만 이내 이렇게 생각했다. '뭐야, 그렇다면 애당초 내가 원하던 대로 할 수도 있었잖아.' "그러니 애초의 예정대로 해도 좋아요. 자, 식당으로 가세요. 나도 곧 가겠어요. 필요 없는 것만 좀 추려 내고요." 그녀는 벌써 산더미 같은 천 조각을 안은 안누쉬까 팔에 또다시 무엇인가를 얹으면서 말했다.

그녀가 식당으로 들어갔을 때, 브론스끼는 비프스테이크를 먹고 있었다.

"정말이지, 어느 방이든 아주 지긋지긋해요." 그녀는 커피가 준비된 그의 옆자리에 앉으면서 말했다. "이런 가구 딸린 셋방처럼 싫은 건 없어요. 표정도 없고, 영혼도 없으니까요. 시계, 커튼, 특히 이 벽지······ 마치 악몽 같아요. 보즈드비젠스꼬예가 성지처럼 보인다니까요. 아 참, 말은 아직 그쪽으로 보내지 않아도 되나요?"

"응, 말은 나중에 보내면 돼. 당신은 어딜 가려고?"

"윌슨 상점에 다녀올까 해요. 옷을 맡겨두려고요. 그럼 내일은 틀림없이 떠나는 거죠?" 쾌활한 목소리로 이렇게 말한 순간, 갑자기 그녀 얼굴빛이 싹 변했다.

브론스끼의 하인이 뻬쩨르부르그에서 온 전보 수령증을 받으러 들어왔다. 브론스끼가 전보를 받았다는 일 자체에는 아무런 특별한 점이 없었다. 그러나 그는 그녀에게 무엇인가를 숨기려는 것처럼, 수령증은 서재에 있다고 말하고 나서 얼른 그녀 쪽으로 얼굴을 돌렸다.

"틀림없이 내일까지는 전부 끝내겠어."

"전보라니, 누구한테 온 거죠?" 그녀는 그의 말을 듣지도 않고 물었다.

"스찌바야!" 그가 마지못해 대답했다.

"왜 나한테는 보여 주지 않아요? 스찌바와 나 사이에 비밀이 있을 턱이 없잖아요?"

브론스끼는 하인을 도로 불러 전보를 가져오도록 명령했다.

"내가 굳이 보여주지 않은 이유는, 스찌바가 일없이 전보치는 사람이기 때문이야. 아무것도 결정되지 않았는데 어째서 전보를 치느냐 말이야."

"이혼에 대해서요?"

"그래. 그런데 내용이라곤, 아직 아무것도 얻은 것이 없다, 조만간 확실한 회답이 올 것이다, 라는 게 다야. 자, 읽어 봐."

안나는 떨리는 손으로 전보를 받아서 브론스끼가 말한 것과 같은 내용을 읽었다. 끝에 이러한 구절이 덧붙여져 있었다. '희망은 별로 없지만 할 수 있는 일은 다 해 보겠다.'

"나는 어제도 말했듯이, 언제 이혼이 성립되든 또 그것이 잘되든 못 되든 정말 전혀 상관없어요." 그녀는 얼굴이 빨개져 말했다. "그러니 내게 숨기실 필요는 조금도 없어요."

'이처럼 그는 여자들에게 온 편지도 숨길 수 있고, 또 실제로 숨기고 있을 거야.' 그녀는 생각했다.

"야쉬빈이 오늘 아침 보이또프와 함께 찾아온다고 하더군." 브론스끼가 말했다. "그 녀석, 이번에는 빼쏘프한테서 크게 딴 모양이야. 상대가 도저히 갚을 수 없을 만큼 땄다더군, 한 6만 루블 정도."

"잠깐만요." 그녀는 이처럼 갑자기 화제를 돌리는 것으로 그녀가 안절부절못하고 있음을 보여주려 하는 브론스끼의 수법이 거슬렸다. "어째서 당신은 이 전보가 내게 숨겨야 할 만큼 의미가 있다고 생각하시죠? 난 이제 이것에 대해서는 생각하고 싶지도 않아요. 그러니 당신도 나와 마찬가지로 이것에 대한 관심을 끊어주세요."

"난 일을 명백히 밝히는 것을 좋아하기 때문에, 관심을 보이는 거야." 그가 응수했다.

"명백히 밝혀야 할 것은 형식이 아니라 사랑에 대한 문제예요." 그녀는 그의 말 자체보다도, 그 싸늘하게 가라앉은 말투에 더욱더 신경을 곤두세우면서 말했다. "당신은 무엇 때문에 이혼을 바라는 거죠?"

'아아! 또 사랑 타령이군.' 그는 눈살을 찌푸리면서 생각했다.

"무엇 때문인지는 당신도 알잖아. 당신을 위해, 그리고 이제부터 태어날 아이들을 위해서야." 그는 말했다.

"아이 같은 건 이제 생기지도 않아요."

"그건 정말 원통한 노릇이군!" 그가 말했다.

"그럼 당신은 아이들을 위해 필요하다는 거로군요. 나에 대해서는 조금도 생각하지 않죠?" 그녀는 그가 '당신을 위해, 또 아이들을 위해서'라고 했던 것을 완전히 잊어버리고, 아니 아예 듣지도 않고 이렇게 말했다.

아이를 갖느냐 마느냐 하는 문제는 오래전부터 싸움의 씨앗이자 언제나 그녀를 안절부절못하게 하는 요인이었다. 그가 아이를 바라는 것은 그녀의 아름다움을 존중하지 않는 증거라고 제멋대로 해석했다.

"그러니까 당신을 위해서라고 말했잖아. 무엇보다도 먼저 당신을 위해서라고." 그는 통증을 꾹 참는 듯이 얼굴을 찌푸리면서 되풀이했다. "왜냐하면 나는 당신이 안절부절못하는 이유가 대부분 처지가 불안정해서 비롯된 것이 틀림없다고 확신하기 때문이야."

'이것 봐, 이제는 가면조차 벗고 나에 대한 싸늘한 증오를 완전히 드러내 보이고 있잖아.' 그녀는 그의 말은 귀에도 담지 않고 오직 그의 눈 속에서 도발적으로 그녀를 찬찬히 바라보는 냉정하고 잔혹한 재판관의 얼굴을 두렵게 쏘아보면서 생각했다.

"그런 것은 원인이 아니에요." 그녀는 말했다. "무엇보다, 난 내가 완전히 당신 지배 아래 있다는 것이 어째서 당신 말씀대로 내 조바심의 원인이 된다는 것인지 이해할 수 없어요. 처지가 불안정하다니 도대체 어떻게 그런 말을 할 수 있죠? 전혀 그 반대잖아요."

"당신이 이해하려고 하지 않다니 몹시 유감이야." 그는 어디까지나 자기 의지를 관철하려고 하면서 그녀 말을 가로막았다. "처지가 불안정하다는 이유는, 당신이 나를 자유로운 몸이라고 생각한다는 점 때문이야."

"그런 것이라면 당신은 완전히 안심하셔도 괜찮아요." 그녀는 이렇게 말하고는 그에게서 얼굴을 돌리고 커피를 마시려 했다.

그녀는 새끼손가락을 세우고 찻잔을 들어 올려 입으로 가져갔다. 몇 모금 마시고 나서 그를 힐끔 쳐다보았다. 그러자 그의 표정을 통해, 자기의 손짓과 몸짓, 입술로 낸 소리가 그에게 참을 수 없는 불쾌감을 주고 있다는 것을 분명히 알았다.

"나는 당신 어머님이 무엇을 생각하고 계시든, 당신을 어떻게 장가들이고 싶어 하시든 조금도 아랑곳하지 않아요." 그녀는 떨리는 손으로 찻잔을 내려놓으면서 말했다.

"지금 그런 이야기를 하는 게 아니잖아."

"아뇨, 바로 이 이야기를 하고 있었어요. 아시겠어요? 심장이 없는 여자라면 그게 늙은이든 아니든, 당신의 어머니든 누구이든 나는 조금도 흥미가 없어요. 그런 사람 따위는 알고 싶지도 않아요."

"안나, 부탁이야. 내 어머니에 대해 그런 무례한 말은 제발 그만둬."

"아들의 행복과 명예가 어디에 있는지 마음으로 헤아리지 못하는 여자는 심장이 없는 거나 다름없어요."

"다시 한 번 부탁하지, 내가 존경하는 어머니에 대해서 무례한 말은 그만두란 말이야." 그는 목청을 높이고 엄중하게 그녀를 노려보면서 말했다.

그녀는 대답하지 않았다. 그를, 그의 얼굴과 손을 가만히 쳐다보며 어제의 화해 장면과 그의 열렬한 애무를 세세한 점까지 생각했다. '분명히 그것과 똑같은 애무를, 이 사람은 다른 여자들에게도 실컷 해왔고 앞으로도 그럴 것이고 또 그러길 바라는 거야!' 그녀는 생각했다.

"당신은 어머니를 사랑하지도 않잖아요. 그런 것은 모두 그저 말, 말, 말뿐이에요!" 증오에 찬 눈으로 그를 노려보면서 그녀가 말했다.

"그렇게까지 말한다면, 이제……."

"이제 결정할 때가 왔어요. 난 이미 결심했어요." 이렇게 말하고 그녀는 나가려 했으나 그때 마침 야쉬빈이 들어왔다. 안나는 그와 인사하고 그대로 남게 되었다.

마음에 폭풍이 일고 자신이 어쩌면 무서운 결과로 치달을지 모를 인생의 갈림길에 서 있음을 느끼는 이때, 왜 그녀는 조만간 모든 것을 알게 될 남 앞에서 자기 태도를 거짓으로 꾸며야만 하는지 알 수 없었다. 그러나 그녀는 곧 가슴속 폭풍을 삭이고 앉아서 손님과 이야기를 시작했다.

"그래, 일은 어떻게 됐죠? 빌려 주셨던 몫을 받으셨어요?" 그녀는 야쉬빈에게 물었다.

"그럭저럭요. 아마 전부는 받을 것 같지 않군요, 수요일에는 떠나야 하니까요. 그런데 당신들은 언제 출발하십니까?" 야쉬빈은 눈을 가늘게 뜨고 브론스끼를 쳐다보며, 분명히 싸움이 있었던 것을 눈치챈 듯 이렇게 말했다.

"아마 모레가 될 것 같아." 브론스끼가 말했다.

"그런데, 자네가 떠난다고 말한 뒤로 꽤 오래 걸렸군."

"하지만 이번만큼은 정말이에요." 화해할 가망은 꿈도 꾸지 말라는 뜻을 담은 브론스끼 눈을 정면으로 바라보면서, 안나는 말했다.

"정말 당신은 그 불행한 뻬쏘프가 가엾다고는 생각하지 않으세요?" 그녀는 야쉬빈과 이야기를 계속했다.

"가엾다든가 하는 것은 한 번도 생각해 본 적이 없군요, 안나. 내 전 재산이라곤 이것뿐이니까요." 그는 옆 호주머니를 가리켰다. "지금은 나도 부자입니다만, 오늘 클럽에 가면 알거지가 되어 나올지도 모를 일이죠. 상대 녀석도 나를 발가벗기려고 할 것이고 나 역시 그 녀석들을 그렇게 해야겠다고 생각하니까요. 이게 바로 승부라는 겁니다. 그래서 재미있죠."

"그렇군요. 하지만 만약 당신이 부인을 두셨다면." 안나가 말했다. "부인은 어떤 기분일까요?"

야쉬빈은 웃음을 터뜨렸다.

"그러니까 난 결혼을 하지 않았고, 또 그럴 생각조차 없었던 거죠."

"그럼 그 헬싱포르스*5는 어떻게 된 거야?" 브론스끼가 두 사람 대화에 뛰어들면서, 미소를 띠는 안나를 힐끔 쳐다보았다.

그의 시선과 마주치자 안나 얼굴이 갑자기 매정하고 딱딱하게 굳었다. '잊지 않았어요. 전부 그대로예요.' 말하고 있기라도 하듯이.

"당신은 사랑에 빠진 적이 있으세요?" 그녀는 야쉬빈에게 말했다.

"그야 물론이죠! 몇 차례 있었는지 모릅니다! 하지만 말이에요, 세상에는 노름하더라도 밀회 시간이 되면 언제든 털고 일어설 수 있는 사람도 있습니다만, 난 밤의 승부에 늦지 않을 정도로 사랑하는 쪽이지요. 그것이 내 신념입니다."

"아뇨, 내가 묻는 건 그런 것이 아니라 참다운 사랑에 대해서예요." 그녀는 헬싱포르스 같은 거라고 말하고 싶었으나 브론스끼가 한 말을 되풀이하고 싶지는 않았다.

종마(種馬)를 산 보이또프가 도착했다. 안나는 일어서서 방을 나갔다.

집을 나서기 전에 브론스끼가 그녀 방으로 들어왔다. 그녀는 탁자에서 무엇인가를 찾는 체하려고 하다가 그처럼 겉모습을 거짓으로 꾸미는 것이 수치스러웠으므로 싸늘한 눈빛으로 그의 얼굴을 똑바로 바라보았다.

"무슨 일이죠?" 그녀는 프랑스어로 물었다.

"감베따의 혈통 증명서를 가지러 왔어. 그 녀석을 팔아 버렸으니까." 그는 '얘기할 시간도 없고 게다가 또 해봤자 아무 소용도 없어'라는 뜻을 말보다 더 또렷하게 드러내는 어조로 말했다.

'나는 안나에 대해서 조금도 잘못을 느끼지 않는다.' 그는 생각했다. '만약 그녀가 스스로 벌하려고 한다면 자기 처지만 더욱 나빠질 뿐이다.' 하지만 방에서 나가려는 순간, 그녀가 뭐라고 말한 것 같아서, 그의 마음은 갑자기 그녀에 대한 연민으로 떨렸다.

"뭐라고 했어, 안나?" 그가 물었다.

"아뇨, 아무것도." 그녀는 여전히 싸늘하게 가라앉은 어조로 대답했다.

'여전히 그런 태도라면 더욱더 나빠질 뿐이다.' 그는 또다시 싸늘한 기분이 되어 돌아서서 걷기 시작했다. 방을 나가면서 그는 거울 속에서 부르르 입술

---

*5 헬싱키.

을 떠는 창백한 그녀 얼굴을 보았다. 그는 발을 멈추고 그녀에게 위안의 말을 건넬까도 생각했으나, 해야 할 말을 미처 생각하기도 전에 두 다리가 그를 방 밖으로 끌어냈다. 그는 이날 온종일 집 밖에서 지냈다. 밤늦게 들어오자 하녀가, 안나는 머리가 아프니까 그녀한테 오지 말아 달라고 부탁했다고 알렸다.

26

싸운 채로 하루를 보낸 적은 지금까지 한 번도 없었다. 오늘 처음이었다. 더 군다나 이것은 더는 싸움도 아니었다. 마음이 완전히 식어버렸음을 뚜렷이 인 정한 것이다. 그가 증서를 가지러 방으로 들어왔을 때 보였던 눈빛으로 그녀 를 본다든가 하는 일이 과연 있을 수 있을까? 그녀를 보고, 그 마음이 절망으 로 갈기갈기 찢긴 것을 보고도, 그처럼 냉담하게 가라앉은 얼굴로 말없이 가 버리다니! 그가 그녀에 대해서 냉담해졌다는 말은 옳지 않다. 그는 그녀를 미 워하는 것이다. 다른 여자를 사랑하고 있기 때문에. 그게 분명한 사실이다.

안나는 그가 입 밖에 낸 잔혹한 말을 일일이 생각해 내면서, 더욱이 그가 말하고 싶었던 말, 또 할 법한 말까지 요모조모로 생각하면서 더욱더 자기 마 음을 쥐어뜯었다.

'난 당신을 붙잡지 않아.' 그는 이렇게 말할 수도 있었던 것이다.

'당신은 어디든 좋은 데로 가도 좋아. 당신이 남편과의 이혼을 바라지 않았 던 것은 다시 남편에게 돌아가고 싶었기 때문이겠지. 돌아가. 만약 돈이 필요 하다면 내가 주겠어. 몇 루블이나 필요하지?'

그녀의 상상 속에서 그는 야만적인 인간이나 입 밖에 낼 법한 가장 잔인한 온갖 말을 퍼부었다. 그리고 그녀는 그가 실제로 그렇게 말하기라도 한 것처 럼 그를 용서할 수 없었다. '하지만 그이가, 그 성실하고 정직한 사람이 사랑을 맹세했던 것은 불과 어제의 일이 아닌가? 그리고 난 벌써 몇 차례나 쓸데없이 절망을 되풀이하여 오지 않았던가?' 그녀는 이렇게 자문했다.

안나는 윌슨 상점을 방문한 두 시간을 제외하고 이날 하루를, 정말 모든 것 이 끝난 것일까, 아니면 아직 화해할 가망이 있는 것일까, 이제 이 집을 떠나 야 할 것인가, 그렇잖으면 다시 한 번 그를 만나야 할 것인가 하는 의혹 속에 서 보냈다. 그녀는 온종일 그를 기다렸다. 그리고 밤이 되자, 그녀는 머리가 아 프다는 것을 그에게 전하도록 일러 놓고 나서 자기 방으로 돌아오면서 이렇게 생각했다. '만약 그이가 하녀 말에도 아랑곳하지 않고 와 준다면 그것은 그이가 아직 나를 사랑하고 있다는 증거다. 그러나 만약 오지 않는다면 이미 모든 것이 끝났다는 뜻이니 그때는 나도 내가 해야 할 일을 결정해야만 한다……'

밤늦게 그녀는 그의 마차가 멈추는 소리를, 그가 울리는 벨소리를, 그의 발소리를, 그리고 하녀와 이야기하는 소리를 들었다. 그는 자기가 들은 것을 곧이 믿고 더는 아무것도 알려고 하지 않고 자기 방으로 들어가 버렸다. 따라서 이제 다 끝난 것이었다.

그러자 죽음이 또렷하고 생생하게 그녀 마음속에 떠올랐다. 죽음이야말로 그의 마음에 그녀에 대한 사랑을 되살아나게 하고 또 그를 벌하고, 그녀 마음에 뿌리박은 악령과 그와의 싸움에서 승리를 거두는 유일한 수단이었다.

이제는 보즈드비쥇스꼬예로 가든 말든, 남편이 이혼을 해주든 말든, 그러한 것은 아무래도 상관없었다. 필요한 것은 오직 하나, 그를 벌하는 일이었다.

그녀는 늘 복용하는 만큼의 모르핀을 컵에 따르면서, 죽기 위해서는 한 병을 한꺼번에 다 마시기만 하면 된다는 생각이 들었다. 그러자 죽는 것이 아주 손쉽고 간단하게 여겨졌으므로, 그녀는 또다시 달콤한 공상에 빠졌다. 이미 늦어 그가 얼마나 괴로워하고 뉘우치며, 얼마나 자기 추억을 사랑하게 될까. 그녀는 눈을 뜬 채 침대에 누워서, 거의 다 타들어간 한 자루의 촛불 빛에 의지해, 조각이 있는 하얀 회벽 천장과 그 일부를 덮는 칸막이 그림자를 바라보았다. 그러면서 자기가 없어져 버리고 그에게 오직 단순한 추억이 되어 버렸을 때 그가 무엇을 어떻게 느낄 것인가를 마음에 생생하게 그려 보았다.

'어떻게 내가 그처럼 냉혹한 말들을 그녀에게 할 수 있었을까?' 그는 이렇게 말하리라. '어떻게 내가 그녀에게 아무 말도 하지 않고 방을 나와 버릴 수 있었을까? 그러나 이제 그녀는 없다. 영원히 이 세상에서 떠나가 버린 것이다. 그녀는 저승에서……' 갑자기 칸막이 그림자가 흔들리면서 무늬가 새겨진 천장 전체를 덮었다. 다른 그림자가 다른 방향에서 그것을 향하여 돌진했다. 한순간 그림자는 흩어져버렸다가 이윽고 새로운 속력으로 밀어닥쳐 흔들리고 움직이며 하나로 얽혔다. 별안간 주변이 온통 캄캄해졌다.

'죽음이다!' 그녀는 생각했다. 그러자 굉장한 공포가 엄습해 그녀는 오랫동안 자기가 어디에 있는지조차 분간하지 못하고 두 손이 달달 떨려, 성냥을 찾을 수도 다 타서 꺼진 초 대신 새 초를 켤 수도 없을 정도였다.

'아니야, 안 돼. 일단은 살아야 해! 난 그이를 사랑하고 있고 그이도 나를 사랑하고 있어! 이것은 이미 지난 일이고, 두 번 다시 일어나지 않을 거야.' 그녀는 삶을 되찾은 환희의 눈물이 두 볼에 흐르는 것을 느끼면서 중얼거렸다. 그리고 공포에서 벗어나기 위해 허둥지둥 그의 서재로 갔다.

그는 서재에서 깊은 잠에 빠져 있었다. 그녀는 그의 옆으로 다가가서 그의 얼굴 위로 불빛을 비추며 오랫동안 내려다보고 있었다. 이렇게 그가 잠들어 있으면, 그녀는 그에 대해 그리움의 눈물을 억누를 수 없을 만큼 충만한 사랑을 느꼈다. 하지만 그녀는 알고 있었다. 만약 그가 눈을 뜨면 그는 틀림없이 자신의 정당함을 주장하는 매정한 눈으로 자기를 바라보리라는 것을, 그리고 그녀도 자신의 사랑을 얘기하기 전에 그가 자기에게 얼마나 죄를 지었는지를 말하지 않고는 배겨 내지 못하리라는 것을. 그녀는 그를 깨우지 않고 자기 방으로 되돌아와서 또다시 모르핀을 마시고 새벽녘이 가까워서야 답답한 얕은 잠에 빠졌다. 그리고 그동안도 줄곧 의식은 깨어 있었다.

아침이 되어서 안나는, 아직 브론스끼와 관계를 맺기 전부터 몇 번인가 그녀 꿈에 찾아들었던 그 악몽에 또다시 시달리면서 잠에서 깼다. 턱수염이 텁수룩한 늙은이가 쇳덩이 위에 엎드려 뜻 모를 프랑스어를 중얼거리면서 무엇인가를 하고 있었다. 그녀는 이 악몽을 꿀 때는 언제나 그러하듯이(이것이 그 악몽의 무서운 점이었다) 이 농부가 그녀를 완벽하게 무시하고 있으면서 실은 그 쇳덩이로 그녀에게 무언가 끔찍한 일을 하기 위해 작업하고 있다는 느낌이 들었다. 그녀는 식은땀에 흠뻑 젖어 눈을 떴다.

자리에서 일어나자 어제 하루의 일이 안개에 싸인 것처럼 어슴푸레하게 떠올랐다.

'싸움이 있었지. 이미 몇 번이나 되풀이한 것을 또다시 했을 뿐이야. 나는 머리가 아프다고 했더니 그이는 오지 않았어. 우리는 내일 떠나기로 했으니 그이를 만나서 출발 준비를 해야 해.' 그녀는 이렇게 생각했다. 그리고 그가 서재에 있다는 것을 확인하고 그에게 향했다. 객실을 지나가면서 그녀는 차도에 마차가 멎는 소리를 들었다. 창밖을 내다보니 마차가 한 대 보였고, 그 속에서 라일락빛 모자를 쓴 젊은 처녀가 벨을 울리는 하인에게 무엇인가 명령하면서 몸을 내밀고 있었다. 현관에서 잠깐 이야기하는 소리가 들리고 누군가 2층으로 올라왔다. 객실 옆방에서 브론스끼 발소리가 들렸다. 그는 빠른 걸음으로 층층대를 내려갔다. 안나는 다시 창가로 다가갔다. 그는 모자도 쓰지 않고 현관 입구로 나가 마차 옆으로 다가갔다. 라일락빛 모자를 쓴 젊은 처녀가 그에게 꾸러미를 건넸다. 브론스끼는 웃는 얼굴로 그녀에게 뭐라고 말했다. 마차는 떠났고, 그는 얼른 층층대를 뛰어올라왔다.

그녀 마음을 온통 뒤덮고 있던 안개가 갑자기 걷혔다. 어제의 감정이 새로운 아픔으로 병든 심장을 쿡쿡 찔렀다. 그녀는 어째서 자기가 염치도 없이 온종일 그와 함께 그의 집에서 사는 굴욕을 달게 받았는지, 지금으로서는 도저히 이해가 되지 않았다. 그녀는 자기 결심을 알리기 위해 서재에 있는 그에게 갔다.

"소로끼나 부인이 따님과 함께 집에 들러, 어머님이 보내는 돈과 편지를 전해줬어. 어제 받을 수 없었거든. 두통은 어때, 좀 괜찮아?" 그는 그녀의 어둡고 엄숙한 표정을 일부러 못 본 체하며 태연하게 말했다.

안나는 방 한가운데 서서 말없이 그를 뚫어지게 바라보았다. 그는 그녀를 힐끔 쳐다보고 살짝 눈살을 찌푸릴 뿐 계속해서 편지를 읽었다. 그녀는 몸을 돌려 조용히 방에서 나가려고 했다. 그는 그녀를 불러 돌아오게 할 여유가 있었지만 안나가 문까지 다 가도록 계속 잠자코 있었다. 그저 편지를 넘기는 종이 소리만 들렸다.

"아 참, 그렇지." 그녀가 이미 문에 다다랐을 때 그가 말했다. "우리는 틀림없이 내일 떠나는 거지? 그렇지?"

"당신이나 가세요. 난 가지 않겠어요." 그녀가 돌아보면서 말했다.

"안나, 이런 식으로는 살아갈 수 없잖아……."

"당신이나 가세요, 난 가지 않겠어요." 그녀는 되풀이했다.

"이거 정말 못 견디겠군!"

"당신은…… 당신은 이 일로 틀림없이 후회할 거예요." 그녀는 이렇게 말하고 나가 버렸다.

이 말을 할 때 그녀의 절망적인 표정에 놀라 브론스끼는 의자를 차고 일어나 그녀를 쫓아가려고 했다. 그러나 고쳐 생각하고 또다시 주저앉아 입술을 굳게 다물고 이맛살을 찌푸렸다. 이 무례한—이렇게 그는 생각했다—협박이 그를 화나게 했던 것이다.

'나는 온갖 수단을 다 써 보았다.' 그는 생각했다.

'남은 수단은 단 하나, 무시하는 것뿐이다.' 그는 시내로 나가서 다시 한 번 어머니에게 들러 위임장에 서명을 받기 위해 준비를 시작했다.

안나는 서재와 식당을 지나가는 브론스끼의 발소리를 들었다. 객실에서 그는 발을 멈추었다. 하지만 그녀에게는 발을 돌리려고도 하지 않고, 그저 그가 없어도 보이또프가 오면 종마를 넘겨 주라고 일러둘 뿐이었다. 이윽고 그녀는 마차가 끌려 나오고 문이 열리고 그가 또다시 나가는 기척을 들었다. 그러나 그는 다시 한 번 현관으로 되돌아오고, 누군가가 2층으로 뛰어올라왔다. 하인이 그가 잊은 장갑을 가지러 뛰어올라오는 소리였다. 그녀는 창가로 다가가서, 그가 보지도 않고 장갑을 받고 한쪽 손으로 마부 등을 가볍게 두드리며 무엇인가 말하는 것을 보았다. 그리고 그는 창문 쪽은 눈길도 주지 않은 채 마차에 오르더니, 여느 때와 다름없이 한쪽 다리를 꼬고 앉아 장갑을 끼면서 저쪽 모퉁이로 사라져 버렸다.

27

'가 버렸다! 이젠 다 끝난 거야!' 안나는 창가에 선 채 중얼거렸다. 그러자 이 말에 대답이라도 하듯 어젯밤 촛불이 꺼졌던 순간 어둠의 인상과 무서운 꿈의 인상이 하나로 녹아들면서 몸서리쳐지는 그녀 마음을 두려움으로 가득 채웠다.

"아냐, 그럴 리 없어!" 그녀는 이렇게 외치고 방을 냅다 가로질러 요란스럽게 벨을 울렸다. 그녀는 지금 혼자 있는 것이 너무나도 무서웠으므로 하인이 오기를 기다리지도 않고 자기 쪽에서 찾으러 나갔다.

"백작은 어디로 가셨는지 물어보고 와." 그녀가 말했다.

하인은 백작께서 마구간으로 가셨다고 대답했다. "만약 마님께서 외출하신다면 곧 마차를 돌려보내겠다고 여쭙도록 하라는 분부셨습니다."

"그래, 그럼, 잠깐만 기다려 줘. 지금 곧 편지를 쓸 테니까 미하일에게 들려서 마구간으로 보내 줘, 급히."

그녀는 앉아서 이렇게 썼다.

'내가 잘못했어요. 돌아와 줘요, 이야기를 하고 싶어요. 부탁이에요, 꼭 돌아와 줘요. 나는 무서워 견딜 수 없어요.'

그녀는 편지를 봉해서 하인에게 건넸다.

그녀는 혼자가 되는 게 무서웠으므로 하인 뒤를 따라 방을 나와서 아이 방으로 들어갔다.

'어머나, 이게 어찌 된 일이지. 그 애가 아니잖아! 내 아들의 파란 눈이며 귀엽고 수줍어하는 미소는 어디로 가 버린 것일까?' 까만 고수머리에 뭉실뭉실하고 발그레한 얼굴을 한 딸아이를 보았을 때, 그녀 머리에 처음 떠오른 생각은 이것이었다. 머리가 뒤죽박죽이었으므로 아이 방에 세료쥐아가 있다고 생각했던 것이다. 딸아이는 탁자 앞에 앉아서 코르크 마개로 탁자를 끈질기게 힘껏 두드리며 두 개의 새까만 구즈베리 열매 같은 눈으로 무심히 어머니 얼굴을 바라보았다. 안나는 영국인 유모의 물음에 자신은 매우 멀쩡하고, 내일 시골로 돌아간다는 것을 알리고 나서, 딸아이 옆에 앉아 그 앞에 있는 병마개를 돌려주었다. 아이의 웃음소리와 눈썹이 움직이는 품이 너무나도 생생하게 브론스끼를 생각나게 했으므로, 그녀는 북받쳐 오르는 눈물을 억누르고 얼른 일어나서 방을 나왔다.

'정말 모든 것이 다 끝장나 버린 것일까? 아냐, 그럴 리 없어.' 그녀는 생각했다. '그이는 돌아올 것이다. 그러나 그 미소, 그 여자와 이야기한 뒤의 활기 있는 태도를 나에게 뭐라고 설명할까? 하지만 설명하지 못하더라도 역시 난 그를 믿겠어. 만약 믿지 못한다면 나에게 남아 있는 길은 단 하나뿐인데…… 난 그것은 싫어.'

그녀는 시계를 보았다. 12분이 지나 있었다.

'지금쯤 그이는 편지를 받고 돌아오는 중일 거야. 이제 곧, 앞으로 10분만 있으면……. 그러나 만약 그이가 돌아오지 않는다면 어떻게 한담? 아냐, 그럴 리가 없어. 그이에게 눈물 젖은 얼굴을 보일 수는 없지. 얼굴을 씻고 오자. 참, 내가 머리를 빗었던가?' 그녀는 스스로 물었다. 그러나 생각나지 않았다. 그녀는 머리에 손을 대 보았다. '아아, 빗었구나. 그런데 언제 한 것일까. 전혀 기억나지 않아.' 그녀는 자기 손마저도 믿을 수가 없었으므로 거울 앞으로 다가가 확인했다. 머리치장은 되어 있었다. 하지만 언제 그걸 했는지 도저히 생각나지 않았다.

'저건 누구지?' 그녀는 거울 속에서 야릇하게 반짝반짝 빛나는 눈으로 깜짝 놀란 듯이 자기를 보는, 타는 듯이 달아오른 얼굴을 바라보며 생각했다. '어마, 나잖아.' 그녀는 문득 정신이 들어 자신의 온몸을 가만히 훑어보았다. 그러다 갑자기 자기 몸에 그의 입맞춤의 감촉을 느끼고 몸을 부르르 떨면서 어깨를 움츠렸다. 그리고 한 손을 입술에 대고 입맞추었다.

'이게 어떻게 된 일일까. 내 정신이 어떻게 돼 가나 봐.' 그녀가 침실로 가자, 안누쉬까가 방을 치우고 있었다.

"안누쉬까." 그녀는 하녀 앞에 멈춰 무슨 말을 해야 할지 자기도 모른 채 그녀를 찬찬히 쳐다보면서 말했다.

"다리야 알렉산드로브나에게 가시려는 거죠." 다 알고 있다는 듯이 하녀가 말했다.

"돌리한테? 아, 그래. 갈 거야."

'가는 데 15분, 오는 데 15분. 그이는 지금 돌아오고 있을 테니까 이제 곧 오겠지?' 그녀는 시계를 꺼내 보았다. '그런데 어째서 그이는 이런 나를 내버려 두고 밖으로 나갈 수 있지? 나와 화해하지도 않고 어떻게 살아갈 수 있을까?' 그녀는 창가로 가서 한길을 바라보았다. 시간으로 미루어 보면 그가 이미 돌아왔을 무렵이었다. 그러나 시간 계산을 잘못했을 수도 있으므로 그녀는 다시 그가 나간 시간을 더듬어보며 몇 분쯤 지났는지 계산하기 시작했다.

그녀가 시간을 확인하기 위해 대형 시계 쪽으로 갔을 때 누군가가 마차로 들이닥쳤다. 창문으로 내다보니 브론스끼의 마차였다. 그러나 아무도 층층대를 올라오는 사람은 없었다. 아래층에서 말소리가 들렸다. 마차로 돌아온 것은 그녀가 보냈던 심부름꾼이었다. 그녀는 아래로 내려갔다.

"백작님은 뵙지 못했습니다…… 백작께서는 니줴고로드선(線) 기차로 떠나셨답니다."

"어머나, 뭐라고? 뭐……." 그녀는 편지를 되돌려 주는 혈색 좋고 쾌활한 미하일을 보고 말했다.

'그렇구나, 그이는 편지를 받지 못했구나.' 그녀는 비로소 알아챘다.

"그럼, 이 편지를 가지고 당장 교외 브론스까야 백작부인에게 가 줘. 알겠어? 그리고 곧 답장을 받아와야 해." 그녀는 심부름꾼에게 말했다.

'그럼 난 그동안 무엇을 해야 하지?' 그녀는 생각했다. '그렇지, 돌리에게 가자. 그게 좋겠다. 그렇게라도 하지 않으면 미쳐 버리고 말 거야. 그렇지, 전보를

처도 되는구나.'

그리고 그녀는 전보 문구를 썼다.

'급한 일 있음, 곧 귀가 바람.'

전보를 들려 보내고 나서 그녀는 옷을 갈아입으러 갔다. 옷을 갈아입고 모
자를 쓰고, 그녀는 또다시 뭉실뭉실하게 살찐 안누쉬까의 차분한 눈을 슬쩍
쳐다보았다. 그 조그맣고 마음씨 착해 보이는 잿빛 눈 속에는 동정의 빛이 역
력히 나타나 있었다.

"안누쉬까, 있잖아, 난 어떻게 해야 하지?" 힘없이 안락의자에 털썩 주저앉
아 흐느끼면서 안나가 말했다.

"무엇을 그렇게 걱정하세요, 마님! 이런 일은 얼마든지 있는 일이잖아요. 좀
나가서 바람이나 쐬고 오세요. 마음이 후련해지실 테니까." 하녀가 말했다.

"아아, 그래. 나가야지." 안나는 정신을 차리고 일어서면서 말했다. "만약 내
가 없는 사이에 전보가 오거든 다리야 부인 앞으로 보내 주렴…… 아냐, 내가
그 전에 돌아올 거야."

'그래, 애타게 생각해 봐야 별수 없어. 그보다 무엇인가를 하는 게 나아. 나
가자. 무엇보다도 먼저 이 집에서 나가는 거야.' 그녀는 터질 듯한 심장 소리에
두려움을 느끼면서도 귀를 기울이며 생각했다. 그리고 바삐 밖으로 나가 마차
에 올랐다.

"어디로 가실까요?" 뾰뜨르가 마부석에 올라타기 전에 물었다.

"즈나멘까의 오블론스끼 댁으로."

28

활짝 갠 날씨였다. 오전 내내 찔끔찔끔 내리던 가랑비가 그치고 막 해가 든
것이었다. 함석지붕도 보도 돌바닥도, 차도 자갈도 마차 바퀴도, 가죽 마구도
놋쇠도 함석도, 모두 5월 태양 아래 반짝반짝 빛나고 있었다. 때는 오후 3시,
거리에 가장 활기가 넘쳐흐르는 시각이었다.

잿빛 말의 빠른 속도에도 불구하고 탄력 좋은 용수철 덕택으로 거의 흔들
리지 않는 조용한 마차 한쪽 구석에 앉아서, 안나는 끊임없는 수레바퀴 소리

를 듣고 재빨리 바뀌는 산뜻한 바깥 풍경을 바라보면서 또다시 최근 며칠 동안의 사건을 돌이켜 보았다. 그리고 자기 처지를 집에서와는 전혀 다른 시선으로 보게 되었다. 지금은 죽음에 대한 생각도 그처럼 무섭고 뚜렷하게 느껴지지 않았고, 죽음 그 자체도 피할 수 없는 것이라고는 생각되지 않았다. 그녀는 그토록 비굴해진 자기를 나무랐다.

'나는 그에게 용서해 달라고 애원하고 있다. 그에게 굴복하고 나에게 죄가 있다고 인정해 버렸다. 무엇 때문에? 정말 난 그이 없이는 살아갈 수 없을까?' 그 없이 어떻게 살아갈 것인가 하는 문제에 대답하지 않고, 그녀는 간판을 읽기 시작했다.

'사무소와 창고. 치과. 그래, 돌리에게 다 털어놓고 이야기하자. 그녀는 브론스끼를 싫어하니까. 그야 부끄럽고 괴롭겠지만, 모든 것을 그녀에게 말해야겠다. 그녀는 나를 사랑하고 있으니 그녀 충고에 따르자. 난 브론스끼에게는 굴복하지 않겠어. 그의 신세는 지지 않을 거야. 필립쁘, 제과점, 흰 빵 있습니다. 여기 사람들은 반죽을 뻬쩨르부르그까지 실어 나른다던데. 모스끄바는 물이 좋으니까. 므이찌쉬쩨의 우물과 블린.*⁶ 그러다가 그녀는 아주 오래전, 아직 열일곱 살쯤 되었을 무렵 고모와 함께 뜨로이짜*⁷에 갔던 일을 회상했다.

'그땐 아직 기차가 없었으니 마차를 타고 갔었지. 정말 그게 나였을까? 그 빨간 손의 계집애가? 그 시절 그토록 아름답고 다가갈 수도 없을 것처럼 보였던 많은 것들이 지금은 하찮은 것이 되고, 그 무렵에 갖고 있었던 것이 지금은 영원히 이룰 수 없는 것이 되어 버렸다. 그 무렵의 내가 장래에 이렇게까지 한심하게 추락하리라고 믿을 수 있었을까? 내 편지를 받으면 그는 얼마나 우쭐하며 만족할까! 아니, 난 그에게 본때를 보여 주겠어…… 아아, 페인트 냄새가 어쩜 이렇게 불쾌할까. 무엇 때문에 세상에선 줄곧 페인트를 칠하고 집을 짓는 것일까? 유행품과 장식품.' 그녀는 간판을 읽었다. 한 사내가 그녀에게 꾸뻑 절을 했다. 안누쉬까의 남편이었다.

'우리 집의 더부살이.' 브론스끼가 그렇게 말했던 것을 떠올렸다. '우리? 왜 우리지? 과거를 송두리째 뽑아 버릴 수 없다는 것은 얼마나 끔찍한 일인가. 하지만 완전히 뽑아낼 수는 없어도 그 기억을 숨길 수는 있어. 난 숨겨 버리겠

---

*6 일종의 얇은 팬케이크.
*7 삼위일체 수도원.

어.' 그녀는 까레닌과 같이 보냈던 과거와 또 자기가 그를 기억에서 지워버린 것을 생각했다.

'돌리는 내가 두 번째 남편도 버리려 한다고, 분명히 내가 틀렸다고 생각하겠지. 아아, 이젠 틀렸어!' 이렇게 입 밖에 낸 순간, 그녀는 울고 싶어졌다. 그러나 곧, 저 두 처녀는 무엇이 즐거워 저렇게 싱글벙글하는 것일까 생각하기 시작했다. '틀림없이 사랑에 대한 얘기겠지? 저 처녀들은 그것이 얼마나 보잘것없고 비천한 것인지 모르는 거야……. 어마, 가로수길에 어린아이들. 세 소년이 말놀이를 하면서 달려가네. 세료쥐아! 아아, 난 모든 것을 잃고 그 아이를 되찾을 수도 없어. 그렇다, 만약 그이가 돌아오지 않으면 난 모든 것을 잃는다. 그는 어쩌면 기차를 놓쳐서 지금쯤은 돌아와 있을지도 몰라. 아아, 난 또 굴종을 바라고 있구나!' 그녀는 자신에게 말했다.

'아냐, 나는 돌리에게 갈 거야. 그리고 그녀에게 솔직하게 얘기하는 거야. 난 불행해요, 자업자득이고 전부 내 탓이지만, 그래도 난 불행해요. 나를 좀 도와줘요. 이 말, 이 마차, 이 마차에 탄 내가 정말 싫어. 모두가 다 그이 것이니까. 하지만 나는 이제 이 마차와도 이별이구나.'

모든 걸 돌리에게 털어놓을 때, 해야 할 말을 생각하고 일부러 자기 마음을 후벼 파면서, 안나는 오블론스끼네 층층대를 올라갔다.

"어느 분이 와 계시지?" 그녀는 현관에서 물었다.

"까쩨리나 알렉산드로브나 레비나입니다." 하인이 대답했다.

'끼찌다! 브론스끼가 사랑했던 그 끼찌야!' 안나는 생각했다. '그이가 지금껏 그립게 여기며 떠올리는 바로 그 여자다. 그는 그녀와 결혼하지 않았던 것을 후회하고 있어. 나에 대해서는 미움을 품고 있고, 나와 같이 살게 된 것을 후회하는 거야.'

안나가 도착했을 때 자매는 수유에 관한 의논을 하고 있었다.

이야기 도중에 들어온 손님을 맞으러 돌리가 혼자 나왔다.

"어머, 당신 아직 떠나지 않았군요? 한번 찾아가려고 생각하던 참이어요." 그녀가 말했다. "오늘 스찌바에게서 편지를 받았거든요."

"우리도 전보를 받았어요." 안나는 끼찌를 찾으려고 주위를 두리번거리며 대답했다.

"그이는, 까레닌이 도대체 뭘 원하는지 모르겠지만 어쨌든 회답을 얻기 전에

922 안나 까레니나

는 돌아오지 않겠다고 썼어요."

"난 손님이 계신 줄 알았어요. 편지를 읽어보게 해 주시겠어요?"

"네, 끼찌가 와 있어요." 돌리는 어찌할 바를 모르고 말했다. "지금 아이 방에 있어요. 건강이 아주 안 좋았었죠."

"그러셨군요. 그 편지, 보여 주시지 않겠어요?"

"곧 가져올게요. 하지만 그가 거절한 건 아녜요. 그러기는커녕 스찌바는 희망을 품고 있어요." 돌리는 문 앞에 멈추면서 말했다.

"난 희망을 버렸어요. 딱히 이제 바라지도 않아요." 안나가 말했다.

'끼찌는 나와 만나는 것을 굴욕이라고 생각하는 걸까?' 안나는 혼자 남게 되자 생각했다. '어쩌면 그녀가 옳을지도 모른다. 그러나 설령 그것이 옳을지라도, 브론스끼를 사랑한 적이 있는 그녀가 내게 보일 태도는 아니야. 그야 나도 나 같은 처지의 여자가 품위 있는 부인한테 받아들여질 수 없다는 건 알아. 난 맨 처음부터 그이를 위해 모든 것을 희생했는걸! 그런데 이게 그 대가인 거야. 아아, 그이가 미워! 난 무엇 때문에 이런 데 온 걸까? 오히려 기분이 나빠졌어. 더욱 괴로워졌을 뿐이야.'

다른 방에서 자매의 이야기 소리가 새어 나왔다.

'그런데 난 돌리에게 무엇을 말하려고 하는 것일까? 내가 불행하고 도움이 필요하단 걸 알려서 끼찌를 기쁘게 하려는 것일까? 아냐, 더구나 돌리는 아무것도 이해하지 못할 거야. 그러니까 그녀에게 얘기해도 별수 없다. 끼찌를 만나서 내가 얼마나 온갖 사람과 온갖 것을 경멸하는지, 얼마나 모든 걸 안중에도 두지 않는지를 보여 주는 것만은 재미있을 것 같은데.'

돌리가 편지를 들고 들어왔다. 안나는 그것을 읽고 말없이 돌려주었다.

"다 아는 내용이군요." 그녀는 말했다. "그리고 이런 것은 이젠 조금도 흥미가 없어요."

"어머, 어째서요? 도리어 난 희망을 걸고 있어요." 호기심 어린 눈으로 안나를 쳐다보면서 돌리가 말했다. 그녀는 한 번도 이처럼 기묘하게 안절부절못하는 안나를 본 일이 없었기 때문이다. "당신은 언제 떠나죠?" 돌리가 물었다.

안나는 눈을 내리깔고 자기 앞을 바라보고 있을 뿐 대꾸하지 않았다.

"끼찌는 나를 피해 숨어 있는 거로군요?" 그녀는 문 쪽을 보고 빨개지면서 말했다.

"어머나, 무슨 말을! 그 애는 지금 젖을 주고 있어요. 그런데 어쩐지 그게 잘 되지 않아서 내가 좀 거들어 주고 있었어요······. 그 애는 당신이 와서 무척 기뻐했어요. 곧 올 거예요." 거짓말을 잘하지 못하는 돌리는 더듬거리며 말했다. "저 봐요, 저기 왔어요."

안나가 왔다는 것을 알았을 때 끼찌는 좀 만나기를 꺼렸다. 하지만 돌리가 그녀를 타일렀다. 끼찌는 안간힘을 써서 밖으로 나와 새빨개진 얼굴로 안나에게 다가가 손을 내밀었다.

"정말 반가워요." 그녀는 떨리는 목소리로 말했다.

끼찌는 이 나쁜 여자에 대한 적대하는 마음과 너그러워야겠다는 희망 사이에서 벌어진 내적 싸움으로 마음이 완전히 혼란스러웠다. 그러나 아름답고 상냥한 안나 얼굴을 보자마자 모든 적의가 갑자기 어딘가로 사라져 버렸다.

"당신이 나를 만나 주시지 않는다고 해도 난 놀라지 않았을 거예요. 난 이제 어떠한 일에도 익숙해졌으니까요. 몸이 좋지 않으셨던 모양이군요? 많이 달라지셨어요." 안나가 말했다.

끼찌는 안나가 적의를 품고 자기를 바라본다고 느꼈다. 그녀는 그 적의를 한때 보호자 같은 태도를 보이던 안나가 지금 그녀를 대하기 거북한 상황으로 내몰린 탓에 생긴 것이라고 해석했다. 그러자 안나가 가엾어졌다.

그들은 병이며 젖먹이, 스찌바에 대한 이야기를 했다. 그러나 그런 것들은 조금도 안나의 흥미를 끌지 않았다.

"나는 오늘 당신에게 작별인사를 하려고 왔어요." 안나가 일어서면서 말했다.

"언제 떠나세요?"

하지만 안나는 또다시 대답하지 않고 끼찌에게로 얼굴을 돌렸다.

"네, 나도 당신을 뵙게 되어 정말 기뻤어요." 그녀는 미소를 지으면서 말했다. "당신 소식은 여기저기에서 듣고 있었어요. 당신 남편에게서도요. 그분은 제 집에도 와 주셨거든요. 난 그분이 굉장히 마음에 들어버렸어요." 그녀는 분명히 악의가 있는 어조로 덧붙였다. "그분은 지금 어디에 계시죠?"

"시골에 가셨어요." 끼찌는 얼굴이 빨개지면서 대답했다.

"내가 안부 전하더라고 말씀해 주세요, 꼭이에요."

"네, 꼭 전할게요!" 동정어린 마음으로 안나 눈을 들여다보며 끼찌는 순진하게 되풀이했다.

"그럼 안녕, 돌리!" 안나는 돌리에게 입맞추고서 끼찌 손을 쥐었다 놓고 부랴부랴 자리를 떠났다.

"정말 조금도 변하지 않았군요. 옛날처럼 매혹적이에요. 정말 아름다워!" 끼찌는 언니와 단둘이 되자 말했다. "하지만 어쩐지 애처로운 데가 있어요. 엄청나게 애처로워요!"

"아냐, 오늘 안나는 왠지 평소와는 달랐어." 돌리가 말했다. "현관까지 배웅했을 때 금방 울음을 터뜨릴 것만 같은 얼굴이었는걸."

29

안나는 집을 나설 때보다 더욱 언짢은 기분으로 마차를 탔다. 지금까지의 고통에, 끼찌와의 만남으로 뼈저리게 느낀 모욕과 세상에서 버림받았다는 느낌이 더 무거워진 것이다.

"어디로 가실까요? 집으로 가시렵니까?" 뾰뜨르가 물었다.

"그래, 집으로." 이제는 어디로 간다는 생각도 없이 그녀는 말했다.

'그네들은 무엇인가 무섭고 이해할 수 없는 이상한 것이라도 보는 듯이 나를 보았어. 어머나, 저 사내는 동행하는 사람에게 무엇을 저렇게 열심히 이야기하는 걸까?' 그녀는 지나가는 두 행인을 보면서 생각했다.

'도대체 자기가 느끼는 것을 다른 사람에게 말로 전하는 일이 가능할까? 나는 돌리에게 얘기할 생각이었지만, 말하지 않기를 잘했다. 그 여자는 나의 불행을 얼마나 기뻐할까! 물론 그것을 숨길 테지만 그 여자가 느끼는 주된 감정은, 자기가 부러워했던 쾌락 때문에 내가 벌을 받았다는 데 대한 기쁨일 거야. 끼찌, 그녀는 더욱더 기뻐했겠지. 내가 그 마음속 하나 꿰뚫지 못할까 봐! 그녀는 내가 자기 남편에게 보통 이상으로 상냥하게 대했다는 것을 알고 있다. 그래서 나를 질투하고 미워하는 거야. 또한 업신여기기도 하지. 그녀의 눈으로 보면 나는 그저 타락한 여자겠지. 그러나 만약 내가 정말로 타락한 여자라면, 난 그녀 남편을 내게 반하게 만들 수도 있었어…… 만약 내가 그렇게 하고 싶기만 했다면. 그래, 실은 그러고 싶기도 했지. 아니, 저 사람은 혼자서 만족하고 있군.' 그녀는 맞은편에서 마차로 달려오는 크고 뚱뚱한 붉은 얼굴의 신사를 보고 생각했다. 그 사내는 그녀를 아는 사람인 줄 착각하고 번들번들 번적이는 대머리 위로 모자를 살짝 들고 나서야 잘못 본 것을 알아챈 모양이었다. '저 사람은 나를 알고 있다고 생각했구나. 그러나 이 세상의 누구도 나에 대해선 조금도 모른다. 우선 나 자신도 나를 모르니까. 난 프랑스인들이 말하듯 자기 욕구만 알고 있을 뿐이다. 저거 보라지, 저 아이들은 저런 더러운 아이스크림을 탐내고 있어. 그것만은 스스로도 아는 것이지.' 그녀는 아이스크림 장수를 불러 세운 두 소년을 바라보면서 생각했다. 아이스크림 장수는 머리에 인통을 내려놓고 수건 가장자리로 땀에 젖은 얼굴을 닦았다.

'우리는 누구나 달콤하고 맛있는 것을 탐낸다. 과자가 없으면 더러운 아이스크림이라도 좋다. 끼찌도 매한가지야. 브론스끼가 안 되면 레빈인 것이다. 그래서 그 여자는 나를 질투하고 미워하고 있다. 이리하여 우리는 모두 서로 미워하는 것이다. 나는 끼찌를, 끼찌는 나를. 이것이 바로 진실이야. 쥐찌낀 미용실. 쥐찌낀한테 머리손질을 한다…… 그이가 돌아오면 그렇게 얘기해야지.' 그녀는 이렇게 생각하고 미소를 지었다. 그러나 그 순간 그녀는 더는 자기에겐 우스운 이야기를 할 상대가 아무도 없다는 것을 깨달았다.

'그렇구나, 또 우스운 일이며 재미있는 일은 하나도 없어. 다 지긋지긋해. 아아, 저녁 기도 종이 울리고 있다. 어머, 저 장사치가 꼼꼼하게 성호를 긋는 모습 좀 봐! 마치 무엇인가를 떨어뜨리지나 않을까 걱정하는 것 같아. 도대체 무엇 때문에 저 교회며 종소리며 저런 허위가 있는 것일까? 그저 저기에서 저렇게 상스럽게 욕지거리를 해 대는 마부들처럼 우리가 모두 서로 미워하고 있다는 것을 숨기기 위해서일 뿐이잖아. 야쉬빈은 이렇게 말했지. 상대도 나를 발가벗기려고 덤비고 있고 나도 그 녀석을 그렇게 하려 한다고. 그렇다, 정말 딱 그래!'

그녀가 자기 처지에 대해 생각하는 것조차 잊을 정도로 갖가지 상념에 사로잡혀 있는 사이에 마차는 어느새 집 현관 층층대 앞에 멈췄다. 맞으러 나온 문지기의 모습을 보고서야 그녀는 비로소 편지와 전보를 보냈던 것이 생각났다.

"회답은 있었어?" 그녀가 물었다.

"지금 알아보겠습니다." 문지기는 대답하고 책상 위를 살피더니 전보가 든 네모진 얇은 봉투를 집어 그녀에게 건넸다.

'10시 안에는 갈 수 없음, 브론스끼.' 그녀는 전보를 읽었다.

"편지를 들려 보낸 심부름꾼은 돌아왔나?"

"아직 돌아오지 않았습니다." 문지기가 대답했다.

'그렇다면 나도 내가 해야 할 일을 알고 있어.' 그녀는 생각했다. 그리고 가슴속에 치밀어 오르는 막연한 분노와 복수 욕구를 느끼며 2층으로 뛰어올라갔다.

'내 쪽에서 그이를 직접 찾아가주겠어. 영원히 떠나기 전에 숨김없이 털어놓으리라. 아아, 나는 여태까지 한 번도, 어떠한 사람도 그이처럼 미워해 본 적은 없었어!' 그녀는 생각했다. 모자걸이에 걸린 브론스끼의 모자만 봐도 그녀는 혐오감 때문에 몸을 떨었다. 그녀는 그의 전보가 그녀의 전보에 대한 회답일 뿐, 그가 아직 편지를 받지 못했다는 것에는 생각이 미치지 않았다. 그녀는 지금쯤 어머니며 소로끼나 공작 영애와 태연히 이야기하면서 그녀의 고뇌를 은근히 기뻐하고 있을 그를 상상했다. '그래, 한시라도 빨리 가야 해.' 그녀는 어디로 가야 할지도 모른 채 혼잣말을 했다. 그녀는 이 무서운 집에서 겪은 감정으로부터 한시라도 빨리 빠져나가고 싶었다. 하인, 벽, 온갖 물건들, 이 집에 있는 모든 것이 그녀 마음에 혐오와 증오를 불러일으켜 마치 바윗덩어리처럼 그녀를 압박했다.

'그렇지. 정거장으로 가는 거야. 그리고 만약 거기에 없으면, 직접 기차로 그곳에 가서 현장을 덮쳐야겠어.' 안나는 신문에서 기차 시간표를 살펴보았다. 밤 8시 2분 기차가 있었다. '아아, 이거라면 탈 수 있겠다.'

그녀는 마차에 다른 말을 매도록 이르고 당분간 필요한 물건들을 여행용 가방에 차곡차곡 넣기 시작했다. 그녀는 두 번 다시 이곳으로 돌아오지 않으리라는 것을 알고 있었다. 머릿속에 떠오르는 갖가지 계획 중에서, 정거장 또는 백작부인 소유지에서 한바탕 난리를 일으키고 나서 니줴고로드선 기차로 가장 먼저 나오는 읍까지 가서 거기에 머물러야겠다는 것만을 어수선한 가운데 결정했다.

식사 준비가 되어 있었다. 그녀는 식탁으로 다가가서 빵과 치즈의 냄새를 맡아보고 모든 음식 냄새가 메스껍게 코를 찌르는 것을 알자 마차를 대도록 이르고 이내 밖으로 나왔다. 집들은 벌써 한길 가득히 그림자를 떨어뜨리고 있었다. 아직 햇볕이 따뜻한 맑게 갠 저녁이었다. 짐을 들고 따라나온 안누쉬까도, 마차 안에 그것을 들어 얹었던 뾰뜨르도, 분명히 불만스러워 보이는 마부도 모두가 그녀에게는 못마땅했고 그들의 말이며 동작이 그녀를 안절부절못하게 했다.

"넌 오지 않아도 괜찮아, 뾰뜨르."

"하지만 차표는 어떻게 하시겠어요?"

"그럼, 좋을 대로 해, 난 아무래도 상관없으니까." 그녀는 언짢게 말했다.

뾰뜨르는 마부석에 훌쩍 뛰어올라 두 손을 허리에 짚고 정거장으로 가도록 명령했다.

30

'또 마차다! 다시 머리가 맑아졌어!' 안나는 마차가 움직이기 시작하여 가볍게 흔들거리면서 자갈길 위로 요란한 소리를 내며 달려, 또다시 풍경들이 차례차례 스쳐 지나가자 마음속으로 이렇게 중얼거렸다.

'그래, 그래, 내가 맨 마지막에 무엇을 그리 열심히 생각하고 있었더라?' 그녀는 생각해 내려고 애썼다. '쥐찌낀 미용실이었던가? 아냐, 그렇지 않아. 그렇지, 야쉬빈이 말한 것이었어. 생존경쟁과 증오, 이것만이 사람을 묶는 유일한 것이라고. 아아, 당신들, 어디로 가 보아도 허사예요.' 그녀는 분명히 교외로 소풍을 가는 듯한 사두마차에 탄 일행을 보고 마음속으로 외쳤다. '당신네가 데리고 가는 개도 아무런 도움이 되지 않아요. 자기로부터 도망갈 수는 없으니까.'

문득 뾰뜨르가 돌아다본 쪽으로 시선을 던지자, 고주망태가 되어 머리를 흔들흔들하면서 순경에게 어딘가로 끌려가는 한 직공이 보였다. '그래. 저것이 차라리 나을지도 모르지.' 그녀는 생각했다. '나와 브론스끼 백작은 둘 다 술에서 많은 것을 기대했지만 결국 저 정도의 만족은 발견할 수 없었어.' 그리고 처음으로 안나는 지금 모든 것을 확실히 비춰주는 밝은 빛을 이제야 비로소 지금까지는 생각하기를 피해 왔던 그와의 관계 쪽으로 돌려보았다.

'그이는 내게서 무엇을 찾았던 걸까? 그것은 사랑이라기보다는 허영심의 만족에 더 가까워.' 그녀는 처음 맺어졌을 당시 온순한 사냥개를 연상케 하는 그의 말과 그 표정을 회상했다. 지금으로서는 모든 것이 자신의 생각을 뒷받침하는 것으로 보였다.

'그래, 그이는 허영심을 만족하게 해 주는 성공에 우쭐했던 거야. 물론 사랑도 있었음은 분명하지만 대부분은 성공에 취해 있었던 거지. 그이는 날 손안에 넣은 것을 자랑했어. 그런데 시간이 지나자 자랑할 것이 아무것도 없게 돼 버렸어. 자랑은커녕 부끄러워진 거야. 내게서 취할 수 있는 것은 모두 취했으니 이제 무용지물이라는 거지. 나를 애물단지로 느끼면서도 불명예스러운 인간이 되지 않으려고 애쓰는 거야. 그이는 어제 결국 속마음을 드러냈지. 자기가 도 망칠 길을 없애기 위해 이혼과 결혼을 원한다고. 그이는 물론 나를 사랑하고 있다. 하지만 그 방식이란……. 이젠 타오를 것도 없는 거야. 어머, 저 사내는 사 람들을 깜짝 놀라게 해주고 싶어서 혼자 들떠 있잖아.' 그녀는 승마 연습소 말 을 타고 달려가는 혈색 좋은 얼굴의 점원을 바라보면서 이렇게 생각했다. '그 렇다, 그이는 내게서 이제 아무런 맛도 느끼지 않게 된 것이다. 만약 내가 그를 떠난다면 그는 마음속으로 기뻐할 거야.'

이것은 가정이 아니었다. 그녀는 지금 자기에게 삶의 의미와 인간관계의 의 미를 드러내 준 그 빛줄기 속에서 분명히 그것을 보았다.

'내 사랑은 점점 더 열정적이고 이기적으로 변해가는데 그의 사랑은 자꾸 식어 가고 있다. 이것이 이별의 원인이다.' 그녀는 계속 생각했다.

'이것은 이제 어쩔 수 없는 일이야. 내게는 그이만이 전부이고 그이가 나만 의 것이기를 바라. 그런데 그는 내게서 더욱더 멀어지려 하고 있어. 우리는 결 합할 때까지는 서로에게 접근했지만, 그 뒤로는 억누를 수 없는 기세로 각자 다른 방향으로 멀어져 가는 것이다. 이 흐름은 바꿀 수 없어. 그는 내가 엄청 나게 질투가 강하다고 말하고, 나도 그런 줄 알았어. 하지만 그게 아니야. 나는 질투가 강한 게 아니라 그저 불만스러운 거야. 그러나…….' 그녀는 아, 하고 입 을 벌렸다. 갑자기 떠오른 상념으로 흥분하여 마차 안에서 자리를 옮겼다.

'아아, 만약 내가 그저 그이 애무만을 열망하는 연인 이외의 무엇인가가 될 수 있다면 좋겠지만, 나는 다른 무엇인가가 될 수도 없고 또 되고 싶지도 않아. 그리고 이 욕구가 그이에게 혐오를 일으켰고 그이는 그이대로 나에게 증오를 일으켰다. 이것은 이렇게 될 수밖에 없었어, 어쩔 도리가 없었어. 나도 알아. 그 이가 나를 속인다든가 하는 짓은 하지 않는다는 것, 소로끼나 공작 영애에게 관심이 없다는 것, 끼찌를 사모하지 않는다는 것, 나를 저버리지 않는다는 것 을. 그 모든 것을 전부 알고 있지만 그 때문에 마음이 가벼워지는 일은 조금도 없어. 만약 그이가 나를 사랑하지도 않으면서 단지 의무감에서 부드럽고 친절 하게 대해 주는 것은 내가 바라는 바가 아니야. 그렇다. 그렇게 되느니 차라리 미움받는 게 천 배나 나아! 그것은 지옥이야! 그런데 실제로는 그렇게 되어 버렸어. 그는 이미 오래전부터 나를 사랑하지 않아. 그리고 사랑이 끝나는 곳에서 증오가 시작되지…… 어머, 이 거리는 처음 보는 걸. 어딘가의 언덕인 모양인데 가도 가도 집뿐이군. 그리고 집집마다 사람들이 잔뜩 살고 있어…… 얼마나 많은지 셀 수 없을 정도로. 그리고 모두 서로 미워하고 있지. 그러니 최소한 나는 행복해지기 위해서 무엇이 필요한지, 그것을 한번 생각해 보자. 그래, 이혼이 성립되고 남편이 내게 세료쥐아를 넘겨주고 브론스끼와 결혼한다……'

남편 까레닌에 대해 생각하자 그녀는 곧 얌전하고 생기 없는 흐리멍덩한 눈과 푸른 힘줄이 도드라진 하얀 손, 독특한 억양과 손가락 꺾는 소리를 선명하게 떠올렸다. 그녀는 그와 자기와의 사이에서 사랑이라고 불렸던 감정을 떠올리자, 혐오감에 몸을 떨었다.

'그럼 이혼이 성사되고 내가 브론스끼의 아내가 된다고 해 보자. 그러면 끼찌가 아까 같은 눈으로 나를 보지 않게 될까? 그렇지 않다. 그럼 세료쥐아는 내게 남편이 둘인 것에 대해서 묻는다든가 생각한다든가 하지 않을까? 과연 브론스끼와의 사이에서는 어떤 새로운 감정을 만들어 갈 수 있을까? 행복까지는 바라지 않을지언정 고통에서만은 벗어난 생활이 가능할까? 아니다. 아니다!' 그녀는 조금의 망설임도 없이 스스로 묻고 답했다.

'그런 것은 도저히 불가능해! 우리 삶은 본질적으로 달라서 난 그이의 불행이 되고 그이는 나의 불행이 되는 거야. 그렇다고 그 사람도 나도 바뀔 수는 없어. 할 수 있는 일은 다 해봤고 이제 나사는 죌 대로 죄어져 못쓰게 되어 버렸어……. 어머, 젖먹이를 안은 여자 거지가 있군. 제 딴엔 남이 동정해 주리라 생각하겠지. 하지만 우리가 모두 서로 미워하며 자기와 남을 괴롭히기 위해, 그저 그 때문에 이 세상에 내팽개쳐진 게 아닐까? 중학생들이 지나가고 있다! 웃고 있어. 세료쥐아는?' 그녀는 생각했다. '나 역시 그 애를 사랑한다고 생각하며 스스로 부드러움에 취해 있었어. 하지만 실제로는 그 애와 떨어져서 살아왔고, 그 애를 버리는 대가로 다른 사랑을 손에 넣었지. 그 사랑이 충만하던 동안은 이 교환을 불평하지도 않았어.' 그녀는 지금 '다른 사랑'이라고 부른 것에 대해 혐오감을 느끼며 생각했다. 자신이 지금 자기와 다른 사람들 생애를 명백하게 꿰뚫고 있다는 점이 그녀를 기쁘게 했다. '나도 뾰뜨르도, 마부인 표도르도 저 장사치도, 저런 광고로 관광객을 불러 모으는 볼가강 주변에 사는 사람들도 모두 마찬가지야. 언제 어디서나 사람들은 이렇게 살아가는 거지.' 그녀가 이렇게 생각하는 동안, 마차는 니줴고로드 정거장 나지막한 건물 옆에 도착했고, 짐꾼들이 우르르 그녀 쪽으로 뛰어나왔다.

"오비랄로프까지 끊을까요?" 뾰뜨르가 물었다.

안나는 자기가 어디로 무엇 때문에 가는지를 까맣게 잊고 있다가 상당한 노력 끝에 겨우 그 물음의 뜻을 이해할 수 있었다.

"그래." 그녀는 지갑을 건네면서 말했다. 그리고 한쪽 손에 조그마한 빨간 손가방을 들고 마차에서 내렸다.

군중 사이를 헤치고 일등석 대기실 쪽으로 향하면서 그녀는 자기 처지의 온갖 상세한 점과 결단을 내리지 못하고 주저한 몇 가지 선택들을 조금씩 생각했다. 그러자 또다시 희망과 절망이 뒤범벅되어, 전과 같은 아픔으로 괴로워하며 와들와들 떠는 마음의 상처를 쿡쿡 찌르기 시작했다. 별 모양 소파에 앉아 기차를 기다리는 동안, 그녀는 들락날락하는 사람들(그들 모두가 그녀에겐 못마땅했다)을 혐오스럽게 바라보면서 저쪽 목적지 정거장에 도착하여 그에게 편지를 쓸 일과 써 보낼 문구, 지금쯤 그가 자기 처지에 대해서(이쪽의 괴로움은 모르고) 어머니에게 하소연하고 있을 광경, 그 방에 쳐들어가서 어떻게 말할지를 생각했다. 그런가 하면 또 아직 행복해질 가능성이 있다고 한다면 그것은 무엇인가, 자기가 얼마나 미칠 듯이 그를 사랑하고 또 미워하고 있는가, 이 심장은 얼마나 격렬하게 고동치는가를 생각하고 있었다.

31

벨이 울렸다. 못생기고 뻔뻔하고 성마르고 또 자기들이 어떤 인상을 주는지에 민감한 어떤 젊은이들이 대기실에서 나갔다. 뾰뜨르도 제복에 승마화를 신고 멍청한 짐승 같은 얼굴을 하고, 그녀를 열차까지 안내하기 위해서 대기실을 가로질러 그녀 옆으로 다가갔다. 예의 왁자지껄하던 사내 패들은 안나가 플랫폼에서 그들 옆으로 지나가자 갑자기 잠잠해지더니, 한 사내가 다른 사내에게 무엇인가를 나지막하게 수군거렸다. 물론 욕지기가 치미는 내용일 것이다. 그녀는 높은 발판을 딛고 올라가, 전에는 하얗던 것이 지금은 지저분하게 더럽혀진 찻간 안 스프링 장치가 된 의자에 홀로 앉았다. 손가방은 스프링에 튕겨 옆으로 쓰러졌다. 뾰뜨르가 멍청한 미소를 띠면서 작별 표시로 금몰을 두른 모자를 창가에 치켜들었다. 조심성 없는 차장이 거칠게 문을 닫고 걸쇠를 걸었다. 뚜르뉘르[8]를 댄 치마를 입은 못생긴 한 귀부인(안나는 머릿속에서 이 여자를 발가벗겨 보고 그 추악함에 몸서리쳤다)과 소녀가 부자연스럽게 웃으면서 아래쪽 플랫폼으로 달려갔다.

"까쩨리나 안드레예브나한테, 모두 그분한테 있어요, 아주머니!" 소녀가 외쳤다.

'저렇게 어린애까지 벌써 나쁜 물이 들어 젠체하고 있군.' 안나는 생각했다. 그녀는 아무도 보고 싶지 않았으므로 얼른 일어서서 비어 있는 찻간 반대쪽 창가로 자리를 옮겼다. 그러자 모자 밑으로 헝클어진 머리칼이 비어져 나온 꾀죄죄한 옷차림의 추한 농부가 차바퀴 쪽으로 몸을 구부리면서 창문 옆을 지나갔다. '저 추한 농부는 어쩐지 낯익은걸.' 안나는 생각했다. 그러다 자기 꿈을 기억해 내고는 두려움에 몸을 떨면서 반대편 문 쪽으로 물러났다. 그때 차장이 부부 동반객을 들이기 위해 문을 열었다.

"밖으로 나가시렵니까?"

안나는 대답하지 않았다. 차장도 들어온 손님도 베일 아래 그녀 얼굴에 나타난 공포의 빛을 알아채지 못했다. 그녀는 원래의 구석 자리로 돌아와서 앉았다. 부부는 주의 깊게 그녀 옷차림을 훑어보면서 반대쪽 자리에 앉았다. 안나는 그 남편도 아내도 아니꼽게 여겨졌다. 남편은 그녀에게 담배를 피워도 좋은지 물었다. 그러나 분명히 그것은 담배를 피우고 싶어서가 아니라 그녀에게 말을 걸고 싶었기 때문이었다. 그녀의 승낙을 받자 그는 아내와 프랑스어로, 담배 피우는 것보다도 더 쓸모없는 이야기를 시작했다. 그들은 그저 그녀에게 듣게 하려고 과장스럽게 어리석은 소리를 지껄였다. 안나는 그들이 얼마나 서로에게 권태와 증오를 느끼는지를 분명히 보았다. 그리고 이 가련하고 추악한 자들을 미워하지 않을 수 없었다.

두 번째 벨이 울리고, 이어서 짐 나르는 소리, 소음, 외침 소리, 웃음소리가 들려왔다. 안나는 누구에게도 기쁜 일이라고는 있을 턱이 없음을 너무나 환히 알고 있었으므로 이 웃음소리는 그녀 신경을 아프게 자극했다. 그녀는 그것을 듣지 않기 위해 귀를 막아 버리고 싶었다. 마침내 세 번째 벨소리가 나고 호각

---

*8 1880년대에 유행했던, 부인복의 배면이 퍼지게 하기 위해서 스커트 밑에다 넣은 것.

과 기관차 기적이 울려 퍼지자, 연결부의 쇠사슬이 팽팽하게 당겨졌다. 그 남편이 성호를 그었다.

'도대체 무슨 생각으로 저런 짓을 하는지 저 사내에게 물어보면 꽤 재미있으련만.' 안나는 심술궂은 눈으로 그를 힐끔 쳐다보고 생각했다. 부인 옆 차창으로, 열차를 전송하며 플랫폼에 서 있는 사람들이 마치 뒤로 미끄러져 가는 것처럼 보였다. 안나가 탄 객차는 레일의 이음 자리마다 덜커덩덜커덩 규칙적으로 흔들리면서 플랫폼과 축대를 지나고 신호기와 다른 열차 옆을 지나갔다. 차바퀴는 흐르듯 경쾌하고 매끄럽게 가벼운 소리를 내면서 레일 위를 미끄러졌다. 차창은 눈부신 석양빛이 비치고, 산들바람이 커튼을 나풀거리게 했다. 안나는 같은 찻간에 탄 사람들에 대해서는 말끔히 잊은 채, 열차의 가벼운 흔들림에 몸을 맡기고 신선한 공기를 가슴 가득히 들이마시며 또다시 생각에 잠겼다.

'어디까지 생각했더라? 그래, 그래, 삶이 괴롭지 않은 경우는 생각할 수 없다는 것이었지. 우리는 모두 고통받기 위해서 만들어졌고, 모두 그 점을 알면서도 자기를 속일 수단만 생각하고 있어. 그러나 만약 진실을 보게 되면 우리는 어떻게 해야 할까?'

"사람에게 이성이 주어진 까닭은 그 사람을 불안하게 하는 것에서 벗어나도록 하기 위해서예요." 부인이 스스로 자기 말에 만족하면서 프랑스어로, 혀를 굴리며 이렇게 말했다.

이 말은 마치 안나 생각에 대꾸라도 한 것 같았다.

'불안하게 하는 것에서 벗어난다.' 안나는 되풀이했다. 그리고 뺨이 불그레한 남편과 여윈 아내를 힐긋 보고 그녀는 깨달았다. 이 병약한 아내는 스스로 자기의 참된 가치를 세상이 알아주지 않는 '이해받지 못하는 여자'라 생각하고 있고, 남편은 속마음을 숨긴 채 아내의 높은 자기평가에 맞춰주는 것이다. 안나는 마치 그들 사연과 그들 마음속 꾸불꾸불한 골목골목을 일일이 등불을 켜들고 돌아다니며 보는 듯한 느낌이 들었다. 그러나 거기에는 전혀 흥미로운 일이 없었으므로 자기 생각으로 되돌아왔다.

'그래, 난 불안으로 가득 차 있어. 그것에서 벗어나기 위해 이성이 주어진 것이라면, 벗어나야 해. 이제 아무것도 보고 싶지 않다면, 무엇을 보아도 불쾌하기만 하다면 촛불을 꺼서는 안 될 이유가 없잖아? 그러나 어떻게 꺼야 할까?

어째서 저 차장은 난간을 붙들고 뛰고 있을까? 어째서 저쪽 찻간의 젊은이들은 저렇게 소리를 지를까? 어째서 저 사람들은 지껄이고 있을까? 어째서 웃는 걸까? 모두가 다 잘못이야, 모두 다 거짓이야, 모두 남을 속이고 악독해!'

열차가 정거장에 도착하자 안나는 다른 승객들 사이에 섞여서 내려, 마치 문둥이라도 피하듯이 그들을 피하며 플랫폼에 발을 멈추었다. 그리고 자기가 무엇 때문에 여기에 왔는가, 무엇을 하려고 계획했는가를 기억해 내려고 애썼다. 지금까지는 가능하다고 생각되던 모든 것이 이제는 몹시 어렵게 여겨졌다. 특히 그녀에게 평안을 주지 않는 이 추악한 사람들의 떠들썩한 군집 속에서는 어떤 생각도 정리되지 않았다. 짐꾼들이 짐을 옮겨 주겠다며 그녀 옆으로 달려오는가 하면, 플랫폼 널빤지를 구두 뒤축으로 쿵쿵거리고 큰 소리로 얘기하면서 지나가는 젊은이들이 위아래로 그녀를 훑어보기도 하고, 또 마주 오는 사람들이 이쪽에서 가려는 방향으로 몸을 잘못 피해서 부딪칠 뻔하기도 했다. 그녀는 만약 회답이 없으면 더 멀리 떠날 예정이었던 것을 생각해 내고 짐꾼을 하나 불러 세워, 브론스끼 백작한테 편지를 가지고 갔던 마부가 여기에 있는지 물었다.

"브론스끼 백작 말씀인가요? 방금 그 댁에서 사람이 와 있었습니다. 소로끼나 공작부인과 따님을 마중하려고. 그런데 그 마부라는 사람은 어떻게 생겼습니까?"

그녀가 짐꾼과 이야기를 나누고 있는데 마부 미하일이 혈색 좋고 유쾌한 얼굴을 하고 말쑥한 푸른 등거리 외투를 입고 시계 사슬을 번득거리면서, 분명히 자기 사명을 훌륭하게 수행한 것을 뽐내는 태도로 그녀에게 다가와서 편지를 주었다. 그녀는 봉인을 뜯었다. 그녀 심장은 그것을 읽기도 전에 오그라들었다.

'당신의 편지와 길이 엇갈려 매우 유감이오. 나는 10시에 돌아가리다.' 브론스끼는 아무렇게나 내갈긴 글씨로 이렇게 적어 놓았다.

"역시! 내가 생각했던 대로다!" 그녀는 악의에 찬 미소를 지으면서 중얼거렸다.

"좋아, 자네는 집으로 돌아가." 그녀는 미하일에게 얼굴을 돌리고 조용히 말했다. 그녀가 나직하게 말한 것은 심장의 빠른 고동이 호흡을 방해했기 때문이었다. '아니, 이제 더는 너 따위가 날 괴롭히게 놔두지 않겠어.' 그녀는 브론스끼도 자기 자신도 아닌, 그녀를 괴롭히는 누군가를 향해 으르대며 말했다. 그리고 플랫폼을 따라 정거장 끝까지 걸어갔다.

식모인 듯한 두 여자가 플랫폼을 걷고 있다가 고개를 뒤로 돌리고 그녀를 쳐다보면서 그녀 옷차림에 대해서 큰 소리로 비평했다. "진짜야." 둘은 안나가 걸친 레이스에 대해서 이렇게 말했다. 젊은 사내들도 그녀를 가만 내버려두지 않았다. 또다시 그녀 얼굴을 힐끔힐끔 쳐다보고 깔깔 웃으며 부자연스러운 목소리로 무엇이라 외치면서 또다시 옆을 지나갔다. 역장은 지나가다가 그녀에게 기차를 탈 것인지 물었다. 끄바스를 파는 소년도 그녀에게서 눈을 떼지 못하고 넋을 잃고 있었다.

'아아, 나는 어디로 가야 하지?' 그녀는 플랫폼 앞으로 나아가면서 생각했다. 거의 끝까지 와서 그녀는 발을 멈추었다. 안경 쓴 신사를 마중 나와 큰 소리로 웃고 떠들던 부인과 아이들은 그녀가 곁을 지나가자 갑자기 소리를 죽이고 가만히 그녀를 돌아보았다. 그녀는 걸음을 빨리하여 그들에게서 떨어져 플랫폼 끄트머리로 갔다. 화물 열차가 들어오고 있었다. 플랫폼이 흔들리자 그녀는 또다시 기차를 탄 듯한 느낌이 들었다.

갑자기 처음 브론스끼와 만났던 날 열차에 치여 죽은 사람을 떠올리고는 자기가 해야 할 일을 깨달았다. 그녀는 가벼운 걸음으로 탱크에서 레일 쪽으로 이어진 층층대를 내려가서, 통과하는 열차에 바짝 다가섰다. 그녀는 차체 밑으로 눈길을 던졌다. 천천히 달려오는 첫 번째 차량의 나사와 쇠사슬, 높은 주철제 바퀴를 바라보며 눈대중으로 앞바퀴와 뒷바퀴의 중간점을 정하고 그 지점이 자기 정면에 오는 순간을 노리려고 애썼다.

'저기다!' 그녀는 화물차의 그림자와 침목 위에 흩뿌려져 있는 석탄가루 섞인 모래를 바라보면서 스스로에게 말했다. '저기, 저 한가운데로 뛰어드는 거야. 그러면 그이를 벌하고 모든 사람과 나 자신에게서 벗어날 수 있어.'

그녀는 선두 차량의 중간점이 눈앞에 왔을 때 몸을 던지려고 했다. 그러나 빨간 손가방을 미처 놓지 못해 기회를 잃고 말았다. 한가운데는 지나가 버렸다. 다음 차량을 기다려야만 했다. 해수욕을 하려고 막 물속으로 들어가려는 순간에 느끼는 것과 흡사한 기분에 사로잡히면서 그녀는 성호를 그었다. 성호를 긋는 익숙한 동작이 그녀 마음에 처녀시절과 어렸을 때의 추억을 차례차례 불러일으켰다. 그러자 갑자기 삼라만상을 뒤덮고 있던 어둠이 찢어지고, 한 순간 삶이 예전과 같이 빛나는 환희와 더불어 그녀 앞에 나타났다. 하지만 그녀는 가까워 오는 두 번째 차량에서 눈을 떼지 않았다. 그리고 차바퀴와 차바퀴 사이의 한가운데가 눈앞에 온 순간, 그녀는 빨간 손가방을 내던지고 목을 움츠려 차대 밑으로 엎드리듯이 몸을 던지면서 마치 곧 일어나려는 것처럼 가벼운 동작으로 무릎을 꿇었다. 그러자 그 순간 그녀는 자기가 한 짓에 오싹한 공포를 느꼈다.

'여긴 어디지? 난 뭘 하는 걸까? 무엇 때문에?'

그녀는 몸을 일으켜 뛰어나오려고 했다. 그러나 무엇인가 거대하고 무자비한 것이 그녀 머리를 꽝 하고 떠받고 그 등을 할퀴며 질질 끌고 갔다.

'하느님, 모든 것을 용서해 주십시오!' 그녀는 저항할 수 없다고 느끼면서 중얼거렸다. 그 농부가 뭐라고 중얼중얼하면서 쇳덩이를 가공하고 있었다. 그러자 그녀가 불안과 기만과 비애와 거짓으로 가득 찬 책을 읽을 때 옆에서 비춰 주던 촛불이 그 어느 때보다도 더욱 환하게 확 타오르며, 지금까지 어둠에 싸여 있던 모든 것을 비춰 보이고는 뿌지직 소리를 내며 점차 어두워지더니 영원히 꺼졌다.

제8편

1

거의 두 달이 지났다. 벌써 무더운 한여름이었으나 꼬즈느이쉐프는 이제 겨우 모스끄바를 떠날 채비를 시작했다.

그동안 꼬즈느이쉐프 인생에는 나름대로 여러 가지 일이 있었다. 그의 6년간의 노작(勞作)인 《유럽 및 러시아의 국가 통치 원리와 형식 개관 시론(試論)》이라는 제목의 저서는 이미 1년 전에 완성되었다. 이 저서 몇몇 장과 서론은 이미 정기 간행물에 발표된 바 있고 다른 부분은 저자 스스로 모임 동료에게 공개했기 때문에, 이 저서의 사상은 더는 대중들에게 전혀 새로운 내용이 아니었다. 그래도 꼬즈느이쉐프는 자기가 쓴 책이 사회에 강렬한 반향을 일으키리라, 학문의 혁명까지는 아니더라도 적어도 학계에 강한 인상을 선사하리라 기대했다. 책은 엄밀한 교정을 끝내고 지난해 출간되어 서점에 널리 배포되었다.

꼬즈느이쉐프는 누구에게도 그 저서에 대한 감상을 묻지 않았고, 그 책의 인기가 어떠냐는 친구들 질문에도 무관심을 가장하며 짐짓 냉담하게 대답하고, 서점에 책의 판매 실적을 물어보는 것마저 하지 않았다. 그러나 실제로는 눈을 번득이고 귀를 곤두세우며 자기 저서가 사회와 문학계에 주는 첫인상에 주목하고 있었다.

그러나 1주일, 2주일, 3주일이 지나도 사회에서는 아무런 반향도 일어나지 않았다. 다만 그 방면 전문가이며 학자인 그의 친구들만이 이따금—분명히 예의상—그 책을 거론해 주었다. 그 밖의 친지들은 학술서적에는 흥미가 없었으므로 그 책에 대해서 그에게 이야기하는 사람은 아무도 없었다. 사회에서는 특히 지금은 다른 문제로 골머리를 앓고 있었으므로 전혀 무관심했다. 학계에서도 마찬가지로 한 달 내내 그 책에 관한 말은 한마디도 나오지 않았다.

꼬즈느이쉐프는 서평을 쓰는 데 필요한 시간까지 꼼꼼하게 계산하고 있었으나 한 달이 지나고 두 달이 지나도 똑같은 침묵이 이어질 뿐이었다.

다만 〈세베르느이 쥐크〉*¹라는 잡지의 해학란(諧謔欄)에, 목소리를 망친 오페라 가수 드라반찌 기사 끄트머리에 꼬즈느이쉐프 저서에 대해 조금 쓰였을 뿐이었다. 그것도 그 책이 벌써 오래전부터 사람들에게 비난받고 일반의 웃음거리가 되었다는 모욕적인 내용이었다.

마침내 석 달째가 되어 어떤 진지한 잡지에 비평문이 실렸다. 꼬즈느이쉐프는 그 필자도 알고 있었다. 고르프쏘프의 집에서 한 번 만난 일이 있었다. 그 필자는 아직 앳되고 젊지만 병약한 잡문가로 붓으로는 아주 대담했으나, 지극히 천박하고 개인적인 교제에서는 몹시 소심한 사내였다.

꼬즈느이쉐프는 그 필자를 몹시 경멸했음에도 무척 존경하는 마음으로 그 서평을 읽기 시작했다. 서평은 끔찍했다. 분명히 그 잡문가는 책 전체를 도저히 그렇게는 이해할 수 없을 만큼 옳지 않게 해석하고 있었다. 그러나 발췌만큼은 교묘했다. 책을 읽지 않은 사람들에게는(그러나 그것을 읽은 사람은 거의 없었다), 책 전체가 장황한 말을 긁어모은 것에 지나지 않으며 더욱이 그 쓰임조차 부적절하여(그것은 의문부호를 찍어 나타내고 있었다), 저자가 전혀 교양 없는 사람이라고 뚜렷하게 나타내도록 조작하고 있었다. 확실히 그 비평은 꼬즈느이쉐프 자신조차도 감탄하지 않을 수 없을 정도로 꼼꼼한 것이었다. 그런 만큼 그것은 더욱 끔찍했다.

꼬즈느이쉐프는 허심탄회하게 비평가의 논거를 검토하기 시작했으나 비웃음 대상이 된 결함이나 오류는 모두 고의로 추려 내었음이 너무나도 명백했으므로 조금도 마음을 쓰지 않고, 자기도 모르는 사이에 이 논문 필자와 만났을 때 이야기했던 것을 세밀한 점까지 생각하기 시작했다.

'내가 이 사내 기분을 상하게 한 적이 있었나?' 꼬즈느이쉐프는 스스로 물었다. 그러자 그 젊은 사내와 만났을 때 자기가 그의 무지를 폭로하는 말을 정정해 준 일을 떠올리고, 겨우 이 서평의 참뜻을 이해했다. 이 서평이 있고 나서도 그의 저서에 대해서는 죽음 같은 침묵—출판계에서도 언론에서도—이 계속됐다. 꼬즈느이쉐프는 그토록 사랑과 노고를 쏟아 완성한 6년간의 노작이 한 줌 먼지로 흔적도 없이 사라져 버리는 것을 보았다.

---

*1 북녘의 딱정벌레.

저작을 끝낸 지금 꼬즈느이쉐프의 처지는, 이제껏 시간 대부분을 차지하고 있던 서재 일이 완전히 사라짐으로써 더한층 따분해지고 말았다. 총명하고 교양 있고 건강하고 활동적인 그는 그 활동력을 어디에 쏟아야 할지를 몰랐다. 남의 집 응접실, 회합, 집회, 위원회 등 사람들과 웃고 즐기면서 이야기할 수 있는 장소에서의 회담이 그의 시간의 한 부분을 차지하고 있었다. 그러나 도시 생활이 긴 그는, 경험 없는 아우가 언젠가 모스끄바 체재 중에 그랬던 것처럼 모든 시간을 대화에 소비하는 짓은 이제 할 수 없었다. 그러므로 그에게는 아직 많은 여가와 지식의 힘이 남아 있었다.

그러나 다행히도 저서의 실패로 가장 침울해 있는 바로 이때, 줄곧 회자되던 이교도 문제, 미국 친선 문제, 사마라의 기근 문제, 박람회 문제, 강신술 문제니 하는 것 대신, 지금까지 사회의 한구석에서 풀썩풀썩 연기만 내고 있었을 뿐인 슬라브 문제가 갑자기 머리를 쳐들고 일어났다. 꼬즈느이쉐프는 한때 이 문제를 제기한 사람들 가운데 한 명이었던 관계로 그것에 전면적으로 관여하게 되었다.

꼬즈느이쉐프가 속한 계층 사람들 사이에서는 최근 슬라브 문제나 세르비아 전쟁에 관한 것 외에는 아무것도 이야기하지 않았다. 평소 한가한 사람들이 시간을 보내기 위해 하던 모든 것들도 지금은 슬라브인을 위해서라는 명목을 내걸었다. 무도회, 음악회, 만찬회, 연설, 부인들 의상, 맥주, 주점, 이 모든 것이 슬라브인에 대한 동정을 표명했다.

이 문제에 대해서 사람들이 쓰고 지껄이고 하는 대부분과 꼬즈느이쉐프의 견해는 미세한 점에서 일치하지 않았다. 그는 슬라브 문제가, 사람들 사이에서 언제나 꼬리를 물고 바뀌어 가는 흥밋거리의 하나로 전락한 것을 보았다. 또 이욕과 허영에 젖은 이해타산적인 목적으로 이 문제에 관계하는 사람들이 꽤 많은 것을 보았다. 그는 신문들이 사회 이목을 모으고 다른 신문을 능가하려는 한 가지 목적으로 불필요한 과장 기사를 많이 싣고 있음도 보았다. 사회의 이 전반적인 흥분을 타고 가장 먼저 뛰어나와 누구보다 소리 높이 외치는 것은 모두 불우하고 실의에 찬 사람들, 이를테면 이끌 군대가 없는 사령관이나 내각에 자리를 차지하지 못한 장관, 기사를 낼 신문이 없는 신문 기자나 당원이 없는 정당의 당수 같은 사람들이라는 것도 보았다. 거기에서 그는 경박하고 우스꽝스러운 요소가 많이 섞여 있는 것을 보았다. 그러나 동시에 그는 뚜렷하고 미친 듯한 열정이 점점 더 고조되면서 사회 모든 계층을 하나로 묶는 것을 간파했고, 그 점에는 공감하지 않을 수 없었다. 같은 교도이자 동포인 슬라브인의 학살은 수난자에 대한 동정과 박해자에 대한 분노를 불러일으켰다. 위대한 대의를 위해 싸우는 세르비아인들과 몬테네그로인들의 영웅적 행동은 말로만이 아니라 행동으로 동포를 구해야겠다는 희망을 온 국민 가슴속 깊이 심어 주었다.

게다가 꼬즈느이쉐프에게 또 다른 기쁜 현상이 일어났다. 그것은 여론의 출현이었다. 사회는 자기 희망을 명확하게 발표했다. 꼬즈느이쉐프의 말을 빌리자면 국민정신이 그 표현을 찾아낸 것이었다. 그리고 이 문제를 검토하면 할수록, 그에게는 그것이 반드시 대규모로 발전할 획기적인 사건임이 더욱더 뚜렷하게 느껴졌다.

그는 이 대사건에 몸과 마음을 바치느라 자신의 저서에 대해서는 까맣게 잊어버렸다. 그는 지금 모든 시간을 그것에 빼앗겨 버렸다. 여기저기서 오는 편지나 청원에 답장을 낼 틈도 없었다.

이렇게 봄 한 철과 초여름 동안 일한 뒤, 7월에 들어 그는 겨우 시골 동생에게 갈 준비를 서둘렀다.

그는 2주일간의 휴양과 더불어, 민중세계의 정수라 할 수 있는 먼 벽촌에서 자기를 비롯해 수도와 도회지의 주민 전부가 완전히 믿고 추종하는 국민 정신이 고조되는 상황을 충분히 관찰하고 올 생각이었다. 오래전부터 레빈네 집을 찾아가겠다는 약속을 지키고 싶어서 기회를 찾고 있던 까따바소프가 그와 동행했다.

2

꼬즈느이쉐프와 까따바소프가 요즘 유난히 사람들로 붐비는 꾸르스끄 기차역에 겨우 도착하여 마차에서 내리면서 뒤에 짐과 같이 마차를 타고 온 하인을 확인하려고 돌아다본 그때, 마침 거기에 삯마차 네 대에 나뉘어 탄 의용병들이 도착했다. 꽃다발을 손에 든 귀부인들이 그들을 맞이하며 쏟아져 들어오는 군중과 함께 정거장 안으로 들어갔다.

의용병을 맞았던 귀부인 가운데 한 사람이 대기실에서 나오면서 꼬즈느이쉐프에게 말을 걸었다.

"당신도 전송하러 나오셨어요?" 그녀가 프랑스어로 물었다.

"아닙니다. 나도 떠나려는 참입니다, 공작부인. 아우네 집에 가서 좀 쉬려고요. 당신은 늘 이처럼 전송하십니까?" 꼬즈느이쉐프는 보일 듯 말 듯한 미소를 띠고 말했다.

"네, 그렇게 하지 않을 수 없는걸요!" 공작부인이 대답했다. "러시아에서 벌써 의용병 800명을 보냈다는 게 사실인가요? 말리빈스끼는 내 말을 곧이듣지 않았습니다만."

"800명 정도가 아닙니다. 모스끄바뿐만 아니라 다른 곳에서 보낸 사람들까지 합치면 벌써 천 명이 넘을 겁니다." 꼬즈느이쉐프가 말했다.

"거봐요. 내가 말한 대로잖아요!" 공작부인은 자못 기쁜 듯이 맞장구를 쳤다. "그리고 희생자가 백만 명 이상이라는 것도 역시 정말이겠지요?"

"그 이상입니다. 공작부인."

"오늘 전보는 어때요? 또 터키를 격파한 모양이던데요."

"네, 나도 읽었습니다." 꼬즈느이쉐프가 대답했다. 그들은 터키군이 각지에서 연사흘 동안 내리 격파되어 도주했고, 내일은 일대 결전이 예상된다는 내용의 최신 전보에 대해서 이야기했다.

"아, 참, 어느 훌륭한 청년이 지원했는데 어째서인지 허가가 나지 않아요. 그래서 당신에게 부탁하고 싶습니다만, 내 지인인 그를 위해 추천장을 한 장 써주실 수 없을까요? 그는 리지야 이바노브나 백작부인께서 보낸 분입니다만."

지원자인 청년에 대해서 공작부인이 아는 것을 자세히 물어본 다음, 꼬즈느이쉐프는 일등석 대기실로 들어가 이 방면 일을 관장하는 사람에게 편지 한 통을 써서 공작부인에게 건넸다.

"당신도 아세요? 브론스끼 백작, 그 유명한…… 그분 역시 이 기차로 출발하세요." 그가 또다시 그녀를 찾아 편지를 건넸을 때, 그녀는 자못 기쁜 듯이 의미심장한 미소를 띠고 말했다.

"그 사람이 출정한다는 말은 나도 들었습니다만, 그것이 언제인지는 몰랐습니다. 그럼 이 열차로 떠나는 겁니까?"

"난 그분을 뵈었어요. 지금 여기에 와 계세요. 어머님 혼자 전송하러 오셨고요. 그분으로선 역시 이처럼 떠나시는 게 가장 분별 있는 일이겠지요."

"네, 그렇고말고요, 물론이지요."

그들이 이런 이야기를 하고 있을 때 한 무리의 군중이 그들 옆을 지나 식당 쪽으로 몰려갔다. 그들도 따라가 보니, 샴페인 잔을 든 한 신사가 큰 소리로 의용병들에게 송별인사를 늘어놓고 있었다.

"신앙을 위해, 인류를 위해, 우리 동포를 위해." 점점 더 소리를 높이면서 신사가 말했다. "이 대사업에 대해 모도(母都) 모스끄바가 여러분을 축복한다. 만세!" 그는 큰 소리로 눈물을 삼키며 절절하게 말을 맺었다.

모든 사람이 만세를 부르기 시작했다. 또 새로운 군중이 실내로 쏟아져 들어왔다. 공작부인은 하마터면 밀려 넘어질 뻔했다.

"아! 공작부인, 어때요?" 뜻밖에 군중 속에서 불쑥 나타난 오블론스끼가 기쁜 듯이 벙글벙글 웃으면서 말했다. "정말 훌륭하고 따뜻한 인사였어요, 그렇지 않습니까? 브라보! 아니, 이거, 꼬즈느이쉐프! 당신께서도 저렇게 한마디 격려의 말을 해주시지 않으시겠습니까? 당신은 그런 것엔 아주 탁월하시니까요." 그는 존경을 담아 부드럽고 조심스러운 미소를 머금고 꼬즈느이쉐프 손을 가볍게 잡아끌면서 말했다.

"하지만 난 지금 곧 떠나야 합니다."

"어디로요?"

"시골 아우한테요." 꼬즈느이쉐프가 대답했다.

"그럼 내 안사람을 만나시겠군요. 편지를 써 놓긴 했습니다만, 당신이 그보다 먼저 만나게 될 테니까, 나를 만났다고, '모든 일이 순조롭다'고 꼭 좀 전해주십시오. 그럼 다 알 테니까요. 하지만 기왕이면 내가 합동대리위원회의 위원으로 임명되었다고 전해 주시겠습니까…… 그러면 더 잘 알 겁니다. 그저 인생의 조그마한 참사라고 할까요." 이렇게 말하고 그는 마치 용서를 구하기라도 하는 것처럼 공작부인을 돌아보았다.

"그런데 마흐까야 부인이 말이에요, 리자가 아닌 비비쉬 말입니다. 그분이 소총 천 자루와 간호사 열두 명을 보내셨다고 합니다. 내가 당신께 말씀드렸던가요?"

"네, 들었습니다." 내키지 않는 듯한 어조로 꼬즈느이쉐프가 대답했다.

"아무튼 당신이 떠나시는 것은 유감스럽군요." 오블론스끼는 말했다. "실은 내일 출정하는 두 친구를 위해 송별회를 열기로 했거든요. 뻬쩨르부르그의 지메르 바르뜨냔스끼와 우리 친구 베슬로프스끼, 바로 그리쉬아 말이에요. 이

둘이 싸움터로 떠나게 되었어요. 베슬로프스끼는 이즈막에 결혼했는데. 정말 훌륭한 사내예요. 그렇지 않습니까, 공작부인?" 그는 귀부인에게 얼굴을 돌렸다.

공작부인은 대답하지 않고 꼬즈느이쉐프를 바라보았다. 그러나 오블론스끼는 꼬즈느이쉐프와 공작부인이 자기를 멀리하고 싶어 하는 태도를 보여도 조금도 당황하지 않았다. 그는 싱글벙글하면서 무엇인가를 생각해 내려고 하는 것처럼 공작부인의 모자 깃털을 바라보기도 하고 사방을 둘러보기도 했다. 그때 모금함을 들고 옆을 지나가는 여성을 보자 그는 그녀를 가까이 불러 5루블짜리 지폐를 함에 넣었다.

"내게 돈이 있는 동안은 도저히 저 함을 그냥 보고만 있을 수 없어서요." 그가 말했다. "그런데 오늘 전보는 어떻습니까? 몬테네그로인이 크게 이겼죠!"

"아니, 정말입니까?" 그는 공작부인에게서 브론스끼도 이 열차로 출발한다는 소식을 듣고 놀라서 외쳤다. 순간 오블론스끼 얼굴에 우수의 빛이 나타났다. 그러나 1분 뒤에는 한 걸음 한 걸음 가볍게 뛰는 것처럼 구레나룻을 매만지면서 브론스끼가 있는 방으로 들어갔다. 그때의 오블론스끼는 누이동생 시체 위에 엎드려 절망의 눈물을 쏟아냈던 일은 벌써 깨끗이 잊은 채 브론스끼를 그저 한 용사이자 옛 친구로만 보고 있었다.

"저 사람은 무척 결점이 많긴 하지만 좋은 점도 있는 사람이에요." 공작부인은 오블론스끼가 떠나자 이내 꼬즈느이쉐프에게 말했다. "저것이 바로 러시아적인 슬라브 기질이라고 할 수 있지요! 하지만 브론스끼에게는 저 사람을 만나는 것이 불편하지 않을까 걱정이군요. 뭐니 뭐니 해도 그분 운명은 나를 깊이 감동시켜요. 가시면서 그분과 말씀이라도 나누세요." 공작부인이 말했다.

"네, 만약 그런 기회만 있다면요."

"나는 지금까지 결코 그분을 좋아하지 않았어요. 그러나 이번 일은 많은 일에 대한 속죄가 될 거예요. 그분 자신이 출정할 뿐만 아니라 자비로 기병 중대를 인솔해 가시니까요."

"그렇다더군요. 나도 들었습니다."

벨이 울렸다. 모두 개찰구 쪽으로 모였다.

"저 봐요, 저분이에요!" 공작부인은 긴 외투를 입고 챙이 넓은 검은 모자를 쓰고 어머니와 팔을 끼고 걸어가는 브론스끼를 가리키며 말했다. 오블론스끼가 무엇인가를 열심히 이야기하면서 그에게 바싹 다가붙어 걷고 있었다.

브론스끼는 오블론스끼의 이야기 따윈 전혀 듣지 않는 듯 얼굴을 찌푸린 채 정면을 가만히 바라보고 있었다.

아마 오블론스끼가 가르쳐 준 것이리라. 브론스끼는 공작부인과 꼬즈느이쉐 프가 서 있는 쪽을 돌아보면서 말없이 모자를 살짝 들었다. 갑자기 늙어 버린 듯 고뇌어린 그의 얼굴은 마치 화석처럼 보였다.

플랫폼으로 나가자 브론스끼는 말없이 어머니를 안내하면서 객차 안으로 모습을 감췄다.

플랫폼에서는 '주여 황제를 지키소서'*2의 노랫소리가 울려 퍼지고, 이윽고 러시아어와 세르비아어로 '만세'*3와 '만세'*4의 외침이 하늘을 찔렀다. 의용병 들 가운데 머쓱하고 앳된, 가슴이 평평한 청년이 펠트 모자와 꽃다발을 머리 위로 내흔들면서 유달리 눈에 띄게 인사를 하고 있었다. 그러자 그 뒤에서 사 관 두 명과 더러워진 군모를 쓰고 턱수염을 길게 기른 중년 노인이 창 밖으로 몸을 내밀며 똑같이 인사했다.

3

꼬즈느이쉐프는 공작부인에게 작별을 고하고 마침 다가온 까따바소프와 같 이 발 들여놓을 틈도 없는 기차에 올라탔다. 기차가 움직이기 시작했다.

모스끄바 남쪽의 싸리쓰인 정거장에서 그 열차를 맞이한 것은 청년들의 아 름다운 '슬라비사'*5 합창이었다. 또다시 의용병들은 인사를 하고 몸을 내밀기 도 했다. 그러나 꼬즈느이쉐프는 그들에게는 관심을 쏟지 않았다. 의용병에 관 한 일을 어지간히 취급해 온 그는 그들의 공통되는 유형을 알고 있었으므로 끌리지 않았던 것이다. 그러나 학문 연구에 쫓겨 의용병들을 직접 볼 기회가 없었던 까따바소프는 대단히 흥미를 보이며 그들에 관한 여러 가지를 꼬즈느 이쉐프에게 물었다.

꼬즈느이쉐프는 그에게 2등실 쪽으로 가서 의용병들과 직접 이야기해 보라

---

*2 옛 러시아 국가.

*3 우라.

*4 쥐비오.

*5 러시아 국가의 하나.

고 권했다. 다음 정거장에서 까따바소프는 이 권유를 따랐다.

기차가 멈추자 곧 그는 2등실 쪽으로 건너가 의용병들과 사귀게 되었다. 그들은 승객들과 지금 들어온 까따바소프의 주의가 자기들에게 쏠려 있음을 분명히 알면서, 객차 한쪽 구석에 자리 잡고 앉아 시끄럽게 지껄이고 있었다. 그 중에서도 그 머쓱하고 가슴이 평평한 청년이 가장 큰 소리로 떠벌리고 있었다. 그는 분명히 취해 있었는데, 자기 학교에서 일어난 어떤 사건에 대해 얘기하고 있었다. 이 청년 맞은편에는 오스트리아 육군 근위대 관복을 입은, 이제는 젊다고 할 수 없는 한 사관이 앉아 있었다. 그는 싱글벙글하면서 청년의 이야기를 듣고 있다가 이따금 그것을 가로막았다. 그들 옆에 포병 군복을 입은 사내는 트렁크 위에 앉아 있었다. 또 다른 사람은 자고 있었다.

청년과 대화를 시작한 까따바소프는, 그가 본디 모스끄바의 부유한 상인이었으나 스물두 살에 이미 거액의 재산을 탕진해 버렸음을 알아냈다. 까따바소프는 그 청년이 유약하고 버릇없는데다 병약한 점이 마음에 들지 않았다. 그는 특히 술에 취한 지금은 더욱 자기가 영웅적인 행위를 완수하리라 확신하고 아주 불쾌한 방법으로 그것을 자랑하고 있었다.

또 다른 퇴역 사관도 역시 까따바소프에게 불쾌한 인상을 주었다. 아마도 그는 온갖 짓을 다해 본 사람인 듯싶었다. 철도공사에서 일한 적이 있는가 하면 관리인이기도 했고, 스스로 공장을 몇 개나 경영한 적도 있어서, 말할 때 불필요하고 맞지도 않는 학술용어를 마구 써 가며 지껄였다.

반대로 세 번째 포병은 사뭇 까따바소프의 마음에 들었다. 그는 겸손하고 조용한 사나이로 퇴역 근위 사관의 지식과 상인의 영웅적인 희생에 분명한 경의를 표할 뿐 자기에 관한 이야기는 한마디도 하지 않았다. 까따바소프가 무엇 때문에 세르비아에 갈 결심을 했는지 묻자, 그는 겸손한 태도로 이렇게 대답했다.

"뭐, 그냥 많은 사람이 나가니까요. 그리고 역시 세르비아인들은 도와주어야만 해요. 불쌍하니까요."

"그렇군요. 특히 당신 같은 포병이 거기에는 적으니까요." 까따바소프는 말했다.

"하지만 전 포병대 근무가 길지 않으니 아마 보병이나 기병 쪽으로 돌려지리라 생각합니다."

"포병이 가장 부족하다고 하는데 어째서 보병으로 돌리겠어요?"

까따바소프는 그 포병의 나이로 미루어 이미 상당한 지위에 있으리라고 짐작하면서 물었다.

"전 포병대에는 잠깐밖에 복무하지 않았어요. 견습 사관인 채 제대했거든요." 그는 이렇게 말하고 자기가 장교 시험에 합격하지 못했던 이유를 설명하기 시작했다.

이런 것들은 전체적으로 까따바소프에게 불쾌한 인상을 주었으므로, 역에 도착하여 의용병들이 술을 마시러 나가자 그는 누군가와 이야기를 하여 자기의 불쾌한 인상을 검증하고 싶어졌다. 거기에서는 군인 외투를 입은 한 늙은 승객이 아까부터 죽 까따바소프와 의용병들의 대화에 귀를 기울이고 있었다. 까따바소프는 노인과 단둘이 남게 되자 얼른 그에게 말을 걸었다.

"싸움터로 나가는 사람들의 처지가 참으로 각양각색이군요." 까따바소프는 자기 의견을 말함과 동시에 노인의 의견도 알아보기 위해 우선 애매하게 말문을 열었다.

노인은 이미 두 차례나 전쟁을 겪은 군인이었다. 군인이란 무엇인가 아는 그는, 아까 그 사람들의 태도, 말씨, 그리고 내내 술병을 홀짝이는 모습들로 미루어 그들을 보잘것없는 군인이라고 생각하고 있었다. 또한 그는 지방 작은 고을 주민인데, 그 고을에서 주정뱅이이자 도둑이라 아무도 고용해주는 사람이 없게 된 한 노동자가 의용병으로 출정했다는 이야기도 들려주고 싶었다. 그러나 경험상 사회가 지금과 같은 분위기일 때 여론에 반대된 의견을 말한다는 것이, 특히 의용병을 비난하는 것은 위험함을 알고 있었으므로 그도 역시 까따바소프의 안색만 살피고 있었다.

"그러나 아무튼 그만큼 사람이 필요하니까요." 그는 눈으로 웃으면서 이렇게 말했다. 그리고 두 사람은 최신 군사소식에 대해 이야기하기 시작했다. 그러나 최신 정보대로 터키가 각지에서 격파되고 있다면, 내일 싸울 상대는 누구인가 하는 의문은 서로 숨겼다. 이렇게 두 사람은 자기 의견을 모두 드러내어 말하지 않고 헤어졌다.

까따바소프는 자기 찻간으로 돌아오자 무의식적으로 자신의 감정을 왜곡하여, 가서 보니 의용병들이 뛰어난 젊은이인 것 같다고 꼬즈느이쉐프에게 전했다.

도회지의 큰 정거장에서는 또다시 노래와 함성이 의용병들을 맞이했고, 모금함을 손에 든 남녀 모금원들이 나타났는가 하면, 지방 귀부인들이 의용병들에게 꽃다발을 바치러 와서 그들 뒤를 따라 식당으로 들어갔다. 그러나 이미 모든 것이 모스끄바에 비하면 한결 빈약하고 보잘것없었다.

4

기차가 현청 소재지에 정차하는 동안 꼬즈느이쉐프는 식당에도 가지 않고 플랫폼으로 나가 이리저리 거닐었다.

맨 처음 브론스끼가 있는 찻간 옆을 지났을 때 그는 커튼이 내려져 있는 것을 보았다. 하지만 두 번째 지났을 때는 창문으로 노 백작부인을 보았다. 그녀는 꼬즈느이쉐프를 자기 쪽으로 불렀다.

"보시다시피 꾸르스끄까지 아들을 바래다주러 간답니다." 그녀가 말했다.

"예, 말씀은 들었습니다." 꼬즈느이쉐프는 그녀 창가에 발을 멈추고 안을 들여다보며 말했다. "아드님께선 참으로 훌륭한 각오를 하셨습니다." 그는 브론스끼가 찻간에 없는 것을 보고 이렇게 덧붙였다.

"네, 그런 불행이 있은 뒤니 그 애로서도 어쩔 수 없었을 테지요."

"정말 무서운 사건이었습니다!" 꼬즈느이쉐프가 말했다.

"아, 내 마음은 또 어땠겠어요! 그럼 잠깐, 들어오시지 않겠어요…… 정말 나는 얼마나 애가 탔는지 몰라요!" 그녀는 꼬즈느이쉐프가 안으로 들어와 옆에 앉자 거듭 이렇게 되뇌었다. "그건 정말 상상도 못한 일이었어요! 6주 동안 그 애는 아무와도 말하지 않고 내가 빌 듯이 사정하지 않으면 밥도 먹지 않으니까요. 단 1분도 그 애를 혼자 둘 수 없었어요. 자살에 사용될 만한 것은 모조리 치워 버렸답니다. 우리가 아래층에 살고 있었지만, 무슨 일이 일어날지 예측할 수가 있어야지요. 잘 아실 테지만 그 애는 전에도 한 번 그 여자 때문에 권총 자살을 시도한 일이 있었거든요." 노부인은 그때를 떠올리며 눈살을 찌푸렸다. "그래요, 그 여자는 그런 여자에게 너무나 어울리는 최후를 맞았지요. 죽음까지도 그녀는 그처럼 비열하고 저급한 방법을 택했어요."

"심판은 우리 몫이 아닙니다, 백작부인." 꼬즈느이쉐프는 한숨을 내쉬면서 말했다. "그러나 부인께서 얼마나 마음이 쓰라렸겠는가는 충분히 이해합니다."

"아아, 말씀도 마세요! 그 무렵 나는 시골 영지에서 지내고 있었어요. 아들도 마침 나한테 와 있었어요. 거기로 편지가 왔습니다. 그 애는 답장을 써서 보냈지요. 우리는 그때 그녀가 정거장에 와 있으리라고는 꿈에도 몰랐어요. 그런데 밤에 내가 방으로 돌아오자마자, 우리 집 메리가 정거장에서 어떤 귀부인이 철로로 몸을 던졌다지 뭐예요. 난 가슴이 철렁했습니다! 그 여자다! 난 바로 깨달았지요. 그래서 맨 먼저 그 애한테 알려서는 안 된다고 일렀지요. 그러나 그 애는 벌써 알고 있었습니다. 그 애의 마부가 거기에 있다가 처음부터 끝까지 모두 봤던 겁니다. 내가 그 애 방으로 뛰어갔을 때 그 애는 벌써 제정신이 아니었어요. 보기에도 오싹했죠. 그리고 한마디도 입을 열지 않고 바로 현장으로 달려갔어요. 거기에서 어떤 일이 있었는지는 모릅니다만, 얼마 뒤에 죽은 사람 같은 모습으로 실려 왔지요. 나도 알아보지 못할 정도였으니까요. 의사는 완전한 허탈 상태라고 했습니다. 그 뒤로는 거의 실성한 것 같았지요. 아아, 이제 와서 말해 봤자 소용없지만요!" 백작부인은 한쪽 손을 내저으면서 말했다.

"정말 무서운 시간이었어요! 아니, 누가 뭐래도 그녀는 악녀예요. 정말 어쩌면 그처럼 끔찍한 열정도 다 있는지 모를 일이에요! 그것은 모두 무엇인가 엉뚱한 짓을 보여 주기 위해서였어요. 마침내 정말로 증명했습니다. 자기뿐만 아니라 훌륭한 두 사내를, 자기 남편과 나의 불행한 아들을 망쳐 버렸으니까요."

"그녀의 남편은요?" 꼬즈느이쉐프가 물었다.

"그분은 그녀의 딸을 데려갔습니다. 아들 녀석도 처음에는 무슨 일에나 응응 하고 동의했지요. 그러나 지금 그 애는 자기 딸을 남에게 넘겨줘 버린 것을 매우 괴로워하고 있어요. 한 번 입 밖에 낸 약속은 철회하지 못하는 아이거든요. 까레닌은 장례식에 왔습니다. 하지만 우리는 그분과 알료쉬아를 만나게 하지 않으려고 애썼지요. 그래도 그분, 그러니까 남편 쪽 형편은 차라리 나았어요. 어쨌든 그 여자에게서 해방됐으니까요. 그러나 내 가엾은 아들은 그 여자를 진심으로 사랑했어요. 모든 것을 다 바쳤는데, 출셋길도 나도 다 내다 버렸는데, 그런데도 그 여자는 그 애를 용서하지 않고 독하게 그 애 숨통에 칼을 꽂아 버린 것입니다. 아네요. 누가 뭐라고 해도 그 여자의 죽음은 종교심이 없는 사악한 여자의 최후예요. 하느님, 용서해 주시옵소서. 나는 아들의 파멸을 보고 있자니 그 여자에 대한 기억까지 증오하지 않을 수 없어요."

"그럼 아드님은 지금 어떻습니까?"

"우리에게는 정말 하느님의 도움이에요, 이번 세르비아 전쟁 말이에요. 난 이제 늙은이니까 이런 일을 전혀 모릅니다만, 그 아이에게는 하느님의 은총입니다. 물론 어미로서 두렵습니다. 더구나 뻬쩨르부르그에서는 이 사건을 그다지 좋게 여기지 않는 모양이더군요. 그러나 어떻게 하겠어요! 이 전쟁 덕분에 그 아이가 간신히 일어날 수 있었으니 말이에요. 그 아이 친구인 야쉬빈이 모든 재산을 노름으로 다 날려 버리고 세르비아에 가기로 했지요. 그리고 그가 찾아와서 아들을 설득했어요. 지금 그 애는 이 일에 열중하고 있어요. 부탁입니다, 그 애와 얘기나 좀 나눠 주세요. 난 그저 조금이라도 그의 마음을 틔워 주고 싶을 뿐이에요. 아주 우울해하고 있거든요. 또 설상가상으로 치통까지 겹쳐 괴로움을 겪고 있어요. 하지만 당신을 뵙게 되면 정말 기뻐할 겁니다. 꼭 그 애와 이야기나 조금 해 주세요. 저쪽에서 산책하고 있을 테니까요."

꼬즈느이쉐프는 기꺼이 그러겠다고 말하고 열차 반대쪽으로 내려갔다.

5

플랫폼에 쌓여 있는 가마니 더미가 드리운 저녁 그림자 속에서, 긴 외투를 입고 모자를 푹 눌러쓴 브론스끼가 두 손을 호주머니에 찔러 넣은 채 우리에 갇힌 야수처럼 스무 걸음쯤 갔다가 몸을 홱 돌려 돌아오기를 연방 되풀이하고 있었다. 꼬즈느이쉐프가 그 옆으로 다가갔을 때, 브론스끼는 그를 보고도 못 본 체하는 것처럼 여겨졌다. 그러나 꼬즈느이쉐프는 그런 것은 아무래도 좋았다. 그는 브론스끼에 대해서 일체의 개인적인 감정을 초월한 처지에 있었기 때문이다.

이때 꼬즈느이쉐프 눈에 브론스끼는 위대한 대의를 위한 중요한 인물 한 사람으로 비쳤다. 그는 브론스끼를 격려하고 그에게 용기를 북돋아 주는 것이 자기 의무라고 생각했다. 그는 브론스끼 옆으로 가까이 걸어갔다.

브론스끼는 발을 멈추고 가만히 쳐다보고 있다가 꼬즈느이쉐프를 알아보자 자기가 먼저 뚜벅뚜벅 그에게 다가와서 으스러질 만큼 손을 굳게 잡았다.

"아마 당신은 나와 만나고 싶지 않으시겠지요." 꼬즈느이쉐프가 말했다. "그러나 나 같은 사람도 다소 도움이 될 수 있을지도 모릅니다."

"난 지금 누구와 만나도 불쾌합니다만 당신만은 그래도 그것이 덜한 편입니다." 브론스끼는 말했다. "아무쪼록 나쁘게 생각하지 마시고 용서해 주십시오.

인생에서 내게 유쾌한 것이라고는 이제 아무것도 없으니까요."

"그 마음은 잘 압니다. 그래서 당신에게 도움이 되고 싶었습니다." 고뇌의 빛이 뚜렷한 브론스끼 얼굴을 쳐다보면서 꼬즈느이쉐프는 말했다. "리스티차나 밀란에게 소개 편지라도 필요하지 않습니까?"

"아, 아니요." 브론스끼는 상대의 말을 알아듣지 못하겠다는 듯이 말했다. "만약 괜찮으시다면 조금 걷지 않으시렵니까? 차 속은 답답해서요. 편지 말입니까? 아뇨, 괜찮습니다. 죽으러 가는 마당에 소개장은 필요 없으니까요. 아니면 차라리 터키군 앞으로……." 그는 입으로만 씨익 웃으며 이렇게 말했다. 여전히 그의 눈은 노여움이 치받치는 듯한 애절한 표정을 드러내고 있었다.

"다만 어차피 누군가와 교섭해야 한다면 그럴 마음이 있는 상대가 조금이나마 편하지 않을까 생각했을 뿐입니다. 하지만 당신 좋을 대로 하십시오. 아무튼 나는 당신의 결심을 듣고 무척 기뻤습니다. 의용병에 대한 비난이 상당히 높은 이때 당신 같은 분이 나가 주시면 그들에 대한 사회적 평가도 한층 좋아질 테니까 말씀이에요."

"인간으로서 나는." 브론스끼는 말했다. "스스로 생명에 아무런 가치도 두지 않는다는 점만으로 값어치가 있습니다. 적을 무찌르든 죽음을 당하든 적진에 돌입할 만큼의 체력은 충분합니다. 그것은 나도 알고 있습니다. 난 내게 아무런 필요도 없을 뿐 아니라 혐오스럽기까지 한 이 생명을 바칠 수 있는 대상이 생겨 기뻐하고 있습니다. 누구에게라도 좋으니 그저 도움이 되기만 하면 그만인 것입니다." 그는 이야기할 때 자기가 원하는 표정을 짓는 것조차 방해하는 끊임없는 치통 때문에 안절부절못하고 광대뼈를 실룩거렸다.

"당신은 부활할 겁니다. 내가 예언해 두겠습니다." 꼬즈느이쉐프는 감동한 자신을 의식하면서 이렇게 말했다. "동포를 멍에에서 구하는 것은 목숨을 걸 만한 가치가 있는 목표입니다. 당신이 외면적인 성공과 내면적인 평안을 얻기를 기도하겠습니다." 그는 이렇게 덧붙이고 손을 내밀었다.

브론스끼는 꼬즈느이쉐프가 내민 손을 꼭 쥐었다.

"네, 전쟁도구로서는 나도 무엇인가 도움이 되겠죠. 그러나 인간으로서는 이미 폐인입니다." 잠깐 사이를 두고 그는 천천히 말했다.

튼튼한 이가 옥죄는 것 같은 통증으로 입 안에 침이 가득 고여 입을 놀리는 자유를 방해해서, 그는 제대로 말을 할 수 없었다. 그는 레일 위를 천천히 미끄러지듯 달려오는 탄수차(炭水車)의 바퀴를 바라보며 입을 다물어 버렸다.

그러자 뜻밖에 아픔과는 전혀 다른, 숨이 막힐 듯한 막연한 위화감이 솟아올라 한순간 치통조차 잊게 했다. 그 불행한 사건 이래 처음 만난 지인과의 대화에 영향을 받은 데다, 탄수차와 궤도를 본 찰나 갑자기 그녀가 떠올랐던 것이다. 더욱이 그것은 그가 미친 듯이 정거장 사무실로 뛰어들어갔을 때 본 그녀의 시체였다. 뭇사람들이 빙 둘러선 가운데 사무실 탁상 위에 염치도 없이 축 늘어져 있는 피투성이 몸뚱이에는 조금 전까지도 생명이 어려 있던 기색이 뚜렷했다. 헝클어진 머리와 관자놀이 위에 소용돌이치는 고수머리까지 뒤로 발딱 젖혀진 조금도 다치지 않은 머리, 빨간 입술이 반쯤 벌어진 아름다운 얼굴에 굳게 어려 있는 야릇한 표정. 수심에 찬 입매와 뜬 채 움직이지 않는 눈은 말다툼 때 그녀가 내뱉은 그 무서운 말을, 그가 후회할 것이라던 그 말을 정말로 중얼거리고 있기라도 한 것처럼 보였다.

그는 처음으로 역시 정거장에서 만났을 때의 그녀를 떠올리려고 애썼다. 신비롭고 아름답고 사랑으로 충만하며 행복을 바라면서도 행복을 주었던 그녀는 최후의 기억에 각인된 잔혹하고 집요한 그녀와는 다른 사람이었다. 그는 그녀와 같이 보낸 가장 행복한 때를 떠올리려고 애썼지만, 그러한 순간은 이제 영원히 독살당해 버렸다. 그는 그녀의 누구에게도 도움이 되지 않지만 그렇다고 결코 버릴 수 없는, 후회하게 해주겠다는 위협을 실행하여 승리에 의기양양한 모습만 떠오르는 것이었다. 어느 틈에 치통이 사라지고 흐느낌이 그의 얼굴을 일그러뜨렸다.

그는 말없이 두어 차례 가마니 더미 옆을 오가며 겨우 마음을 다잡고 침착하게 꼬즈느이쉐프에게 말했다.

"어제 이후의 전보는 받으셨나요? 적은 세 차례나 격파당했지요. 그러나 최후 결전은 내일이라고 합니다."

밀란의 즉위 선언과 그 선언이 부르게 될 엄청난 효과니 하는 것에 대해서 얘기하고 나서, 그들은 두 번째 벨이 울리는 소리를 듣고 각자의 찻간으로 돌아갔다.

6

꼬즈느이쉐프는 언제 모스끄바를 떠나게 될지 확실치 않았으므로 마중을 나와 달라는 전보를 아우에게 쳐 놓지 않았다. 그래서 까따바소프와 꼬즈느이쉐프가 정거장에서 삯마차를 잡아타고 검둥이처럼 먼지를 뒤집어쓴 채 정오에 뽀꼬로프스꼬예의 집 현관 앞에 닿았을 때, 레빈은 집에 없었다. 아버지와 언니와 함께 발코니에 앉아 있던 끼찌가 시아주버니를 알아보고 그를 맞으러 아래층으로 뛰어내려왔다.

"어머나, 알려 주시지도 않다니 너무하셨어요." 그녀는 꼬즈느이쉐프에게 손을 내밀고 입맞춤을 받기 위해 그에게 이마를 내밀면서 말했다.

"마차는 쾌적했고, 또 굳이 쓸데없는 수고를 끼치고 싶지 않아서요." 꼬즈느이쉐프가 대답했다. "다만 온몸이 먼지투성이라 무얼 만지기도 조심스러울 정도군요. 실은 너무나 바빴기 때문에 언제 시간을 낼 수 있을지 몰랐어요. 그런데 당신네는 예나 다름없이." 그는 싱글벙글하면서 말했다. "속세의 흐름에서 벗어난 자그마한 모래톱에서 고요한 행복을 즐기는 것 같군요. 그건 그렇고 오늘은 마침내 우리의 친근한 벗, 까따바소프를 끌고 왔습니다."

"하지만 난 흑인이 아닙니다. 씻으면 원래대로 돌아간답니다." 까따바소프는 타고난 해학을 던지면서 손을 내밀고, 얼굴이 새카매진 탓에 유난히 반짝이는 이를 드러내며 씩 웃었다.

"꼬스쨔가 굉장히 기뻐할 거예요. 조금 멀리 나가 있긴 하지만 이제 돌아올 때가 됐어요."

"여전히 농사일로 바쁘신 모양이군요. 그야말로 한가로운 모래톱이네요." 까따바소프가 말했다. "우리 같은 도회지 사람은 세르비아 전쟁 외에는 아무것도 보이지 않으니까요. 그런데 우리 벗은 그것을 어떻게 생각하고 있을까요? 틀림없이 보통 사람과는 조금 다른 생각을 하고 있겠죠?"

"아녜요, 별로 다른 것도 없어요. 여러분과 마찬가지예요." 끼찌는 약간 당황한 듯이 꼬즈느이쉐프 쪽을 돌아보며 대답했다. "그럼 곧 그이를 부르러 사람을 보내겠어요. 집에는 지금 아버님이 와 계세요. 이즈막에 외국에서 돌아오셨죠."

그녀는 레빈에게 사람을 보내도록 지시하고, 먼지투성이 손님이 물을 쓸 수 있게 한 사람은 서재로, 한 사람은 돌리가 쓰는 큰 방으로 안내하도록 하고, 아울러 손님들에게 식사를 차려 내도록 이르고 나서, 임신 중에는 잃었던 민첩한 동작으로 발코니로 뛰어올라갔다.

"꼬즈느이쉐프와 까따바소프 교수가 오셨어요." 그녀가 말했다.

"오오, 이 한더위 속에 수고가 많겠구나!" 공작은 말했다.

"아녜요, 아버님, 정말 좋은 분이에요. 꼬스쨔도 그분을 아주 좋아해요." 끼찌는 아버지 얼굴에서 비웃음의 빛을 알아채고 무엇인가를 수습하듯 미소 지으면서 말했다.

"아아, 그래, 나한텐 신경 쓸 것 없어."

"언니, 언니가 그들에게 좀 가 주세요." 끼찌는 언니에게 말했다. "가서 조금 말상대가 되어 줘요. 그분들은 정거장에서 스찌바와 만났대요. 형부는 신수가 좋으시더래요. 나는 잠깐 미쨔한테 갔다 오겠어요. 가엾게도 차를 마실 때 이후로 한 번도 젖을 주지 않았으니, 지금쯤은 잠을 깨어 틀림없이 울고 있을 거예요."

사실 그녀는 아기가 배가 고플 거라고 추측했다기보다 자기 젖이 띵띵 붓는 정도로 그것을 확실하게 느낀 것이었다(그녀와 아기 사이의 끈은 아직 이어져 있었다).

그녀는 아이 방까지 이르기도 전에 아기가 우는 것을 알았다. 가보니 정말 아기가 울고 있었다. 그녀는 그 소리를 듣자 걸음을 재촉했다. 걸음을 빨리하면 빨리할수록 아기 울음소리는 더욱더 커졌다. 아름답고 건강한, 그저 배가 고파서 보채는 목소리였다.

"유모, 오래전부터 이랬어?" 서둘러 의자에 앉아 젖 먹일 준비를 하면서 끼찌는 말했다. "자아, 빨리 이리 줘요. 아아, 어쩌면 그렇게 답답할까. 모자 끈 같은 건 나중에 매도 되잖아!"

아기는 너무 심하게 울어서 지쳐 있었다.

"어머나, 그래서는 안 되죠, 마님." 거의 언제나 아기 방에 들어앉아 있는 아가피야가 말했다. "무엇이든 잘해 드리지 않으면. 오오, 옳지, 옳지!" 그녀는 어머니 쪽에는 눈길도 주지 않고 아기를 어르고 있었다.

유모가 아기를 어머니 쪽으로 안고 오자 아가피야도 부드러움으로 녹아내릴 듯한 얼굴로 뒤에서 따라왔다.

"알아봐요, 알아봐요. 정말 이것 보세요, 까쩨리나 마님, 날 알아본다고요!" 아가피야가 갓난애 울음소리보다도 더 크게 외쳤다.

하지만 끼찌는 그녀 말을 듣고 있지 않았다. 그녀도 아기와 마찬가지로 초조해하고 있었다. 이 초조함 때문에 수유가 오랫동안 잘되지 않았다. 아기는 엉뚱한 데 입을 댔다가 짜증을 냈다.

아기가 한참 숨이 넘어갈 듯이 울어 젖히며 젖을 더듬어 찾고 한 뒤에야 겨우 제대로 물 수 있었다. 그러자 어머니도 아기도 동시에 마음이 놓이면서 안정을 찾았다.

"정말 가엾게도 땀에 흠뻑 젖었구나." 끼찌는 어린애를 어루만지며 나직한 소리로 말했다. "그런데 어째서 이 아이가 할멈을 알아본다고 생각하지?" 그녀는 푹 눌러쓴 머릿수건 밑으로 능청맞게(그녀에게는 그렇게 생각되었다) 올려다보고 있는 아기 눈과 규칙적으로 볼록하게 나왔다가 쏙 들어가는 볼, 둥글게 뱅뱅 움직이는 빨간 손바닥이 있는 고사리손을 곁눈질하면서 덧붙였다.

"그럴 리가 없어! 만약 누군가를 알아본다면 맨 먼저 나를 알아보았을 거야." 아기가 자기를 알아본다는 아가피야 주장에 대해서 끼찌는 이렇게 말하고 빙그레 웃었다.

그녀가 웃은 까닭은 비록 말은 그렇게 했지만, 속으로는 아기가 아가피야를 알아볼 뿐만 아니라 모든 것을 알고 또 이해한다는 사실, 더욱이 아무도 모르는 것, 어머니인 그녀 자신도 그의 덕택으로 겨우 깨달은 것까지 많이 알고 이해한다는 사실을 알았기 때문이다. 아가피야에게도 유모에게도, 할아버지에게도, 심지어는 아버지에게도 미쨔는 그저 물질적인 뒷바라지를 요구하는 한낱 생물체에 지나지 않았다. 그러나 어머니에게 그는 오래전부터 하나의 정신적인 존재로, 두 사람은 이미 영적인 관계 위에 이루어진 훌륭한 역사를 공유하고 있었던 것이다.

"다음에 잠에서 깨면 마님도 알아보실 거예요. 보세요, 이렇게 하면 아주 좋아서 방글방글하신다니까요. 마치 작은 해님처럼 환하게 웃으세요." 아가피야 미하일로브나가 말했다.

"그래, 알았어, 알았어. 이제 곧 알게 되겠지." 끼찌가 속삭였다.

"그러나 지금은 저리 가 줘, 아이가 잠들려 하니까."

7

아가피야 미하일로브나는 발끝걸음으로 방에서 나갔다. 유모는 커튼을 치고 창문을 열어 침대에 쳐놓은 모슬린 모기장 안의 파리와 유리창에 부딪쳐 붕붕거리는 땅벌을 쫓아내고 나서, 벚나무의 시든 가지로 어머니와 아이의 머리 위를 부채질하면서 앉아 있었다.

"아아, 더워, 그저 몇 방울이라도 좋으니까 비가 좀 내렸으면 좋겠어요." 유모가 말했다.

"그러게 말이야, 쉬, 조용히……."

끼찌는 가볍게 몸을 흔들면서, 미쨔가 눈을 감았다가 떴다 하면서 가냘프게 내젓는, 손목께를 마치 실로 잡아맨 것처럼 오동포동한 고사리손을 부드럽게 쥐면서 적당히 대답했다. 이 고사리손을 보고 있으면 끼찌는 어찌할 바를 몰랐다. 그녀는 이 손에 입을 맞추고 싶어 견딜 수 없었지만 그러다가 아이가 잠을 깨지나 않을까 두려웠다. 마침내 고사리손은 움직임을 멈추고 두 눈도 감겼다. 다만 아이는 여전히 젖을 쪽쪽 빨면서 그 길고 조금 휘어진 속눈썹을 살짝 들어 올려 까맣게 젖은 눈망울로 아스라한 어둠 속에서 어머니 얼굴을 찬찬히 쳐다보았다. 유모도 부채질을 그치고 꾸벅꾸벅 졸기 시작했다. 위층에서는 노 공작의 우레 같은 목소리와 까따바소프의 커다란 웃음소리가 들려왔다.

'내가 없어도 잘 어울리는 모양이야.' 끼찌는 생각했다. '그러나 역시 꼬스쨔가 없어서 유감스러워. 틀림없이 또 양봉장에 들렀을 거야. 그이가 시도 때도 없이 거기에 가 있는 것은 쓸쓸하지만 그래도 기쁜 일이야. 그것으로 상당히 심심풀이가 되니까. 그이는 봄 무렵보다 훨씬 명랑하고 쾌활한 사람이 되었어.'

'그 정도 심심풀이도 없으면 그 사람은 아주 우울하고 고민에 잠겨 아주 무섭게 변해 버렸을 거야. 정말 이상한 사람도 다 있지!' 그녀는 빙그레 웃으면서 혼잣말을 했다.

그녀는 남편을 괴롭히는 게 무엇인가를 알고 있었다. 원인은 그가 신앙이 없다는 데 있었다. 만약 신앙이 없는 남편이 내세에서 파멸한다고 생각하느냐고 누가 묻는다면 그녀는 파멸할 것이라고 대답했으리라. 하지만 그의 무신앙은 조금도 그녀의 불행이 되지 않았다. 그래서 그녀는 신앙이 없는 자는 구원받지 못한다고 인정하면서도, 동시에 그런 남편의 영혼을 이 세상 그 무엇보다도 사랑했다. 그래서 또 미소로 남편의 무신앙을 생각하며 그를 우스운 사람이라고 혼자 마음으로 중얼거리는 것이었다.

'무엇 때문에 그 사람은 일 년 내내 철학책 같은 것들만 읽을까?' 그녀는 생각했다. '만약 그런 책 속에 모든 것이 씌어 있다면 그도 이미 그것을 깨달았을 거야. 하지만 만약 책에 올바르지 않은 것이 있다면 무엇 때문에 그런 책을 읽어야 하지? 그는 할 수만 있다면 믿고 싶다고 말한다. 그런데 왜 믿지 않을까? 틀림없이 너무 지나치게 생각하기 때문일 거야. 생각이 지나친 것은 고독하기 때문이야. 언제나 혼자니까. 우리에게 모든 것을 이야기할 수 없으니까. 오늘 손님들은 그를 틀림없이 기쁘게 할 거야. 특히 까따바소프는. 꼬스쨔는 그분과 토론하는 것을 좋아하니까.' 이런 생각을 하는 사이에 문득 까따바소프를 어디에서 재워야 할까, 꼬즈느이쉐프와 한방을 쓰게 하는 것이 좋을까, 그렇지 않으면 따로따로 쓰게 하는 것이 좋을까 하는 문제를 고민하기 시작했다. 그러자 별안간 무언가를 떠올리고 심장이 철렁하면서 몸이 떨려 미쨔까지 깨워 버렸다. 미쨔는 깜짝 놀라 어머니 얼굴을 똑바로 바라보았다.

'빨래꾼이 아직 세탁한 시트를 가져오지 않았을 텐데. 손님용 시트는 모두 다 나와 있잖아. 내가 어서 손을 쓰지 않으면 아가피야는 꼬즈느이쉐프에게 깔던 시트를 내주고 말 거야.' 이렇게 생각한 것만으로도 끼찌 얼굴에 온몸의 피가 솟구쳐 올라왔다. '그래, 내가 나서서 손을 써야 해.' 그녀는 이렇게 결심하고 다시 조금 전의 생각으로 돌아가려다가, 무엇인가 중대한 정신적인 문제를 생각하다 말았던 것을 떠올리고 그것이 무엇이었던가를 생각해 내려고 애썼다.

'그래, 그래, 꼬스쨔가 무신론자라는 것이었다.' 다시 빙그레 웃으면서 그녀는 기억해 냈다. '하지만 신앙이 없으면 어때! 그 쉬딸리 부인이나, 외국에 있었을 때 내가 되고 싶어 했던 그런 사람이 되는 것보다는 차라리 지금 이대로가 나아. 그이가 이제 와서 어떤 가면을 쓰지도 않을 것이고.'

그러자 얼마 전에 그가 보여 준 선량한 행동이 그녀 눈앞에 생생하게 떠올랐다. 2주 전, 돌리에게 오블론스끼로부터 잘못을 뉘우치고 깨달았음을 알리는 편지가 왔다. 거기서 그는 그녀의 영지를 처분해서 자기 부채를 갚을 수 있게, 자기 명예를 구해 달라고 탄원하고 있었다. 돌리는 완전히 절망하여 남편을 증오하고 경멸하고 유감스럽게 여기며, 이혼을 하더라도 그의 부탁은 거절하겠다고 결심했다. 하지만 결국은 자기 영지의 일부를 파는 것에 동의할 수밖에 없었다. 그때 레빈이 어려워 쩔쩔매던 모습을 떠올리면, 끼찌는 자기도 모르게 감동의 미소를 짓지 않을 수 없었다. 그는 거북스러운 문제를 어떻게든 해결하기 위해 백방으로 익숙지 않은 변통수를 세운 끝에, 결국 창피를 주지 않으면서 돌리를 도울 수 있는 유일한 수단을 생각해냈다. 끼찌에게, 그녀가 상속받은 영지 일부를 언니에게 주자고 제안한 것이다. 그것은 끼찌가 이제껏 생각지도 못했던 방법이었다.

'어떻게 그가 무신론자라고 할 수 있을까? 그 마음씨 착한 사람이. 누구에게도, 심지어는 갓난애한테까지도 언짢은 생각을 들게 할까 봐 두려워하는 사람이! 그이는 다른 사람에게는 후하지만 자기에게는 참으로 박한 사람이거든. 꼬즈느이쉐프는 꼬스쨔가 그분의 영지관리인 노릇을 하는 게 당연한 의무라고 생각하고 있어. 누님도 마찬가지고. 지금은 돌리와 애들까지 그의 신세를 지고 있는 걸. 매일같이 찾아오는 농부들도 마치 그 사람이 자기들에게 봉사할 의무라도 있는 것처럼 생각한다니까.'

"아가, 너도 그저 아버지 같은, 그런 사람이 되어야 한다." 그녀는 미쨔를 유모에게 건네주고 그 볼에 입을 맞추면서 말했다.

8

사랑하는 형이 죽어 가는 모습을 본 이래, 레빈은 처음으로 삶과 죽음의 문제를 그의 이른바 새로운 신념을 통해 보게 되었다. 그 신념은 스무 살에서 서른네 살 사이에 어느 틈엔가 형성되어, 소년시절과 청년시절의 신앙을 몰래 밀어내 버렸다. 그는 죽음보다는 도리어 삶을—생명의 유래도 목적도 이유도 정체도 모른 채 살아가는 것을 두려워했다. 유기체, 유기체의 파멸, 물질의 불멸, 에너지 보존의 원리, 진보—이런 것들이 그가 예전에 품은 신앙과 대체된 말이었다. 이러한 말과 그와 관련된 개념은 지적인 목적을 위해서는 대단히 편리했으나 삶에는 아무런 도움도 주지 않았다. 레빈은 따뜻한 모피 외투를 일부러 모슬린 옷으로 갈아입은 사람이 추운 바깥 공기 속에서 비로소 자기가 알몸이나 다름없고, 따라서 어쩔 수 없이 괴로워하며 죽을 수밖에 없다는 것을 이론으로서가 아니라 자기 온 존재로서 똑똑히 통감하게 되는 그런 느낌을 받았다.

그때부터 레빈은 그것을 확실히 자각하지 못하고 종전대로의 생활을 계속하면서도, 자기 무지에 대한 공포를 끊임없이 느끼게 되었다. 게다가 또 그는 지금까지 자기가 신념이라 부르던 것이 그저 무지였을 뿐만 아니라 자기에게 필요한 인식을 방해하는 사고방식이었다는 사실을 막연하게 느꼈던 것이다.

결혼 초기에는 새로이 알게 된 기쁨과 의무가 이러한 사고를 완전히 억누르고 있었다. 그러나 아내의 출산 때문에 모스끄바에서 하는 일도 없이 빈둥빈둥 지내고부터 레빈에게 어떤 하나의 질문이 더욱더 빈번히, 더욱더 절실하게 해결을 요구하기 시작했다.

그 문제는 다음과 같았다.

'만약 자기 삶의 문제에 대해서 기독교가 주는 해답을 인정하지 않는다면 난 어떠한 해답을 인정해야 하는가?' 하지만 자기 신념의 저장고를 샅샅이 뒤져도 어떤 해답은커녕 그것의 파편조차 발견할 수 없었다. 그는 말하자면 장난감 가게나 무기점에서 음식을 찾는 사람과 같았던 것이다. 그래서 현재 그는 무의식적으로 온갖 책, 온갖 회화, 온갖 사람들 속에서 이러한 문제에 대한 태도와 해결을 찾고 있었다.

이때 무엇보다 그가 놀라고 탄식한 것은, 같은 계급의 또래 대부분이 그와 마찬가지로 예전의 신앙을 새로운 신념과 바꾸고 나서 아무도 그것에 의문을 품지 않고 충분히 만족하면서 태연하게 안주하고 있다는 점이었다. 그래서 레빈은 이 주요한 문제 외에 다른 문제들까지 고민하게 되었다. 그 사람들은 성실한 것일까? 그들은 스스로를 속이는 것이 아닐까? 그렇지 않으면 그들은, 지금 그를 지배하는 문제에 대해 과학이 주는 해답을 그와는 다른 어떤 훨씬 명료한 방법으로 잘 이해하는 것일까? 그래서 그는 열심히 그러한 견해와 해답이 씌어 있는 책을 연구했다.

이런 문제들이 그를 사로잡기 시작한 이래 그가 발견한 것 가운데 하나는 혈기 방장한 대학시절 동아리에서, 종교를 시대에 뒤떨어진 이미 존재하지 않는 것으로 생각했던 것이 잘못이었다는 점이었다. 선량한 생활을 하는 그의 주변 사람들은 모두 신자였다. 노 공작도, 그가 좋아하는 리보프도, 꼬즈느이쉐프도, 부인들도 모두 신자였다. 아내는 그가 유년시절에 지녔던 것과 똑같은 신앙이 있고, 그가 그 삶에 대해서 가장 큰 존경을 느끼는 러시아 농민들도 백 명 가운데 아흔아홉이 신자였다.

또 하나, 그는 많은 책을 읽으면서 다음과 같은 확신을 얻었다. 자기와 비슷한 종교적 견해를 가진 사람들은 종교를 대신할 만한 것이 전혀 없으므로 살아가려면 반드시 대답해야만 하는 어떠한 문제에 대해서 아무런 설명도 하지 않고 그저 부정해 버릴 뿐이라는 점이다. 그러면서 그것과는 전혀 무관하고 흥미도 느낄 수 없는 문제들, 이를테면 유기체의 진화라든가 영혼의 유물론적인 해석 등등을 해결하는 데만 온갖 애를 쓰는 것이다.

게다가 아내의 분만 중에 그는 이상한 체험을 했다. 무신론자인 그가 문득 기도를 시작했고 그 기도의 순간에는 신을 믿은 것이다. 그러나 그 순간이 지나가 버리자 그는 그때의 정신 상태를 자기 생활 속 어디에도 포함할 수 없었다.

그때는 진리를 알았으나 지금은 오류에 빠져 있는 것이라고 그는 인정할 수 없었다. 왜냐하면 그때의 일을 냉정하게 생각하려고 할 때마다 모든 것이 뒤죽박죽 얽히면서 머리가 혼란스러웠기 때문이다. 그렇다고 해서 그때의 자기가 오류에 빠진 것이라고 인정할 수도 없었다. 왜냐하면 그는 그때의 정신 상태를 존중했으므로 그것을 단순한 박약 탓으로 돌려서는 그 순간을 더럽히는 꼴이 되기 때문이었다. 괴로운 자가당착에 빠진 그는 그 속에서 벗어나려고 모든 정신력을 쥐어짜며 발버둥치고 있었다.

9

이러한 상념들이 그를 번거롭게 하고 괴롭히는 정도는 늘 한결같지 않았으나 그에게서 절대 떠나지 않았다. 그는 오로지 읽고 생각했다. 하지만 읽으면 읽을수록, 생각하면 생각할수록 자기가 추구하는 목표에서 더욱 멀어지는 느낌이었다.

요즈음 그는 모스끄바와 시골에서 살면서 유물론에서는 해답을 발견할 수 없음을 깨닫고, 플라톤, 스피노자, 칸트, 셸링, 헤겔, 쇼펜하우어같이 삶을 비유물론적으로 해석하는 철학자의 저서를 고쳐 읽기도 하고 새로 읽기도 했다. 그들의 사상은 특히 유물론에 대한 반박을 구할 때는 무척이나 생산적인 것으로 여겨졌다. 그러나 거기에서 직접 문제 자체의 해결을 구하고자 하면 언제나 제자리걸음에 빠지고 마는 것이었다.

철학자들이나 그 자신이 그를 위해서 준비한 말들의 함정에 일부러 빠져 가면서, '영혼'이나 '의지', '자유'나 '실체'라는 모호한 말들의 길고 번거로운 정의를 좇아가다 보면, 무엇인가 서광이 보이는 듯한 느낌도 들었다. 하지만 정해진 선을 따라 생각할 때는 만족감을 주었던 이러한 사상의 인위적인 경로를 잊고 실생활 한가운데에서 다시 한 번 되돌아보면, 이 인위적인 전당은 마치 카드로 지은 집처럼 허망하게 무너져 내렸다. 그것 역시 인생에서 이성 이상으로 중대한 무엇과 관계없이 그저 말만 바꾼 것에 불과하다는 사실이 명백해지는 것이었다.

어젠가 쇼펜하우어를 읽으면서 그는 그 '의지' 라는 말의 자리에 '사랑' 이라는 말을 넣어 보았다. 그 새로운 철학은 그가 거기에서 질리기 전인 하루 이틀 동안은 그를 위로했다. 그러나 그것도 나중에 실생활 속에서 바라보면 역시 허망하게 무너지는 집이고, 따뜻한 맛이 없는 모슬린 옷이었다.

형 꼬즈느이쉐프는 그에게 호먀꼬프의 신학론을 읽어 보라고 권했다. 레빈은 호먀꼬프의 저작 제2권을 통독했다. 처음에는 그 논쟁적이고 거만하고 신랄한 문체에 반발을 느꼈으나 교회에 관한 교리에는 상당히 감동을 하였다. 신의 진리를 체득하는 것은 한 개인에겐 불가능하고 오직 사랑으로 결합한 사람들의 집합인 교회에만 가능하다는 사상은 그에게 큰 충격이었다. 현재의 교회, 지금도 살아서 모든 사람의 신앙을 집성한 교회, 신을 머리로 삼고 있기 때문에 신성하고 청정한 교회를 믿고, 그 교회를 통해 신과 창조, 타락과 속죄에 대한 신앙을 받아들이는 일이, 높고 먼 신비로운 신이라든가 창조라든가 하는 것에 직접 뛰어드는 것보다는 훨씬 쉽다는 사상이 그를 기쁘게 했다. 하지만 그 뒤 가톨릭파의 교회사와 정교파의 교회사를 비교해 읽고 본디 옳아야 할 두 교회가 서로 부정하는 사실을 깨닫자, 그는 교회에 관한 호먀꼬프의 교리에도 환멸을 느꼈다. 이 전당도 역시 철학자들의 그것과 마찬가지로 홀연 무너져 버렸다.

올봄 내내 레빈은 제정신을 잃은 사람처럼 되어 몇 번이나 무서운 순간을 경험했다.

'나는 도대체 무엇인가, 무엇 때문에 여기 있는가. 그것을 모르고 살아간다는 것은 불가능하다. 그런데 나는 그것을 알 수 없다. 따라서 살아갈 수도 없다.' 레빈은 스스로에게 말했다. '무한한 시간, 무한한 물질, 무한한 공간 속에 물거품 같은 유기체가 생겨난다. 물거품은 잠시 견디다 이윽고 터져 버린다. 그 물거품이 바로 나다.'

이것은 무서운 오류였다. 그러나 이것이 바로 이 방면에서 몇 세기에 걸쳐 이루어진 인간의 사유가 고심하여 얻은 최후의 유일한 결론이었다. 그것이야말로 인간 사상의 거의 모든 방면에 걸친 탐구의 바탕이 되는 마지막 신념이자 지배적인 신념이었다. 레빈도 좌우간 그것이 가장 이해하기 쉬웠으므로 언제, 어떻게 된 건지 스스로도 모른 채 자연스럽게 모든 다른 해석 가운데에서 그것을 받아들였다. 하지만 그것은 잘못이었을 뿐만 아니라 일종의 사악한 힘, 욕지기가 치밀고 도저히 굴복해서는 안 되는 사악한 힘의 잔인한 비웃음이었다.

이 힘에서 빠져나가야만 했다. 그 수단은 저마다의 손안에 있었다. 사악한 힘에 예속되는 것을 그쳐야만 했다. 그 유일한 수단은 죽음이었다.

이리하여 행복한 가정의 주인이자 건전한 인간인 레빈은 몇 번이나 자살의 문턱까지 다가가서, 목매달아 죽을까 봐 두려워하여 끈 나부랭이를 숨기고 권총 자살이 두려워 총을 들고 걷는 것도 경계할 정도가 되었다.

그러나 레빈은 권총 자살도 하지 않고 목을 매지도 않은 채 계속 살아가고 있었다.

10

나는 무엇인가, 무엇 때문에 사는가, 이것을 생각하면 레빈은 해답을 찾아낼 수 없어서 절망에 빠졌다. 하지만 이것에 대해서 스스로 묻기를 그치면 그는 마치 자기가 무엇이고, 무엇 때문에 사는지를 아는 것만 같았다. 왜냐하면 그는 씩씩하고 활발하게 행동하며 생활하고 있었기 때문이다. 오히려 요즘은 전보다도 훨씬 믿음직스럽게 확고한 생활을 영위하고 있었다.

6월 초순에 마을로 돌아온 그는 평소의 자기 일로 돌아갔다. 농사 관리, 농부와 이웃 지주들과의 관계, 가사 정리, 그의 손에 맡긴 누이와 형의 일, 아내와 친척들과의 관계, 갓난아이에 대한 걱정, 그가 올봄부터 빠져 있는 양봉, 이러한 것들에 모든 시간을 쏟았다.

이러한 일들에 몰두하는 것은, 전처럼 자기를 위해서 그것을 일종의 일반적인 견해에 따라 정당화했기 때문은 아니었다. 반대로 지금은 한편으로는 이전의 공동 이익을 위한 계획들의 실패에 환멸을 느꼈고, 또 한편으로는 자기의 사색과 사방에서 덮쳐오는 산더미 같은 일로 너무 바빴으므로, 공동 이익에 대한 고찰을 모두 내던졌기 때문이었다. 그러므로 그가 지금의 일에 열중해 있는 까닭은, 단지 자기가 하는 일을 계속해야만 하며, 달리 어쩔 도리가 없다고 여겼기 때문임에 불과했다.

예전에 그가 모두를 위한, 인류를 위한, 러시아를 위한, 마을 전체를 위한 이익이 될 만한 무엇인가를 하겠다고 들떠 있을 때는(이런 마음은 거의 유년시절부터 시작되어 성인이 될수록 더욱 부풀어 올랐다) 그 활동에 대해 생각하는 동안은 유쾌했다. 그러나 실행 자체는 언제나 맥락이 없었고 그것이 필요 불가결한 것이라는 확신도 없었다. 그리하여 처음에는 지극히 위대하게 여겨졌던 행위도 차츰 작고 쓸데없는 것이 되어 버려 마침내 아무것도 아닌 무로 사라져버리는 것이었다. 하지만 결혼 후, 자기 생활에 구속되는 일이 더욱 많아진 오늘날에는 자기 활동을 생각해도 이제 아무런 기쁨도 느끼지 않았다. 대신 그일이 필요한 것이라는 확신을 느꼈고, 또 일이 전보다 훨씬 잘 진척되고 규모도 더욱더 커지는 것을 실감했다.

지금의 그는 의지에 반해서 땅속 깊숙이 박혀 버린 쟁기처럼 옴짝달싹 못하는 상황으로, 이 두둑을 끝까지 갈아엎지 않고는 거기에서 빠져나올 수가없었다.

조상이 해 온 대로 가정생활을 영위하는 것, 즉 그들과 똑같은 수준의 교양을 쌓고 같은 방식으로 자녀를 양육한다는 것은 의심할 여지도 없이 필요한일이었다. 그것은 마치 배가 고프면 식사를 해야 하는 것과 마찬가지였다. 그러기 위해서는 식사 준비가 필요한 것처럼, 뽀끄로프스꼬예에서 농기계는 수입을 얻을 수 있도록 운영되어야만 했다. 빚은 당연히 갚아야 하듯, 아들이 재산을 상속받을 때 그 옛날 레빈이 할아버지가 남겨준 모든 재산에 대해 감사했던 것처럼, 그의 아들도 그에게 똑같은 감사의 말을 할 만한 상태로 조상의토지를 잘 관리할 필요가 당연히 있었다. 그러려면 토지를 남에게 빌려 주지말고, 자기 손으로 직접 경작하고 가축을 치고 밭에 거름을 주고 숲을 가꿔야했다.

꼬즈느이쉐프와 누이의 일도, 의견을 구하러 찾아오는 데 익숙해져 버린 농부들의 일도, 마치 안은 갓난애를 내던질 수 없는 것처럼 살펴주지 않을 수 없는 일이었다. 게다가 그가 초대한 처형과 그 아이들, 자기 처자식의 편의에 대해서도 걱정해야 했다. 그리고 매일 잠시라도 그들과 함께 있어 주어야 했다.

이 모든 것에 사냥과 새로 시작한 양봉이 레빈의 생활—생각만 할 때는 아무런 의미도 없어 보이던 그의 생활—전부를 채우고 있었다. 또한 레빈은 자기가 무엇을 해야 할지 확실히 알고 있을 뿐만 아니라 그러한 모든 것을 어떻게 해야 할지, 또 어느 일이 가장 중대한지도 마찬가지로 충분히 알고 있었다.

그는 노동자들을 될 수 있는 대로 싸게 고용해야 한다는 사실을 알고 있었다. 그러나 합당한 품삯보다 낮은 금액을 선금으로 주고 노예처럼 붙잡아 부리는 것은, 설사 아무리 그에게 유리할지언정 해선 안 될 짓이었다. 농부들에게 사료가 부족할 때는 불쌍하기는 하지만 어쨌든 짚을 팔 수 있으나, 저속한 요릿집과 술집은 아무리 벌이가 좋아도 폐지해야 했다. 숲의 몰래 베기에 대해서는 되도록 엄중하게 단속해야 했지만 목초지에 들어온 가축에 대해서 벌금을 물리는 것은 내키지 않았다. 그것이 숲지기들을 괴롭히고 농부들의 버릇을 부채질하는 결과가 되더라도, 섞여 들어온 가축을 돌려보내지 않을 수는 없었다.

고리대금업자에게 월 1할이라는 이자를 치르고 있던 뾰뜨르에겐 그것에서 벗어나게 해 주기 위해서 돈을 빌려 주어야 했다. 그러나 소작료를 내지 않은 농부들에게 금액을 감면해 주거나 날짜를 미루어 줄 수는 없었다. 아무리 작은 풀밭이라도 베지 않아 서로 뒤엉켜 못쓰게 해 버린 것에 대한 관리인의 책임을 간과할 수는 없었으나, 묘목을 심어 놓은 80제사찌나 땅의 풀은 베어서는 안 된다. 아버지가 죽었다고 농번기에 집으로 돌아가 버린 머슴이 아무리 가여워도 그냥 용서해 줄 수는 없었다. 그가 귀중한 몇 달을 쉰 만큼 임금을 깎아 계산해야만 했다. 하지만 저택의 하인에게는 아무리 나이를 먹어 쓸모없다고 해도 다달이 급여를 주지 않을 수 없다.

레빈은 또한 밖에서 집으로 돌아오면 무엇보다도 먼저 건강이 좋지 않은 아내한테 가봐야 하며, 세 시간 가까이 그를 기다린 농부들은 조금 더 기다리게 해도 괜찮다는 것을 알고 있었다. 그러나 자기가 양봉장에 있는 모습을 농부들에게 들켰을 때는 그 일이 아무리 재미있어도 깨끗이 손을 떼고 일은 늙은 이에게 맡기고서 농부들의 상담을 들어주어야 했다.

그는 자기가 하는 일이 좋은지 나쁜지 몰랐다. 지금은 그러한 것을 검증하려고 하지 않을 뿐만 아니라 그 일에 대해서 이야기하고 생각하는 것조차 회피하고 있었다. 머리로 판단하려고 하면 의혹이 생겨 해야 할 일과 해서는 안 될 일을 제대로 분간할 수 없었다. 생각하지 않고 그저 생활하고 있을 때는, 그는 자기 마음속에서 올바른 재판관의 존재를 느꼈다. 그 재판관은 가능한 두 행위 가운데에서 어느 것이 옳고 그른지 판가름해 주었다. 그래서 잘못된 짓을 하면 당장 그것을 느낄 수 있었다.

이리하여 그는 자신이 무엇인지, 또 무엇 때문에 이 세상에 살고 있는지 인식하는 것을 깨닫지도 못하고 또 그 가능성조차 기대하지 않고 생활하고 있었다. 자살을 두려워할 정도로 자신의 무지 때문에 괴로워하면서도, 그와 동시에 인생에서 자기만의 독자적이고 확고한 길을 군건하게 개척하고 있었다.

11

꼬즈느이쉐프가 뽀끄로프스꼬예에 도착한 날은 레빈에게 가장 괴로운 날 가운데 하루였다.

마침 농번기로, 모든 농부는 다른 여느 때와는 비교할 수 없을 정도로 온 힘을 짜내어 헌신적으로 일하고 있었다. 이런 능력을 발휘하는 농민 자신이 이 것을 평가한다면, 그리고 이것이 해마다 되풀이되는 것이 아니고 그 노동의 결과가 그처럼 단순한 것이 아니라면, 이것은 상당히 높이 평가되어야 마땅하였다.

호밀과 귀리를 베고 단으로 묶어서 나르고, 풀밭을 모조리 베고, 오래 내버려 두어 거칠어진 밭을 갈아엎고, 씨앗을 털고, 가을보리를 파종한다. 이러한 것은 모두 단순하고 대수롭지 않아 보이는 작업이지만 이것을 기한 내에 남김 없이 성공적으로 해치우려면, 3, 4주일 동안 줄곧 남녀노소 구별 없이 온 마을 사람들이 다 나서서, 끄바스와 양파와 흑빵만으로 버티며 밤까지 타작하고 다발을 나르느라 하루에 겨우 두서너 시간밖에 못 자면서 여느 때의 갑절 이상이나 많은 일을 해야만 했다. 그리고 이러한 일은 해마다 러시아 전역에서 이루어졌다.

인생 대부분을 시골에서 살면서 농부들과 밀접한 관계를 맺으며 살아온 레빈은, 농번기가 되면 언제나 이 농부들 전체의 흥분이 자기에게까지 전해 옴을 느꼈다.

이른 아침부터 그는 마차를 몰아 호밀의 첫 파종과 낟가리를 쌓는 귀리를 보러 갔다. 아내와 처형이 일어날 무렵에 집으로 돌아와서 그들과 함께 커피를 마시고, 이번에는 씨앗 준비를 위해 새로 마련한 탈곡기를 운전하기로 되어 있는 농장으로 걸어서 떠났다.

이날 종일 레빈은 밖에서 관리인과 농부들과 이야기하고, 집에서 아내와 돌리와 그녀의 아이들과 장인과 이야기를 나누면서도, 농사에 관한 걱정 외에 요즈음 줄곧 그의 머리를 차지하는 오직 한 가지 문제만을 생각하고 있었다. '나는 도대체 무엇인가? 나는 어디에 있는가? 무엇 때문에 나는 여기에 있는가?' 이러한 자신의 의문에 관계가 있는 것들을 삼라만상 속에서 찾고 있었다.

　레빈은 새로 지붕을 얹은 곡물저장실 안, 껍질을 갓 벗긴 사시나무 생목에 딱 붙어 아직 시들지 않은 잎이 신선한 향기를 내뿜는 개암나무 졸대 아래 서늘한 곳에 서 있었다. 그는 타작으로 생긴 건조하고 매캐한 먼지가 자욱하게 피어오르는 열어젖힌 문을 통해, 타는 듯한 태양이 비추는 헛간의 건초와 막 곳간에서 끌어낸 새 짚을 바라보고, 높은 소리로 지저귀면서 처마 밑으로 날아 들어와 날개를 파닥거리며 출입문 들창 가에 앉은 머리가 얼룩얼룩하고 가슴이 하얀 제비에게 눈길을 던지고, 어두컴컴한 먼지투성이 창고에서 일하는 농부들을 쳐다보며 이상한 생각을 하고 있었다.

　'이 모든 일을 무엇 때문에 하는 것일까?' 그는 생각했다. '왜 나는 여기에 서서 저들을 부리는 것일까? 어째서 그들은 모두 악착같이 내 앞에서 자기 노력을 보이려고 애쓰는 것일까? 나의 친숙한 저 마뜨료나 할멈은 무엇 때문에 저렇게 힘이 넘치는 것일까? 아, 그래, 화재로 들보가 떨어져서 저 할멈이 다쳤을 때 내가 치료비를 대 준 일이 있었지.' 그는 광의 울퉁불퉁하고 단단한 마루를 거뭇하게 볕에 탄 맨발로 활기차게 디디면서 갈퀴로 알곡을 그러모으는 수척한 할멈을 보면서 생각했다. '그때야 회복되었지만, 오늘 내일은 아닐지라도 한 십 년쯤 지나면 그녀는 흙 속에 묻혀 흔적도 남지 않을 것이다. 저기에서 빨간 치마를 입고 날렵하고 부드러운 동작으로 왕겨에서 이삭을 떨어내는 멋쟁이 여자도 아무것도 남지 않을 것이다. 저 여자도 묻혀 버릴 테고 저 얼룩 악대말도 그보다 훨씬 먼저 묻혀 버릴 테지.' 커다란 배를 괴로운 듯이 들썩이며 콧구멍을 벌름거리고 가쁜 숨을 몰아쉬면서 수레바퀴를 간신히 끄는 말을 쳐다보며, 그는 생각했다. '저 말도 곧 묻혀 버릴 것이다. 저 곱슬곱슬한 턱수염에 왕겨범벅을 하고 셔츠의 찢어진 데로 하얀 어깨를 드러내는 타작꾼 표도르도 묻힐 것이다. 그런데도 그는 다발을 풀기도 하고 무엇인가 지시하기도 하고, 여자들한테 고함을 지르기도 하고 민첩한 동작으로 속도 조정기의 가죽 띠를 고치기도 한다. 중요한 것은 그들뿐만 아니라 나도 땅에 묻혀 버리고 아무것

도 남지 않게 된다는 것이다. 무엇을 위해서?'

그는 이러한 생각을 하면서도 한편으론 시계를 보며 한 시간에 얼마만큼 탈곡 되는가를 헤아리고 있었다. 하루에 달성할 업무량을 정하기 위해, 그는 그것을 알아 둘 필요가 있었던 것이다.

'이제 곧 한 시간이 되어 가는데 겨우 세 번째 다발을 시작했을 뿐이군.' 레빈은 타작꾼 옆으로 다가가 기계 울림보다도 큰 소리로 조금 더 천천히 넣으라고 그에게 주의를 주었다.

"넣는 양이 너무 많잖아, 표도르! 이거 봐, 가득 차서 외려 속도가 나지 않는 거야, 조금씩 균등하게 넣어야 돼!"

땀이 밴 얼굴이 끈끈하게 들러붙은 먼지 때문에 새까매진 표도르는 무엇인가를 큰 소리로 대답했다. 그러나 레빈이 시키는 대로는 하지 않았다.

레빈은 기계 옆으로 다가가서 표도르를 밀어젖히고 자기가 직접 곡식을 집어넣기 시작했다.

얼마 남지 않은 농부들의 점심때까지 계속 일하고 나서 그는 타작꾼과 함께 광에서 나왔다. 종자용 씨앗으로 삼기 위해 타작마당에 높이 쌓아올린 호밀의 가지런한 황색 낟가리 옆에서 발을 멈추고 이야기를 시작했다.

이 타작꾼은 전에 레빈이 조합 조직을 위해 토지를 빌려 준 적이 있는 먼 마을에서 왔다. 그 토지는 지금 집지기가 빌려 쓰고 있었다.

레빈은 타작꾼 표도르와 그 토지에 대해서 이야기했다. 그리고 내년에는 그 마을 부자이자 선량한 농부인 쁠라똔이 그 토지를 빌릴 가망은 없을까 물어보았다.

"값이 너무 비싸서 쁠라똔은 벅찰 겁니다. 나리." 농부는 땀투성이 품 속에서 겨를 털어내며 대답했다.

"그렇지만 끼릴로프는 잘하고 있잖아?"

"미쮜하(농부는 집지기 끼릴로프를 경멸하듯이 불렀다)에게야 안 될 턱이 없죠, 나리! 그자는 어떻게든 무슨 일이 있어도 자기 몫만은 챙기니까요. 하지만 포까느이치 아저씨(그는 쁠라똔 노인을 친근함을 담아 이렇게 불렀다)가 사람 생가죽을 벗기는 짓을 하시겠습니까? 빚이 있는 사람은 대신 갚아 주거나 너 그럽게 봐주세요. 송두리째 긁어 들인다든가 하는 짓은 절대 하지 않으세요. 똑같은 사람끼리 어떻게 그럴 수 있겠느냐면서 말이에요."

"어째서 그 노인은 빚쟁이를 너그럽게 봐주는 거지?"

"그건 말하자면 사람의 그릇이 다르기 때문이죠. 어떤 사람은 그저 자기 욕심만으로 살고 있고—미쭈하가 그런 자죠—제 배때기에다 처넣기만 하면 그만인데, 포까느이치는 성실한 늙은이입죠. 그분은 영혼을 위해 살고 있습니다. 하느님을 기억하고 있거든요."

"어떻게 하느님을 기억하고 있다는 거지? 어떻게 하면 영혼을 위해서 살 수 있다는 거야?" 레빈은 거의 외치듯이 말했다.

"빤하지 않아요? 올바르게, 하느님의 가르침대로 살아가는 거지요. 사람은 각양각색이니까요. 이를테면 나리만 하더라도 남을 모욕하는 짓은 하지 않으시잖아요……."

"아아, 그렇군, 그럼 잘 있게!" 레빈은 흥분한 나머지 씩씩거리면서 인사하고 홱 돌아서서 스틱을 잡자 바쁜 걸음으로 집을 향하여 걷기 시작했다. 포까느이치가 영혼을 위해서, 올바르게, 하느님의 가르침대로 살고 있다는 표도르의 말을 듣자, 분명하진 않지만 무언가 중요한 상념들이 지금까지 깊숙이 가두어 놓은 곳에서 갑자기 쏟아져 나오기라도 한 것 같았다. 그런 생각들이 떼를 지어 모두 한결같이 하나의 목적을 향해 돌진하며 그의 머릿속에서 소용돌이치기 시작하자 그 광채에 눈이 멀 것만 같았다.

12

레빈은 자기의 상념들(그는 아직 그것을 뚜렷하게 붙잡을 수 없었다)보다 지금까지 한 번도 경험한 적이 없는 정신 상태 쪽에 귀를 기울이면서 넓은 한길 위를 성큼성큼 걸어갔다.

농부가 한 말은 그의 마음속에서 전기의 섬광 같은 작용을 일으켜, 여태까지 한시도 그에게서 떨어진 적이 없는 잡다하고 무력한 개별적인 상념 덩어리를 일시에 변형시켜 하나로 결합시켰다. 이러한 상념들은 예컨대 그가 토지 대부에 대하여 이야기하고 있을 때도 어느 결에 그의 마음을 차지하고 있던 것이었다. 마음속에서 새로운 무엇인가를 느낀 그는 아직 그것이 무엇인지도 모르면서 하나의 기쁨으로 그것을 어루만지고 있었다.

'자기 욕망을 위해서가 아니라 하느님을 위해서 생활한다니. 그것은 어떤 하느님일까? 그 농부가 말한 것보다 더 터무니없는 소리가 있을까? 그는 자신의 욕망을 위해 살아서는 안 된다고 말했다. 즉 우리가 이해하는 것, 동경하는 것, 원하는 것을 위해서가 아니라 무엇인가 불가해한 것, 누구 한 사람 이해할 수도 정의할 수도 없는 하느님을 위해서 살아야 한다는 것이다. 과연 그럴까? 나는 표도르의 이 터무니없는 말을 이해하지 못한 것일까? 그렇잖으면 알면서도 그 올바름을 의심했던 것일까? 그것을 시시하고 모호하고 불확실한 것으로 여겼던 것일까?

아니야, 나는 그 농부 말을, 그가 이해하는 것과 완전히 똑같이 이해했어. 내가 인생에서 무엇인가를 이해하는 이상으로 뚜렷하게 이해했다. 여태까지 한 번도 그것을 의심한 적이 없고 또 의심할 수도 없다. 그것은 나 혼자만이 아닌 모든 사람이, 온 세계 사람들이 이것 하나만은 완전히 이해하고 있고 의심하지 않고 틀림없다고 여기고 있다.

표도르는 집지기 끼릴로프가 오직 제 배를 채우기 위해서 살고 있다고 말했다. 이것은 두말할 나위 없이 당연한 이야기다. 우리는 모두 이성을 가진 존재로서 자기 뱃속을 채우지 않고는 살아갈 수 없다. 그런데 갑자기 그 표도르가 제 배를 채우기 위해서 사는 것은 옳지 않다, 진리를 위해서 하느님을 위해서 살아야 한다고 말한다. 나는 그만큼만 듣고도 그가 하고자 하는 말을 이해해 버렸다! 그러고 보면 나도, 몇 세기 전에 살았던 사람들과 현재 사는 수백만의 사람들도, 정신적으로 가난한 농부들도, 이 문제에 대해서 생각하고 쓰면서 모호한 말로 똑같은 얘기만 반복하는 현자들도, 우리는 모두 무엇을 위해 살아야 하는가, 무엇이 착한 일인가 하는 점에서 모두 동의하는 것이다. 나도 모든 사람과 마찬가지로 견실하고 의심할 여지가 없는 명백한 단 하나의 인식을 지니고 있다. 그러나 이 인식은 이성으로는 설명할 수 없다. 그것은 이성을 초월해 있고 아무런 원인도 결과도 없다.

만약 선이 원인을 갖고 있다면 그것은 더는 선이 아니다. 만약 그것에 결과, 보수가 따른다면 그것 역시 선이 아니다. 선은 원인과 결과의 고리 밖에 존재하는 것이다.

나는 그것을 알고 있다. 우리가 모두 아는 것이다.

그런데 나는 기적을 찾아다니며 나를 이해시킬 기적을 만나지 못한 것을 유감스럽게 여겨왔다. 그러나 이것이 바로 기적이 아닌가. 유일하게 가능한, 언제나 존재하고 사방에서 나를 둘러싸는 기적. 그것을 나는 알아채지 못했던 것이다!

이보다 큰 기적이 어찌 있겠는가!

과연 난 모든 것에 대한 해결을 발견한 것일까? 이것으로 내 고민은 끝난 것일까?'

레빈은 먼지가 자욱한 길을 걸어가면서, 더위도 피로도 느끼지 않고 오로지 오랫동안의 고민이 사라지는 기분을 느끼며 이렇게 생각했다. 이 느낌은 좀처럼 믿기 어려울 만큼 즐거운 것이었다. 흥분 때문에 숨이 막혀 더는 걸을 힘이 없었던 그는 숲으로 들어가서 아직 베지 않은 사시나무 그늘 밑에 앉았다. 그는 땀에 젖은 머리에서 모자를 벗고 물기가 많은 싱싱한 풀숲에 한쪽 팔꿈치를 괴고 누웠다.

'그렇다. 정신을 바짝 차리고 잘 생각해 보아야 한다.' 그는 눈앞의 아직 밟히지 않은 풀들을 찬찬히 바라보면서, 푸른 딱정벌레가 갯보리 줄기를 기어올라가다가 방풍 풀잎에 막혀 더는 오도 가도 못하는 모습을 지켜보았다. '처음부터 완전히 다시 시작해야만 한다.' 그는 딱정벌레의 방해가 되지 않도록 방풍 풀잎을 젖혀 주고 또 다른 풀잎을 휘어 딱정벌레가 그 위로 건너가도록 해 주면서 스스로에게 말했다. '무엇이 나를 기쁘게 하는 것일까? 나는 무엇을 발견한 것일까?

예전의 나는 내 몸뚱이에서도 이 풀과 딱정벌레(딱정벌레는 풀 위를 건너가기 싫어 날개를 펴고 날아가 버렸다)의 몸뚱이에서도 물리학적, 화학적, 생리학적 법칙에 따라 물질의 변화가 일어나고 있다고 말했다. 그리고 사시나무, 구름, 안개를 포함한 우리 모두의 안에서 진화가 이루어지고 있다고. 그러나 무엇으로부터 진화하는 것일까? 무엇을 향하는 것일까? 무한한 진화와 투쟁?…… 마치 무한 속에도 일종의 방향과 투쟁이 있을 수 있다는 말이 아닌가! 나는 놀랐다. 그 방향으로 아무리 머리를 쥐어짜며 생각해도, 나는 이 길을 좇는 지대한 사상의 긴장에도 불구하고 결국 인생의 의의도 내 충동도 갈망의 의미도 전혀 알 수 없었기 때문이다. 그러나 내 마음속에서는 그 충동의 의의가 뚜렷했으므로 그것을 좇아 줄곧 살아왔다. 그래서 나는 농부가 그것을, 하느님과 영혼을 위해서 살아야 한다고 확실하게 말했을 때 깜짝 놀랐고 기뻤던 것이다.

나는 아무것도 발견하지 못했다. 그저 본디부터 알고 있던 것을 확인했을 뿐이다. 나는 과거에도 지금도 나에게 생명을 준 그 힘을 이해했다. 나는 허위에서 해방되어 나의 주인을 인식한 것이다.'

그는 사랑하는 형의 죽어가는 모습을 보았을 때 떠오른 죽음에 대한 뚜렷하고 분명한 상념에서 출발하여 최근 2년 동안 자기 사상의 모든 경로를 간단히 반복해 보았다.

모든 사람을 위해서도 또 그를 위해서도 그 앞길에는 그저 고뇌와 죽음과 영원한 망각이 있을 뿐이라는 사실을 그때 비로소 분명히 깨닫자, 그는 이대로 살아갈 수는 없다고, 자기 생활을 어떤 악마의 심술궂은 비웃음이라고 여겨지지 않도록 잘 설명하든가 아니면 자기 머리에 총알을 박아 버려야 한다고 굳게 결심했다.

하지만 그는 그 어느 것도 결행하지 않고 그대로 생활하고 사고하고 느끼는 일을 계속했으며 더구나 얼마 전에 결혼까지 하여 큰 기쁨을 맛보았고, 자기 생활의 의의를 생각하지 않을 때는 행복하게 지내왔다.

이것은 도대체 무엇을 의미하는가? 바로 그의 생활방식은 옳았으나 사고방식은 그릇되었음을 뜻하는 것이다.

그는(무의식적으로) 어머니의 젖과 함께 빨아들인 영적인 진리를 통해서 살아왔지만, 머리로는 이 진리를 인정하지 않았을 뿐만 아니라 애써 그것을 피해온 것이다. 이제야 그는 자기가 살아올 수 있었던 것은 그저 어릴 때 형성된 신앙의 덕임을 뚜렷하고 분명하게 알 수 있었다.

'만약 내게 이 신앙이 없어서, 자기 필요를 위해서가 아니라 하느님을 위해서 살아야 한다는 것을 몰랐다면 나는 어떠한 인간이 되었을까? 어떤 인생을 보내 왔을까? 틀림없이 약탈을 하고 거짓말을 하고 살인을 했을 것이다. 지금 내 삶의 주요한 기쁨이 되어 있는 많은 것이, 하나도 존재하지 않았을 것이다.' 그는 최대한의 상상력을 발휘해, 만약 자기가 무엇 때문에 사는지를 몰랐다면 아마 그렇게 되었으리라고 여겨지는 짐승 같은 인간을 그려 보려고 했으나 역시 그려 낼 수 없었다.

'나는 내 의문에 대한 해답을 찾아왔다. 그러나 사상은 내 의문에 대한 해답을 줄 수 없었다. 그것은 의문과는 다른 차원에 속하는 것이었다. 해답을 준 것은 생활 그 자체였다. 즉 선악을 판별하는 나의 인식 속에 해답이 있었다. 이 인식은 내가 무엇에서 얻은 것이 아니다. 모든 사람과 함께 내게도 주어진 것이다. 그것이 주어졌다는 것은, 나로서는 어디에서도 그것을 손에 넣을 수 없었기 때문이다.

내가 어디에서 그것을 손에 넣었겠는가? 이웃을 사랑해야 한다, 살인해서는 안 된다는 결론에 다다른 것은 과연 이성을 통해서였을까? 아니, 나는 그것을 어렸을 때부터 곧잘 남에게 들어 왔으며, 그것이 나의 마음속에 이미 존재했으므로 기꺼이 믿었던 것이다. 그러나 그것을 마음속에 심어 준 것은 누구인가? 이성은 아니다. 이성은 생존을 위한 투쟁과 자기 욕망의 만족을 방해하는 모든 것을 제거하라고 요구하는 법칙을 가르쳐 줬을 뿐이다. 이것이 이성의 결론이다. 남을 사랑하라는 것은 이성이 가르쳐 줄 수 있는 게 아니다. 왜냐하면 그것은 불합리하기 때문이다.'

'그렇다, 이성은 오만하다.' 그는 배를 깔고 엎드려, 부러지지 않도록 조심스럽게 풀줄기를 묶으면서 생각했다. '더욱이 이성은 오만할 뿐만 아니라 어리석기까지 하다. 가장 주요한 것은 기만, 그렇다, 이성은 기만이다. 말 그대로 이성은 속임이다.' 그는 되풀이했다.

13

그때 문득 레빈에게, 요즈음 돌리와 그 애들 사이에 일어난 한 사건이 생각났다. 애들은 자기들끼리 남게 되자 나무딸기를 찻잔에 담고 촛불로 굽거나, 우유를 병에 직접 입을 대고 들이마시며 장난을 치기 시작했다. 그 현장을 발견한 돌리는 레빈이 보는 앞에서, 그들이 부수는 물건은 어른들이 얼마나 노고를 들여 만든 것인지 모른다는 것, 그 노고는 모두 아이들을 위한 것이라고 설교했다. 만약 찻잔을 깨뜨리면 더는 차를 마실 그릇이 없어져 버리고, 우유를 엎지르면 아무것도 먹을 것이 없어져서 너희는 굶어 죽게 된다고 위협했다.

그때 레빈은 어머니의 이러한 말을 듣고 있던 애들의 태연하고 무관심한 불신의 빛에 큰 충격을 받았다. 그들은 그저 재미있는 놀이가 중지당한 것을 슬퍼할 뿐 어머니가 말한 것은 한마디도 믿지 않았다. 그들이 믿을 수 없었던 이유는 자기들이 누리는 것의 범위를 상상하지 못하고, 따라서 그들이 파괴하는 것이 살아가는 데 필수불가결한 것임을 상상할 수 없었기 때문이다.

'다 어디에나 있는 것들이잖아.' 그들은 생각했다. '이런 건 재미있지도 않고 중요하지도 않아. 언제나 있었고 앞으로도 있을 테니까. 게다가 언제나 똑같은 것뿐이야. 당연한 일은 생각한들 전혀 재미있지 않아. 그보다도 우리는 무엇인가 우리만의 새로운 것을 궁리하고 싶은걸. 그래서 찻잔 속에 나무딸기를 넣어 촛불로 굽고 우유를 서로의 입 안에 그냥 분수처럼 쏟아 붓는 생각을 해 낸 거야. 그편이 재미있고 새로운 데다 찻잔으로 마시는 것보다 맛이 없지도 않은걸.'

'자연력의 의의와 인생의 의미를 이성을 통해서 탐구하려는 우리, 즉 나도 이와 똑같은 짓을 하는 게 아닐까?' 그는 계속 생각했다. '모든 철학 이론이, 인간에게 부자연스럽고 야릇한 사상의 경로에 따라, 인간이 이미 오래전부터 알고 있는 것, 그것 없이는 살아갈 수도 없을 만큼 확실히 아는 것으로 이끌고자 하는 행위도 이와 똑같은 짓이 아닐까? 철학자는 인생의 주요한 의의를 그 농부 표도르만큼 확실히는 아니지만 역시 분명하게 알고 있으면서도 일부러 의아한 추상적 도정을 따라 만인이 아는 지점으로 되돌아올 뿐이다. 이것은 어느 철학자의 학설 발전사를 보아도 뚜렷이 드러나지 않을까?

가령 아이들이 스스로 식기를 구하고 만들고, 우유를 짜게 해 보면 어떨까. 그때도 장난할까? 그랬다가는 굶어 죽을 것이다. 그럼 우리로 하여금 유일한 하느님과 창조주에 대한 이해도 없이, 선에 대한 관념도 도덕적인 죄악에 대한 해석도 없이, 욕망과 사상만을 갖게 해 놓는다면 어떨까!

그러한 관념 없이 대체 무엇을 건설할 수 있단 말인가!

우리는 정신적으로 배가 부르니까 그저 파괴할 뿐이다. 애들과 똑같다!

나는 농부와 공통된 이 지식을, 유일하게 영혼의 안정을 주는 이 지식을 어디에서 얻은 것일까? 그것은 어디에서 온 것일까?

기독교인으로서 하느님의 사상 속에서 양육된 나는 기독교가 주는 정신적인 은혜로 생애를 충만해 왔고 온몸으로 그 은혜를 만끽하며 살고 있으면서도, 마치 아이처럼 그것을 이해하지 못하고 파괴하고 있었다. 즉 내가 살아가는 양식을 파괴하려고 하는 것이다. 그런 주제에 마치 아이들이 춥거나 굶주린 때처럼 내 삶의 중대시기가 닥쳐오자마자 나는 갑자기 하느님 쪽으로 얼굴을 돌리려 했다. 그리고 혼내주는 어머니가 없는 나는 분별없이 뛰어 돌아다니던 내 철없는 소행 탓에 앞으로 응보를 받게 되리라는 것을 그 아이들보다도 알지 못한다.

그렇다. 내가 아는 것은 이성을 통해서 알게 된 것이 아니다. 그것은 내게 주어지고 내게 계시된 것이다. 그래서 나는 그것을 마음으로 알고, 교회가 가르치는 주요한 것을 믿게 된 것이다.'

'교회? 그렇다. 교회다!' 레빈은 되풀이하면서 돌아누워 아까와는 반대쪽 팔꿈치를 짚고 저 멀리서 개울 쪽으로 내려오는 가축 떼를 바라보았다.

'하지만 교회가 가르치는 것을 모두 믿을 수 있을까?' 그는 스스로 시험해 보기 위해, 현재의 안정을 파괴할 수 있는 모든 것을 곰곰이 생각했다. 그는 짐짓 교회의 교리 가운데 평소에 가장 야릇하게 여겨지고 마음을 뒤흔들던 것을 생각해 내기 시작했다. '창조? 그런데 난 무엇을 바탕으로 존재를 설명해 왔을까? 존재를 바탕으로? 그렇잖으면 아무 근거도 없이? 악마와 죄악? 그러나 악은 무엇으로 설명할 수 있지?…… 구세주는?…… 나는 아무것도 모르고, 알 능력도 없다. 그저 모든 사람과 함께 스스로에게 얘기한 것 외에는 아무것도 알 수 없다.'

지금의 그에게는 교회 교리 가운데 그 어느 것도 가장 중요한 것, 신에 대한 믿음과 인간의 유일한 사명인 선에 대한 믿음을 해치는 것은 없을 성싶었다.

교회의 각 교리는 욕망 대신 진리에 봉사하라는 하나의 믿음으로 뒷받침되고 있었다. 각 교리는 이 믿음을 해치지 않을 뿐만 아니라 끊임없이 지상에 일어나는 기적의 실현을 위해서 불가결한 것이다. 그 기적이란 온갖 종류의 무수한 인간, 즉 현자고 바보고, 어린이고 노인이고 농부고, 리보프고 끼찌고, 거지고 제왕이고, 무릇 삶을 누리는 자가 모두 함께 똑같은 하나의 것을 의심 없이 이해하고, 그 하나를 위해 살며 그것만이 평가의 기준이 되는 영혼의 생활을 구축하는 것이다.

그는 반듯이 드러누우면서 구름 한 점 없는 드높은 하늘을 바라보았다.

'저것이 무한한 공간이고 궁륭이 아니라는 것을 나는 알고 있다. 그러나 아무리 눈을 부릅뜨고 보아도 나는 저것이 둥글고 유한한 것으로밖에 보이지 않는다. 무한한 공간이라는 지식이 있으면서도, 분명한 푸른 궁륭을 눈으로 볼 때 나도 의심할 나위 없이 올바른 것이다. 그 너머를 보려고 안간힘을 쓸 때보다도 오히려 올바른 것이다.'

레빈은 이제 생각하기를 그치고 자기들끼리 무엇인가 즐거운 듯 열심히 지껄이는 신비로운 소리에 귀를 기울였다. '과연 이것이 신앙이라는 것일까?' 그는 자기 행복을 믿지 못하면서 생각했다.

"아아, 하느님, 당신에게 감사합니다!" 그는 치밀어 오르는 오열을 꿀꺽 삼키고, 두 눈에 넘쳐흐르는 눈물을 두 손으로 닦았다.

14

레빈은 앞쪽으로 눈길을 던지고 가축 떼를 바라보고 있었다. 이윽고 검정말이 끄는 자신의 농업용 마차와 가축 떼 옆에 수레를 대고 뭔가를 목동과 이야기하는 마부의 모습이 보였다. 조금 있자 그의 가까이에서 수레바퀴 소리와 살찐 말의 콧바람 소리가 들려왔다. 그러나 완전히 생각에 잠겨 있던 그는 무엇 때문에 마부가 자기 쪽으로 오는지 생각조차 못했다.

그는 마부가 그의 옆으로 바짝 다가와서 말을 걸었을 때야 비로소 그것을 알아챘다. "마님의 지시로 모시러 왔습니다. 형님과 또 한 분, 어떤 나리께서 오셨습니다."

레빈은 농업용 마차에 올라 고삐를 잡았다.

그는 꿈에서 막 깨어난 사람처럼 잠깐 정신을 차릴 수 없었다. 그는 넓적다리 사이와 고삐가 매인 목에 함초롬히 땀방울을 내뿜는 살찐 말을 쳐다보기도 하고 그의 옆에 앉아 있는 마부 이반을 바라보기도 하는 사이에, 가까스로 형이 올 예정이었다는 것과 아내가 자기의 오랜 부재를 걱정하리라는 것을 생각하고, 또 형과 같이 온 손님은 누구일까 추측해 보았다. 형도 아내도 정체 불명의 손님도, 그에게는 예전과 전혀 다른 사람처럼 느껴졌다. 앞으로는 그와 모든 사람과의 관계가 이전과는 달라지리라 여겨졌던 것이다. '형님과도 이제부터는 우리 사이에 늘 있었던 간격이 없어지고 논쟁도 사라져 버릴 것이다. 끼찌와도 이젠 절대 다투지 않을 테고, 손님에게도 설사 그게 누구이든 부드럽고 친절하게 대할 것이다. 그리고 하인들에 대해서도 이반에 대해서도 완전히 달라질 것이다.'

초조한 듯 힝힝 콧바람을 내뿜으며 달리고 싶어 하는 말을 고삐로 단단히 잡아 죄면서, 레빈은 자기 옆에 앉아서 일을 빼앗기고 할 일이 없어 따분해 하며 바람을 받아 부풀어 오르는 셔츠를 두 손으로 연방 누르는 이반 쪽을 돌아보았다. 그리고 그에게 말을 걸 구실을 찾았다. 그는 이반에게 말의 배띠를 너무 죄었다고 말하려 했으나 그랬다가는 꾸지람 같이 들릴 염려가 있었다. 그는 정다운 이야기가 하고 싶었다. 그러나 딱히 아무것도 머리에 떠오르지 않았다.

"나리, 저어, 오른쪽으로 잡으시지요, 그렇잖으면 그루터기에 걸리게 됩니다." 마부가 레빈의 고삐를 바로잡으면서 말했다.

"제발, 간섭하거나 걱정 따위는 하지 말게!" 레빈은 마부의 참견에 발끈 화를 내며 말했다.

여느 때와 마찬가지로 그런 간섭은 그를 노여움으로까지 이끌었다. 그는 곧, 정신 상태가 바뀌면 현실의 대응도 바뀔 것이라는 예상이 잘못이었음을 서글픈 마음으로 통감했다.

집까지 4분의 1베르스따쯤 되는 지점에 채 닿기도 전에 레빈은 그를 마중하러 달려오는 그리쉬아와 따냐를 발견했다.

"꼬스쨔 이모부! 어머니도 할아버지도 세르게이 아저씨도, 누군가도 모두 와요." 그들은 마차 위로 기어오르면서 말했다.

"누군가라니, 누구야?"

"아주 무서운 분이에요! 두 손을 이렇게 해요." 따냐는 마차 안에서 일어나서 까따바소프의 흉내를 내며 말했다.

"그래, 늙은이야, 젊은이야?" 따냐의 흉내로 대충 누군지 짐작한 레빈은 웃으면서 물었다.

'아, 그저 불쾌한 사람만 아니면 좋으련만!' 레빈은 생각했다. 길모퉁이를 돌아 이쪽으로 오는 사람들을 보자마자, 그는 따냐가 방금 흉내낸 대로 활개를 젓는 밀짚모자를 쓴 까따바소프를 알아보았다.

까따바소프는 한 번도 철학을 공부한 적 없는 자연과학자다운 철학관을 가진 사람으로서 이해한 철학을 이야기하는 것을 아주 좋아했다. 모스끄바에서도 레빈은 막판에 그와 크게 논쟁을 벌였다. 레빈은 까따바소프를 알아본 순간에 그러한 쟁론의 한 장면—논쟁에서 이겼다고 생각한 까따바소프가 득의양양한 표정을 짓는 모습을 떠올렸다.

'아니다, 나는 이제 어떠한 일이 있어도 쟁론을 한다든가 경솔하게 자기 사상을 발표한다든가 하는 짓은 삼가겠다.' 그는 생각했다.

레빈은 마차에서 내려 형과 까따바소프에게 인사하고 나서 아내에 관하여 물었다.

"끼찌는 미쨔를 데리고 꼴르끄(집 옆의 숲)로 갔어요. 집 안이 무더우니 숲 속에 아이가 있을 곳을 만들어 주려고요." 돌리가 말했다.

레빈은 갓난애를 숲 속으로 데려가는 것은 위험하다며 늘 아내를 말렸던 터였으므로 이 보고가 불쾌했다.

"아이를 데리고 방랑의 여행을 떠난 게로군." 공작이 웃으면서 말했다. "난 차라리 얼음 창고에 데리고 들어가라고 권했지."

"끼찌는 처음엔 양봉장에 가려고 했었어요. 당신이 거기 계신 줄 알고요. 우리도 그리 가는 참이었어요." 돌리가 말했다.

"그래 요즈음 무얼 하고 있니?" 다른 사람들에게서 조금 떨어져 아우와 어깨를 나란히 하자, 꼬즈느이쉐프가 말했다.

"별로 이렇다 할 건 없습니다. 여느 때처럼 농사를 짓고 있죠." 레빈은 말했다. "그보다도 형님은 어떻습니까, 이번엔 오래 머물러 주시겠지요? 우리는 형님을 기다리느라 목이 빠질 뻔했어요."

"한 2주일쯤, 모스끄바에 일이 매우 많아서."

동시에 형제 눈이 마주쳤다. 그러자 레빈은 늘 형과의 관계를 친근하고 유달리 정다운 것으로 만들고 싶다는, 평소에도 그렇지만 지금 특히 강하게 느끼는 희망에도 그를 보는 것이 어쩐지 거북스럽게 느껴졌다. 그는 눈을 내리깐 채 무슨 말을 해야 좋을지 몰라 입을 다물어 버렸다. 레빈은 꼬즈느이쉐프에게 유쾌한 일이고 또 그가 모스끄바에서의 일이라고 넌지시 언급하는 세르비아 전쟁과 슬라브 문제에서 그의 주의를 돌릴 화제를 찾다가, 꼬즈느이쉐프의 저서에 대해서 얘기하기 시작했다.

"어떻습니까, 형님 저서에 대한 비평은 나왔습니까?" 그가 물었다.

꼬즈느이쉐프는 이 질문의 숨은 뜻을 생각하고 씩 웃었다.

"그 책에 흥미 있는 사람은 아무도 없어. 무엇보다 나 자신이 제일 관심이 없으니 말이야." 그는 대답했다. "저거 보십시오, 다리야 알렉산드로브나. 아무래도 비가 한바탕 퍼부을 것 같습니다." 그는 사시나무 우듬지 위에 나타난 흰 비구름을 우산으로 가리키며 덧붙였다.

이 말은 레빈이 그처럼 피하고자 했던, 적대적이라고 할 정도는 아니지만 일종의 냉담한 관계를 형제 사이에 재연시키기에 충분했다.

레빈은 까따바소프 쪽으로 다가갔다.

"정말 잘 와 주셨어요."

"벌써 오래전부터 오려고 생각했습니다. 이제부터 실컷 얘기해 보십시다. 스펜서는 다 읽으셨습니까?"

"아니요, 아직 다 읽지 않았습니다. 하지만 이제 그것은 더는 필요 없습니다." 레빈이 말했다.

"어째서 또 그런 말씀을? 재미있군요, 이유가 뭡니까?"

"말하자면 나는 내 마음을 차지한 문제의 해답을 스펜서나 그와 비슷한 사람들 가운데에서 찾기란 불가능하다는 것을 확신했기 때문이에요. 지금은……."

그러나 까따바소프의 침착하고 즐거운 듯한 표정에 깜짝 놀란 레빈은, 이 대화로 모처럼의 기분을 망친 것이 몹시 안타까웠으므로 아까의 결심을 되새기고 갑자기 말을 멈춰 버렸다.

"이런 이야긴 나중에 하기로 하십시다." 그는 이렇게 덧붙였다. "양봉장으로 가시려면 이쪽으로, 이 작은 길로 가야 합니다." 그는 모두를 향해 말했다.

좁은 오솔길을 따라가자, 아직 베기 전인 숲 속의 자그마한 풀밭이 나왔다. 풀밭 한쪽은 빽빽하고 무성하게 자란 아름다운 팬지로 덮여 있었고, 군데군데 암녹색 박새의 높은 덤불이 우거져 있었다. 레빈은 어린 사시나무가 짙은 그림자를 드리운 서늘한 곳에 꿀벌을 두려워하는 방문객을 위해서 특별히 준비된 걸상과 그루터기 쪽으로 손님을 안내하고, 자기는 애들과 어른들에게 빵과 오이와 새 꿀을 가져다주기 위해서 울타리 안으로 들어갔다.

그는 되도록 급작스런 동작을 피하고, 차츰 수를 더해 옆을 날아가는 벌의 날갯소리에 귀를 기울이며 작은 길을 따라 오두막에 도착했다. 입구에서 갑자기 벌 한 마리가 그의 턱수염 속으로 엉켜 들어와 버둥거리기 시작했으나 그는 벌을 조심스레 날려보냈다. 컴컴한 입구로 들어간 그는 벽의 옷걸이에 걸려 있는 그물을 내려 뒤집어쓰고 두 손을 호주머니에 넣은 채 울타리를 친 양봉장 안으로 들어갔다. 거기에는 저마다의 역사가 깃든, 그에게는 눈에 익은 묵은 벌통이 완전히 베어 낸 풀밭 한가운데 똑바로 줄을 이루며 보리수 껍질로 만든 끈에 묶여 수없이 늘어서 있었다. 울타리 벽에는 올해 들어 옮긴 햇벌 벌통이 걸려 있었다. 벌통 입구 앞에서는 무수한 꿀벌과 땅벌이 한곳을 뱅뱅 맴돌며 어지럽게 날고 있었다. 그러는 중에도 꿀을 가지러 갔다가 돌아오는 일벌은 숲 속의 꽃이 핀 보리수와 벌통 사이를 똑바로 오가면서 계속 날아다녔다.

레빈의 두 귀에는 끊임없이 윙윙대는 소리가 울렸다. 일에 쫓겨 맹렬하게 날

아가는 일벌의 날갯소리가 나는가 하면 게으름쟁이인 땅벌의 나팔이라도 부는 듯한 한가로운 소리도 들리고, 적으로부터 재산을 지키기 위해서 굉장히 흥분하여 뭐든 다가오면 쏘려고 준비하는 호위벌의 날갯소리도 들렸다. 울타리 저쪽에서 벌치는 늙은이가 나무통의 테를 깎고 있었으나 레빈이 온 것을 알지 못했다. 레빈도 그를 부르지 않고 양봉장 한가운데에서 발을 멈추었다.

그는 잠깐이나마 혼자 있을 기회를 얻은 것이 기뻤다. 모처럼의 기분을 언짢게 만들어 버린 현실에서 떨어져 자기 자신으로 돌아갈 시간이 필요했던 것이다. 자기가 벌써 이반에게 화를 내고, 형에게 냉담한 태도를 보이고, 까따바소프와 경솔한 이야기를 해 버린 것을 생각했다.

'이런 것은 그저 순간적인 감정으로 머지않아 흔적도 없이 사라져 버리는 것일까?' 그는 생각했다.

하지만 바로 그 순간 또다시 아까의 기분을 되찾은 그는 무엇인가 새롭고 중대한 것이 몸 안에 솟아오름을 느끼고 크게 기뻐했다. 현실은 그저 잠깐만 그가 발견한 정신적인 안정을 흐리게 했을 뿐, 그 안정은 마음속에 무사히 남아 있었던 것이다.

마치 지금 그의 주위를 끈질기게 날아다니며 위협하고 정신을 어지럽히는 꿀벌이 그의 완전한 육체적인 평안을 빼앗고 그로 하여금 그들을 피하기 위해 몸을 웅크리게 하는 것과 마찬가지로, 아까 그가 농업용 마차를 탄 순간부터 따라붙기 시작한 여러 가지 걱정이 그의 정신적인 자유를 빼앗아 버린 것이었다. 그러나 그것도 그가 그 걱정 한가운데 있는 동안만 계속된 것에 불과했다. 꿀벌을 두려워하면서도 육체적인 힘은 여전히 그의 안에 온전히 남아 있듯이, 그가 새로이 인식한 정신적인 힘도 온전히 간직되어 있었던 것이다.

15

"이봐요, 꼬스쨔, 꼬즈느이쉐프가 여기로 오는 도중 기차에서 누구와 만나셨는지 아세요?" 아이들에게 오이와 꿀을 나눠주면서 돌리가 말했다. "브론스끼를 만나셨대요! 그분은 세르비아로 가셨대요."

"그렇습니다. 더욱이 혼자가 아니고 자비로 일개 중대의 기병을 인솔해 갔습니다!" 까따바소프가 거들었다.

"그랬군요, 그 사람다운 행동이로군요." 레빈이 말했다. "그런데 아직도 의용병이 꾸준히 출정하고 있나요?" 그는 꼬즈느이쉐프 쪽을 힐끔 쳐다보고 덧붙였다.

꼬즈느이쉐프는 그것에는 대답하지 않고, 하얀 벌집이 한 조각 든 컵에서 꿀을 따를 때 들러붙어 버린 채 아직 살아 있는 꿀벌 한 마리를 끝이 둥근 주머니칼로 조심스레 꺼내고 있었다.

"아직도 나가는 정도가 아녜요! 어제 정거장 광경을 당신에게 보여 주고 싶을 정도였어요!" 까따바소프는 큰 소리로 우두둑 오이를 씹으면서 말했다.

"그럼 그것은 어떻게 이해해야 하죠? 내게 설명해 주시지 않겠어요, 꼬즈느이쉐프? 도대체 그 의용병들은 모두 어디로 가서 누구와 싸우는 건가요?" 노공작은 분명히 레빈이 돌아오기 전부터 하고 있던 이야기를 계속하면서 이렇게 물었다.

"터키예요." 꼬즈느이쉐프는 꿀 때문에 새까맣게 범벅이 되어 필사적으로 조그마한 발을 움직이는 벌을 건져 내어 사시나무의 튼튼한 잎 위에다 주머니칼로 옮겨 주면서 차분하게 대답했다.

"하지만 도대체 누가 터키에 선전포고를 했단 말입니까? 이반 이바노비치 라고조프와 리지야 이바노브나 백작부인이 쉬딸리 부인과 한통속이 되어 하기라도 한 겁니까?"

"아무도 선전포고한 사람은 없습니다만, 사람들이 이웃의 괴로움에 동정하여 그들을 지원해야겠다고 나서는 거죠." 꼬즈느이쉐프가 말했다.

"공작께서 말씀하시는 것은 지원에 대해서가 아녜요." 레빈은 장인 편을 들면서 말했다. "전쟁에 대한 거죠. 공작께서는 정부의 허가 없이 개인이 전쟁에 참가하는 일은 있을 수 없다고 말씀하시는 겁니다."

"꼬스쨔, 이거 봐요, 참벌이! 우리를 쏘려 하고 있어요!" 돌리가 말벌을 손으로 쫓으면서 말했다.

"그건 참벌이 아녜요. 말벌이에요." 레빈은 말했다.

"오호, 그럼 당신 의견은 어떻습니까?" 분명히 쟁론을 거는 투로 미소를 머금으면서 까따바소프가 말했다. "어째서 개인에게는 권리가 없다는 겁니까?"

"내 의견은 이렇습니다…… 전쟁은 한쪽으로 보면 굉장히 야만적이고 잔인하고 무서운 일이니까 기독교인은 물론 누구도 개인적으로 개전 책임을 질 수는 없습니다. 그것은 오직 정부만이 할 수 있습니다. 정부는 그 사명이 있고,

그 때문에 불가피하게 전쟁에 말려들 수밖에 없는 겁니다. 다른 쪽으로 보면, 학술적으로도 상식적으로도 국가의 문제, 특히 전쟁에 있어서 국민은 모두 개인의 의지를 버리기 때문입니다."

꼬즈느이쉐프와 까따바소프는 준비하고 있던 논박을 가지고 동시에 입을 열었다.

"중요한 것은 말입니다, 정부가 국민의 의지와 모순된 행동을 할 수도 있다는 것이지요. 그때는 사회가 자기 의지를 발표하게 됩니다." 까따바소프가 말했다.

하지만 꼬즈느이쉐프는 분명히 이 논박에는 뜻을 같이하지 않았다. 그는 까따바소프의 말에 미간을 찌푸리고 다른 말을 했다.

"너처럼 문제를 제기해서는 안 돼. 이건 선전포고의 문제가 아니라 그저 인간으로서, 기독교인으로서 감정의 발로일 뿐이야. 피를 나누고 신앙을 같이하는 동포가 살육되고 있어. 아니, 동포가 아니라도 좋고 같은 교인이 아니라도 상관없어. 어쨌든 어린애와 여자와 노인이 죽어나고 있기 때문에 의분을 참지 못한 러시아 사람들이 그 엄청난 잔학 행위를 말리기 위해서 달려나가는 거야. 생각해 보렴, 만약 네가 거리를 걷다가 주정뱅이들이 여자나 어린아이를 마구 때리는 것을 보았다고 해 봐. 아마 넌 선전포고 따위는 생각지도 않고 냅다 그 사나이에게 달려들어, 모욕을 당한 피해자들을 지켜 주겠지."

"그러나 죽이진 않을 겁니다." 레빈이 말했다.

"아니, 너라면 죽였을 거야."

"모르겠습니다. 만약 그런 것을 보았다면 본능적인 감정에 몸을 맡기게 될 테니까요. 그런 건 사전에 이러쿵저러쿵 말할 수 있는 문제가 아닙니다. 다만 슬라브인이 박해를 받고 있다는 사실에 대해 그러한 직접적인 감정은 없을뿐더러 있을 수도 없으니까요."

"그야 너에겐 없을지도 모르지. 하지만 다른 사람들에겐 있단 말이야." 꼬즈느이쉐프는 불만스럽게 눈살을 찌푸리면서 말했다. "국민의 마음속에는 '더럽혀진 회교도'의 멍에 밑에서 괴로워하는 정교도의 전설이 살아 있단 말이야. 그 국민이 동포의 고통을 듣고 소리 높이기 시작한 거야."

"그럴지도 모르죠." 레빈은 순순히 대답했다. "그러나 난 모르겠습니다. 나 자신도 국민의 한 사람입니다만 나는 그것을 느끼지 않습니다."

"나도 그래." 공작이 말했다. "외국에서 신문을 읽는 동안은 솔직히 말하자면 아직 그 불가리아의 참극이 일어나기 전이기도 했고, 어째서 러시아 전체가 이처럼 갑자기 슬라브 동포를 사랑하기 시작했는지 이해할 수 없었어. 난 그들에 대해 아무런 사랑도 느끼지 않는데 말이야. 난 무척이나 괴로웠어. 내가 어지간히 덜떨어진 놈이라 그런가, 아니면 칼스바트 광천수의 영향을 너무 받았기 때문인가 하고. 그런데 여기에 와서 완전히 안심했어. 나 말고도 러시아에만 흥미가 있고 슬라브 동포에 대한 것은 전혀 문제 삼지 않는 사람이 있다는 걸 알았기 때문이야. 여기 꼰스딴찐이 바로 그렇지."

"이러한 상황에서 개인의 의견은 아무런 의미도 없어요." 꼬즈느이쉐프가 말했다. "러시아 전체가, 즉 국민이 자기 의지를 표명했을 때 개인의 의견 따위는 문제가 되지 않습니다."

"아니, 실례의 말씀이지만 나는 그렇게 생각하지 않아요. 애당초 국민은 아무것도 모르고 있으니까요." 공작이 말했다.

"어머나, 아버님…… 어째서 모른다는 말씀이세요? 그럼 일요일에 교회에서의 일은 뭐죠?" 대화에 귀를 기울이고 있던 돌리가 말했다. "저, 수건을 좀 빌려 줘." 그녀는 벙글거리면서 아이들을 바라보고 있던 벌치기 영감에게 말했다. "그럴 리 없어요, 마치 그것이 전부……."

"일요일에 교회에서 무슨 일이 있었다는 거냐? 그저 누가 부탁한 대로 사제가 뭘 좀 낭독했을 뿐이잖아. 그들은 아무것도 이해하지 못했어. 그저 여느 때의 설교 때처럼 한숨을 지었을 뿐이야." 공작은 계속했다. "그러다 교회에서 영혼 구제 사업을 위해 기부금을 모금한다고 하자 모두 1코페이카씩 주머니에서 꺼냈지. 하지만 그것이 무엇 때문인지 그들 자신도 모른단 말이야."

"국민이 모를 리 없습니다. 국민 안에는 언제나 자기들의 운명을 의식하는 마음이 있습니다. 오늘날 같은 중대한 때 그것이 명백히 나타나는 겁니다." 꼬즈느이쉐프는 늙은 벌치기 쪽을 보면서 확고하게 말했다.

검정에 흰빛이 섞인 턱수염과 더펄더펄한 은발의 아름다운 노인은 꿀이 든 찻잔을 손에 들고 가만히 말뚝처럼 서 있었다. 키가 큰 탓에 주인네를 내려다보면서 부드럽고 차분한 표정을 짓고 있었지만, 분명히 아무것도 이해하지 못했고 또 이해할 생각도 없었다.

"네, 그렇고말고요." 그는 자못 그렇다는 듯이 고개를 끄덕이면서 꼬즈느이쉐프 말에 대답했다.

"그럼 이 영감에게 물어보세요, 그는 아무것도 모르고 아무것도 생각하지 않으니까요." 레빈이 말했다. "이봐, 미하일르이치, 자네도 전쟁 이야기를 들었나?" 그는 노인을 향해 물었다. "교회에서 읽어준 거 말이야. 자넨 어떻게 생각하지? 우리는 기독교도를 위해 전쟁을 해야 할까?"

"우리네한테 무엇을 생각하라시는 겁니까? 이제껏 알렉산드르 니꼴라예비치 폐하께서 우리를 위해서 잘 생각해 주셨고 앞으로도 그러실 텐데요. 폐하께서는 무엇이든지 다 잘 아시니까요…… 빵을 더 가져올까요? 도련님에게 조금 더 드릴까요?" 그는 빵 껍질까지 먹어치우려는 그리쉬아를 가리키면서 돌리에게 물었다.

"굳이 국민에게 물어볼 필요도 없어." 꼬즈느이쉐프가 말했다. "우리는 수백 수천의 사람들이 올바른 대의에 봉사하기 위해 만사를 내팽개치고 러시아 전역에서 모여들어 솔직하고 명백하게 자기 사상과 목적을 발표하는 것을 보았고 또 현재도 보고 있으니까. 그들은 푼돈이라도 털어서 기부하거나 직접 출정하고 있단 말이야. 무엇 때문에 그리하는지도 분명히 표명한다고. 이것이 무엇을 의미하겠니?"

"내 생각에는 말씀입니다, 그것은." 어느 틈에 달아오르기 시작한 레빈이 말했다. "8천만 국민 가운데에는 언제나 사회적 지위를 잃어버린 갈 곳 없는 사람들이 수백 수만 명 있다는 뜻입니다. 그들은 무분별하게 닥치는 대로 손을 댈 각오가 되어 있습니다. 뿌가초프 같은 반란분자에게 가담하기도 하고, 히바든 세르비아든 아무 데라도 주저없이 떠나지요……."

"내가 말하는 것은 평범한 수백 명의 사람도, 무분별한 무리도 아닌 가장 훌륭한 국민의 대표자들이야!" 꼬즈느이쉐프는 마치 최후의 소유물을 빼앗기지 않으려는 듯이 안절부절못하면서 말했다. "그럼 기부금은 어떤가? 그거야말로 온 국민이 자기 의지를 직접 표명한 증거잖아."

"그 '국민'이라는 말이 참으로 모호하다니까요." 레빈이 말했다. "면 서기와 교사와 농부 가운데 천분의 1쯤은 무슨 일이 일어나고 있는지 알지도 모릅니다. 그러나 나머지 8천만 명은 미하일르이치와 마찬가지로 자기 의지를 표명하지 않을 뿐더러, 무엇에 대해 의지를 표명해야 하는지도 전혀 분별하지 못합니다. 그렇다면 우리가 무슨 권리로 그것을 국민의 의지라고 말할 수 있을까요?"

16

논쟁에 익숙한 꼬즈느이쉐프는 군이 대항하여 변론하지 않고 이내 말머리를 다른 방면으로 돌렸다.

"그래, 만약 네가 수학적인 방법을 통해서 국민의 정신을 알려고 한다면 당연히 그 목적을 달성하기가 굉장히 어렵겠지. 그러니까 우리 러시아에선 투표를 시행하지 않고 또 시행할 수 없는 거야. 왜냐하면 그러한 것으로는 국민의 의지를 반영할 수 없으니까. 그러나 그것을 알기 위해서는 다른 방법이 있어. 공기로 느끼고 마음으로 느끼는 거야. 국민이라는 침체한 바닷속을 흐르는, 편견 없는 사람이면 누구나 명료하게 느끼는 물 바닥 흐름에 대해선 군이 얘기하지 않겠어. 그저 좁은 의미로 사회를 한번 보렴. 이전에는 그처럼 적대시하던 지식계급의 무수한 당파가 지금은 모두 뭉쳐 버렸지 않으냐 말이야. 서로 시기하고 미워하는 일이 없어지고 공공기관은 모두 한 목소리를 내고 있어. 모든 사람이 자기들을 붙들어 한 방향으로 이끄는 어떤 근원적인 힘을 느끼고 있단 말이야."

"정말, 신문은 어느 것이나 다 똑같은 얘기만 떠벌리고 있어요." 공작이 말했다. "말씀하신 대롭니다. 이건 마치 천둥을 동반한 비가 내리기 전 개구리와 마찬가지예요. 시끄러워서 아무것도 들리지 않는다니까요."

"개구리의 비유가 맞는지는 모르겠지만 나는 신문을 발행하지 않으니까 그들을 변호할 생각도 없습니다. 다만 지식계급 사회의 사상 일치에 대해 얘기하는 거야." 꼬즈느이쉐프는 도중에 아우 쪽으로 얼굴을 돌리면서 말했다.

레빈이 대답하려고 했으나 노 공작이 그를 가로막았다.

"그런데 그 의견의 합치라는 것에 대해서는 전혀 다른 것을 얘기할 수도 있습니다." 공작은 말했다. "당신도 아시는 내 사위 오블론스끼 말입니다. 그는 지금 어떤 위원회의 무슨 위원인가 하는, 나로선 외울 수도 없는 이름의 직책을 얻으려고 애쓰고 있는데, 어쨌든 그 직책은 아무 하는 일도 없이…… 아, 괜찮아 돌리, 별로 비밀스런 것도 아니니까!…… 8천 루블이라는 봉급을 받아요. 어디 그에게 그 일이 유익한지 어떤지 한번 물어봐요. 틀림없이 지극히 필요한 일이라고 단언할 겁니다. 그야 그는 정직한 인간이긴 하지만, 8천 루블이나 받는다면 아무래도 뭔가 있다고 생각할 수밖에 없지요."

"참, 그러고 보니 그가 그 지위에 취임한 것을 부인께 전해 달라고 부탁했습니다." 꼬즈느이쉐프는 공작이 딴 얘기를 한다고 생각하면서 불만스럽게 말했다.

"신문의 의견 일치도 이것과 똑같은 거지요. 이것은 남에게서 귀동냥한 이야기지만 뭐 전쟁이 시작되기만 하면 신문사 수입은 당장 갑절이 된다는 겁니다. 그러니 국민과 슬라브 민족의 운명이야 어찌 되든 아무튼 그들이 그걸 생각하지 않을 수 있겠어요?"

"나도 신문은 대체로 좋아하지 않습니다만 그것은 조금 불공평한 견해로군요." 꼬즈느이쉐프가 말했다.

"나라면 한 가지 조건을 내걸겠어요." 공작은 계속했다. "알퐁스 카를르가 프러시아와의 전쟁 전에 이러한 명문을 쓴 적이 있지요. '그대들은 전쟁이 불가피하다고 생각하는가? 좋다. 그럼 먼저 그대들 주전론자들을 선두의 특별부대에 편입시켜, 습격이든 돌격이든 전군의 선두에 내세우라!'"

"아니, 기자들은 틀림없이 잘 해낼 겁니다!" 자기가 아는 기자들을 그 선발대의 한 사람으로 상상하며 까따바소프는 큰 소리로 웃으면서 말했다.

"어머나, 도움이 다 뭐예요. 맨 먼저 도망쳐 버릴 걸요." 돌리가 말했다. "그저 방해만 될 뿐이죠."

"만약 도망친다면 뒤에서 산탄(散彈)을 퍼붓든가, 까자끄들에게 채찍을 들려서 감시하게 하는 거야." 공작이 말했다.

"실례의 말씀입니다만 그건 좋지 않은 농담이군요, 공작." 꼬즈느이쉐프는 말했다.

"난 그걸 농담이라곤 보지 않습니다. 그것은……." 레빈이 입을 열었으나 꼬즈느이쉐프가 가로막았다.

"사회의 각 구성원에게는 제각기 특유한 일을 할 사명이 주어집니다." 그는 말했다. "그러므로 사상가는 여론을 표현함으로써 자기 일을 수행하고 있습니다. 여론 일치의 완전한 표현은 신문 잡지의 공적이자 기쁜 현상입니다. 20년 전 같으면 아마 우리는 침묵했겠지만, 오늘날에는 박해받는 동포를 위해 한 몸처럼 분연히 일어나 자기를 희생하려는 러시아 국민의 목소리가 잘 들립니다. 이것은 크나큰 진보이고 증명입니다."

"그러나 그저 자기를 희생하는 것만이 아니고 터키인을 죽이지 않습니까." 레빈은 스스러운 어조로 말했다. "민중이 희생하고 또 앞으로도 희생하기를 사양하지 않는 것은 자기 영혼을 위해서지 살인을 위해서가 아닙니다." 그는 자기 마음을 차지하고 있던 그 상념과 이야기를 자기도 모르게 결부시키면서 덧붙였다.

"영혼을 위해서라는 건 어떠한 뜻입니까? 그것은 자연과학자에겐 참으로 이해하기 어려운 표현이군요. 도대체 영혼이란 무엇입니까?" 싱글벙글하면서 까따바소프가 말했다.

"당신도 잘 아시지 않습니까!"

"안타깝지만, 전혀요. 난 전혀 모릅니다!" 까따바소프가 큰 소리로 웃으면서 말했다.

"그리스도도 '나는 세상에 평화를 주러 온 것이 아니라 칼을 주러 왔다'고 말씀하셨다." 꼬즈느이쉐프는 마치 빤한 소리라는 듯이 대수롭지 않은 어조로, 복음서 가운데에서 평소 가장 레빈을 당혹스럽게 한 그 구절을 인용하여 반박했다.

"네, 그것은 그렇습니다." 그들 옆에 서 있던 영감이 우연히 자기 쪽으로 던져진 시선에 대답하면서 또다시 이렇게 되풀이했다.

"이거야, 당했군요. 완전히 당했어요!" 까따바소프가 유쾌한 듯이 외쳤다.

레빈은 노여움으로 새빨개졌다. 그것은 쟁론에 졌기 때문이 아니라 자제하지 못하고 또다시 쟁론을 시작해 버렸기 때문이었다.

'아니, 난 이 사람들과 쟁론해선 안 된다.' 그는 생각했다. '그들은 뚫을 수 없는 갑옷으로 무장했는데, 나는 알몸이니까.'

그는 형과 까따바소프를 설득하는 일이 불가능한 걸 알았으나, 그가 그들 의견에 찬성하는 것은 더욱 불가능했다. 그들이 주장하는 것은 자칫 그를 파멸시키려고 했던 이성의 오만함이었다. 그는 형을 포함한 소수 사람들이, 수도로 올라온 몇백의 입담 좋은 의용병들에게서 들은 내용을 토대로 그들 및 신문이 국민의 의지와 사상—더욱이 복수와 살인으로 표현되는 사상을 표명하고 있고 말할 권리를 가지는 것에 동의할 수 없었다. 그가 그것을 승인할 수 없었던 이유는, 자기 주위의 국민 가운데에서 그런 사상의 발현을 보지 못했고, 또 자기 자신에게서도 그와 같은 사상을 발견하지 못했기 때문이다(그는 자기가 러시아 국민을 구성하는 사람 중 한 사람으로밖에는 달리 어떻게 생각할 수 없었다).

더욱 주된 이유는, 그도 다른 국민과 마찬가지로 공공의 행복이 무엇인지 몰랐지만, 공공의 행복에 다다르려면 각자에게 계시된 선의 법칙을 엄격히 이행하는 것 외에 다른 길이 없다는 것만은 굳게 믿어 의심치 않았기 때문이다. 어떤 공공의 목적을 위해서라도 그 때문에 전쟁을 바랄 수도 주장할 수도 없다. 그는 발랴그 초빙에 관한 전설 속에서 자기 사상을 발표하는 미하일르이치를 비롯한 민중의 의견을 대변하고 있었다.

'제왕이 되어 우리를 지배하라. 우리는 기꺼이 절대적 복종을 맹세하리라. 온갖 노고, 온갖 굴종, 온갖 희생을 우리가 스스로 맡으리라. 그러나 심판하고 결정하는 것은 우리가 아니도다.'

그런데 꼬즈느이쉐프의 말에 따르면, 지금은 민중들이 그처럼 비싼 값을 치르고 사들인 권리를 포기하고 있다는 것이다.

그는 또 이렇게 말하고 싶었다. 만약 여론이 그릇되지 않은 재판관이라면, 어째서 혁명과 지방자치제가 슬라브 민족을 위한 운동과 마찬가지로 합법화되지 않는가? 그러나 이러한 것들은 모두 결국 아무것도 해결할 수 없는 사상이었다. 의심할 나위 없이 분명한 한 가지는, 지금의 쟁론이 꼬즈느이쉐프를 안절부절못하게 했다는 것, 따라서 더 이상의 쟁론은 무익하다는 사실뿐이었다. 그래서 레빈은 입을 다물었고, 먹구름이 몰려오니까 비가 내리기 전에 돌아가는 것이 상책이라고 손님들에게 말했다.

17

노 공작과 꼬즈느이쉐프는 짐마차를 타고 먼저 떠났고, 나머지 사람들도 서둘러 걸어서 귀로에 올랐다.

그러나 하얗고 까만 비구름이 순식간에 몰려 왔으므로 비가 내리기 전에 집으로 돌아가려면 더욱더 걸음을 재촉해야만 했다. 전면에 나직이 깔린 새까만 매연 같은 구름이 심상치 않은 속도로 재빨리 하늘을 달렸다. 집까지는 아직도 200발짝쯤 남았으나 벌써 바람이 일고 당장에라도 소나기를 퍼부을 기세였다. 아이들은 놀람과 기쁨의 아우성을 치면서 앞장서서 달렸다. 돌리는 발에 휘감기는 치마와 승강이하면서도 아이들한테 눈을 떼지 않고, 이젠 걷는다기보다 달음질을 치고 있었다. 남자들은 모자를 누르면서 성큼성큼 걷고 있었다. 그들이 간신히 입구 층층대까지 오자마자 굵은 빗방울이 투둑투둑 하고 철제 홈통 가장자리에 부딪쳐 부서졌다. 아이들과 그 뒤 어른들이 차례로 쾌활하게 떠들면서 지붕 밑으로 뛰어들었다.

"끼쨔는?" 레빈이 머릿수건과 담요를 가지고 현관에서 그들을 맞은 아가피야에게 물었다.

"함께 계신 줄 알고 있었는데요." 그녀가 말했다.

"그럼, 미쨔는?"

"틀림없이 꼴르끄 숲에 계실 거예요, 유모와 함께."

레빈은 담요를 잡아채고 꼴르끄 쪽으로 달려갔다.

눈 깜짝할 사이에 먹구름이 벌써 태양을 감싸버렸으므로 주위는 일식 때처럼 캄캄했다. 바람은 끝까지 자기를 주장하려는 듯 완강하게 레빈을 방해하고, 보리수 잎과 꽃을 잡아 찢고, 자작나무의 하얀 가지를 몰골 사납고 야릇하게 발가벗겼다. 아카시아도 꽃도, 우엉도 풀도, 수목의 가지도 모두 똑같은 방향으로 쓰러질 듯이 나부끼고 있었다.

과수원에서 일하던 여자들은 비명을 지르면서 머슴방 처마 밑으로 도망쳐 들어갔다. 내리퍼붓는 새하얀 폭우의 휘장은 벌써 먼 숲 전부와 가까운 들판 절반을 싸고 굉장한 속력으로 꼴르끄를 덮치려 하고 있었다. 비의 습기가 잔잔한 물방울을 만들며 대기 속을 떠도는 것이 느껴졌다.

레빈은 앞쪽으로 몸을 구부리고 자기 머릿수건을 잡아채려고 하는 바람과 싸우며 겨우 꼴르끄 가까이에 이르러 떡갈나무 뒤로 하얗게 보이는 뭔가를 발견했다. 그 순간 갑자기 번쩍 하고 섬광이 일더니 대지가 온통 빨개지면서 마치 하늘 천장이 머리 위에서 터지기라도 한 것 같은 소리가 들렸다. 부신 눈을 뜨고 레빈은 지금 꼴르끄와 그와의 사이를 가로막아 버린 두꺼운 비의 휘장 너머로 무엇보다도 먼저, 숲 한가운데 있는 눈에 익은 떡갈나무 푸른 우듬지가 기묘하게 그 위치를 바꾼 것을 발견하고 공포에 움찔했다.

'설마 벼락을 맞은 걸까?' 그가 생각할 겨를도 없이 떡갈나무 우듬지는 차츰차츰 낙하 속도를 더하여 다른 수목들 뒤로 자취를 감추었다. 그는 다른 수목 위로 굵고 큰 나무가 우지끈 쓰러지며 내는 커다란 울림을 들었다.

번갯불과 천둥소리와 냉수를 쭉 끼얹은 듯한 한기가 하나의 공포가 되어 레빈을 덮쳤다. "아아, 하느님! 하느님, 그들 위가 아니도록 해 주시옵소서!" 그는 무심코 지껄였다.

그는 곧 이미 쓰러져 버린 떡갈나무 밑에 그들이 깔리지 않도록 해 달라고 빌어 봤자 무의미하다고 생각은 했지만, 이 무의미한 기도 외에 달리 취할 수단이 없었으므로 여전히 그 말을 되풀이했다.

그는 그들이 언제나 다니던 곳까지 달려갔으나 거기에는 아무도 없었다.

끼찌는 숲 반대쪽 가장자리 해묵은 보리수 밑에서 그를 불렀다. 거뭇한 옷(본디 엷은 빛깔이었으나)을 입은 두 사람이 뭔가의 위로 몸을 구부리고 서 있었다. 끼찌와 유모였다. 레빈이 그들 옆까지 달려갔을 때는 이미 비가 잦아들며 어둠이 걷히기 시작했다. 유모는 윗옷이 젖었을 뿐이었으나 끼찌의 옷은 함빡 젖어 몸에 착 달라붙어 있었다. 비가 이제 그쳤는데도, 그들은 여전히 벼락이 떨어졌을 때 서 있던 곳과 똑같은 자리에 그대로 얼어붙어 있었다. 두 사람은 녹색 차양이 달린 유모차 위로 몸을 구부리고 서 있었던 것이다.

"무사해? 아무 일도 없었어? 다행이야!" 그는 물이 차서 걷기가 고약한 반장화로 웅덩이 속을 철벅거리며 그들 옆으로 달려갔다.

비에 젖은 끼찌의 빨갛게 상기된 얼굴이 그를 돌아보고, 모양이 이지러진 모자 밑에서 조심스럽게 웃고 있었다.

"아니, 당신은 부끄럽지도 않아? 이런 부주의한 짓을 하다니, 이해할 수 없어!" 그는 노엽게 꾸짖었다.

"하지만 내 잘못이 아녜요. 우리가 돌아가려고 하는 순간 애가 막 떼를 쓰지 뭐예요. 그래서 기저귀를 갈아줘야 했어요. 우리가 막……." 끼찌는 변명하기 시작했다.

미쨔는 아무 일도 없었다는 듯 젖지도 않고 색색 잠들어 있었다.

"아, 다행이야! 나도 내가 무슨 말을 하는지 모르겠어!"

유모가 젖은 기저귀를 주워 모으고 갓난애를 안고 앞장섰다. 레빈은 화낸 것을 사과하려는 듯 유모 눈을 피해 살며시 아내 손을 쥐고 그녀와 나란히 걸었다.

18

이날 남은 시간 동안 레빈은 모두가 주고받는 온갖 잡다한 이야기에 건성으로 참여하고, 마땅히 자기 안에서 일어나리라 믿었던 변화에 환멸을 느끼면서도 역시 끊임없이 자기 마음의 충만을 기쁘게 느끼고 있었다.

비가 온 뒤라 산책하러 나가기에는 길이 질척거렸다. 게다가 먹구름은 아직도 지평선을 떠나지 않고 우르릉우르릉 천둥소리를 내기도 하고 까매지기도 하면서 하늘 여기저기를 서성거리고 있었다. 모두 하루의 나머지를 집에서 지내기로 했다.

토론은 시작되지 않았다. 그러기는커녕 만찬 후에는 모두 굉장히 기분이 좋았다.

처음에는 까따바소프가 그와 처음 만난 사람들을 반드시 기쁘게 만드는 그의 독특한 농담으로 부인들을 웃기고 있었으나, 이윽고 꼬즈느이쉐프의 부추김에 넘어가 집파리의 자웅의 습성뿐만 아니라 생김새의 차이, 그들의 생활에 대한 흥미진진한 자기 관찰을 이야기했다. 꼬즈느이쉐프도 역시 기분이 좋았고, 차를 들 때 아우에게 꾀여 동방문제의 장래에 대해서, 일동이 열심히 귀기울였을 만큼 간단하고 훌륭하게 자기 견해를 털어놓고 말했다.

오직 끼찌만은 그의 이야기를 끝까지 들을 수 없었다. 미쨔를 씻기기 위해 불려 나갔기 때문이다. 끼찌가 나가고 나서 몇 분이 지나자 레빈도 역시 아이 방의 그녀한테로 불려 갔다.

레빈은 마시던 차를 두고 재미있는 대화를 중단하고 온 것을 서운하게 생각했으나, 이러한 일은 지금까지 중대한 경우가 아니면 없는 일이었으므로 어째서 자기를 불렀는가 걱정하면서 아이 방으로 갔다.

해방된 4천만 슬라브인의 세계가 러시아와 함께 역사상 새로운 기원을 이룩하게 되리라는, 꼬즈느이쉐프에게 듣다 만 이야기가 그에게는 새로운 무언가로서 굉장한 흥미를 끌었고, 또 끼찌가 자기를 부른 이유에 대한 불안과 호기심이 그의 가슴을 두근거리게 했지만, 객실을 나와 혼자가 되자마자 그는 곧 오늘 아침의 자기 생각을 떠올렸다. 그러자 세계사에서의 슬라브적인 요소 의의에 관한 형의 고찰도 그의 마음속에 일어나는 것에 비하면 너무나 하찮게 여겨졌으므로, 그는 이내 그러한 것은 전부 잊고 오늘 아침과 똑같은 기분으로 돌아갔다.

그는 더는 여태까지처럼 사상의 모든 경로를 떠올리지는 않았다(그것은 그에게 필요하지 않았다). 그는 자기를 이끄는 감정, 자기 사상과 연결된 감정 속으로 단숨에 옮겨갔다. 그리고 자기 마음속에서 그 감정이 이전보다 한층 더 강력하고 명확해졌음을 발견했다. 이전의 그는 그 감정을 찾아내기 위해 사상의 모든 경로를 다시 더듬어 올라가면서 억지로 평안을 찾으려고 했으나 지금은 그럴 필요가 없었다. 아니, 그러기는커녕 지금은 반대로 환희와 평안의 감정이 예전보다 훨씬 생생하여 사유가 감정을 따라갈 수 없을 정도였다.

그는 테라스를 지나면서 벌써 어두워진 하늘에 반짝이기 시작한 별 두 개를 바라보며 문득 생각했다.

'그렇다, 나는 하늘을 바라보면서 내 눈에 비치는 이것이 둥근 천장처럼 보이는 것은 잘못이 아니라고 생각했다. 그러나 그때 난 무엇인가를 끝까지 생각하지 않고 스스로에게 숨겨 버렸던 것이다.' 그는 생각했다. '그러나 그 앞에 무엇이 숨어 있든 그것은 반박할 수 없다. 조금 더 생각하기만 하면 모두 다 명백해질 것이다.'

이미 아이 방으로 발을 들여놓은 순간, 그는 스스로에게 숨겼던 것이 무엇인지 생각해 냈다. 그것은 이러한 것이었다. 만약 하느님이 존재한다는 가장 중요한 증거가 선이란 무엇인가에 대한 신의 계시라고 한다면, 어째서 그 계시는 기독교 교회에만 국한되어 있는가? 똑같이 선을 신봉하고 선을 행하는 불교도와 이슬람교도의 신앙은 이 계시와 어떠한 관계가 있는가?

그는 이미 자기가 그 해답을 갖고 있는 것 같았으나 그것을 미처 스스로 표현해 볼 겨를도 없이 아이 방으로 걸음을 옮겼다.

끼찌는 두 소매를 걷어붙이고 목욕통 안에서 씻기는 갓난아이 위로 허리를 구부리고 서 있다가 남편 발소리를 듣자 고개를 홱 돌리고 웃는 얼굴로 그를 자기 옆으로 불렀다. 그녀는 반듯이 누워 두 다리를 벌린 통통한 아이 머리를 한 손으로 받치고, 다른 손으로 일정하게 해면을 짜서 아기 몸에 물을 끼얹고 있었다.

"자 봐요, 보세요, 좀 보세요!" 남편이 다가오자 그녀가 말했다. "아가피야 말이 정말이었어요. 이 애는 이제 사람을 알아봐요."

실은 미쨔는 오늘부터 확실하고 의심할 나위 없이 식구들을 알아보게 된 것이었다.

레빈이 목욕통 옆으로 다가가자마자 곧 실험이 시작되었고 훌륭히 성공했다. 일부러 그 때문에 불려온 하녀가 갓난아이 위로 몸을 구부리자, 그는 얼굴을 찡그리고 고개를 살래살래 내저었다. 그러나 끼찌가 몸을 구부리자 그는 방글방글 웃으며 조그만 고사리손으로 해면을 움켜쥐고서 끼찌와 유모뿐만 아니라 레빈까지 자기도 모르게 탄성을 올렸을 만큼 흡족해하는 야릇한 소리를 내면서 입술을 울렸다.

갓난아이는 유모가 한 손으로 목욕통에서 꺼내 물을 끼얹고 수건으로 감싸고 물기를 닦고, 한바탕 울음소리를 낸 다음에 어머니 손에 건네어졌다.

"난 당신이 차츰 이 애를 귀여워하게 되셔서 정말 기뻐요." 아이에게 젖을 물리고 늘 앉는 자리에 편안히 앉은 끼찌가 남편에게 말했다. "난 정말 기뻐요. 당신은 이 아이에게 아무런 감정도 일어나지 않는다고 말씀하셔서 내가 얼마나 괴롭고 서글펐다고요."

"아니야, 아무것도 느끼지 않는다고 말한 게 아니잖아? 나는 그저 실망했다고 했을 뿐이야."

"뭐라고요, 이 아이에게 실망하셨다고요?"

"이 아이에게 실망했다기보다는 내 감정에 실망한 거야. 난 보다 큰 것을 기대하고 있었으니까. 경이로울 정도로 새롭고 유쾌한 감정이 마음속에서 솟구치리라 믿었던 거야. 그런데 실제로는 그 대신 갑자기 욕지기가 치밀고 가엾은 것 같은 느낌을 받았거든······."

그녀는 미쨔를 씻기기 위해 빼놓았던 반지를 가느다란 손가락에다 끼면서 갓난애 너머로 그의 이야기를 열심히 듣고 있었다.

"게다가 만족보다도 공포와 연민 쪽이 훨씬 컸었어. 그런데 오늘 번개가 칠 때 그 공포를 경험하고서 난 내가 얼마나 이 앨 사랑하고 있는지 비로소 깨달은 거야."

끼찌 얼굴이 미소로 빛났다.

"그럼 당신도 매우 놀라셨군요?" 그녀가 말했다. "나도 그랬어요. 그런데 실은 그 당시보다 이제 지나가 버린 지금이 더 두렵게 느껴져요. 나중에 그 떡갈나무를 보러 가야겠어요. 그건 그렇고, 까따바소프는 정말 재미있는 분이에요! 대체로 오늘은 온종일 정말 즐거웠어요. 당신도 마음만 먹으면 아주버니와도 그처럼 잘 지내시는군요······ 자, 그럼 모두에게 가 보세요. 여긴 목욕 뒤에는 언제나 무덥고 후텁지근하니까요."

19

아이 방을 나와 홀로 되자 레빈은 이내 또 아까의 무엇인가 뚜렷하지 않은 데가 있는 그 상념을 생각했다.

안에서 가지가지 이야기 소리가 들리는 객실로 들어가는 대신, 그는 테라스에 멈춰 서서 난간에 팔꿈치를 짚고 하늘을 바라보았다.

날은 벌써 완전히 어두워져 있었다. 그가 바라보는 남쪽에 먹구름은 없었다. 먹구름은 반대쪽에 있었다. 그쪽에서 이따금 번개가 치고 먼 천둥소리가 들려왔다. 레빈은 뜰 보리수에서 규칙적으로 떨어지는 물방울 소리에 귀를 기울이면서, 언제나 눈에 익은 세모꼴 별 무리와 그 가운데를 가로지르는 은하수와 그 지류를 바라보았다. 번개가 칠 때마다 은하수는 물론이고 밝은 별들도 모습을 감추었지만, 번개가 사라지면 마치 누군가가 정확한 손놀림으로 다시 던져두기라도 한 듯 곧 본디 장소에 또다시 모습을 드러내는 것이었다.

'그런데 내 마음을 어지럽히는 것은 도대체 무엇일까?' 레빈은 아직 모르긴 했으나 아무튼 그 의혹의 해답이 자기 마음속에 이미 준비된 것을 지레 느끼면서 스스로 물었다. '그렇다, 하느님의 존재에 대해 명료하고 의심할 나위 없는 유일한 표시—그것은 계시로서 이 세상에 나타나 있는 선의 법칙이다. 그 법칙을 내 안에서 느끼고 인식함으로써 나는 다른 사람들과 함께 이른바 교회라는 신자 무리 속에 어쩔 수 없이 결합하여 있다. 그렇다면 유대교도, 이슬람교도, 유교도, 불교도들은 대체 어떤 존재인가?' 그는 위험하다고 느껴졌던 바로 그 의문을 마침내 자기 앞에 드러냈다.

'과연 그 수많은 사람은 이 최선의 행복, 그것 없는 삶이 무의미한 이 최선의 행복을 상실하는 것일까?' 그는 이렇게 생각하기 시작했으나 이내 스스로 바로잡았다. '도대체 나는 무엇을 묻는 것일까?' 그는 혼잣말을 했다.

'나는 온 인류가 지닌 다종다양한 모든 신앙의 하느님에 대한 관계를 묻는 것이다. 온갖 불분명한 점으로 가득한 온 세계에 공통되는 하느님의 계시에 대해서 묻는 것이다. 그래서 나는 무엇을 하려는 것일까? 나라는 개인의 마음에 이성으로는 도달할 수 없는 지식이 틀림없이 나타나 있는데 나는 완강하게 이성과 말로 그 지식을 표현하려고 하고 있다. 움직이는 것은 저 별들이 아니라는 것쯤은 나도 알고 있지 않은가?'

그는 어느새 벌써 자작나무의 높은 우듬지 위로 위치를 바꾼 밝게 빛나는 항성(恒星)을 바라보면서 스스로 물었다.

'하지만 별의 운행을 바라보고 있으면 지구의 회전을 상상할 수 없으므로 별이 움직인다는 말도 옳은 것이다. 만약 천문학자가 복잡다단한 지구의 운동을 모두 계산에 넣어 생각한다면 과연 무엇인가를 이해하고 산정할 수 있었을까? 천체의 거리와 무게, 운동과 섭동(攝動)에 관한 그들의 경탄할 만한 결론은 모두, 그저 부동한 지구 주위에 흩어져 있는 발광체의 눈에 보이는 운동에 기초하고 있다. 그 운동이야말로 현재 내 눈앞에서 일어나고 있고 과거 수세기에 걸쳐 수백만 사람들 앞에서 똑같이 일어났으며 앞으로도 늘 한결같이 언제든 검증가능할 것이다. 따라서 한 줄의 자오선과 한 줄의 지평선을 기준으로 한 눈에 보이는 천체 운행에 입각하지 않은 천문학자의 결론은 공허하고 불안정하다. 이와 마찬가지로, 모든 사람에게 과거부터 미래까지 늘 같은 선의 해석—기독교의 계시 덕분에 언제나 내 마음속에서 검증 가능한 그 선의 해석—에 기초하지 않는다면 나의 결론 또한 공허하고 불안정한 것임이 틀림없다. 다른 신앙에 대한 의문, 그들과 하느님과의 관계에 대한 의문을 해결할 권리와 능력은 나에겐 없다.'

"어머나, 아직 가지 않으셨어요?" 객실로 향하던 끼찌의 목소리가 갑자기 들렸다. "왜 그러세요, 무슨 언짢은 일이라도 있으세요?" 그녀는 별빛 속에서 그의 얼굴을 찬찬히 쳐다보며 말했다.

이때 만약 번갯불이 별빛을 삼키면서 그를 비추지 않았다면 그녀는 그의 얼굴을 제대로 볼 수 없었을 것이다. 그 번갯불과 함께 그녀는 그의 얼굴을 분명히 보았다. 그가 침착하고 즐거운 얼굴을 한 것을 보자 그녀는 방긋 웃었다.

'아내는 알고 있다.' 그는 생각했다. '내가 무엇을 생각하고 있는지 알고 있어. 아내에게 이야기해 볼까, 그만둘까? 아니, 말하자.' 그가 이야기를 시작하려는 순간 그녀도 말문을 열었다.

"있잖아요, 꼬스쨔! 심부름시켜서 미안하지만 말이에요." 그녀가 말했다. "구석방에 가서서 아주버니 방이 준비되어 있는지 어떤지 한번 봐줘요. 내가 가기엔 좀 거북해서요. 새 세면대를 가져갔는지 어떤지?"

"좋아, 내가 가 보고 오지." 레빈은 일어나 그녀에게 입맞추면서 말했다.

'아니, 말할 필요는 없다.' 그는 그녀를 먼저 들여보내고 생각했다. '이것은 나 한 사람에게만 필요한, 말로는 표현할 수 없는 중대한 비밀이니까.

이 새로운 감정은 내가 공상했던 것처럼 나를 변화시키지도 않았고, 갑작스러운 행복이나 깨달음을 주지도 않았다. 꼭 아들에 대한 감정과 마찬가지로 아무런 경이도 일으키지 않았다. 이것을 믿음이라고 해도 좋은지 아닌지 모르겠지만, 아무튼 이 감정은 내가 괴로워하는 동안 어느 틈엔가 내 영혼 속으로 들어와 튼튼하게 뿌리를 내렸다.

앞으로도 난 전과 다름없이 마부인 이반에게 화를 내고, 여전히 쟁론을 하고 엉뚱한 때 내 사상을 표현하기도 할 것이다. 여전히 내 영혼의 지극히 거룩한 것과 남들 사이에는—아내와의 사이에도—장벽이 있을 것이다. 그리고 변함없이 나의 공포 때문에 아내를 비난하기도 하고 그것을 뉘우치기도 할 것이다. 또한 무엇 때문에 기도하는지 이성으로는 모르면서도 난 계속 기도할 것이다. 그러나 이제 내 삶이, 내 온 생활이 내 몸에 일어나는 모든 것을 초월하여, 모든 순간순간이 지난날처럼 무의미하지 않을 뿐만 아니라 의심할 나위 없는 선의 의미를 지니고 있다. 바로 내가 그 선의 의미를 내 삶의 순간순간마다 불어넣을 수 있게 된 것이다!'

똘스또이 최고의 소설 《안나 까레니나》

《안나 까레니나》는 《전쟁과 평화》《부활》과 더불어 똘스또이 문학을 대표하는 거작이다. 나폴레옹 전쟁을 제재로 삼은 《전쟁과 평화》는 그 시공간 소설의 영역을 뛰어넘어 서사시에 가깝다면, 그 시대 사회 인물 군상을 고스란히 그려 낸 《안나 까레니나》는 본격 근대소설에 해당된다 할 수 있다. 이를테면 《전쟁과 평화》가 높은 곳에서 장엄한 파노라마를 감상하는 기분이라면, 《안나 까레니나》는 거기에 묘사된 여러 인물과 함께 호흡하는 기분을 생생하게 맛볼 수 있다. 작가는 이 작품에서 개인 생활, 나아가서는 온 인류의 생활을 이루는 인간의 내적 활동에 대한 통찰과 연구까 뛰어나다.

《안나 까레니나》에는 뻬쩨르부르그와 모스끄바의 귀족생활, 사교계의 이면, 지방귀족의 생활, 농민의 생활, 군인의 생활, 외국 온천장의 풍경, 경마 장면, 사냥 광경 등 무수히 많은 장면들이 등장한다. 이 모든 것들은 똘스또이가 수십 년 동안 그 속에서 태어나고 자라면서 호흡해 온 러시아 귀족사회의 생활과 그가 즐겨왔던 전원생활의 풍경이다. 따라서 이 장면들을 담은 《안나 까레니나》는 이미 소설이 아니라 진정한 인생 그 자체라 할 수 있다.

서머셋 몸은 똘스또이의 거대한 문학숲에서 한편의 작품을 뽑으라면 서슴지 않고 《안나 까레니나》라고 말하고 있다.

이 작품 속에서 살아가는 사람들을 보자. 맨 처음에 등장하는 인물은 오블론스끼 공작이다. 그는 모스끄바의 귀족으로 악의없는 이기주의자이자, 누구와도 친하게 지내며 선량한 얼굴로 모두에게 호감을 주는 성품의 사람이다. 그러나 지나치게 나긋나긋한 데다 게으르고, 한 가정의 아버지이면서도 바람을 피워 가정불화를 일으킨다. 그의 아내 돌리는 끼찌의 큰언니이며 약간 신경질적이고 감상적이긴 하지만 교양 있고 성실한 현모양처로, 언제나 아이들 뒷바라지와 쪼들리는 살림과 남편의 무관심 때문에 힘들어한다. 이들 부부의 불화를 해결하기 위해 멀리 뻬쩨르부르그에서 찾아오는 인물이 바로 안나 까레

똘스또이가 사는 집으로 이어지는 야스나야 폴랴나의 오솔길. 여름에는 마차가, 겨울에는 썰매가 이 길을 달렸다. 사르따노프 그림.

니나이다.

안나는 오블론스끼의 누이이자 국무대신 까레닌의 아내로, 8살짜리 아들을 둔 어머니지만 타고난 미모와 풍부한 정열 덕분에 여전히 젊고 아름다운 여성이다. 독자들은 안나를 본 순간 어쩐지 그녀에게서 극적인 요소를 느끼게 된다. 그 출현부터 비극적 결말에 이르기까지의 과정은, 셰익스피어 희곡과 마찬가지로 필연적인 것으로 여겨진다. 그녀는 모스끄바에 도착한 날 아침 정거장에서 우연히 브론스끼와 알게 된다. 브론스끼는 뻬쩨르부르그 명문가 출신의 청년 사관으로, 교양 있고 부유하고 의지가 강한 야심가이자 재기와 정열을 두루 갖춘 미남이다. 이 특출한 두 사람의 우연한 만남에서부터 전편에 걸친 비극의 싹이 움트기 시작한다.

꼰스딴찐 레빈은 오블론스끼의 친구로 모스끄바 명문가 출신인데, 일찍이 고아가 되어 대학을 졸업하고서 시골 소유지에 틀어박혀 농사를 짓고 있다. 건강하고 정직하고 부끄럼을 많이 타며 어린애처럼 순진하지만 약간 삐뚤어지고 외골수인 사내다. 그의 사랑을 받는 끼찌는 쉬체르바스끼 집안의 막내딸로, 아직 18살밖에 되지 않은 쾌활하고 아름답고 야무진 처녀다. 레빈이 작가 자신의 분신이듯, 끼찌는 그의 부인인 소피야 안드레예브나의 분신이다. 독자들의 색다른 흥미를 끄는 그녀는 작중에서 안나와 견줄 만한 여주인공이다.

마지막 인물은 바로 안나의 남편 까레닌이다. 그는 형식에 사로잡혀 세속적 명분에만 매달리는 거짓된 생활에 길들어 있는 한편, 풍부한 기독교적 감정을 지니고 있어 가련하게 희생당하는 인물이다.

이 작품에는 이 일곱 명의 주요 인물과 함께 하인, 마부, 유모, 군인, 정치가, 귀부인, 변호사, 학자, 신흥 부르주아, 지주, 농민 등 무려 150명 정도의 인물이 등장한다. 이러한 등장인물 한 사람 한 사람은 사실주의 극치에 가까운 예술

똘스또이가 《안나 까레니나》를 집필하던 무렵의 초상화. 이반 끄라므스꼬이 그림.

적 영감 덕분에 저마다 독자적인 형상을 갖추고 각 장면에서 유기적으로 살아 움직인다. 메레슈꼬프스끼는 "전세계 문학계에서 언어로써 인간의 육체를 그리는 데 똘스또이를 당할 작가는 보지 못했다"고 격찬한 바 있다.

《안나 까레니나》에는 이처럼 많은 인물의 삶이 생생하게 그려진다. 그래서 이 작품이 본격적인 근대소설이라고 불리는 것이리라. 그런데 똘스또이의 장르 감각은, 로렌스 스턴, 푸시킨, 스탕달, 뒤마 등이 창조한 온갖 소설양식들의 요소를 포함한 매우 자유로운 것이었다. 따라서 《안나 까레니나》도 안나의 연애와 레빈의 결혼이라는 2가지 핵심주제를 중심으로, 다양한 여러 주제가 자유롭게 전개되면서 깊고 넓은 구성을 보여 준다. 똘스또이 자신은 이 장편을 가리켜 '호흡이 긴 소설', '넓고 자유로운 소설'이라고 했는데, 소설 형식의 다양한 가능성을 시험하고자 하는 그의 의욕과 자부심이 느껴진다.

《안나 까레니나》 탄생 배경

지주귀족의 삶, 결혼과 가족의 형태, 도시생활의 모순, 법·윤리·종교와 개인의 관계, 죽음에 대한 태도와 삶의 의미, 이기주의와 사랑, 또는 오만함과 겸허

함의 충돌—이런 갖가지 문제는 똘스또이의 모든 작품에서 공통되는 흐름이다. 이것은 특히 《안나 까레니나》를 구상하던 시기에 똘스또이 자신이 직면했던 절실한 개인적 과제이기도 했다.

1869년 무렵 똘스또이는 정신적으로 흔들리고 있었다. 《전쟁과 평화》의 완성으로 공허해진 탓도 있었을 것이다. 그는 순수작품 활동을 잠시 중단하고 다시 철학과 교육에 관심을 기울였다. 창작의 기쁨이나 신혼 때 가정생활의 행복, 일시적인 마음의 안정은 점차 스러져 가고 있었다. 그는 자신의 '세속적인 생활'을 반성했다. 즉 사회도덕 측면에서 보자면 비난받을 구석이 전혀 없는 안이한 생활, 그러나 똘스또이 자신이 훗날 《참회록》(1882)에서도 술회한 바와 같이 오직 제 집안의 일, 재산상의 일, 문학적 성공을 거두는 일에만 급급했던 이기적인 생활을 그는 반성했다. 또한 그가 《유년시대》(1852)를 썼을 때부터 여러 번 경험해 온 육체적 인간과 영적 인간과의 싸움도 다시 치열해졌다. 따라서 이 시기는 그의 전환기를 향해 치닫는 내적 고민의 시기였다.

죽음이라는 문제에 관해서도 그는 같은 시기에 심각한 개인적 체험을 했다. 1869년 9월에 지방도시 아르자마스의 한 여관에서 똘스또이는 악몽과도 같은 죽음의 유사체험을 겪었다. 이 경험은 훗날 《광인의 수기》(1884~1886)를 통해 기록되었다. 이때부터 《안나 까레니나》의 형태가 잡혀가던 1870년대 중반까지 똘스또이는 가까운 사람들의 죽음을 몇 번이나 경험했다. 또한 그 자신과 아내의 건강도 나빠졌다. 작품 연재가 시작된 1875년에는 자식의 병사, 아내의 조산과 발병(갓난애의 죽음)이라는 상황 속에서 그는 죽음의 의미를 너무 깊이 생각한 나머지 심한 우울증에 빠져, 레빈과 마찬가지로 자살을 두려워하여 엽총을 멀리 치우기까지 했다. 레빈과 안나의 마음을 사로잡았던 죽음과 자살 문제는 이렇듯 실감나는 체험으로 뒷받침되고 있었던 것이다.

안나의 이야기와 직접 관련된 소재 중 하나로 똘스또이가 1870년에 읽은 러시아 영웅 서사시인 용사 다닐라 로프차닌의 이야기가 있다. 주인인 블라디미르 공(公)과 그 측근의 간계 때문에 아내를 빼앗기고 죽음을 당하는 용사와 그를 뒤따라 죽는 아름다운 아내에 대한 이 이야기는 아마 결혼이라는 문제를 보편적인 시야로 생각하는 계기가 되었을 것이다. 같은 해 2월 똘스또이는 아내에게, 신세를 망친 상류사회 귀부인을 죄인이 아니라 가련한 여성으로 묘사해 보고 싶다고 말하는데, 이것이 《안나 까레니나》 구상의 출발점으로 여겨진다. 또한 1872년에 이웃집 안나라는 여성이 내연남에게 배신당해 열차에 뛰어들어 자살하는 사건이 일어났다. 똘스또이는 그 시체를 눈으로 직접 보았다. 안나라는 이름이나 철도 자살이라는 설정으로 볼 때 똘스또이는 이 이웃의 죽음으로부터 강한 영감을 받았음이 분명하다.

본디 1870년대 초기까지 똘스또이는, 저작으로서는 아동교육을 위한 《초등교육독본》에 전념했고, 실생활에서는 마라 현(縣)에 있는 그의 영지 경영이나 그 현에서 일어난 기근에 관한 조사 및 호소 등에 힘을 쏟았다. 가정생활에서는 건강문제와도 관련하여 싹트기 시작한 부부간의 불화에 대해 신경 써서 대응하고 있었다. 또 한편으로는 희곡 장르에 흥미를 느껴 셰익스피어 이후 희곡 역사를 연구함과 동시에, 러시아 근대화의 공로자인 표뜨르 대제를 주제로 한 역사소설을 기획하고 면밀한 자료조사를 바탕으로 집필을 시작했다. 그러나 1873년 3월에 이 역사소설을 단념하고 이후 매우 빠른 속도로 《안나 까레니나》의 첫 구상을 마쳤다. 그가 이처럼 궤도를 수정한 이유는, 표뜨르 대제를 비롯한 18세기 인물 군상에 대해 공감과 사실성을 느끼지 못했기 때문이라고 한다. 하지만 이와 더불어, 앞서 설명했던 동시대의 현상 및 문제들을 담아내고 또 자기 내부에 축적된 인상들을 종횡으로 검토하기 위해 현대소설이라는 그릇이 절실히 필요했던 것도 그 이유라 할 수 있다.

두 개의 구상—안나의 복수(複數)

《안나 까레니나》가 실제로 잡지에 발표된 것은 1875년 초반이었다. 그런데 흥미롭게도 똘스또이는 이에 앞서, 비교적 단기간에 거의 5종류나 되는 서로 다른 구상을 세우고 있었다.

가장 먼저 만들어진 두 개의 구상에서는, 현재 소설의 제2편 6장인 베뜨시 부인의 야회에 해당하는 장면에서부터 이야기가 시작된다. 여주인공(타치야나 또는 나나)과 젊은 남성(바라쇼프 또는 가긴, 혹은 우다쉐프)의 불륜에 대한 소문은 이미 사교계에 파다했으며, 이윽고 여주인공은 남편에게 이를 고백하고 애인의 자식을 낳는다. 현재와는 달리 여기서는 우여곡절 끝에 남편의 이해로 이혼이 성립되는데, 이혼한 뒤 서로의 괴로움이 시작된다. 전남편은 세간의 비웃음을 사고, 여주인공은 사교계에서 밀려나 모욕감을 느낀다. 얼마 후 전남편이 그녀를 찾아와 이혼은 잘못된 것이었다고 주장하고, 여주인공은 절망한 나머지 강에 몸을 던져 자살한다. 안나의 이야기만 특화된 이 줄거리는 결혼 언약의 신성함과 헤아릴 수 없이 깊은 하느님의 뜻을 보여 준다.

한편 3번째와 4번째 구상은 레빈의 이야기를 그려내고 있다. 제3의 구상에서는 끼찌와 약혼하려 하는 가긴(브론스끼) 앞에, 소 품평회를 보러 상경한 지주 넬라도프(레빈)가 나타나면서 삼각관계를 형성한다. 제4의 구상은 주변 이야기인 아라빈(오블론스끼) 집안의 이야기에서 출발한다. 여기서 남편의 바람을 눈치챈 올케를 위로하러 온 안나가 모스끄바 역에서 어머니를 기다리고 있던 가긴과 만나 첫눈에 사랑을 느낀다는, 현재의 소설과 같은 앞쪽 줄거리가 더해졌다. 이하의 전개는 제3의 구상과 같다.

제5의 구상은 위의 구상들을 종합한 것이다. 이는 거의 현재 형태와 비슷한 줄거리로 이루어져 있으며, 2가지 이야기를 병렬로 진행하는 구조도 완성되어 있다. 안나의 이미지도 현재의 힘이 넘치는 미녀로 굳어졌다. 그러나 후반에서 까레닌 부부의 이혼이 성립된다는 점은 최종판과 다르다. 이혼한 안나와 그 애인은 모스끄바에서 200킬로미터 떨어진 안나의 영지에서 결혼생활을 시작한다. 하지만 여주인공은 사교계와 남편의 어머니로부터 배척받는 처지를 견뎌내지 못하고 철도 자살을 한다.

현재의 소설에서 이혼이 성립하지 않게 된 이유 중 하나는, 그 시절 러시아의 이혼소송 자체에 존재했던 제도적·심리적 어려움 때문으로 추측된다. 그런데 그 결과, 어중간한 상황에 놓인 채 브론스끼에 대한 사랑과 자식에 대한 사랑 사이에서 둘로 찢어지는 안나의 여성다움과 모성이 부각되는 효과가 나타났다.

시대역사 속에서

이 작품은 1875년부터 3년에 걸쳐 뻬쩨르부르그의 보수파 인기 월간지 〈러시아 통보〉에 발표되어 이윽고 세간의 주목을 받는 인기작품이 되었다. 이 작품이 띄엄띄엄 발표된 데에는 여러 가지 이유가 있었다. 첫째로 똘스또이는 여름이 되면 거의 펜을 들지 못했다. 그가 가을에 쓴 것은 겨우 이듬해 첫 넉 달치밖에 되지 않았다. 둘째로 《안나 까레니나》를 집필하는 동안 가족과 친척 중 많은 사람이 세상을 떠났고, 아내도 자주 병에 걸렸다. 셋째로 이 시기에 이미 그의 내부에서 종교적 탐구에 대한 관심이 고개를 들기 시작하고 있

▶ 〈부당한 결혼〉(1863)
늙은 고관에게 시집가는 처녀. 화가의 자전적
작품으로 신부 곁에 있는 사람이 화가 자신이
다. 부실리 푸키레프 그림.

▼ 〈가정교사의 도착〉(1866)
새 가정교사를 맞이하는 거만한 주인의 모습.
이 시대 사회계층 간의 차이를 보여 주는 예이
다. 바실리 페로그 그림.

었다.

이런 가정 사정과 내적 상태의 변화가 똘스또이의 집필을 방해했다. 그래
서 《안나 까레니나》는 어쩌면 〈러시아 통보〉와의 사전 약속이 없었다면 도중
에 중단되었을지도 모른다. 이런 사정은 인생 전체의 긍정이자 생명의 찬미인
《전쟁과 평화》의 젊고 발랄하며 밝은 색조와는 대조적으로, 인생에 대한 부정
적 태도로 일관된 음산하고 어두운 색조를 작품에 부여했다. 특히 《안나 까레

니나》 후반에서 레빈은 니꼴라이 형의 죽음을 본 뒤로 죽음의 문제에 계속 시달리게 된다. 죽음의 문제가 해결되지 않는 한 삶에는 아무 의미가 없다. 그는 '무엇 때문에 사는가' 하는 의문을 풀기 전에는 '어떻게 살 것인가' 하는 문제가 아무 소용없다는 것을 깨닫는다. 레빈은 이 무서운 의문 앞에서 자신의 무력함을 느끼고 자주 자살 유혹에 빠진다. 그리하여 그의 마음은 인생에 대한 가장 깊은 절망과 함께, 신에 대한 관심 쪽으로 향하기 시작한다. 이것은 《안나 까레니나》를 쓸 무렵의 똘스또이의 심정을 그대로 그린 것이다.

이처럼 그는 이 작품을 완성하기까지 무척 괴로워했다. 1875년 8월 26일, 친구인 시인 페뜨에게 보낸 편지에서 그는 이렇게 쓰기도 했다.

"나는 지루하고 비속한 《안나 까레니나》에 골몰하고 있습니다. 그 작품을 하루라도 빨리 끝내 버리고 싶기 때문입니다."

1876년 말부터는 창작이 순조로이 진척되었다.

그런데 최종단계에서 예상 밖의 사태가 일어났다. 제8편 세르비아 문제를 둘러싼 꼬즈느이쉐프와 레빈의 논쟁에서 의용병 활동을 비판한 레빈의 말이 잡지의 주간(主幹)인 까또꼬프의 주장과 부딪치면서, 원고를 2번이나 수정했음에도 불구하고 잡지 게재가 중지되고 말았던 것이다. 소설의 본체는 안나의 자살로써 사실상 끝났다는 것을 구실로, 까또꼬프는 '후일담'의 줄거리만 게재하여 일을 마무리 지어 버렸다. 그러나 똘스또이는 이에 저항했다. 그는 친구이자 비평가인 스뜨라호프의 도움을 받아 작품 전체를 면밀하게 개정하고 나서 이듬해인 1878년에 마지막 부를 포함한 단행본을 출판했다. 이것이 현재 작품의 원형이다.

이슬람국가의 억압을 받는 세르비아의 정교도 슬라브인에 대한 동포적 연대감이라는 민족주의적 심정을 허구로 간주하며 지원 및 파병에 반대하는 레빈의 견해는, 동시대 작가인 도스또예프스끼에게도 비판을 받은 바 있다. 도스또예프스끼는 《안나 까레니나》를 가리켜 인간의 깊은 죄와 영혼의 심연을 묘사했다는 점에서 유럽의 모범이 될 만한 명작이라고 격찬하면서도, 마지막 부분 레빈의 말에 대해서는, 국민의 심정에 대한 몰이해 또는 가족 이기주의적인 미망(迷妄)이라고 비난했다(《작가의 일기》 1877년 7·8월호). 똘스또이 자신도 이 문제를 더 넓게 전개하고자 하는 의도가 있었던 듯, 초고에는 세르비아의 정교도 슬라브인에 대한 억압과 인류의 반수에 해당하는 노동자에 대한 억압 중 어느 쪽에 주목해야 하는가 하는 설명까지 등장한다.

어쨌든 이 격동의 시대에 쓰인 '한 여성의 이야기'가 단순한 연애소설의 범주를 크게 뛰어넘는 작품으로서 쓰이고 또 읽혔다는 점을 우리는 인식해야 할 것이다.

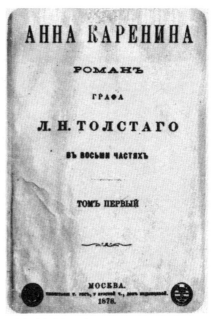

《안나 까레니나》 표지(1878)

《안나 까레니나》의 세계―복수의 이야기와 시공간

《안나 까레니나》 속에는 수많은 이야기가 존재한다. 작품의 줄거리를 간단히 복습하자면, 우선 맨 처음 한겨울 모스끄바에 집합한 주인공들 가운데에서 안나와 브론스끼라는 한 쌍이 탄생한다. 그들은 뻬쩨르부르그로 장소를 옮겨 이야기를 이끌어 간다. 두 사람의 관계는 2개월 뒤에 열린 베뜨시 부인의 야회에서 주위 사람들뿐만 아니라 남편까지 눈치챌 정도로 발전한다. 이윽고 임신을 자각한 안나는 경마가 끝난 직후 남편인 까레닌에게 불륜을 고백한다. 까레닌은 부부관계 유지를 주장하면서 사태를 수습해 보려 했지만, 어느 겨울날 자기 집에서 브론스끼와 맞닥뜨리고 나서 이혼을 결심하고 변호사에게 상담한다. 그러나 그해 겨울에 안나가 출산을 하고 빈사상태에 빠지자 남편은 아내와 그 애인을 용서한다. 안나와 브론스끼는 이듬해 3월에 유럽으로 떠난다. 초여름(추정)에 귀국한 안나는 뻬쩨르부르그에서 10살 생일을 맞은 아들 세료쥐아를 몰래 찾아갔다가 한차례 소동을 벌이고, 극장에서도 물의를 일으킨다. 그 뒤 그녀는 브론스끼의 보즈드비쉔스꼬예 영지로 가서 병원 건설을 비롯한 새로운 영지 경영에 참여한다. 돌리가 안나를 방문한 것은 이 무렵이다. 이후 현의 귀족단장 선거를 거쳐 11월쯤에 두 사람은 모스끄바로 거처를 옮긴다. 그리고 한겨울에는 안나와 레빈의 만남이 이루어진다. 이듬해 5월 안나는 브론스끼와의 관계를 비관하여 자살하고, 7월 무렵 브론스끼는 세르비아로 출정한다.

경마장으로 입장하는 브론스끼
그는 당시 러시아 상류사회의 전형적인 타입이었다. 꼰스딴띤 루다꼬프 수채화 그림.

한편 제1편에서 끼찌에게 청혼했다가 거절당한 레빈과, 브론스끼에게 배신당한 끼찌는 각자 마음의 상처를 안은 채 고독한 시간을 보낸다. 레빈은 영지로 돌아와서 농업경영에 온 힘을 기울이는 한편 사냥이나 풀베기 등으로 하루하루를 보내고, 가을에는 유럽으로 시찰여행을 떠난다. 끼찌는 봄부터 초여름까지 독일의 휴양지에서 지내다가 7월에 언니의 영지로 가는데, 이때 레빈이 그녀를 목격한다. 한겨울(아마도 12월)에 모스끄바의 오블론스끼 저택에서 파티(출장 중이던 까레닌도 참석)가 열리는데, 이 자리에서 두 사람은 마침내 재회하여 감동적인 머리글자 대화를 통해 서로의 애정을 확인한다. 이듬해 초 두 사람은 결혼해서 레빈의 영지인 뽀끄로프스꼬예로 간다. 5월에는 레빈의 형인 니꼴라이가 죽고 그와 동시에 끼찌의 임신이 알려진다. 9월에 그들은 출산을 위해 모스끄바로 거처를 옮긴다. 출산은 아마도 12월에 이루어졌을 것이다. 이야기의 마지막(이듬해 7월)에는 뽀끄로프스꼬예에서 아이를 기르는 끼찌와 그녀 곁에서 인생의 수수께끼를 생각하는 레빈의 모습이 그려져 있다.

심리적 시간의 길이와 농도

《안나 까레니나》에서 흐르는 시간은 얼핏 보면 매우 자연스러운 심리적 정합성을 지니고 있다. 수많은 인물에 의한 복수를 다루면서도 독자를 미아로 만들지 않는 이야기에서 작가의 뛰어난 역량이 느껴진다. 그런데 이를 전제하면서 이 소설의 시간에 관해서는 3가지 특징이 지적되고 있다. 하나는 세부 시간 언급에서 사소한 모순이 종종 드러난다는 점이다. 예컨대 소설 첫머리에서 오블론스끼 앞에 레빈이 나타난 날이 무슨 요일인지에 대해서는, 제1편 4장(금요일)과 9장(목요일)에서 각각 다른 정보를 준다. 좀 더 규모가 큰 시간상의 의문은 다음과 같다. 경마가 열렸던 달은 7월인가 8월인가? 안나와 브론스끼는 언제 유럽여행을 마쳤는가? 세료줘아의 생일은 언제인가?

경마장의 안나 까레니나
이때 브론스끼는 다른 장교들과 함께 장애물경주를 하였는데 마지막 골인 직전에 말에서 떨어진다. 놀라는 안나와 그 뒤의 남편 까레닌의 씁쓸한 표정이 대조를 이룬다. 베네찌안 그림.

이런 사소한 사실을 둘러싼 모순이나 애매함은 인물의 착각 또는 심리적 실수라고도 볼 수 있지만(모든 것이 작자의 부주의에서 비롯됐다고는 생각하기 어려우므로), 오히려 이 작품세계에서는 단수가 아닌 복수의 이질적인 시간이 흘러가고 있다는 점에 대한 은밀한 암시라고도 해석할 수 있다.

또 하나의 시간 처리 특징은, 동시에 시작된 두 가지 연애 이야기 가운데 안나 그룹의 이야기는 빨리 흐르고, 레빈 그룹은 뒤처진다는 점이다. 보다 정확히 말하자면, 화자가 안나 그룹의 이야기를 충분히 전개한 뒤 되돌아와 레빈 그룹의 이야기를 해 나가는 유형이 되풀이되고 있다.

그 결과 세 번째 특징이 나타난다. 즉 안나 그룹의 시간은 단순히 빨리 흐를 뿐만 아니라 레빈 그룹보다 길게 느껴진다. 이 현상의 가장 큰 요인은, 안나 쪽 이야기에서 브론스끼와의 육체관계가 성립된 시기가 언제인가 하는 문제이다. 이에 관해서 '브론스끼로서는 거의 1년 동안, 지금까지의 모든 소망

똘스또이 최고의 소설 《안나 까레니나》 1005

을 대신하는 유일무이한 소망이었던 일'이 실현되었다는(제2편 11장) 말이 작품 속에 나온다. 이 정보를 곧이곧대로 받아들이면, 그 다음 나오는 7월은 이듬해 7월이라는 이야기가 된다. 여기서 발생하는 약 1년의 시간은 레빈의 이야기에선 완전한 공백기간이다. 결과적으로 안나 그룹이 약 3년 7개월의 시간을 살아온 데 비해, 레빈 그룹은 2년 6개월 정도밖에 살지 않은 것이다. 물론 이러한 결론은, 2개의 줄거리가 교차하는 장면(레빈 그룹과 까레닌이 마주치는 오블론스끼 저택의 파티 장면이나, 안나가 있는 영지를 돌리가 방문하는 장면)의 설정과 감각적으로 일치하지는 않는다. 만약 이 공백의 1년을 이야기 속에 집어넣는다면, 오블론스끼 저택의 파티에서 레빈과 끼찌가 재회하는 것은 헤어지고 나서 1년 뒤가 아니라 2년 뒤가 된다.

이 문제는 이야기 설계상 실수라기보다는 작자의 사상표현이라고 해석하는 편이 생산적이기도 하고, 또한 예전부터 이런 해석이 실제로 시도되고 있다. 블라디미르 나브꼬프는 이 현상을 "동반자가 있는 존재는 상대가 없는 존재보다 삶의 속도가 더 빠르다"라는 원리에 바탕을 둔 똘스또이의 시간 조작이라고 해석했다(《러시아문학 강의》). 또 알렉산드로프는 무시간(無時間) 또는 시간의 지연이야말로 똘스또이의 세계에서는 더없는 행복의 전조이며, 지나치게 빨리 지나가는 시간은 내용상으로 텅 빈 것이라는 관점으로 이 어려운 문제를 해결했다(《《안나 까레니나》의 상대 시간》). 요컨대 죄를 지은 안나 그룹은 충실한 삶을 누리지 못하고 인생의 결말에 너무 빨리 도달해 버리는 반면, 레빈 그룹은 정해진 시간 속에서 충실한 순간순간을 잔뜩 맛본다는 것이다.

확실히 안나 그룹의 시간에서는 객관적인 속도와 길이뿐만 아니라 심리적인 초조감 및 방향의 한정성이 느껴진다. 제1편 28장에서 안나가 서둘러 뻬쩨르부르그로 돌아가는 장면부터 시작하여, 이 연인의 이야기는 한시라도 빨리 지금보다 앞으로 나아가고자 하는 심리에 사로잡혀 마치 증기기관차나 경주마처럼 계속 질주한다. 그 동력은 욕망과 호기심, 그 아래에 깔린 죄의식과 부끄러움이라고 할 수 있다.

안나와 브론스끼가 공유하는 꿈속의 노인—쇳덩이를 두드리며 기묘한 프랑스어로 그들을 위협하는 농부—은 그들의 시간 경험을 다그치는 죄의식의 상징과도 같다. 그리고 노인의 이미지 자체가 철도와 연관되어 있다. 철도로 모스끄바를 방문한 안나가 뻬쩨르부르그·외국·영지를 지나 커다란 원을 그리면서 다시 모스끄바로 돌아와 근교의 철도역에서 자살한다는 설정은, 그녀가 빠져든 시간이 막다른 길 또는 나선형 길이었다는 점을 암시하는지도 모른다.

이와 반대로 레빈의 시간은 객관적인 길이와 별개로 폭이 넓은 시간이다. 가장 상징적인 것은 제3편 풀베기 장면이다. 여기서 그는 작업에 열중하다가 시간을 잊어버린다. 그 상황에서 30분과 몇 시간의 차이를 알 수 없게 되어 버린다. 이처럼 순간에의 몰두가 무시간이나 초시간(超時間)을 낳는 체험은, 레빈이 다시 한 번 청혼하려고 끼찌의 부모님을 만나러 가기 전날 밤의 장

아들과의 이별
남편 까레닌을 버리고 사랑하는 브론스끼 곁으로 간 안나에게 단 하나의 미련은 아홉 살배기 아들 세료쥐아였다. 애인과 이탈리아 여행을 갔다가 돌아온 그녀는 새벽에 몰래 자기 집에 가서 막 일어난 귀여운 아들을 끌어안는다. 이것이 마지막 이별이었다. 사모크발로프 그림.

면, 끼찌의 출산 장면, 마지막에 나오는 벼락이 치는 밤의 장면 등에서도 여러 번 등장한다. 레빈의 시간은 말하자면 세계와의 다면적인 관계를 향해 열려 있는 폭넓은 시간이다. 똘스또이는 안나 그룹의 선형(또는 나선형) 시간과 레빈과 돌리의 면형(面形) 시간을 대비적으로 그려내고 있다.

작품의 구성을 둘러싼 견해

지금까지 살펴보았듯이 《안나 까레니나》는 복잡한 이야기이다. 그렇다면 이 이야기를 한 덩어리로 묶어 주는 구조는 무엇일까?

작품의 통일성에 대해서는 회의적인 견해도 있다. 예를 들어 똘스또이와 같은 시대의 비평가인 라친스끼는 작품의 완성도를 칭찬하면서도 "두 가지 주제가 연결되지 않은 채 하나의 소설 속에서 나란히 진행되고 있다"라는 표현으로 그 구성을 낮잡아 보았다. 이에 대해 똘스또이 자신은, 작품구성에 자부심이 있다고 반박했다. 그는 건축용어를 빌려서 작품구성을 다음과 같이 옹호했다.

"아치형 천장은 각 부분이 제대로 연결되어 있어서 어디에 요석(要石)이 있는지조차 알아보기 어려울 정도입니다. 구조 총합의 기초가 되는 것은 행위도 아니고 등장인물들의 관계(우정)도 아닌, 바로 내적인 연관입니다."

또 다른 문맥으로, 똘스또이는 보다 정신론적인 견지에서 소설의 총합에 대한 태도를 다음처럼 표명했다. "온갖 예술작품을 하나의 전체로 모음으로써 인생의 반영이라는 착각을 낳는 것은, 인물이나 상황의 동일성이 아니라 주제에 대한 작가의 명확한 윤리적 태도의 일관성이다."

이처럼 작가 자신의 생각도 고려하면서 작품의 통일성을 설명하려는 온갖 시도는 지금까지 계속됐다. 엘리자베스 스텐보크 파머는 이 작품의 구성을 그야말로 아치형 건축으로 분석했는데, 이 논자의 견해는 다음과 같이 단순하다.

＊이 작품에선 주로 안나의 이야기와 관련된 4개의 철도 장면이 중심을 이룬다. 여기에는 사교계 여성의 전락과 죽음, 이를 둘러싼 남성들의 운명과 사회의 반응이 그려져 있다.

＊그 바깥쪽에는 레빈의 이야기와 관련된, 인생의 의미에 대한 탐구 및 발견의 이야기가 위치한다.

＊다른 바깥쪽에는 무너진 가족과 행복한 가족을 둘러싼 가족 이야기가 놓여 있다.

＊전체의 요석 역할을 하는 것은, 오블론스끼가 모스끄바에서 안나와 브론스끼를 제외한 주요 인물들을 초대한 파티 장면(레빈과 끼찌가 사랑을 확인하

는 장면)이다(《'안나 까레니나'의 구성―창작과정, 구조, 메시지》).

오블론스끼 부부는 이 소설의 배후조정자로 처음부터(그들 부부 자신의 위기에도 불구하고) 등장인물들을 연결해주는 역할을 한다. 작품의 전환 지점에 놓인 그들의 파티가 소설이라는 건물 전체를 떠받치는 요석이 된다는 설명은, 시각적으로도 아름답고 탁월한 견해로 보인다. 이러한 스텐보크 파머의 건물구조도를 똘스또이가 보았다면 감동하지 않았을까.

안나와 남편 까레닌(가운데), 연인 브론스끼(오른쪽)

끝나지 않는 이야기

러시아 사람 바바예프는 '각각의 점이 중심이며 그것이 또한 시작이기도 하고 끝이기도 한 구형(球形) 시스템'이라는 매우 흥미로운 표현으로 《안나 까레니나》의 구성을 나타냈다. 우리는 이런 이미지를 길잡이 삼아 형식상의 구성 원리와는 또 다른, 작가의 심적 태도라는 면에서 작품 전체에 일관되는 것(똘스또이의 말에 따르면 '주제에 대한 작가의 명확한 윤리적 태도의 일관성')을 찾아볼 수 있다. 물론 이것은 주인공의 이미지 설정을 포함한 작품 주제 전반에 관한 것인데, 앞서 검토한 시공간의 취급과 관련된 심리적 구성 원리로서 '시간에 의한 시련'을 생각해 볼 수 있다. 즉 이 작품은 이야기의 절정이 몇 번이나 그냥 무시되고 종언이 뒤로 미루어지는 소설이다. 예를 들어 안나의 이야기는 제4편 안나의 출산과 세 사람의 화해라는 시점에서도 얼마든지 끝날 수 있었고, 안나와 브론스끼가 외국에서 살거나 아니면 영지에서 새로운 경영에 힘쓰며 살아가는 형태로도 끝날 수 있었다. 더 나아가 제7편 안나의 죽음이라는 시점에서도 끝날 수 있었다. 잡지에 실린 소설은 결과적으로 그렇게 끝났고, 이 작품을 영화화한 감독들도 종종 그런 방식을 취했다. 그러나 작가는 그것을 뛰어넘어, 실의에 잠겨 출정하는 브론스끼가 철도역에서 안나의 시신

안나의 남편 까레닌
그는 아내의 부정을 눈치채고도 가문의 체면과 세상 사람들의 이목에만 신경썼다. 안나는 소설 속에서 "그는 인간이 아네요, 관료란 이름의 기계죠"라고 호소한다.

을 떠올리는 장면을 그려내고, 낭만적인 자기희생의 뉘앙스를 풍기는 출정행위의 윤리적 선악에 관한 제삼자들(레빈 그룹)의 논의까지 덧붙였다.

이 '끝나지 않는 이야기'의 성격은 다른 이야기에서도 발견된다. 처음에 나오는 오블론스끼와 돌리의 싸움 및 화해를 보자. 여기서 작가가, 가정극 같은 화해를 한 뒤에도 여전히 계속되는 남편의 바람과 아내의 고통을 점점이 그려낸다. 레빈과 끼찌의 이상적인 연애 이야기에서조차 행복한 결혼 뒤에는 현실의 결혼생활에 대한 남편의 환멸과 불만, 부부싸움 등이 이어진다. 더구나 죽음을 연상시킬 만큼 극적으로 태어난 자식에 대해 레빈이 환멸을 느끼는 모습까지 묘사하고 있다. 제8편 13장에서 레빈이 '신앙'을 얻는 절정 부분도 다시 한 번 꼬즈느이쉐프 일행과의 전쟁에 관한 논의라는 세속적 수준으로 떨어지고 만다.

"여느 작가들이 쓰는 이야기는 연인들이 결혼하는 부분에서 끝난다. 즉 이야기가 시작되는 부분에서 끝나 버린다. 그러나 내 소설은 두 사람이 결혼한 이야기뿐만 아니라 그 뒤 어떻게 되었는지까지 보여 주고 있다."

똘스또이는 이런 식으로 자신의 창작 태도를 설명했다. 바로 이 작품에서도, 낭만적이고 극적인 것을 그 상태에서 완결 짓지 않고 우리가 사는 일상 속에, 즉 끝없는 시간 속에 녹여 버린다. 극적이고 직선적인 시간을 초월하여 흘러가는 일상적이고 넓이가 있는 시간 속에서 인간의 애정이, 욕구가, 윤리의식이 시험받을 수 있는 소설 공간—이것이야말로 작품 전체의 주제와도 상통하는 똘스또이의 심적 구성원리가 아닐까.

영화 《안나 까레니나》(1935)
감독 : 클라렌스 브라운(미국)
주연 : 그레타 가르보, 프레더릭 마치
이 영화는 안나 까레니나의 이름을 전세계에 알렸다. 안나의 육체적인 매력에서는 푸시킨의 딸 마리아를 모델로 삼았으며, 세련된 교양에서는 시인 알렉세이 똘스또이의 아내를 모델로 삼았다.

안나는 누구인가

이러한 시공간 속에서 살아가는 많은 인물 가운데 여주인공인 안나의 캐릭터가 이 소설의 매력을 크게 좌우한다는 점은 이론의 여지가 없다. 아름답고 우아하고 재치 있으며 쾌활하고 생기발랄한 상류사회 귀부인인 안나는 세계 문학 중에서도 가장 인상이 강한 여성으로 꼽힌다.

그러나 재미있게도 똘스또이는 안나 얼굴 자체를 자세히 묘사한 것은 어디에도 없다는 것이다. 그러나 독자들 대부분은 그녀에 관한 명쾌한 이미지 정보를 얻을 수 있다. 아마 화자가 그녀의 움직임과 역동성을 능숙하게 전달했기 때문일 것이다. 짙은 속눈썹 때문에 검게 보이는 그녀의 반짝이는 잿빛 눈, 입술과 눈 사이에서 물결치는 미소, 풍만한 몸을 신기할 정도로 가볍게 움직이는 빠른 발걸음, 언제나 목덜미며 관자놀이에 자연스럽게 흘러내리는 짧고 곱슬곱슬한 뒷머리, 눈동자에서 흘러넘치는 생생한 활기, 때때로 얼굴을 붉히는 버릇 등, 단순한 시각정보를 뛰어넘는 이런 동적 이미지를 통해 독자는 안나라는 존재가 지닌 리듬을 느끼게 된다. 그것은 삶의 약동을 느끼게 하는 무엇이다.

이 존재감 넘치는 매력적인 주인공은 대체 어떤 역할을 맡고 있을까?

안나가 누구인가 하는 질문에는 두 가지 방향으로 접근해 볼 수 있다. 하나는 그녀를 이 비극적 연애의 희생자로 보는 메레슈꼬프스끼의 해석(《똘스또이와 도스또예프스끼—삶, 창작, 종교》)이다. 또 다른 관점은 그녀를 비극의 주원인 또는 공동책임자로 보는 것이다. 이 예로는 현대 미국의 게리 모슨을 들 수 있다(《현대의 '안나 까레니나'—보다 현명한 견해》).

전자의 관점에서 보면 안나는 책략적인 결혼 때문에 연상의 남편과 사랑도 없는 부부생활을 억지로 하면서 살아온 여성이다. 그녀는 겨우 만난 진정한 사랑도, 체면만 신경 쓰는 남편의 비인간적인 태도와 교회 결혼을 둘러싼 인습과 위선적인 세간의 시선에 방해받아 순수하게 가꾸지 못한다. 아이와 생이별하고, 사교계에서도 쫓겨나고, 애인에게도 관심을 받지 못한 채 점점 발붙일 곳을 잃어 간다. 안나는 적극적으로 나쁜 짓을 하지는 않았다. 사교계의 귀부인들이 능숙하게 숨기는 난잡한 연애행각에 비하면, 그녀의 사랑은 훨씬 순수하고 올곧다. 그녀가 한 짓이라곤 그저 사랑한 것뿐이다. 그녀는 사랑 없이 살아갈 수 없었으므로 그것을 잃어버린 순간 목숨을 끊었다. 살아 있는 감정 대 냉철한 이성, 순애 대 제도적 결혼, 고매한 약자 대 속되고 완고한 세간이라는 일련의 이항대립(二項對立)에서 전자 쪽을 옹호하려는 낭만적인 정신이 이런 견해를 뒷받침한다. 리자 메르깔로바가 평가했듯이, 안나는 사실주의 소설을 뛰어넘은 연애소설의 여주인공이다.

그러나 일부러 삐딱한 자세를 취하지 않더라도, 똘스또이가 평범한 낭만적 여주인공에게는 어울리지 않는 성격을 안나에게 부여했다는 점이 명백히 눈에 보인다. 이를테면 부부싸움을 한 돌리에게 화해하라고 권할 때도 그녀는 오빠인 오블론스끼를 방불케 하는 교활한 논리를 구사한다. 또한 무도회에서 파트너를 빼앗긴 끼찌는 안나의 매력 속에서 '어쩐지 무섭고 잔혹한 무언가'(제1편 23장)를 발견한다. 이후 안나의 행동에 의심을 품은 남편이 그녀와 진솔하게 대화하려고 했을 때도, 그녀는 일부러 상대의 말을 못 알아듣는 척하는 '능란한 거짓말'을 통해 잔혹하리만치 천연덕스러운 모습을 보인다. 게다가 그녀는 상대가 브론스끼일 때조차 자신이 불리하다 싶으면 못 알아듣는 체하는 전술을 사용한다. 똘스또이의 붓은 이처럼 상습적으로 거짓말하는 그녀의 모습이나, 딸에 대한 냉담한 태도, 현실을 보기 싫다는 듯이 눈을 가늘게 뜨는 버릇 등 세부정보를 거침없이 우리에게 전해 준다.

물론 이런 측면이 너무 강조된 나머지 안나를 전형적인 악녀나 요부로 보는 것은 옳지 않다. 그것은 한쪽으로 치우친 견해이다. 그저 우리가 말할 수 있는 것은, 그녀가 단순한 희생자나 가해자가 아니라 그중 어느 쪽도 될 수 있는 하나의 자립적 의지, 판단, 욕망의 주체로서 이 연애극에서 적극적인 역할을 해내고 있다는 점이다. 그녀는 결코 속세에서 벗어난 요정이 아니다. 그녀는 사교계의 위선적인 귀부인들과 돌리 같은 정숙한 아내 사이에 있는 살아 있는 존재이다.

문제는 그런 안나가 점점 자신을 낭만적인 순애작품의 여주인공이라 생각하여 스스로 비련의 이야기를 만들어 버린 점일 것이다. 이 자칭 낭만적인 여주인공 시점에서 보면, 지금까지는 그녀가 그럭저럭 잘 어울려 지내왔던 친숙한 남편이 갑자기 추악하고 상상력도 없고 이기적이고 허영에 찬 지루한 인물로 보이게 된다(그러나 이 남편이 표현력은 부족하지만 이해력도 있고 인간미 넘치는 인물이라는 점을 독자들은 잘 알고 있다). 애인인 브론스끼는 세련되고 경박한 사교계의 멋쟁이라는 실상보다도 훨씬 깊이 있고 성실한 인간으로 비치게 된다.

사실주의 관점에서 보자면 불륜을 저지른 그녀의 과제는, 여러 사람의 감정과 사회규칙 때문에 발생하는 문제를 어떻게든 해결함으로써 자신의 연애극을 실생활 영역으로 안착시키는 일이다. 사실 남편의 자기희생적 양보로 그녀에게는 절호의 기회가 주어진다. 무사히 이혼하고 자식의 친권도 손에 넣을 기회가 주어진 것이다. 그러나 그녀는 그 현실적 선택을 무시하고 오직 낭만적인 연애 이야기만을 추구해 간다. 그 낭만적인 이야기 논리와 요구는 실생활에서의 불행과 반비례하여 더욱 첨예해지므로, 마지막에는 사랑과 무관한 모든 것이 거짓으로 보이는, 연애 일원론적인 '사상'으로까지 발전한다.

제7편 23장에서 묘사된 안나의 질투를 보라. 쇼펜하우어의 이른바 '생의 의지'가 오로지 남성에 대한 애정 또는 죽음에 집중된, 그런 여성 심리가 여기에 묘사돼 있다. 이 심리는 연애의 궁극적 심리로서 이해할 만하다. 그러나 이렇게 사상으로 발전해 버린 연애는 더는 감정이나 신체나 감각과는 별개로 사상의 수준에서 증식해 나간다. 사실 마지막에 안나의 행동을 이끈 것은 이미 사랑이 아니라, 도박꾼 야쉬빈이 말한 약육강식의 생존경쟁 원리 및 그녀가 기차 속에서 주워들은 '사람에게 이성이 주어진 까닭은 그 사람을 불안하게

하는 것에서 벗어나도록 하기 위해서이다'라는 사상이었다. 그것이 그녀의 '복수로서의 자살'을 뒷받침하는 이론적 토대가 된 것이다.

소설 속에 막 등장했을 때 안나가 지녔던 그 가볍고 활기차고 균형 잡힌 존재감을 떠올려 보라. 그러면 3년 몇 개월 사이에 한 인간을 이토록 궁지로 몰아넣어 버리는 경험이란 대체 무엇인가 하는 의문이 생겨난다. 똘스또이가 쓰고자 했던 것은 바로 그런 그녀의 경험에 기초 디자인된 것, 즉 '비속한 생활수준을 초월해서 존재하는 낭만적인 사랑 및 순수한 연애'라는 신화가 지닌 잔혹함은 아니었을까. 안나의 죽음을 묘사하는 화자는 그녀가 읽고 있던 '불안과 기만과 비애와 거짓으로 가득 찬 책'(제7편 31장)을 언급하는데, 이 책은 그런 신화화된 연애 이야기의 은유법이라고도 할 수 있다.

복수는 내가 하리—모슨의 해석

게리 모슨은 안나에게서 뚜렷한 자기애의 징후를 찾아내고자 했다. 우선 옷을 자주 갈아입고 거울을 들여다보고 초상화를 집에 거는 등 귀부인으로서의 일반적인 행동이 그 예이다. 그리고 우연한 사고를 자기중심적으로 '불길한 징조'라고 해석하는 태도, 더 나아가 자신과 이름이 비슷한 사람들을 주위에 모으는 경향(하녀 안누쉬까, 딸 아니, 양녀 한나) 등도 그 '징후'다. 게다가 결코 안나 혼자만의 이야기가 아닌 이 소설에 그녀의 이름이 붙여진 것도, 그녀의 낭만적인 자기애에 대한 작가의 빈정거림이 반영된 결과라고 모슨은 주장한다. 제목에는 그녀의 고유한 이름뿐만 아니라 남편의 성도 함께 붙어 있는데, 여기에서 혼인의 숙명적 의미에 관한 작가의 의도가 엿보이는 듯하다. 어쨌든 모슨의 다소 악의적인 이런 해석은 작품에 대한 현대적인 해석으로서 참고할 만하다.

모슨은 작품의 제사(題詞)와 여주인공의 관계에 대해서도 좋은 해석을 제시하고 있다. "원수 갚는 것이 내게 있으니 내가 갚으리라"라는 말은, 원전인 구약성서 〈신명기〉에서 하느님 백성의 적을 위협하는 말이다. 그러므로 이 말은 신의 율법을 무시하고 불륜을 저지른 안나를 벌하는 메시지로 해석될 수 있다(해석 1). 또한 이 말은 신약성서 〈로마서〉에서, 복수는 하느님이 하실 일이므로 사람들은 적(안나)을 용서해야 한다는 해석이 되므로, 낭만적인 연애를 지지하는 견해에 들어맞는다(해석 2). 더 나아가 안나는 직접 브론스끼에

영화 《안나 까레니나》(1969)
감독 : 알렉산드르 자르키
주연 : 티티아나 사몰로바
오른쪽 : 역에서 안나와 브론스끼의 만남.
가운데 : 무도회에서 끼찌의 절망. 그녀가
결혼 상대라고 생각했던 브론스끼가 안나
에게 호의를 보이고 있다.
아래왼쪽 : 춤추는 안나와 브론스끼.
아래오른쪽 : 경마장에서의 안나.

게 복수하려 함으로써 신의 지위를 찬탈하려 했으므로, 제사는 그런 그녀에 대한 또 다른 경고로 해석될 수 있다(해석 3). 마지막으로 안나는 사회나 하느님 탓에 파멸한 것이 아니라 자신의 낭만적이고 극단적인 생각 때문에 스스로 파멸한 것이므로, 제사는 그런 그녀가 스스로 내린 처단의 한 마디였다고도 볼 수 있다(해석 4).

안나 대(對) 돌리와 레빈

선형(線形) 시간과 면형(面形) 시간의 대항을 소설 구성원리로 삼았던 똘스또이는, 주제나 인물을 창조할 때도 일원적인 단순한 사고와 다원적인 복잡한 사고의 대비를 지침으로 삼았던 듯하다. 그것은 낭만주의와 현실주의의 대항이라고도 할 수 있다. 전자의 대표자가 안나라면 후자의 대표자는 돌리와 레빈이다.

한 가정의 선량한 어머니에 불과한 돌리에게는 안나 같은 화려함은 전혀 없다. 이야기 앞부분에서 돌리는 남편의 부정에 괴로워하면서, 결말의 안나하고도 비슷한 망가진 모습을 보여준다. 도시에서도 시골에서도 그녀의 생활은 늘 구체적인 고민과 잡다한 일들로 채워져 있다. 하지만 그녀는 그런 일상 속에서 작은 드라마와 기쁨을 발견한다.

'그런 기쁨은 매우 작아서 마치 모래 속 사금처럼 눈에 띄지 않았으므로, 불행한 순간 그녀에게는 슬픔, 즉 모래알밖에 보이지 않았다. 그러나 행복한 순간도 분명 찾아왔고 그런 순간 그녀에게는 기쁨, 즉 황금만 보였다.'(제3편 7장) 똘스또이는 이렇게 표현했다. 돌리의 정신은 이런 일상세계의 다원성을 향해 열려 있다. 그녀는 신앙의 영역에서도 흥미로운 이중성(윤회 종교와 교회 종교)을 보여 주고 있다. 또 남에 대한 평가에서도 일반적인 규범과는 별개의, 개인적인 경험과 감각에 따른 기준을 세우고 있다. 결국 이 온건한 상식인인 돌리가 세간의 비판에 맞서면서 안나를 계속 믿고 지지해 주었던 것이다.

안나의 연애가 결말을 향해 쑥쑥 나아가는 데 비해, 돌리의 세계는 하루하루의 작은 사건들과 함께 둥둥 떠간다. 이윽고 안나의 이야기는 사랑하느냐 마느냐 하는 양자택일 문제로 수렴해서 막다른 길에 부딪치는 반면, 돌리가 속한 세계는 마지막까지 번잡하고 다원적인 일상의 활기를 잃지 않는다.

돌리가 브론스끼의 영지로 안나를 만나러 가는 제6편 16장 이후의 장면을 보자. 이것은 2개의 이질적인 시간이 교차하는 중요한 장면이다. 도중에 돌리는 자신의 지루한 삶을 반성하고 안나의 낭만적인 연애생활을 동경한다. 그러나 목적지에 도착한 그녀는 곧 그 아름다운 이야기가 불안과 기만과 허위로 가득 찬 견디기 어려운 허구임을 깨닫는다. 피임에 대한 안나의 지혜도 그녀의 눈에는 '너무나 복잡한 문제에 대한 너무나 간단한 해결'(제6편 23장)로만 비칠 뿐이다. 넓은 면형 사고와 좁은 나선형 사고가 교차하는 이 장면은 참으로 슬픈 인상을 준다. 돌리에게는 돌아가야 할 북적북적한 현실세계이지만 안나에게는 막다른 골목에 다다른 연애 외에는 더는 갈 곳이 없기 때문이다.

레빈의 세계

똘스또이의 작품은 대체로 사실주의적 경향과 더불어 자전적 색채가 짙은데, 특히 《안나 까레니나》의 레빈은 다른 작품의 주인공보다도 한결 더 뚜렷한 작가의 분신이다. 끼찌와 레빈의 연애는 안나와 브론스끼의 연애와 나란히 대조되어 진행되는데, 똘스또이는 이 레빈이란 인물에게 자전적 성질을 잔뜩 부여하고 있다. 그러므로 똘스또이의 자전적 3부작 《유년시대》《소년시대》《청년시대》의 주인공과 이 레빈만 살펴보면 전기를 읽지 않아도 똘스또이가 어떤 사람인지 대충 알 수 있을 정도이다. 그래서 이 작품에서 독자들의 커다란 흥미를 끄는 레빈과 끼찌 그리고 그들의 사랑과 가정생활은, 바로 작가 본인과 소피야 안드레예브나의 추억을 옮겨 놓은 것이라는 해석이 나오는 것이다.

그렇다면 레빈은 과연 어떤 인물인가.

지주귀족 레빈은 다원적이고 복잡한 일상세계의 사고를 대표한다. 농업, 신앙, 죽음과 생명의 의미 등 그는 정해진 해답이 없는 문제에 부딪치고 또 열심히 고민한다.

그의 사고 전제에는 다음과 같은 인식이 존재한다. 첫째, 이론과 관념 수준에서의 결론은 무의미하며, 경험에 들어맞고 행동의 지침을 제공하는 결론이 옳다. 둘째, 자신의 관여 및 이해를 배제한 고찰은 무의미하다. 셋째, 결론의 의미와 가치는 일정불변한 것이 아니라 경험 속에서 변하기도 한다. 넷째, 이성과 언어를 통한 사고가 풀지 못하는 문제는 몸과 마음이 해결해 준다. 다섯째, 선악, 가치, 의미에 관한 지식은 인과관계를 초월하여 이미 우리에게 주어져 있다.

소설의 등장인물로 재미있는 점은, 레빈이 돌리와 마찬가지로 일상세계에서 생활의 필요에 쫓기며 온갖 상황의 타인과의 관계 속에서 생각하고 또 고민한다는 점이다. 풀베기가 한창일 때 찌뜨 노인 뒤를 쫓아가면서 얻은 망아(忘我) 및 자아 확대의 인식, 현청 소재지의 이느 여관에서 형의 죽음을 지켜보며 경험한 공포와 절망, 표도르라는 농부의 말을 통해 새로이 인식한—윤리는 마음속에 존재한다는 감각—그의 사고 및 인식에는 이른바 장소나 인간의 고유명사가 늘 따라붙고, 각 장소의 빛과 냄새가 배어 있다. 구체적인 경험과 밀착된 그 사고는 늘 상대적인 입장을 향해 열려 있다. 기독교 말씀으로써 신앙의 '진리'를 깨달은 레빈이 다음 순간 '그렇다면 유대교도, 이슬람교도, 유교도, 불교도들은 대체 어떤 존재인가?'(제8편 19장) 하고 스스로 묻는 것도 그런 예이다.

이런 구체성과 상대성 덕분에 그의 사고는 일반화나 일원화를 거부한 채 끊임없이 살아 움직일 수 있다.

빛과 어둠—두 주인공이 본 세계

똘스또이는 이 작품 전체에 걸쳐 빛과 어둠의 효과를 능숙하게 사용하고 있는데, 안나와 레빈에 대해서는 특히 그 기법이 인상적으로 쓰였다.

모스끄바에서 뻬쩨르부르그로 돌아가는 심야열차 여행 중 흔들리는 램프 불빛 아래에서 안나가 브론스끼를 발견하는 장면(제1편 30장), 베뜨시 부인의 야회 날 밤 어두운 복도를 왕복하며 그녀를 기다리던 남편 곁으로, 그녀가 '한밤중에 일어난 화재의 불길한 화염'을 연상시키는 빛을 내뿜으며 돌아오는 장면(제2편 9장), 자살하기 전날 밤 갑자기 꺼진 촛불에 공포를 느끼는 장면(제7편 26장) 등 안나의 감정 고양에는 어둠과 빛의 엇갈림이 매우 잘 어울린다. 그중에서도 인상적인 것은 남편의 첫 문책을 무사히 넘긴 안나가 브론스끼와의 만남 때문에 흥분을 가라앉히지 못한 채 침실 어둠 속에서 가만히 눈을 뜨는 장면이다. 여기서 똘스또이는 '그렇게 한동안 눈을 뜬 채 가만히 누워 있던 그녀에게, 어둠 속에서 반짝이는 자신의 눈빛이 보이는 듯한 기분이었다'(제2편 9장)라고 묘사했다. 광학이나 생리학에 비춰 볼 때 모순되는 이런 충격적 표현은 아마도 자기애의 심리적 사실을 보여 주고 있으리라. 하지만 보다 단적으로, 눈으로 말하고 이해하고 욕구하는 인간으로서 안나의 생명력이 묘사된 부분이라고 해석할 수도 있을 것이다.

한편 레빈의 시각체험으로는, 쌓아올린 풀더미 위에서 뜬눈으로 맞이한 새벽 하늘의 진주조개 같은 구름, 끼찌의 집으로 청혼하러 가던 날 아침에 본 풍경 등 왠지 새벽의 어

영화 《안나 까레니나》(1997)
감독 : 버나드 로즈(영국)
주연 : 소피 마르소(프랑스)
러시아에서 현지 촬영하여 원작 분위기를 잘 살렸다는 평가이다.

스름한 장면이 머릿속에 떠오른다. 가장 인상적인 것은 마지막 부분에서 번개가 치던 날 밤, 그가 갓난애의 목욕하는 모습을 본 뒤 하늘을 올려다보며 생각에 잠기는 장면이다.

'번개가 칠 때마다 은하수는 물론이고 밝은 별들도 모습을 감추었지만, 번개가 사라지면 마치 누군가 정확한 손놀림으로 다시 던져두기라도 한 듯 곧 본디 장소에 또다시 모습을 드러내는 것이었다.'(제8편 19장) 여기서 작가는 광학적으로도 올바른 정경을 묘사하면서, "하늘의 별 위치가 바뀌지 않는 것처럼 게시에 의한 선의 법칙도 불변한 것으로서 존재하므로, 인간은 그것을 찾아내고 믿기만 하면 된다"라는 주인공의 인식을 그 정경에 담아냈다. 자연 속에서, 천구 아래에서 생각에 잠긴 레빈의 생생한 모습이 잘 드러나는 장면이다.

자기 눈빛을 보는 안나와 별들이 가득한 먼 밤하늘에 진리의 존재를 투영하는 레빈. 이 두 사람의 시점과 세계에서의 위치 감각은 정반대인 만큼 서로 다르다. 그러나 둘 다 놀라울 정도의 시각으로써 역동적으로 세계와 대화할 힘을 가진 주인공이라는 점에서는 다를 바 없다. 이런 대조적인 주인공들에게 각각 생생한 존재감을 부여한 똘스또이의 능력은 감탄스러울 정도다. 똘스또

이가 그럴 수 있었던 이유는 아마도 단 하나일 것이다. 그것은 낭만주의도 사실주의도, 일원주의도 다원주의도, 선형(線形) 사고도 면형(面形) 사고도, 자기애도 무욕도, 똘스또이와 모두 인연이 있었기 때문이다. 이사야 벌린이 고슴도치 흉내를 내는 여우의 예로 표현했듯이《고슴도치와 여우―'전쟁과 평화'의 역사철학》, 그 넓고 커다란 인격 속에는 모순되는 감각과 지향이 서로 부딪치면서 훌륭히 공존하고 있었던 것이다.

《안나 까레니나》 독서 가이드

《안나 까레니나》는 1875년부터 1877년까지 잡지에 연재 형식으로 발표된 소설이지만 훗날 단행본으로 출간되면서 크게 개정하여 현재와 같은 모습이 되었다. 작가 똘스또이는 1828년에 태어났으므로 《안나 까레니나》는 그가 40대 후반 원숙기에 쓴 대작인 셈이다.

전작인 장편 《전쟁과 평화》(1869)에서 똘스또이는 러시아가 나폴레옹군과 싸웠던 조국전쟁(1812)의 역사적인 커다란 주제에 손을 댔으나, 《안나 까레니나》에서는 각도를 바꿔 그 시대 사회를 주제로 삼았다. 더구나 이 작품은 19세기 후반 귀족사회의 연애를 모티프로 하여 결혼 및 가족 문제, 남녀의 살아가는 방식과 가치관의 문제, 도덕, 교육, 종교 문제, 더 나아가 농업과 정치와 전쟁에 관한 문제 등 온갖 주제를 여러 각도로 다룬 종합소설이다. 이 모든 것들은 오늘날에도 그대로 통용되는 보편적인 주제이므로 독자는 특별한 예비지식 없이도 충분히 이 이야기의 세계를 즐길 수 있다. 다만 똘스또이가 그 시대 독자의 '상식'을 전제로 이 작품을 쓴 것은 분명한 사실이다. 그러므로 여기서는 주로 시대배경이라는 관점에서 작품을 보다 구체적으로 감상하는 데 필요한 약간의 정보를 간추려 보았다.

먼저 그 시대의 세태, 지주귀족의 생활배경, 도시와 시골의 차이에 대해 간략히 설명하고, 다음으로 안나를 포함한 여성의 처지에서 본 결혼 및 이혼 문제, 레빈의 이야기와 관련된 지주귀족과 농업의 문제를 살펴보도록 한다. 그리고 이야기 전개와 구성의 특징을 살피고서 마지막으로 책을 읽는 방법에 대해 생각해 보자.

안나가 살았던 시대

작품의 무대가 된 1870년대 러시아는 해방자 황제라 불렸던 알렉산드르 2세의 치세 후반에 해당한다. 19세기 중반 크림전쟁에서 겪은 패배를 교훈 삼아 출발한 알렉산드르 2세 정권은 러시아의 체질개선을 목적으로 1860년대 전반부터 일련의 대개혁을 단행했다. 농민을 지주의 지배로부터 해방하는 농노해방, 공개재판 및 배심원제도를 도입한 사법제도의 개혁을 비롯하여 지방제도 개혁, 교육개혁, 군사제도 개혁, 재정개혁 등이 이루어졌다.

알렉산드르 2세의 개혁은 러시아 사회를 자유롭게 만들어 노동력과 화폐의 유통을 촉진함으로써 자본주의 발전에 공헌했으나, 동시에 여러 가지 모순도 낳는다. 농노해방의 내용(토지 배분 및 환매 조건)에 불만을 품은 농민들의 소요는 진보적인 학생들의 반대운동과 결합하여, 훗날 농부 공동체적인 원리에 바탕을 둔 사회주의를 지향하는 이른바 나로드니키 운동으로 발전한다. 이 운동이 과격해진 끝에 1870년대 후반의 러시아에서는 테러 활동이 횡행하였고, 그 결과 1881년, 해방자 황제 알렉산드르 2세는 테러의 희생자가 되었다.

정치적 사건 외에도 산업구조의 불균형, 국제자본에 의한 압박, 도시인구의 비대화, 환경 악화, 범죄 증가, 가난과 빈부격차의 확대 등, 근대사회 특유의 모순이 급속하게 러시아에 나타난 것이 바로 이때였다. 기근이 자주 발생하는 데도 곡물을 수출하는 모순된 정책 때문에 농업은 매우 피폐해졌다. 소설에도 나오는 1877년의 러시아—터키전쟁은 헝가리의 동포인 슬라브족을 러시아 제국의 맞수 중 하나인 오스만제국의 박해로부터 지킨다는 취지의 전쟁이었다. 이런 '외환(外患)'은 엎친 데 덮친 격으로 '내부문제'에 의해 분열 직전에 이른 국론을 통일하는 수단으로도 작용했다. 똘스또이의 소설은 심령술의 유행부터 슬라브족 구제를 위한 위원회의 활동에 이르기까지, 그 시대 러시아의 불안한 세태와 사회심리를 자세히 다루고 있다.

이런 상황에서는 기존 사회를 지탱하던 신분제도와 가부장제도의 이념도, 경제원리 및 공리주의적 가치관의 침식을 받게 된다. 파란으로 점철된 알렉산드르 2세의 시대야말로 러시아 사실주의 소설의 황금기이다. 이 시대의 대표적인 작품들은 대체로 급격한 사회변화의 논리를 파악하여 불확실한 미래를 내다보려는 바람을 반영하고 있다. 뚜르게네프의 《아버지와 아들》(1862), 《연기》(1867), 도스또예프스끼의 《백치》(1868), 《미성년》(1875), 《까라마조프의 형제들》(1880) 같은 소설들은 모두 가족과 공동체의 위기, 신앙과 공통이념의 상실, 귀족적인 문화의 파탄이라는 공통된 주제를 다양하게 변주한 작품들로 볼 수 있다. 한 가정의 불화에서 시작해 귀족사회 전체의 문제로 발전해 나가는 《안나 까레니나》도 이런 시대적인 관심을 공유하고 있다.

참고로 당시 러시아 사회의 급속한 근대화를 나타내는 지표 가운데 하나는 철도의 발전 양상이다. 1851년에는 뻬쩨르부르그—모스끄바 철도 등 전국에 걸쳐 1천 킬로미터 미만이었던 철도의 길이가 농노해방 이후인 1866년에는 약 5천 킬로미터로, 《안나 까레니나》의 집필 직전인 1874년에는 약 1만 8천 킬로미터로 크게 늘어났다. 그리하여 사람과 물건과 정보의 이동이 눈에 띄게 활발해졌다. 그런데 그 시대 작가들 대부분이 근대화의 상징인 이 철도를 세계의 기반을 뒤흔드는 파괴장치와도 같은 불길한 존재로 묘사했다는 점은 주목할 만하다. 도스또예프스끼의 《백치》에서 급속하게 확장되는 철도망이 무신론 및 물질문화를 퍼뜨려 세계의 멸망을 가져온다면서 이를 묵시록의 '쑥의 별'에 비유하는 장면이 있다. 《안나 까레니나》에 나오는 뻬쩨르부르그—모스끄바 철도도 마찬가지로 인간을 파멸적인 시련으로 유혹하는 저주스러운 기계로 묘사되어 있다.

이 작품에서 철도가 처음 등장하는 부분은 제1편 3장, 오블론스끼의 아이들이 기차놀이를 하는 대목인데, 제1편 17장 이후에는 진짜 기차가 여주인공 안나를 태우고 나타난다. 그 직후, 이른 아침 정거장에서 선로지기가 죽는 사고가 발생하며, 안나는 이를 '불길한 징조'로 해석한다. 다음에 기차가 등장했을 때(제1편 29장 이후), 안나를 무사히 가족의 곁으로 데려가 줄 듯싶던 철도는 눈 내리는 밤에 청년 장교 브론스끼와의 극적인 재회 장소로 바뀐다. 뻬쩨르부르그 정거장에 도착한 안나는 더는 남편을 옛날처럼 대하지 못한다.

압도적인 박력으로 묘사되는 증기기관차는 이야기 자체의 추진력이라고도 할 수 있었다. 매우 상징적인 의미가 있는 기차가 앞으로 어떤 식으로 등장할지에 관심을 두고 이 작품을 읽는 것도 흥미롭다.

지주귀족의 생활배경

《안나 까레니나》의 표면에 등장하는 것은 지주귀족(젠트리)이다. 이들은 정치적·문화적으로 러시아제국을 이끌어 온 집단으로서, 제국 인구의 1%에 불과한 이들이 《안나 까레니나》가 쓰인 1870년대 후반에도 (우랄산맥 서쪽) 유럽·러시아 사유농지 약 80%를 소유했다고 한다. 다만 고골리나 뚜르게네프의 작품에서도 알 수 있듯이 지주귀족이라 일컫는 사람들 사이에는 이미 농노해방 이전부터 문벌가문에 의한 차이와 소유한 농노의 수 및 토지의 면적에 의한 경제적인 격차가 존재했다. 농노해방 직전의 조사에 따르면 영지 수입으로 생활할 수 있는 농노 100명 이상을 소유한 중지주(中地主) 이상은 귀족 전체의 23%, 농노 500명 이상을 거느린 이른바 대지주는 전체의 3.6%에 지나지 않았다고 한다. 농노해방은 이러한 지주귀족층을 경제적인 도탄 상태에 빠지게 했다. 그래서 똘스또이가 이 소설을 쓸 무렵에는 공작이나 백작의 칭호를 가진 유서 깊은 집안의 귀족이 가난해져서 토지를 잃고 도시의 저택 문지기로 일하는 사례조차 있었다고 한다.

《안나 까레니나》에 나오는 귀족도 수도에 사는 사람과 지방에 사는 사람, 영지에서 얻는 수입으로 살아가는 사람과 봉급이 꼭 필요한 사람, 관계(官界)나 군대에 속한 공무원과 재야의 인물 등 저마다 삶과 경제적인 배경이 서로 다르다.

소설 첫머리에 등장하는 오블론스끼 집안은 부부가 모두 공작 가문 출신으로 명문 집안이지만 살림은 몹시 궁핍하다. 남편 오블론스끼는 모스끄바와 뻬쩨르부르그 귀족사회에서 발이 넓으며 화려한 사교생활을 하고 있으나, 자산이 별로 없어서 생활비는 연봉 6천 루블이라는 관리 봉급으로 충당할 수밖에 없다. 소설 제2편에서는 그가 가난에서 탈출하려고 아내 돌리의 소유지인 숲을 팔려다가 노련한 상인의 술수에 당해 헐값에 넘기는 장면이 나온다. 참고로 부부의 재산권은 독립되어 있었으므로 살림이 어려워도 서로의 재산에 함부로 손을 댈 수는 없었다. 그러므로 바람을 피워서 아내의 미움을 산 오블론스끼에게, 이 삼림 매각은 퍽 민감한 문제였다.

안나와 까레닌의 가정은 상대적으로 유복해 보인다. 남편은 정계와 관계에서도 정상급에 속한 존경받는 인물로, 견실하게 지위와 재산을 쌓는 사람처럼 보이기 때문이다. 그러나 이 부부도 돈을 마음껏 쓰지는 못한다. 그럴 만한 경제기반이 없기 때문이다. 아내 안나는 아마 오빠인 오블론스끼와 마찬가지로 그녀 자신의 재산이 별로 없어서 처음에는 무척 수수하고 착실하게 살았을 것이다. 똘스또이는 뻬쩨르부르그로 돌아가는 안나가 여행경비를 자세히 기록하는 모습이나, 그녀가 그다지 돈을 들이지 않으면서 멋을 부린다는 사실을 자연스럽게 보여주고 있다(제1편 28장, 33장). 남편 까레닌도 봉급 이외의 수입원은 없는 듯 보이는데, 안나가 화려한 사교생활을 시작하자 그것이 그들 가정의 경제에 미묘한 영향을 주는 장면도 나온다. 사랑에 빠진 안나는 남편 집에서 남편의 돈으로 살아간다는 사실에 거리낌을 느끼게 된다.

안나의 연인인 젊은 백작 브론스끼는 형제의 공동 소유지에서 들어오는 연간 10만~20만 루블의 수입 대부분을 형에게 주고, 자신은 연간 2만 5천 루블의 수입과 어머니에게 받는 약 2만 루블의 용돈만으로 살아가는 속 편한 처지이다. 다만 그도 경주마를 소유하고 경기에 직접 나가는 등 장교로서 화려한 생활을 하고, 또 안나와의 연애 문제로 어머니의 노여움을 산 까닭에 한때 경제적인 어려움을 겪게 된다. 그가 정기적으로 하는 재정점검(지갑 세탁)에 관한 묘사(제3편 19장)에는, 젊은시절에 돈을 낭비했던 똘스또이 자신의 경험이 반영되었다고 볼 수 있다.

또 한 명의 주인공 레빈은 전형적인 지주귀족으로 3천 제샤찌나의 토지를 소유하고 있어서 친구인 오블론스끼의 부러움을 사고 있다. 그러나 그는 토지를 임대하거나 영지 경영을 남에게 맡기고 자기는 다른 일을 하는 편안한 도시인으로서의 삶을 선택하지 않는다. 그는 스스로 농업에 뛰어들어 온갖 경제적·비경제적 문제와 맞닥뜨린다. 즉 광대한 토지도 사치스럽게 살아갈 정도의 현금수입과는 직결되어 있지 않다.

이런 귀족층의 상호 평가는 경제상황이나 작위, 직업상의 위치와는 다른 정신적인 척도가 작용하고 있다. 이를테면 가장 뛰어난 교육을 받은 레빈은 누구 앞에서도 결코 비굴하게 행동하거나 궁상을 떤 적이 없는 명예로운 계통의 선조가 3대 이상 이어진 사람만이 진정한 귀족이라고 말한다(제2편 17장). 그가 말한 바로는 뻬쩨르부르그의 엘리트귀족이라는 브론스끼 백작 따위는 '아버지가 간계를 부려 그 자리까지 기어올라온' 가짜 귀족에 불과하다.

도시생활 시골생활

도시인구 가운데 귀족은 약 4%였다고 한다. 그중에서도 상류에 속하는 사람들은 경제조건과는 무관하게 매우 바쁜 사교생활을 한 듯하다.

고급관료 까레닌이나 관청의 소장 오블론스끼 같은 상급문관은 오전엔 자기 집에서 일에 관한 논의나 청원자를 접견하고, 낮에는 공무를 보고, 그 뒤 가정이나 식당에서 이른 저녁을 먹은 다음 사교계의 관례에 따라 서로의 가정을 방문하고(까레닌처럼 바쁜 사람은 또다시 일하러 가고), 클럽이나 모임에 들렸다 연극을 보고, 또 오블론스끼처럼 젊고 활발한 사람은 깊은 밤 남성용 유흥시설에 가기도 한다. 무관(武官)이나 청년의 사교생활은 여기에 좀 더 분방한 술잔치나 위험한 도박이 추가되지만, 브론스끼처럼 집안이 좋은 청년귀족은 상류층 살롱의 점잔 빼는 세계와 장교 기숙사의 방종한 세계를 재주 좋게 넘나든다.

작품 속 제1편 13장의 쉬체르바스끼 집안의 응접실, 제1편 22장 이후의 무도회, 제2편 6장 이후의 베뜨시 부인의 살롱, 제4편 9장 이후의 오블론스끼 저택에서의 연회 등이 사교계의 분위기를 잘 드러낸다. 또한 이야기에서는 살롱이며 경마장이며 극장 등등 귀족들의 사교장이, 주인공들의 운명이 바뀌는 장소가 되고 있다. 가정적이고 소박한 모스끄바 사교계 분위기와 신랄하고 세련된 뻬쩨르부르그 사교계 분위기의 차이도 느껴질 것이다.

클럽이나 귀족 저택이 주된 무대인 이러한 사교계는 결코 단순한 기분전환 장소가 아니라 다양한 기능을 수행한다. 그것은 남녀가 결혼상대를 찾는 장소이고, 최신 뉴스라든가 문화·학술정보를 접하고 의견을 교환하는 장소이며, 소문을 통해 개인의 평판이 결정되는 장소이고, 사회활동의 모체이자 정치적인 견해가 부딪쳐 당파가 형성되는 장소이기도 하다. 이 작품 제2편 4장에서는 여주인공 안나와 관련된 상류사회의 3개 그룹을 다루고 있다. 즉 남편의 직업적인 관계자들로 구성된 그룹, 뛰어난 지식인과 여자 자선가 등으로 이루어진 '뻬쩨르부르그 사회의 양심'이라는 그룹, 무도회나 만찬회를 자주 여는 '화류계와 종이 한 장 차이인' 그룹이다. 이는 바로 공적인 생활, 지적인 생활, 감정적인(또는 관능적인) 생활이라는 도시귀족의 3가지 관심사를 반영한 분류이다. 사랑에 빠진 안나의 교제범위는 성실하고 수수한 제2그룹에서, 화려하고 사치스러운 제3그룹으로 이동한다.

한편 지방에서 사는 지주귀족들의 생활은 매우 달랐다. 특히 레빈처럼 스스로 농업에 종사하는 지주의 경우, 사계절의 자연이나 농작물, 또는 농민이라는 구체적인 대상을 상대로 한 관심사의 성질 자체가 도시 사람들과는 달랐다. 그래서 그는 튼튼한 몸을 지닌 노동자의 입장에 서서, 오블론스끼 같은 사람의 사무직 생활이나 바람둥이 생활을 비판한다. 도시와 농촌은 시간의 흐름 자체가 다르므로 새벽부터 업무를 시작하는 레빈의 일과는 한 끼 식사를 하는 시간만큼 도시생활보다 앞서가는 듯 보인다.

시골생활에는 경제적인 이점이 있다. 돌리의 말을 빌리자면, 시골생활은 깔끔하지는 않아도 그 대신 값싸고 편리하며, 무엇이든 있고, 무엇이든 싸고, 무엇이든 손에 넣을 수 있을 뿐더러 아이들에게도 좋은 생활이다. 도시생활을 하면서 가난에 쪼들리던 그녀에게 시골은, 땔감 가게나 생선 가게나 구두 가게의 빚 독촉에서 벗어날 수 있는 도피처이기도 했다.

연봉 6천 루블의 오블론스끼는 레빈과의 연회비용을 반씩 부담해서 한 번에 14루블이나 지급한다. 이처럼 도시의 물가는 높았다. 이에 비해 시골의 물가(예컨대 오블론스끼가 매각하는 숲의 가격이 1제샤찌나당 200루블, 레빈 누나의 농지에서 난 목초 가격이 1제샤찌나당 25루블)는 믿어지지 않을 정도로 낮게 느껴진다.

시골에는 도시 같은 밤의 사교생활은 없다. 그저 가깝거나 먼 곳에서 온 손님들과 교류를 즐길 뿐이다. 그러나 이곳에는 다른 오락이 있다. 레빈은 친구와 함께 개를 이끌고 사냥을 하고, 아이들을 데리고 버섯을 캐며, 농부들과 풀베기를 한다. 대표적인 오락거리로서 농부의 기쁨을 묘사한 이런 장면은 정경 묘사에 뛰어난 똘스또이 문학 중에서도 백미라고 일컬을 만하다.

똘스또이는 감정생활 및 경제생활에서도 도시와 시골을 서로 견주어가면서 19세기 귀족세계의 이야기를 펼쳐 나가고 있다.

3편, 4편의 이야기는 절정에 이르고, 주인공들의 상황은 더욱더 나빠져 이러지도 저러지도 못하게 된다. 그와 더불어 안나와 레빈을 괴롭히는 난제들, 즉 특수한 러시아적 뉘앙스를 여전히 실감하지 못하고 답답함을 느끼는 독자도 있으리라고 본다. 이제껏 일반적인 시대배경을 설명했으므로, 이제 이야기의 줄거리에 깊이 얽혀 있는 결혼, 불륜, 이혼문제 및 주로 레빈과 관계된 농업문제에 대하여 당시 러시아의 특수한 사정을 살펴보고자 한다.

여성과 결혼과 이혼

농노해방 이후는 여성해방의 필요성을 부르짖던 시대이기도 했고, 여성의 중등·고등교육의 기회가 확대되고, 여성의 경제적 자립과 가정에서의 해방을 주제로 한 체르니셰프스키의 《무엇을 해야 하는가》(1863)나, 그것을 비꼰 도스또예프스끼의 《지하실 수기》(1864) 같은 소설이 화제가 되기도 했다. 학문이나 사회활동 분야에서 두각을 나타내는 여성의 등장과 더불어, 나로드니키나 그 뒤의 테러리스트 가운데 자립한 여성들이 많이 포함되어 있었던 것도 시대의 분위기를 엿볼 수 있는 사실이다.

1860년대 말, 러시아에서 여성에게는 여전히 허용되지 않았던 본격적인 고등교육을 받기 위해 독일유학을 결심한 훗날의 유명한 여성수학자 소피야 꼬발레프스까야가 위장결혼을 해야만 했던 사실로 알 수 있듯이 이 시대의 러시아는 여전히 남성중심의 가부장적인 사회였다. 대다수 여성은 일단 결혼하여 가정에 들어가 '~부인'이라는 외투를 걸치지 않으면 자기표현을 할 수 없었다.

결혼과 가정은 바로 《안나 까레니나》의 중심주제이기도 하지만 여성의 시점에서 본 당시의 결혼은 오늘날의 상식과는 매우 달랐다. 결혼에 관한 법과 관행에는 러시아정교회의 이념이 깊이 관여하고 있었다. 정확히 비잔틴교회의 교리, 모스끄바국가의 전통, 표뜨르 대제 이후 근대러시아의 법이념이 뒤섞인 것이었다. 결혼의 정의는 신과 교회가 두 사람을 하나로 묶는 것이었고, 결혼에 관한 법에 '아내는 가장인 남편을 따르고, 남편에 대한 사랑과 존경과 무한한 복종 속에서 살며, 주부로서 끊임없이 남편에게 기쁨과 자애로움을 제공할 의무가 있다'는 조항이 포함되어 있었다. 남편에게는 '아내를 제 몸처럼 사랑하고, 아내의 결점을 바로잡는' 일이 필요했다. 이 책의 2편 8장에서 안나의 행동에 의문을 품은 남편 까레닌이 자신에게는 아내의 잘못을 바로잡을 의무가 있다고 생각하는 것도 그 논리는 바로 이러한 결혼관에 기초한 것이다. 부부는 같이 사는 것이 당연한 의무였으며, 아내나 자식의 신분증도 남편이 관리했다.

결혼이 신에 의한 결합이라면, 그것을 인간의 손으로 해소하는 이혼은 원칙적으로 불가능하며, 다만 필요와 관행에 근거한 편의상의 수단이 있을 뿐이다. 제4편 5장의 변호사의 설명에도 있듯이, 당시의 법에서 이혼은 부부 한쪽의 신체적 결함, 실종, 또는 간통이라는 한정적 이유만 인정되었다. 이 가운데 간통에 의한 이혼 절차는 교회가 관여하는 번거로운 것이었다. 이혼소송을 담당하는 것은 일반재판소가 아니라 근대러시아의 교회 총괄기관인 최고종무원(宗務院)이 교구마다 두고 있는 종무원 법정이었다. 제소는 부부 가운데 부정을 저지르지 않은 쪽만 할 수 있으며, 수리되면 두세 명의 믿을 수 있는 증인 또는 혼외출산 증명을 제시해야 하고, 부부 쌍방이 출석해야 심리가 이루어진다(이 소설에서 문제가 된 편지 같은 정황증거는 일의적 의미는 없었다). 이 법정의 판단이 교구감독 주교를 거쳐 최고종무원의 자문을 받고, 거기에서 최종판결이 내려진다. 이혼이 성립되면 부정을 저지른 쪽은 이혼 뒤에도(본디의 배우자가 죽은 뒤에도) 재혼할 권리가 없었다. 이혼하고서 자녀에 대한 친권 소재에 대한 판단은 일정치 않아서, 남자 쪽에 있는 때도 있고 부정을 저지르지 않은 쪽에 있는 때도 있었다. 아무튼 이러한 규칙 자체가 사회의 공통적인 인식은 아니었으며, 실제로는 다양한 사고가 흐르고 있었다. 작품 속에도 이혼 뒤 재혼 문제나 친권에 대하여 주인공들이 불확실하게 판단하는 장면이 나온다(예를 들면 4편 22장).

다소 말이 길어졌지만, 교회관계자에 의한 간통 심사는 엄격했으며, 부부가 사실 여부를 놓고 다투는 상황에서 이혼 판정은 사실상 불가능했다고 한다. 그래서 이혼을 바라는 부부는 종종 합의로 명쾌한 불륜 시나리오를 만들고 위증해 줄 사람을 준비한 다음 소송을 진행하기도 했고, 그때 기묘한 입장의 역전이 일어나기도 했다. 이혼 뒤에 재혼을 바라는 것은 통상적으로 부정을 저지른 쪽인데, 부정을 저질렀다고 판단된 쪽은 재혼할 권리를 잃게 되므로 편의상 원고와 피고의 역할을 뒤바꾸는 것이다. 까레닌의 변호사가 암시한 부부가 합의한 부정이혼이란 이 경우를 포함한 실제적인 수법을 말한다. 다만 이때의 까레닌은 정계 고위직으로서 체면과 친권확보 문제 때문에 자신이 부정의 죄를 뒤집어쓰는 굴욕적인 재판은 차마 선택하지 못하고, 그렇다고 편지 같은 증거물로 상대의 부정을 강제적으로 입증하는 것은 추문을 불러일으킬 뿐 아니라 거의 불가능하다는 크나큰 딜레마에 빠지게 된다. 안나 쪽에서 보면, 이혼하여 재혼하고 아이의 친권까지 손에 넣으려면 자신이 배신한 남편의 협력을 얻고 나서 공공장소에서 다시금 그의 체면을 깎아내려야 하는 몰인정한 절차가 필요했다.

소설 후반에서도 이혼과 친권 및 태어날 아이의 귀속 문제를 둘러싸고, 안나, 까레닌, 브론스끼의 갈등이 계속된다. 거기에는 매우 복잡한 사랑과 증오, 자존심과 자책과 배려의 힘이 작용하고 있지만, 밑바탕에는 이러한 제도적 제약이 깔려 있다. 동시대의 보고(A. 자고로프스끼 《러시아법에 의한 이혼》, 1884)에 의하면, 러시아정교회에 속하는 국민 가운데 부정으로 말미암은 이혼이 성립된 것은 1877년에 66건에 지나지 않는다.

그렇다면 러시아 국민, 특히 귀족이 그만큼 윤리적인 생활을 했다는 말인가. 절대 그렇지 않다. 많은 경우 부정은 일방적으로 또는 부부의 이해 속에서 은폐되었을 뿐이다. 소설 첫머리에서 가정불화의 한가운데에 있는 오블론스끼 집안의 돌리는 남편의 부정으로 말미암은 피해자이다. 그러나 많은 자식을 거느린 가정적인 아내인 그녀는 남편에게 반발하면서도 교구 재판소에 이혼소송을 제기할 현실적인 발상도 기운도 없다. 하물며 그녀는 남편을 사랑했으므로 더욱더 그러했으며, 이 경우 부정은 현실적으로 숨겨질 수밖에 없다. 한편 안나 주변의 귀부인들 가운데에는 베뜨시 부인이나 사포 쉬똘르쓰처럼 남편 이외의 애인(때로는 다수)이 있으면서 아무렇지 않게 결혼생활을 유지하는 사람도 많았다. 또한 브론스끼처럼 기본적으로 남편이 있는 여성의 사랑을 얻는 것을 댄디즘의 요체라고 생각하는 청년도 많았다. 에피소드로 언급된 경우까지 포함하여, 부정이 얽힌 문제를 끌어안고 있으면서도 까레닌처럼 이른바 '체면'만을 지키는 부부는 소설 속에 매우 많이 등장한다. 그리고 쓴맛 단맛 다 맛본 사교계 여성들이 장려하는 결혼 유형을 작품에서는 '이성(理性)에 의한 결혼'이라고 부르는데, 그것은 남녀가 모두 다감한 시기를 극복하고 정착한 다음에 맺어진다는 '어른의' 지혜의 산물이다(2편 7장).

즉 사교계에서 혼외 연애관계는 윤리나 법률상의 문제이기 이전에 기호론적인 처리의 대상이며, 그것이 형식상 부정이라고 명시되지 않고 부부관계를 파탄시키지 않으면 사회규범에 저촉되지 않는다는 것이 하나의 생활양식이었던 것이다. 그러한 가운데에서 안나의 독자성은, 자신의 부정한 사랑을 은폐 대상으로 보지 않고, 그렇다고 아들을 향한 어머니로서의 사랑을 단념하지도 않으며, 파탄이 예견되는 모순된 애정에 충실하게 살고자 했던 점이다. 부정의 주체임을 명시하는 이러한 생활태도는 사교계의 규범에 대한 도전으로, 그녀는 어느 순간부터 귀부인들에게 불쾌한 존재가 되어 간다. 바로 그러한 그녀의 파멸적인 생활방식 속에, 레빈과는 반대방향이지만 진정한 부부란 무엇인가, 가족이란 무엇인가 하는 문제가 투영되는 것이다.

덧붙이자면, 당시의 사교계를 뒤흔들던 유명한 부정은 궁정 내부에서 일어났다. 호색한 혈족이라고 불리는 로마노프 집안 중에서도 특히 열정이 넘쳤던 황제 알렉산드르 2세가, 1860년대 중반부터 28살이나 연하인 예까쩨리나 도르고르까야와 사랑에 빠져 13년 동안이나 사실상의 부부생활을 계속하면서 아이를 낳아 궁정으로 불러들였으며, 황후가 죽은 뒤에는 그녀와 결혼하여 정식 황후로 앉히려 했던 사건이다. 해방자 황제의 순수한 도리에서 지나치게 벗어난 사랑은 많은 사람들에게 알려지면서 궁정 안팎의 반발을 가져왔으니 그런 분위기도 똘스또이의 이야기에 반영되었는지도 모른다.

레빈과 농업의 과제

《안나 까레니나》의 독자 가운데 안나를 둘러싼 이야기는 재미있지만 레빈이 등장하면 지루하다든지, 도시에서는 감정을 이입할 수 있지만 장면이 시골로 옮겨지면 금세 졸음이 온다고 감상을 말하는 사람도 많다. 나브꼬프처럼 뛰어난 통찰력을 가진 독자로서 이 작품을 러시아문학의 백미라고 여기는 사람들조차, 레빈이 농업경영을 둘러싸고 펼치는 논의는 외국 독자나 후세의 독자들에게 현실감이 없으며, 이 문제에 많은 지면을 할애한 것은 예술적 관점에서 실수였다고 지적한다(《러시아문학 강의》).

20세기 미국 학생들을 대상으로 해설한 나브꼬프로서는 당연한 견해일지도 모른다. 그러나 레빈의 행동의 바탕을 이루는 지주귀족들의 관습이나 세계관을 도외시하면 이 작품의 절반을 잃는다는 것도 분명한 사실이다. 게다가 이 작품의 절반은 추상적인 사변이 아니라 생활자의 사고로, 서재에서 사색하는 사람이 아니라 온몸으로 부딪쳐 생각하는 사람의 경험으로서 낡지 않은 어떤 매력을 감추고 있다고 할 수 있다.

이러한 레빈의 세계를 여러분이 다시 체험해 보기 위하여, 그가 여기에서 고집스레 매달렸던 농업문제를 개략적으로 살펴보도록 하자.

1861년 농노해방은 농민을 지주로부터 해방했다. 그러나 농사짓기에 필요한 땅은 유상이었으므로, 단기간에 토지대금을 갚을 수 없는 대다수 농민이 농지를 얻기 위해서는 정부가 농민 대신 지주에게 지급한 땅값을 49년 연부(年賦)로 갚아야 하는 의무를 질 수밖에 없었다. 또한 토지 분배에 앞서 지주가 분급할 토지를 가려내거나 빼앗기도 했기 때문에 농민이 가진 토지의 여건이나 면적도 일반적으로 불충분했다. 그러므로 생활비와 상환금으로 필요한 현금수입을 확보하기 위해서는 지주의 토지를 빌리거나 지주에게 고용되어 일해야만 했다. 즉 해방은 되었으나, 자유와 독립은 좀처럼 획득할 수 없었던 것이다.

한편, 지주층은 토지를 농민에게 분배하는 대가로 국고에서 많은 돈(이자가 붙는 신용증서)을 받았지만, 대개 빚을 갚거나 낭비하는 바람에 다시 농업에 환원되는 예가 거의 없었다. 앞에서 언급했듯이, 귀족층은 농노해방 이후에도 매우 광대한 토지를 소유하고 있었다. 그러나 대다수는 농기구나 가축을 갖춰두지도 않았고, 자신만의 농사비법이나 의욕도 없었다. 따라서 토지를 빌려주고 지대를 받거나 농기구와 가축을 갖춘 값싼 노동력을 고용하기도 했으며, 농토를 놀리는 사람도 많았다. 새로운 기계와 시스템을 도입하고 스스로 대규모 농업을 경영하여 성공하는 예도 드물었다. 당시 러시아에는 기근이 빈번했지만 농업 전체가 곡물 수출 같은 정책에 농락당하거나, 교통발달에 따른 공업, 금융업, 주식투기 등의 발전에도 따라가지 못하여 전망은 어둡기만 한 상황이었다(제5편 15장).

레빈은 이러한 상황을 양심적인 지주귀족의 눈으로 바라보고, 어떠한 돌파구를 찾아내려고 했다. 오블론스끼가 삼림을 매각하는 장면에서 알 수 있듯이 그는 양심적인 러시아 지주귀족층이 교활한 상인들에게 토지를 빼앗기는 것을 보고 분개한다. 그러나 제3편 27장에서 지주인 스비야쥐스끼의 저택에서 펼쳐진 논의에서 보여주듯이, 당시의 지주적 농업경영에서는 단 한 가지라도 바람직한 예를 찾아볼 수 없었다. 이제는 농노제 시대와 같은 경영도 불가능한데다, 농민에게 돈이나 곡물을 꾸어주고 값싼 노동력을 고용하는 착취적 방법도, 새로운 기계를 도입하여 합리적인 농업을 하려는 시도도 모두 충분한 수익을 거두지 못한다. 레빈은 고심 끝에 농업종사자(=농민)들과 친분을 쌓아 '러시아 농민다운' 방법으로 농업을 주체적으로 전개할 수 있는 환경을 보장하기 위해서 조합을 만들어 농민들과 공동으로 경영하는 체제를 고안해내고 실행에 옮긴다(제3편 29장 이후).

레빈의 뜻은 좋았으나 결코 유토피아적인 결말을 맺지는 못한다(형 니꼴라이는 그것을 공산주의를 손쉽게 응용한 것이라고 조롱했고, 실제로 작품 후반에서 그의 시도가 시련으로 닥친다). 또한 그는 사회활동가로서의 자질도 의욕도 갖추고 있지 않았다. 모든 일을 삶의 연장으로, 지주귀족의 계급적 문제로만 생각할 뿐이다. 그러므로 모든 신분을 망라한 대표자들로 구성된 새로운 지방자치조직이 군(郡)이나 현(縣) 단위로 하려는 의료, 교육 등 주민서비스 활동보다 스스로 책임을 지고 씨를 뿌리거나 수확하는 작업에서 중요성을 발견한다.

잘못을 뉘우친 많은 귀족과는 달리 레빈은 농민을 이상화하지도 않는다. 그러나 노동을 통해서 농민과의 공동체험이나 자연과의 교류에는 깊은 감동을 한다.

'똘스또이주의는 19세기 후반 러시아 사회가 직접 당한 여러 모순을 그대로 표현했다'는 레닌의 비평(《러시아혁명의 귀감 똘스또이》, 1908)이 떠오른다. 그러나 레빈을 소설의 원동력으로 삼는 것은 바로, 특정 이데올로기에서 손쉽게 거둬들일 수 없는, 모순을 포함한 사고와 정서의 주체로서의 자세라고 할 수 있다. 저자는 하늘의 구름처럼 끊임없이 변화하는 인물의 사고과정을 감각체험 또는 마음 상태와 결부시키면서 마치 자연현상을 그리듯이 기술하고 있다.

생활자다운 관습과 좁은 시야에 얽매여 있으나 자기 감각과 논리를 지침 삼아 살아가려는 레빈은 강함과 약함, 명쾌함과 모호함, 사랑스러움과 괴상함을 가진 인물로, 결과적으로 안나에 버금가는 존재감을 보인다. 살아가는 곳이 다르고 꿈도 가치관도 다른 안나와 레빈이 이야기의 중심 위치를 차지하는 이유는 이러한 모순을 드러내면서도 정직하게 살아가는 태도를 공통으로 갖고 있기 때문이 아닐까.

이야기의 새로운 전개

제5편, 제6편에서는 드디어 주인공들의 새로운 관계가 완성되고, 공간적 이동을 포함한 역동적인 전개가 일어난다.

제1편에서 헤어져, 제4편에서 다시 만난 레빈과 끼찌는 마침내 결혼하여 시골에서 살기 시작한다. 한편 제4편에서 출산과 자살미수 사건의 충격에서 회복된 안나와 브론스끼는 까레닌이 있는 뻬쩨르부르그를 떠나 서유럽으로 여행을 떠나고, 이탈리아에 머물고 있던 화가 미하일로프의 예술을 접하고 귀국한다.

다음 에피소드는 레빈의 형 니꼴라이의 죽음이다. 지방 호텔에서 죽음을 맞은 불량배 형을 찾아온 레빈은 그 비참함에 공황 상태에 빠지지만, 무리하게 따라온 끼찌가 여자다운 배려심으로 당차게 형을 간호하게 된다. 여기서 끼찌의 임신을 알게 되고, 독자는 죽음과 탄생의 표리에 직면하게 된다.

제5편 마지막에서 실의에 빠진 까레닌과 그를 위로하는 리지야 백작부인의 새로운 정신적 커플 탄생이 그려지고 안나가 사는 세계는 점점 좁아져 간다. 아들 세료쥐아를 한번 만나고 싶은 희망이 거절당하자 그녀는 억지로 집에 침입해 작은 소란을 일으키고, 자포자기로 향한 극장에서 상류층 부인에게 모욕

당한 끝에 브론스끼와 함께 그의 영지로 이사한다.

제6편은 제1편 이후 따로 진행해 온 두 그룹 주인공들 이야기에 다시 접근해 간다. 1장~16장에는 돌리와 그녀의 아이들, 꼬즈느이쉐프를 포함한 손님들로 번잡한 뽀끄로프스꼬예 마을에서 임신한 아내에게 신경 쓰면서 살던 레빈의 생활이 그려진다. 꼬즈느이쉐프와 바레니까라는 새로운 연인의 탄생과 실패, 베슬로프스끼라는 촐랑거리는 귀족청년의 행동이 신혼생활의 평안을 어지럽히는 에피소드가 이야기에 유머러스함을 주고 있다.

다음 부분(17장~25장)에서는 돌리가 브론스끼의 마을을 찾아간 그녀의 눈으로, 풍요롭고 실험정신이 풍부한 새로운 유형의 지주로서의 브론스끼와 안나의 삶—그 화려함과 정반대의 초조함—을 그리고 있다. 사교계를 떠난 곳에서 개인으로서 어머니로서 애인으로서 각각의 여성의 이미지가 극도로 대조적으로 그려진 곳이 바로 이 부분이다.

제6편 나머지 부분에서는 브론스끼와 레빈이 같은 현 귀족단장 선거에 참여하고 정치적인 남성들의 세계 속에서 두 사람의 인생이 다시 엇갈린다. 이후 브론스끼가 깨달은 사회활동에 대한 의욕과 사랑을 잃을까 겁내던 안나의 불안감이 정면으로 대립하고, 두 사람은 다시 시골을 떠나 모스끄바로 가게 된다.

등장인물들의 여러 면면도 이야기의 공간적인 광대함도 거의 포화점에 달하고, 또 사랑, 자유, 신앙, 자존심, 질투, 죽음 등의 주제도 다 드러난 단계까지 오면 새삼 똘스또이의 이야기 구축의 특징이나 거기에 호응한 독자가 읽는 방식의 문제가 나타난다. 이제까지는 작품의 역사, 사회적 배경을 다루었다. 다음에는 작품을 읽는 방법을 둘러싼 몇몇 경우를 시도해 보자.

이야기 구성의 특징

세세한 인물 심리에서 역사적 사건까지 전부 다루면서 전개해 가는 듯이 보이는 똘스또이의 연애소설을 과연 어떤 각도에서 보면 좋을까—이 문제는 예전부터 많은 사람이 논의해 왔다. 되풀이 제기되어 온 것은 똘스또이의 이야기 세계가 통일적인 구성 원리나 줄거리 구조를 갖고 있는지, 그렇다면 그것은 어떤 것인가이다.

이 문제에서 회의파는 똘스또이가 그린 것은 마치 거대한 현실의 파편에서 세계의 사상에 통일적인 구성이 없듯 이 작품에서도 그것은 없다고 주장한다. 독자는 단지 차례차례 일어나는 사건이나 대화를, 전체 구조나 논리에도 불구하고 체험해 가는 수밖에 없다고 여긴다. 작가 헨리 제임스는 그러한 독자 중 한 사람이었다. 다소 완만한 견해를 가진 비평가도 작품은 안나를 중심으로 한 줄기와 레빈을 중심으로 한 줄기로 나뉘어 양자 간에 거의 연결고리가 없다는 견해로 기울고 있다. 똘스또이는 하나의 이야기를 쓰는 대신 두 개의 이야기를 썼다는 것이다.

한편 이 작품에서 아주 긴밀하고 섬세한 구성 원리를 보려고 하는 독자도 아주 많다. 그 대표자인 시드니 슐츠는 안나와 레빈의 이야기 사이에 명쾌한 평행관계를 알아차린다(《안나 까레니나》의 구조). 그것을 따르면 작품을 구성하는 239장은 34부분(정리된 에피소드 단위)으로 나뉘어 안나 부분과 레빈 부분이 각각 17이라는 이른바 균형 잡힌 구성을 이루고 있다. 게다가 접근하는 당위들은 어떤 주제나 사건(연애에서 배반, 과거에 대한 회귀, 병, 죽음 등)을 공유하는 다른 단위를 구성하고 있다. 게다가 부분마다 이야기도 정리된 주제가 있고, 예를 들면 작품 제1편은 '혼란', 제2편은 '전진', 제3편은 '계획', 제4편은 '결합', 제5편은 '신혼', 제6편은 '시골', 제7편은 '결말', 제8편은 '미래' 등 잠재적인 주제를 다루고 있다.

엘리자베스 파머는 해설에서 언급했듯이 이야기 구조를 시각화해서 8권의 기둥과 아치로 이루어진 고대건축 같은 상을 그리고 있다(《안나 까레니나》의 구성―창작과정, 구조, 메시지》). 그에 의하면 이야기는 시간의 흐름과는 다른 입자 구조를 이루고 있다. 중핵 부분은 안나의 이야기에 포함된 네 개의 철도에 관련된 장면으로 구성되어, 거기에서는 사교계 여성의 전락과 그것을 둘러싼 남성들의 반응을 그린다. 이 여성 이야기 외에는 레빈과 관련된 인생의 의미 탐구와 발견이라는 '철학적'인 이야기가 있고, 그 외에 파괴된 가정과 행복한 가정을 둘러싼 가족 단위의 이야기가 있다.

한편 주제별로 작품의 통일성을 보려고 하는 얀 같은 평론가는 안나와 레빈의 이야기가 개인과 사회, 혹은 자유와 사회적 책임 사이에 갈등이라는 하나의 주제로 긴밀하게 맺어져 있다고 주장하고 있다(《안나 까레니나》의 통일성). 우리는 아직 작품의 제6편까지밖에 다루지 않았으므로 이 단계에서 이러한 전체적인 구조론의 적합성 여부를 결론짓기는 너무 이르지만, 이 모든 것이 아주 설득적이고 매력적인 독해법이라 생각한다.

작품의 시간도 재미있게 논의된다. 대부분의 평론에서는 같은 곳에서 시작한 이야기 가운데 안나를 둘러싼 줄기는 시간상으로 점점 앞서 진행되고, 레빈과 끼찌의 세계는 뒤처진다. 제6편 돌리의 브론스끼 집안의 방문쯤에서 두 사람은 시간적인 평행관계를 되찾지만, 그 시이 최대 1년 이상의 시간 차가 두 이야기 사이에 생긴다. 그러나 이는 해설 〈심리적 시간의 길이와 농도〉에서 살펴보았듯이 설계상 실수가 아니라 작자의 사상표현이라고 해석되고 있다.

똘스또이의 장편이 단순히 망막한 시공간의 사건(=개인이 직면한 역사)을 그리고 있다고 파악하기보다는 여러 이야기의 호응과 경합이라는 긴밀한 평행관계에 따라 구성되고, 개개의 부분으로까지 그러한 구성 원리 패턴이 내포되어 있다고 생각해 보는 것도 재미있게 읽는 방법이다. 특히 현대 비평가는 전체 구조 모델을 세부로 파악하는 독해에서 매력을 찾는 경향이 강하다.

이같은 종합적인 해석이나 성격을 부여하는 문제보다는 구체적으로 어떤 부분에 주목해서 읽어야 더 재미있고 효과적인지, 즉 책을 읽는 방법에 대해 생각해 보자. 단순히 독자 개개인의 독서 태도뿐만 아니라, 문학교육이나 연구현장에서도 중요한 주제로 여겨 관심을 두고 실천한 사례가 있다.

마인드 맵 만들기

워싱턴 대학의 메리 로리타는 마인드 맵(작품에 등장하는 중심단어나 상징의 상호관계를 선이나 단어로써 도표를 만든 것)이라는 형식으로 소설을 대하는 방법을 주장했다(《안나 까레니나》의 맵핑—소설 이해의 창조적 접근). 본문을 제2편까지 읽은 학생들에게 인물이나 사물, 사건 등을 카테고리별로 여러 색깔을 이용해 '상관도'를 작성하도록 하는 방법이다. 이것은 여러 개념을 정리하는 데 도움이 될 뿐만 아니라, 지도를 보며 연상함으로써 정보를 읽어내고, 때에 따라서는 개념들 사이에 숨겨진 관계를 파악하는 데 도움이 된다.

로리타가 제2편까지 등장인물에 대해 작성한 마인드 맵이 〔그림 1〕, 그것을 본떠서 역자가 제6편까지 인물을 맵핑한 것이 〔그림 2〕이다(지면상 인물의 상관관계에 관한 기록은 생략). 이와 같은 개념도는 다음과 같은 내용을 시사해 준다.

[그림 1] 《안나 까레니나》 주요 인물 관계도(메리 롤리타)

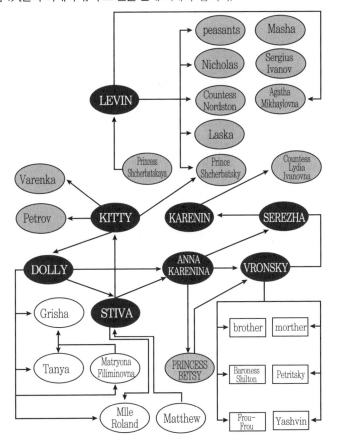

① 레빈은 자기평가는 낮지만, 대부분 자기에게 호의적인 사람들에게 둘러싸여 있어서 지식, 정서, 정신, 체력, 기분전환 같은 다양한 수준에 걸쳐 균형 잡힌 인간관계가 있다. ② 이와는 대조적으로 브론스끼가 교제하는 사람들은 (친하지는 않지만) 부모와 군대와 관련된 사람들과 (화려한 쪽의) 상류사회에 한정되어 있어서 지식, 정신적인 수준의 생활이 부족하다. 그러나 후반에서 지방지주로 살아갈 때는 꼬즈느이쉐프를 포함한 진보파 그룹과 정치적 관계를 형성한다. ③ 초반에 안나는 레빈처럼 균형 잡힌 인간관계 덕분에 지식과 정서의 두 측면에서 풍요로운 생활을 하지만, 브론스끼나 베뜨시 등 주변 환경과 다른 부류의 사람들에게 매력을 느낀 나머지 편협한 생활로 기울고 만다. 결

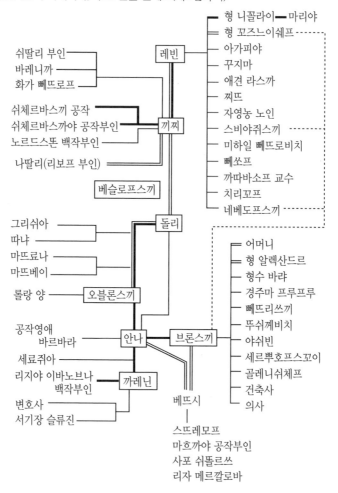

〔그림 2〕《안나 까레니나》주요 인물 관계도(제6편까지)

과적으로 남편과 아들은 물론, 사교계로부터도 교류가 끊긴 안나는 브론스끼와 친척 오블론스끼 부부 이외에는 사실상 고유명사가 없는 애매모호한 '세상'에서 살게 된다.

등장인물의 목록 작성은 작품을 파악하는 데 필수적인 요소지만, 주인공들의 관계를 이렇게 도표로 나타내면 예상 외로 작품의 논리가 뚜렷하게 드러난다.

이미지 찾기 게임

캘리포니아 대학의 리자 내프는 단어, 이미지, 행동 또는 상황의 네트워크를 발견하고 이해하기 위해서, 더 자유롭게 '폐품 모으기 게임'을 주장했다(《똘스또이의 '연상미로'의 경우에서 폐품 모으기 게임에 대하여》). 작품 안에서 한 개념의 뉘앙스나 역할을 폭넓게 파헤쳐 봄으로써 똘스또이와 같은 사고 체계로 다가가보자는 작업이다. 이 게임은 매우 다양한 개념을 대상으로 하는데, 이를 가장 잘 드러내는 예로써 소설 속에서 말과 소의 이미지에 관한 작업을 살펴보자.

작품에서 말이 가장 강렬한 이미지로 전환되는 것은 브론스끼가 경마에서 영국산 경주마인 프루프루를 죽게 하는 장면(제2편 25장)이다. 이 일화는 많은 독자에게 안나의 운명과 비슷한 느낌을 주어, 작품을 해석하기에 따라 '징조', '경고' 또는 '거짓 암시' 등 여러 기능을 지닌다.

그러나 내프에 의하면 프루프루에 대한 태도는 브론스끼와 안나의 결합으로 마무리되는 일화가 아니라, 사실은 암소에 대한 레빈의 태도와 관계가 있다. 즉, 제1편 26장에서 새끼를 낳은 암소 빠바를 격려하는 레빈의 일화가 제2편에서 프루프루가 죽는 일화 때문에 다시 떠올라, 레빈이 지주로서 소를 사랑하는 것과 브론스끼가 장교로서 말에 대한 열정을 나타내는 것이 대비된다고 한다. 게다가 프루프루에 대한 브론스끼의 태도가 안나에 대한 태도를 연상시키는 것처럼, 암소에 대한 레빈의 애정은 멀리 끼찌에 대한 태도(아이를 여럿 낳은 가정적인 아내에 대한 사랑)를 예측할 수 있게 한다. 이와 함께 우유가 없는 가정, 즉 파탄난 부부관계와 아이의 고통이라는 연상관계가 제1편와 제3편의 돌리의 생활을 둘러싼 일화로 자주 나타나므로, 소와 말에 대한 태도는 여성과 가정에 대한 비유로 더욱 뚜렷하게 드러난다고 하겠다.

제6편에서 돌리가 브론스끼의 영지를 방문한 장면에서는, 그의 집에서 말에게 먹이를 넉넉히 줄 때 조심스러워 하는 것에 대해, 언뜻 브론스끼의 영지는 넉넉해 보이지만 이 부분에서 지극히 구두쇠로 나온다. 이런 일화도 브론스끼의 이기적인 사랑의 태도를 말해 준다.

하나 더 예를 들자면, 제6편에서 놓칠 수 없는 부분인 여성의 승마를 둘러싼 일화이다. 여성의 승마를 '젊은이의 경박한 교태'로만 여기는 돌리는, 오랜만에 만난 안나가 말을 탄 것을 보고 '안나와 어울리지 않는다'고 느낌을 표현하지만, 결국 그 우아한 모습에 익숙해진다(제6편 17장). 그러나 내프의 해석에 의하면 승마는 단순한 교태 이상의 메시지를 내포하고 있다. 조지 엘리엇의 《미들마치》(1871~1872)에도 나오듯이 승마는 유산의 위험과 연결되기 때문에 말을 타는 여성은 '성을 즐기지만 출산은 거절하는 여성'이라는 의미가 담겨 있을 가능성이 있기 때문이다. 바로 이 뒷부분에서 안나가 피임하는 것을 돌리에게 살짝 고백하는 장면은 이와 호응한다. 더욱이 이 전후에 끼찌가 가진 태아의 안전에 신경 쓰는 레빈의 모습이 강조되는 만큼, 말에 탄 안나의 모습은 몹시 강렬하게 모성을 단념하거나, 모성을 거절하는 표상이 되고 있다.

이처럼 내프가 고안한 이미지 찾기 게임도 세부 연관이나 호응을 통한 작품의 논리 이해에 유익한 효과를 발휘한다. 물론 이렇게 읽어 내야 할 '세부'에는 동물뿐만 아니라 색채나 꿈, 음식, 표정 등 모든 소재가 포함된다. 또한 물건이나 개념과는 다른 차원인 표현, 어휘사용, 비유 등의 태도에서도 그 내용을 감상할 수 있는 소중한 대상이 된다.

똘스또이의 소설은 언뜻 보면 사실주의적 세계이지만, 그와 함께 상징, 은유, 풍자로 가득 찬 '연관의 미로'이기도 하다.

똘스또이 연보

1828년   8월 28일, 똘스또이 백작 집안의 넷째 아들로 러시아 남부의 야스
               나야 폴랴나에서 태어나다. 똘스또이 위로 5세인 니꼴라이, 2세인
               세르게이, 1세인 드미뜨리 등 세 형이 있었다.

1830년(2세) 8월 7일, 어머니 마리야 니꼴라예브나가 여동생 마리야를 낳고서
               죽다.

1836년(8세) 똘스또이 집안 모스끄바로 이사하다.

1837년(9세) 6월 21일, 아버지 니꼴라이 일리치가 툴라 현(縣)의 거리에서 졸도
               하여 급사하다. 숙모인 오스쩬 사껜 부인이 남은 아이들의 후견인
               이 되다.

1841년(13세) 가을에 후견인이던 숙모가 죽고, 똘스또이는 세 형과 함께 카잔
               에 사는 유쉬꼬바 고모댁으로 가다.

1844년(16세) 9월 20일, 카잔 대학 동양어학부에 입학하다.

1847년(19세) 약 1500헥타르의 영지를 정식으로 상속받다. 대학을 중퇴하고 야
               스나야 폴랴나의 영지로 돌아가다. 초인적인 계획에 따라 면학 및
               농민생활 개선사업에 착수하나 좌절하다.

1848년(20세) 뻬쩨르부르그 대학 학사시험에 합격, 법학사의 칭호를 받지만 이
               해부터 23세가 될 때까지 도박과 주색(酒色)에 빠진 방탕생활을
               하다.

1851년(23세) 3월, 《어제 이야기》. 5월, 맏형 니꼴라이가 있는 캅카스 포병대에
               사관 후보생으로 입대하다.

1852년(24세) 군무에 종사하면서 3월 17일 단편 《침입》을 쓰기 시작하다. 6월,
               처녀작 《유년시대》 탈고, 네끄라소프의 인정을 받아 그가 주재하
               는 잡지 〈동시대인〉에 익명으로 9월부터 연재를 시작, 청년 작가
               로서 첫발을 내디디다. 9월, 중편 《지주(地主)의 아침》 쓰기 시작

하다. 12월, 《침입》 완성하다. 중편 《까자끄 사람들》 쓰기 시작하다.

1853년(25세) 여러 지방에서 참전하다. 4월, 단편 《크리스마스의 밤》. 5월, 장편 《소년시대》. 6월, 단편 《나무를 베다》. 9월, 단편 《득점 계산자의 수기》 쓰기 시작하다.

1854년(26세) 1월, 장교로 승진하여 고향에 돌아가다. 3월, 다뉴브 파견군에 종군하고 크리미아군으로 옮겨 세바스토폴 전투에 참가. 《소년시대》《러시아 군인은 어떻게 죽는가》 등을 발표하다.

1855년(27세) 3월, 《청년시대》 쓰기 시작. 11월, 뻬쩨르부르그로 돌아가 뚜르게네프·네끄라소프·곤차로프·오스뜨로프스끼·페뜨 등 〈동시대인〉 동인(同人)들의 환영을 받다. 뚜르게네프와 사이가 나빠지다.

1856년(28세) 3월, 셋째 형 드미뜨리 죽다. 11월, 제대하다.

1857년(29세) 1월, 유럽으로 여행을 떠나, 파리에서 살인범의 공개처형을 보고 서구 문명에 환멸을 느끼다. 7월에 귀국, 야스나야 폴랴나에 살며 농사짓다. 《뤼쩨른》《알리베르뜨》《청년시대》 쓰다.

1859년(31세) 저택에서 농민의 아이들을 교육. 창작활동을 그만둘 생각을 하다.

1860년(32세) 교육문제에 깊은 관심을 기울이고 《초등교육독본》을 기초하다. 7월, 외국의 교육제도 시찰 목적으로 여행을 떠나다. 9월, 맏형 니꼴라이가 죽어 몹시 슬퍼하다. 《폴리쿠시카》 쓰기 시작하다.

1861년(33세) 유럽에서 귀국하여 농사조정위원으로 임명되어 일하지만, 농민의 이익을 옹호하다 지주 계층의 반발을 사서 1년 만에 사임한다. 뚜르게네프와 결투소동 끝에 절교하다.

1862년(34세) 교육잡지 〈야스나야 폴랴나〉 간행. 카드 도박으로 1천 루블을 잃고 도박에서 손을 떼다. 9월에 궁정 시의(侍醫) 베르스네의 둘째 딸 소피야 안드레예브나(당시 18세)와 결혼하다. 학교는 폐쇄. 《꿈》 쓰기 시작. 《목가(牧歌)》 쓰다.

1863년(35세) 6월, 맏아들 세르게이 태어나다. 《호르스뜨메르(어떤 말의 역사)》, 〈야스나야 폴랴나〉 마지막 호 발행. 《진보와 교육의 정의》《까자끄 사람들》《폴리쿠시카》 발표하다. 《십이월당(黨)》 쓰기 시작하다. 《전쟁과 평화》의 준비로서 나폴레옹 전쟁시대에 관한 연구를 시작하다.

1864년(36세) 9월, 맏딸 따찌야나 태어나다. 사냥하다 말에서 떨어져 오른손을 다쳐 모스끄바에서 수술을 받다. 회복과 동시에 《전쟁과 평화》(당시엔 《1805년》이라는 제목이었다) 집필에 착수. 《똘스또이 저작집》 제1, 2권 간행하다.

1865년(37세) 《전쟁과 평화》의 첫 부분(1~28)을 〈러시아 통보〉에 싣다.

1866년(38세) 《니힐리스트》《전쟁과 평화》 제2편 발표하다. 5월, 둘째 아들 일리야 태어나다. 시쁘닌 사건을 변론하다.

1867년(39세) 가을, 《전쟁과 평화》의 집필을 위해 모스끄바로 가다. 보로디노의 옛 싸움터에 가 보다. 《전쟁과 평화》 전 3권의 초판(初版)을 간행하다.

1869년(41세) 셋째 아들 레프 태어나다. 《전쟁과 평화》 완결. 소도시 아르자마스에서 죽음의 공포를 맛보다.

1871년(43세) 둘째 딸 마리야 태어나다.

1872년(44세) 저택에서 학교를 다시 열다. 《코카서스의 포로》. 넷째 아들 표뜨르 태어나다.

1873년(45세) 3월, 《안나 까레니나》에 착수. 가족 모두를 데리고 사마라 지방으로 가서 빈민구제사업에 힘을 기울이다. 넷째 아들 표뜨르 사망. 《읽고 쓰기 교육 방법에 관하여》를 〈모스끄바 신보(新報)〉에, 《사마라 지방의 굶주림에 대하여》를 〈모스끄바 신문〉에 싣다. 《똘스또이 저작집》 제1권~제8권까지 출판. 아카데미 회원이 되다.

1875년(47세) 《안나 까레니나》 연재 시작.

1877년(49세) 《안나 까레니나》 완성하다.

1878년(50세) 십이월당 연구를 위해 모스끄바와 뻬쩨르부르그에 가다. 뚜르게네프와 화해. 5월, 《최초의 기억》을 쓰기 시작. 뚜르게네프가 야스나야 폴랴나를 방문. 《참회록》 집필하다.

1881년(53세) 《사람은 무엇으로 사는가》 《요약(要約) 복음서》 간행하다.

1882년(54세) 모스끄바 국세(國勢) 조사에 참가. 주민들의 비참한 현실을 보고 《그러면 우리는 무엇을 할 것인가》에 착수하다. 똘스또이의 종교적 저작을 경계하던 종무원(宗務院)의 검열이 강화되다.

1883년(55세) 만년에 그의 절친한 벗이 된 첼뜨꼬프를 만나다.

1885년(57세) 헨리 조지의 《토지 국유론》을 읽고 깊은 감명을 받아 사유재산을 부정함으로써 아내와 충돌하다. 그 결과 모든 저작권을 아내에게 양도하다. 《일리야스의 행복》《그러면 우리는 무엇을 할 것인가》 출판. 《이반 일리치의 죽음》 쓰기 시작하다.

1888년(60세) 담배를 끊다. 2월에 둘째아들 일리야 결혼하다. 막내아들 바니찌까 태어나다. 《고골리론(論)》 착수하다. 본다레프의 《농민의 승리》에 서문을 쓰다. 꼬롤렌꼬가 처음으로 찾아 오다. 학교 교사가 되려고 원서를 제출했으나 당국으로부터 거절당하다.

1891년(63세) 발행 금지되었던 《크로이체르 소나타》의 공표 허가를 아내 소피야가 얻어내다. 《니꼴라이 빠르낀》을 제노바에서 출판. 4월, 재산을 나누다. 《첫째 단계》의 집필 시작. 중앙아시아와 동남아시아에 걸쳐 기근이 일어나자 농민구제를 위해 활약. 《기근의 보고》《무서운 문제》《법원에 대하여》《어머니 이야기의 예언》《어머니의 수기》, 모든 저작권을 버리다. 《신의 왕국은 그대들 속에 있다》 쓰기 시작하다.

1892년(64세) 굶주림에 허덕이는 사람들을 구제하기 위해 많은 활약을 했으나 당국의 방해를 받다.

1893년(65세) 《무위(無爲)》를 〈러시아 통보〉에 발표. 《종교와 국가》 집필. 노자 (老子) 번역에 몰두하다.

1898년(70세) 톨리스카야, 오를로프스카야 두 현의 빈민구제를 위해 활동하다. 두호보르 교도를 돕기 위한 자금 마련 방편으로 《부활》을 연재하기로 하다. 8월 28일, 똘스또이 탄생 70년 기념 축하회 열다. 《신부 세르게이》 완성. 《종교와 도덕》《똘스또이즘에 관하여》《기근이란 무엇인가》《두 전쟁》《카르타고를 파괴하지 말라》《러시아 통보의 편집자에게 부친다》 쓰다.

1899년(71세) 3월, 《부활》을 발표하여 시선을 끌다. 《사랑의 요구》《한 상사(上士)에게 부치는 글》 쓰다.

1900년(72세) 1월, 아카데미 예술회원에 뽑히다. 고리끼 찾아오다. 희곡 《산송장》《애국심과 정부》《죽이지 말라》《현대의 노예 제도》《자기완성의 의의》 쓰다.

1901년(73세) 그리스 정교(正敎)에서 파문되다. 《파문 명령에 대한 종무원에의 회답》 쓰기 시작. 9월, 크리미아에서 티푸스와 폐렴으로 중태에 빠지다. 《황제와 그 보필자에게》 《유일한 수난》 《누가 옳은가》 쓰다.

1903년(75세) 1월, 《유년시절의 추억》 쓰기 시작. 《성현(聖賢)의 사상》 편찬을 착수하다. 단편 《무도회가 끝난 뒤》 탈고. 8월 28일, 탄생 75주년 축하회 열다. 9월, 《셰익스피어론(論)》 집필. 《노동과 병과 죽음》 《앗시리아 왕 앗사르 하돈》 《세 가지 의문》 《그것은 너다》 《정신적 원본의 의의》 《인생의 의의에 대하여》 쓰다.

1904년(76세) 전쟁반대론 《반성하라》 발표하다. 6월, 《유년시절의 추억》 탈고. 《해리슨과 무저항》 《과연 그렇지 않으면 안 되는가》 《하지무라뜨》 출판하다.

1910년(82세) 《인생의 길》, 단편 《호두인카》 《모르는 사이에》 《마을의 사흘 동안》, 희곡 《모든 것의 근원》 쓰다. 8월, 꼬롤렌꼬가 찾아오다. 《세상에 죄인은 없다》 개작. 10월 28일 새벽, 아내에게 마지막 글을 써놓고 집을 나가 도중에서 사형을 논한 《효과 있는 수단》을 집필. 10월 31일, 여행 중 병이 들어 랴잔 우랄 철도 조그만 시골 역 아스타포보에서 내려 역장 사택에서 묵다. 11월 3일, 최후의 감상을 일기에 쓰다. 11월 7일 오전 6시 5분 영면. 야스나야 폴랴나에 묻히다.

맹은빈(孟恩彬)

동양외국어학원 러시아어과 수학. 동국대학교 영문학부 졸업. 1955년 영남일보에 시《그림자》로 등단. 안톤 체호프《벚꽃동산》, 사뮈엘 베케트《고도를 기다리며》옮겨 연출. 지은책 시집《인간이 아픔을 알 때》《꿈의 시》가 있으며, 옮긴책 솔제니친《이반 데니소비치 하루》, 숄로호프《고요한 돈강》, 똘스또이《전쟁과 평화》, 똘스또이《안나 까레니나》가 있다.

World Book 271

Лев Н. Толстой

АННА КАРЕНИНА

안나 까레니나 II

똘스또이/맹은빈 옮김

1판 1쇄 발행/1989. 10. 10

2판 1쇄 발행/2010. 3. 10

3판 1쇄 발행/2018. 1. 11

발행인 고정일

발행처 동서문화사

창업 1956. 12. 12. 등록 16-3799

서울 중구 다산로 12길 6(신당동 4층)

☎ 546-0331~6 Fax. 545-0331

www.dongsuhbook.com

＊

사업자등록번호 211-87-75330

ISBN 978-89-497-1654-1 04080

ISBN 978-89-497-0382-4 (세트)